Ein Leben mit Tieren

Heini Hediger

Ein Leben mit Tieren
im Zoo und in aller Welt

WERDVERLAG

Alle Rechte vorbehalten, einschließlich derjenigen des auszugsweisen Abdrucks
und der photomechanischen Wiedergabe

© 1990 Werd Verlag, Zürich

Lektorat: Annemarie Schmidt, Küsnacht / Christina Sieg, Berikon
Gestaltung: Albin Koller, Berikon
Technische Herstellung: Druckzentrum Tages-Anzeiger, Zürich
Printed in Switzerland

ISBN 3 85932 044 0

Inhalt

Einleitung 7

**Im Kinderwagen in den Zoo –
Ein Fall von Prägung** 9
Eine Plüschmenagerie / An der Bundesstraße / Erste Lektion in Fütterungskunde / Baukastenzoo / Allschwiler Wald und Weiher / Vom Kinderwagen zum Trottinet / »Miß Kumbuk«-Zeit

**Die schlimme Schulzeit –
Private Klein-Menagerie** 19
Jäger und Kartoffelsammler / Menagerie im Holzkeller / »Treibt Allotria« / Die Burg in Zug / Alpensalamander, ein Laubfrosch und viele Spyren / Zoologie: eine »brotlose Kunst«? / Fritz, der Fuchs

**Befreiendes Studium –
Ein Larvenzustand** 37
Auf »breiter Basis« / Provence-Exkursion / Erste journalistische Sporen / Die Biozönose von Chellah / Vom Binokular bis zum Buschmesser: Reisevorbereitungen

**Ein Traum geht in Erfüllung –
Tropische Welt der Südsee** 51
Auf der »Orontes« / Perth – Adelaide – Melbourne – Sydney / Ein »Krokodil« im Zimmer / Nach Rabaul und Gasmata

**Im Bismarck-Archipel –
Salomonen und Neuguinea** 61
Ethnologische und zoologische Erkundungsfahrten / »Fliegende Schlangen« / Assistent, Kameramann und Koch / Balai / Von Mövehafen nach Arawe / Versuchung auf Umboi / Malaria / Synchron-Phänomene / Salomonenskink und Parapistocalamus hedigeri / Der Schweinehirt von Mamalomino / Den Sepik aufwärts / Basler Leckerli auf Java: Heimwärts

**Zurück in den Hörsaal –
Zwischenspiel in Marokko** 95
Angewandte Tierpsychologie / Fischerlatein / Endlich ein »richtiger« Zoologe / Wo die Zoologie anfängt und wohin sie führt / Flucht und Zahmheit / Herpetologische und andere Beobachtungen in Marokko / »Ein ausgerissener Panther ist kein Verbrecher«

**Zoologische Anstalt und
Museum in Basel** 121
Dressur und Tierpsychologie im Zirkus / Banyuls-sur-Mer / Die erste eigene Vorlesung / Lori und Galago / Zwischen Augustinergasse und Rheinsprung / Reise zum lebenden Tier: Endlich Tierparkleiter

**Sechs Jahre Tierpark Dählhölzli
in Bern (1939–1944) –
Von Tieren und Menschen** 139
Rauhe Töne und eine Seuche / Meieli / Zwei Quadratmeter Tierpsychologie / Berner Mutzen für Berlin / Tragikomisches Ende eines Streits / Hilfsdienst / Die erstaunliche Fortpflanzung der Feldhasen / Mein wichtigstes Buch / Klärende Wendungen / Ein neuer Psychotop

**Neun Jahre Zoologischer Garten
Basel (1944–1953) –
Kongo und USA** 165

Zoologische Gärten an der Wende 166
Neuaufbau nach den Grundsätzen der Tiergartenbiologie / Wissenschaftliche Arbeiten und Public Relations / Der Zoo ist kein Museum

*Angewandte Tierpsychologie
im Kongo* **186**
»In Notwehr schießen« gibt es nicht – Die Fluchttendenz der Wildtiere / »Km 229« und eine Okapi-Station / Garamba: Ist ein Nationalpark für die Natur oder für die Touristen da? / Die »Kuhreiher der Nilpferde«: Eine Symbiose / Der Erdferkel-Geheimbund / Ameisen / Die Elefanten von Aru / »Schädliche« Wildtiere – »nützliche« Haustiere? / Naturtheater am Dunguflu ß / Tierreiches Ruindi / Beobachtungen im Kagera / Abu Markub »im Gepäck« / Abschied von Afrika

*Beobachtungen und Erfahrungen
werden von Nutzen sein* **231**
Der größte Bettler der Stadt / Jubiläumstier Okapi / Ein Panzernashorn reist durch den Gotthard

Augenschein in den USA **239**
Von Zoo zu Zoo / Bronx: Biotop-Harmonie / Im »Platypus-Club« / Von New York über Buffalo und Cleveland nach Toledo und Detroit / Chicago: Zwei Zoos, zehntausend Fische und Schweizer Pfahlbauer / Über die Rocky Mountains an den Pazifik / Von San Francisco nach San Diego / Südliche Audubon-Landschaft / Washington, Baltimore und Philadelphia / Mit zwei Aalen nach Hause

Veränderungen **277**
USA: Auswirkungen, Anregungen / Gadadhar und Joymothi: Grundstock zur weltberühmten Zucht / Eine Ehrung... / und eine Enttäuschung / Berufung nach Zürich

Zwanzig Jahre Zürcher Zoo (1954–1974) – São Paulo und Sydney **285**

*Schwierige Anfänge und
ein »Papier-Zoo«* **286**
Biotop-Gefühl und Beschwerlichkeiten / Ein Gorillakind in Columbus – ein Menschenaffenhaus in Zürich / São Paulo: Urubus – lieber nicht

Kontrollfahrt nach Afrika **307**
Auf vertrauten Pisten / Tiere in Hülle und Fülle / Eine weiße Giraffe und zweiunddreißig Okapis

Afrika-Haus **318**
Aufbau im Zoo / Die Natur kennt keine rechten Winkel / Tiere in natürlichen Symbiosen / Der Natur Afrikas abgeschaut

Anwalt der Tiere **343**
Neue Ära: Auftakt mit Schildkröten und Elefanten / Einen Traum-Zoo gibt es nicht – australisches Intermezzo / Das Dürer-Hörnlein von San Francisco / Beide Seiten der Gitter – zum Beispiel im Affenhaus / Schnee am Piz Lagalb / Eisbären im Himalaja? / Ein Haus für Elefanten / Mtoto

Zoo: Notausgang zur Natur **370**
Besuch in der »kleinen Südsee« / Washoe, Martha und ein »vertikaler Zoo«: Neue USA-Notizen / Von Samichlaus-Sendungen / Der »unbequeme Direktor« tritt ab

Am Schreibtisch – und unterwegs **395**
Zürcher Kulturpreis / Zoo orientalisch / »Meine« Eidechsen und Kiebitze / Eine Goldmedaille und ein Hotelgarten in Haiti / Flußpferde und Flamingos, Falter und Fledermäuse: Wieder in Afrika / Störenfriede im »Tierparadies« / Taiwan / Mehr Zeit? / Nur Chemie und Physik? / Do you speak Yerkish? – Lana, Koko und der Kluge Hans / Das Vogelmädchen aus dem Kuriositätenkabinett / Drei Minuten Zoo: Public Relations und Naturschutz / Kuckucks-Rätsel / Und noch eine Reise

Rückblick **433**

Bibliographie **479**

Literatur-Verzeichnis **484**

Orts- und Sachregister **487**

Personenregister **498**

Einleitung

Zoodirektor ist einer der seltensten Berufe. Nicht einmal jede hundertste Stadt verfügt über einen Zoo. Außerdem greifen nicht alle Zoodirektoren gerne zur Feder; nur ganz wenige haben eine ausführliche Autobiographie vorgelegt.

Anderseits gilt der Beruf des Zoodirektors in weiten Kreisen, besonders auch bei vielen Jugendlichen, als eine Art Traumberuf mit dauerndem Tier-Kontakt und uneingeschränkten Beobachtungsmöglichkeiten im Dienste der anvertrauten Tiere und der Erhaltung der schutzbedürftigen Fauna in der sogenannt freien Natur.

Auch in früheren Schriften habe ich immer wieder darauf hingewiesen, daß man es in einem Zoo keineswegs nur mit Tieren, sondern auch mit Menschen aller Schattierungen zu tun hat – und mit einem immerwährenden Kampf um Finanzen, die für eine tiergartenbiologisch verantwortbare Haltung von Wildtieren nun einmal notwendig sind.

Dieser Kampf führt mitunter zu persönlichen, nicht nur tragikomischen Konflikten, bei deren Aufzeichnung ich – wie immer – kein Blatt vor den Mund genommen habe. Ich kenne keinen Zoo, der von solchen menschlichen, oft allzumenschlichen Auseinandersetzungen verschont geblieben wäre – und ich habe viele Tiergärten der Welt kennengelernt! Auch das ist ein Bestandteil der Tiergartenbiologie, deren Begründung mir ein besonderes Anliegen war und deren ständigen Ausbau ich mit Spannung weiterverfolge.

Hinzu kommt, daß periodisch – etwa alle paar Jahrzehnte – von gewissen Gruppen, die reich an Emotionen, aber arm an Fachkenntnissen sind, gegen die zoologischen Gärten losgezogen wird. Oft geht man dabei so weit, Zoodirektoren als machtbesessene, um nicht zu sagen perverse, sadistische Kerkermeister hinzustellen (»Homo-sapiens-Syndrom«). Dieses völlig unzutreffende Bild bedarf einer Korrektur – ein weiteres Motiv für die Niederschrift dieser Lebenserinnerungen als Fallbeispiel.

Ich danke meinem Nachfolger im Zürcher Zoo, Dr. Peter Weilenmann, daß er mir erlaubt hat, die Reinschrift seiner Sekretärin, meiner ehemaligen Mitarbeiterin Sonja Schoch, überlassen zu dürfen. Sie verstand es, meine schwierige Handschrift zu entziffern. Ihr gilt mein besonderer Dank.

Ebenso danke ich der Lektorin, Frau Annemarie Schmidt, für die sorgfältige Bearbeitung und Gliederung des umfangreichen Manuskriptes des inzwischen über achtzig Jahre alt gewordenen Autors, und dem Verlagsleiter, Herrn Gian Laube, sowie seinen Mitarbeiterinnen und Mitarbeitern für ihr wohlwollendes Interesse und ihr förderndes Zugreifen.

Ein Wort bleibt noch vorauszuschicken im Hinblick auf die Bebilderung. Sie besteht zum allergrößten Teil aus Schnappschüssen mit meiner alten Leica-Kamera, die mich über ein halbes Jahrhundert begleitet hat. Ich setzte sie vorwiegend ein zum Festhalten von Tatbeständen als Ergänzung meiner Notizen – nicht so sehr zum Erzielen schöner Bilder. Der Leser darf also nicht ein Bilderbuch im herkömmlichen Sinne erwarten. Einige gute Bilder wurden mir von besser ausgerüsteten Freunden und von Profis zur Verfügung gestellt, die jeweils namentlich erwähnt sind und denen ich meinen besten Dank sage.

Dieser an das ehemalige Kassagebäude angebaute Affenkäfig wurde 1900 auch vom ersten Menschenaffen des Basler Zoo, dem Orang Utan »Kitty«, bewohnt und diente mir nach entsprechendem Umbau von 1949–1953 als Arbeitszimmer.

Im Kinderwagen in den Zoo – Ein Fall von Prägung

Wäre ich nicht mitten im Winter geboren – am 30. November 1908 –, so wäre ich wohl schon in den ersten Lebenswochen in den Zoo gefahren worden, in den Zolli, wie die Basler sagen, und nicht erst im darauffolgenden Frühjahr. Damals war es nämlich der Brauch, daß Kindermädchen oder ältere Geschwister mit den Jüngsten in den Zolli geschickt wurden, wo diese an der frischen Luft und einigermaßen unter Obhut waren.

Die am weitesten zurückliegende Erinnerung, also das erste, woran ich mich glaube erinnern zu können, ist folgendes: Ich liege auf dem Wickeltisch mit einem kleinen graugelben Plüschaffen mit rosafarbenem Gesicht und einem langen Schwanz. Der Nachfolger dieses Äffchens war eine graue Plüschkatze, die mich bis fast ins Schulalter zum Schlafen begleitet hat. Selbst in die Ferien mußte sie regelmäßig mitgenommen werden.

Heute möchte ich annehmen, daß Spielsachen für das Kleinkind unter Umständen weit mehr sein können als bloße Spielobjekte, nämlich prägende Elemente. Solche gab es in meinen ersten Lebensjahren allerdings noch viele andere: Aber es waren eigentlich immer Tiere, zunächst eine umfassende Plüschmenagerie samt einem brummenden Bären und einem Reitelefanten auf Rädern. Bald aber wirkten auch lebende Tiere immer intensiver auf mich ein. So ist es bei mir nie zu einer Berufswahl gekommen: Ich wollte immer nur Zoodirektor werden.

Meine erste Kindheit war recht glücklich. Schatten mannigfacher Art sind erst später, im Laufe der Schuljahre, aufgetreten. Mein Vater war Kaufmann und – wie schon sein Vater – Inhaber einer Speditionsfirma. Meine Mutter (geb. Trueb) war die Tochter eines bekannten Gärtners, der in seinen ausgedehnten Treibhäusern an der Maiengasse u. a. auch Goldfische, Schlangen und Krokodile hielt (die er später dem Zolli schenkte). Doch weiß ich davon nur vom Hörensagen.

Wir wohnten in Basel an der ruhigen Bundesstraße, unmittelbar gegenüber dem Schützenmattpark, der heute noch existiert. Meine älteste Schwester war 13 Jahre älter als ich; ihr folgten zwei weitere Schwestern und ein Bruder, der Kaufmann wurde. Meine vierte Schwester, die sich zur Schauspielerin ausbilden ließ, war 13 Jahre jünger als ich.

Zu dem geräumigen Haus gehörte ein entsprechender Garten mit einem Teich, in dem mein Vater im Sommer die selbstgeangelten Forellen zu halten pflegte. Für diese Fische interessierten sich auch die sonst sehr willkommenen Katzen der Nachbarschaft. Sie setzten sich ruhig an den Rand des Teiches und erzeugten mit den Krallen einer leicht eingetauchten Pfote Kringel an der Wasseroberfläche, als ob ein Insekt an Land strampeln wollte. Kam dann eine hungrige Forelle nahe genug, wurde sie von der Katze blitzschnell ergriffen, auf den Rasen geschleudert und fortgetragen, wenn nicht jemand die Katze rechtzeitig wegjagte. Es kam auch vor, daß einzelne Forellen aus freien Stücken aus dem Teich sprangen und auf dem Trockenen starben.

Um solche Zwischenfälle zu vermeiden, ließ mein Vater den in der Mitte mit Springbrunnen und Tropfsteingrotte versehenen Teich mit einem etwa fünfzig Zentimeter hohen Gitter einzäunen. Mir fiel die Aufgabe zu, die Forellen mit Würmern zu füttern, die

Mein Großvater mütterlicherseits, Johann Trueb, war ein ausgesprochener Tierliebhaber und gehörte zu den ersten Aktionären des Basler Zoologischen Gartens – schon 1872, also zwei Jahre vor dessen Eröffnung. Bezeichnend ist die Verzierung der Aktien-Formulare. Sie zeigt ausschließlich einheimische Tiere, auf die sich der Basler »Zolli« ursprünglich beschränken wollte. Erst mit der Zeit nahm er auch – sogar vorwiegend – exotische Tiere in seinen Bestand auf. Viele Zoos zeigen eine derartige Entwicklung.

Ansicht der Gärtnerei meines Großvaters Johann Trueb um die Jahrhundertwende im Gebiet Maiengasse/Mittlere Straße in Basel. In den Treibhäusern hielt er nicht nur Pflanzen, sondern auch allerlei Tiere, sogar Schlangen und Krokodile. Wahrscheinlich haben verschiedene seiner Nachkommen von ihm eine Neigung zur Biologie im weitesten Sinne geerbt.

im sogenannten »Wurmhaufen«, einem kleinen Kompostlager in der verborgensten Ecke des Gartens, zu finden waren. Hier mußte ich auch – gegen eine kleine Entschädigung – die mit feuchtem Moos ausgelegten Wurmdosen mit fetten Würmern füllen, wenn mein Vater an Sonntagen zum Fischen in der Frenke, einem guten Forellenbach in Baselland, auszog.

Beim Füttern der im »Logel« heimgebrachten und im Teich ausgesetzten Forellen mußte ich mich gelegentlich über das niedrige Gitter beugen – einmal besonders weit nach vorn, als ein Wurm, für die Fische unerreichbar, auf einen Tuffstein gefallen war. Ich versuchte, ihn zurückzuholen, verlor dabei das Gleichgewicht und fiel kopfüber in den Teich. Zwar blieb ich mit dem Schürzenärmel am Gitter hängen, aber ich wäre – damals noch ein Knirps – ertrunken, wenn nicht mein zufällig in der Nähe weilender Bruder mich gerettet hätte. An entsprechenden Mahnungen und Foppereien fehlte es jahrelang nicht, wenn ich die zahllosen, von Eltern und Geschwistern vorgetragenen Warnungen jeweils mit der stereotypen Behauptung: »Ich falle nicht ins Weiherli« in den Wind schlug. Noch im Alter wurde mir von meinen Angehörigen oft hämisch diese Redensart vorgehalten, wenn ich etwas vermeintlich Riskantes unternehmen wollte. Diese traumatische erste Begegnung mit kaltem Wasser hatte vermutlich auch eine prägende Wirkung: Ich bin nie ein leidenschaftlicher Schwimmer geworden. Man kann schließlich auch negativ geprägt werden. Indessen habe ich nun der Zeit und damit vielen positiv-prägenden Ereignissen meiner frühen Kindheit vorgegriffen.

Kommen wir zum elterlichen Haus an der Bundesstraße zurück, zwischen Garten und Schützenmattpark gelegen. Damals gab es dort noch keine Tramlinie, und der Verkehr beschränkte sich auf wenige Fuhrwerke. Der Milchmann kam täglich mit seinem Einspänner. Die Gemüsefrauen aus dem nahen Elsaß zogen ihre Wagen von Hand und maßen die Bohnen, Erbsen und Tomaten nicht mit der Waage ab, sondern mit runden Meßgefäßen aus Holz, die heute wertvolle Museumsstücke wären. Auch der Hausarzt bediente sich bei seinen Besuchen einer Droschke. Aus den umliegenden Dörfern, namentlich aus Binningen, kamen regelmäßig Buben mit primitiven Handkarren, um die Rossäpfel einzusammeln – Urform von Recycling.

An der Bundesstraße wohnte mancherlei Prominenz, zum Beispiel Professor Egger, ein berühmter Lungenarzt, der uns Kindern vor allem imponierte, weil er als einziger an unserer Straße ein Automobil besaß, und zwar ein Elektromobil. Es war nicht mit einem Steuerrad, sondern mit einem langen, waagrechten Steuerknüppel versehen. Wenn Professor Egger am Morgen ausfuhr, pflegte er die Zeitung zu lesen, wobei sein Wagen von einer Straßenseite zur andern »pendelte«, bis er ihn – oft im letzten Augenblick – durch Stoßen oder Ziehen an der Steuerstange wieder einigermaßen auf Kurs brachte. Wir Kinder verfolgten diese Manöver oft mit Spannung durchs Fenster.

Unser unmittelbarer Nachbar in Nr. 17 war der berühmte amerikanische Anatomieprofessor Corning. Er stand im Ruf – wie es sich für einen Professor seiner Zeit gehörte –, außerordentlich vergeßlich zu sein. So wurde behauptet, daß er sich gelegentlich selber Postkarten schreibe – von zuhause ins Institut oder umgekehrt. Viel lustiger für uns war seine nachweisbare Vergeßlichkeit in bezug auf das Befestigen seiner Hosenträger. So kam es, daß der pfeifenrauchende, stets in Gedanken versunkene Gelehrte gelegentlich einen der tückischen Hosenträger hinter sich herbaumeln hatte, was uns Kinder natürlich zu ungebührlichem Gekicher und Gelächter veranlaßte.

Viel bedeutsamer schien mir (was wahrscheinlich durch die Indiskretion eines der zahlreichen, mit weißen Häubchen versehenen Dienstmädchen zu uns durchgesickert war), daß der Professor nur dann zufrieden essen konnte, wenn ihm seine geliebte Katze auf der Schulter saß. Täglich brachte ein Ausläufer des besten Comestibles-Geschäftes am Marktplatz frischen Fisch für den verwöhnten Liebling. Jedes gute Lebensmittelgeschäft beschäftigte damals Ausläufer, welche per Velo und mit großen Rückenkörben die Kunden mit den bestellten Waren versorgten. Ausläufer war damals ein beliebter Beruf für junge Burschen: Sie bekamen oft ansehnliche Trinkgelder und konnten mit den Dienstmädchen schäkern.

Da in unserer Familie weder Katze noch Hund lebten, waren mir die gelegentlichen Besuche der Corning-Katze in unserem Garten sehr willkommen. Sie wurde mit entsprechendem Respekt behandelt und von mir als eine Art externes Mitglied meiner bald im Entstehen begriffenen kleinen Privatmenagerie betrachtet.

Der Garten, der Schützenmattpark und vor allem der Zolli boten mir ungezählte Möglichkeiten für Tierkontakte. Im Park hatte es allerlei Vögel, spielende Hunde und gelegentlich Eichhörnchen, die sich mit Tannzapfen und Haselnüssen beschäftigten. Am einen Ende, Richtung Brennerstraße, befand sich zwischen großen Bäumen ein chalet-artiges Häuschen, ein Ziegenstall. Regelmäßig stellten sich Kunden ein, die für ihre kränklichen Kinder frische Ziegenmilch kauften. Diese galt auch als probates Mittel gegen Tuberkulose.

Am anderen Ende des Parks, am Weiherweg, wo sich heute Hochhäuser erheben, war eine kleine Wirtschaft, und ihr gegenüber befand sich ein

Standplatz für Pferdedroschken. Höhepunkte waren für mich als Kind, wenn ich im Auftrag meiner Eltern allein durch den Park gehen durfte, um eine Droschke abzurufen, d. h., in ihr als einziger Passagier bis zur Bundesstraße zu fahren. Die alten Kutscher mit ihren blauglänzenden Karton-Melonen warteten dösend auf dem Bock ihrer Gefährte – oder noch häufiger in der Wirtschaft – auf Kunden und waren uns namentlich bekannt. Der Geruch der Pferde und der Ledergeruch der alten Kutschen waren wesentliche Bestandteile dieses Erlebnisses, ebenso die Hafersäcke, welche den wartenden Pferden vor dem Maul befestigt waren.

Wenn man bei besonderen Anlässen den Kannenfeld-Gottesacker besuchte, bildeten die dortigen Teiche, aus denen man das Wasser zur Gräberpflege schöpfen konnte, für mich besondere Anziehungspunkte wegen der Goldfische, der Kaulquappen, Libellen und Wasserinsekten. Unterwegs wollte ich jedesmal in den Kuhstall des am Wege liegenden Bauerngehöfts hineinschauen, wo mich besonders das Melken faszinierte.

Der Zoo wurde bei einigermaßen gutem Wetter jede Woche – meist mehrmals – aufgesucht. Das Kindermädchen war im Zoo-Familienabonnement inbegriffen. Oft begleiteten mich in der schulfreien Zeit meine Schwestern oder mein Bruder. Der Eingang – damals nur einer – befand sich am Ende des Pelikanweges und war durch eine breite Allee mit den Bogen des Viaduktes verbunden. Dieses ganze Gelände ist inzwischen in die Zooanlage einbezogen.

Am Schalter des längst abgerissenen Kassa- und Verwaltungshauses, das heute weit innerhalb des Zoogeländes liegen würde, mußten wir einem sehr strengen, schnurrbärtigen, mit Mütze versehenen Beamten preußischen Typs oder seiner Frau das Abonnement vorweisen. Es war für mich ein recht eigenartiges Gefühl, 1944 zusammen mit meiner Frau als Direktor in dieses kleine Haus einzuziehen. Der Kassaraum war zu unserem Eßzimmer umgestaltet worden, und aus dem alten, angebauten Orang-Utan-Käfig wurde mein Studierzimmer.

Aber bleiben wir zunächst bei den Zoobesuchen meiner Kindheit. Bei vielen Basler Familien war es Brauch, geeignete Speisereste und Gemüseabfälle in einer Papiertüte bis zum nächsten Zoobesuch aufzubewahren und dann den Tieren zu verfüttern, was natürlich zusätzliche Freude bedeutete – den Tieren jedoch nicht immer gut bekam.

Ein besonders beliebtes Futter zum Mitnehmen in den Zoo waren während des Sommers leere Erbsenschalen. Viele Wiederkäuer waren darauf sehr begierig, und es knackte so herrlich, wenn zum Beispiel die Damhirsche die frischen Schoten zerbissen.

Bei einem der unzähligen Zoobesuche – ich mochte etwa vier- oder fünfjährig sein – traf es sich, daß wir vor dem alten, inzwischen ebenfalls längst abgerissenen Raubtierhaus noch einen ansehnlichen Rest an Erbsenschalen hatten. Bevor es meine Schwester Margrit verhindern konnte, griff ich in den großen Papiersack und warf in kindlicher Einfalt eine Handvoll Schoten in den Käfig des Schwarzen Panthers. Entsetzt und erbost riß meine Schwester mich am Arm zurück und erteilte mir eine eindrückliche Lektion – meine erste, aber unvergeßliche Lektion in Fütterungskunde!

Interessant war für uns Kinder, wie sich Störche füttern ließen. Für sie brauchte man das Futter nicht einmal mitzubringen. Eine zufällige Beobachtung lehrte uns, daß diese Vögel auf kleine Gehäuseschnecken erpicht waren, die wir im wilden Efeugestrüpp rings um das damalige Freilandterrarium massenhaft finden konnten. Einige Störche lernten bald, einzeln zugeworfene Schnecken im Fluge aufzufangen. Dann beknabberten sie sie zwischen den Schnabelspitzen leicht und beförderten sie schließlich durch eine elegante »Wurf-Fang-Bewegung«, d. h. durch erneutes Hochwerfen und Wiederauffangen, in den Schlund.

Es gab aber auch noch andere Möglichkeiten, mit einzelnen Tieren in Kontakt zu gelangen. Eine, von der wir jahrelang Gebrauch machten, war besonders eigenartig: Es handelte sich um einen einsamen Gnu-Bullen namens »Peter« im Antilopenhaus. Der wollte von uns auf der Stirn gekraut werden und drängte sich förmlich ans Gitter, wenn er uns kommen sah. Kaum hatte man ihn oberhalb seiner fürchterlich erscheinenden, schwarzen Schnauze etwas gekratzt, stellte er sich breitbeinig hin und machte einen großen »Brunnen«, d. h., er entleerte mit eindrucksvollem Geplätscher seine Harnblase. Dies belustigte uns nicht zuletzt deshalb, weil es sich mit großer Regelmäßigkeit auslösen ließ.

Das Schlußbouquet bestand immer darin, daß der Gnu-Bulle seinen Harn beroch und dann ein Gesicht von unwiderstehlicher Komik machte, d. h., er stülpte seine Oberlippe auf, rümpfte also sozusagen die Nase, und sah sich wie beifallheischend um – eine höchst eindrucksvolle Vorführung! Nach unserem heutigen tierpsychologischen Wissen handelte es sich bei diesem so komisch wirkenden Naserümpfen um typisches Flehmen, worüber jetzt eine umfangreiche Literatur vorliegt. Immer noch rätselhaft aber ist für mich der durch Kinderhand eingeleitete Reiz zu dieser Flehm-Reaktion. Diese Verhaltensfrage hat mich durch das ganze Leben verfolgt – obgleich es zugegebenermaßen auch noch wichtigere Fragen gab.

Das 1911 erbaute Antilopenhaus, in dem auch Giraffen, Anoas, später auch Capybaras, Känguruhs und sogar das erste in die Schweiz gelangte Okapi untergebracht waren und das in seiner Grundform heute noch existiert, beeindruckte mich auch als Bau außerordentlich – insbesondere das ineinandergreifende System von Türen, welches es ermöglichte, die Bewohner durch einen ringsum führenden Gittergang von den Innenboxen in die Außengehege zu lassen.

Natürlich hatte ich als Kind auch Baukästen vom klassischen Münchner-Kindl-Typ zur Verfügung. Mit ihnen baute ich vorzugsweise Tierhäuser mit Boxen und Außengehegen und den entsprechenden Verbindungstüren, so wie sie das Antilopenhaus aufwies: Wenn die Holztüre des Innenraums und die Gittertüre des entsprechenden Außengeheges gleichzeitig – oder so gleichzeitig wie möglich – geöffnet wurden, bildeten beide zusammen einen Durchgang für die Tiere durch den ringsum führenden Wärtergang. Dabei gab es aber immer einen kritischen Augenblick: Wenn eine Türe geöffnet und ins Schloß gefallen war, mußte die andere rasch aufgezogen und im Schloß fixiert werden, damit der Durchgang gesichert war. Während kurzer Zeit blieb also eine Türe ungesichert in der Hand des Wärters, bis er sie ins Schloß ziehen konnte.

Normalerweise trotteten die Tiere ohne weiteres durch diese Passage, doch gab es einige Ausnahmen. Die Weißschwanz-Gnus wechselten oft mit großem Lärm und mit wilden Kapriolen vom Innen- in den Außenraum und versuchten gelegentlich, dem Wärter die noch nicht gesicherte Türe aus der Hand zu reißen. Wenn ich mich recht erinnere, bereitete ein einzelner Rappenantilopenbock mit seinen bogenförmigen Hörnern die größten Schwierigkeiten, und es war oft spannend zu beobachten, ob es dem Wärter gelingen würde, die Türe rechtzeitig ins Schloß zu ziehen. Aushilfswärter schafften es nicht immer: Gelegentlich mußten sie vor dem im Rundgang tobenden Tier flüchten und sich durch Überklettern des Gitters in Sicherheit bringen.

Die morgendliche Umsetzung der Tiere von den Innen- in die Außengehege und das abendliche Hereinholen blieben für mich während Jahrzehnten ein großartiges Schauspiel. Die Schwellenangst, der Raumwechsel und der unbiologische Charakter der Türe bildeten Themen, die auch noch den späteren Tierpsychologen und Zoodirektor beschäftigten.

Am Samstag gab es keinen Zoobesuch; denn da wurde zuhause geputzt, und die ganze Familie begab sich bei gutem Wetter auf den St.-Margarethen-Hügel, wo in einer beliebten Kaffeewirtschaft (das spätere Radio-Studio) herrliche Zuckerbäckereien erhältlich waren. Noch wichtiger aber waren für mich verschiedene Attraktionen. Ich meine damit nicht die Musikdose, in die man ein Zehnrappenstück einwerfen mußte, um einen Walzer zum Klingen und acht in prachtvolle Seidenkleider gehüllte Miniaturfiguren zum Tanzen zu bringen. Mich lockte mehr ein primitiver, kleiner Käfig, in dem ein Eichhörnchen um Nüsse bettelte. In einem anderen Käfig lebte während Jahren ein Eichelhäher, der – wenn man geduldig wartete – einige menschliche Worte zu sprechen vermochte. Hinzu kam noch der große Teich, wo man mit Brotkrumen die fetten Goldfische unter den Seerosenblättern hervorlocken und die Kaulquappen und Schlammschnecken bewundern konnte.

Eher langweilig waren hingegen die Sonntage mit den ausgedehnten Familienspaziergängen nach Birsfelden und über die Eisenbahnbrücke nach Kleinbasel. Beliebt waren diese sonntäglichen Spaziergänge nur, wenn sie in der anderen Richtung, nämlich zum Allschwiler Weiher führten. Schon der Anmarsch konnte spannend sein: Ob wir wohl den Fischotter zu sehen bekommen würden? Manchmal hatten wir Glück. Da schob sich, wenn man eine Weile still gewartet hatte, im hinteren Teil des Weihers, unter den überhängenden Weiden und Pappeln, eine bärtige Schnauze an die Luft oder gar ein nasser Pelzrücken. Mein Vater war nicht sonderlich entzückt, denn der Fischereiaufseher seines Pachtgewässers (ein Teil der Frenke im Baselbiet) berichtete ihm gelegentlich, daß Fischotter dem Forellenbestand arg zusetzten. Später hat sich freilich herausgestellt, daß nicht wenige dieser Fische den Weg in die Pfanne von menschlichen Fischliebhabern gefunden hatten. Damals war der Fischotter in der Schweiz noch weit verbreitet und wurde als Fischereischädling von Staates wegen verfolgt; erst 1952 wurde er unter Schutz gestellt.

Hinter dem Allschwiler Weiher dehnte sich der Allschwiler Wald aus, wo ich später, als ich radfahren konnte, viele unvergeßliche Begegnungen mit Tieren aller Art hatte, auch mit Jagdwild wie Reh, Fuchs, Dachs u. a. Den Ausfluß des Weihers bildete der Dorenbach, der bis zum Neubad zoologisch besonders faszinierend war. Gelegentlich nahm mich mein Bruder in diesen reichen Biotop mit und brachte mir bei solchen Jagdzügen die ersten lateinischen Tiernamen bei; er stand damals – sieben Jahre älter als ich – gerade unter dem Einfluß eines die Schüler begeisternden Naturkundelehrers, des bekannten Botanikers August Binz. Mit ihm hatte ich es, als er später mein Lehrer war, bald gründlich verdorben, weil ich der irrigen Meinung war, daß Grünalgen grün und Blaualgen blau seien...

Blenden wir zum Zoo, zum Zolli, zurück. Nachdem ich dem Kinderwagen und der ständigen Obhut meiner Geschwister oder Kindermädchen entwachsen war und mein erstes Trottinett erhalten hatte, wurden meine Zoobesuche womöglich noch häufiger und faszinierender. Mit diesem großartigen Fahrzeug konnte ich in wenigen Minuten via Birsigstraße in den Zoo gelangen, wo ich meine Karte stereotyp vorzuzeigen hatte, obwohl mich der alte Preuße längst kannte. Scharf achtete er auch darauf, daß ich mein Trottinett vor dem Eingang abstellte, wo die wenigen Fahrräder und die Droschken parkiert waren.

Jetzt konnte ich nach Belieben dort verweilen, wo ich es am interessantesten fand. Das war nicht nur bei den offiziell ausgestellten Tieren, sondern auch bei jenen, die sich freiwillig im Zoo angesiedelt hatten, zum Beispiel den Spatzen und Mäusen im Antilopenhaus und vor allem auch bei den Ratten, die sich ungeniert aus den Futternäpfen bedienten und alle Türen und Wände der hölzernen Tierhäuser durchlöchert hatten.

Natürlich inspizierte ich auch die blechernen Kastenfallen, welche von den Wärtern aufgestellt wurden. Die gefangenen Ratten verwendete man als Futter. So wurde auch ein im Raubtierhaus einquartiertes Hermelin regelmäßig mit lebenden Ratten gefüttert. Eines Tages refüsierte das Hermelin die ihm von Pfleger Moret vorgeworfene Wanderratte. Moret war ein alter, freundlicher Mann mit borstigen Augenbrauen, Schnurrbart und einer glänzenden Brille. Von ihm wurde erzählt, daß er seinerzeit den Schweizer Zoologen und langjährigen Direktor des Rotterdamer Zoos, Dr. Johannes Büttikofer, auf seinen denkwürdigen Expeditionen nach Liberia (1879–1882 und 1886–1887) begleitet hatte – ein Grund mehr, ihm mit größtem Respekt zu begegnen. (Übrigens war mein Vater, der mehrere Jahre in Holland gelebt hatte, dort mit Büttikofer befreundet und erhielt von ihm seine zweibändigen »Reisebilder aus Liberia« (1890) als Geschenk – ein Werk, das ich später mit leidenschaftlichem Interesse verschlungen habe.)

Dieser berühmte Moret also war selber überrascht vom merkwürdigen Verhalten seines Hermelins gegenüber dieser einen Ratte. Zwischen den beiden Tieren, eigentlich natürlichen Erzfeinden, entspann sich nämlich eine Art Freundschaft, eine Symbiose, die – wenn ich nicht irre – viele Monate, vielleicht sogar einige Jahre dauerte und für mich zu einer immer wieder besuchten Sehenswürdigkeit wurde. Während meiner ganzen späteren Zoolaufbahn habe ich nie wieder einen solchen Fall erlebt.

Selbstverständlich war ein Zoobesuch ohne Bewunderung des Elefanten nicht denkbar. Damals wurden Elefanten zwar als Einzeltiere, aber nicht immer allein gehalten. Der Elefant in Basel war damals »Miss Kumbuk«. Er lebte mit einem braunen Dackel zusammen, eine Lebensgemeinschaft, die mich unerhört faszinierte. Auffallend war u. a. die Sorgfalt, mit welcher der kleine Gefährte von dem Riesentier behandelt wurde.

»Miss Kumbuk« war ein Geschenk der beiden berühmten Basler Naturforscher Paul und Fritz Sarasin. Auf einer ihrer Expeditionen in Ceylon hatten die beiden Vettern ein weibliches Elefantenbaby einfangen können, und zwar in der Nähe des Kumbukflusses – daher der Name »Miss Kumbuk«. Es traf am 30. April 1886 als 1,2 Meter hohes, 340 Kilogramm schweres Jungtier in Basel ein und wurde zunächst in einem Anbau des Kassahauses untergebracht, bis es 1891 in das neu erstellte, prunkvolle Elefantenhaus Einzug halten konnte.

Wie viele alternde Zoo-Elefanten litt »Miss Kumbuk« an einer Fußkrankheit und mußte einen Schuh tragen. Heute weiß man durch sorgfältige Fußpflege dieser Krankheit vorzubeugen. »Miss

Kumbuk« war ein vorbildlicher Zoo-Elefant, ruhig und zuverlässig. Wenn sie sich herausgefordert fühlte, konnte sie allerdings auch recht energisch werden. Mancher Strohhut, der respektlos vor dem Tier hin und her geschwenkt wurde, verschwand nach einer überraschenden Rüsselbewegung in ihrem Rachen, und sogar das Seidenband gelangte dann zuweilen zwischen die Mahlzähne.

Einen Vetter von mir, Franz Merke, der später ein bekannter Chirurg wurde und »Miss Kumbuk« als Knabe dadurch neckte, daß er sie für ausgewählt kleine Erdnüsse immer wieder den Rüssel hochheben ließ, packte sie plötzlich mit dem Rüssel, hob ihn über die Absperrung und schlug ihn gegen die Eisenstäbe. Das dabei entstandene »Loch im Kopf« – was medizinisch wohl einen Schwartenriß bedeutete – war die erste praktische Erfahrung des späteren Chirurgen. Meine Mutter verfehlte selten, mich warnend an diesen Vorfall zu erinnern, wenn ich mich auf den Weg in den Zoo machte. – »Miss Kumbuk« starb am 18. August 1917 an Alterserscheinungen, wie der seinerzeitige Basler Pathologe Professor Hedinger feststellte.

Ihre Nachfolgerin war »Miss Jenny« aus Nepal. Sie traf 1919 im Zolli ein und erlangte dadurch traurige Berühmtheit, daß sie am 11. Januar 1923 plötzlich ihren Pfleger Hans Häfelfinger tötete. Natürlich habe ich die Anfänge der Basler Elefantengeschichte aufmerksam verfolgt und später in meinem Buch »Exotische Freunde im Zoo« (1949 und 1953) ausführlich dargestellt.

Während meiner »Miss Kumbuk«-Zeit und der zunehmenden Vertrautheit mit lebenden Tieren schwand natürlich das Interesse an meiner Plüschmenagerie. Aus der kindlichen Phantasiewelt erfolgte allmählich der Übergang in die Realität. Auch die entsprechenden Spiele, in die ich meine Geschwister einzuspannen pflegte, verloren ihren Reiz.

Am geduldigsten und verständnisvollsten war jeweils meine um neun Jahre ältere Schwester Julie, genannt Jiggi. An schönen Sommertagen mußte sie mittags oft mit mir das »Orang-Utan-Spiel« machen, d.h., sie mußte sich auf die besonnte Steintreppe setzen, die von der Veranda in den Garten führte, und wie ein Orang-Utan symbolisch die Gräser und Blätter mampfen, die ich, der Tierpfleger, ihr brachte. Die beiden Treppengeländer stellten die Seitenwände des Käfigs dar, und die Frontseite baute ich aus Hüpfseilen und anderen Spielgeräten zusammen; auf den Einbau einer Art Türe verwendete ich besondere Sorgfalt.

Für mich war das ein herrliches Spiel oder wohl mehr als ein Spiel: eine Art Imagination. Dazu hatte ich jeweils die Zoomütze aufgesetzt, die mir meine Schwester geschenkt und mit einem ZG (Zoologischer Garten) aus Karton geschmückt hatte. Alles pflegte jeweils gut zu gehen – bis die Glocke der nahen Pauluskirche halb zwei schlug. Dann half keine Absperrung, keine noch so gut gesicherte Türe mehr: Mein Orang-Utan legte seine Rolle brüsk ab und machte sich auf den Schulweg. Das gab mir einen bittern Vorgeschmack von der Unerbittlichkeit des Schulzwangs, dem ich schon bald selber ausgesetzt sein sollte.

Die schlimme Schulzeit – Private Klein-Menagerie

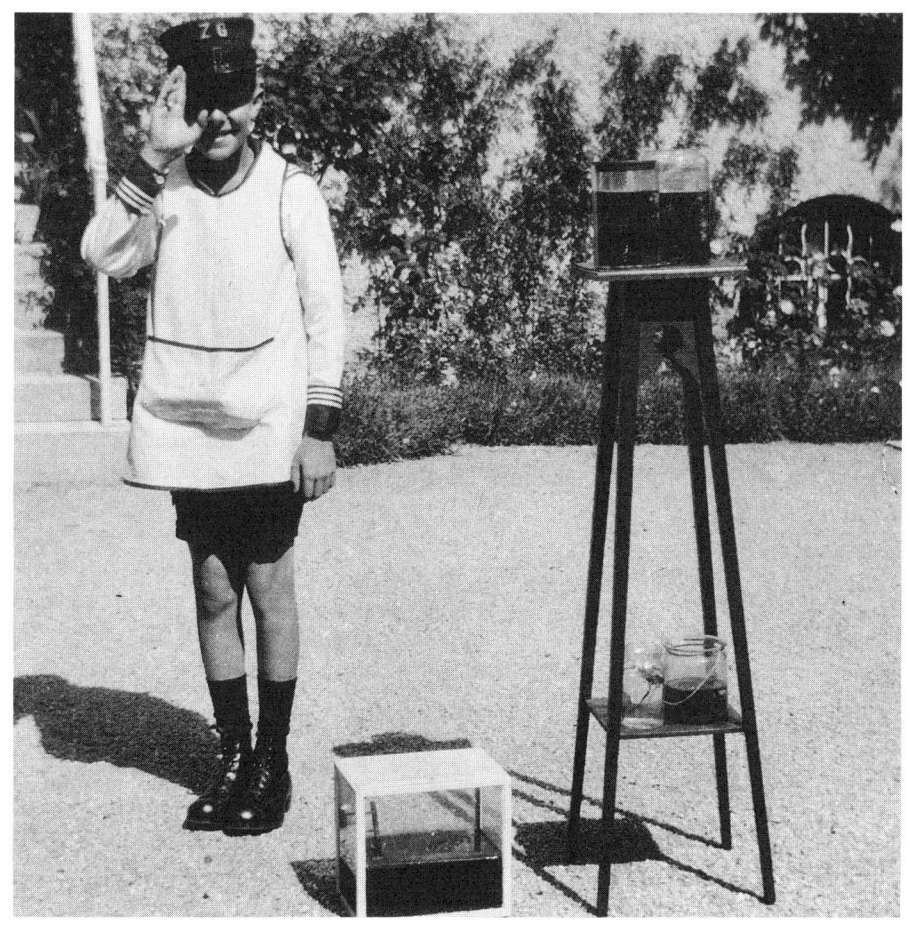

Zuhause wurde ich so gut betreut, daß sich der Besuch eines Kindergartens erübrigte. Für mich begann der Unterricht mit sechs Jahren in der Primarschule. Das Spalen-Schulhaus, das ich nun während vier Jahren besuchen sollte, war ein düsterer, kasernenartiger Bau, etwa 15 Minuten von zuhause entfernt. Meist traf ich unterwegs mit Kameraden zusammen, oder ich wurde von ihnen abgeholt, so daß der Schulweg immer kurzweilig war.

Abgesehen davon, daß ich mich langweilte, hatte ich in der Primarschule eigentlich nicht zu leiden. Das galt jedoch nicht für alle Klassenkameraden. Wir hatten einen ausgesprochen cholerischen Lehrer, der gleich das noch übliche Meerrohr zur Hand hatte und bei jeder Gelegenheit »Tatzen« austeilte. Man mußte dazu vor der ganzen Klasse die Hand flach hinhalten und die schmerzhaften Schläge einstecken. Dabei kam es vor, daß der eine oder andere Schüler im letzten Augenblick die Hand zurückzog, so daß der Schlag des Lehrers Hosenbein traf, was in dessen Gesicht eine zusätzliche Röte auslöste – und bei den Unbeteiligten eine schwer zu verbergende Schadenfreude. Noch schlimmer war es, wenn beim schwungvollen Ausholen zum Tatzenhieb die lose im Ärmel des Lehrers steckende gestärkte Manschette dem zuschlagenden Stock entlangsauste und an die Zimmerdecke flog. Da galt es für uns, das Lachen, so gut es ging, zu unterdrücken, weil man sonst den Zorn des Wüterichs auf sich gelenkt hätte.

Einen wohltuenden Ausgleich zu den düsteren Schulstunden bildete die Haltung lebender Tiere zuhause, im Garten und im Keller. Diese Mini-Privatmenagerie umfaßte zunächst mancherlei Tiere, die ich im Allschwiler Wald und in den Neudörfler Sümpfen im nahen Elsaß erbeutete: Wasserschnecken, Kaulquappen, Frösche, Kröten, Spitzmäuse, Libellenlarven, Eidechsen, Molche, Blindschleichen, bald auch Schlingnattern, Ringelnattern usw. Das Fahrrad war mir bei solchen Exkursionen ein wertvolles Transportmittel.

Meine Schwester Julie gelangte durch irgendwelche Umstände in den Besitz einer jungen Waldohreule namens »Hansi«, deren Pflege sie mir gelegentlich anvertraute. Die Eule wurde so zahm, daß sie in unserem Garten schließlich freifliegend gehalten werden konnte; auf den Ruf meiner Schwester kam sie herbei, um ihr Futter aus der Hand entgegenzunehmen.

Der Ausbruch des Ersten Weltkrieges brachte mancherlei Veränderungen in unserer Umwelt. Im Garten wurden Kartoffeln angepflanzt, und auch die zentrale Wiese des Schützenmattparks – im Sommer Spielwiese, im Winter Eisfläche – wurde zum Kartoffelacker und bedurfte natürlich der Beaufsichtigung. Mit diesem Amt wurde der Basler Zoologe Dr. Adam David betraut. Er war eine stadtbekannte Persönlichkeit, ein berufsmäßiger Elefanten- und Großwildjäger, der während des Krieges auf seine Afrikafahrten verzichten mußte und stattdessen vorübergehend zum »Kartoffelminister« ernannt wurde. Gelegentlich konnte man dem berühmten »David africanus« auch im Zoo begegnen, wo er sich im Sommer in seinem schneeweißen Kolonialanzug mit Tropenhelm zeigte. Viel später, am 5. März 1928, sollte er von der Zooverwaltung den unangenehmen Auftrag bekommen, den zweiten Basler Elefanten, »Miss Jenny«, Nachfolgerin von »Miss Kumbuk«, zu erschiessen, nachdem diese fünf Jahre nach ihrem Pfleger auch noch einen für die Fußpflege beigezogenen Spezialisten erdrückt hatte.

Der bei Kriegsausbruch 1914 von vielen Baslern befürchtete Nahrungsmangel und der Umstand, daß die traditionell mit ihren Handkarren aus dem Elsaß vors Haus fahrenden Gemüsefrauen oft nur noch unregelmäßig oder gar nicht mehr erschienen, veranlaßten zahlreiche Einwohner, nicht nur ihre Gärten mit Kartoffeln, Gemüse und Getreide zu bepflanzen, sondern außerhalb der Stadt Äcker zu erwerben. So hatte auch mein Vater ein Stück Ackergelände in der Nähe von Allschwil gepachtet. Meinem Bruder Alfred und mir fiel die Aufgabe zu, dort die scharenweise auftretenden Mäuse und Spatzen zu bekämpfen und jeweils Erbsen, Bohnen, Mais oder Kartoffeln heimzubringen.

So zogen wir manchmal mit einem kleinen Leiterwagen los, in dem wir Mäusefallen, Flobertgewehr und allerlei Gerät verstaut hatten. Unser Ziel war etwa innerhalb einer Stunde zu Fuß erreichbar. Für uns war das jeweils ein kleines Abenteuer. Wir fühlten uns fast als Jäger und lernten, wie die aus starkem Kupferdraht gefertigten zangenförmigen Fallen in die Erdlöcher der Feldmäuse einzubringen waren und wie man sich an die Spatzen anschleichen mußte.

Mein Bruder machte mich vertraut im Umgang mit Waffen und Munition, mit Reichweite und Wirkung. Da gab es 6-mm-Flobertgewehre und -pistolen mit glatten und gezogenen Läufen, auch 9-mm-Gewehre, Schrot- und Kugelmunition, die gefährlichen Winchesterpatronen mit den langgezogenen Bleigeschossen, die man durch Anbohren der Spitze zu gefährlichen Dum-Dum-Geschossen umarbeiten konnte.

Gelegentlich arteten Ackerpflege und Schädlingsbekämpfung in Schießübungen aus, wenn wir kleine Schützenscheiben mitgebracht und vor einem sicheren Hintergrund aufgestellt hatten. Immer wurde ich zu größter Vorsicht angehalten. Dieser Waffen- und Schießunterricht kam mir später sehr zustatten, als ich für meinen zahmen Fuchs Amseln und auf den städtischen Müllhalden Ratten – seine Lieblingsnahrung – jagen mußte.

Gewissermaßen eine Krönung unserer Aufenthalte auf dem gepachteten Acker stellte nach Ansicht meines Bruders das Aserfeuer dar, auf dem wir unsere Beute, einige mühsam gerupfte Spatzen, brieten. Keiner wollte zugeben, daß die nach verbrannten Federn riechenden Dinger nicht so recht schmeckten, besonders, da wir kein Salz mitgenommen hatten. Romantisch war es trotzdem.

Meine kleine Menagerie im Holzkeller des elterlichen Hauses breitete sich inzwischen immer mehr aus. In diesem Keller-Abteil (neben dem Gemüse-, Kohlen- und Weinkeller und dem Wasch- und Bügelraum) waren Brennholz für das Cheminée im Zimmer meines Vaters und im Winter einige Topf- und Kübelpflanzen untergebracht. Das ließ sich gut zusammenrücken, so daß ich Platz schaffen konnte für meine Käfige und neuerdings auch Aquarien, nachdem selbst die größten vom Haushalt abgezweigten Einmachgläser nicht mehr zu genügen vermochten. In dieser Zeit entdeckte ich auch das erste Aquariengeschäft in Basel, an der Inneren Margarethenstraße, vorzüglich geführt von Marie Unternährer, die ich fortan mit vielen Fragen belästigte. Sie beantwortete sie immer freundlich, mit großer Geduld und mit imponierender Sachkenntnis. Von ihr und ihrem späteren Partner durfte ich viel lernen; ich wurde immer mit erstaunlicher Toleranz behandelt, obgleich ich wohl zu

Prominente Zolli-Besucher vor dem 1891 eröffneten Elefantenhaus, in welches der von den Vettern Paul und Fritz Sarasin aus Ceylon mitgebrachte Jungelefant »Miss Kumbuk« als erster Einzug hielt.

den lästigsten Kunden gehörte: jenen, die wenig kaufen und dauernd im Geschäft herumstehen.

In diesem Aquariengeschäft begegnete ich auch den ersten Meertieren, welche die beiden damals in der Adria selber gefischt hatten: Krabben, Seeigel, Aktinien usw. Besonders die Aktinien hatten es mir angetan, aber die für ihre Haltung erforderlichen technischen Einrichtungen lagen außerhalb der Reichweite meines Taschengeldes. Da kam mir ein sinnloses Geschenk zu Hilfe, das mir ein nur selten bei uns weilender Verwandter gemacht hatte, der von meiner Tier-Besessenheit nichts wußte. Es handelte sich um eine Dampfmaschine: Mit Hilfe eines Spiritusbrenners konnte man einen etwa einen Liter Wasser fassenden Dampfkessel aufheizen und dadurch ein Triebrad in Bewegung setzen, das seinerseits einen winzigen Dynamo bewegte. Der so erzeugte Strom brachte entweder eine kleine Lampe zum Aufleuchten oder trieb eine Miniatur-Stampfmühle an. Was sollte ich mit einer solchen Maschine? Da kam mir der Gedanke, sie auf andere Weise meinen Zwecken dienstbar zu machen. Ich ließ mir einen kleinen Elektromotor schenken. Mit diesem ließ sich das Triebrad der leeren Dampfmaschine antreiben, und dadurch pustete der Zylinder Luft aus, die ich mit einem dünnen Schlauch über einen Ausströmer in mein erstes Meerwasseraquarium führte. Bei der Montage dieser Einrichtung, besonders beim Anzapfen der Lichtleitung im Keller, kam es natürlich mehrmals zu Kurzschlüssen, und ich erhielt kräftige elektrische Schläge, die mir jedoch nicht geschadet haben.

Etwa zu jener Zeit mag es gewesen sein, daß mein erstes Paar weißer Mäuse zu meinem Entzücken Junge bekam. Ebenso wie dieses Ereignis selber freute mich die Anteilnahme meiner Eltern und Geschwister, denen ich die rosaroten Würmchen in ihrem Holzwollenest zeigen durfte. Dem Reiz dieser winzigen Neugeborenen, wie sie noch keiner von ihnen je zu Gesicht bekommen hatte, vermochte niemand zu widerstehen. Es war mein erster Zuchterfolg.

Allerdings ahnte niemand, daß dies nur der Anfang war. Bald hatte ich über sechzig weiße Mäuse, für die ich immer mehr Käfige – aus allerlei Holzkisten gefertigt – aufstellen mußte und die auch einen entsprechenden Geruch verbreiteten. Zusammen mit den übrigen Pfleglingen – Fischen, Salamandern, Fröschen, Geburtshelferkröten, Schlangen, Schildkröten, Sittichen usw. – beanspruchten sie auch immer mehr Zeit, die auf Kosten meiner Schularbeit ging, erst recht, als ich nach vier Jahren Primarschule ins Untere

Gymnasium am Münsterplatz wechselte, wo Latein und schwierigere Mathematik hinzukamen.

Ich begann die Schule zu hassen, weil sie mir immer weniger Zeit ließ für meine Tiere zuhause, im Allschwiler Wald und in den Neudörfler Sümpfen. Einmal hatte ich dort eine unvergeßliche Begegnung: Mit einem Kameraden stapfte ich an Laubfröschen, Ringelnattern und Libellen vorbei durch den Sumpf, als ich zwischen den Blüten etwas Merkwürdiges entdeckte: Es waren Dutzende von Schlammpeitzgern (Misgurnus fossilis), jenen sonderbaren Fischen, die mit Hilfe des Darmes Luft atmen können. Wie Sardinen lagen sie in einem Erdloch. Wir schöpften von Hand einige der über zwanzig Zentimeter langen, schleimigen Fische heraus und brachten sie in einem Leinensack nach Hause, wo ich sie im Aquarium beobachtete. Seither bin ich diesem Fisch im Freileben nie wieder begegnet.

Weil mir der Zoo, Exkursionen in die Umgebung und die Beschäftigung mit meinen eigenen Pfleglingen weit mehr bedeuteten als die Schule, begann sich das auch in den Zeugnissen auszuwirken. Mehr als einmal hieß es am Ende des Semesters oder des Schuljahres »auf Probe befördert« oder »Beförderung fraglich«, einmal sogar »treibt Allotria«. Wir waren zeitweise aber auch höchst sonderbaren Lehrern ausgeliefert. So bestand der Geschichtsunterricht aus einem sturen Einpauken von Jahreszahlen, hauptsächlich Schlachtendaten. Warum diese Schlachten aber überhaupt geführt wurden und was für Folgen sie hatten, das erfuhren wir nicht. Der Französischunterricht begann damit, daß eine Bildtafel von einem Pflug aufgehängt wurde. Jetzt mußten wir lernen, wie Pflugschar, Pflugsterz und weitere Einzelheiten auf Französisch heißen – lauter Wörter, von denen man sicher sein konnte, daß man sie später kaum je brauchen würde. Um in der Schule mitzukommen, wurden Nachhilfestunden – besonders in Latein und Mathematik – für mich unerläßlich. Dadurch wurde meine Zeit mit den Tieren noch mehr eingeschränkt. An vielen schulfreien Nachmittagen mußte ich überdies zum Zahnarzt, zu oft sehr schmerzhaften Behandlungen. Ich hatte sehr schlechte Zähne, wohl, weil ich sie ungenügend putzte und zuviel Schokolade aß. Diese war damals allerdings nicht an jeder Straßenecke zu kaufen, sondern wurde periodisch ins Haus gebracht. Eine alte Frau – eine richtige Bilderbuch-Alte mit Brille und Warzen im Gesicht und einem seltsamen schwarzen Geflecht als Hut – brachte regelmäßig in einem großen Henkelkorb eine Auswahl von Tafeln ins Haus, so daß meine Mutter den Familienbedarf bis zum nächsten Besuch decken konnte.

Der Zahnarzt, der mich während meiner ganzen Jugend – und darüber hinaus – mit großer Generosität und Geduld behandelte, war ein Onkel von mir, dessen Praxis, Labor, Wohnung und Garten auf dem Gelände der ehemaligen großväterlichen Gärtnerei lag. Er war ein großer Tierfreund und betrieb als Hobby eine anspruchsvolle Kaninchenzucht: Blaue Wiener, Schweizer Schecken, Havanna usw. Oft zeigte er mir seine Prachttiere, und er interessierte sich immer für meine Pfleglinge. Nötigenfalls legte er auch bei meinen Eltern ein Wort für mich und meine Menagerie ein. Dafür und für seine hervorragende zahnärztliche Betreuung bin ich ihm sehr dankbar.

Wenn meine Schulleistungen im Unteren Gymnasium oder – in den letzten vier Schuljahren – in der Oberen Realschule wieder einmal stark zu wünschen übrig ließen, konnte es geschehen, daß mein Vater reduzierend in meine kleine Menagerie eingriff. So mußte ich einmal zu meinem Entsetzen feststellen, daß das Terrarium, in dem ich zwei nach langem Sparen angeschaffte Nordafrikanische Dornschwänze (Uromastyx) untergebracht hatte, leer war. Mein Vater hatte die beiden kostbaren Echsen hinterrücks – wenn auch nach Warnungen – ins Aquariengeschäft zurückgebracht. Später, als es auf die Matura zuging, hat er meinen zahmen Fuchs an einen Tierpark verschenkt – und damit allerdings eine Beziehung angeknüpft, die für mich sehr interessant geworden ist.

Vom Unteren Gymnasium, also vom fünften Schuljahr an, wurde der Druck der Schule immer härter, namentlich in bezug auf Mathematik, Algebra, Geometrie usw. Diese Fächer waren mir zu abstrakt. Abstraktes Denken ist immer meine Schwäche geblieben, doch glaube ich, daß sie durch das kompensiert wurde, was ich als biologisches Denken bezeichnen möchte. Abstrakt waren für mich auch Musiknoten. Die schwarzen Tupfen auf den parallelen Linien sagten mir nichts, und ich muß gestehen, daß ich nie im Leben Noten lesen konnte. Im Gesangsunterricht waren meine Klassenkameraden stets so liebenswürdig, mir die Antworten einzuflüstern. Mit diesem Unvermögen hängt zweifellos auch meine absolute Unmusikalität zusammen, die ich oft bedauert habe. Ein Konzert ist für mich heute noch eine im wesentlichen optisch-rhythmische Angelegenheit, die mir aber zuweilen sehr viel bedeuten kann.

Je schlimmer die Belastung durch die Schule wurde, desto bedeutungsvoller wurden die Ferien. Weil die Burg in Zug – ein historischer Bau aus dem 12. Jahrhundert, der später (1983) als Museum der Stadt Zug umgestaltet wurde – seit langem im Besitze unserer Familie väterlicherseits war, ergab es sich, daß wir die Ferien meist dort verbrachten. Auf der Burg war ich immer sehr glücklich. Nur wenn das Haus von allzu vielen Verwandten beansprucht wurde, wichen wir gelegentlich auf die Lenzerheide aus, meist aber nach Sarnen in eine heimelige Pension. Dieses Festhalten an so wenigen Ferienorten störte mich zwar in keiner Weise, führte aber dazu, daß ich praktisch nichts von der übrigen Schweiz zu sehen bekam. So lernte ich zum Beispiel die Stadt Bern erst kennen, als ich zur Rekrutenschule nach Thun einrücken mußte.

Sarnen bot mir verschiedene zoologische Attraktionen. So gab es in den Moosteppichen der Kirchenmauer unmittelbar neben unserer Pension eine erstaunliche Fülle von verschiedenen

Die Burg in Zug 1982, nach ihrer Restaurierung und Umgestaltung als Museum durch Stadt und Kanton.

Postkarte, wie sie früher den Bewohnern der Burg zur Verfügung gestanden hat.

Schnecken, u. a. die kleinen spitzen Clausilien. Bei Regen krochen Feuersalamander im Garten herum, deren kiementragende Larven in einem kleinen Rinnsal zu finden waren. Eine seltsame Faszination übten die Barben auf mich aus, die von der alten, inzwischen abgerissenen Steinbrücke über die Aa zu sehen waren – während Jahrzehnten. Auch wenn ich viel später im Auto durch Sarnen fuhr, versäumte ich es nie, von der Brücke herab »meine« Barben zu besichtigen. Sie waren ein eindrückliches Beispiel für das konservative Verharren einer Tierart in einem günstigen Biotop bzw. Territorium, wie mir das auch von Forellen, Eidechsen, Raubvögeln und vielen anderen Tieren bekannt geworden ist.

Neben dem gelegentlichen Forellenfang in der Aa fischte mein Vater in Sarnen auch große Egli (Flußbarsche) oder Hechte, und zwar vom Boot aus, was für mich von zusätzlichem Reiz war. Abenteuerlich war allein schon die Bootshütte mit den alten, dürren Brettern, die voller Spinnen und Insekten war und wo man bei vorsichtigem Betreten im niedrigen, schattigen Wasser vielleicht eine Trüsche entdecken und unter Umständen gar mit dem Netz erbeuten konnte.

Kam man mit alten Fischern oder Einheimischen ins Gespräch, so drehte sich dieses bald einmal um das sagenhafte Meerweibchen, das manche – meist mitten im See – angeblich hatten auftauchen sehen. Der Sarner See hatte also damals schon sein kleines, liebenswürdiges Loch-Ness-Monster.

Ein großes Sarner Ferienerlebnis war für mich ein schmales Bächlein voller Krebse in der Nähe von Sachseln. Wenn ich bäuchlings über das grasige Ufer hinausrutschte, konnte ich die grauen Scherenträger von Hand packen und mitnehmen, um sie im Brunnentrog vor der Pension zur weiteren Beobachtung unterzubringen. In der Nacht brachten es aber viele dieser

Krustentiere fertig, den Brunnenrand zu überklettern und sich an unmöglichen Stellen, zum Beispiel zwischen den Liegestühlen der Feriengäste, zu verstecken, wo sie zuweilen eine eigentliche Panik auslösten – teils zu meinem Vergnügen, teils zum Verdruß, denn ich wollte sie doch im Brunnentrog ausgiebig beobachten.

In Zug also, auf der Burg, verbrachte ich die meisten Ferien meiner Kindheit. Auch später weilte ich oft dort, bis zum Verkauf dieses Hauses, zu dem ich bis heute eine mehr als nur nostalgische Beziehung habe.

Mein Vater war nie Auto-Besitzer, aber er war Besitzer des ersten Motorbootes auf dem Zugersee, samt zugehöriger Admiralsuniform. Die einzige Erinnerung, die ich aus meiner frühen Kindheit an das Boot habe, ist die, daß der Motor auszusetzen pflegte und meine Geschwister oder erwachsenen Begleiter die für alle Fälle mitgeführten Ruder hervorholen mußten. Ich selber benutzte am häufigsten ein geeignetes Mietboot, mit dem man in die abenteuerlichen Schilflabyrinthe zwischen Zug und Cham eindringen konnte, die voll von zoologischen Schätzen waren – von der Schlammschnecke bis zum Zwergreiher.

Wenn wir im Frühjahr als erste von Basel auf der Zuger Burg ankamen und das im Winter leerstehende große Haus durch Anfeuern der schönen Kachelöfen aufzuwärmen begannen, war die Inspektion des geräumigen Estrichs für mich voller Überraschungen. Da lagen meist einige tote Spyren (Turmschwalben) und auch Fledermäuse; an den Dachlatten unter den Ziegeln hingen leere Wespen- und Hornissennester, die sich gefahrlos auseinandernehmen ließen, so daß ich ihre kunstvolle Konstruktion untersuchen konnte. Im Gewinkel des Dachgebälks pflegten verwilderte Haustauben zu nisten, auf deren Junge eine meiner alten Tanten – eine Feinschmeckerin – ein gieriges Auge hatte.

Am 1. August hatten mein Bruder und ich die Aufgabe, die Schweizer Fahnen aus den Estrichfenstern auszuhängen. Die langen Stangen mußten wir am Dachgebälk mit Seilen verankern, da keine Halterungen vorhanden waren. Auf der Ebene über dem eigentlichen Estrichboden, wo nur einzelne Bretter über die waagrechten Balken gelegt waren, war dies besonders riskant. Geradezu unheimlich war der Aufenthalt im Turm, wenn Gewitter tobten.

Damals gab es auf der Burg noch keine Elektrizität. Die Herde wurden, wie die Kachelöfen, mit Holz angefeuert, und das Spalten und Zersägen im alten Holzhaus bildete eine willkommene Ferienarbeit. Beim Zubettgehen mußten Kerzen mitgetragen werden, und als Kleinkind habe ich zuweilen furchtbare Angst ausgestanden, wenn die Kerzen im Durchzug flackerten und unheimliche, bewegliche Schatten den Wänden entlang huschten oder wenn das Licht gar ausgeblasen wurde. In den Zimmern wurden hübsch bemalte, runde, in der Höhe verstellbare Transparente vor die Kerzen gestellt, so daß sie ein heimeliges, ruhiges Licht ausstrahlten.

Natürlich gab es in der Frühzeit meines Burgenlebens auch noch keine Wasserspülung in den Toiletten. Das Spülwasser mußte in großen Henkelkrügen in die verschiedenen Toiletten gebracht werden. Von hier wurde es in eine gedeckte Jauchegrube, tief im Burggraben, geleitet. Diese wurde dann von Zeit zu Zeit mit Hilfe einer Schöpfkelle und eines hölzernen, einräderigen Stoßkarrens mit kubusförmigem Laderaum entleert.

Diese Karre, die meist trocken und dann geruchlos war, bildete ein herrliches Spielzeug. Meine Geschwister kamen auf die großartige Idee, einen

Gartenschemel hineinzustellen und diesen sogar mit einem Kissen zu versehen. Gelegentlich wurde ich daraufgesetzt, und los ging's durch den Burggarten. Am schönsten war es, wenn sie mit mir »im Garacho« die grob gepflasterte Rampe hinunterrasten, am Wäschehaus vorbei in den Graben.

Ursprünglich enthielt der Burggraben auch einen zerfallenen Kaninchenstall und ein Hühnerhaus, doch erlebte ich diese Tierhaltung nur noch am Rand. Das schattig-feuchte Milieu ist diesen Tieren nicht bekommen. Aber da waren für mich andere Kostbarkeiten. So wuchsen in diesem Burggraben die größten Haselstauden, die ich jemals zu Gesicht bekommen habe, mit oberschenkeldicken Stämmen, und uralter Holunder von noch größerer Dicke. Davon wurden Eichhörnchen angezogen und Amseln. Hier begegnete ich meinem ersten Fall von Alkoholismus im Tierreich: Zur Reifezeit stopften sich die Amseln voll mit den blauen Holunderbeeren. Bekanntlich kann dieses zuckerhaltige Futter im Magen und im Kropf der Vögel Alkohol erzeugen und einen regelrechten Rausch bewirken. Die betrunkenen Amseln saßen dann blöd herum, mit einem abwesenden Gesichtsausdruck, unfähig zu fliegen, so daß ich hie und da einige mit dem Schmetterlingsnetz fing, um damit meine älteste Schwester zu erschrecken, die Vögel, namentlich Amseln, nicht leiden mochte.

Der rings um die Burg führende Graben war völlig verwildert und wohl deshalb eine besonders reiche Fundgrube für vielerlei Getier wie zum Beispiel Schnecken, Käfer, Spinnen. Unter diesen beeindruckten mich die langbeinigen Weberknechte, welche an der Rückwand des Gartenhauses quadratmetergroße Teppiche bildeten, und zwar derart, daß sie ihre fadendünnen Beine über die ihrer Nachbarn legten. Berührte man ein Tier am Rand der Kolonie, so wurde die Störung im Nu der ganzen Gesellschaft mitgeteilt, die dadurch in eine höchst verblüffende Vibration geriet. Später habe ich über diese seltsame, noch oft wiederholte Beobachtung wissenschaftlich berichtet (1952). Es handelt sich um einen sonderbaren Fall von Kommunikation.

So reich die Tierwelt des Gartens und besonders des Burggrabens an sich schon war, während der Ferien bereicherte ich sie zusätzlich, allerdings mit wechselndem Erfolg. Auf dem kleinen Alpengartenbeet setzte ich Bergeidechsen aus, die sich offensichtlich wohl fühlten. Doch stellten eindringende Katzen ihnen nach, was ich einmal in flagranti feststellen konnte, aber schon vorher, aufgrund der regenerierten Schwänze, befürchtet hatte.

Den eingeführten schwarzen Alpensalamandern bekam das Klima nicht, trotz der schattig-feuchten Umgebung. Ich habe nie Nachwuchs gefunden. Das hat mir sehr zu denken gegeben, namentlich auch im Zusammenhang mit der Erfahrung, daß ich bei Spaziergängen in Richtung Zugerberg an regnerischen Tagen von einer gewissen Höhe an – die ich auf ca. 700 Meter schätze – statt der Feuersalamander nur noch die schwarzen Alpensalamander fand, obgleich der Lebensraum (Vegetation, Gestein usw.) nach meiner Beobachtung unten wie oben genau derselbe war. Ist es denkbar, daß allein der Luftdruck in so strenger Weise Arten zu trennen vermag? Diese Frage beschäftigt mich noch heute.

Bedeutsame Erlebnisse waren für mich schon als Knirps die gelegentlichen Familienausflüge in der Umgebung von Zug, die denkwürdigen Picknicks irgendwo am See oder auf dem bis heute so geliebten Zugerberg. In der guten Zeit trugen Köchin und Dienstmädchen Essen und Tranksame mit. Ich erinnere mich sogar daran, daß auf dem Berg gelegentlich eine Cham-

1932, vor der »Anbauschlacht«, waren weite Teile des Zugerberges noch mit dichten Beständen des Adlerfarns bedeckt, der an einzelnen Stellen Mannshöhe erreichte. Als Kind fühlte ich mich darin wie in einem Dschungel. Später begegnete ich dem Adlerfarn auch in Afrika und im Himalaja. Farne und Palmen haben es mir von jeher angetan.

pagnerflasche in einem kühlen Bächlein kalt gestellt wurde. Während die älteren Teilnehmer sich nach dem Essen zu einem Mittagsschläfchen ausstreckten, hatte ich Gelegenheit, die Umgebung nach interessanten Tieren abzusuchen. Der Zugerberg war damals eine großartige Farnwildnis. Der Adlerfarn (Pteris aquilina), dem ich später auf anderen Erdteilen begegnet bin, erreichte dort zuweilen eine Höhe, daß ich darin verschwinden konnte. Einmal lief ich in ein derart zähes Spinnennetz, daß mein leichter Sonnenhut darin hängen blieb.

Mehrmals führten solche Ausflüge bis auf den Roßberg bzw. den Wildspitz, die höchste Erhebung des Kantons Zug mit der imposanten Rundsicht. Später machte ich diese lohnende Exkursion oft auch allein, auf der Suche nach schwarzen Ringelnattern, die im Nagelfluhgeröll des heißbesonnten Bergsturzgebiets von Goldau anzutreffen waren.

Leer aufgefundene Muschelschalen, Schneckenhäuschen und andere für mich wichtige Gegenstände kamen in meine Naturaliensammlung, d. h. in eine riesige, flache, stoffüberzogene, mit Scharnierdeckel versehene Kartonschachtel, die meine Eltern für mich hatten herstellen lassen. Sie war in viele kleine und größere Fächer unterteilt und diente vor allem zur Aufnahme zoologischer Kostbarkeiten aus dem ehemaligen Ostafrika. Eine Schwester meiner Mutter und ihr Gatte, der Hamburger Kunstmaler Walter von Ruckteschell, hatten sie nach dem Ersten Weltkrieg von dort mitgebracht. Mein Onkel hatte nämlich 1913 von der Hamburg-Amerika-Linie den Auftrag erhalten, den Kilimandscharo (den »höchsten Berg Deutschlands«) zu malen. Das Gemälde war für den Saal des größten Linien-Dampfers bestimmt. In Afrika wurden die beiden vom Krieg überrascht. Mein Onkel mußte als Adjutant von General von Lettow-Vorbeck den Kolonialkrieg mitmachen, meine Tante wurde Krankenschwester in einem Lazarett in Dar-es-Salaam. Beide waren atemberaubenden Abenteuern ausgesetzt; eines davon war für mich, daß meine Tante – Clary von Ruckteschell-Trueb – als erste Frau den Gipfel des Kilimandscharo bestieg.

Für mich war wichtig, daß die beiden mir Riesenkäfer, Zikaden, Schneckenhäuser und bizarre Pflanzensamen mitbrachten und mit vielen Dias ihre Safaris und Begegnungen mit der afrikanischen Tierwelt schilderten. Ich glaube, daß ich damals eine weitere Prägung erfahren habe.

Manchmal brachten wir von Basel verschiedene Pfleglinge mit in die Ferien auf die Burg, so zum Beispiel meinen Fuchs und einen in den Neudörfler Sümpfen gefangenen Laubfrosch, der meiner Schwester Julie besonders ans Herz gewachsen war. Der Laubfrosch lebte in einem der seinerzeit üblichen Froschgläser mit einem Holzleiterchen. Als biologische Zugabe fügten wir noch einige Tradescantiazweige hinzu. Durch eine Klappe im Gitterdeckel des Glases konnten wir ihn mit Fliegen, Schaben und Faltern füttern.

Dieser schöne, grüne, saubere Frosch wurde bald sehr zahm und nahm insofern an unserem Familienleben teil, als er regelmäßig zu quaken begann, wenn wir uns ein wenig laut unterhielten oder gar miteinander stritten. Zuweilen brachte das laute Quaken des Frosches heftige Diskussionen zu einem versöhnlichen Ende.

An den Fenstern des sogenannten Rittersaales fanden wir nahrhafte Fliegen für den Frosch, was meine Schwester auf die Idee brachte, diesen an die Scheiben zu setzen und ihn selber die Fliegen fangen zu lassen. Zuerst hatte ich Zweifel an dieser Fütterungsmethode, doch zerstreute der Frosch sofort alle Bedenken. Er ließ sich von Hand aus dem Glas nehmen und an die Fensterscheibe setzen, wo alsbald eine lebhafte Fliegenjagd losging. Wir ließen ihm Zeit dazu, und bald verbrachte er einen großen Teil des Tages am Fenster anstatt in seinem Glas. – Während meines ganzen späteren Berufslebens gelang es mir nie mehr, zu einem Laubfrosch ein derart enges Verhältnis zu entwickeln, wie ja überhaupt viele kindlichen Tierbegegnungen sich später nicht wiederholen und dennoch – oder gerade deshalb – höchst eindrücklich bleiben.

Zu den unvergeßlichen Burgeindrücken gehören auch die Scharen von Spyren (Turmschwalben oder Mauersegler, Apus apus), die im Sommer täglich in großer Zahl schreiend um den Turm sausten und in dessen Dachlüken unter den Ziegeln auch regelmäßig nisteten. Von Estrichnischen und von einigen Stellen des Dachgebälks aus konnten wir sie beim Brüten und beim Füttern der Jungen aus nächster Nähe beobachten.

Diese außerordentlichen Flieger haben sehr zu leiden unter einem Parasiten, einer Lausfliege (Crataerina), die wir oft an lebend aufgelesenen Spyren fanden, wo sie von Feder zu Feder huschten, manchmal über unsere Finger hinweg. Diese Blutsauger können die Spyren in derartigen Mengen befallen, daß sie ihre Opfer blutarm machen oder gar durch übermäßigen Blutentzug töten.

Das wußte ich schon als Schüler. Aber erst später entnahm ich der großartigen Monographie des englischen Ornithologen David Lack (1956), daß zwischen den Entwicklungsphasen der Spyre und ihrem Parasiten eine unerhörte zeitliche Verzahnung besteht, wie ich sie später in ähnlicher Weise bei ganz verschiedenen Tieren kennenlernte. Die Lausfliege legt keine Eier, sondern nur einzelne Larven, die sich sofort verpuppen. Diese Puppen sehen aus wie kleine Vitaminpillen und überdauern den Winter in der Nähe der Spyrennester, während die alten Parasiten sterben. Das Ausschlüpfen der überwinterten Parasiten aus den Puppen erfolgt im Juni des folgenden Jahres, zur gleichen Zeit also, da die jungen Spyren ausschlüpfen. Die gefährlichen Blutsauger finden gewissermaßen einen gedeckten Tisch vor.

Es ließ sich nachweisen, daß das Ausschlüpfen der Lausfliegen nicht durch die Brutwärme der aus dem Süden zurückgekehrten Spyren ausgelöst wird, sondern durch die vorsommerliche Temperaturerhöhung. So sind die beiden Tiere – Wirt und Parasit – in ihrer Lebensführung zeitlich sehr präzise aufeinander abgestimmt. Es handelt sich um eine höchst wirksame Verzahnung zweier Lebensgeschichten und dessen, was ich später als das große Raum-Zeit-System der Tiere beschrieben habe, eine Erscheinung, deren Entstehen und Evolution in vielen Punkten heute noch recht geheimnisvoll ist – wie das Leben vieler Parasiten, ja der meisten Tiere überhaupt. Das einfache Rezept, Mutation und Selektion als die beiden Mechaniker des Artenwandels zu betrachten, ist auch hier ungenügend. Hier, wie in zahllosen anderen Fällen, steht der Biologe noch vor ungelösten Rätseln.

Auch auf ein ganz anderes grandioses Geschehen im Tierreich weist uns die Spyre hin, nämlich auf den Vogelzug. Gerade die Spyren zeigen, in wie vielen Punkten dieser noch zu den Geheimnissen der Natur gehört. Im Gegensatz zu vielen anderen Zugvögeln erscheinen die Spyren erst im Mai bei uns und fliegen im August schon wieder weg – nicht etwa weil es kein Futter mehr gäbe, die Luft ist dann noch voll von nahrhaften Insekten, sondern weil ihr Raum-Zeit-System sie zum Abflug zwingt, ihre »innere Uhr‹ wie man heute zu sagen pflegt. Beide Ausdrücke sind nur Verlegenheitsbezeichnungen. Warum bleiben die Vögel nicht einfach in Afrika, im Sudan, jenseits der Sahara, in Zaïre oder gar in Südafrika, wo sie überwintern? Wie steht es mit der Orientierung, wenn sie nächtelang pausenlos riesige Strecken überfliegen, wodurch sie die Leistungen moderner Jet-Flugzeuge seit Jahrtausenden vorweggenommen haben? Hier – wie so oft – stößt der Zoologe auf Wunder über Wunder, wenn wir darunter Erscheinungen verstehen, die wir heute nicht zu erklären vermögen und vielleicht auch nicht in Zukunft, schon weil viele dieser Wunder aussterben, bevor sie erforscht werden konnten.

Dieser Gefahr ist auch die Spyre ausgesetzt. Seit der Restauration der Burg in Zug (1981) sind die großartigen Flieger dort verschwunden, wie in so manchem anderen restaurierten Gebäude. Sachverständige kümmern sich nicht um derartigen zoologischen Kleinkram. Dabei wäre es doch so einfach, an die Restauration historischer Bauten mit öffentlichen Geldern die Bedingung zu knüpfen, daß die Nistgelegenheiten der bedrohten Vögel erhalten bleiben. Um den Burgturm ist es heute still geworden.

Der Wegzug der Spyren im August zeigte mir jeweils auch das Ende der Sommerferien an, die Rückkehr nach Basel, den Wiederbeginn der Schule mit ihren Belastungen. – Gut war ich manchmal im Schreiben von Aufsätzen, besonders dann, wenn das Thema freigegeben war oder mit meiner Liebhaberei (oder Besessenheit) zu tun hatte. Es war wahrscheinlich noch im Unteren Gymnasium, als ich einen langen Aufsatz über meine »Königsmaus« schrieb, meine letzte weiße Maus, die ganz besonders zutraulich war und nicht in einem Käfig lebte, sondern den ganzen Holzkeller zur Verfügung hatte.

Am Abend brauchte ich ihr nur zu rufen, so erschien sie in einer Spalte des Holzstapels und stieg mir auf die hingehaltene Hand und von dort auf die Schulter. So ließ sie sich gerne herumtragen, während ich die übrigen Tiere versorgte, in der Waschküche die zahlreichen Futtergeschirre reinigte und andere Hantierungen verrichtete. Schließlich hatte sie zuverlässigen Appell, und ich hatte das Gefühl, daß eine ganz besondere Freundschaft uns verband. Es kam zu einer Art »Participation mystique«, wie das etwa bei sogenannten »Tiernarren« zu beobachten ist, aber auch bei sonst »normalen« Menschen, denen ein außergewöhnliches biologisches Einfühlungsvermögen eignet.

Auch meine Geschwister fanden Gefallen an dem Tier, so daß ich »Musi« gelegentlich sogar auf dem Familientisch herumlaufen lassen durfte, selbst wenn Besuch anwesend war. Auf meinen Ruf eilte »Musi« sogleich zu mir, beschnüffelte prüfend meine Hand und kletterte mir auf die Schulter. Später konnte ich auf dieselbe Weise auch andere kleine Pfleglinge vorführen, u. a. einen Siebenschläfer. Er sprang mir auf Anruf vom Tischrand aus sechzig Zentimeter weit auf die vorgehaltene Hand.

Derart intime Beziehungen konnte ich später als Zoodirektor und Dozent kaum mehr erleben. Administrative und wissenschaftliche Aufgaben trieben einen zunehmend breiteren Keil zwischen die Tiere und mich.

Eine Zwischenbemerkung sei mir hier noch gestattet zuhanden aller Tierliebhaber, die glauben, sich von geliebten Tieren nach deren Tod nicht trennen zu können, und sie daher »ausstopfen« lassen – ein furchtbares Wort.

Ich machte damals den Fehler, meine vorher geschilderte »Königsmaus« von einem Präparator ausstopfen zu lassen. Trotz seiner vorzüglichen Arbeit war die ausgestopfte Maus für mich eine schwere Enttäuschung. Ein Tier, zu dem so innige Beziehungen bestanden haben, läßt sich eben nicht über den Tod hinaus erhalten. Seit dieser Erfahrung habe ich Tierfreunden immer empfohlen, ihre verstorbenen Lieblinge unter keinen Umständen ausstopfen zu lassen. Die Starrheit solcher Präparate, der entsetzliche Blick können geradezu unerträglich wirken.

Die Endphase meiner Schulzeit rückte näher und damit ihre Schlußkrise. Es stand keineswegs fest, daß ich die Matura bestehen würde. Vorsorglich sah ich mich nach Möglichkeiten um, die mir ein tiernahes Leben auch ohne akademisches Studium gestatten würden. So schrieb ich eines Tages an Hagenbeck in Stellingen, die weltbekannte Tierhandlung mit ihrem mustergültigen Zoo, ihrem Zirkus und den Tierfangunternehmungen in aller Welt. In diesem Riesenbetrieb suchte ich irgendeine Stelle, eventuell auch als Dompteurgehilfe. Als Antwort kam eine vorgedruckte Karte mit einer bedauernden Absage. Ich konnte mir denken, daß die Firma von unzähligen jugendlichen Abenteurern mit derartigen Anfragen belästigt wurde. Bei mir allerdings handelte es sich nicht um eine vorübergehende Schwärmerei, sondern um frühkindliche Prägungsprozesse; davon bin ich fest überzeugt.

Als Alternative zog ich eine unbefristete Reise nach Marokko in Betracht – ein tierreiches Land mit Palmen und all den landschaftlichen Schönheiten, wie sie mein Vater in Algerien erlebt hatte. Zudem war dort eine Löwenfarm oder ein Zoo geplant. Das hatte ich von meinem Bruder gehört, der nach seiner Banklehre in Basel und einem Aufenthalt in Holland eine Stelle bei einer Bank in Rabat, der Hauptstadt Marokkos, angenommen hatte. Die Arbeit in dem engen Stadtbüro sagte ihm jedoch nicht zu, und er wechselte auf die Farm eines Schweizers in der Nähe von Rabat. Von dort schrieb er mir verlockende Briefe.

Als ich mich auf einem Reisebüro erkundigte, erhielt ich den Bescheid, daß Jugendliche nur aufgrund eines schriftlichen Einverständnisses der Eltern bedient würden. Damals verschwanden eben noch viele junge Leute aus der Schweiz in die Fremdenlegion. Das war nicht gerade die Auskunft, die ich gesucht hatte. Andererseits bestand die Gefahr, daß mich mein Vater bei Nichtbestehen der Maturitätsprüfung in eine kaufmännische Lehre stecken würde. Als Kaufmann hielt er ohnehin nicht viel von einem Zoologiestudium; Zoologie war für ihn – wie er mir immer wieder vor Augen hielt – eine »brotlose Kunst« (womit er nicht ganz unrecht hatte). Er wollte sich selber ein Urteil über diesen ausgefallenen Beruf bilden, doch damals gab es noch kaum Beratungsstellen. So wandte er sich an den Redaktor der Fischereizeitung, die er als eifriger Forellenfischer abonniert hatte und die ich natürlich auch aufmerksam zu lesen pflegte. Dr. Brodbeck, der Redaktor, war Zoologe und ein sehr netter, verständnisvoller Mann. Es traf sich, daß ich ihm kurz vorher ein kleines Manuskript geschickt hatte, von dem er begeistert war und für das er mir ein Honorar von Fr. 1.50 überwiesen hatte.

Die Besprechung war positiv. Der alte Herr redete meinem Vater zu, mich studieren zu lassen: Es lägen gewisse Begabungen vor. Der Titel meiner Einsendung hieß: »Der Strom«; es war in Wirklichkeit ein Schulaufsatz, für den ich die beste Note erhalten hatte. Ich schilderte darin einen Ferieneindruck von Zug: Auf halber Höhe des Zugerbergs gab es am Rand des Waldweges einen feuchten Hang, von dem ständig Wasser tröpfelte, durch dichte Schachtelhalmbestände sickerte, sich in einem Graben etwas staute und Unken und Salamander beherbergte. Von dort floß das Rinnsal in ein nahes, kristallklares Bächlein, in dem kleine Forellen zwischen bemoosten Steinen herumschossen. Es brauchte nicht viel Phantasie, um sich die Entwicklung des kleinen Rinnsals zum Bach, zum Fluß und zum Strom auszumalen. Mich freute nicht nur die gute Note, sondern auch das Honorar, weil dieser Aufsatz meine erste journalistische Arbeit war, der Beginn eines Hobbys, das mich durchs ganze Leben begleitet hat. Die »Schweizerische Fischerei-Zeitung« und Carl Hagenbecks illustrierte »Tier- und Menschenwelt« gehörten zu den Abnehmern meiner ersten Publikationen.

Indessen wollte mein Vater über die Berufsmöglichkeiten eines Zoologen mehr Informationen einholen. An der Oberen Realschule wurde gerade eine Sprechstunde für Berufsberatung eröffnet, und mein Vater meldete uns sofort an. Zu meinem Entsetzen mußte ich feststellen, daß dieser Berufsberater im Nebenamt niemand anders war als mein Lehrer in darstellender Geometrie – einem der Fächer, die mir soviel Mühe gemacht hatten. Ich war aufs Schlimmste gefaßt.

Dr. Henneberger, so hieß der gefürchtete Mann, bezog sich aber nicht auf meine schwachen Leistungen und unsauberen geometrischen Darstellungen, sondern empfahl meinem Vater, mich das Zoologiestudium wenigstens beginnen zu lassen. Ich hätte dem bisher gefürchteten Lehrer um den Hals fallen können!

Auch anderweitige Erkundigungen bestärkten meinen Vater im Entschluß, meinem Zoologiestudium zuzustimmen – falls ich die Matura bestehen würde. Das gab mir neue Zuversicht, und ich war bereit, meine zeitraubende Menagerie und die ausgedehnten Ausflüge in Wald und Sümpfe stark einzuschränken, um mich auf diese verflixte Maturitätsprüfung zu konzentrieren.

Es galt also, Abschied zu nehmen von vielen Pfleglingen, die im Garten und im Keller untergebracht waren: vom Skorpion bis zum Steinkauz und vom Scheltopusik bis zur Hufeisennase. Einige wenige, besonders ruhige und saubere Tiere, die ich aus nächster Nähe beobachten wollte, lebten in meinem Schlafzimmer, zum Beispiel einige Erzschleichen mit ihren winzigen Beinchen und eine besonders schöne, blaugetupfte Blindschleiche, die schließlich so weit war, daß sie mir in Streifen geschnittene Rindfleischstückchen aus der Hand nahm.

Eine völlig zahme Fledermaus, mit der ich noch mancherlei vorhatte, ein Abendsegler (Nyctalus noctula), gehörte auch zu diesen Zimmergenossen. Tagsüber hatte sie sich jeweils hinter meiner Waschkommode aufgehängt, und natürlich ließ sie die Endprodukte ihres Stoffwechsels – ziemlich trockene, schwarze Körnchen – dort fallen, so daß sich am Boden kleine Häufchen bildeten. Obgleich sie es immer bestritten hat, wurde ich den Verdacht nie los, daß das Zimmermädchen, eine etwas schrullige alte Jungfer, eines Tages die Kommode absichtlich gegen die Wand stieß und so meine Fledermaus jämmerlich zerquetschte.

Zu Lebzeiten hatte mich diese ungewöhnliche Fledermaus dadurch besonders erfreut, daß sie jeden Abend, wenn ich in mein Zimmer kam und mich auf einen bestimmten Stuhl setzte, auf Anruf zu Fuß hinter der Kommode hervorkam und an meinem Bein emporkletterte. Auf dem Knie angelangt, erhielt sie mit der Pinzette ihre erste Portion Mehlwürmer oder – was sie seltsamerweise noch mehr zu lieben schien – kleine Fischstückchen. Diese Fischvorliebe, die mir bei verschiedenen Insektenfressern aufgefallen war, wollte ich noch näher untersuchen, außerdem hatte ich gehofft, meine Fledermaus so weit zu bringen, daß sie zugeworfenes Futter im Flug erhaschen würde. Das war nun nicht mehr möglich, doch war ich auch der schwierigen Aufgabe enthoben, für diesen Pflegling ein geeignetes Plätzchen suchen zu müssen.

Nicht leicht war das auch für meinen damals anspruchsvollsten Pflegling, meinen Fuchs »Fritz«. Ihn hatte ich durch die Vermittlung – und Überredung – des Zolli-Tierpflegers Werner Schindelholz erhalten, eines besonders begabten Tierkenners, von dem ich auch in den folgenden Jahren sehr viel lernte und der mir zum Freund wurde. Obwohl er außer seinem Namen nicht viel schreiben konnte, oder vielleicht gerade deswegen, wußte er über Tiere und ihr Verhalten viel mehr Bescheid als seine Vorgesetzten – und das kann mitunter verhängnisvoll sein. Als ehemaliger Jagdgehilfe eines bekannten Tiroler Jäger-Dichters war er auch eng befreundet mit dem Basler Jäger-Dichter Fischer, der unter dem Pseudonym »Waldläufer« viele fesselnde Aufsätze und auch Bücher veröffentlicht hatte.

Damals herrschte unter den Jägern noch der grausame Brauch, Dackel dadurch auf die Fuchs- und Dachsjagd abzurichten, daß man ihnen zunächst in künstlichen Bauen junge, leicht zu überwältigende Füchse vorsetzte. Nun traf es sich, daß der »Waldläufer« zu viele Jungfüchse hatte ausgraben lassen – er konnte sie nicht alle fristgerecht für das Tötungstraining seiner Dachshunde verwenden. Einer von ihnen war inzwischen schon zu alt, d.h. für die Hunde zu gefährlich geworden. Er sollte daher getötet werden. Da schlug Werner Schindelholz dem »Waldläufer« vor, den Jungfuchs mir zu verkaufen. Der »Waldläufer« stimmte nur widerwillig zu, weil der Fuchs mit etwa vier Monaten schon zu alt schien, um jemals zahm zu werden. In der Tat war das Mini-Raubtier, das ich im Sommer 1924 in einem soliden Sack nach Hause brachte, ein höchst erregtes Wesen, das mit angelegten Ohren keckernd gegen das Gitter seines Käfigs stieß und dabei seine spitzen und schon recht langen Fangzähne zeigte.

Das Tierchen war begreiflicherweise völlig verängstigt, und meine erste Aufgabe bestand darin, es in einem geräumigen Käfig unterzubringen, zu beruhigen und zur Nahrungsaufnahme zu bewegen, in der Hoffnung, es doch noch zähmen zu können. Das ist mir denn auch vollkommen gelungen. »Fritz« – so nannte ich den Fuchs – war also ein der Freiheit entnommenes Wildtier, an dem ich in der Folge alle Stufen der Tier-Mensch-Beziehung – von der ursprünglichen Wildheit bis zur absoluten Zahmheit und der darauf aufbauenden Dressiertheit – beobachten konnte. Eine einzigartige Gelegenheit in meinem Leben – was mir damals natürlich nicht bewußt war!

Immer wieder, wenn ich im Alter auf mein wissenschaftliches Leben zurückblicke, muß ich feststellen, daß fast alle meine wichtigen Erkenntnisse als Tierpsychologe (und damit auch als Zoodirektor) auf meinen frühen Erfahrungen mit »Fritz« beruhen. Das läßt sich auch durch die Folge meiner wissenschaftlichen Arbeiten belegen, die sich zum größten Teil auf die Tier-Mensch-Beziehungen ausrichten. Ich glaube, daß ich mich damals in einer bedeutsamen »sensiblen Phase« befand, während welcher prägende Erlebnisse von entscheidender Wirkung sein können. Die Nachpubertät stellt beim Menschen wohl allgemein eine Phase höchster Einprägsamkeit und Einfühlungsfähigkeit dar. Die Tatsache, daß viele Söhne den Beruf ihres Vaters übernehmen, hängt sicher nicht immer von geschäftlichen Überlegungen ab, sondern ist ein Prägungsphänomen, zu dem ich viele Fallbeispiele anführen könnte.

Mein Fuchs jedenfalls hatte es mir angetan: Jede Einzelheit seines Verhaltens war für mich eine Offenbarung und steigerte in mir den Wunsch, dieses Tier zu verstehen. Auf diesem faszinierenden, endlosen Weg habe ich es immerhin ein Stückchen weit gebracht. Meine 1985 in Amerika veröffentlichte wissenschaftliche Biographie trägt bezeichnenderweise den Titel: »Ein lebenslanger Versuch, Tiere zu verstehen«. Bei diesem Versuch hat mir der Fuchs »Fritz« ganz entscheidend geholfen – wohl mehr als jedes andere der unzähligen Tiere, denen ich in meinem Berufsleben begegnet bin. An ihn erinnere ich mich in tiefer Dankbarkeit. Warum soll es das nicht auch geben?

Meine Zuneigung zu dem verängstigten, anfänglich gefährlich um sich schnappenden Tier, mein unbändiger Wille zum Verstehen hatten – um es kurz zu machen – zur Folge, daß »Fritz« innerhalb von zwei Monaten völlig zahm geworden war. Ich konnte ihn auf den Arm nehmen und bald auch seine Schnauze in meinen Mund stecken, als analoges Gegenstück zu Löwendompteuren, die ihren Kopf in den Rachen von Löwen halten – dazu war das Fuchsmaul eben zu klein. Hygienische Bedenken existierten damals für mich nicht, obgleich sie sachlich sehr berechtigt waren, besonders wenn man

Auch für meinen Fuchs »Fritz« bedeutete der Käfig lediglich das Heim, von dem aus häufig Exkursionen in die Umgebung gemacht wurden. Zu seiner Lieblingsnahrung gehörten frische Wanderratten, die ich mit dem Flobertgewehr in den Müllgruben der Stadt zu erlegen pflegte.

bedenkt, daß wilde Wanderratten zu »Fritzens« Lieblingsfutter gehörten.

»Fritz« war insofern ein höchst anspruchsvoller Pflegling, als er mich während meiner ganzen Freizeit – und oft darüber hinaus – beschäftigte. Da mußten neue Käfige hergestellt und laufend verbessert werden, und als »Fritz« sich an Halsband und Kette gewöhnt hatte, wurde er während einiger Zeit an einem Laufdraht gehalten, machte sich jedoch durch seine Grabarbeiten in den bisher wohlgepflegten Beeten bei der Familie unbeliebt. Schließlich wurde Vaters Forellenteich trockengelegt und mit einem passenden Gitter zugedeckt. So entstand eine kleine Manege, in die ich hineinsteigen und mit meinem Fuchs arbeiten konnte.

Die Reinigungsarbeiten durften natürlich nicht vernachlässigt werden, denn nicht alle Nachbarn empfanden den typischen Fuchsgeruch, wie ich, als Parfum. Viel Zeit nahm vor allem auch die Futterbeschaffung in Anspruch. Abgesehen von Amseln und Spatzen, die ich im Garten erlegen konnte, und Mäusen, zu deren Jagd ich gelegentlich von Klassenkameraden eingeladen wurde, liebte »Fritz« frischgeschossene Wanderratten über alles.

Als günstige Jagdgründe erwiesen sich die städtischen Müllgruben bei Birsfelden, wo die »Glöggliwagen« den Kehricht aus der Stadt abzuladen pflegten und über denen ständig ein stinkender Rauch lag. Nicht nur die Hin- und Herfahrten mit dem Velo brauchten

Zeit, sondern manchmal auch der Ansitz, bis man in dem grausigen Revier zu Schuß kam. Oft wurde es spät, bis die Heimfahrt angetreten und endlich die Schulaufgaben in Angriff genommen werden konnten.

Ich sah es schließlich ein und stimmte meinem Vater zu, daß mein geliebter Fuchs weggegeben werden mußte. Wir einigten uns auf den neueröffneten Naturtierpark Goldau, wo inzwischen mein Freund, der ehemalige Wärter aus dem Basler Zoo, eine Anstellung als Sachverständiger gefunden hatte. Im Zolli hatte er sich wegen seiner offenherzigen Kritik an meinem nachmaligen Vorgänger Adolf Wendnagel unmöglich gemacht.

Als ich mich zur Abgabe meiner ganzen Menagerie entschlossen hatte, war jedoch der Goldauer Tierpark noch nicht in der Lage, meinen »Fritz« aufzunehmen, und dieser mußte zunächst dem dortigen Rößliwirt Josef Inderbitzin in Pflege gegeben werden. Das fiel mir deswegen nicht schwer, weil dieser ein begnadeter Tierpfleger war, der auch äußerlich dem berühmten Zürcher Tierfreund und Tiersachverständigen Urs Eggenschwyler ähnlich war.

Urs Eggenschwyler hatte seinerzeit einen privaten Tierpark auf dem Milchbuck in Zürich, sozusagen den Vorläufer des Zürcher Zoos. Ursprünglich Bildhauer, wurde er dadurch berühmt, daß ihn Hagenbeck 1911 zum Bau seines wegweisenden »Tierparadieses« in Stellingen verpflichtete, insbesondere zur Konstruktion der künstlichen Felsbauten. Noch heute erinnert dort eine Bronze-Tafel an seine meisterhaften Leistungen auf dem Gebiet des Tiergartenbaues.

Der Goldauer Rößliwirt hatte also viel gemeinsam mit Urs Eggenschwyler. Zwar hielt er weder Löwen noch Elefanten, aber in kleinen Nebenräumen seines Gasthauses pflegte er Adler, Murmeltiere und sogar zahmes Auerwild aus dem Rigi-Gebiet. Zu seinem Tierbestand gehörten auch einige zahme Füchse, die er zuweilen zusammen mit Hund und Katzen in der vollbesetzten Gaststube laufen ließ, wo sie zwischen den Beinen der Gäste und über die Tische hinweg einander nachjagten. Eigentümlicherweise hatten sie es dabei auf die offenen Schwefelzündhölzer und auf Bierteller abgesehen – eine merkwürdige Diät.

Jedenfalls konnte ich mir für meinen Fuchs kaum eine bessere Unterkunft denken. »Fritz« erhielt einen großen Raum und liebevolle Pflege. Trotzdem gelang es Inderbitzin nie, meinen Fuchs zu streicheln oder gar auf den Arm zu nehmen. Als ich »Fritz« nach einem halben Jahr besuchte, reagierte er sofort und ließ sich von mir auf den Arm nehmen und liebkosen, was mich mit großer Freude erfüllte.

Erst viel später übersiedelte »Fritz« zusammen mit anderen Füchsen in die inzwischen fertiggestellte Fuchsanlage zwischen den imposanten Nagelfluhblöcken des Goldauer Tierparkes. Dort habe ich ihn noch jahrelang besucht.

Inzwischen war der beschwerliche Schulbetrieb in Basel weitergegangen, und wie durch ein Wunder hatte ich die Maturitätsprüfung am 30. März 1927 bestanden – übrigens gar nicht so schlecht. Der Endspurt hatte sich gelohnt. Ich fühlte mich von einer nahezu unerträglichen Last befreit und konnte mich nun dem Studium zuwenden.

Befreiendes Studium – Ein Larvenzustand

Mit voller Kraft stürzte ich mich jetzt auf alles, was mich wirklich interessierte: vor allem Zoologie und Tierpsychologie. Tierpsychologie wurde zwar damals an schweizerischen Universitäten noch nicht gelehrt. 1935 fing ich dann selbst damit an; ich mußte mir dieses Fachwissen durch das Studium der einschlägigen Literatur selber aneignen. Zu den ersten Büchern, die ich förmlich verschlang, gehörten die 1925 erschienene »Tierpsychologie« des Gießener Psychiaters Robert Sommer und die umfangreiche »Tierpsychologie vom Standpunkte des Biologen« von Friedrich Hempelmann in Leipzig (1926). Ich hatte auch keine Hemmungen, mit den Autoren brieflich Kontakt aufzunehmen, und bald setzte ein starkes Wachstum von Bibliothek und Korrespondenz ein.

Die Zoologie bot damals an der Universität Basel noch ein verhältnismäßig bescheidenes Programm an, und es wurde allgemein empfohlen, das Studium auf eine breite Basis zu stellen. So belegte ich auch noch Psychologie, Botanik und Ethnologie, meine späteren Nebenfächer, aber auch Geographie, Geologie und Astronomie. Hingegen konnte ich mich nicht dazu entschließen, auch noch sogenannte »allgemeine Vorlesungen« zu belegen, wie das üblich war, zum Beispiel Kunstgeschichte oder französische Literatur. Die allgemeine Bildung habe ich später sozusagen mit einem Schlag erworben: Die brachte meine Frau mit in die Ehe.

Aber auch Chemie und Physik wollte ich nicht belegen, obgleich mir das empfohlen wurde; davon hatte ich genug von der Schule her. Auch andere Empfehlungen schlug ich in den Wind. So wurde mir sehr angeraten, einer Studentenverbindung beizutreten, nicht nur, weil das Studentenleben der Farbentragenden viel lustiger sei als das der »Wilden«, sondern hauptsächlich auch im Hinblick auf die Karriere. Für mich aber bedeutete das Studium gewissermaßen ein Larvenstadium, das ich möglichst rasch hinter mich bringen wollte.

Das erste Semester war angefüllt mit Vorlesungen und Praktika, Exkursionen und Vorträgen, mit Zoobesuchen, Abstechern nach Goldau und zu Verwandten, mit Schreiben und Lesen. Dies alles nach ziemlich freier Zeiteinteilung und ohne Schulzwang. Meine private Tierhaltung erlebte eine neue Blüte. Auch für die körperliche Ausbildung fand ich noch Zeit, doch wollte ich keiner Sportvereinigung beitreten, da mir dies zu zeitraubend und zu langweilig war. Ich verschaffte mir lieber im Freien Bewegung.

Schließlich gab ich jedoch dem Drängen von Vater und Bruder nach und besuchte ein Institut für Körperkultur, was jeweils nur eine halbe Stunde – eine intensive allerdings – in Anspruch nahm. Das Trainieren an den verschiedenen Geräten, etwas Boxen und Jiu-Jitsu sowie das Heben von Hanteln waren für mich ein Ausgleich zum langen Stillsitzen im Hörsaal.

Kaum hatte ich mich an den freieren Universitätsbetrieb etwas gewöhnt, kündigte mein damaliger Lehrer für Entomologie, Dr. Eduard Handschin, eine zehntägige Exkursion in die Provence an. Das schien mir besonders verlockend, denn sowohl diese sonnige Provinz Frankreichs, wo der berühmte Insektenforscher Jean-Henri Fabre (1825–1916) gearbeitet hatte, wie auch das Meer waren mir bisher fremd.

Es hatte sich nur eine kleine Gruppe von sechs Zoologiestudenten angemeldet und eine entsprechende Gruppe von Botanikern, die von Dr. W. Vischer betreut wurde. Am 28. Mai 1927, kurz nach Mitternacht, verließen wir Basel mit der Bahn Richtung Toulon. »Bei Marseille sehe ich über die nackten Kalkfelsen hinweg zum allererstenmal das Meer in südlicher Bläue und strahlendem Sonnenschein. Der großartige Anblick und feierliche Augenblick bleibt mir unvergeßlich.« Diese Tagebucheintragung – vor mehr als einem halben Jahrhundert geschrieben – stimmt tatsächlich: Anblick und Augenblick sind mir bis heute unvergeßlich geblieben.

Dazu kommen viele weitere unvergeßliche Impressionen. Mehr noch als riesige Dampfer und Kriegsschiffe beeindruckten mich die Wunder der mediterranen Uferfauna: Krabben, Schnecken, Muscheln, Aktinien, Seeigel, Seesterne. Und der Fischmarkt mit seinen zoologischen Schätzen! Damals gab es eben all dies noch nicht in jedem größeren Warenhaus wie heute. Ich fing auch meine ersten Stabheuschrecken, Gottesanbeterinnen, Skolopender, Skorpione und sogar eine Erzschleiche.

Auf der Überfahrt nach der Insel Porquerolle wurde ich bei starkem Seegang erstmals seekrank – ein Übel, das in unserer Familie offenbar erblich fixiert ist. Auf den Mesembryanthemum-Teppichen in der Umgebung einer zerfallenen Festung fand ich eine – meine einzige – Treppennatter von 1,3 Meter Länge, ein schönes, ausgefärbtes Exemplar mit ausgeprägten Längsstreifen. Ich stopfte sie zunächst in ein kleines Stoffsäckchen, bis es mir gelang, in einem Restaurant eine große Blechdose einzuhandeln. Doch leider fand sich nur eine dünne Schnur, um die Büchse zuzubinden. So kam, was unweigerlich kommen mußte.

Nach der Rückfahrt von Porquerolle zur Halbinsel Hyères – diesmal bei angenehm ruhiger See – bestiegen wir einen Bus. Unsere Rucksäcke, das Gepäck der übrigen Passagiere und die große Blechdose mit den Luftlöchern wurden vom Chauffeur auf dem Dach verstaut. An der nächsten Station stieg er erneut aufs Dach, um den Aussteigenden ihr Gepäck herunterzureichen – stieß einen gellenden Schrei aus und wäre bei einem Haar vom Bus heruntergefallen. Ich ahnte Schlimmes, wollte aufs Dach steigen, doch da begannen die sitzengebliebenen Passagiere zu schreien. Die Schlange war am Fenster vorbei zu Boden geglitten, und ich konnte sie gerade noch am Schwanz fassen. Mit Ausnahme der Studenten, die das für einen guten Witz hielten, waren alle Augenzeugen ziemlich entsetzt. Ich selber finde solche Zwischenfälle gar nicht lustig. Denn zum einen sind sie immer ein Zeichen dafür, daß der Verantwortliche mit Schlangen nicht umzugehen weiß, und zum anderen gibt es Menschen, die durch die unerwartete Begegnung mit Schlangen einen Schock erleiden. Zu diesem Thema habe ich in meinem langen Zooleben wahrhaft haarsträubende Beispiele erlebt, die ich andernorts dargestellt habe (»Tierpsychologie im Zoo«, 1961, 1979).

Voll Begeisterung kehrten wir nach Beendigung der Exkursion nach Basel zurück, um den Rest des Semesters in Angriff zu nehmen. Unterwegs hatte mir Dr. Handschin oft von einer Exkursion erzählt, an der er früher in Marokko teilgenommen hatte, und er schilderte mir Land und Tiere in verlockender Weise, meine Sehnsucht nach dem Orient erneut anfachend. Dazu kamen immer wieder verlokkende Briefe meines Bruders aus Rabat. Die ersten langen Semesterferien von Mitte Juli bis Mitte Oktober standen unmittelbar bevor. Ich sah keine ernsthaften Hindernisse, meine Traumreise in den Orient zu verwirklichen – mit Ausnahme der Finanzen. Ein bescheidener Sparbatzen war immerhin vorhanden, zum Teil vom Taschengeld, zum Teil von Honoraren für kleine Artikel, die immer mehr Abnehmer anden. Auch die »Schweizerische Jagdzeitung« war dazugekommen, ferner die »Basler Nachrichten« und besonders die »National-Zeitung«. Merkwürdigerweise waren drei Redaktoren dieser Tageszeitung ehemalige Zoologen. Ich erinnere mich noch sehr lebhaft an den Feuilletonredaktor, Dr. Kleiber, und an den Auslandredaktor, Dr. Graeter. Sie hatten beide bei Professor Fritz Zschokke studiert wie ich.

Viel Stoff zum Schreiben lieferte mein Fuchs und alles, was mit seiner Haltung zusammenhing. So entstand zum Beispiel ein ziemlich langer Aufsatz über »Rattenjagd«. Das war für die Basler Leser einmal etwas anderes. Oder »Das Wiesel«, die Schilderung einer Begegnung am Forellenwasser, wo ich ganz ruhig stand, während das Wiesel immer näher kam, sich aufrichtete und mich lange anstarrte. Es schien, als ob es an mir emporklettern wollte: Offensichtlich erkannte es mich nicht als Menschen, d. h. als Feind. Gerade als es zum Sprung ansetzte, kam eine Gruppe von Schulkindern – und weg war das reizende Tier.

Noch zweimal im Leben hatte ich derartige Begegnungen mit Wieseln, einmal bei Zug und einmal in Graubünden. Aber die erste Begegnung sehe ich noch ganz klar vor mir, und nie mehr habe ich sie so gut zu schildern vermocht wie in jenem Artikel. Kurz, mein Amateurjournalismus stimmte mich zuversichtlich, da sich immer mehr Zeitungen für meine Beiträge interessierten, u. a. auch die »Zürcher Illustrierte« (die inzwischen längst eingegangen ist). Ich hatte das bestimmte Gefühl, daß ich noch mehr Artikel würde verkaufen können, wenn ich erst einmal aus Marokko zu berichten hätte.

Also ließ ich mich gegen Pocken impfen, und der Hausarzt stellte mir eine Reiseapotheke zusammen. Allerlei Sammel- und Fanggerät wurde eingepackt, ferner Dutzende von soliden Leinensäckchen, die mir meine Schwestern genäht hatten und die ich hauptsächlich mit Eidechsen und Schlangen zu füllen gedachte.

Auf dem Reisebüro wurde ich gewarnt, daß kein normaler Mensch im Juli, während der größten Hitze, nach Marokko reise. Aber gerade diese Hitze wollte ich erleben. Meiner Mutter war der Abschied von ihrem 19 1/2-jährigen Sohn in ein so gefährliches Land unerträglich – sie fuhr nach Zug auf die Burg.

Am Tag nach meiner Ankunft in Marseille – jener verrufenen Hafenstadt, vor der mich mein Vater besonders gewarnt hatte, deren Verlockungen und Gefahren ich aber glücklich entgangen war – erfolgte die Einschiffung an Bord eines mir riesig vorkommenden Dampfers mit dem stolzen Namen »Maréchal Liautey«. Liautey war der große Mann Frankreichs, der Marokko für sein Vaterland zu unterwerfen im Begriffe war.

Es war für mich ein sehr eindrückliches Erlebnis, durch das Gewimmel im Hafen zum richtigen Schiff und – samt dem umfangreichen Gepäck – in die richtige Kabine zu gelangen. Als die Taue gelöst wurden, gab am Quai eine blonde Sängerin mit ihrer Gitarre sentimentale Weisen zum besten und ließ sich von den Decks herab Münzen zuwerfen. Seither hat der alte Schlager »Valencia« für mich eine besondere Bedeutung.

Ich muß gestehen, es waren für mich feierliche, unvergeßliche Augenblicke, als das Boot sich vom europäischen Kontinent löste, um mich zum ersten Mal nach Afrika zu bringen.

Vier Tage später legten wir in Casablanca an. Weiter ging es im Bus nach Rabat, wo mein Bruder an der Hauptstraße, der Avenue du Dar el-Makhzen, ein Zimmer für mich gemietet hatte. Es wurde für das nächste Vierteljahr zum Ausgangspunkt herrlicher Spaziergänge durch die Altstadt, interessanter Ausflüge in die Umgebung und ausgedehnter Autofahrten im Lande, soweit es von den Franzosen unterworfen war. Damals herrschte im Rahmen des französischen Protektorates der Sultan Moulay Youssef. In seinem Harem hatte er nicht weniger als dreihundert Frauen, was den neu angekommenen Europäern mit eigenartiger Betonung mitgeteilt wurde – wohl in der Erwartung, ungläubiges Kopfschütteln auszulösen.

Für mich gab es indes leichter zugängliche und interessantere Sehenswürdigkeiten als den Sultanspalast. Da war zum Beispiel die Kasba des Oudaïa, ein Komplex alter Befestigungen mit wunderschönen Gärten, in denen es herrlich blühte und duftete. An den feuchten Stellen in der Nähe der Brunnen lebten bunte Frösche und Berberkröten, in den trockenen Mauern hingegen verschiedene Arten von Eidechsen.

Ein kleines maurisches Café lag im Schatten einer Terrasse, die einen prachtvollen Blick aufs Meer und über den Reg-reg-Fluß hinweg auf die Nachbarstadt Salé freigab. Hier saß ich oft, häufig als einziger Gast, staunend, nachdenkend, genießend. Ein Glas grüner Tee mit frischem Pfefferminzkraut oder eine Tasse des starken Kaffees trugen zur Steigerung der Stimmung bei. Hier erlag ich sogar – einmal im Leben – der Versuchung zu dichten.

Wüste
Rings um mich her ein blendend goldnes Schimmern –
Allüberall ein lautlos zitternd Flimmern;
Und über mir, sich wölbend tief und weit,
Des blauen Himmels strahlende Unendlichkeit.

Oase
Palmen ragen, leuchten grün;
Wasser rieseln; Blumen blühn.
Schattenkühle, duftigmild –
ein wahrgewordnes Märchenbild.

Meer
Gigantenwogen wuchten ohne Ende
an wildgetürmte Felsenwände.
Mit Donnerrollen, Gischtaufspritzen
bis an die höchsten Klippenspitzen.
Naturgewalten. Selbst der Fels erzittert.
Und jeder Mensch ist andachtsvoll erschüttert.

Eine weitere Sehenswürdigkeit, die mich immer wieder anzog, war das Ruinenfeld um die Tour Hassan, das Wahrzeichen von Rabat – nicht so sehr wegen der Architektur des 44 Meter hohen Turmes, als vielmehr wegen der vielen Geckos, die ich dort beobachten und fangen konnte, zumal um diese Jahreszeit – im Hochsommer – keinerlei Touristen störten.

Geckos (in diesem Fall: Tarentola mauritanica) sind jene merkwürdigen, vorwiegend nachtaktiven Haftzeher-Echsen, die sich sogar an senkrechten und überhängenden glatten Flächen, selbst an Glas, äußerst flink fortzubewegen vermögen. Das Wesen dieser Haftwirkung war damals noch völlig unbekannt und konnte erst Jahrzehnte später mit Hilfe des Elektronenmikroskopes auf reine Adhäsion der ungeheuer vergrößerten Zehenoberflächen zurückgeführt werden.

Chellah, ein anderer Ruinenkomplex außerhalb der Stadt, den ich leicht zu Fuß erreichen konnte, eröffnete mir biologische Einblicke, die meine wissenschaftliche Arbeitsrichtung entscheidend beeinflußten. Diese zerklüfteten Ruinen beherbergten eine erstaunlich reiche Reptilienfauna: Die brüchigen Mauern mit ihren Ritzen, Schießscharten und Zinnen boten vielen Arten von Eidechsen und Schlangen Unterkunft, das wilde Gestrüpp am Fuß der Mauern bildete den Lebensraum für nichtkletternde Arten und Schildkröten, während wasserliebende Tiere bei den nahen Tümpeln wohnten.

Ich glaube, hier wurde mir zum erstenmal klar, wie streng Biotope (Lebensräume) gegeneinander abgegrenzt und wie beschränkt die individuellen Territorien (Wohnräume) sein können. Immer wieder traf ich in der einen Schießscharte eine Perleidechse, in der anderen eine Glattechse, in der dritten eine Hufeisennatter usw. Diese – auch für Zoodirektoren wichtige – Einsicht fand ich später noch bei ganz anderen Tieren bestätigt, vom Fisch bis zur Antilope, vom Reiher bis zum Nashorn. Die Biozönose von Chellah wurde für mich zu einem Leitbild, zu einem Muster, dem ich im Prinzip auf allen Erdteilen, vor allem auch in der Südsee, immer wieder begegnet bin.

Zu einem großen zoologischen und tierpsychologischen Erlebnis wurde bei meinem ersten Marokko-Aufenthalt, als ich mich ganz der reinen Beobachtung widmen konnte, auch die Begegnung mit den eigenartigen Winker-

Der Ruinenkomplex von Chellah außerhalb von Rabat war 1927 und 1934 nur auf schmalen Feldwegen zu erreichen und wies eine Reptilien-Biozönose von sieben Arten auf. Später brachten Autobusse auf breiten Asphaltstraßen viele Touristen in die zur Sehenswürdigkeit ausgebaute Stätte, was zu einer starken Verarmung der Bestände führte. Foto Peter Hediger

krabben (Uca tangeri), die damals massenhaft im Mündungsgebiet des Oued Bou Reg-reg zwischen Rabat und Salé vorkamen. Es handelt sich dabei um eine kleine Krabbenart, die sich u. a. durch einen auffälligen Geschlechts-Dimorphismus auszeichnet. Die grauen Weibchen tragen zwei kleine, gleich große Scheren, während bei den Männchen eine Schere riesig ausgebildet und grell weiß ist. Mit dieser Signalschere pflegen die Männchen in bestimmtem Rhythmus zu winken, was diesen Krebsen den Namen Winkerkrabbe eingetragen hat. Über dieses Winken und das Verhalten dieser Krabben gibt es heute eine enorme wissenschaftliche Literatur, und ich bin heute noch ein wenig stolz darauf, daß ich damals zu einem Pionier der Winkerkrabben-Forschung geworden bin.

Meine diesbezüglichen, einfachen Beobachtungen veröffentlichte ich später in einer marokkanischen Fachzeitschrift (Bulletin de la Société des Sciences Naturelles du Maroc, 1933). Mein Vater war so freundlich, mein Manuskript ins Französische zu übersetzen.

Während andere Tiere in ihrem Raum-Zeit-System vorwiegend durch den Wechsel von Tag und Nacht bestimmt werden, waren meine Winkerkrabben in ihrem Wechsel von Tätigkeit und Ruhe den Gezeiten unterworfen. Nur bei Ebbe waren sie auf den Schlickbänken zwischen den Salsolaceen (Salzgewächsen) zu sehen, wie sie futterten und winkten. Vor dem Herannahen des Hochwassers gruben sie sich in ihre mauselochartigen Erdlöcher ein, die mit Sandklumpen sorgfältig verschlossen wurden. Erst nach Eintritt der Ebbe stießen sie erneut ihre Haustüre auf, um ihre Tätigkeiten wieder aufzunehmen. Dabei vermittelten mir diese Krebse einen weiteren Eindruck fürs ganze Leben: Wenn ich auf den bei Ebbe soeben trocken gewordenen Schlickflächen langsam dahinschritt, zogen sich die überall winkenden und fressenden Winkerkrabben vor mir zurück, sobald ich ihre Fluchtdistanz – etwa zehn Meter – unterschritten hatte, und verschwanden in ihren Löchern. Etwa zehn Meter hinter mir kamen sie wieder hervor, um ihre blendend weiße Signalschere rhythmisch in Bewegung zu setzen. Ich befand mich dann im Mittelpunkt eines annähernd kreisförmigen, krabbenfreien Raumes, dessen Radius durch die Fluchtdistanz gegeben war. Ein höchst eindrucksvolles Bild! Da wurde einem klar, daß die Fluchtdistanz eine bedeutsame, meßbare biologische Größe darstellt. Ich habe sie später bei den verschiedensten Tieren aller Kontinente gemessen und ihre charakteristischen Veränderungen untersucht.

Meine Zeit in Rabat war also durch fesselnde Beobachtungen reichlich ausgefüllt. An Sonntagen wurde ich meist von meinem Bruder besucht, und oft war ich auf der »Ferme Suisse« eingeladen. Diese lag etwa sieben Kilometer außerhalb der Stadt und gehörte einem Neuenburger Ehepaar namens Lehmann. Manager war »Monsieur Albert« – Albrecht Manuel, ein Schweizer Agronom –, der meinen Bruder angestellt hatte und mit dem wir uns befreundeten.

Diese Farm, auf der Obst, Gemüse und Getreide produziert wurde, war für mich besonders interessant, weil die mohammedanischen Arbeiter angewiesen waren, mir alles Getier zu melden, falls sie es nicht selbst zu fangen wagten. Hier gab es zum Beispiel Eidechsen und Kapuzennattern, schlangenähnliche Doppelschleichen (Amphisbaeniden), verschiedene Skinke, Geckos, Chamäleons, Schildkröten, Berberkröten, Scheibenzüngler, Rippenmolche und viele interessante Insekten und Skorpione.

Hier fand ich reichlich Material für eine Abhandlung über »Die Tierwelt

Die marokkanische Doppelschleiche (Trogonophis wiegmanni) ist eine der 41 Arten der wenig beachteten und namentlich in ihrer Lebensweise noch wenig bekannten Reptilien, die man zur Zeit meiner ersten Marokkoreisen noch zu den Echsen zählte. Heute werden die Doppelschleichen als eine besondere, den Echsen und Schlangen gleichwertige Unterordnung (Amphisbaenia) betrachtet. Ich fand diese Art als typischen Bewohner der Zwergpalmensteppe, in deren Boden sie wie ein Wurm lebt und sich auch so bewegt. Ein Exemplar, das ich 1927 lebend mitnahm, brachte in kurzen Abständen fünf Junge zur Welt.

auf einer marokkanischen Farm«, die gleich nach meiner Rückkehr in den »Blättern für Aquarien- und Terrarienkunde« (1928) erschien. Die Beute wurde einstweilen in den Leinensäckchen untergebracht und in meinem Zimmer aufgehängt. Hier hatten die Tiere Luft und eine gewisse Bewegungsfreiheit, wenn meine Schlummermutter auch die zunehmende Zahl der Säckchen mit dem sich bewegenden Inhalt mit wachsendem Mißtrauen betrachtete. Zum Glück wurden die Chamäleons, die frei auf der Vorhangstange lebten, von ihr übersehen.

Nach etwa zwei Monaten dieses zoologischen Schlemmerlebens inmitten der orientalischen Umgebung, wie ich sie mir erträumt hatte, begann ich mir Gedanken über die Zukunft zu machen. Ich kam zum Entschluß, das Paradies wohl oder übel wieder zu verlassen, um mein Studium fortzusetzen und so rasch als möglich zu beenden.

Die Zwischenstufe zwischen Laie und ausgebildetem Zoologen, dieses Larvenstadium, erschien mir unbefriedigend und sinnlos. Mein Bruder seinerseits hatte sich ebenfalls darauf besonnen, daß er eigentlich Kaufmann war, und wollte sich wieder dem Bankfach – diesmal in New York – zuwenden. Vor dem Verlassen dieses großartigen Landes, das uns so faszinierte, wollten wir aber noch mehr davon sehen. »Monsieur Albert«, inzwischen unser Freund und ein ausgezeichneter Kenner Marokkos sowie der arabischen Sprache, schlug mit ein.

Wir kauften also ein kleines Auto, einen offenen Zweiplätzer, bereits stark gebraucht, und am 15. September 1927 ging es los zu einer pannenreichen, abenteuerlichen Fahrt in den Süden nach der Märchenstadt Marrakesch, wo man über Palmen hinweg die schneeglitzernden Spitzen des Hohen Atlas sehen konnte. Weiter nach Süden konnte man damals aus politischen Gründen und weil es keine ordentlichen Straßen gab, nicht vordringen.

Zurück in Rabat, wurden für uns die Vorbereitungen zur Heimreise unerläßlich. Bei einem Schreiner in der Altstadt ließ ich eine Kiste mit Luftlöchern herstellen, in welcher ich die Fangsäcke mit dem lebenden Inhalt unterbringen konnte. Am 13. Oktober kamen wir in Basel an, und schon am folgenden Tag sprach ich im Aquariengeschäft an der Inneren Margarethenstraße vor, um einen Teil meiner lebenden Ausbeute zu verkaufen.

Jetzt empfand ich auch ein starkes Bedürfnis, meine Reiseeindrücke journalistisch auszuwerten. In der »Illustrierten Automobil-Revue« (April 1928) erschien ein bebilderter Bericht »Streifzüge in Marokko«, und in der Sonntags-Beilage der »Zuger Nachrichten« (»Heimat-Klänge«) veröffentlichte ich gar ein über neun Nummern sich hinziehendes Feuilleton »Ein Hochsommer in Marokkos Hauptstadt«. Redaktor der Zuger Nachrichten war damals Dr. Philipp Etter, ein gern gesehener Gast meiner Eltern auf der Burg – später während vieler Jahre Bundesrat.

Mein zweites Semester nahm einen routinemäßigen Verlauf und wurde durch eine sehr ergiebige, zoologisch-botanische Exkursion in den mir bisher noch fremden Kanton Tessin gekrönt. Dort fing ich u. a. meine erste Giftschlange, eine Vipera aspis. Das Sommersemester 1928 war gleichfalls durch allerlei Exkursionen und Neueingänge in meine Menagerie gewürzt, ebenso durch mehrere Abstecher in den inzwischen eröffneten Naturtierpark Goldau, wo ich zum Pressechef avanciert war, was mich zu mehreren einschlägigen Artikeln verpflichtete. Die Sommerferien verbrachte ich auf der Zuger Burg.

Meine ständigen Besuche im Zoologischen Garten Basel weckten in mir allmählich auch ein kritisches Interesse und damit das Bedürfnis, andere Zoos kennenzulernen. So brach ich am 15. September 1928 zu meiner ersten Zoo-Studienreise auf; sie führte mich nach Frankfurt, Leipzig, Berlin, Stellingen und Hannover.

Selbstverständlich führte ich auch auf dieser Reise ein genaues Tagebuch. Zu den bedeutsamsten Erlebnissen zählte ich den Besuch des Aquariums im Berliner Zoo, namentlich der mächtigen Krokodilhalle, in der eine romantische kleine Bambusbrücke inmitten üppiger tropischer Vegetation ein halbausgetrocknetes Wadi überquerte. Darin lagen riesige Krokodile, Alligatoren und Kaimane. Die Luft war feuchtheiß, und ich träumte in dieser Tropenatmosphäre von künftigen Reisen.

Während meines Berliner Aufenthaltes besuchte ich auch die Firma Scholze und Pötzschke am Alexanderplatz, der Welt größte Handlung für Aquarien- und Terrarientiere. Sie feierte damals gerade das Jubiläum ihres 25jährigen Bestehens und hatte zu diesem Anlaß einen Katalog herausgebracht, der für jeden Aquarianer und Terrarianer zu einer Art Handbuch geworden ist. Ich streckte meine Fühler aus, um zu erfahren, ob diese Firma an der Lieferung marokkanischer Reptilien und Amphibien interessiert sei, denn für mich stand fest, daß ich dieses Land und seine Tierwelt bald noch besser kennenlernen wollte.

Aber einstweilen war ich ja bloß Student, und ich wollte das Studium möglichst rasch beenden. Deswegen büffelte ich auch während der Semesterferien. Ich verschlang einschlägige Bücher und legte mir auch einen Zettelkatalog an, eine sehr nützliche Einrichtung, die mir auch später immer wieder zustatten kam. Er bestand – und besteht heute noch – aus Tausenden von kleinen Zetteln im Format 7,5 × 12,5 cm. Immer wenn ich etwas über eine Tierart las, schrieb ich eine Karte mit Stichworten, oben links die lateinischen Gattungs- und Artnamen, unten die Literaturquelle. Auch nach Sachen wurden Zettel eingeordnet, zum Beispiel nach Fütterungskunde, Bauten, Lebensdauer, Transportwesen usw. Manchmal beschäftigte mich dieser Zettelkatalog bis tief in die Nacht hinein. Später, im hektischen Berufsleben, war es mir leider nicht mehr möglich, den Katalog nachzuführen.

Als 1929 die internationale Fachzeitschrift »Der Zoologische Garten« in neuer Fassung wieder zu erscheinen begann, abonnierte ich sie sofort, und heute bin ich wohl ihr ältester Abonnent. Auch Hagenbecks »Illustrierte Tier- und Menschenwelt« hatte ich während der Dauer ihres Erscheinens abonniert. Beide boten mir fesselnden Lesestoff und auch Gelegenheit für frühe Veröffentlichungen über einige meiner Pfleglinge, zum Beispiel einen Feldhamster, dem ich einfache Dressurleistungen beigebracht hatte, oder eine Beutelratte (Didelphys), die ich ebenfalls hatte zähmen und dressieren können, was vorher anscheinend noch nie gelungen war.

Auch zwischen den Semestern war meine Zeit reichlich ausgefüllt. Mir war es überhaupt nie langweilig – nie im Leben, mit Ausnahme von Sitzungen, an denen teilzunehmen ich gezwungen war. Das vierte Semester (1928/29) mußte ich kurz vor Schluß beenden, weil ich in den Militärdienst einzurükken hatte. Ich erreichte, daß ich dem Motorwagendienst zugeteilt wurde, der einzigen Waffengattung, wo ich meiner Meinung nach etwas lernen konnte, was mir im Privatleben – zum Beispiel auf künftigen Expeditionen – nützlich sein konnte. Sonst hatte ich keinerlei militärischen Ehrgeiz. Zur Zeit des Einrückens nach Thun, im Februar 1929, setzte eine ungewöhnliche Kälte ein; das Thermometer sank bis gegen

–30°C. Bald erkrankte die Hälfte der Mannschaft, hauptsächlich an Angina mit Fieber; einige erlitten auch Erfrierungen.

Ich gehörte zur reduzierten Schar, die noch regelmäßig ausrücken konnte, aber leider bestand unser Kommandant darauf, daß wir abends beim Hauptverlesen mit einer Rechtsdrehung blitzartig abzutreten hatten. Damals waren die Militärschuhe noch mit großen, schweren Nägeln versehen. Als ich wieder einmal so rasant abtreten wollte, blieb der linke Schuh auf dem vereisten Boden fest angefroren – das Resultat war eine schmerzhafte Verstauchung. Im Krankenzimmer machte mir der etwas trottelige Sanitäter heiße Umschläge auf den angeschwollenen Fuß und wurde später vom Sanitätsunteroffizier entsprechend gerügt: Er hätte kalte Umschläge machen sollen.

Nach einigen Tagen wurde ich ins Militärspital verlegt und, als der Fuß nicht heilen wollte, für eine spätere Rekrutenschule vorgemerkt und nach Hause geschickt. Sobald ich einigermaßen gehen konnte, ging es wieder los mit Zoobesuchen, Exkursionen, Abstechern nach Goldau und nach Zug. Außerdem nahm schon bald das fünfte Semester seinen Anfang.

Eines Tages rief mich Dr. Handschin, der Leiter jener denkwürdigen Provence-Exkursion, der inzwischen zum Professor avanciert war, zu einer Besprechung und teilte mir mit, daß Professor Dr. Felix Speiser, bei dem ich Ethnographie und Anthropologie hörte, eine Expedition in die Südsee plane. Eigentlich suche er – wie auf früheren Reisen – einen Mediziner als Begleiter, doch würde er unter Umständen auch mit einem (unfertigen) Zoologen Vorlieb nehmen. Ob ich vielleicht Interesse hätte?

Das war wieder einmal einer jener Augenblicke, wo ich hätte aufjauchzen mögen, wenn ich entsprechend extravertiert gewesen wäre. Jedenfalls meldete ich mich sofort. Obgleich ich – wohl aufgrund der Prägung durch den Vater – in erster Linie ein Orient-Begeisterter, ein Marokko- und Sahara-Fan war, lockten mich die Tropen mit gleicher Macht. Als Zoologe mußte ich unbedingt auch diesen Lebensraum mit seiner überreichen Vegetation und Fauna kennenlernen. Professor Speiser, ein Neffe der beiden berühmten Basler Naturforscher Paul und Fritz Sarasin, hatte den Mediziner-Kandidaten ein Ultimatum gesetzt. Keiner konnte sich für eine so lange Absenz entschließen, also fiel die Wahl auf mich. Ich war überglücklich. Auch meine Eltern, sogar meine Mutter, konnten diesmal ihre Zustimmung geben, war ich doch jetzt unter der Obhut eines erfahrenen Forschers – im Gegensatz zu meiner ersten Marokko-Eskapade. Am 20. August 1929 wurde der Vertrag unterschrieben.

Damals konnte man nicht einfach das Flugzeug besteigen und im Forschungsgebiet eine Station samt Hilfskräften, Instrumenten, Bibliothek usw. als Stützpunkt benutzen. Eine Flugverbindung in die Südsee gab es 1929 noch nicht – nicht einmal nach Australien. Fast alles, was wir auf der Reise brauchen würden, mußten wir mitnehmen: Dutzende von Koffern und Kisten. An einen raschen Nachschub war gleichfalls nicht zu denken; schon ein gewöhnlicher Brief brauchte rund ein halbes Jahr vom Arbeitsgelände in die Schweiz. Man kann sich das heute kaum mehr vorstellen. Eine solche Forschungs- und Sammelreise mußte daher sehr sorgfältig und gründlich vorbereitet werden, auch in medizinischer Hinsicht.

Mir wurde, gewissermaßen als Entschädigung für meine Assistententätigkeit, das Recht eingeräumt, nebenbei zoologisches Material für meine Dissertation zu sammeln, dazu weitere

Zoologica für das Naturhistorische Museum in Basel. Nicht nur Reptilien und Amphibien sollte ich konservieren, sondern auch Vögel, kleine Säugetiere, Fische, ferner Insekten, Tausendfüßler, Krebstiere – kurz: eigentlich alles. An das Heimbringen lebender Tiere war natürlich bei dieser Art des Reisens nicht zu denken; es ging um Museumsmaterial, in erster Linie um Ethnographica, in zweiter Linie um Zoologica.

Also mußte ich beim damaligen zoologischen Präparator des Museums einen Schnellkurs im Präparieren von Vögeln und Säugetieren nehmen. Das kunstgerechte Abbalgen etwa eines Beuteldachses oder eines Nashornvogels ist keineswegs einfach und unterscheidet sich grundsätzlich von der Art und Weise, wie Zoologen ein Tier zu sezieren pflegen. Dazu gehörte nicht nur ein umfangreiches Instrumentarium, sondern auch Konservierungsmaterial wie Arsenpulver, Alaun und Kartoffelmehl. Dieses diente dazu, beim Abziehen von Fellen und Federbälgen die Finger trocken und griffig zu halten und ein Verkleben des Gefieders zu verhindern.

Große Alkoholtanks mit weiten Öffnungen zum Verschrauben sollten der Aufnahme von Reptilien, Amphibien, Fischen usw. dienen. Ferner brauchte es feine, durchlässige Stoffsäckchen, in welche die Objekte samt einem Zettel mit Fundortangabe, Funddatum usw. gepackt wurden. Zur Sicherheit bekam jedes Stück zusätzlich eine mit schwarzer Tusche geschriebene Pergament-Etikette angehängt. Auch Formol war mitzunehmen und Hunderte von Glastuben in verschiedenen Größen mit gut passenden Korkpfropfen und Wachs zum Abdichten vor dem Versand. Mit dem Konservieren von Insekten wußte ich bereits aufgrund der entomologischen Exkursion mit Professor Handschin in die Provence Bescheid.

Ich machte mir damals noch kein Gewissen daraus, die gesammelten Tiere zu töten und in Alkohol zu stecken. Heute würde ich das nicht mehr tun – es ist aber auch nicht mehr nötig, weil wir inzwischen hinreichend wissen, welche Tierarten wo leben. Der erste Schritt bei der Erforschung eines Landes besteht darin, festzustellen, welche Arten dort überhaupt vorkommen; das läßt sich nur aufgrund präzisen Sammelns und präziser Untersuchung im Museum oder Labor durchführen. Solche Grundkenntnisse der Primärzoologie sind unerläßlich für alle weiteren Forschungen.

Auf der größten Insel des Bismarck-Archipels, Neubritannien, fand ich zum Beispiel sechs Arten, die von dort noch nicht bekannt waren, auf Neuirland sieben Arten, darunter eine Eidechse, die bisher unentdeckt war. Hinzu kam zur weiteren Gewissensberuhigung, daß es die Tiere, die wir sammelten, damals wirklich noch in Hülle und Fülle gab. Nicht die wenigen wissenschaftlichen Sammler wurden ihnen gefährlich, sondern später ganz andere Faktoren, vor allem die Überwucherung ihres Lebensraumes mit Straßen, Farmen und Industrien.

Zur ersten vorläufigen Identifikation der Ausbeute mußte natürlich auch ein Binokular mitgeführt werden, zum Fang allerlei Netze, zum Erlegen von Vögeln (und für unsere eigene Versorgung) Flobert und Jagdflinten, zur allfälligen Verteidigung Revolver und Winchestergewehre – die wir zum Glück nie brauchten.

Vorbereitungen waren für mich auch auf dem Gebiet des Filmens und Fotografierens nötig, denn dies sollte einen wesentlichen Teil meiner Arbeit als Assistent ausmachen. So wurde ich zu Dr. Philipp Schmidt in die Lehre geschickt, dem damaligen Experten, der auf diesem Gebiet auch Volkshochschulkurse erteilte, obwohl er seines Zeichens Bibliothekar und von Haus aus Theologe war. Später lernte ich ihn auch als leidenschaftlichen Naturschützer kennen und wurde mit ihm befreundet.

Die Filmkamera, die uns zur Verfügung stand, mußte natürlich von Hand gedreht werden. Um einen regelmäßigen Durchlauf von 24 Bildern pro Sekunde zu gewährleisten, wurde ich angewiesen, in normalem Sprechtempo: »einundzwanzig, zweiundzwanzig, dreiundzwanzig« usw. zu zählen und bei jeder Zahl die Handkurbel einmal umzudrehen. Dieser Rhythmus steckt mir heute noch in den Knochen!

Außer der schweren Filmkamera führten wir eine zweite, kleine mit, ebenfalls Normalformat, also 36 mm. Sie faßte nur fünf Meter Film und konnte mit einer Feder aufgezogen und von Hand geführt werden. Für die Fotografie hatte ich mich mit einer anthropologischen Stativ-Kamera mit Kassetten vom Format 13 × 18 cm einzuarbeiten. Um auf der Mattscheibe einstellen zu können, mußte man unter ein schwarzes Tuch schlüpfen. Etwas beweglicher war ein 9 × 12 cm-Apparat und schließlich eine 6 × 9 cm-Kamera.

Kleinbildkameras gab es damals noch nicht, und als tropentauglich galten nur Platten. Es hieß also, kilometerweise Kinofilm sowie Riesenvorräte an Platten für die drei Formate einzupacken, dazu ein ganzes Fotolaboratorium zum Entwickeln der Platten. Auch das hatte ich noch zu lernen. In der Dunkelkammer ist dies aber wesentlich einfacher, als wenn man sich im Urwald nachts aus einem Klapptisch und Tüchern eine Dunkelkammer improvisieren muß, um das intensive Licht von Mond und Sternen nach Möglichkeit abzuhalten. Überdies hatte ich die entwickelten Platten zum Wässern jeweils in einen möglichst sauberen Bach zu hängen – wobei manchmal Fische kamen und den Belag beknabberten. Auch entstand bei der Arbeit mit der Spulmaschine unter dem abgedunkelten Tisch auf der Holzunterlage oft Reibungselektrizität: Die Funken belichteten den Film und verdarben ihn. Darauf wurde ich während meiner Schnellbleiche als Filmoperateur nicht vorbereitet...

Außer der Film- und Fotoausrüstung mußte vor der Abreise noch vieles andere eingepackt werden, u. a. eine vollständige Schreinerwerkstatt mit Unmengen von Nägeln und Schrauben in verschiedenen Größen. Denn es gehörte auch zu meinen Aufgaben als Assistent, die ethnographischen Gegenstände – vom Tonkrug über das Blasrohr bis zum Kanu – solide zu verpacken, um sie sicher nach Basel transportieren zu können.

Auch eine einfache Coiffeur-Ausrüstung war mitzunehmen. Wichtig waren ferner große Mengen an Tauschmaterial: Beile, Buschmesser, Spiegel, Farben, Mundharmonikas, Kisten mit gepreßtem Virginia-Tabak, WC-Papier zur Herstellung von zigarettenartigen Rauchwaren usw. Diese Tauschwaren konnten wir glücklicherweise zum Teil in Sydney einkaufen. Zuweilen bestand unser Gepäck aus fünfzig Kisten, für deren ordnungsgemäßen Verlad ich zu sorgen und deren Inhalt ich zu kennen hatte. Zuletzt kamen noch Konserven, Tee, Tranksame usw. hinzu.

Selbstverständlich gehörten zur Ausrüstung auch Feldbetten, Hängematten, Klapptische und -stühle, Moskitonetze, Petrol- und Taschenlampen sowie Metallgeschirr, Besteck, Bügeleisen (mit Holzfeuerung). Laut meinem Vertrag war ich ja auch verantwortlich für Haushalt und Küche.

Die persönlichen Effekten nahmen nur wenig Raum in Anspruch, doch gehörte dazu auch ein Smoking (vom Schneider extra gefertigt) samt Accessoires wie Lackschuhen, passenden Hemden und Krawatten, denn als Erstklaßpassagiere mußten wir zum Nachtessen immer im Smoking erscheinen.

So waren die Wochen vor der Abreise mit Vorbereitungen reichlich ausgefüllt. Zudem wollte ich mich ja durch das Studium der einschlägigen Literatur auch mit der zu erwartenden Fauna vertraut machen.

Schließlich war der große Tag gekommen: Am 28. Oktober 1929 begleiteten mich mein Vater und meine Schwester Margrit an die Elsässer Bahn – und los ging's, zunächst nach Marseille. Am 1. November hatte ich mich dann in Toulon mit meinem Chef zu treffen. Von hier fuhren wir mit dem 20000-Tonnen-Dampfer »Orontes« der Orient-Linie, dem größten und schnellsten Boot, das jemals nach Australien ausgefahren war. Es war seine Jungfernfahrt, und die Reise nach Sydney dauerte bis zum 5. Dezember – also volle fünf Wochen!

Ein Traum geht in Erfüllung – Tropische Welt der Südsee

Als Professor Speiser und ich am Abend des Abreisetages an Bord der »Orontes« unsere Zweibettkabine betraten, hatte der Steward bereits unsere Smokings auf dem Bett bereitgelegt. Bald darauf wurden wir an unseren Tisch im luxuriösen Speisesalon geleitet, wo man uns die umfangreichen Menükarten aushändigte.

Die ersten drei Tage waren faszinierend, aber je länger die Fahrt dauerte, desto größer wurde meine Ungeduld. Ich hatte mich ja nicht darauf gefreut, im Smoking in einer hocheleganten Welt aufzutreten, sondern ich hatte Sehnsucht nach dem Urwald, nach den tropischen Inseln mit ihren Palmen, Tieren und Menschen!

Zum Glück brachten die wenigen Landaufenthalte in den Hafenstädten, die wir anliefen, einige Abwechslung. Das fing mit Neapel an, wo ich erstmals Gelegenheit hatte, das weltberühmte Aquarium mit dem Forschungsinstitut zu besichtigen. Während eines Bummels durch die Altstadt kam es zu einem tragikomischen Zwischenfall. Professor Speiser war unter den Studenten u. a. deswegen bekannt, weil er während seiner Vorlesungen ständig die Brille aufsetzte und wieder abnahm. Auf der Reise aber trug er ein Monokel, das an einer Schnur um den Hals befestigt und jederzeit bequem greifbar war. Nun fiel ihm in Neapel das kostbare Monokel auf den Boden und zersplitterte. Sofort eilte er zum nächsten Optiker und ließ sich umgehend ein Dutzend Ersatzmonokel anfertigen – aufgrund der statistisch einleuchtenden Überlegung, daß auf der bevorstehenden Reise gewiß noch mehrere Monokel in Brüche gehen würden. In Wirklichkeit kam es ganz anders: Er verlor kein einziges mehr und brachte alle zwölf nach Hause. Das Fazit: Statistiken gegenüber kann man nicht skeptisch genug sein!

Zu den besonderen Reizen des Orients und des Ostens hatten für mich immer auch die Vorführungen der Gaukler, Zauberer, Fakire und Schlangenbeschwörer gehört. Ich hatte sie aus der einschlägigen Literatur studiert und war daher gut vorbereitet. Ich wußte auch, daß der oft beschriebene indische Seiltrick reiner Humbug war. Dabei schleudert ein Fakir ein Seil senkrecht in die Luft und läßt einen Jungen daran hochklettern. Plötzlich fällt der Junge, in Stücke geschnitten, auf den Boden, zum maßlosen Entsetzen der Zuschauer. Jetzt klettert der Fakir selber am Seil empor und bringt den Jungen gesund und strahlend herunter.

Es wurde nachgewiesen, daß ein englischer Journalist gegen Ende des vergangenen Jahrhunderts diese Greuelgeschichte erfunden hatte. Sie wurde aber von vielen anderen Reisejournalisten und Schriftstellern übernommen und schließlich zu einer Prestige-Angelegenheit: D. h., wer den Seiltrick nicht beschreiben konnte, wurde als Indienkenner nicht ernst genommen.

Nun gab und gibt es Leute, welche überhaupt alle verblüffenden Leistungen östlicher Zauberer als Bluff hinstellen. Mag sein. Ich war jedenfalls sehr kritisch vorbereitet. Als wir in Port Said anlegten, kamen viele Händler an Bord. Da war zum Beispiel einer, der den Hühnchentrick perfekt vorführte: Er hockte sich aufs Deck und zeigte drei leere Metallbecher: »No rabbit, no chicken, no snake«. Dabei stellte er unter gewaltigem Wortschwall die drei leeren Becher mit der Öffnung nach unten auf das Deck und hob einen nach dem anderen auf. Unter dem dritten befand sich zur Überraschung der Zuschauer ein weißes Küken, das lebhaft herumlief. Der Zauberer packte es, hielt es dem nächsten Zuschauer – mir – vor die Nase und zupfte es wie einen Wattebausch entzwei, so daß er in jeder Hand ein Küken hielt, das er auf dem Boden absetzte, wo beide herumliefen. Dann packte er wieder eines, hielt es einem anderen Zuschauer vors Gesicht und zupfte es wieder entzwei. So ging das weiter, bis etwa ein Dutzend Küken auf dem Deck herumwuselten.

Als (angehender) Naturforscher glaubte ich natürlich nicht an derartige Wunder. Auch heute noch nicht. Aber ich bin der festen Überzeugung, daß solche Vorführungen unbedingt mit wissenschaftlichen Mitteln untersucht werden sollten, bevor sie endgültig verschwinden. Denn es handelt sich hierbei um »Verhalten«, und dieses ist Gegenstand der Verhaltensforschung, welche – als vergleichende Verhaltensforschung – das Verhalten von Menschen und Tieren umfaßt. Bei beiden – Mensch und Tier – gibt es heute schon massenhaft Verhaltensweisen, die ausgestorben, also sozusagen fossil geworden sind und nur noch auf dem Papier existieren, etwa in der Ethnologie und Tierpsychologie. Im Gegensatz zu ausgestorbenen Lebewesen hinterlassen Verhaltensweisen keinerlei feste Spuren (z. B. Knochen). Ein Stück Wirklichkeit ist uns damit entschwunden und macht unser heutiges Weltbild zu einem Fragment.

Die erste Landung in den Tropen, nach sechzehn Tagen Seefahrt, war für mich etwas enttäuschend, weil der Himmel über Colombo bedeckt war und Regen fiel. Trotzdem konnten wir die herrlich duftenden Parkanlagen (Cinnamon Gardens und Victoria Park) besuchen und die eleganten Hotels mit den Punkas, den wohl primitivsten Ventilationsanlagen, die heute durch Klimaanlagen ersetzt sind. Früher bin ich ihnen noch da und dort begegnet; es handelte sich um ein an der Decke beweglich befestigtes Brett von drei Meter Länge und einem Meter Breite, meist mit Tapete überzogen oder sonst dekoriert. Dieses Brett wurde durch einen Diener im Nebenraum mit Seilzügen hin und her bewegt.

In den Straßen der Hafengegend und in der Umgebung der Hotels wimmelte es von Rikschas, jenen von Hand gezogenen Zweiradwägelchen, die später in Verruf kamen, weil ihre Benützer als asozial und rassistisch galten. Lärmende, stinkende, gefährliche Autos sind ihre Nachfolger. Zweifellos wären heute noch Millionen von arbeitslosen Asiaten froh, wenn sie sich als Rischkaführer – eine einfache und gesunde Tätigkeit – ihren Unterhalt verdienen könnten. Im übrigen dienten die Rikschas keineswegs nur den Europäern, sondern mehr noch den Einheimischen.

Am 18. November passierten wir mit entsprechendem Klimbim den Äquator, und bis zum Anlegen im westaustralischen Fremantle vertrieben sich die Passagiere die Zeit u. a. mit »Fancy Dress Balls« oder Dîners mit komischer Kopfbedeckung und ähnlichen Späßen, die nie nach meinem Geschmack waren. Bevor wir – eine Woche später – in Fremantle an Land gehen durften, kam es zu einer Inspektion durch Quarantänebeamte. Unter anderem mußten wir die Ärmel hochkrempeln, um zu beweisen, daß wir frei von Krätze waren.

An den schweren Tauen, mit denen unser Schiff an der Mole befestigt wurde, brachte man große, konische Blechteller an, welche allfällig an Bord mitgeführte Ratten daran hindern sollten, an Land zu klettern. Diesmal war die konkave Seite der Teller gegen das

Schiff gerichtet, während in den europäischen Häfen der konkave Teil gegen das Land gerichtet worden war, um ein Besteigen des Schiffes durch Ratten zu verhüten.

Australien ist in bezug auf die verheerende Wirkung, welche eingeschleppte Tiere verursachen können, ein gebranntes Kind, wie es kein zweites gibt. Vor allem die verwilderten Kaninchen sind zu einem Problem von nationalökonomischer Bedeutung geworden. Und sie sind es noch heute.

Bis endlich die Formalitäten der Landeerlaubnis erledigt waren, fand ich reichlich Zeit, vom Deck herunter riesige Haifische zu beobachten, die träge um unser Boot schwammen. Bisher hatte ich mit kleinen Mittelmeerhaien zu tun gehabt; was sich aber hier herumtrieb, war von anderem Kaliber. Nach sorgfältiger Schätzung kam ich zum Schluß, daß der größte der gemächlich herumschwimmenden, gelegentlich nach Abfällen schnappenden Haie dreieinhalb Meter lang sein mußte. Halb amüsiert, halb verärgert war ich darüber, daß dieser große Hai – vielleicht der größte, dem ich je begegnet bin – auf seiner Schnauze eine Zigarettenschachtel mit sich herumtrug, die sich im schmutzigen Hafenwasser dort festgeklebt hatte. Solche Impressionen – Eindrücke im wahrsten Sinne – konnte ich meiner Lebtag nicht mehr loswerden; es war ein Urbild von Umweltverschmutzung.

Unser Boot lag genügend lang im Hafen, daß wir mit dem Schmalspurbähnchen nach Perth fahren konnten. Dabei begegnete ich dem ersten Lachenden Hans (Dacelo gigas), dem australischen Nationalvogel, und den ersten imposanten Eukalyptusbeständen. In der Stadt Perth fuhr ich mit der Fähre über den Swan River, wo die Pioniere im Jahre 1697 zu ihrem Erstaunen Schwarze Schwäne entdeckt hatten. Bis anhin waren nur weiße Schwäne bekannt gewesen. Der Schwarze Schwan (Cygnus atratus) ist, nebenbei bemerkt, das erste australische Tier, das lebend nach Europa gebracht wurde (1726). Dieser Vogel hat dem Fluß auch zu seinem Namen verholfen.

Unweit des Fähre-Landeplatzes befand sich, in einer sandigen Landschaft ausgebreitet, der Zoo, eine Sammlung altmodischer Käfige. Ganz an der Peripherie, wo die Wege sich bereits in einer Sandwüste verloren, traf ich zu meiner Überraschung einen fast schwarzen Indischen Elefanten, der mit einer Kette an einen starken, abgestorbenen Eukalyptus-Strunk angebunden war – die einfachste Art der Elefantenhaltung, die mir je in einem Zoo begegnet ist.

Natürlich war alles, was ich im Zoo von Perth und in den noch folgenden zoologischen Gärten Australiens beobachtete, Gegenstand genauer Aufzeichnungen, die ich jeweils während der Weiterfahrt zu Papier brachte, sofern ich nicht seekrank war.

In Adelaide, der zweiten australischen Hafenstadt, wo wir am 29. November anlegten, fand ein großes Fest anläßlich der Jungfernfahrt der »Orontes« statt. Ich besuchte selbstverständlich den Zoo, eine wiederum recht altertümliche Anlage. Erfreulich war indessen der botanische Garten mit den vielen exotischen Gewächsen.

Am 1. Dezember 1929 legten wir in Melbourne an, wo Bekannte von Professor Speiser uns zu einer großartigen Autofahrt in einen Eukalyptuswald einluden. Vor der Weiterreise mußte ich leider feststellen, daß mein Portefeuille mit der ganzen privaten Barschaft aus meinem Koffer verschwunden war und mit ihm der bisher so zuvorkommende und aufmerksame Kabinen-Steward Jones. Trotz der Zuversicht des bestürzten Pursers wurde von ihm nie wieder etwas gehört.

Endlich, am 5. Dezember, langten

wir nach fünfwöchiger Seefahrt in Sydney an. Hier galt es, zwei Wochen zu warten, bis uns ein kleiner Dampfer zu unserem eigentlichen Ziel, in den Bismarck-Archipel, bringen würde. Die uns auferlegte Wartezeit war aufs angenehmste ausgefüllt durch mancherlei Einladungen, Besichtigungen und Fahrten in die Umgebung, zum Beispiel zu den berühmten Three Sisters in die Blue Mountains. Ich konnte so mit dem australischen Eukalyptuswald und mit seiner Tierwelt ein wenig bekannt werden. Wir besuchten auch Kinos und Theater; in Sydney sah und hörte ich damals meinen ersten Tonfilm. Mehrmals waren wir im ausgezeichneten Museum und natürlich im Zoo, den man damals mit einer romantischen Fähre erreichen konnte. Dieser Zoo, der aufgrund seiner landschaftlichen Lage an der Harbour Bay einer der schönsten der Welt hätte sein können, war furchtbar altmodisch, noch völlig dem seinerzeit üblichen Grottensystem verhaftet. Ich machte mir allerlei Gedanken und ahnte natürlich nicht, daß mich 37 Jahre später (1966) die Regierung von New South Wales berufen würde, diesen Zoo neu zu gestalten.

Ich hatte damals auch Gelegenheit, am Strand den berühmten »Life Safers« zuzuschauen, jenen gut gedrillten Lebensrettern, die Schwimmern zu Hilfe kamen, wenn sie von zurückflutenden Strömungen ins Meer hinausgetragen wurden und zu ertrinken drohten. Im Dezember herrschte hier hochsommerliches Klima, und die Badestrände waren überfüllt. Trotz der Warnungen gab es immer wieder Unbelehrbare, welche außerhalb der überwachten Strände in abgelegenen Buchten badeten und dann oft das Opfer von Haifischen wurden.

Die Haifisch-Sicherung in tropischen Bädern stellt ein Kapitel der angewandten Zoologie und Tierpsychologie dar und hat mich stets interessiert.

Da gab es einmal starke Metallnetze, die in einer Länge von vielen hundert Metern vor dem Strand befestigt wurden, um die Haie am Näherkommen zu hindern. Aber dieser umständliche Gitterschutz war ungenügend: Immer wieder fanden die gefährlichen Fische eine Möglichkeit, über oder unter den Netzen durchzuschwimmen.

Eine andere Methode bestand darin, einen Beobachtungsturm weit in die Badebuchten hinauszubauen. Sobald der diensthabende Wächter von seiner hohen Warte aus einen Hai entdeckte, läutete er eine Schiffsglocke, die berüchtigte »Shark Bell«, und gab damit den Badenden das Signal, an Land zu gehen. An sehr großen Badestränden, wo Tausende von Menschen Abkühlung suchten, war aber auch diese Maßnahme zuweilen ungenügend. Daher wurden manchmal Kleinflugzeuge eingesetzt, die dauernd über der Badezone patrouillierten; sichtete der Pilot einen Hai, setzte er zum Tiefflug an. Auch das war ein Signal für die Badenden, das Wasser sofort zu verlassen.

Trotz allem hörte man – später auch auf den Inseln – von furchtbaren Hai-Unfällen. Einige dieser Knorpelfischarten – es gibt deren gegen zweihundert – verfügen über ein messerscharfes Gebiß, mit dem sie große Stücke des Körpers oder ganze Gliedmaßen abzutrennen vermögen. In meiner Bibliothek habe ich eine ausgedehnte Dokumentation über derartige Verletzungen. Deshalb ist es mir unverständlich, wenn sogenannte Sachverständige heute Haifische oft verharmlosen oder sogar verniedlichen, ebenso wie andere potentiell gefährliche Tiere, seien es Giftfische, Spinnen, Schlangen, Raubtiere, gewisse Huftiere oder große Affen. Unkenntnis, Sorglosigkeit oder Unterschätzung führen oft zu schlimmen Unfällen, wie ich in meinem späteren Berufsleben immer wieder bestätigt fand.

Als ich eines Tages durch ein Außenquartier der Stadt Sydney schlenderte, entdeckte ich zwischen Grasbüscheln einer Straßenböschung eine große Skink-Echse, die in mir fast reflexartig – vielleicht aufgestaut durch das öde Smoking-Dasein während der langen Dampferfahrt – eine Fangreaktion auslöste: Ich schlich mich an und packte blitzschnell zu. Nun hielt ich den vierzig Zentimeter langen, dicken Blauzungen-Skink (Tiliqua scincoides) in der Hand und wußte nicht, wohin damit.

Aus meiner Schirmmütze machte ich schließlich eine Art Tasche und wickelte die dicke Echse darin ein, bis ich in einer italienischen Früchtehandlung eine leere Schachtel auftreiben konnte. So nahm ich den ersten Fang unserer Reise – völlig unvernünftig – in unsere Pension mit und zeigte ihn sogar mit einem gewissen Stolz meinem Chef. Der war gar nicht erfreut und schrieb in seinem nächsten Brief entrüstet nach Hause, was für ein merkwürdiger Kerl ich sei: Ich hätte sogar ein Krokodil in meinem Zimmer!

Ich hatte in der Tat ohne jede Vernunft gehandelt und war beim Fang dieser Echse offenbar einem primitiven Trieb erlegen, dessen ich mich heute noch schäme. Derartiges hat sich, soweit mir bewußt ist, nur ein einziges Mal in meinem Leben wiederholt: mit einer Giftschlange.

Als nach zweiwöchigem Aufenthalt in Sydney der Tag der Weiterreise nach den Inseln endlich herannahte, brachte ich den Skink ins Australian Museum of Natural History, dessen Mitarbeiter uns in mannigfacher Weise unterstützt hatten. Nachdem wir unsere Ausrüstung ergänzt und verschiedene Abschiedsparties hinter uns gebracht hatten, schifften wir uns am 21. Dezember 1929 auf dem uralten, rostigen 3000-Tonnen-Dampfer »Montoro« ein, der uns in zehn Tagen nach unserer Hauptbasis Rabaul bringen sollte, der Hauptstadt des Bismarck-Archipels. Zusammen mit einem Teil von Neuguinea (Kaiser-Wilhelms-Land) und den westlichen Salomonen gehörte der Bismarck-Archipel nach dem Zweiten Weltkrieg zum Mandated Territory of Australia.

Wir fuhren zunächst der Ostküste Australiens entlang und kamen nach einem kurzen Aufenthalt in Brisbane zur reizenden, kleinen Insel Samarai, einer wichtigen Regierungsstation mit etwa hundert farbigen und weißen Einwohnern. Das saubere Inselchen glich einer farbigen Postkarte: tiefblau der Himmel und das Meer, grellweiß die Brandung, elegante Kokospalmen, blühender Hibiskus, braune, freundliche Menschen, nur mit leichtem Lendenschurz bekleidet – wie ein Märchenland am Sonntag.

Einige drückend heiße Nächte hatten wir an Bord des alten Kastens durchzustehen, während er sich zwischen den gefährlichen Riffen und kleinen Inseln hindurch seinen Weg suchte. In den engen Kabinen wimmelte es von großen Küchenschaben, die uns während des Schlafs die Hornhaut von den Füßen raspelten. Zuweilen mußten wir mitten in der Nacht an Deck gehen, um Luft zu schnappen.

Am 30. Dezember legten wir in Rabaul, der größten Stadt von Neubritannien (früher Neu-Pommern), an. Alles war überwuchert von herrlichem, tropischem Grün, auch die beiden typischen Vulkan-Kegel Nordmutter und Tochter. Ein Duft von Kopra (getrockneter Kokosnuß) schlug uns entgegen. Jahrzehnte später wurde die Stadt samt den Hafenanlagen durch ein schweres Erdbeben zerstört; die ganze Landschaft soll durch die Erschütterungen umgestaltet worden sein.

Zu unserer Zeit existierte in Rabaul nur ein einziges Europäerhotel, ein luftiger Komplex von hölzernen Pfahlbauten, untereinander und mit dem zentralen Speisesaal durch überdachte Stege

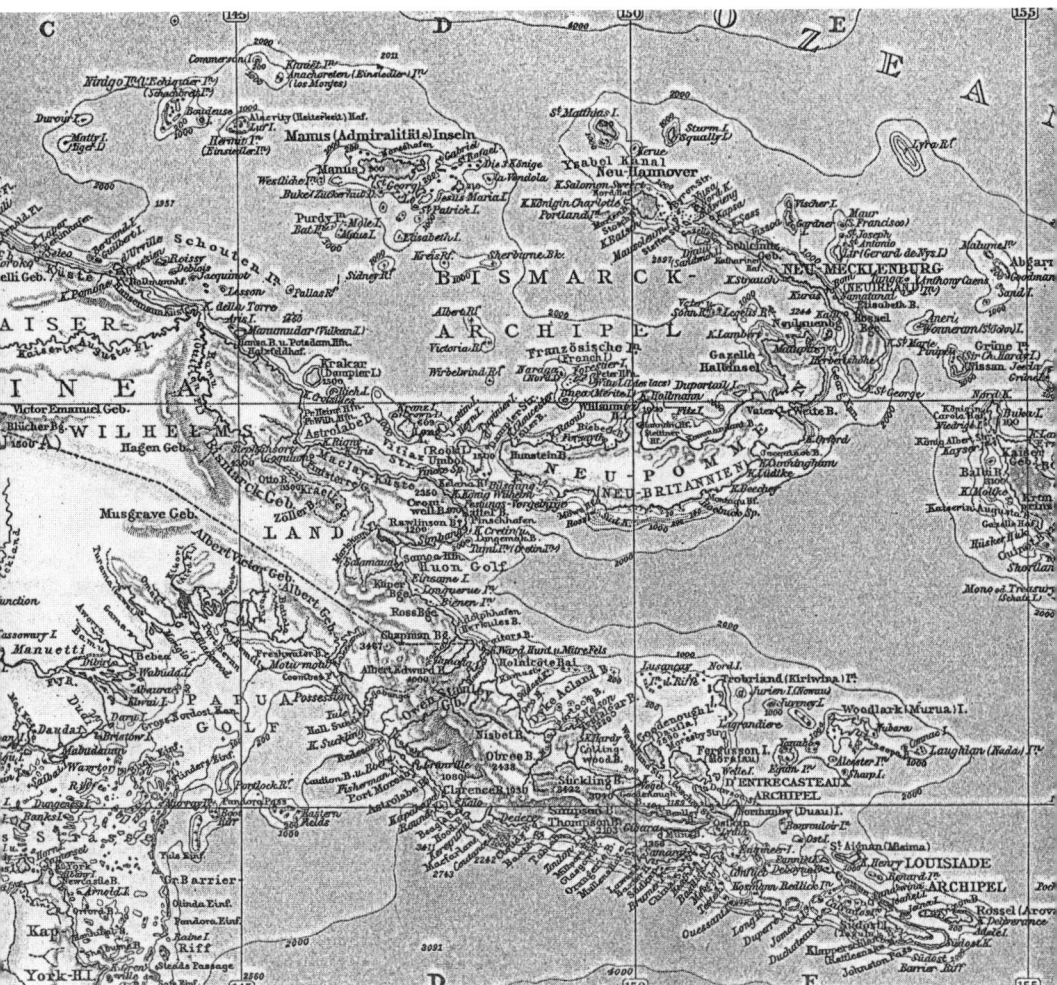

Vor dem Ersten Weltkrieg wurde die Hauptinsel des von uns 1929–1931 bereisten Bismarck-Archipels als Neu-Pommern bezeichnet (heute Neubritannien). Neuirland hieß Neu-Mecklenburg. Zusammen mit den westlichen Salomonen Bougainville und Buka im Osten und dem Kaiser Wilhelms-Land im Westen wurde dieser Teil der Südsee später australisches Mandatsgebiet. Der heutige Sepik hieß damals Kaiserin Augusta-Fluß. (Aus Andrees Handatlas 1908)

verbunden, alles eingebettet in prachtvolle tropische Vegetation und von Palmen überragt. Das Trinkwasser war Regenwasser, das von den Wellblechdächern in große Wellblechzisternen geleitet und vor Gebrauch filtriert wurde. Im ganzen Archipel war das die übliche Art der Wasserversorgung, auch zum Waschen, doch war sie nicht ohne Tücken, wie wir bald erfahren sollten.

Nun waren wir zwar am Ziel meiner Träume, auf Neubritannien, damals noch ohne jeden Tourismus und ohne Straßen, mit Ausnahme eines beschränkten Straßennetzes von etwa 20 Kilometer Ausdehnung in und um Rabaul, aber mit der Arbeit im Urwald konnte ich immer noch nicht beginnen. Ganz Rabaul, d. h. dessen weiße »Prominenz«, auf die wir für unseren Transport ins eigentliche Arbeitsgebiet an der Südküste angewiesen waren, befand sich im feuchtfröhlichen Silvester- und Neujahrstrubel. Da gab es kein Entrinnen. Wir gerieten von einer Party in die andere und lernten mancherlei typische und wichtige Persönlichkeiten kennen.

Erst nach dem Verrauchen dieser Feierlichkeiten hatten wir Gelegenheit, das auf den Inseln nicht mehr benötigte Gepäck – inklusive Smoking – an einem zuverlässigen Ort sicher (auch termitensicher) einzulagern, Reis sackweise, Konserven kistenweise, Patronen, Seife, Zigaretten und all den Kleinkram einzukaufen, den wir in den nächsten Monaten benötigen würden, u. a. 120 Liter Alkohol zum Konservieren von zoologischen Objekten. Auch drei Boys mußten angeheuert werden, und vor allem galt es, die Weiterreise zu organisieren, die außerhalb aller regelmäßigen Verkehrslinien lag.

Wieder einmal mußten wir viel Geduld aufbringen. Die »Matupi«, ein 50-Tonnen-Schoner, der einem privaten Kapitän der alten Garde gehörte, war noch nicht einmal im Hafen. Dieses Boot hätte uns nach Gasmata an der Südküste bringen sollen. Es wurde sonst von Goldsuchern und allerlei Abenteurern benützt, vor allem auch zum Rekrutieren, d. h. zum »Anwerben«, von Kanaken als Plantagenarbeiter. Erst nach Tagen lief unser Schiff ein, jedoch mit Hilfe der Segel, da die Maschine defekt war. Es hieß, die bereits einmal geschweißte Kurbelwelle sei erneut auseinandergebrochen und die Reparatur werde mehrere Tage dauern. So hatte ich Gelegenheit, Pidgin-Englisch zu lernen, die dort gebräuchliche Umgangssprache aus einem Gemisch von Englisch, Portugiesisch, Deutsch, Chinesisch und Kanakisch. Es war eine höchst einfache Sprache, die nur etwa sechzig Wörter umfaßte; trotzdem konnte sogar die Bibel von Missionaren ins Pidgin-Englisch übersetzt werden.

Unterdessen lernten wir viele interessante Menschen kennen. Ein Schweizer versuchte, uns für eine Beteiligung an der von ihm geplanten Kaffeeplantage zu gewinnen, der ersten auf Neubritannien. Durch ihn machten wir auch die Bekanntschaft eines deutschen Paradiesvogel-Jägers, der mit seinem Harem und seinen Mischlingskindern in einer einfachen Hütte wohnte. Er pflegte in Neuguinea so lange Paradiesvögel zu schießen, bis er ein paar Kisten voller Bälge beisammen hatte, dann reiste er damit nach Berlin, verpraßte dort in kurzer Zeit den Erlös und kehrte dann wieder auf die Inseln zurück, um seine einträgliche Jagd von neuem zu beginnen.

Für interessante zoologische Beobachtungen brauchte ich nicht weit zu gehen. Jeden Abend zeigten sich an den Wänden und Decken des Hotels viele kleine, zwitschernde Geckos, welche den Faltern und anderen Insekten – und schwanzwedelnd auch ihren Artgenossen – nachjagten und dabei ihre erstaunliche, damals noch völlig geheimnisvolle Haftfähigkeit auf glatten Unterlagen vorführten. Einige wagten sich in der Lounge bis auf die Tische und leckten Biertropfen oder süße Obstsaftreste aus den Gläsern.

Faszinierend war für mich die prachtvolle Kasuarinenallee der Yara-Avenue. Es stellte sich heraus, daß jeder Baum seine eigene Gruppe von schönen, grün-braunen Skinken aufwies, kletternden Eidechsen, die äußerst flink an den Stämmen auf- und abwärts flitzten und sich bei Fangversuchen auf der Rückseite des Stammes geschickt in Deckung begaben. Andere Skink-Arten hielten sich weniger am Stamm, als vielmehr auf den äußeren Zweigen der Kasuarinen auf. Wieder andere waren nur am Fuße der Bäume im Gras zu finden oder unter Steinen.

Bei meinen wiederholten Gängen durch die – kaum je befahrene – Yara-Avenue konnte ich mich davon überzeugen, daß hier offenbar ganz ähnliche Verhältnisse herrschten, wie ich sie

58

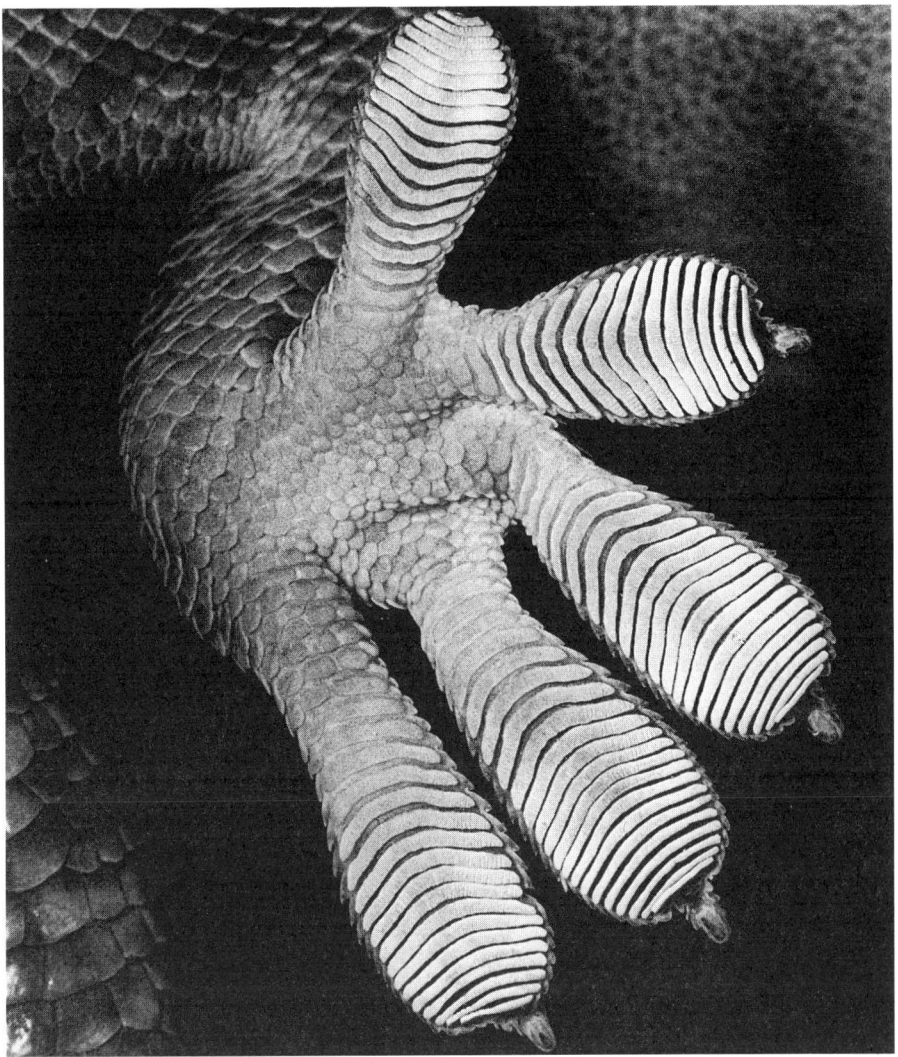

Unterseite einer Gecko-Pfote (Tokay). Die Frage, wie diese meist nachtaktiven Echsen es fertigbringen, an glasglatten, senkrechten oder sogar überhängenden Unterlagen herumzuflitzen, hat die Zoologen jahrzehntelang beschäftigt. Klebstoff, feinste Häckchen, Vakuum, Reibungselektrizität usw. wurde vermutet. Erst das Elektronenmikroskop brachte die Lösung: Die Haftwirkung beruht auf Adhäsion.

1927 in Marokko, besonders im Ruinengebiet von Chellah, (und später in aller Welt) beobachtet hatte: Die Biotope der einzelnen Arten waren gegeneinander scharf abgegrenzt, und innerhalb ihrer Territorien waren dieselben Individuen meist genau an derselben Stelle anzutreffen.

Als eine großartige Umgebung erwies sich der Botanische Garten von Rabaul, wo ich meist allein war und mich schon wie im tropischen Regenwald fühlen konnte. Hier herrschte auch die feucht-modrige Atmosphäre mit dem dichten Fallaub-Teppich, den Brettwurzeln, Lianen, den Ficus-Strängen, Pilzen und Farnen, Palmen, Epiphyten, Schmetterlingen, Käfern und anderen Insekten und mit typischen Waldeidechsen, die an der besonnten Yara-Avenue nicht vorkamen, und die Luft war voll von Surren, Zirpen, Quaken und Vogelrufen.

Als ich wegen eines plötzlich einsetzenden Regens für eine Weile ruhig unter einem Baum stand, bemerkte ich eine Bewegung im nassen Fallaub. Ein etwa handgroßes Wesen krabbelte langsam daher. War es eine Landkrabbe, eine Spinne, ein Riesenkäfer? Es dauerte eine Weile, bis ich die Konturen des unheimlich aussehenden Geschöpfes zwischen den Blättern auszumachen vermochte: Es mußte sich um eine riesige Gespensterheuschrecke handeln, von der ich noch nie gelesen oder gehört hatte – in der Tat ein unheimliches Wesen, voller borniger Fortsätze und mit unvorhersehbaren Bewegungen. Würde es mich im nächsten Augenblick anspringen? Mich mit dem nach Skorpionart über den Rücken vorgewölbten Schwanz stechen oder mir Gift in die Augen spritzen, wie das einige Verwandte der Skorpione tun? Nichts von alledem, aber als ich das mir fremde Tier in einen Fangsack stecken wollte, kniff es mich gehörig, indem es meinen Finger buchstäblich zwischen die Stacheln seines Körpers und seiner Hinterbeine in die Zange nahm. Diese Begegnung mit einem unbekannten Geschöpf – so klein es auch war – gehört zu den unvergeßlichen Erlebnissen dieser für mich ereignisreichen Reise. Erst etwa ein Jahr später, auf der Heimreise, hatte ich Gelegenheit, im Museum von Buitenzorg auf Java dieses unheimliche Insekt zu identifizieren:
Es handelte sich um Eurycantha horrida.

Inzwischen waren in Rabaul zwei Wochen vergangen; am 14. Januar 1930 hieß es plötzlich, unser Schoner, die »Matupi«, würde um Mitternacht abfahren. Rasch wurden unsere Kisten an Bord gebracht, und endlich erschien auch der Kapitän, ein australischer Abenteurer, in stark angeheitertem Zustand, um es höflich auszudrücken. Das Boot war in einem unbeschreiblich schmutzigen Zustand. Aber der Dieselmotor begann tatsächlich zu tuckern, und los ging es mit viel Seekrankheit und Motorpannen Richtung Gasmata, unserer ersten Arbeitsstation.

Nach einem kurzen Aufenthalt bei einem deutschen Pflanzer in Jacquinot-Bay und nach weiteren pannenbedingten Verspätungen landeten wir am 19. Januar tatsächlich in Gasmata, d. h., wir gingen unmittelbar vor der Anlegestelle vor Anker. Der District Officer von Gasmata hatte nämlich einen Haftbefehl gegen unseren famosen Kapitän. Solange dieser auf seinem Boot blieb, konnte er jedoch nicht verhaftet werden.

Dieser juristische Status hatte für uns die unangenehme Folge, daß jedes einzelne Gepäckstück – jede der rund 50 Kisten – zuerst in ein Ruderboot geladen und so an Land gebracht werden mußte. Immerhin waren wir endlich in unserem ersten Arbeitsgebiet angekommen – nach einer 84tägigen Reise! Heute kann man sich so etwas kaum mehr vorstellen; gerade deswegen wollte ich das Reisen von anno dazumal an diesem Beispiel schildern.

Im Bismarck-Archipel – Salomonen und Neuguinea

Gasmata war damals lediglich ein Regierungsstützpunkt mit zwei Europäerhäusern, je einem für den District Officer, Mr. Calcut, und seinen Stellvertreter. Professor Speiser und ich durften in den hübschen, auf einem Felsen gelegenen Bungalow von Mr. Calcut einziehen. Von hier aus hatte man eine herrliche Aussicht aufs Meer; er war umgeben von Frangipanis, Hibiskus und Palmen. Gasmata war eine winzige Insel, auf der damals noch sechzig Police Boys lebten, alle mit weißen Tellermützen mit der Aufschrift »New Guinea Native Police«. Die Uniform bestand lediglich aus einem kurzen, unten ausgefransten Lendenschürzchen. Jeder trug ein Gewehr, und allmorgendlich wurde in einem offiziellen Akt vor dem Hause die Fahne hochgezogen.

Die Hauptaufgabe dieser Polizeigarde bestand darin, im Distrikt für Recht und Ordnung zu sorgen und die zahlreichen Sträflinge zu bewachen, die hier im Kalabusch, einer Reihe von Stacheldrahtgehegen, lebten und rotweiß gestreifte Laplaps (Lendenschürze) trugen. Hinter diesem Gefängnis stand der Galgen. Einige der Gefangenen waren eingesperrt, weil sie ihre Steuern (10 Schilling im Jahr) nicht bezahlen wollten oder wegen Frauengeschichten, andere, weil sie mit der Abschaffung des Kannibalismus nicht einverstanden waren oder auch, weil sie ganz »gewöhnliche« Mörder waren.

Mr. Calcut, der District Officer, war ein gebildeter, sympathischer Herr, der sich nach Möglichkeit immer für die Eingeborenen einsetzte, obgleich er von einem von ihnen einst mit einer Axt am Schädel schwer verletzt worden war. Er unterstützte uns nach Kräften bei unserer Arbeit; beispielsweise wies er Polizisten und Sträflinge an, für mich Tiere zu fangen.

Jetzt ging es also los mit der Arbeit, vorab natürlich mit der ethnologischen und anthropologischen. Mr. Calcut organisierte für uns Kanufahrten in die benachbarten Dörfer, wobei jeweils sechs Police Boys als Ruderer und Bewacher dienten. Diese Exkursionen, die Lagunen, das Riff, die Korallenbänke, die Papageien und Flughunde vermittelten herrliche Eindrücke.

Bevor wir in ein Dorf kamen, wurden wir jeweils angemeldet. Nach einer Weile erschien der Häuptling und hieß uns Platz nehmen, zum Beispiel auf einem am Boden liegenden Baumstamm. Es wurden Höflichkeiten ausgetauscht und auch kleine Gastgeschenke überreicht. Gewöhnlich erhielten mein Chef und ich eine frische Kokosnuß, die ein »Monkey« – so wurden junge Boys, gewissermaßen Lehrlinge, genannt – mit affenartiger Geschicklichkeit aus einer Palmenkrone heruntergeholt und mit zwei, drei Buschmesserhieben so aufgeschlagen hatte, daß sie bequem auszutrinken war. Inzwischen hatten die Police Boys aufmerksam die umstehenden Palmen kontrolliert, damit niemand von einem abgestorbenen Palmwedel oder von einer herunterfallenden Nuß totgeschlagen würde.

Mein Chef machte sich alsbald an die Befragung des Häuptlings und der anderen Dorfbewohner; er wollte alles wissen über ihre soziale Organisation, über Sitten und Gebräuche, Ehe und Religion, das tägliche Leben usw. Ich hatte derweil Leute, Häuser und Kanus zu filmen und zu fotografieren und Ausschau nach interessanten Ethnographica zu halten: Waffen, Haushaltgeräten, Schmuck, Kulturgegenständen, Fischerei- und Jagdartikel usw. Dabei mußte man äußerst behutsam und zurückhaltend vorgehen. Oft bedurfte es langer Erwägungen mit den Angehörigen, bis sich eine Frau von ihrem Kochtopf oder ein Mann von seinem Speer trennen konnte. In der Regel taten aber die von uns mitgebrachten Tauschwaren ihre Wirkung.

Für Kleinigkeiten gab es eine halbe oder eine ganze, etwa sechzehn Zentimeter lange Stange Virginia-Tabak, wenn nötig mit etwas Toilettenpapier. Der Empfänger wickelte den hartgepreßten Tabak sorgfältig auseinander und rollte ihn im Papier neu zu einer Riesenzigarette zusammen. Diese wurde dann am Feuerbrand angezündet, einem brennenden Stück Holz, das die Männer so selbstverständlich unter dem Arm zu tragen pflegten wie wir heute das Feuerzeug in der Tasche. Oder man zog zum Anzünden ein glühendes Holzstück aus dem fast in jeder Hütte glimmenden Feuer. Darauf durfte der Zigarrenhersteller einige Züge genießen, dann reichte er das scharfe Rauchzeug in die Runde weiter. Es wurde nur kollektiv geraucht.

Sehr beliebt waren neben dem Tabak auch kleine, bunte Dosen mit Spiegeln, Mundharfen, Messer oder auch Bargeld (zum Bezahlen der Kopfsteuer), farbiges Tuch und – im Tausch gegen wertvollere Gegenstände – auch Buschmesser und Beile.

Zuweilen kamen wir erst nachts von unseren Kanu-Exkursionen nach Gasmata zurück; dann mußten wir noch das Material ordnen und mit Etiketten versehen, die Filmkassetten in der improvisierten Dunkelkammer nachfüllen usw., ehe wir, oft erst nach Mitternacht, unter das Moskitonetz schlüpfen konnten.

Eine besondere Gelegenheit für den Ethnologen war, daß während unseres Aufenthaltes auf einer Nachbarinsel ein prominenter Eingeborener – nämlich der Vater des Häuptlings – starb und daß uns erlaubt wurde, den mehrtägigen Bestattungszeremonien beizuwohnen. Diese begannen in stockdunkler Nacht. Einige Police Boys ruderten Mr. Calcut, seinen Assistenten McDonald und uns zum Inseldorf, aus dem uns der Totengesang unheimlich über die Lagune entgegenklang.

Nach der üblichen Anmeldung durften wir das Dorf betreten und sogar den Toten sehen, der auf einem einfachen Gestell hockend aufgebahrt und mit einem Regendach aus Bananenblättern überdeckt war. Im Scheine eines kleinen Feuers und einer einzigen Petrollampe ließ sich allmählich erkennen, daß wahrscheinlich die ganze Dorfbevölkerung im Kreise herum am Boden hockte. Alle sangen, um die Tambarane, die bösen Geister, fernzuhalten. Dann sangen nur die Männer. Einer stimmte die Klagemelodien an, weitere fielen ein, und schließlich ertönte ein furchtbares Gebrüll, das schlagartig abbrach – von einer unheimlichen Stille gefolgt. Der Luluei, der Häuptling, erklärte uns alles über den Ritus des Sterbens und der Beerdigung, auch daß die überlebende Witwe jetzt eigentlich stranguliert werden sollte, damit sie ihrem Gatten ins Jenseits folgen könne. Die neue Regierung hatte dies jedoch verboten. Danach bedeutete man uns, daß es jetzt für die Gäste Zeit sei, nach Hause zu rudern, doch wurde uns gestattet, am folgenden Tag wiederzukommen.

Diesmal nahm uns der District Officer in seinem Regierungsschoner »Rabaul« mit auf die kleine Insel, wo die Totenfeierlichkeiten noch andauerten. Dank der Vermittlung des hohen Beamten wurde die Strangulation der Witwe für uns so naturgetreu nachgeahmt, daß ich angesichts der wachsenden Erregung der Teilnehmer befürchtete, es könnte daraus Ernst werden. Ich hatte alle Hände voll zu tun, mit der schweren Kinokamera auf dem umständlichen Dreibein den einzelnen Szenen zu folgen, immer stur zählend: »einundzwanzig, zweiundzwanzig...« Dabei mußte ich stets darauf achten, daß das Stativ einen sicheren Stand hatte, was auf dem sandigen Boden nicht ganz einfach war. Die Witwe mußte sich auf einem freien Platz aufstellen. Es wurde ihr ein langer, breiter Streifen aus Rindenbast um den Hals geknüpft, und an beiden Enden – mehrere Schritte von ihr entfernt – standen zwei Gruppen von ausgewählten Verwandten, die auf ein Zeichen hin im Ernstfall kräftig zugezogen hätten.

Die Zeremonien dauerten wieder bis in die Nacht hinein. Immer mehr Kanaken aus der Nachbarschaft erschienen, und vor dem Männerhaus versammelte sich eine große Gruppe geschmückter und bemalter Männer, die sich wie in Ekstase hüpfend und schreiend im Kreise bewegten und stampften, daß der Boden erzitterte. Auch die Frauen traten jetzt auf und tanzten oder rasten im Kreise herum, bald schreiend, bald pfeifend. Plötzlich kamen vom Meer her Männer mit unheimlicher Gesichtsbemalung ins Dorf geprescht, unmittelbar an uns vorbei. Im schwachen Lichtschimmer konnten wir auch Schweine ausmachen, die mit zusammengebundenen Füßen an horizontale Balken gehängt waren und später mit einem Speerstoß ins Herz getötet und gegessen werden sollten. Der Lärm und die Erregung der im Dunkeln singenden und tanzenden Menge war derart, daß es uns angezeigt erschien, die Heimfahrt anzutreten.

Das Beispiel der Witwenstrangulation führte uns vor Augen, wie schwierig die Aufgabe der Regierung zuweilen war. Einerseits konnten Kannibalismus und rituelle Tötung von Menschen nicht zugelassen werden, andererseits wollte man sich nicht in die Sitten und Gebräuche, namentlich die religiösen, der Kanaken einmischen.

Zu meinen Tätigkeiten als Assistent gehörte in Gasmata u. a. auch die Mithilfe bei den von Professor Speiser ausgeführten anthropologischen Messungen. Nicht nur die Einwohner der umliegenden Dörfer wurden gemessen, sondern auch die Police Boys, die größtenteils von den Siassi-Inseln kamen, ebenso die Sträflinge, die aus dem Sepikgebiet in Neuguinea stammten.

Neben all dieser Arbeit kam aber auch die Zoologie nicht zu kurz. Dank der Empfehlung von Mr. Calcut brachten mir die Eingeborenen allerlei interessante Tiere aus der Umgebung, zum Beispiel mehrere schöne Warane (Varanus indicus) von rund einem Meter Länge und Pythonschlangen (Liasis amethistinus) von zwei oder zweieinhalb Meter Länge, die nicht viel länger werden. Ich selber konnte allerlei andere Reptilien fangen, von denen ich jeweils auch die Parasiten und Mageninhalte untersuchte und konservierte. Die genauen Fundstellen wurden notiert, und wenn möglich beobachtete ich alle Tiere auch lebend. Insekten, Landkrabben, Krokodileier und auch einige Vögel kamen dazu; kurz: Der erste Alkoholtank und viele Gläser hatten sich mit interessantem Material gefüllt.

Den Police Boys kam u. a. auch die Aufgabe zu, gelegentlich für Wildtauben und frische Fische zu sorgen. Die im Busch anzutreffenden Schweine, die wie Wildschweine aussahen und sich Weißen gegenüber auch so verhielten, waren im Grunde genommen Hausschweine, die sich im Privatbesitz von Kanaken befanden, wie noch zu berichten sein wird. Jedenfalls kamen sie für die Fleischversorgung der Weißen nicht in Betracht, und sonst gab es im Archipel kein eigentliches Jagdwild. Deswegen hielt man sich an Wildtauben, die schweren Fruchttauben der Gattung Carpophaga, auf Pidgin Englisch »Balus« genannt. Sie bildeten sozusagen das einzige Frischfleisch, das den Weißen zur Verfügung stand. Die Pflanzer hielten sich meistens einen besonderen »Balus Boy«, der die Aufgabe hatte, genügend Tauben für die Küche zu beschaffen.

In Gasmata besorgte dies ein Detachement von Police Boys; ein anderes war mit dem Fischfang beauftragt. Für den damals üblichen Fischfang mit Dynamit bedurfte es besonders ausgebildeter und lizenzierter Personen, denn das war ein riskantes Unterfangen.

Eines Tages durfte ich eine solche Equipe begleiten. Wir fuhren in einem Kanu durch die Lagune, wobei der Korporal am Bug stand und nach einer günstigen Stelle Ausschau hielt. Im kristallklaren Wasser konnte man die Fischbestände leicht finden. Der zuständige Chef-Fischer ließ das Kanu nahe am Ufer der Lagune anhalten und kletterte auf einen weit ausladenden Ast, von dem aus er die Fische gut sehen konnte. Dann entzündete er die Lunte, steckte sie in die Dynamitpatrone und warf sie in den Fischschwarm. Unmittelbar nach der Detonation stürzten sich alle Polizisten ins Wasser und ergriffen von den betäubten Fischen so viele wie möglich. Ich sah die hellen Fußsohlen der tauchenden Boys – und schon klatschten von allen Seiten die Fische ins Kanu. Nicht alle waren für die Küche geeignet, dafür zoologisch um so interessanter. Erst Jahrzehnte später, als feinere Fangmöglichkeiten mit Netzen in Gebrauch kamen und der schnelle Lufttransport möglich war, gelangten die farbenprächtigen Arten in die Aquarien der europäischen und amerikanischen Zoos und einer zunehmenden Zahl von Liebhabern.

Diese damals im Archipel übliche Dynamitfischerei war nicht ohne Risiken. Zu schweren Unfällen kam es besonders dann, wenn die Fischer im letzten Augenblick die brennende Lunte mit den Zähnen aus der Patrone herausziehen wollten, zum Beispiel weil sich die angepeilten Fische wieder verzogen hatten oder in einiger Entfernung noch größere Fische lockten. Dann explodierte die Dynamitpatrone unter Umständen unmittelbar vor dem Gesicht oder in der Hand des Fischers – mit verheerenden Folgen.

Während frische Tauben und Meerfische die Dosendiät in willkommener Weise ergänzten, begann es mit der Wasserversorgung schwierig zu werden. Wir waren in eine ungewöhnliche Trockenzeit geraten. Die Wellblechtanks waren leer; waschen konnte man sich nur noch am Strand, und zum Rasieren reichte es ohnehin nicht mehr. Zu trinken gab es lediglich frische Kokosnüsse, doch wurden wir gewarnt: Kokosmilch als ausschließliches Getränk könne nach einiger Zeit einen unangenehmen Kokos-Tripper auslösen.

So schauten wir hoffnungsvoll den dunklen Wolken entgegen, die gelegentlich vom Meer her gegen die Küste zogen, sich jedoch nicht über Gasmata entleerten. Schließlich fiel doch wieder einmal starker Regen, so daß die Tanks sich wieder mit Wasser vom Dach zu füllen begannen.

Im Laufe unseres Aufenthaltes in Gasmata hatten wir noch mehrmals Gelegenheit zu romantischen Fahrten durch die Lagune und auf andere kleine Inseln. Auch zu einem nächtlichen »Sing-Sing«, einem Fest, wurden wir eingeladen: Während am Himmel das Kreuz des Südens stand, wurden wir von unserem Gastgeber und seinen Police Boys hingerudert und vom Häuptling nach der üblichen Anmeldung willkommen geheißen.

Stets beeindruckten mich die natürliche Würde und der Ernst solcher Anlässe. Die Männer trugen Speer und Schild, und diesmal erschienen auch die Frauen und Mädchen in ihren Grasröckchen zum disziplinierten Tanz.

Von weit her waren Kanaken als Besucher herangerudert.

Für den Ethnologen bedeuteten derartige Feierlichkeiten, über deren Hintergründe er sich in den folgenden Tagen vom Häuptling und von alten Leuten orientieren ließ, höchst wertvolle Beobachtungen. Hier war noch alles echt und unverfälscht und von einer stets aufs neue beeindruckenden Würde. Die am Rand der Szene aufgehängten Schweine waren nicht einfach nur ein Festbraten: Man hatte sie nach Regeln namentlich ausgewählt, und man versöhnte sich mit ihrer Seele, bevor ihnen der Speer ins Herz gestoßen wurde. Mit dem Opfern der Schweine hob sich jeweils das soziale Prestige des Stifters. Solche »Sing-Sings« blieben den Teilnehmern für lange Zeit in Erinnerung.

Während sich gegen Mitternacht die Tanzgruppen allmählich auflockerten, suchten wir unser Ruderboot auf und ließen uns durch die herrliche Tropennacht nach Gasmata zurückfahren. Die knappen drei Wochen, die wir hier verbringen durften, waren sowohl ethnologisch wie zoologisch und auch als persönliches Erlebnis überaus ergiebig und reizvoll.

Zu einer lustigen Szenen kam es einmal, als ein Police Boy mir meldete, ein »Man Kalabusch«, ein Sträfling, habe eine Schlange gefangen. Bei allen Tieren, die ich nicht selber gefangen hatte, wollte ich immer den genauen Fangort und die Fangumstände kennenlernen, weil es mir nicht nur darum ging, Tiere einfach zu sammeln, sondern sie – ihr Aussehen und ihr Verhalten – im Zusammenhang mit ihrem Biotop, mit ihrer Biozönose (Lebensgemeinschaft) und mit ihrem Territorium zu verstehen.

Wir gingen also zu dritt ins Gelände, eine Lichtung in einer Kokosplantage. Nach Aussage des Sträflings hatte er dort die Schlange neben einem schmalen Fußpfad liegen sehen. Das war für mich deswegen wichtig, weil es sich um eine ausgesprochene Baumschlange (Dendrophis) handelte, die eigentlich nicht auf den Boden, sondern auf Bäume gehörte. Wie die Baumschlangen die glatten Palmenstämme erkletterten, ist eine Frage für sich. Abwärts klettern können diese Schlangen nicht, sondern sie »fliegen«, d. h., sie stoßen oben ab und gleiten in schräger Flugbahn zum Boden. Mit diesen »fliegenden Schlangen«, deren Flugfähigkeit stark übertrieben wurde, habe ich mich auf unserer Reise intensiv beschäftigt. Einige Kanaken hatten das Glück, solche Schlangen im Sprung zu beobachten, und konnten mir dann die genaue Stelle des Auftreffens auf dem Boden zeigen. Daraus ließ sich jeweils rekonstruieren, wie steil bzw. wie flach die Flugbahn war. Das Problem der »fliegenden Schlangen« habe ich in einer meiner allerersten wissenschaftlichen Publikationen (1932) behandelt.

Der Sträfling zeigte mir genau, wo er die Schlange am Wegrand entdeckt hatte. Bei der gewissenhaften Rekonstruktion der Fangszene wurde der Kalabuschmann ganz aufgeregt und sprang im Zickzack durch die Plantage – der imaginären Schlange hinterher. Der Police Boy seinerseits vermutete einen verkappten Fluchtversuch und verfolgte mit dem Gewehr den vermeintlichen Flüchtling. Der hatte jedoch keinerlei böse Absichten und hielt bei einem modernden Baumstamm an: darunter sei die Schlange verschwunden. Die Sektion der Baumschlange ergab später, daß sie legereife Eier im Bauch hatte und sie möglicherweise unter dem Baumstamm an einem sicheren Ort ablegen wollte. Police Boy und Sträfling bekamen ihr Stückchen Preßtabak für ihre wertvolle Mithilfe.

Nur zu rasch näherte sich der Tag der Abreise. Wieder hieß es, unsere vielen Kisten für den Weitertransport vorzubereiten. Am 6. Februar 1930 brachte uns Mr. Calcut auf seinem Regierungsschoner »Rabaul« nach Mövehafen, einer kleinen Bucht etwas westlich von Gasmata an der Südküste Neubritanniens. Die Bezeichnung Mövehafen erinnert – wie noch viele andere Ortsnamen im Archipel – an die deutsche Kolonialzeit.

Als wir spät abends in Mövehafen eintrafen, bestand dieser Ort lediglich aus einer Petrollampe, die am Strand aufgestellt war. Erst in einiger Entfernung davon, zwischen Meer und Urwald, befand sich ein Blockhaus, welches dem District Officer auf seinen Inspektionsreisen als Unterkunft diente und uns für zwei oder drei Monate überlassen wurde. Am folgenden Tag verabschiedete sich Mr. Calcut, und wir waren nun allein im Urwald – ein herrliches Gefühl.

Bald waren wir häuslich, ja ausgesprochen gemütlich eingerichtet. Zu meinen Assistentenpflichten kam von jetzt an eine neue hinzu. Ich hatte auch die Oberaufsicht in der Küche. Zum Frühstück gab es Kakao und anstelle von Brot Sodabiskuits aus der Dose, zum Lunch eine kräftige Würfelsuppe und Reis mit Dosenfisch oder Taube, zum Dessert Bananen à discrétion und ausnahmsweise auch Biskuits mit Konfitüre. Das Nachtessen war etwa dasselbe. Tag und Nacht stand eine große Kanne kalten Tees zur Verfügung.

Mit der Zeit machten meine Kochkünste beachtliche Fortschritte. So ließ sich aus den Tauben eine vorzügliche Suppe bereiten, wenn man sie anstatt zu braten im Wasser kochte. Manchmal waren sie sehr zäh. Falls die Police Boys für uns reichlich geschossen hatten, wurden daher nur die weich gekochten oder gebratenen Brüstchen serviert. Als Luxus gab es ausnahmsweise Klöße aus fein gehackter Taubenbrust. Anstelle des stereotypen Reises (aus dem inzwischen von Mäusen und Ratten benagten Sack) gab es auch oft Taro- und Yamsknollen oder gekochte Sagoklöße, also einheimisches Gemüse, welches uns die Kanaken brachten und gegen Tabak eintauschten. Außer dem Küchenhäuschen mit dem aus Petrolkanistern zurechtgeschnittenen Herd verfügten wir noch über ein Badehäuschen, d. h. eine Dusche mit einem perforierten Kanister als Wasserreservoir. Kurz, wir lebten wie im Schlaraffenland.

Von unserem Blockhaus aus führte die »Main road«, ein schmaler Weg, direkt in den Wald hinein zu einem kleinen Bach, und – wenn man weit genug ging – bis zum nächsten Dorf. Dieser Weg war für mich von einem unerhörten Zauber, so daß ich nicht widerstehen konnte, ihn schon am zweiten Abend – trotz der Warnung meines Chefs – bei Dunkelheit zu begehen. Es gab ja keinerlei Raubtiere, die gefährlich werden konnten. Aber die beiden Police Boys, die mich zu begleiten hatten, waren nicht wenig bestürzt und hießen einen unserer Boys mitkommen. Erst hinterher erfuhr ich, daß sich Kanaken nachts wegen der Tambarane, der vielen Walddämonen, nur zu dritt auf Waldwege wagen.

Da gab es keine Waldesstille, sondern da war – im Gegenteil – ein einziges lautes Surren und Zirpen, ein Quaken, Rufen und Rascheln: Fledermäuse und große Flughunde, Eulen und Ziegenmelker huschten vorbei, Pilze und morsches Holz leuchteten am Wegrand, Falter und große Käfer surrten uns um den Kopf, Leuchtkäfer schwebten vorbei. Es war ein großartiges, permanentes Schauspiel – für mich. Aber wenn im Geäst eines hohen Baumes Flughunde keckerten oder Wildschweine im Unterholz raschelten, dann waren das für die verängstigten Kanaken keine Tiere, sondern eben unheimliche Tambarane. Es dauerte Wochen, bis ich unsere besorgten

Leute dazu bewegen konnte, mich nachts allein diesen wundervollen Urwaldpfad begehen und genießen zu lassen. Ich konnte mir keine großartigere Abendunterhaltung vorstellen!

Ich fürchte, daß es heute nicht mehr viele Europäer gibt, die den unvergleichlichen Zauber eines solchen Spaziergangs durch den tropischen Regenwald nachfühlen können. Ich kann dieses Gefühl leider nur stümperhaft andeuten, aber es war ein unglaubliches Glücksgefühl, das mich bei solchen Gängen erfüllte. Dazu trug nicht nur das verwirrende Konzert bei, der Duft von Boden und Gewächsen, die Überfülle von Blattformen, Lianen, das üppige Gezweige, das stellenweise den Blick auf den Sternenhimmel freigab – schuld daran war wohl auch das Fehlen jeglicher technischer Geräusche. Da gab es auch in der Ferne weder Bahn- noch Autolärm, kein Flugzeug, nicht einmal Glockengeläute. Man war wirklich von der Natur umschlungen.

Nur einmal, als ich weiter als sonst gegangen war, glaubte ich etwas wie Tam-Tam und Gesang zu hören, nicht eigentlich störend, sondern eher untermalend. War im entfernten Dorf vielleicht ein »Sing-Sing« im Gang? Je weiter ich ging, desto deutlicher wurde der Festlärm. Schließlich stieß ich auf eine Gruppe feiernder Kanaken. »Was ist denn hier los?«, fragte ich. »Ja siehst du ihn nicht?« fragten sie zurück und deuteten in die Baumkronen, hinter denen die dünne Mondsichel zu sehen war. Die Feier galt dem Mond, dem neuen Mond, der nach seinem Verschwinden wieder zurückgekommen war – zu ihrer großen Freude! Das war für sie keine Selbstverständlichkeit. Und heute?

Das einzige, was mir im Urwald unheimlich vorkam, auch im späteren Verlauf unserer Reise, war der »Busch-Telegraf«, die geheimnisvollen Signale, welche sich die Kanaken im Bismarck-Archipel und die Papuas in Neuguinea mit der Schlitztrommel übermitteln. Diese dem Europäer verschlossene Kommunikationsmöglichkeit hatte für uns zwar nie schlimme, sondern nur erstaunliche Folgen. Wenn wir zum Beispiel nach mehrstündigem Marsch in einem unbekannten Dorf eintrafen, waren dessen Einwohner oft schon mit allerlei Gegenständen bereit, und zwar boten sie dem »Alten« – meinem Chef – Hausgeräte, Schmuck und Waffen an, während sie mir Reptilien, Käfer usw. brachten. Die Signale der Buschtrommel waren differenziert genug, um anzuzeigen, wer von uns sich wofür interessierte.

So wurden wir auch in Mövehafen vom ersten Tag an reichlich beliefert. Von Gasmata her hatte ich einen 1,15 Meter langen, lebenden Waran mitgebracht. Ich hatte ihn unmittelbar vor der Abreise bekommen, und da es mir widerstrebte, solche Tiere in den Alkoholtank zu stecken, legte ich der Riesenechse eine dünne Kette um die Lende und band sie an einem Pfosten unseres Bungalows fest.

Nachdem der Waran – auf Kanakisch »Balai« – ursprünglich auf jede Annäherung mit einer geräuschvollen Darmentleerung und mit kräftigem Fauchen reagiert hatte, wurde er innerhalb weniger Tage so zahm, daß er mir Landkrabben und Mäuse aus der Hand fraß und sich an der Kette herumführen ließ. Bald war mein »Balai« so vertraut, daß ich ihn völlig frei lassen konnte. Er lebte wie eine Hauskatze in unserem Bungalow und folgte mir in die kristallklare Lagune, wenn ich baden ging. »Balai« erwies sich als sehr geschickter Schwimmer; beim Tauchen hielt er die Augen offen und züngelte genau wie an Land.

Nie in meinem späteren Berufsleben hatte ich wieder Gelegenheit, einen Waran unter so idealen Bedingungen kennenzulernen. Ich kann bestätigen,

Das Haus in der Bucht von Mövehafen an der Südküste Neubritanniens, das uns während einiger Monate als Basis diente, mit den drei Haus-Boys im Sonntags-Gewand (Laplap). Zu Füßen des mittleren einer meiner zahmen Warane, die sich – ähnlich wie Hauskatzen – frei in der Umgebung bewegten und auch zum Baden in die Lagune mitgenommen werden konnten.

daß die Warane zu den intelligentesten Reptilien gehören und daß sie durchaus in der Lage sind, Menschen individuell zu unterscheiden. Über meinen »Balai« veröffentlichte ich nach der Rückkehr nach Basel einen zweiteiligen Feuilletonbeitrag unter dem Titel »Mein Freund, der Waran«. Natürlich fanden Auszüge aus den Beobachtungsprotokollen über »Balai« auch in meiner Dissertation Platz, und es hat mich sehr gefreut, daß Professor Robert Mertens (Frankfurt a. M.), der damals führende Reptilienkenner Europas, in seiner großen Waran-Monographie (1942) darauf Bezug nahm.

Die einzigen weißen »Mitbewohner« in Mövehafen waren zwei australische Pflanzer, die in einer Entfernung von einigen Kilometern am anderen Ufer der Bucht wohnten, zusammen mit ihrem Kanaken-Harem und einer Schar milchschokoladefarbener Kinder. Einer von ihnen war Harry Bond, eine legendäre Gestalt, der auch als Recruter, Goldgräber und Händler mit Conus-Schnecken und Perlmuttermuscheln bekannt bzw. berüchtigt war. Bei ihm und seinem Kumpan waren wir gelegentlich eingeladen, und sie halfen wacker mit, unsere Sammlungen zu bereichern. Wenn der District Officer einmal dort auftauchte, mußte der ganze farbige Anhang der beiden sofort verschwinden, weil ihr Zivilstand nicht ganz den Vorschriften entsprach.

Auf der anderen Seite des für mich so faszinierenden Waldweges gelangte man zu einem großartigen Mangrovenbestand. Auf den bogenförmigen Stelzwurzeln saßen unzählige Schlammspringer, jene glotzäugigen Fische, welche einen großen Teil ihres Lebens nicht im Wasser, sondern an Land verbringen, mit Vorliebe auf den Mangrovenstelzen, ein bis zwei Meter über dem Boden. Noch heute gibt es in Europa nur wenige Schauaquarien, in denen diese amphibisch lebenden Fische gezeigt werden. Gezüchtet wurden sie meines Wissens in keinem Zoo – ein Zeichen dafür, daß wir ihre Lebensbedürfnisse noch nicht genügend kennen.

Allgegenwärtig waren auf unserer Südseereise die Land-Einsiedlerkrebse, die gleichfalls hoch auf die Bäume hinauf kletterten, so daß man sie wie Maikäfer herunterschütteln konnte. In unserem Küchenhäuschen suchten sie überall nach Fressbarem und gelangten dabei bis in die (abgekühlten) Pfannen hinein, zu deren Reinigung sie auf ihre Weise einen nicht unwillkommenen Beitrag leisteten.

In Mövehafen lernte ich auch viele weitere Tiere kennen, welche auf meiner Wunschliste standen und mir von den Kanaken gebracht wurden: Beuteldachs (Perameles), Kuskus (Phalanger), Flughunde (Pteropus) usw. Eines Tages meldete mir ein Police Boy, daß ein Kanake in seinem Kanu etwas für mich gebracht habe, in der Tat ein erfreuliches Belegstück: ein Pukpuk, ein Leistenkrokodil (Crocodylus porosus) von 1,47 Meter Länge.

Im Leben der Kanaken des Bismarck-Archipels und der Papuas in Neuguinea spielt das Krokodil eine hervorragende Rolle, nicht nur, weil es praktisch das einzige potentiell gefährliche Tier ist, sondern auch, weil es – wohl deswegen – auch im Dämonenglauben und in der ganzen Kultur von höchster Bedeutung ist. Von unseren Boys und Police Boys wurde ich ständig gewarnt vor dem Baden in der Lagune, denn die Gegend wimmle von Pukpuks. Leider bekam ich kaum je eines zu sehen, und wenn, dann nur auf weite Entfernung, weil die Tiere eine unerklärlich große Fluchtdistanz hatten.

Zoobesucher halten Krokodile oft für verschlafene Wesen, die »wie ausgestopft« daliegen. Frischgefangene Krokodile können jedoch eine unerhörte Wildheit an den Tag legen – das zeigte uns auch der kaum eineinhalb Meter lange Wildfang. Wir hatten große Mühe, ihn aus dem Kanu an Land zu bringen und seine Fesseln zu lösen. Das knallende Zuschnappen der starken, bezahnten Kiefer und die schauerlichen Schwanzschläge machten uns recht zu schaffen. Fürs erste band ich dem wild um sich beißenden Reptil das Maul zu, und zwar mit einer verhältnismäßig dünnen Schnur, weil die Muskulatur zum Öffnen des Mauls

Gelegentlich wurde mir von den Eingeborenen auch ein »Kapul« gebracht, ein Kuskus. Diese knapp katzengroße Art besitzt einen langen, nackten Wickelschwanz und wird – wo sie nicht als Totem-Tier tabu ist – von den Kanaken gejagt und gegessen.

eher schwach ist – im Gegensatz zu den gewaltigen Schließmuskeln. Mit einem soliden Seil konstruierte ich eine Art Schulterhalfter und band das Krokodil an einer seichten Stelle im Halbschatten fest, um aus diskreter Entfernung mit dem Feldstecher Atemfrequenz, Tauchdauer usw. zu beobachten. Bald kamen aus allen Gegenden viele Kanaken, die den Pukpuk aus der Nähe betrachten wollten. Für mich war das ein Hinweis darauf, daß Krokodile hier doch nicht so häufig waren, wie man mir versichert hatte.

Jeder Tag brachte neue Überraschungen an fesselnden Beobachtungen lebender Tiere, an wertvollen Objekten für die Sammelkisten, an Foto- und Filmmöglichkeiten und an persönlichen Erlebnissen. Wir unternahmen zahlreiche Exkursionen in die umliegenden Dörfer, durften an weiteren »Sing-Sings« teilnehmen und dem zeremonienreichen Stapellauf eines riesigen Kanus beiwohnen, dessen Bau wir in allen Phasen hatten verfolgen können. Wir hatten alle Hände voll zu tun, oft bis tief in die Nacht hinein. Hinzu kam das Verpacken der vielen ethnographischen Gegenstände, was ausgiebige Schreinerarbeiten mit sich brachte.

Allmählich ging jedoch auch diese Etappe dem Ende entgegen. Den Waran konnte ich auf der langen, noch bevorstehenden Reise weder mitschleppen, noch wollte ich ihn konservieren. In den letzten Wochen lebte er völlig frei in unserer Nähe, und wenn ich ihm Futter brachte, kletterte er oft an mir hoch wie eine Katze. Ihn einfach seinem Schicksal zu überlassen, wäre zu riskant gewesen, weil Kanaken gern Warane essen und außerdem die schön gezeichnete Haut oft zum Bespannen ihrer kleinen Trommeln verwenden. Also veranstaltete ich in Anwesenheit der Police Boys, unserer Boys und eines gerade anwesenden Häuptlings eine

Einen fast ganz rundflügeligen Riesenkuckuck (Centropus violaceus) erlegte und präparierte ich für das Basler Museum auf der kleinen Insel Arue bei Neubritannien.

kleine Zeremonie und erklärte meinen »Balai« offiziell als tabu: Er sollte weiterhin unbehelligt hier leben können.

Bald hörten wir von einem Boot, das uns in den nächsten Tagen hätte weiter transportieren können, zu einem nächsten Stützpunkt an der Südküste Neubritanniens: Arawe. Aber anstelle eines soliden, seetüchtigen Bootes erschien am 14. März eine leichte Missionspinasse. Wir hatten keine Wahl, denn es konnten Monate vergehen, bis eine andere Transportmöglichkeit auftauchte. Mit einem Teil unseres Gepäcks gingen wir an Bord, gerieten jedoch bald in einen plötzlich auftretenden Sturm. Der gastfreundliche Missionar hatte offensichtlich keine Ahnung – weder von

Schiffahrt noch von Motoren. Dafür verhielten sich seine Boys großartig.

Eine besonders hohe Welle fegte den einzigen Rettungsring über Bord, und das Boot wurde in gefährlicher Weise hin und her geworfen. Plötzlich sauste auf der Luvseite ein Fenster herunter, so daß sich ein Sturzbach in die Kabine ergoß. Einem der Boys gelang es, das Fenster an der Ledergurte wieder hochzureißen, doch klemmte er sich dabei die Finger einer Hand ein, und es erwies sich als unmöglich, ihn zu befreien. So blieb er schmerzhaft gefangen, während ein anderer Boy verzweifelt versuchte, mit aller Kraft das Steuerruder zu halten. Ein furchtbarer Regen nahm uns jede Sicht. Die Lage war verzweifelt.

Schließlich schlug einer der Boys, der sich in der Gegend offenbar gut auskannte, vor, eine geschützte Flußmündung anzusteuern, die er mehr instinktiv denn aufgrund realer Anzeichen in der Nähe vermutete. In der Tat gelang es uns nach einer Weile, ruhigeres Wasser in der Mündungsbucht zu erreichen, wo wir dankbar aufatmen und den Gefangenen am Fenster endlich aus seiner mißlichen Lage befreien konnten. Ein paar Stunden später konnten wir die Fahrt in weniger stürmischer See fortsetzen und gelangten noch am selben Abend zur Arawe-Pflanzung, unserem Ziel.

Mr. Koch, der Pflanzer, war der einzige Weiße in Arawe. Freundlicherweise schickte er schon am nächsten Morgen einen seiner Boys aus, um unseren Besuch bei einem besonders mächtigen Häuptling, einem Paramount-Luluai, anzumelden. Nach einem kurzen Marsch auf einem schmalen Urwaldpfad trafen wir im Nachbardorf ein und wurden von dem alten Mann würdevoll empfangen. Für Professor Speiser war er eine überaus wichtige ethnologische Informationsquelle.

Auch ich erhielt von den Kanaken sogleich wieder Baumschlangen, Geckos und Skinke. Einer der vielen Skinke (Dasia smaragdina) wurde auf einem Papayabaum gefangen und hatte den Magen denn auch prall gefüllt mit weichem Fruchtfleisch. Nachts fielen auch viele Flughunde in den Papayabestand ein und zankten sich lärmend um die reifsten Früchte; aber es blieben noch mehr als genug für unser Frühstück.

Am frühen Morgen des folgenden Tages hörten wir eine Dynamitpatrone explodieren, welche die Plantage-Boys zum Fischfang in die Lagune geworfen hatten. Der Detonation folgte gleich ein aufgeregtes Geschrei: Im Wirkungskreis der Druckwelle hatte sich eine Seekuh befunden, ein riesiger Dugong von nahezu drei Meter Länge. Das Tier war offenbar benommen und taumelte an die Oberfläche. Die Boys brüllten nach Speeren und Netzen, und sogleich suchte eine ganze Flotte von Kanus nach dem dunkelgrauen Meertier, das bald da, bald dort kurz auftauchte und wieder in der Tiefe verschwand. Eine höchst aufregende Jagd hatte eingesetzt, denn die Kanaken schätzten das speckige Dugongfleisch über alles, und der Schädel hätte für mich ein kostbares Sammelobjekt abgegeben.

Gelegentlich gelang es einem Kanaken, einen Speer oder Landungshaken nach dem nach Luft schnappenden Tier zu schießen, aber ohne Erfolg. Der Dugong schien sich rasch von der Dynamitwirkung zu erholen, und die zuerst ungeordneten Bewegungen wurden immer mehr zu einer geordneten Fluchtreaktion in Richtung des offenen Meeres. Zwar versuchten die Ruderer, dem Dugong den Fluchtweg abzuschneiden, doch umsonst: Der seltenen Seekuh gelang es, durch die Lücke im Riff ins offene Meer zu entweichen. Nie wieder habe ich einen freilebenden Dugong zu Gesicht bekommen und nur ganz wenige in einem Aquarium.

An den Abenden unterhielt uns Mr. Koch mit Geschichten aus seinem abenteuerlichen Leben. Im Laufe dieser Abendunterhaltungen, zu denen ich meist barfuß erschien, kam das Gespräch auch einmal kurz auf ein lästiges Geschwür, das sich an der Mittelzehe meines rechten Fußes entwickelt hatte. Während ich ahnungslos mein Bier trank, schüttete mir unser Gastgeber hinterrücks konzentriertes Formol, das er der Zoologiekiste entnommen hatte, auf meine Zehe. Ich schrie auf, doch wehrte Mr. Koch beruhigend ab und erklärte mir, meine Reaktion sei ein sicheres Zeichen dafür, daß es sich nicht um Lepra handle! In der Tat sind Leprageschwüre in vielen Fällen völlig empfindungslos.

Im Laufe unserer zahlreichen Besuche in den Kanakendörfern waren wir oft mit Aussätzigen in Kontakt gekommen, mit bedauernswerten Krüppeln, deren Nase, Hände oder Füße verstümmelt waren. Oft waren gerade solche Kranke besonders anhänglich, doch wußten wir, daß die Ansteckungsgefahr der Lepra bedeutend übertrieben wurde.

Von Zeit zu Zeit, gewöhnlich einmal im Jahr, machte ein hoher Regierungsbeamter zusammen mit einem Licklick-Doktor, einem Sanitäter, eine Inspektionstour, um Todesfälle und Geburten zu registrieren, Kopfsteuern einzuziehen und Leprakranke regelrecht einzufangen und auf Leprastationen unterzubringen.

Einmal erlebten wir eine derartige Leprösen-Jagd. Viele Kranke wollten in ihrem Dorf bleiben und flüchteten in den Busch, wenn das Regierungsboot in Sicht kam. Aber die Police Boys mußten ausschwärmen und die sich wehrenden Kranken mit Gewalt aufs Boot bringen, wo sie in den dunklen Laderaum gesperrt wurden. Zur Sicherheit setzte sich ein wachhabender Police Boy auf den geschlossenen Einstieg.

Eines Nachts stießen mehrere Gefangene mit vereinten Kräften den Lukendeckel auf und versuchten, an Deck und an die frische Luft zu gelangen. Sie wurden jedoch von der in Bereitschaft gehaltenen Verstärkung in ihr Loch zurückgeknüppelt. Es kam zu entsetzlichen Szenen: verstümmelte Fratzen, verkrüppelte Finger, die sich mit letzter Kraft an der Luke festzuhalten versuchten und zurückgeschlagen oder eingeklemmt wurden – ein wahres Inferno. Auch das war unvergeßlich.

Von einem solchen Schiff wurden wir auf Arawe abgeholt, um der Südküste Neubritanniens entlang weiter nach Westen gebracht zu werden, zur Insel Umboi, die zwischen Neubritannien und Neuguinea liegt. Dieses kurze Teilstück unserer Reise stand unter einem schlechten Stern. Fürchterliches Regenwetter, stürmische See, entsprechend starke Seekrankheit, erstmals auch Hunger und wenig hilfreiche Weiße.

Wir fühlten uns daher glücklich, als wir am 27. März als Gäste von Mr. Money auf Umboi (Rook Island) wieder festen Boden unter den Füßen und in seinem Bungalow ein Dach über dem Kopf hatten. Mr. Money war in gewissem Sinne ein Original: Er erzählte uns, wie er als Junge in London Zeitungsverkäufer war, dann in die französische Armee geriet und als »Chasseur d'Afrique« den Krieg mitmachte. Anschließend gelangte er nach Australien, wo ihm sofort eine Stelle als District Officer angeboten wurde. Ihn zog es jedoch in den Busch. Er wurde Goldsucher in Neuguinea und gehörte zu den wenigen, die dabei außerordentlich Glück hatten. Mit dem vielen Geld kaufte er sich auf Umboi eine große Kokosplantage und konnte nun in der Inseleinsamkeit ein freies Leben führen. Immer mehr empfand er jedoch die störende Diskrepanz zwischen seinem Riesenvermögen – Nomen est omen! – und seiner allgemeinen Bildung. Um diesem Übelstand abzuhelfen, ließ er sich aus Sydney ein Lexikon kommen, um es zu studieren. Bei unserer Ankunft war er gerade beim Buchstaben M angelangt...

Mr. Money versuchte mich mit allen Mitteln zu überreden, das Studium aufzugeben, Gold zu suchen wie er und mit einer Plantage ein neues Leben zu beginnen. Dabei drückte er mir einige in der Tat vielversprechende Nuggets, die ich heute noch aufbewahre, in die Hand. Außerdem meinte er, ich sei der richtige Mann, um die großen Nashornkäfer zu bekämpfen, deren Larven daumendicke Löcher in seine Palmen bohrten.

Ich war damals schon so weit verwildert und dem Leben in den Tropen verfallen, daß dieser Vorschlag eine echte Versuchung für mich bedeutete. Ich überlegte mir aber, daß ich ja Zoodirektor werden und mein Studium so rasch wie möglich abschließen wollte. Schließlich war ich ja auf halbem Wege dazu, und wenn das von mir gesammelte Material tatsächlich einmal in Basel eintreffen sollte, wäre daraus in verhältnismäßig kurzer Zeit eine Dissertation zu machen. Also fiel meine endgültige Antwort an Mr. Money negativ aus.

Der rund dreiwöchige Aufenthalt auf der Insel Umboi brachte mir außer einem reichen zoologischen Material zwei unvergeßliche Erlebnisse. Wie an jeder unserer Stationen unternahmen Professor Speiser und ich wieder verschiedene Exkursionen in die benachbarten Dörfer. So besuchten wir u. a. das im Innern der Insel gelegene Dorf Gassom, das wir nach mehrstündigem Marsch durch eine schöne, vulkanische Landschaft erreichten. Wir durften uns im »House Kiap« niederlassen, d. h. in der Pfahlbauhütte, welche der District Officer auf seinen Inspektionsreisen zu benutzen pflegte.

Nachdem ich noch zwei Tauben für das Nachtessen und zwei Flughunde geschoßen hatte, welche für die Boys und die Träger Leckerbissen bedeuteten, zogen wir uns in unsere Hängematten zurück. Um halb elf fragte mich mein Chef, ob ich das Erdbeben auch bemerkt hätte. Schon eine Weile hatte er sich seismographischen Beobachtungen hingegeben.

Das Beben unserer Hütte hatte jedoch ganz andere Ursachen: Ich erlebte meinen ersten Malaria-Anfall, der mit einem starken Schüttelfrost eingesetzt hatte. Da unsere Hängematten am selben Dachbalken befestigt waren, wurde auch mein Chef gehörig geschüttelt. Die ganze Hütte vibrierte. Ich zitterte derart, daß ich außerstande war, der Packung zwei Chininperlen zu entnehmen. Mein Chef mußte mir helfen, brachte mir auch Tee und eine Wolldecke und sagte aufgrund seiner reichen Erfahrung voraus, daß das Zittern bald aufhören und das Schwitzen einsetzen werde. Wie recht er hatte! Es war ein »schöner«, geradezu klassischer Malaria-Anfall, der mir als neue Tropenerfahrung wertvoll war, zumal ich mit dieser Krankheit erst theoretisch in der zoologischen Grundvorlesung bekannt geworden war.

An der Erforschung dieser weitverbreiteten Krankheit, die heute noch mehr Opfer fordert als Tuberkulose und Krebs zusammen, waren primär Zoologen beteiligt. Ursprünglich hatte man geglaubt, daß das Sumpffieber von der schlechten Luft (mal aria) sumpfiger Gegenden herrühre. Daher bestand die Bekämpfung dieser Fieberkrankheit zunächst in der Entsumpfung der als gefährlich geltenden Gegenden. So wurden etwa während des Aufenthaltes meines Vaters in Algerien dort massenhaft australische Eukalypten angepflanzt, weil diese viel Wasser verdunsten und einen guten Duft verbreiten.

Später haben berühmt gewordene

Zoologen – vor allem der Italiener Giovanni Battista Grassi (1898) – die wahren Hintergründe der Malaria entdeckt: einzellige Urtierchen (Plasmodien) als Erreger und die Stechmücke Anopheles als Überträgerin. Erst durch diese grundlegenden Befunde wurden der Medizin und der Pharmakologie die Wege für eine Bekämpfung dieser furchtbaren Infektionskrankheit geöffnet.

Außer diesem Anschauungsunterricht in Malaria – der sich in späteren Jahren bis zum Überdruß wiederholt hat – ist mir, wie gesagt, noch ein zweites Erlebnis, allerdings ganz anderer Art, von unserem Ausflug auf Umboi unvergeßlich geblieben.

Am Tag nach der ansonsten gut überstandenen Fiebernacht stand uns der mehrstündige Rückmarsch zur Küste bevor. Als wir uns bereits im Bereich der Kokosplantage befanden, umfing uns das Dunkel der Nacht. Da und dort leuchteten einzelne Leuchtkäfer auf, und nach einer Weile blinkten rundherum Tausende von Leuchtkäfern ab-

Die Kanaken waren sehr darauf aus, daß ich gelegentlich einen Flughund für ihren Kochtopf schoß. Aus den langen Fingerknochen stellten sie grobe Nähnadeln her. Von ihrem Schlafbaum aufgejagte Flughunde spritzten oft gezielt Harn nach dem Schützen.

solut synchron und tauchten den Palmenhain immer wieder für Augenblicke in ein wahrhaft zauberhaftes, bläuliches Licht. Der Anblick war so phantastisch, so überraschend und unsagbar schön, daß ich tatsächlich an meinen Sinnen zweifelte und mich fragte, ob nicht vielleicht eine Nachwirkung des hohen Fiebers mir etwas vorgaukelte. Aber ich hatte ja Zeugen für dieses unwahrscheinliche Lichtspiel.

Noch nie hatte ich von dieser märchenhaften Erscheinung gehört oder gelesen. Erst Jahre später stieß ich auf wissenschaftliche Untersuchungen dieses Synchron-Phänomens. Darüber habe ich in meinem Buch »Tierpsychologie im Zoo und im Zirkus« (1979, S. 174 ff.) berichtet. Es stellte sich heraus, daß bereits der alte Forschungsreisende

Engelbert Kämpfer (1651–1716) in Thailand ähnliches beobachtet hatte.

Während unserer Südseefahrt (1929–1931) hatte ich noch zweimal Gelegenheit, vergleichbare Phänomene von unerhörter Synchronie zu erleben, nämlich bei Fischschwärmen, die sich mir im kristallklaren Lagunenwasser von Mövehafen zeigten, und bei Zikaden, welche ebenfalls in Mövehafen im Busch entlang dem Waldweg lebten. Die Fische, die in riesigen Schwärmen langsam daherzogen, machten plötzlich Links- oder Rechtswendungen oder schossen – absolut gleichzeitig – ein-, zwei- oder dreimal geschlossen über die Wasseroberfläche hinaus, wenn sie von einem Raubfisch verfolgt wurden. Die Zikaden ihrerseits gaben im gleichen Sekundenbruchteil knackende Geräusche von sich. – Das sind eindrucksvolle Verhaltensweisen, die bis heute noch nicht befriedigt geklärt sind.

Man kann solchen Phänomenen ausweichen, man kann sie verdrängen und sich leichter zu erklärenden »Mechanismen« des Verhaltens zuwenden – eine beliebte, bis heute übliche und von mir kritisierte Methode. Hinter ihr versteckt sich oft eine Flucht ins leichter Faßbare, computerisch Errechenbare. Nicht selten führt uns das aber von den wirklich großartigen Verhaltenserscheinungen weg und spiegelt uns eine Allmacht der modernen Forschungsmethoden vor, eine Präzision, die nur für eine willkürliche Auswahl von Naturphänomenen Geltung beanspruchen kann. Ich erinnere zum Beispiel an den Vogelzug, wo man hauptsächlich die Probleme der Orientierung untersucht; die Hauptfrage aber, warum unsere Zugvögel nicht in Afrika bleiben, sondern alljährlich den gefahrvollen Flug in den Norden unternehmen, bleibt unbeantwortet.

Solche Gedanken, die ich später (1980) in meinem Buch »Tiere verstehen« oder in meiner Notiz über den Kuckuck (1982) näher erörtert habe, sind mir, was das Grundsätzliche anbelangt, schon damals durch den Kopf gegangen, auch während unseres Aufenthaltes auf Umboi.

Dieser näherte sich Mitte April 1930 allmählich seinem Ende, und wir machten uns bereit für die Rückfahrt ostwärts nach Rabaul, um das bisher aufgestaute Sammel- und Bildmaterial von dort aus auf Linienschiffen nach Basel zu schicken. Auf Umboi hatte Professor Speiser den Kanaken u. a. zwei Kanus abgekauft. Diese mußten sorgfältig so zersägt werden, daß sie sich in nicht allzu unförmigen Kisten sicher unterbringen und zuhause wieder tadellos zusammensetzen ließen. Hinzu kamen viele Schnitzereien, Ruder, Keulen usw. und natürlich auch das weniger sperrige zoologische Material.

Ein vorbeifahrender Schoner nahm uns mit und brachte uns nach Arawe, von wo aus wir verschiedene Abstecher nach den Lieblichen Inseln (Lovely Islands) machten. Von Arawe ging es weiter nach Mövehafen, dann nach Gasmata. Auf der Rückfahrt nach Rabaul schalteten wir einen Aufenthalt in der Jacquinot-Bay ein, wo die seinerzeit in Rabaul angetroffenen Schweizer (Bieri aus Interlaken) gerade im Begriffe waren, ihre Wunung-Pflanzung aufzubauen. Diese bestand einstweilen aus einer zwanzig Hektar umfassenden Rodung und wies eine für mich neue und interessante Tierwelt auf, u. a. auch Wurmschlangen (Typhlopiden), die mir in der Sammlung noch gefehlt hatten. Eine dieser Arten trägt am Ende des kurzen, stumpfen Schwanzes einen kräftigen Dorn. Ein Tier führte ihn mir vor, indem es mich empfindlich in die Hand stach.

Am 12. Juni landeten wir zum zweitenmal in Rabaul und ließen uns in dem behaglichen Pfahlbauhotel wiederum gerne verwöhnen. Die nächsten zwei

Wochen waren angefüllt mit Transport- und Organisationsarbeiten. Neue Boys mußten angeheuert werden, und unsere Garderobe bedurfte dringend der Erneuerung.

Frisch ausgeruht gingen wir am 28. Juni an Bord des 625-Tonnen-Dampfers »Maiwara«, der uns nach den westlichen Salomoneninseln bringen sollte. Unsere kleinen Kabinen glichen Schwitzkästen, so daß wir einen großen Teil der Nacht an Deck verbrachten oder auf der Kapitänsbrücke, wo jederzeit Bouillon, Kaffee oder Tee serviert wurde. Tage intensiver Seekrankheit wechselten ab mit herrlichem Gleiten durch ruhige, blaue See, oft nahe an Mangroven- und Palmenbeständen vorbei.

Um Kopra aufzunehmen, legten wir bei verschiedenen Pflanzungen an und besuchten auch prachtvolle, kreisförmige Atolle, deren enge Einfahrten an die Navigationskunst unseres Kapitäns hohe Anforderungen stellten. Am fünften Tag warfen wir Anker zwischen den beiden westlichen Salomoneninseln Buka und Bougainville bei der winzigen Insel Sohuna. Je nach den Gezeiten herrschte im engen Kanal zwischen den Inseln eine starke Strömung, so daß unser Dampfer einmal in dieser Richtung an der Ankerkette zerrte, das andere Mal in der entgegengesetzten.

Kleine Boote brachten Professor Speiser, mich und unser Gepäck an Land, d. h. auf das Inselchen, wo wir – ähnlich wie auf Gasmata – Gäste des District Officers sein durften. Auch hier brachten uns Police Boys und Sträflinge viele interessante Sammelobjekte. Zahlreiche Kanaken fielen – neben der schwarzen Hautfarbe – durch ihre riesigen Kopfbedeckungen auf, die aus doppelt kopfgroßen, melonenförmigen Bastkugeln bestanden, die weder zum Rudern, noch zum Schlafen abgelegt wurden. Natürlich gab es da viel zu fotografieren und zu filmen.

Nicht nur anthropologisch und ethnographisch erwiesen sich die Salomonen als wesentlich verschieden von Neubritannien, sondern auch zoologisch, so daß jeder Tag auch für mich Überraschungen brachte.

Am 11. Juli starteten wir zu einer mehrtägigen Exkursion zur Insel Buka: 15 Träger nahmen sich des wichtigsten Teils unseres Gepäcks an und trugen es zunächst bis ins Dorf Malassam, wo wir uns in der Kiap-Hütte niederlassen durften. Weil wegen der starken Regenfälle der letzten Zeit die meisten Wege unter Wasser standen, zogen wir es vor, auf dem Sandstrand zu marschieren. Am Abend wußten uns die neuen Salomonen-Boys beim Lagerfeuer allerlei Schauergeschichten von Zauber und Menschenfresserei zu berichten.

Professor Speiser, der sich laufend Notizen machte, wollte immer mehr Einzelheiten wissen. Ein besonders mitteilsamer Kanake demonstrierte temperamentvoll die Verwendung von Bogen und Speer, geriet allmählich in eine zunehmende Erregung und tötete symbolisch einen Baum, wobei er den Pfeilen und Speerwürfen seiner imaginären Feinde mit Eleganz auswich. Schließlich, um der größeren Anschauung willen, »tötete« er auch Professor Speiser, nahm die perplexe »Leiche« (samt Notizbuch) wie eine Puppe unter den Arm, trug sie hinter die Front und stellte sie unsanft ab, um sich erneut dem Feind entgegenzustürzen und ein weiteres Opfer zu erlegen – wiederum meinen Chef. In meinem Tagebuch findet sich die respektlose Eintragung: »Ich lache Tränen, und die Boys halten sich die Bäuche vor Lachen. Immer wieder wird Prof. Sp. gepackt, davongetragen und wieder abgestellt, immer neue Leichen darstellend. Es ist zum Totlachen. Schließlich geben wir dem temperamentvollen Ex-Kannibalen zu verstehen, daß wir nun diese Kampfart genügend verstanden haben. Der Kanake erzählt uns dann noch bis in alle Details, wie den getöteten Menschen zuerst Arme, Beine und Kopf abgeschnitten und alles zusammen in einen Riesentopf gesteckt und gekocht wird.«

Die folgenden Wochen brachten wir damit zu, auf der Insel Buka von Dorf zu Dorf zu wandern, wobei wir zum Übernachten die leerstehenden Hütten benutzen durften, welche der District Officer jeweils auf seinen Inspektionsreisen belegte. Auf Buka warben wir Träger an für den Transport unseres Materials von einem Dorf zum andern. Einmal meldete sich zu unserer Überraschung eine Gruppe von »Marys«, d. h. Frauen und Mädchen, als Trägerinnen unter der Aufsicht ihres Häuptlings. Sie wollten sich einige Stangen Preßtabak verdienen und bildeten eine höchst fidele Gesellschaft. Sie redeten und lachten in einem fort, so daß sie oft ihre Gepäckstücke kaum mehr auf dem Kopf halten konnten – während die Männer jeweils stur und stöhnend ihres Weges zu gehen pflegten. Schließlich waren es die Frauen ja gewohnt, im Alltag die schweren Lasten wie Brennholz, Netze voller Gemüseknollen usw. für ihre Männer zu tragen.

Die Kanaken der Salomoneninseln waren wesentlich aufgeschlossener als jene von Neubritannien. Hie und da gab es fröhliche nächtliche »Sing-Sings« unter Palmen in einem zauberhaften Rahmen; Boys und Marys nahmen daran teil und tanzten oft bis zum Morgen. Einige der Tänzer hatten sich leuchtende Pilze übers Ohr gesteckt oder auf die Brust geklebt, und manchmal wurde die Szene durch grelle Blitze beleuchtet.

Einmal beharrten sie darauf, daß ich den komplizierten Takt auf der Schlitztrommel schlug. Ich gab mir alle Mühe, doch gelang es mir natürlich nicht fehlerlos. Am nächsten Tag wußte jedermann in der Umgebung, wo wir auch hinkamen, daß ich den Garamut zu schlagen versucht hatte. Der Busch-Telegraf hatte schon alle Einzelheiten gemeldet.

Unser Aufenthalt auf Buka fiel leider gerade in die Regenzeit, so daß wir oft völlig durchnäßt wurden, stundenlang auf überschwemmten Wegen zu gehen hatten und größere Bäche nicht selten auf einem überschwemmten Baumstamm traversieren mußten, der in der Trockenheit als bequeme Brücke gedient hätte. Kleider und Schuhe fingen an zu schimmeln, und die Ösen an Schuhen und Tragtaschen setzten Grünspan an.

Schließlich langten wir wieder in unserer Basis auf der Insel Sohuna an. Jetzt konnte das Retablieren stattfinden, das Neuordnen des Materials, Etikettieren, Konservieren, das Entwickeln von Platten, Nachführen und Ordnen von Tagebuch und Notizen. Auch in zoologischer Hinsicht erwiesen sich diese Regenwochen als sehr ergiebig.

Ein großes Ereignis war für mich die wiederholte Begegnung mit einem Riesenskink (Corucia zebrata), einer nächtlich lebenden Echse von ca. sechzig Zentimetern Länge. Dieses sonderbare Tier, das nur auf den Salomonen lebt, erinnerte mich lebhaft an ein Kuskus (Phalanger) in Reptilienausgabe. Beide sind ungefähr von gleicher Körpergröße, langsame, pflanzenfressende Baumkletterer, und bringen lebende Junge zur Welt. Schließlich haben beide einen Wickelschwanz und sind Leckerbissen für die Kanaken.

Wahrscheinlich war ich der erste, der Gelegenheit hatte, Lebend-Aufnahmen von diesem außergewöhnlichen Reptil zu machen. 1937 widmete ich dem Wickelskink und einigen anderen außergewöhnlichen Beutestücken unserer Salomonenfahrt eine besondere kleine Veröffentlichung. 1976 wurde der Skink im Zürcher Zoo gezüchtet.

Am 1. August erschien der Schoner

»Poseidon«, der uns nach Kieta auf der benachbarten Insel Bougainville bringen sollte – leider bei hohem Seegang.

In Kieta kamen wir uns fast vor wie in einer kleinen Stadt: ein ganzes Dutzend weiße Einwohner und sogar eine Radiostation! Wenige Tage später reisten wir weiter nach dem an der Südküste Bougainvilles gelegenen Buin, wo wir Gäste des Police Masters waren. Schon in der nächsten Umgebung des Hauses konnte ich eine Anzahl für mich neuer Eidechsen fangen und ihre Fluchtreaktionen beobachten. In einer kleinen Lagunenbucht überraschte ich ferner ein etwa 2,2 Meter langes Krokodil, das blitzgeschwind ins Wasser schoß und mir erneut die außerordentliche Fluchttendenz dieser Art vor dem Menschen bestätigte.

Zwei Wochen später verließen wir die Polizeistation Buin und machten uns mit einer dreißigköpfigen Trägerkolonne auf den Weg nach dem einige Kilometer weit im Innern gelegenen Mamalomino, wo uns ein geräumiges Zweizimmerhaus des District Officers zur Verfügung stand.

Innerhalb der ersten zwei Stunden nach unserer Ankunft brachten mir die Kanaken bereits ein Kuskus mit Jungen im Beutel, einen Waran, sieben Schlangen, verschiedene Frösche, Skinke, Käfer, Schnecken, Fledermäuse usw. Der Busch-Telegraf hatte wieder einmal ausgezeichnet funktioniert. Große Echsen und Schlangen waren jeweils mit Bast an Stöcke gebunden, kleinere in Bambuszylindern eingepackt, die mit einem Blattpfropfen sauber verschlossen waren. Manche Tiere wurden mir auch in hübschen, aus Bananenblättern gefertigten Tüten oder Beutelchen gebracht, und es war recht spannend, die vielversprechenden Päckchen auszupacken: Ich kam mir oft vor wie ein Kind unter dem Weihnachtsbaum.

Ein solches Päckchen, von einem Häuptlingssohn mit besonderer Geste überreicht, ist mir speziell in Erinnerung geblieben: Es enthielt eine kleine, graue Schlange von dreißig Zentimetern Länge, doch hatte ich keine Ahnung, in welche Gruppe ich dieses Tierchen einordnen sollte. Es wurde später nach unserer Rückkehr in Basel vom internationalen Reptilienspezialisten Dr. Jean Roux untersucht; er bearbeitete das von mir auf den Salomonen gesammelte Material, während ich mich auf dasjenige vom Bismarck-Archipel beschränkte.

Dabei stellte sich zu unserer Freude heraus, daß es sich bei dieser Schlange um ein Novum, eine bisher unentdeckte Tierart, handelte – nicht nur um eine neue Art, sondern sogar um eine neue Gattung! Dr. Roux mußte also einen Gattungs- und einen Artnamen suchen. Er hätte die Schlange zum Beispiel Hedigerella solomonis nennen können, doch gab es bereits eine Hedigerella, und zwar in Gestalt einer Gottesanbeterin, die ich im Sepikgebiet gesammelt hatte und die 1932 von Professor Werner in Wien als Hedigerella fasciatella beschrieben wurde. Mit dem Namen Symphostethus hedigeri wurde von Professor Heller in Dresden ein Schnellkäfer belegt, den ich auf den Salomonen in ein Alkoholgläschen gesteckt hatte. So wurden noch mehrere Insekten mit meinem Namen bedacht.

Auf solch ahnungslose, überraschende Weise werden heutzutage die meisten noch unbekannten Tiere entdeckt – einige hundert Arten jährlich. Erst die Spezialisten sind bei der nachträglichen Bestimmung in der Lage, zu entscheiden, ob es sich um neue Arten handelt, und sie entsprechend den internationalen Nomenklaturregeln gültig zu benennen. Die Zeiten der abenteuerlichen Fahndung nach geheimnisvollen Großtieren sind heute leider vorbei. Okapi und Kongopfau, von denen später die Rede sein wird, gehören zu den letzten Beispielen, nachdem der Yeti sicher und das Loch-Ness-Monster wahrscheinlich ausscheiden.

Dr. Roux entschied sich also, die neue Schlange von den Salomonen mit dem Namen Parapistocalamus hedigeri zu versehen. Er tat dies 1934 in den Verhandlungen der Basler Naturforschenden Gesellschaft als freundliche Geste gegenüber einem jüngeren Kollegen. Der wirkliche Entdecker der neuen Schlangengattung war der ahnungslose Häuptlingssohn, dessen Namen niemand kennt. Auf ähnliche Weise gelangte auf Bougainville auch eine bisher unbekannte Landkrabbenart, die 1934 von Dr. Roux als Paratelphusa salomonis beschrieben wurde, in meine Sammlung.

Unser Aufenthalt im Dorf Mamalomino auf Bougainville erwies sich für mich aber auch sonst als äußerst wertvoll. Abgesehen von der Herpetologie (Reptilien- und Amphibienkunde) kam ich auch als Tierpsychologe voll auf meine Rechnung. Unter den vielen ethnographischen Gegenständen, welche die Kanaken meinem Chef brachten, befand sich eines Tages auch eine winzige Schlitztrommel von kaum fünfzig Zentimetern Länge. Ich hielt sie zunächst für ein Spielzeug, erfuhr jedoch, daß es sich um eine Signaltrommel für Schweine handelte: »Garamut belong pig!«

Jede Kanakenfamilie hielt sich nämlich eine Gruppe von Schweinen, die sich tagsüber frei im Wald herumtrieben, genau wie Wildschweine (Sus papuensis), von denen sie weder phänotypisch, noch genotypisch, sondern nur aufgrund ihrer Zahmheit zu unterscheiden waren. Jeden Abend, nachdem die Familie das Feldgemüse gerüstet und die Abfälle unter die Pfahlbauhütte geworfen hatte, gaben die jeweiligen Besitzer mit der kleinen Schlitztrommel ein Signal, worauf die zugehörigen Schweine – und nur diese! – sich zur Extra-Mahlzeit einstellten. Jede Familie hatte ihr eigenes Signal, auf das nur die betreffende Schweinegruppe reagierte – eine Leistung, die man Schweinen kaum zutrauen würde!

Von Domestikation und von Hausschweinen kann man hier deswegen noch nicht sprechen, weil es sich, wie gesagt, nur um individuell gezähmte Wildschweine handelte – so wie in Indien die Arbeitselefanten lediglich gezähmte (und dressierte) Wildtiere sind. Jeder Domestikation muß Zähmung vorausgehen. Auf den Salomonen trafen wir also gewissermaßen eine Stufe der Domestikation an, die für unsere herkömmlichen Haustiere Hund, Schaf, Rind, Ziege, Pferd usw. weit in der Steinzeit zurückliegt.

Wie aber kamen die Kanaken zu ihren Privat-Schweinen? Sie suchten im Wald die riesigen Laubnester der wildlebenden Bachen zur Zeit, wenn diese kleine Junge hatten. Sie schlichen sich von allen Seiten an das Nest heran und stießen auf ein Zeichen hin alle gleichzeitig ihre Speere in den Haufen, wodurch das Mutterschwein getötet (und anschließend verzehrt) wurde. Die Jungen gelangten in die Obhut eines professionellen Schweinehirten, der die Kleinen in einer besonderen Hütte von Hand aufpäppelte und ihnen Namen gab. Dann wurden sie den einzelnen Familien zugeteilt, unter Anwendung spezifischer, akustischer und geruchlicher Reize, u. a. Zureden, Trommelsignale, Handgeruch und Geruch von Futterbrocken, die vom künftigen Besitzer in der Achselhöhle getragen wurden. Hier war also bereits die Wirkung von Pheromonen vorweggenommen, die erst drei oder vier Jahrzehnte später in der wissenschaftlichen Verhaltensforschung des Westens Beachtung fand.

Wann immer es meine Assistentenpflichten und meine zoologischen Arbeiten zuließen, besuchte ich den – übrigens hochangesehenen – Schweinehirten, von dem ich sehr viel angewandte Tierpsychologie lernen konnte. Er war offensichtlich ein Künstler seines Faches. Ich hatte den Eindruck, daß er mit seinen Schweinen sprechen konnte – und in einem gewissen Ausmaß tat er dies wohl auch.

Als ich ihn einmal überraschend in seiner Schweinehütte besuchte, rasten die erschreckten Jungtiere quiekend durch die enge Tür an mir vorbei ins Freie, bis der Lehrer mit einem scharfen Zuruf und einer bremsenden Handbewegung die verbliebene Gesellschaft sofort zum Stillstand brachte und beruhigte. Mit diesem großartigen Sachverständigen konnte ich wertvolle Gespräche führen und mit seiner Unterstützung auch interessante Zähmungsversuche anstellen. Einige Tiere ließen sich schon nach wenigen Tagen von mir kraulen.

Als Professor Speiser und ich einige Zeit später zusammen mit einigen Trägern einen Routine-Marsch in ein benachbartes Dorf unternahmen, brach plötzlich mit lautem Gequieke ein Wildschwein aus dem Unterholz heraus auf mich zu. Meine zahme Sau hatte mich erkannt und begrüßte mich zur Überraschung meines Chefs und zum großen Vergnügen der Boys: »Pig belong Master!«

Irgendwann wurden alle diese Schweine getötet: Der Besitz wurde in soziales Prestige umgesetzt. So waren wir am 23. August zu einem schauerlichen »Sing-Sing« eingeladen, an dem zu Ehren einer verstorbenen Tochter des Häuptlings sechzehn Schweine geopfert wurden. Die Schweine waren alle an den Beinen gefesselt und an einer horizontalen Tragstange mit dem Rücken nach unten aufgehängt. Die Tiere machten einen ganz furchtbaren Lärm, bis sie durch Schläge mit einem kurzen Balken oder einer umgekehrten Axt auf die Brust getötet wurden. Das letzte Schwein bildete den Gegenstand einer besonderen Zeremonie: Ihm wurde symbolisch aus dem Ohr »die Seele« entnommen, in einem Blattbeutel aufbewahrt und später einem jungen Schwein aufgesetzt. Bevor es dann getötet wurde, schüttete ein Mann dem Schwein den Inhalt einer Kokosnuß über den Hals: gewissermaßen ein Versöhnungsopfer.

Die folgenden Wochen waren angefüllt mit verschiedenen Exkursionen auch ins Hügelland, wo es nachts empfindlich kühl war. Trotzdem liefen die einheimischen Kanaken völlig nackt herum. Der Regen machte uns viel zu schaffen, doch die Sammlungen und Beobachtungen zeigten erfreuliche Fortschritte. Schließlich erreichten wir nach allerlei Strapazen am 23. September 1930 wieder Kieta. Und nach einer mehrtägigen Zickzackfahrt zu kleinen Inseln, wo unser Dampfer Kopra an Bord nahm, brachte uns die »Maiwara« am 1. Oktober nach Rabaul zurück, wo wir in eine Trockenperiode gerieten.

Zwölf Kisten Sammelmaterial konnten nach Basel spediert werden, während wir eine weitere Etappe nach Neuirland vorbereiteten. Nach fünftägiger Fahrt legten wir am 9. Oktober in Kavieng, der Hauptstadt von Neuirland, an und ließen uns in einem kleinen Hotel, dem zweistöckigen »Club House«, nieder. Das kam uns insofern merkwürdig vor, als in Rabaul, der größten Stadt des Archipels, damals der häufigen Erdbeben wegen grundsätzlich nur einstöckig gebaut wurde. Neuirland galt als die zivilisierteste Insel des Archipels und war – im Gegensatz zu Neubritannien – der Länge nach von einer Autostraße durchzogen. Von ihr machten wir Gebrauch, als wir wenige Tage später in das etwa hundert Kilometer entfernte Dorf Fissoa reisten. Dort wohnten wir wiederum im leerstehenden Rasthaus des District Officers.

»Eine schönere Gegend, eine prachtvollere Lage kann man sich schwerlich vorstellen«, heißt es in einem Brief, den ich von dort nach Hause schrieb. Von unserer kleinen Veranda aus hatten wir einen herrlichen Blick aufs Riff mit den Brandungswellen und auf das offene Meer, außerdem auf die zwischen hohen Palmen halbversteckten Kanakenhütten. Im kristallklaren Wasser des kühlen, ruhigen Flusses spiegelten sich Bethelpalmen, Brotfrucht-, Mango- und andere Bäume. Trink- und Waschwasser gab es in Hülle und Fülle, nur ein paar Schritte von der Küche entfernt. Täglich badete ich zwei- oder dreimal in dem herrlich kühlen Wasser. Nachts fingen die Boys mit ihren Bom-Bom-Fackeln große Süßwassergarnelen, nicht nur für Sammlungs-, sondern auch für Küchenzwecke.

In den Bächen von Neuirland fingen wir nachts bei Fackelschein langscherige Süßwassergarnelen, von denen einige auch unseren Speisezettel bereicherten.

In Fissoa fing ich nicht nur einen weiteren Waran, sondern auch acht kleine, fingerlange Eidechsen, die ich nicht zu bestimmen vermochte. Erst in Basel ergab die genaue wissenschaftliche Bearbeitung im Rahmen meiner Dissertation, daß es sich um eine bisher unbekannte Art der Gattung Leiolepisma handelte. Ich nannte sie Leiolepisma rouxi, zu Ehren des damaligen Kustos der Zoologischen Abteilung des Naturhistorischen Museums, Dr. Jean Roux.

Auch sonst erwies sich der Aufenthalt in Fissoa als recht ergiebig, nicht zuletzt in ethnographischer Hinsicht. Professor Speiser konnte einige große, wertvolle Schnitzereien einhandeln und damit den Grundstein für eine Gruppe legen, die kurz darauf durch Professor A. Bühler ergänzt wurde und heute zu den bedeutendsten Schätzen des Basler Museums gehört.

Wie überall wimmelte es auch hier von Land-Einsiedlerkrebsen, jenen höchst sonderbaren, asymmetrisch gebauten Krebstieren, die darauf angewiesen sind, ihren zarten Hinterleib in einem soliden Schneckenhaus zu verbergen und ihn darin fest zu verankern. Während der Wachstumsschübe, die in den Häutungsphasen auftreten, müssen diese Krebse in größere Schneckenhäuser umziehen, was jedesmal eine Krise bedeutet.

Wo viele solcher Einsiedlerkrebse leben, kann es zu einem Mangel an geeigneten Schneckenhäusern, zu einer eigentlichen Wohnungsnot, kommen. Davon überzeugte ich mich erneut, als ich in Fissoa einen solchen Krebs entdeckte, der im abgeschlagenen Hals einer Limonadenflasche Zuflucht gefunden hatte. Schon früher war mir ein Einsiedlerkrebs in einem Pfeifenkopf begegnet. Hier findet also eine biologisch und tierpsychologisch recht eigenartige Begegnung zwischen Krebs und Technik statt.

Am 20. Oktober fuhren wir mit dem kleinen Lastwagen nach Kavieng zurück. Zum erstenmal kam etwas wie

Heimreisestimmung auf, eine Stimmung, die wir bis jetzt nicht gekannt hatten und die eigentlich auch verfrüht war, denn es stand uns ja noch die Sepiketappe in Neuguinea bevor. In einem Brief aus Kavieng an meine Eltern heißt es u. a.: »Obgleich ich mich natürlich riesig freue, wieder zu Euch zurückzukehren, so muß ich doch gestehen, daß mir der Abschied von der Südsee äußerst schwer fällt. Und obgleich ich mich darauf freue, wieder einmal zu Hause zu sein, in einem Zimmer mit Kästen zu leben, statt nur immer mit Kisten und Koffern, so werde ich doch die primitiven Hütten, in denen wir hausten, die wandernde Lebensweise, den Busch mit seiner prachtvollen Vegetation und seinem fesselnden Tierleben bald empfindlich missen.«

Erste Anzeichen einer gewissen Verwilderung kommen in diesem Brief zum Ausdruck, einer Verwilderung, die ich auf späteren Reisen bei vielen Zeitgenossen in allen Graden, bis hin zur totalen kolonialen Versimpelung, beobachten konnte. Ein weiteres, leichtes Symptom einer beginnenden Verwilderung sah ich darin, daß ich den Verlust meiner Armbanduhr schon vor Monaten nicht eigentlich bedauerte, vielmehr eher begrüßte. Ich fand es wunderbar, daß man hier draußen sehr gut ohne Uhr auskommen konnte!

Während unseres regenreichen Aufenthaltes auf den Salomonen, in Mamalomino, hatte mich eine Verhaltensweise der Dorfbewohner tief beeindruckt: Ihre Pflanzung, d. h. ihr Tarogarten, befand sich in einiger Entfernung vom Dorf, auf der anderen Seite des Flusses, von dem sie wußten, daß er um diese Jahreszeit Hochwasser führen und sie eine Zeitlang von ihrer Nahrungsquelle abschneiden würde. Niemandem wäre es eingefallen, für diese kritische Zeit Vorräte anzulegen. Jede Vorsorge war den Eingeborenen fremd: Sie lebten völlig in der Gegenwart – eigentlich ganz wie Tiere – und machten sich keinerlei Sorgen um die Zukunft. Im Grunde eine beneidenswerte Haltung! Nach ein paar Hungertagen, so wußten sie, würde die Zeit des reichlichen Essens von selbst wieder kommen. »Time belong keikei he come up« – wozu also sollte man grübeln?

Ein wenig war ich hier draußen im Urwald dieser primitiven und unchristlichen Haltung verfallen. Sollte ich mir Sorge machen darum, ob wir je wieder aus diesem entlegenen Winkel der Erde gesund in unsere Heimat zurückkehren würden? Ob das während eines Jahres gesammelte Material vollständig und in gutem Zustand zu Hause eintreffen würde? Wie viele Risiken des Verlustes, der Beschädigung, der Erkrankung und des Unterganges hätte man befürchten können, besonders angesichts der Schicksalsschläge, die anderen Reisenden widerfahren waren und von denen man überall berichten hörte.

Doch wenn dann plötzlich wieder der elektrisierende Ruf »Sailor!« durch die Gegend gellte, mit dem die Kanaken das Erscheinen eines Schiffes am Horizont meldeten, dann stand ich wieder fest auf den Füßen, mit gestärktem Willen, die mir vorgezeichnete Lebenslinie weiter zu verfolgen und mit neuem Gottvertrauen wieder anzupacken – erst recht, da wir ja schon fast auf der Heimreise waren, jedenfalls den Hauptteil unserer Reise hinter uns hatten. Durch das freie Südseeleben begann zeitweise die westliche Arbeitswelt durchzuschimmern.

Am 25. Oktober lief der alte Dampfer »Montoro«, der uns seinerzeit von Sydney nach Rabaul gebracht hatte, in Kavieng ein. Nach fünftägiger Fahrt und einem kurzen Halt auf den Admiralitätsinseln setzte er uns in Madang auf Neuguinea ab. Erneut nahmen wir die anthropologische, ethnographische und zoologische Arbeit auf, vor allem

Das kleine Boot, mit dem wir den Sepik befuhren, an einer Anlegestelle. (Die mit MVB bezeichneten Bilder wurden mir in verdankenswerter Weise vom Museum für Völkerkunde in Basel zur Reproduktion überlassen.) Archiv MVB

aber auch die Suche nach einer geeigneten Pinasse, mit der Professor Speiser zum Abschluß unserer Reise den Sepikstrom hinauffahren wollte – diesmal als Charter-Schiff, so daß er Fahrplan und Route selbst bestimmen konnte.

Am 6. November fuhren wir mit einer kleinen Pinasse bis Alexishafen, einer Missionsstation, die wir trotz schlechter See gerade noch erreichten. Kurz danach versagte jedoch die Maschine, und der Kapitän stellte uns eine zeitraubende, kostspielige Reparatur in Aussicht. Ein Plantagebesitzer, bei dem wir ankerten, bot uns seine kleine, offene Pinasse an. Mit diesem Schiffchen brachen wir mitten in der Nacht, bei Mondschein, auf und erreichten schließlich die Sepikmündung mit großer Verspätung.

Wegen der vielen schwimmenden Inseln und wegen des Treibholzes mußte man sehr auf der Hut sein, doch war unser Tempo recht bescheiden. Wiederholt streikte die Maschine, und das kleine Segel half uns kaum gegen die Strömung. Beim ersten Dorf mußten wir anlegen, und hier richteten wir uns in der Hütte des District Officers für die Nacht ein.

Die Moskitos flogen am Sepik auch tagsüber in unvorstellbaren Schwärmen. Es gehörte zu den Anstandsregeln, daß man seinem Gesprächspartner auf Nase, Wange oder Arm klatschte, sobald man einen Moskito entdeckte. Man hatte seine Hände also ständig in Bewegung. Die Papuas besaßen in ihren Pfahlbauhütten langgestreckte, enggeflochtene Baströhren von etwa achtzig Zentimeter Durchmesser, in welche sich nachts die ganze Familie verkroch. Ohne diesen Schutz wäre an Schlaf kaum zu denken gewesen. Wir benützten wieder unsere Hängematten und montierten, so gut es ging, die Moskitonetze um sie herum. Irgendwie fanden aber dennoch Schwärme von Stechmücken den Weg zu uns. Tagsüber kamen noch unzählige winzige Sandfliegen hinzu.

Kaum hatten wir nach dieser insektenreichen Nacht den Kurs Richtung Marienberg wieder aufgenommen, als auch diese Schiffsmaschine endgültig ihren Dienst versagte, so daß wir in der breiten Flußmündung langsam, aber stetig dem offenen Meer entgegentrieben. Es stellte sich heraus, daß das Lager der Welle völlig ausgelaufen war! Unserem Kapitän und seinen Boys stand also eine Reparatur bevor, die einer gutausgerüsteten Werkstätte würdig gewesen wäre. Nach mehreren enttäuschenden Versuchen gelang es schließlich, mit der Lötlampe aus weichem Metall ein neues Lager zu gießen und den kleinen Kahn wieder in Gang zu bringen.

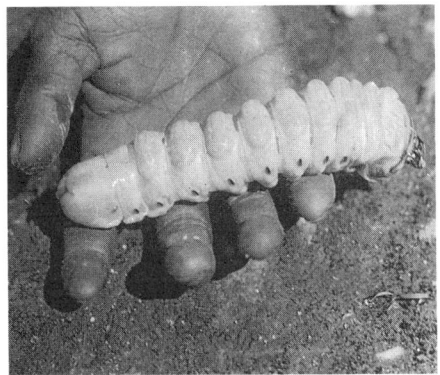

Die fetten Käferlarven, welche in den Stämmen von Kokospalmen lebten, bildeten für die Kanaken gesuchte Leckerbissen.

Endlich also ging es den Sepik aufwärts! Es war gerade die Jahreszeit, da seinem Wasser ungeheure Mengen einer Eintagsfliegen-Art für ihren kurzen Paarungsflug entstiegen. Wenn die Sonne am höchsten stand, setzte das Massensterben ein: Ganze Wolken dieser Angreno genannten Insekten legten sich aufs Wasser und bildeten richtige Teppiche. Für die Eingeborenen gab dies Anlaß zu Festessen. Sie stellten ihre Kanus – hier einfache Einbäume ohne Ausleger – quer zur Strömung, so daß sich die toten Insekten an der einen Kanuflanke stauten. Handvollweise wurden nun die nahrhaften Angreno in Körbe gesammelt und abends am Feuer geröstet. Insekten bilden für viele Naturvölker eine wichtige, eiweißreiche Nahrung. Davon habe ich mich später zum Beispiel auch im Kongo überzeugen können, wo die ausfliegenden Termiten durch Fackeln verbrannt und ebenfalls gegessen werden.

Mit mehrtägiger Verspätung langten wir schließlich in Marienberg an, wo ich im Haus des District Officers gegen Mitternacht meine Fotoplatten und Filmkassetten in der unter einem Tisch improvisierten Dunkelkammer neu ordnen konnte.

Zu fotografieren und zu filmen gab es hier viel, denn die Sepik-Kultur war völlig verschieden von jener, die wir im Bismarck-Archipel und auf den Salomonen zu sehen bekommen hatten. Fast in jedem Dorf standen riesige Kult- und Tambaranhäuser, lange Giebeldachbauten mit turmartig aufragenden Firstenden, alles mit prachtvollen Schnitzereien und Malereien versehen. In seinem Sepikbuch (1958) hat René Gardi diese imposanten Bauten ausgezeichnet dargestellt, und im Völkerkunde-Museum in Basel wurde 1982 eine solche »Kathedrale der Steinzeit« von sechzehn Meter Höhe in vorbildlicher Weise und mit unerhörtem Aufwand rekonstruiert.

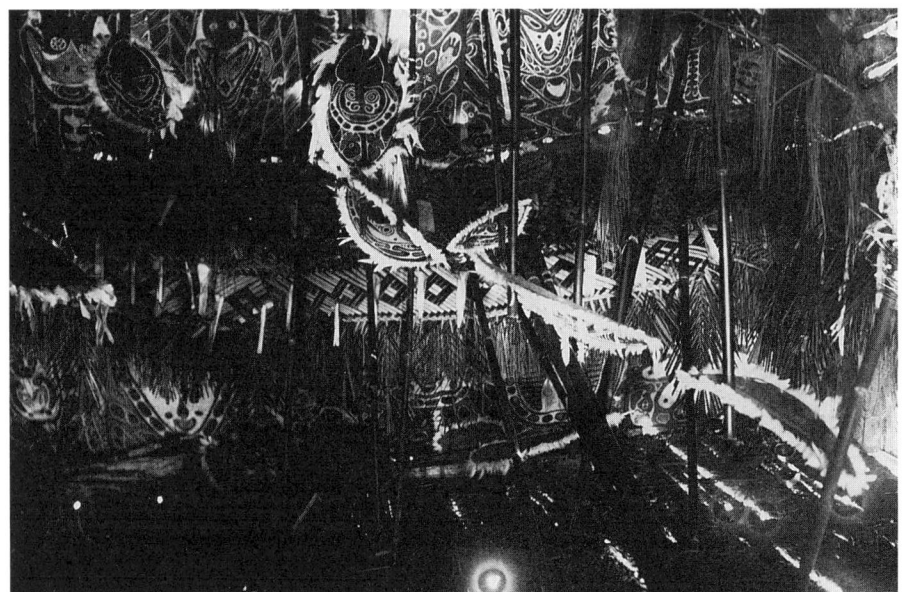

Für den Basler Ethnologen Professor Dr. Felix Speiser bedeutete es einen Glücksfall, daß wir gerade im Pfahlbaudorf Kambrambo anlangten, als die Vorbereitungen für eine nur alle 15 Jahre stattfindende Initiationszeremonie im Gange waren. Der große Raum im oberen Stockwerk des Männerhauses war reich dekoriert. Die Dunkelheit und das zwischen den schwankenden Bodenlatten eindringende Licht erschwerten das Fotografieren mit der alten Stativkamera. Archiv MVB

Soweit es die Leistungsfähigkeit unserer Pinasse zuließ, eilten wir stromaufwärts von Dorf zu Dorf mit jeweils nur sehr kurzen Aufenthalten und einzelnen Übernachtungen in der Hängematte, die wir meistens in den Kiap-Häusern aufspannten. Gelegentlich passierten wir auch schmale Seitenarme und mäanderförmige Abzweigungen des Stroms. Einzelne Dörfer standen direkt im Wasser, nur schmale Stege oder wackelige Latten verbanden die Hütten; nicht selten mußten die Kanus benutzt werden, um von der einen zur anderen zu gelangen. Da und dort waren schwimmende Inseln mit langen Stangen in den seichten Buchten verankert und mit Taro und Yams bepflanzt. Die Schweine suchten oft tauchend einen Teil ihres Futters unter Wasser.

Im Verlaufe unserer Fahrt durch die eindrückliche Fluß- und Sumpflandschaft stießen wir in einem der Wasserdörfer – in Kambrambo – auf ein riesiges Tambaranhaus, ein Kult- und Geisterhaus. Zu unserer Überraschung waren darin etwa fünfzig Männer versammelt, die gerade eine große Initiationsfeier vorbereiteten, wie sie nur etwa alle fünfzehn Jahre stattfindet.

Für Professor Speiser war dies eine einmalige Chance: Er glaubte wohl mit Recht, daß noch kein Ethnologe vor ihm Zeuge dieses Geschehens gewesen war. Er suchte über unsere Boys und weitere Dolmetscher so viele Informationen wie möglich zu bekommen und füllte seinen Block mit Notizen, während ich kurbelte und knipste, was das Zeug hielt.

Im Halbdunkel des Bambusdomes erkannten wir, daß die Männer damit beschäftigt waren, drei enorme, etwa zehn Meter lange Krokodilfiguren mit mächtigen Schädeln und beweglichen Unterkiefern herzustellen und sorgfältig zu bemalen. Die nur mit einer minimalen Schambinde bekleideten Män-

Im riesigen Zeremonialraum des Männerhauses wurden von Eingeweihten drei etwa zehn Meter lange Krokodile hergerichtet, welche später die Initianden verschlangen. Zwei große, echte Krokodilschädel mit eingesetzten Augen liegen im Vordergrund links neben den bemalten Attrappen.

Archiv MVB

Auf dem Höhepunkt der schauerlichen Zeremonie wurden die kunstvoll hergerichteten Krokodile auf die Plattform vor dem Männerhaus getragen und verschlangen einen Initianden nach dem anderen mit ihrem gewaltigen Rachen.

Archiv MVB

Einige der gequälten Initianden versuchten zu fliehen, wurden jedoch festgehalten und mußten die Torturen über sich ergehen lassen. Archiv MVB

ner waren geschmückt mit engen Arm- und Beinreifen, mit Kasuarfedern, Fellstreifen von Kuskus und allerlei Vogelfedern. Dazu ertönte das unheimliche Geräusch eines Schwirrholzes, und einige Teilnehmer bliesen in armdicke Bambusrohre von eineinhalb Meter Länge.

Die eigentliche Initiationsfeier, der monatelange Vorbereitungen vorausgegangen waren, fand am 16. November statt. Dazu wurden die sorgfältig präparierten Krokodilmodelle auf eine Plattform herausgebracht, getragen von je zehn Männern, die durch seitlich herabhängende Fransen aus Bast und Blättern verdeckt waren; durch rhythmisches Hüpfen verliehen sie den Ungeheuern Bewegung und brachten die gewaltigen Unterkiefer zum Auf- und Zuklappen. Dann wurden die Initianden, ein Dutzend Knaben von acht bis vierzehn Jahren, auf den Schultern ihrer Paten herbeigetragen und fürchterlich gequält. Einige der Zeremonienmeister waren mit den Oberschädeln ganz junger Krokodile ausgerüstet und rissen mit deren spitzen Zähnen reihenweise blutende Wunden in die Haut der zappelnden Knaben. Andere verwendeten Dornenranken, Glasscherben oder die Sägen kleiner Süßwasser-Sägefische. Schließlich wurden die blutenden, schreienden Initianden in den Rachen eines der Riesenkrokodile geschoben und kamen zum Teil völlig verstört an deren Hinterende wieder zum Vorschein. Einige versuchten schwimmend oder in einem Kanu zu flüchten, wurden aber wieder eingefangen und erneut den Torturen ausgesetzt. Ich befand mich in einem schaurigen Tohuwabohu von Lärm, Geschrei, Blut, Getrommel und Aufregung und hatte alle Mühe, einiges von diesem ekstatischen und grausamen Zeremoniell im Bilde festzuhalten.

Professor Speiser widmete diesem selten oder vielleicht nie vorher beobachteten Zeremoniell 1937 eine besondere wissenschaftliche Abhandlung. Es handelte sich eindeutig um eine Kommunion mit dem Krokodil, mit einer typischen Verschlingungszeremonie. Jetzt sei der Knabe ein Verwandter des Krokodils geworden und das Krokodil werde ihm nun nichts mehr anhaben, erklärte ihm ein alter Papua, der die blutenden Wunden der frisch Initiierten mit einer Handvoll Flußschlamm einschmierte.

Auf der Fahrt nach Ambunti, dem am weitesten vorgeschobenen Posten der australischen Verwaltung, begegneten wir während mehrerer Tage um die Mittagszeit immer wieder Gruppen von quer zur Strömung gestellten Kanus; korbweise schöpften die Ruderer die an der Bordwand aufgestauten Angrenofliegen aus dem Wasser. In den Dörfern waren die Männer ganz nackt, die Frauen trugen winzige Schambinden. In einem der Dörfer konnte ich knapp einem vorbeirasenden Schwein ausweichen, dem drei Speere im Rücken steckten: Es war aus einem kleinen Pferch ausgebrochen. Einige Papuas sprangen ihm hinterher, konnten es aber im Dickicht nicht mehr einholen. Aus dem völlig zahmen Tier war aufgrund des schmerzhaften Traumas sofort wieder ein Wildtier mit voller Fluchttendenz geworden.

Im gleichen Dorf – ich notierte es als Awatip – konnten wir sehen, wie die

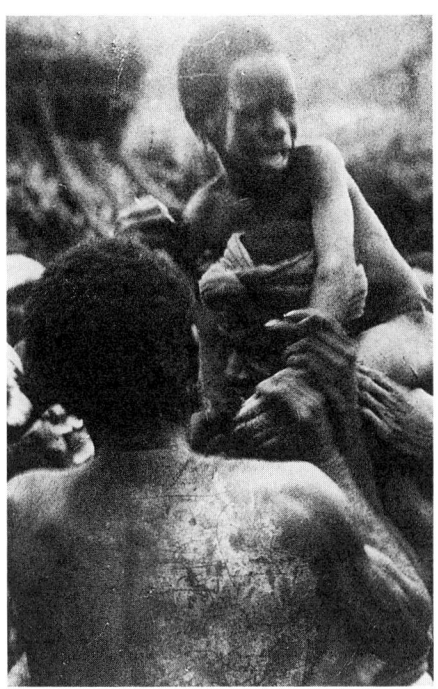

Mit dem Verschlingungsakt waren furchtbare Quälereien verbunden: Hier werden einem auf den Schultern seines Paten sitzenden Initianden mit Obsidiansplittern, Dornenzweigen und spitzzähnigen Kiefern junger Krokodile Wunden beigebracht.
Archiv MVB

Nach der schaurigen Zeremonie wurden die Krokodile verbrannt. Die Paten legten sich in deren Asche und preßten die Initianden fest auf sich, damit ihnen Asche und Flußschlamm in die Wunden gerieben werden konnte. Archiv MVB

Männer bei ihrer Arbeit Steinbeile und Steinäxte verwendeten; ein Anblick, wie er selbst für meinen Chef, den erfahrenen und weitgereisten Ethnologen, erstmalig war. Kein Zweifel, hier befanden wir uns in der lebendigen Steinzeit. Auch das war ein unvergeßliches Erlebnis.

In Ambunti warnten uns die zwei dort stationierten Regierungsbeamten vor dem Weiterfahren: Hier begann die »Uncontrolled Area«, die erst ein einziges Mal von einer Regierungspatrouille ein Stück weit erforscht worden war.

Wir konnten es aber nicht ganz lassen und tuckerten zwei Tage später einige Stunden stromaufwärts, auf alles gefaßt, d. h. mit Waffen ausgerüstet. Die Beamten hatten uns einen Häuptling und einen ihrer Boys als Dolmetscher und Führer mitgegeben. An einigen Stellen überraschten wir Kanus mit ihrer nackten Besatzung. Dann erfolgte eine Fluchtreaktion wie bei wilden Tieren: Unter grellen Alarmrufen verschwanden die Kanus blitzartig im Schilf, genau so, wie ich später in Afrika Sumpfantilopen oder andere Großtiere nach Unterschreiten der Fluchtdistanz vor dem weißen Menschen flüchten sah. Der weiße Homo sapiens als Universalfeind aller anderen Geschöpfe – auch des schwarzen Homo sapiens! Es waren höchst eindrucksvolle Szenen.

Aber da lockte noch das Dorf Wogamusch, ein paar weitere Stunden stromaufwärts. Um nichts zu riskieren, gingen wir dort nicht an Land, sondern hielten in der Strommitte mit gedrosseltem Motor an. Unsere Begleiter riefen den Bewohnern zu, und nach einigem Zögern kamen immer mehr Kanus auf uns zu. Nach einer Weile zählte ich über vierzig Kopfjägerkanus rings um unser Boot. Wie immer in solchen Situationen hatte ich keine Angst, weil ich überzeugt bin, daß es keine gefährlichen Tiere oder – in diesem biologischen Sinne – gefährlichen Menschen gibt, sofern man sie respektiert und nicht leichtfertig provoziert.

Wir offerierten den Kopfjägern, die ihre Fluchttendenz knapp überwunden hatten, Tabak und andere kleine Tauschwaren, doch hatten sie uns nicht viel anzubieten. Einige rissen ihre seltsam zugespitzten, aus Flechtwerk bestehenden Penisfutterale ab und hielten sie uns hin, andere hatten pfeilbogenartige, zwei Meter lange Mundharfen aus Palmblattrippen, Angelhaken aus Schildpatt und Muscheln, außerdem Kinderspielzeuge wie zum Beispiel aus Kokosnußschalen geschnitzte Kreisel.

Etwa eine halbe Stunde dauerte der Tauschhandel mit den friedlichen Kopfjägern, dann bedeuteten wir ihnen, sie sollten sich mit ihren Kanus entfernen, damit wir umkehren konnten. Inzwischen hatte es gedunkelt, und kaum waren wir stromab einigermaßen in Fahrt gekommen, als zuerst die Boys des Kapitäns und dann auch unsere eigenen in Panik gerieten: Sie waren überzeugt, daß die Kopfjäger uns im Dunkeln verfolgen und überfallen würden, und hatten regelrechte Halluzinationen. Wir Weiße konnten glücklicherweise nichts Bedrohliches entdecken, und nach einer zwischenfallfreien Nachtfahrt langten wir wohlbehalten in Ambunti an.

Nach kurzem Aufenthalt traten wir die Fahrt stromabwärts an, um die vielen Ethnographica einzusammeln, die mein Chef erworben und in verschiedenen Dörfern deponiert hatte. Da es unmöglich war, alle diese Museumskostbarkeiten auf unserem kleinen Boot zu verstauen, zimmerten wir aus drei Kanus ein Floß, das unser Kapitän ins Schlepptau nahm.

So gelangten wir am 26. November nach Marienberg und nach einer stürmischen Meerfahrt nach Awar, wo unser Boot wieder einmal dringenden Reparaturen unterzogen werden mußte.

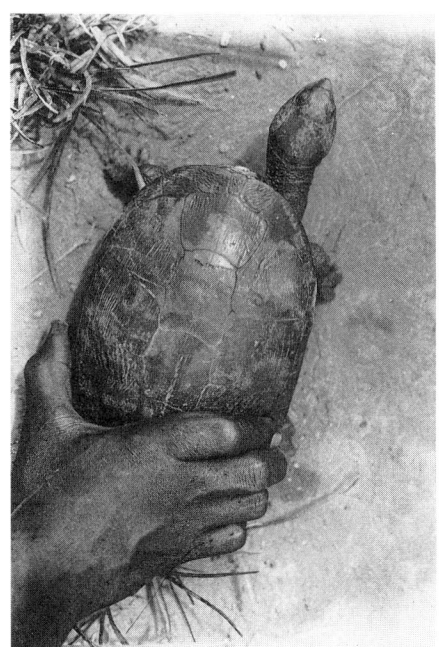
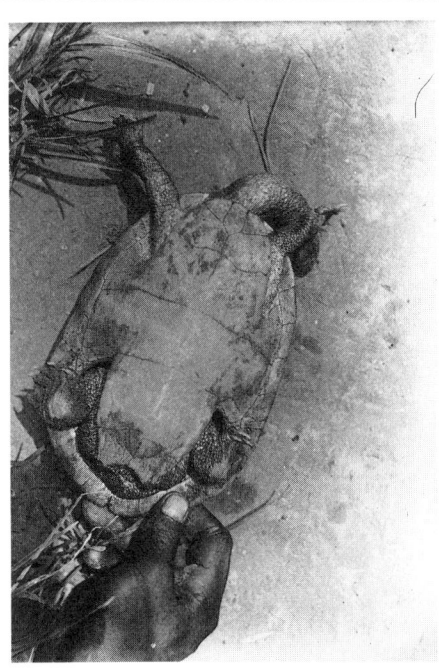

Eine Spitzkopf-Schildkröte aus dem Sepik (Emydura novaeguineae), die wegen ihrer auffälligen Veränderungen des Panzers im Laufe des Lebens damals den Zoologen viel Kopfzerbrechen bereitete. Verschiedene Altersstadien wurden irrtümlich für verschiedene Arten gehalten.

Die anthropologische Kamera meines Chefs, bei der man durch halbes Ausziehen des Kassettendeckels Frontal- und Seitenaufnahmen auf einer Platte kombinieren konnte, eignete sich auch zum Aufnehmen von Bauch- und Rückenseite einer Echten Karrettschildkröte.

Während einiger Tage durften wir die Gastfreundschaft einer Pflanzerfamilie in Anspruch nehmen. Auf einem Spaziergang durch die ausgedehnte Kokosplantage stolperten wir beinahe über eine Glasschleiche (Lialis jicari), eine höchst willkommene Bereicherung meiner zoologischen Sammlung. Als ich das blindschleichenähnliche Reptil aufnahm, machte es zwar keinerlei Beißversuche, äußerte aber ein höchst überraschendes Geräusch, das bisher nur wenige Menschen zu hören bekommen haben.

Eines Abends, als wir zu Tische gebeten wurden, servierte mir der Hausboy als Jux unseres Gastgebers einen Teller mit einem lebenden Tier, das zunächst den Eindruck eines kleinen Egels machte – aber es war ein Egel, der züngelte! Erst bei näherer Betrachtung stellte sich heraus, daß es sich um eine neugeborene Blindschlange (Typhlops erycinus) handelte, die kleinste Schlange, der ich jemals begegnet bin und die jemals gesammelt wurde: kaum so dick wie ein Streichholz und nur etwa eineinhalb mal so lang. Sie wurde später in meiner Dissertation abgebildet.

Nach mancherlei Zwischenfällen brachte uns schließlich, mit halber Kraft fahrend, unser Boot »Taratiggi« nach Madang, von wo wir die Sepikfahrt gestartet hatten. Hier hatte ich Gelegenheit, die sechzehn Dutzend Fotoplatten zu entwickeln und das umfangreiche Museumsmaterial zu verpacken; auch galt es, den Stoß der Fotos sorgfältig zu katalogisieren. Zudem mußte ich die komplizierten Frachtbriefe ausfüllen und anderen administrativen Kram erledigen, denn jetzt sollte die Rückfahrt nach Rabaul mit einem Linienschiff erfolgen – mit der »Montoro«, dem alten Kahn, der uns auch hergebracht hatte.

Am 10. Dezember 1930 erschallte noch einmal der Ruf »Sailor«, als der Dampfer »Montoro« in Sicht kam. Er brachte uns bei spiegelglatter See über Finschhafen, wo Kopra geladen wurde, nach Salamoa. Nach einem weiteren Zwischenhalt in Lindenhafen, an der Südküste Neubritanniens, trafen wir am 15. Dezember zum vierten und letzten Mal in Rabaul, unserer Hauptbasis, ein. Diesmal galt es aber nicht, eine weitere Etappe zu organisieren, sondern unsere Heimreise nach Europa. Es bot sich die Gelegenheit, den holländischen Frachtdampfer »Le Maire« zu benutzen, jedenfalls bis Java.

Es begann eine erholsame, interessante Fahrt durch das Korallenmeer und durch die Torres-Straße zwischen Neuguinea und Australien, die wegen der unzähligen Inseln und Riffe zu den gefährlichsten Strecken der Schiffahrt gehört. Entsprechend war die Kapitänsbrücke immer von zwei Offizieren besetzt.

Am 6. Januar 1931 legten wir in Batavia (heute Jakarta) an. Hier erwartete uns Professor Handschin aus Basel und überreichte uns eine Dose Basler Lekkerli, die meine Mutter ihm für uns mit-

Von allen Schlangen, denen ich je begegnet bin, ist dies die kleinste: eine 73 mm lange Blindschlange. Sie wurde mir in Arawe von unserem Gastgeber, einem Pflanzer, spaßeshalber auf einem Teller serviert und befindet sich heute zusammen mit dem übrigen Dissertationsmaterial im Naturhistorischen Museum in Basel.

Dieses südamerikanische Opossum gehörte während meiner Studentenzeit zu den wichtigsten Pfleglingen. Ich kaufte es auf meiner Rückreise aus der Südsee in Marseille.

gegeben hatte. Professor Handschin hatte von der australischen Regierung einen Staatsauftrag zur Bekämpfung eines gefährlichen Rinderschädlings erhalten und verbrachte in diesem Zusammenhang einen längeren Forschungsaufenthalt auf Java; damals wählten viele Schweizer Zoologen den Beruf eines Schädlingsbekämpfers in den Tropen.

Da Professor Speiser noch einen Abstecher nach Borneo machen wollte, um Bekannte zu besuchen, trennten sich hier unsere Wege, und ich benutzte die Gelegenheit, die Sehenswürdigkeiten der Stadt kennenzulernen, vor allem auch das Aquarium. Hier begegnete ich erstmals einem Schiffshalter (Remora), jenem merkwürdigen Fisch, der sich mit einer starken Haftscheibe an Haien und Meerschildkröten anheften und sich von ihnen transportieren lassen kann. Rund 35 Jahre später hatte ich im Aquarium des Zürcher Zoos Gelegenheit, die Beziehungen zwischen dem Schiffshalter und seinen Reittieren genau zu beobachten und mir meine Gedanken über die Evolution des Haftorganes zu machen. Ich kam dabei zum Schluß, daß die herkömmlichen Erklärungen mit Mutation und Selektion hier nicht gelten können, wie ich in meinem Buch »Tiere verstehen« (1980, S. 249) näher ausgeführt habe.

Inzwischen hatte sich eine Möglichkeit gezeigt, an Bord der »Slamat« des Rotterdamschen Lloyd eine Passage nach Marseille zu buchen. Diesmal brauchte ich keinen Smoking: Zusammen mit einem anderen Schweizer, der von Rabaul aus mit uns gereist war, fuhr ich dritter Klasse, doch hatten wir zu zweit eine Viererkabine und eigentlich alles, was man an Bord brauchte.

In Singapur, Belavan (Sumatra) und Sabang hatten wir kurze, abwechslungsreiche Aufenthalte, aber dann packte mich außer der Seekrankheit wieder ein heftiger Malaria-Anfall. Wir waren in bezug auf die Prophylaxe falsch beraten worden und hatten viel zu wenig Chinin geschluckt, so daß die Krankheit sich dann auf der Heimreise und zuhause unangenehm auszuwirken begann. Der Klimawechsel und die zunehmende Kälte mögen zudem dazu beigetragen haben, daß ich am 7. Februar 1931 etwas angeschlagen – bei Schneefall – in Basel ankam. Selbstverständlich hatte ich in Marseille nach der Ankunft wieder den altmodischen Zoo besucht und zudem in der Tierhandlung Chevé noch zwei südamerikanische Opossums (Didelphys paraguagensis) gekauft. Ich mußte doch gleich wieder ein paar lebende Tiere um mich haben.

Zurück in den Hörsaal – Zwischenspiel in Marokko

Jetzt begann wieder ein völlig anderes Leben, ein Leben mit Kalender und Armbanduhr, meist zwischen vier Wänden anstatt unter freiem Tropenhimmel. Zunächst erinnerten mich regelmäßig jeden zweiten Tag auftretende Malaria-Anfälle an die schöne Zeit. Unser bewährter Hausarzt war dieser Krankheit gegenüber begreiflicherweise etwas hilflos. Es wurde ein junger Tropenarzt zugezogen, der mir ein neues, synthetisches Mittel, Plasmochin, verordnete. Dieses verschwand jedoch bald wieder aus dem Handel, weil es in einzelnen Fällen zu schweren Leberschädigungen geführt hatte. Dummerweise traf das auch auf mich zu: Ich wurde auf Jahre hinaus zu einem Leberkrüppel, mußte mich lange Zeit an eine fett- und alkoholfreie Diät halten und hatte immer wieder Gelbsucht- und leichte Schwindelanfälle. Professor Gigon, ein berühmter Basler Internist, kümmerte sich um meinen Leberschaden und versicherte mir, daß es Jahre dauern werde, aber daß ich wieder gesund würde, wenn ich seine Anweisungen befolgte. Er hat recht behalten.

Indessen war ich fest entschlossen, meinem studentischen Larvendasein so rasch wie möglich ein Ende zu setzen, durch Abschluß des Studiums mit dem Doktorat, von dem ich noch weit entfernt war. Wegen der Südseereise hatte ich drei Semester »versäumt«, doch ist es heute noch meine Überzeugung, daß diese Zeit zu den schönsten und lehrreichsten Phasen meines Lebens gehörte.

Ich mußte also mein Universitätsprogramm weiterverfolgen, die noch fehlenden Vorlesungen und Praktika belegen und am Naturhistorischen Museum meine Reiseausbeute bearbeiten. Dr. Jean Roux, der Kustos der Zoologischen Abteilung, ein hervorragender Reptilien- und Krustazeenkenner, unterstützte mich aufs liebenswürdigste. Ich kam mit ihm und mit meinem künftigen Doktorvater Professor Adolf Portmann überein, daß ich mich auf meine im Bismarck-Archipel und im Sepikgebiet gesammelten Reptilien und Amphibien beschränken würde. Alles übrige Material (Insekten, Spinnen, Krebse, Fische, Vögel, Säugetiere usw.) würde zur Bearbeitung an auswärtige Spezialisten vergeben werden; das herpetologische Material von den Salomonen würde Dr. Roux selber übernehmen.

So pendelte ich zwischen der Zoologischen Anstalt am Rheinsprung und dem Museum an der anschließenden Augustinergasse hin und her und erneuerte natürlich auch sofort wieder das Abonnement für den Besuch des Zoologischen Gartens, in dem mir bald einiges zu mißfallen begann. Andererseits fühlte ich mich durch einige zoofeindliche Bemerkungen in den »Schweizerischen Blättern für Naturschutz« herausgefordert.

So sandte ich dem damaligen Redaktor Dr. Stephan Brunies, gewissermaßen »Papst« in Naturschutz- und Nationalpark-Angelegenheiten, einen Aufsatz mit dem Titel »Zoologische Gärten und Naturschutz« (1931), der fairerweise angenommen, aber mit einem Nachwort der Redaktion versehen wurde. Darin hieß es, es werde eine Entgegnung folgen mit Hinweisen darauf, daß die zoologischen Gärten einen wesentlichen Anteil hätten »an der Verarmung unserer gesamten Tierwelt und am Verschwinden seltener Arten«.

Bezeichnenderweise ist diese angekündigte Entgegnung niemals erschienen – bis heute nicht. Eine sachliche Entgegnung ließe sich auch gar nicht formulieren, denn jedermann weiß inzwischen, daß die zoologischen Gärten, welche diese Bezeichnung tatsächlich beanspruchen dürfen – d. h. unter wissenschaftlicher Leitung stehende und nach den Grundsätzen der Tiergartenbiologie geführte Zoos – heute zu den wertvollsten Trägern des theoretischen und praktischen Naturschutzes gehören. Wo heute noch eine Kritik an der Haltung wilder Tiere berechtigt ist, handelt es sich nicht um offizielle zoologische Gärten, sondern um überholte Menagerien alten Stils, in denen Wildtiere lediglich zum Zweck des Geldmachens mißbraucht werden.

Eigentlich hätte ich gleich nach meiner Rückkehr die Rekrutenschule nachholen sollen, die ich vor der Südseereise wegen einer Fußverletzung nicht hatte abschließen können. Ich wurde vor die Untersuchungs-Commission (UC) geladen, und als diese von meiner Malaria erfuhr, sofort für dienstuntauglich erklärt. Es ist eigentlich erstaunlich, wie einschneidend die kleinen Anophelesmücken in Verbindung mit den mikroskopischen Plasmodiumtierchen ins Leben eines Menschen einzugreifen vermögen! Erst nach Jahren, nach Ausbruch des Zweiten Weltkrieges, kam man auf diesen Entscheid zurück.

Da die beiden südamerikanischen Opossums, die ich in Marseille gekauft hatte, als zwei Geschwister aus einem Achterwurf untereinander unverträglich wurden, mußte ich eines weggeben. Ich schenkte es dem Zürcher Zoo, der kurz vor meiner Abreise, am 7. September 1929, eröffnet worden war und dessen Halbtagesdirektor, Professor Steiner, mir bekannt war. Er verdankte das kleine Geschenk eines Studenten sehr höflich.

Das zurückbehaltene Einzeltier schloß sich mir jetzt um so enger an; es wurde regelrecht zahm und ließ sich sogar dressieren. Auf Aufforderung hin hängte es sich zum Beispiel mit seinem Wickelschwanz an einem hingehaltenen Stab auf und ließ sich so herumtragen. Das hört sich sehr einfach an, war aber damals eine kleine Sensation, auf die ich sehr stolz war, denn Opossums hatten bisher als unzähmbar gegolten. Ja, in der Fachliteratur war die Rede von »Beuteltier-Stumpfsinn«, der gerade bei diesem südamerikanischen Opossum besonders ausgeprägt sein sollte. Derartige Thesen wirkten auf mich immer besonders aufreizend, denn ich war der Überzeugung, daß so negative Urteile in Wirklichkeit nicht im Wesen der betreffenden Tiere, sondern im mangelnden Verständnis der Autoren begründet waren.

Ich hatte bald herausgefunden, daß mein Opossum gegenüber zweierlei Umwelteinflüssen besonders empfindlich war, nämlich gegenüber starkem Licht (Tageslicht) und gegenüber Geräuschen. Der Lichtempfindlichkeit kam ich dadurch entgegen, daß ich mich fast ausschließlich abends und nachts bei gedämpfter Kellerbeleuchtung mit meinem Opossum beschäftigte. Seine Ohrmuscheln waren zart wie Rosenblätter und wurden im Schlaf eng zusammengefaltet, wie ich dies später auch bei meinem Galago beobachten konnte. Knisterndes Papier, das Knacken des Lichtschalters oder andere scheinbar geringfügige Geräusche ließen das empfindliche Tier jedesmal zusammenzucken – besonders auch Schuhgeräusche. Es war daher für mein Opossum eine Wohltat, als damals gerade Schuhe mit Weichgummisohlen in Mode kamen.

Dank der sorgfältigen Fernhaltung störender Reize gelang es mir, die Zähmbarkeit und eine beachtliche Lernfähigkeit bei diesem als dumm verschrieenen Beuteltier festzustellen, was

Die nackte Schwanzspitze der »Beutelratte« diente u. a. der Verankerung beim Klettern im Gezweig, doch konnte sie damit auch sehr geschickt z. B. Nestmaterial wie Fallaub oder Holzwolle eintragen.

Von dem in der Fachliteratur dem Tier allgemein zugeschriebenen »Beuteltier-Stumpfsinn« merkte ich nichts. Hier klettert das Opossum auf Befehl an einem senkrechten Stab hoch.

Ein Glanzstück meiner Dressur war das Sichaufhängen mit der Schwanzspitze auf Kommando.

ich in der internationalen Fachzeitschrift »Der Zoologische Garten« (1934) veröffentlicht habe.

Vorher berichtete ich noch über einen anderen Pflegling, nämlich über einen Feldhamster (Cricetus cricetus), den ich schon im Oktober 1928 erworben und während der Südseereise einem Freund in Pflege gegeben hatte. Wenn man heute von Hamster spricht, meint man fast immer den inzwischen viel populärer gewordenen Goldhamster (Mesocricetus auratus), der erst um 1945 in die Schweiz und nach Mitteleuropa gelangt ist. Der Feldhamster aus den Getreidesteppen Osteuropas wird mehr als doppelt so groß, bis zu einem Pfund schwer und gilt als sehr bissig, unnahbar und schwer zu züchten. Solche Tiere haben mich immer besonders gereizt.

Es gelang mir, auch meinen Hamster zu zähmen und zu dressieren, nicht nur zum »Tanzen« nach Art der Tanzbären – indem er sich auf den Hinterbeinen aufrichtete und um die eigene Achse drehte –, sondern zum Beispiel auch dazu, eine verschlossene, blecherne Futterkiste zu öffnen. Dazu mußte der Hamster einen durch die Verschlußöse gesteckten, langen Stab entfernen, die über die Öse herabhängende Verschlußklappe und schließlich den Deckel hochheben.

Im Prinzip kamen bei der Dressur von Kleintieren dieselben Methoden zur Anwendung wie bei der Dressur von Großtieren, der ich mich später zuwandte. Es gilt, sich den Tieren verständlich zu machen, sie anzuleiten, ihre Fähigkeiten in neuen, in gewissem Sinne unnatürlichen Situationen auf Befehl hin zu gebrauchen. Das ist immer nur auf dem Boden der Zahmheit möglich, eines Grundverhaltens also, einer besonderen Tier-Mensch-Beziehung, die wissenschaftlich bis heute nur wenig Beachtung gefunden, mich aber immer besonders fasziniert hat.

So war meine Zeit – abgesehen vom »normalen« Studium – durch Beobachtung meiner privaten Pfleglinge, durch Veröffentlichungen über sie und durch intensive Beschäftigung mit der an der Universität nicht vertretenen Tierpsychologie immer reichlich ausgefüllt. Und ich hatte ja noch mehrere Examina vor mir. Nur die Botanik hatte ich als Nebenfach bereits vor der Südseereise mit gutem Erfolg hinter mich gebracht. Jetzt standen noch Psychologie und Ethnologie als weitere Nebenfächer bevor.

Zunächst nahm ich die Psychologie in Angriff. Und weil mein Examinator, Professor Paul Häberlin, sich in der Vorlesung einmal zu der Aussage hatte hinreißen lassen, daß ein guter Psychologe eigentlich Jäger sein müßte (wie er), war ich guten Mutes; ich nahm an, er würde mich angesichts meiner Vorgeschichte vielleicht über das Verhalten der Tiere oder sogar über die Beziehung Tier-Jäger befragen. Weit gefehlt! Statt dessen befragte er mich über die Unterschiede zwischen westlicher und östlicher Kunst, ein Thema, über das ich nie etwas gehört oder gelesen oder mir überhaupt jemals Gedanken gemacht hatte. Die richtige Antwort wäre gewesen, daß die westliche Kunst im Prinzip symmetrisch, die östliche dagegen im Prinzip asymmetrisch sei. Ich dachte im stillen an die großartigen »Bambuskathedralen« und die prachtvollen Schnitzereien und Malereien, die ich in der Südsee bewundert, fotografiert und zum Teil auch gesammelt hatte. Aber als Nebenfachpsychologe hatte ich doch schon so viel gelernt, daß man in einem Examen niemals widersprechen soll. So schlüpfte ich auch hier – meine eigenen Gedanken für mich behaltend.

Im folgenden Semester meldete ich mich für das Nebenfachexamen in Ethnologie bei meinem Expeditions-Chef Professor Speiser. Wer etwa denkt, daß ich über das befragt worden wäre, was wir zusammen in der Südsee gesehen und gelernt hatten, befindet sich im Irrtum. Ethnologie war schon damals ein sehr weites Gebiet, und ich hatte mich gewissenhaft vorbereitet. So schnitt ich auch hier ordentlich ab. Inzwischen ging das Büffeln für das Hauptexamen in Zoologie noch einige Semester weiter – neben meinen privaten Studien in Tierpsychologie und der Ausarbeitung meiner Dissertation.

An Sonntagen begleitete ich gelegentlich meinen Vater zum Forellenfischen in der Frenke, eine Tätigkeit, die viel mit angewandter Tierpsychologie zu tun hatte. Da war einmal die Erfahrung, daß Fische den Fischer zuerst sehen, bevor dieser die Fische zu Gesicht bekommt. Das hat, so wurde mir erklärt, mit dem Brechungswinkel der Lichtstrahlen an der Wasser-Luft-Grenze zu tun. Was mir aber bis heute unverständlich geblieben ist, ist der Umstand, daß Forellen in ihrem Bach eine außerordentliche Fluchttendenz zeigen. Sobald sie eines Menschen ansichtig werden, flitzen sie davon. Ähnlich verhalten sich auch Äschen, Hechte und andere Fische. Wieso eigentlich? Damit ihnen der Mensch gefährlich werden kann, bedarf es ja ihrer »Mitarbeit«, d. h., die Fische müssen den Köder aufschnappen, samt dem darin versteckten Angelhaken. Trotzdem verhalten sie sich wie Enten oder Hasen, denen der Schütze gefährlich wird, auch ohne jede aktive »Mitarbeit«. Hier stellt sich eine ungelöste tierpsychologische Frage.

Tierpsychologisch interessant ist in diesem Zusammenhang auch das, was man als »Geschichte des Angelhakens« bezeichnen könnte. Würde heute jemand einen primitiven Angelhaken der Steinzeit verwenden oder einen der groben Haken, wie sie die Südseeinsulaner noch immer mit Erfolg benutzen, würde er niemals einen Fisch fangen.

Die Geräte haben sich bei uns außerordentlich verfeinert: Die Angelhaken aus feinem Stahl werden in einer täuschend nachgeahmten Kunstfliege oder in einem Wurm so versteckt, daß sie der Fisch nicht wahrzunehmen vermag. Mit anderen Worten: Die Fische haben gelernt, unvollkommene Angelhaken als Gefahr zu erkennen und zu meiden. Es gibt nur wenige Untersuchungen, die sich mit diesen Fragen beschäftigen.

Hinzu kommen noch die »Alten«, d. h. die erfahrenen Fische, die so gewitzt sind, daß sie die Gefahren des Angelhakens immer wieder zu vermeiden wissen und nur das Eßbare daran wegknabbern – zum Ärger der Fischer. Auch in der Frenke gab es unter den Forellen einen solchen »Alten«, den schon manche Fischer an der Angel gehabt hatten; doch immer hatte sich der schwere Fisch wieder losgerissen.

An diesem Tatbestand ist nicht zu zweifeln. Das allfällige Anglerlatein beginnt erst dann, wenn die Fischer behaupten oder annehmen, der an der Angel festgehakte Fisch sei um einen Ast oder um eine Wurzel herumgeschwommen, so daß beim ruckartigen »Anhauen« des Fischers die Schnur gerissen sei. Kein Mensch hat dies je gesehen, und niemandem ist es bisher eingefallen, derartige Situationen unter experimentellen Bedingungen zu überprüfen.

Darin liegt ja das Wesen des Fischer-, Jäger- und Dompteurlateins, daß die behaupteten Beobachtungen nicht beliebig oft im Labor wiederholt und überprüft werden können. Daraus darf man aber nicht schließen, daß alle Verhaltensweisen von Tieren, die nicht beliebig reproduzierbar sind, nicht existieren. Meine spätere Lebenserfahrung hat mich überzeugend gelehrt, daß sehr oft gerade einmalige Beobachtungen von besonderer Bedeutung, d. h. ungewöhnlich aufschlußreich sein können. Ich halte es für unwissenschaftlich interessante Beobachtungen einfach deswegen als Anekdoten zu belächeln, weil sie sich nicht beliebig wiederholen lassen. Die wissenschaftliche Haltung besteht meines Erachtens darin, seriöse Beobachtungen – sofern es sich nicht um offensichtliche Phantasieprodukte handelt – nach Möglichkeit zu überprüfen und nach weiteren gleichen oder ähnlichen Fällen zu forschen. Ich habe zu viele Fälle von angeblichen Tiermärchen erlebt, die sich hinterher als Tatsache herausstellten, etwa der Werkzeuggebrauch der Seeotter, das Auf-den-Händen-Tragen der Jungen bei den Bibern, der Rückentransport der jungen Lippenbären – um nur drei Beispiele zu erwähnen.

Nach zweijähriger Unterbrechung konnte ich erstmals wieder herrliche Sommerferien auf der Zuger Burg genießen, mit all den Ausflugsmöglichkeiten auf den Berg und den Wildspitz, an den See und nach Goldau. Doch bald ging die Arbeit an der Dissertation weiter, ebenso die Semester-Routine. Am 12. März 1932 hielt ich meinen ersten wissenschaftlichen Vortrag anläßlich der Jahresversammlung der Schweizerischen Zoologischen Gesellschaft in Basel, in die ich bei dieser Gelegenheit aufgenommen wurde. Als Thema wählte ich »Zum Problem der Fliegenden Schlangen«, also eine Zusammenfassung meiner diesbezüglichen Südseebeobachtungen, bei denen mir die Police Boys und ihre Sträflinge so behilflich gewesen waren.

Natürlich hatte ich für mein Referat, das später in der »Revue Suisse de Zoologie« (1932) veröffentlicht wurde, auch die gesamte einschlägige Weltliteratur zu konsultieren, was mir dank der großartigen Museumsbibliothek möglich war. Und selbstverständlich hatte ich auch die Schuppenstruktur und andere morphologische und anatomische Merkmale dieser Schlangen genau zu untersuchen. Ich kam zum Schluß, daß von einem »Fliegen« dieser schlanken Baumschlangen nicht die Rede sein kann; vielmehr sind sie in der Lage, sich selbst von hohen Palmen abzustoßen und in steilschräger Bahn (meist steiler als 45°) den Boden zu erreichen.

Seither hatte kaum jemand Gelegenheit, »Fliegende Schlangen« im natürlichen Freileben zu beobachten. Daher kam der amerikanische Herpetologe D. Dwight Davis mehr als ein halbes Jahrhundert nach meiner Südseereise, nämlich 1985, auf die Idee, meinen Vortrag von damals ins Englische zu übersetzen und im »Bulletin of the Chicago Herpetological Society« (20,2, 43–47) nochmals zu veröffentlichen. Solche Kleinigkeiten erfreuen einen alten Zoologen, zeigen sie doch, daß die einfachen Beobachtungen in der Südsee nicht sinnlos waren.

Anfang April 1932 organisierte Professor Portmann einen marinen Studienaufenthalt an der bekannten Zoologischen Station Villefranche am Mittelmeer, an dem ich zu meiner Freude teilnehmen durfte. Die Tierwelt des Meeres war mir bisher fremd, abgesehen von den blaßen, starren Alkohol- und Formolpräparaten, die ich aus den Sammlungen der Zoologischen Anstalt und des Museums kannte.

Die Bahnfahrt führte über Toulon und Monaco, und am 9. April begann die Arbeit im Labor, d. h. die denkwürdige Begegnung mit den Kleinlebewesen des Meeres in voller Farbe und Bewegung. Zum Beobachten gehörte wesentlich auch das Mikroskopieren und das Zeichnen des Gesehenen, an das ich mich inzwischen gewöhnt hatte und das mir sogar Freude bereitete. Nur dadurch war es möglich, die Organismen einigermaßen kennenzulernen und zu verstehen. Am Nachmittag gab es oft Gelegenheit zu Landexkursionen ins Maquis, wo ich Geckos, Skorpione und andere Tiere des Mittelmeerraumes beobachten konnte.

Auf der Heimreise machte ich selbstverständlich einen Zwischenhalt in Marseille, das mir inzwischen recht vertraut war. Dort besuchte ich den Zoo und einmal mehr die Tierhandlung von Louis Chevé im dritten Stock an der Place de l'Observance, wo ich früher meine südamerikanischen Opossums erworben hatte. Jetzt waren da junge Fleckenhyänen und ein prachtvoller, grobfleckiger Gepard aus Südafrika – doch solche Tiere überstiegen leider die bescheidenen Möglichkeiten meiner privaten Kleintierhaltung.

sie ungeachtet der großen Mortalität in verschiedenen Zoos auszustellen versuchte. Es war das Verdienst des damaligen Gouverneurs von Uganda, Johnston, daß er den rücksichtslosen Menschenhändler zwang, die überlebenden Pygmäen sofort wieder heimzuschaffen.

Der Name dieses mutigen und anständigen Mannes ist wenigstens in der Zoologie erhalten, nämlich in der Bezeichnung Okapia johnstoni. Denn er war auch entscheidend beteiligt an der Entdeckung des Okapis, eines der ganz

Was der Eiffelturm für Paris bedeutet, das war der »Transbordeur« für Marseille. Er bestand aus einer mächtigen Eisenkonstruktion, an der sozusagen ein Stück Straße aufgehängt war, das Wagen, Automobile und Fußgänger aufnahm und dicht über dem Wasser von einem Bord des Vieux Port zum anderen führte, ähnlich wie eine Fähre.

Kurz darauf hatte der Basler Zoo wieder einmal mit einer besonderen Attraktion aufzuwarten: mit einer sogenannten Völkerschautruppe, bestehend aus Lippenplatten-Negerinnen aus dem Kongo. Gegen diese Art des Geschäftemachens – und es ging ja bei solchen Veranstaltungen nur ums Geld! – hatte ich immer einen starken Widerwillen. Ich hielt es für entwürdigend, Menschen fremder Rassen wie exotische Tiere im Zoo gegen Entgelt auszustellen.

Tatsächlich begann dieser Unfug seinerzeit damit, daß ein geschäftstüchtiger Agent im Kongo Pygmäen einfangen ließ, sie nach Europa brachte und

wenigen Großtiere, die erst in unserem Jahrhundert entdeckt worden sind.

Wirkliche zoologische Gärten – und nur solche sollten berechtigt sein, sich so zu nennen – sind kulturelle Institutionen, die der biologischen Bildung, der wissenschaftlichen Forschung und dem Naturschutz dienen und nach den Grundsätzen der Tiergartenbiologie geführt werden. Damit können keine Geschäfte gemacht werden, denn allfällige (höchst unwahrscheinliche) Überschüsse müssen der Verbesserung der Tierhaltung, der Förderung der Forschung und der Erhaltung gefährdeter Arten und ihrer Lebensräume zugeführt werden. Die sogenannten Völkerschaustellungen haben mit der Kolonialzeit glücklicherweise ihr Ende gefunden.

Neben dem regulären Studium arbeitete ich inzwischen an meiner Dissertation im Museum. Sie wurde von Professor Portmann angenommen, der inzwischen Chef der Zoologischen Anstalt geworden war. Auch alle erforderlichen Vorlesungen und Praktika hatte ich hinter mich gebracht, so daß das Schlußexamen ins Auge gefaßt werden konnte. Am 24. Oktober 1932 war es so weit: Ich erhielt das Prädikat magna cum laude. Damit hatte mein Larvenstadium ein Ende: Ich war jetzt ein richtiger Zoologe! Den Doktortitel durfte ich offiziell allerdings erst nach der feierlichen Überreichung der Urkunde und nach Ablieferung von 220 gedruckten Exemplaren der Dissertation führen.

Damals war es nicht leicht, für eine 150seitige Publikation (und eine so hohe Zahl von Pflichtexemplaren sowie eine gleiche Menge von Sonderdrucken für den Eigenbedarf) eine geeignete Zeitschrift zu finden. Die günstigen Privatdruck-Möglichkeiten von heute gab es damals noch nicht. Aber meine Dissertation war wie zugeschnitten auf die »Zoologischen Jahrbücher. Abteilung für Systematik, Ökologie und Geographie der Tiere«, deren zuständiger Herausgeber Professor Richard Hesse in Berlin war. Professor Hesse war der Verfasser des grundlegenden Werkes »Tiergeographie auf ökologischer Grundlage« (Jena 1924), das mich während meines Studiums entscheidend beeinflußt hatte.

Dem Vorwort zu diesem Werk hatte ich auch den Satz entnommen, den ich meiner Dissertation als Motto voranstellte: »Reiseausbeuten in Tierbälgen und Alkoholmaterial haben wir zunächst genug; was uns fehlt, sind Beobachtungen über den Zusammenhang zwischen Tier und Umwelt.« Auf meiner Südseereise und auf den Marokkoreisen war es mir ja gerade darum gegangen, diese Zusammenhänge zu untersuchen. Allerdings war es damals noch unerläßlich, die beobachteten Tiere auch zu sammeln und in Alkohol zu konservieren, um sie eindeutig zu bestimmen, denn zu jener Zeit waren die betreffenden Gebiete noch ungenügend erforscht. Später habe ich diese inzwischen unnötig gewordene Art des Sammelns völlig aufgegeben.

Professor Hesse nahm meine Dissertation sofort an, konnte sie jedoch wegen der damaligen Wirtschaftskrise erst zwei Jahre später, 1934, in Druck geben. So hatte ich einstweilen nur eine Kopie in Maschinenschrift zur Verfügung. Dafür interessierte sich Dr. Karl Patterson Schmidt, der Leiter der Herpetologischen Abteilung des Field Museum of Natural History in Chicago, der gerade verschiedene Museen in Europa besuchte, so auch die von Dr. Jean Roux betreute herpetologische Sammlung in Basel. Dr. Schmidt, seinerzeit der führende Herpetologe Nordamerikas, opferte eine Nacht seines kurzen Aufenthaltes in Basel, um meine Dissertation im Manuskript zu lesen. Zu meiner Freude äußerte er sich darüber in einem Gutachten außerordentlich positiv. Wir trafen uns in späteren Jahren wiederholt in Chicago. Am 27. September 1957 starb er dort im Alter von 67 Jahren am Biß einer giftigen, südafrikanischen Boomslang (Dispholidus typus), einer 75 Zentimeter langen Trugnatter, die eigentlich als nicht sehr gefährlich gilt.

Er hatte die grüne Baumschlange zur Nachbestimmung aus dem Lincoln Park Zoo in Chicago erhalten, dessen Direktor damals Marlin Perkins war. Mit ihm war ich ein Leben lang befreundet. Er hatte selber große Erfahrung im Umgang mit Schlangen und führte viele giftige Arten am Fernsehen vor. Recht viele Unfälle mit Giftschlangen ereignen sich dann, wenn der Vorführer sich durch Film- oder TV-Kameras ablenken läßt. So wurde auch Marlin Perkins wiederholt bei Fernsehaufnahmen gebissen, einmal so schwer, daß er nur durch sofortige Bluttransfusion gerettet werden konnte.

Nachdem Marlin verschiedene amerikanische Zoos als Direktor betreut hatte, wandte er sich ganz dem Fernsehen zu und wurde besonders durch seine interessante Serie »Im Reich der wilden Tiere« in aller Welt bekannt. Er machte seine Zuschauer in den letzten Jahren besonders mit den neuesten Methoden der ökologischen Forschung vertraut, speziell mit der Telemetrie, d. h. mit dem Anbringen von kleinen Radioapparaten am Hals freilebender Tiere. Deren tägliche Aktivitäten und Wanderungen lassen sich auf diese Weise genau verfolgen. Auch die Bedeutung von idividuellen Kennmarken wie Vogelringen, Ohrmarken usw. zur genaueren Erforschung der Lebensweise von Tieren wurde von diesem überaus rüstigen Naturschützer häufig dargestellt.

Fünf Tage nach meinem Doktorexamen stieß mein Vater auf ein Zeitungsinserat, in dem der Zürcher Zoo einen neuen Direktor suchte. Das kam mir zwar etwas überraschend, aber es war ja genau das, was ich erstrebte. Da solche Stellen zudem ausgesprochen selten sind, bewarb ich mich frisch-fröhlich beim Präsidenten der Genossenschaft Zoologischer Garten Zürich, Emil Keller-Furrer, von Beruf Bankverwalter. Am 9. Januar 1933 kam die Aufforderung, ich solle mich bei einer Zoodelegation in Zürich vorstellen. Tatsächlich kam ich in die engere und schließlich in die engste Wahl. Mein Konkurrent war ein bestandener Farmer, Felix Hofmann, der mehrere Jahre in Sumatra verbracht und sich als Elefanten- und Tigerjäger bewährt hatte. Neben diesem erfahrenen Praktiker hatte ich als Grünschnabel begreiflicherweise keine Chance – zum Glück, denn meine Ausbildung als Zoodirektor war meiner Meinung nach noch ungenügend, und ich bin aufrichtig dankbar dafür, daß ich damals noch nicht im Zoobetrieb erstarren mußte. Ich hatte noch so viel zu lernen.

Hofmann und ich blieben miteinander in kollegialem Kontakt. Das Schicksal wollte es, daß er mir 21 Jahre später, bei seiner Pensionierung, die Schlüssel zum Zürcher Zoo übergab, als ich – diesmal mit gründlicherer Vorbereitung – seinen Posten übernahm.

Inzwischen war ich insofern arbeitslos, als ich keine Stelle hatte; an Arbeit fehlte es mir jedoch keineswegs. So wurde mir im Museum die Bearbeitung der von Dr. A. Bühler, einem Ethnologen, auf den Admiralitätsinseln gesammelten Reptilien und Amphibien anvertraut. Da ich mit der Herpetologie dieser Südseeinseln bereits vertraut war, erschien diese Arbeit naheliegend und verlockend. Sie wurde 1933 in den Verhandlungen der Basler Naturforschenden Gesellschaft veröffentlicht und bezog sich auf 292 Exemplare in 42 Arten. Darunter befand sich eine bisher unbekannte Schlangenart, der ich den Namen Typhlops buehleri gab.

Daneben besuchte ich weiterhin einige Vorlesungen, die mich besonders interessierten, außerdem betätigte ich mich journalistisch, und die naiven Zoobesuche nahmen immer mehr den Charakter kritischer Studien an. Zudem interessierten mich die Geckos, mit denen ich 1927 in Marokko die erste Bekanntschaft gemacht hatte und deren mysteriöse Haftfähigkeit auf glatten Unterlagen mir keine Ruhe ließ.

In der Fachliteratur war immer noch die Angabe verbreitet, daß die mit der Hafteinrichtung versehenen Geckos – nicht alle Arten besitzen eine solche – an den Haftlamellen ihrer Zehen mikroskopisch kleine Häkchen haben, welche sie an winzigen Unebenheiten der Unterlage einzukrallen vermögen. Bis heute wird diese »mechanische« Theorie da und dort noch vertreten (zum Beispiel Grzimeks Tierleben 1971). Sie konnte aber deswegen nicht stimmen, weil meine Geckos, vor allem der Mauer-Gecko (Tarentola mauritanica), an völlig sauberem Glas fester haften konnten als an rauhen Steinen. Gelegentlich führte ich meinen Freunden einen Gecko vor, dem ich ein blitzblankes Likörglas »zum Ansaugen« an eine Pfote gab.

Die Haftfähigkeit war bei völlig glatten Unterlagen am stärksten. Daher hielten manche Zoologen auch an dieser »pneumatischen« Theorie fest. Sie konnte jedoch ebenso wenig überzeugen, weil die bürstenartige Feinstruktur der Haftlamellen eine Vakuumwirkung nicht zuließ. Auch die »chemische« Theorie, d.h. die Verwendung eines Klebstoffes, ließ sich nicht halten, weil nie die geringsten Spuren davon auf einer von Geckos begangenen Glasfläche gefunden wurden. Und doch können diese meist nächtlich aktiven Echsen nicht nur an senkrechten und überhängenden Glattflächen Insekten und Spinnen jagen, sondern sogar an horizontalen Flächen hängend.

Da fiel mir eine Dissertation von H. Schmidt (Jena) aus dem Jahre 1905 in die Hände, mit dem Titel »Zur Anatomie und Physiologie der Geckopfote«. Schmidt hatte eine völlig andere Theorie, nämlich die »elektrische«, d. h., er hegte den Verdacht, daß die Geckos mit ihren Zehen Reibungselektrizität erzeugen und mit deren Hilfe an der Unterlage haften – etwa so wie die berühmten Papierschnitzel an dem mit einem Wollappen geriebenen Hartgummistab.

Hier konnte ich nun einsetzen. Ich entführte aus dem Haushalt meiner Mutter die größte Silberplatte, erdete sie sorgfältig und setzte meinen Gecko darauf – der fröhlich haften blieb, auch in Hängelage. Jemand, der in Physik besser Bescheid wußte als ich, riet mir, einen Gecko auf glatter Fläche Röntgenstrahlen auszusetzen, wodurch die Luft leitend gemacht und der Gecko zum Herunterfallen gebracht werden müßte. Aber auch unter Röntgenbestrahlung blieb das Tier an seiner glatten Unterlage hängen, als ob nichts geschehen wäre. – Darüber habe ich in meiner Marokko-Arbeit (1935) näher berichtet.

Neue Aspekte des Geckoproblems haben erst die Untersuchungen von Uwe Hiller (1968) mit dem Raster-Elektronenmikroskop gebracht. Er entwickelte die neue »Adhäsions«-Theorie, d. h., er führt die Haftfähigkeit auf rein physikalische Faktoren zurück und weist nach, daß die Haftstärke adhärierender Festkörper mit zunehmender Oberflächenenergie steigt. In einer noch neueren, umfangreichen Untersuchung bestätigt Anthony P. Russel (1975), daß bei den Adhäsionskräften des Geckos Oberflächenphänomene im Spiele sind, vielleicht auf molekularer Ebene.

Damit habe ich das Gebiet der Primärzoologie bereits verlassen. Aber es lag mir daran, an einem Beispiel zu zeigen, wo die Zoologie anfängt und wo sie hinführt. Alle zoologische Kenntnis muß beginnen mit dem primitiven Sammeln und Bestimmen sowie mit dem Aufzeichnen der einfachsten Lebensäußerungen, hier zum Beispiel der Kletterfähigkeit, die im Dienste der Flucht vor Feinden, der Partnerfindung (Fortpflanzung) und des Nahrungserwerbs steht. Diese Kletterfähigkeit führte zunächst zur groben, makroskopischen Untersuchung der Kletterorgane, dann zur mikroskopischen und zur elektronenmikroskopischen Untersuchung – und schließlich landen wir im molekularen Bereich.

Von hier wird es sicher weitergehen

in noch feinere Bereiche; es gibt ja erfahrungsgemäß keinen Halt in Richtung des atomaren wie des stellaren, kosmischen Forschens. Aber je weiter wir uns vom lebenden Tier und seinem Verhalten im natürlichen Lebensraum, d. h. von der Primärzoologie, entfernen, desto mehr verlieren wir das Tier selber aus den Augen, so wie es sich uns ursprünglich darbietet und wie wir es eigentlich verstehen wollen: als Ganzes in seinem Territorium, seinem Biotop, seinem geographischen Raum (Areal), als Mitglied seiner Lebensgemeinschaft (Biozönose).

Warum gibt es zum Beispiel innerhalb desselben Quadratmeters Felsen zwei verschiedene, gleich große Geckoarten (wie ich das in der Südsee beobachtet habe), von denen die eine Art (Gehyra oceanica) mit Haftapparaten ausgerüstet ist, während die andere Art (Gymnodactylus pelagicus) gewöhnliche Eidechsenfüße ohne Haftfähigkeit aufweist? Bei Annäherung an eine derartige gemischte Gesellschaft flüchtet nach Unterschreiten der gleichen Fluchtdistanz die eine Art regelmäßig aufwärts, die andere abwärts. Beide Arten leben also in derselben »ökologischen Nische«, wie das heute heißt. Hat diese eine Nische zwei so verschiedene Arten hervorgebracht bei – so weit es sich beurteilen läßt – gleichartiger Ernährung und Feindbedrohung?

Mit der Theorie von den ökologischen Nischen als arterzeugendem Faktor konnte ich nie etwas anfangen. Ich denke zum Beispiel an den während Jahrmillionen isolierten australischen Kontinent. Diese Zeitspanne hat nicht ausgereicht, diejenige Nische zu besetzen, von welcher das importierte Kaninchen im Handumdrehen Besitz ergriff. Solche Beispiele gibt es zu Dutzenden!

Völlig rätselhaft ist im Zusammenhang mit den Geckos auch der Umstand, daß derselbe, immer noch etwas mysteriöse Haftapparat der vorwiegend altweltlichen Gekkoniden auch in ganz anderen Echsenfamilien vorkommt, nämlich bei Scinciden wie ich das auf den Salomonen festgestellt habe, oder bei einigen neuweltlichen Iguaniden der Gattung Anolis. Läßt sich zur Erklärung des Vorkommens desselben hochentwickelten Haftapparates auf ganz verschiedenen Kontinenten, in ganz verschiedenen Echsenfamilien, in ganz verschiedenen Biotopen, eine gemeinsame Evolution im Sinne der heute noch geltenden Thesen von Mutation und Selektion als den beiden großen Mechanismen des Artenwandels annehmen? Von Anfang meiner zoologischen Laufbahn an hatte ich Zweifel an einer derart simplen, obwohl heute noch gängigen Evolutionstheorie, und diese Zweifel haben sich seither nur verstärkt, hauptsächlich aufgrund unmittelbarer Beobachtung am lebenden Tier in aller Welt.

Ein Haftapparat an Eidechsenfüßen mag vielleicht zehnmal entstanden sein; aber vom Auge weiß man, daß es vierzigmal unabhängig entstanden ist (E. Mayr 1979). Ich bin oft zur Überzeugung gekommen, daß für die Neubildung von Organen und Arten nicht so sehr Nischen, als vielmehr Ideen verantwortlich zu machen sind. Wie oft ist zum Beispiel das Fliegen oder das Gift im Tierreich »erfunden« worden! Je mehr man davon kennt, desto skeptischer wird man gegenüber den Theorien, wonach sich alle Naturerscheinungen auf Chemie und Physik zurückführen lassen.

In meiner Dissertation hatte ich eine große Gruppe von Beobachtungen ganz ausgeklammert, weil sie nicht ausschließlich mit Reptilien zu tun hatte und außerdem zu umfangreich war: das Fluchtverhalten, das ich immer als das wichtigste des ganzen Tierverhaltens gewertet habe. Die Befriedigung des Hungers bzw. des Geschlechtstriebes läßt sich aufschieben, nicht aber die rechtzeitige Flucht vor einem sich nähernden Feind. Bald merkte ich, daß Tiere vor ihren Feinden und vor ihrem Universalfeind, dem Menschen, nicht einfach davonschwimmen, -rennen oder -fliegen, sondern daß dieses überaus wichtige Fluchtverhalten ganz bestimmten qualitativen und quantitativen Gesetzen folgt. Das Aufgeben des Fluchtverhaltens unter dem Einfluß des Menschen verstand ich als Zahmwerden. Beides – Flucht und Zahmheit – hat mich ein Leben lang beschäftigt.

Noch intensiver als in Marokko war der Anschauungsunterricht in bezug auf das Fluchtverhalten in der Südsee, wo ich den Großteil meiner Ausbeute eigenhändig sammelte bzw. zu sammeln, d. h. von Hand zu fangen, versuchte. Dabei mußte ich sehr oft – und oft zu meinem Ärger – feststellen, wie außerordentlich geschickt und zweckmäßig viele Tiere zu flüchten verstehen. Diese und weitere Fluchtbeobachtungen, zusammen mit Angaben aus der einschlägigen Literatur, faßte ich in einer Arbeit »Zur Biologie und Psychologie der Flucht bei Tieren« zusammen, die ich zuerst meinem Doktorvater Professor Portmann vorlegte; er war davon begeistert. Sie erschien 1934 und fand ein unerwartet positives Echo.

So abwechslungsreich meine Tätigkeit seit der Rückkehr aus der Südsee auch war – mich lockte wieder die Freiheit, genauer der Orient. Mein alter Freund aus Marokko, Brächt Manuel, war inzwischen verheiratet und auf der Farm »La California« in der Nähe von Rabat sein eigener Herr und Meister geworden. Seiner verlockenden Einladung konnte ich nicht widerstehen. Der Aufenthalt im Jahre 1927, nach meinem ersten Semester, hatte mich derart fasziniert – landschaftlich, klimatisch, ethnologisch und vor allem zoologisch –, daß ich mir eine nähere Bekanntschaft mit diesem so großartigen Land wünschte. Trotz seiner Europanähe war Marokko zoologisch, namentlich auch herpetologisch, noch recht spärlich erforscht.

Diesmal plante ich einen längeren Aufenthalt, der mich vom äußersten Norden bis in den Süden – soweit er inzwischen zugänglich war – führen sollte. Mein Freund war Feuer und Flamme für diesen Plan, lud mich auf seine Farm ein und stellte sein Auto samt Zelt und Diener für die Fahrt zur Verfügung.

Ich wurde mit wichtigen Empfehlungsschreiben versehen, und das Museum stellte mir das Sammelmaterial zur Verfügung: Alkoholtanks, Gläser usw. Ich hatte auch vor, medizinhistorisches Material zu sammeln, d. h. »Medikamente«, wie sie bei der einheimischen Bevölkerung noch allgemein üblich waren und weitgehend der »Dreck-Medizin« entsprachen, die in Europa im Mittelalter maßgebend war. Zu einem großen Teil bestanden diese Heilmittel – abgesehen von Kräutern und Mineralien – aus zoologischem Material wie getrockneten Chamäleons und anderen Echsen, Geierköpfen, Mähnenschafhufen usw.

Während ich mich auf der Südseereise mit den schwerfälligen, großformatigen Plattenkameras herumgeschlagen hatte, waren in Europa die handlichen Kleinbildkameras aufgekommen. Für die bevorstehende Marokkoreise hatte ich mir eine Leica angeschafft, die mich seither – bis auf den heutigen Tag – begleitet hat.

In Marseille fand gerade eine Messe mit allerlei Attraktionen statt, von denen mich besonders ein Mäusezirkus interessierte. Jahrmarktmäßige Mäusedressuren wurden später von Friedrich Brock, dem Nachfolger von Professor Uexküll, zum Gegenstand einer wissenschaftlichen Untersuchung gemacht und faszinierten mich schon damals, ebenso wie der heute ausgestorbene

Flohzirkus, dem ich später in der Ciba-Zeitschrift einen Artikel widmete.

Mäuse werden seit Jahrzehnten zu unzähligen Millionen in Laboratorien verwendet, zum Teil auch in sinnlosen Versuchen geopfert. Über das Normalverhalten dieser kleinen Säugetiere aber, über ihre naturnahen Beziehungen zum Menschen, wie sie sich auch in ihrer Zähmungs- und Dressurfähigkeit äußern, liegen nur höchst bescheidene Untersuchungen vor. So ist zum Beispiel das geradezu phänomenale Orientierungsvermögen unserer einheimischen Waldmaus (Apodemus sylvaticus) oder ihre Fähigkeit, im Laufrad in einer Nacht zwanzig oder gar vierzig Kilometer zurückzulegen, noch reichlich rätselhaft, wie ich 1985 in einem kurzen Aufsatz zu skizzieren versuchte.

Ich war also unterwegs von Marseille nach Marokko. Diesmal, im April 1933, wollte ich auch den nördlichsten Teil, die Umgebung von Tanger, etwas näher kennenlernen. Dabei interessierte ich mich u. a. für das Vorkommen des Feuersalamanders (Salamandra salamandra), der dort bisher nur einmal, nämlich 1889, gefunden worden war. Die Herpetologen forderten eine Bestätigung dieses Vorkommens, denn bei Einzelfunden ist die Möglichkeit einer Verwechslung von Etiketten oder anderen Angaben in den Museumssammlungen nicht immer ganz auszuschließen.

An sich ist es gewiß nicht von welterschütternder Bedeutung, zu wissen, ob dieses Amphibium in Marokko (und damit in Afrika) vorkommt oder nicht. Aber die Frage ist von einem speziellen tiergeographischen Interesse, und mit diesbezüglichen Problemen hatte ich mich bereits in einem Teil meiner Dissertation beschäftigt.

Während der mio-pliozänen Wende waren die Südspitze Europas und die Nordspitze Afrikas bekanntlich miteinander verbunden. Über diese Landbrücke fand ein intensiver Faunenaustausch statt. Darauf wird es in der Regel zurückgeführt, daß heute noch in Süd-

Blick auf die Stadt Tanger in Richtung der tiergeographisch so bedeutsamen Straße von Gibraltar.

spanien afrikanische Elemente in der Fauna vorkommen wie etwa Ginsterkatze, Chamäleon, Rippenmolch u. a. Andererseits wäre der europäische Feuersalamander ein wichtiger Zeuge für die Benutzung der Landbrücke in südlicher Richtung. Heute sind die beiden Kontinente durch die dreizehn Kilometer breite Straße von Gibraltar voneinander getrennt.

Im Gegensatz zu Vögeln, von denen die meisten eine so geringe Entfernung ohne weiteres zu übrfliegen vermögen, sind Amphibien besonders wichtige Elemente bei derartigen tiergeographischen Überlegungen, weil Meerwasser für sie meist geradezu giftig wirkt. Es kann daher ausgeschlossen werden, daß sie auf schwimmenden Inseln (zum Beispiel auf Bäumen oder Strand- und Schwemmgut) übers Meer verfrachtet wurden, was für manche Reptilien oder deren Eier noch denkbar ist.

Ich wollte also wissen, ob der Feuersalamander in der Umgebung von Tanger zu finden war. Ein zoologisches oder ähnliches Institut gab es dort natürlich nicht, und wenn ich irgendwo diese Frage gestellt hätte, wäre ich entweder nicht verstanden oder für verrückt gehalten worden, zumal ein marokkanischer Name dieses Tieres – falls er überhaupt existierte – mir nicht bekannt war. Daher hatte ich vorsorglich ein schönes, farbiges Bild des Feuersalamanders in natürlicher Größe mitgenommen. Dieses zeigte ich einigen offiziellen und »wilden« Führern, die jeden Fremden bei seiner Ankunft bestürmen. Einer von ihnen zeigte sofort echtes Interesse und behauptete, das Tier und seine Fundorte zu kennen; er nannte mir auch seinen marokkanischen Namen: Tsetsaeh (Dsezä) oder ähnlich. Nun sind ja auch die Araber nicht durchwegs ausgebildete Herpetologen oder überhaupt Tierkenner. Es stellte sich heraus, daß mit dieser Bezeichnung oft auch das Chamäleon gemeint war! Dennoch: dieser Guide zeigte ein erfreuliches Interesse an meiner Arbeit und war bereit, mir während meines Aufenthaltes behilflich zu sein – ohne Berechnung des offiziellen Tarifs, den ich niemals hätte aufbringen können. Mit der Zeit bildete sich zwischen uns eine richtige Freundschaft, die sich bei meiner Rückkehr aus dem Süden Marokkos noch festigte. Den Feuersalamander fanden wir zwar nicht, dafür eine Menge anderer Amphibien und viele Reptilien.

Am 11. April fuhr ich mit dem Bus nach Rabat, wo ich auf der Farm »La California« bei Brächt Manuel und seiner Frau wohnen durfte und Gelegenheit fand, meine Studien über die Tierwelt einer marokkanischen Farm von 1927 zu ergänzen, ebenso meine Winkerkrabben-Beobachtungen und die Reptilienstudien in dem ergiebigen Ruinenkomplex von Chellah.

Am frühen Morgen des Ostermontags starteten wir – Brächt Manuel, sein Chauffeur-Diener Mohamed, der Hund »Diana« und ich – über Casablanca nach Mogador, in dessen Nähe wir an einer idyllischen Stelle erstmals das Zelt aufschlugen. Gleich ging das Sammeln los, das hauptsächlich im Umkehren von flachen Steinen bestand, im blitzschnellen Beurteilen der plötzlich bloßgelegten Tiere und im zielsicheren Zugreifen unter Ausnützung der Schrecksekunde. Es galt aufzupassen, daß man mit der Hand nicht etwa auf einen Skorpion oder auf eine Giftschlange klatschte. Wir entwickelten mit der Zeit ein überraschendes Biotop-Gefühl, also die Fähigkeit, aufgrund der Lage des Steines, der Vegetation, der Feuchtigkeit, des Festliegens im Boden, anhand von Kot, Futterresten, Einschlüpfen usw. ziemlich genaue Prognosen zu stellen, welche Arten zu erwarten waren. Während im trockenen Marokko flache Steine besonders ergiebige Fundorte waren, hatten sich im feuchten Klima der Südsee vor allem am Boden liegende Baumstrünke als solche erwiesen.

Das Kampieren in der menschenleeren Weite, am kleinen Herdfeuer, in der Stille, die nachts nur durch das melodische Heulen der Schakale unterbrochen wurde, der Sternenhimmel – das alles war wiederum überaus wohltuend und unbeschreiblich schön. Am Morgen, bei aufgehender Sonne, hatten wir einen prachtvollen Ausblick auf die riesigen, goldenen Sanddünen mit ihren großen, reinen Linien und ihrer sauberen Unberührtheit – imposante Ausläufer der Sahara.

Während Mohamed und »Diana« unser Zelt hüteten, machten Brächt und ich uns in Mogador auf die Suche nach einigen Fischern, die uns in einem Ruderboot auf die nahegelegenen kleinen Mogadorinseln übersetzen würden. Die Überfahrt bei bewegtem Meer dauerte glücklicherweise nur etwa eine halbe Stunde. Der Herpetofauna kleiner Inseln kommt aus verschiedenen Gründen eine besondere Bedeutung zu. Auf den Mogadorinseln wurde unseres Wissens überhaupt noch nie gesammelt. Während unseres kurzen Besuches fanden wir vier Arten, nämlich eine Schildkröte und drei Echsen, darunter den weit verbreiteten Mauergecko.

Dort, wo 1927 im Süden von Mogador eine verwitterte Verbotstafel unserer Weiterfahrt ein Ende gesetzt hatte, begann jetzt – sechs Jahre später – die großartig ausgebaute Autostraße nach Agadir. Wo früher nur primitive Kamelpfade durchs Gelände geführt hatten, sausten jetzt bequeme Reisecars dem blauen Meer entlang.

Weiter ging unsere Fahrt durch das malerische Sous-Tal nach Taroudant, einer Stadt, die damals praktisch nur von Militärpersonen, Beamten und Fremdenlegionären besucht wurde. Wir hatten uns hier eine besondere Aufgabe vorgenommen: Überall in Marokko, wo wir bisher Schlangenbeschwörer gesehen und uns nach der Herkunft ihrer Schlangen (Kobras und Puffottern) erkundigt hatten, hieß es stereotyp, sie stammten aus dem Süden. Jetzt waren wir im Süden und möglicherweise an der (auch tiergeographisch interessanten) Quelle dieser

Zwei Fischer brachten uns in ihrem Ruderboot zu den Mogadorinseln (im Hintergrund), wo wir als erste nach Reptilien suchten.

Gifttiere. Wir wollten uns daher in dieser kleinen Metropole nach Schlangenbeschwörern bzw. nach deren Lieferanten erkundigen. Ihr Zentrum war ein sehr bescheidenes Hotel in der Stadtmitte, das nur durch enge Gäßchen zu erreichen war.

Auch die »Hauptstraße« war so eng, daß wir die größte Mühe hatten, mit unserem Auto durchzukommen. Dabei kam uns das zurückschiebbare Dach sehr zustatten: Während einer von uns am Steuer saß, konnte der andere stehend und über den Kühler hinausschauend als Lotse dienen, denn oft war zwischen Wagen und Häusern nur eine Handbreite Freiraum. Kam uns ein Fußgänger entgegen, mußte er sich in einen Hauseingang drücken. Schwieriger war es, wenn uns ein beladener Esel begegnete; dann mußte ein Hofeingang oder eine Seitengasse zum Ausweichen gesucht werden.

Im »Hotel«, d. h. in seiner Bar, sozusagen dem sozialen Zentrum des damaligen Taroudant, gelang es uns, durch verschiedene Mittelsmänner Kontakt mit den gesuchten Giftschlangenfängern aufzunehmen. Einer von ihnen behauptete, uns eine in der Gegend gefangene Kobra (Naja haje) verkaufen zu können, wenn wir sie bei ihm, einige Kilometer von Taroudant entfernt, abholen würden.

Da mir sehr viel daran gelegen war, endlich einen Beleg für das Vorkommen dieser Art zu erhalten, willigten wir ein und fuhren mit ihm los, nachdem wir unseren Wagen erneut mühsam durch die enge »Hauptstraße« pilotiert hatten. Unterwegs zeigte der Fänger uns auch die Stelle in der Steinwüste, wo er die Schlange – und viele andere – gefangen hatte. In Ermangelung eines geeigneten Transportgefäßes packte er die Kobra, ein schönes Exemplar, in einen ausgedienten, tönernen Kochtopf, der einen Sprung aufwies und daher mit einer Schnur zu-

Schlangenbeschwörer in Marrakesch mit einer aus dem Sous-Tal eingeführten Brillenschlange. Diese Art (Naja haje) trägt im Gegensatz zu den indischen und malaiischen Kobras keine Brillenzeichnung.

sammengehalten werden mußte. Um gefährliche Erschütterungen auf der holperigen Straße zu vermeiden, hielt ich den zerbrechlichen Topf auf dem Schoß und war froh, als wir mit der etwas unheimlichen Fracht in unserem Camp angelangt waren.

Mir fehlte aber noch ein Beleg für das Vorkommen der Puffotter (Bitis arietans) in Marokko, die neben der Kobra von den Schlangenbeschwörern in Marrakesch und nördlich davon oft vorgeführt wurde. Eine solche Puffotter hatte der Fänger im Augenblick nicht auf Lager, versprach aber, am nächsten Tag eine zu fangen und uns ins Hotel in Taroudant zu bringen.

In der Nähe der heiligen Stadt Moulay Idris hatten wir zufällig Gelegenheit, einer Fantasia, einem jener großartigen Reiterspiele beizuwohnen, als diese noch keine Touristenattraktion waren.

Tatsächlich kam er zur verabredeten Zeit und ließ das gefährliche Reptil kurzerhand unter den Tischen und Stühlen des kleinen Lokals herumkriechen, um seine volle Größe und Gesundheit im Hinblick auf den geforderten Preis zu dokumentieren.

Da es mir darum ging, ein vollwertiges, unverstümmeltes Exemplar als Museumsbeleg zu erwerben, mußte ich auch seine Giftzähne kontrollieren, d. h., ich mußte es in die Hand nehmen. Puffottern sind sehr gedrungene, fast wurstförmige, muskulöse Schlangen, und ich ging daher wohlüberlegt und mit größter Vorsicht vor. Damals glaubte ich, alles über das Verhalten von Giftschlangen und ihre Behandlung zu wissen. Ich nahm einen soliden Fangstock und preßte das Reptil hinter dem Kopf auf den Boden, um dann mit der Hand nachgreifen zu können. Die Kraft des Tieres, seinen Widerstand auf dem rohen Zementboden und alle weiteren Einzelheiten wie den erstaunlich lockeren Schädelbau und die außerordentliche Beweglichkeit der langen Giftzähne glaubte ich hinreichend in Rechnung gestellt zu haben. Doch als ich nach dem Stockdruck den Handgriff anwenden wollte, zuckte die Schlange zu meiner Verblüffung zurück, um sofort blitzschnell vorzustoßen. Dabei berührte sie mich mit der Schnauze – zum Glück nicht mit den Zähnen – am kleinen Finger der zugreifenden rechten Hand.

Ich mußte das Manöver also nochmals wiederholen, mit verstärktem Druck des Fangstockes und robusterem Zugriff. Von da an schob ich immer sofort den Giftschlangen mein ledernes Portemonnaie ins Maul, so daß sie mit den hohlen Giftzähnen dort hineinzubeißen versuchten und gleichzeitig eine erste starke Dosis Gift auf harmlose Art entließen. Der Giftapparat war übrigens völlig intakt, so daß ich das Tier getrost in den – diesmal mitgebrachten – Sack versorgen konnte.

Nach diesem kleinen, aber überraschenden und höchst beeindruckenden Erlebnis hatte ich neuen Respekt vor Giftschlangen. Ich hatte offensichtlich versagt, mich verrechnet – und noch einmal unheimlich Glück gehabt. Seither nehme ich Giftschlangen nur noch in die Hand, wenn es wirklich notwendig ist, und ich war auch immer besorgt, daß meine Mitarbeiter stets größte Vorsicht walten ließen. Im Zoo hat man allerdings ganz andere Sicherheitsmöglichkeiten als in einer Legionärskneipe.

Für uns war es besonders interessant, endlich nachgewiesen zu haben, wo die von Schlangenbeschwörern vorgeführten Brillenschlangen in Marokko, Algerien und Tunesien überhaupt herkamen: Sie stammten wie die Puffottern alle aus dem Sous-Tal südlich des Hohen Atlas. Wer hätte gedacht, daß auch mit solcher »Ware« ein derartiger Handel getrieben würde! Auf diese Weise können natürlich tiergeographische Daten verfälscht werden, besonders wenn die Vertreter der Schlangenzunft den Touristen auch noch das Fangen vortäuschten, wie zum Beispiel in Luxor und anderen ägyptischen Zentren, wo sie ihre importierten Schlangen in Erdlöchern versteckten und nachher zum Erstaunen der Touristen mit allerlei Hokuspokus wieder hervorzauberten. Der bekannte englische Herpetologe und langjährige Direktor des Zoologischen Gartens in Kairo, Stanley Smith Flower, hielt es schon 1933 für möglich, daß lebende Kobras von Marokko bis Ägypten gehandelt würden.

War schon die Straße von Agadir nach Taroudant ein immer dürftigeres Sträßchen ohne Wegweiser und Tankstellen gewesen, so daß wir Wasser, Benzin und Holzkohle (zum Teekochen) hatten mitführen müssen, so gerieten wir bald nach Taroudant in die »Zone d'insécurité«.

Unsere Fahrt durch die grandiose Wüstenlandschaft nach Quarzazat bescherte uns eine Fülle von Überraschungen und Eindrücken – nicht nur mit Tieren. Auf dem Rückweg von Quarzazat nach Ait ben Haddou – heute längst touristisch erschlossen – begegneten wir einem langen Zug von Legionären. Trotz der sengenden Hitze hatten die meisten ihren Mantel an, einige schleppten sich an einem Stock vorwärts oder hingen halbwach an ihren Maultieren, viele hatten ihr Gesicht in Fetzen gehüllt. Alle sahen sehr mitgenommen aus; schwere Kämpfe und Nachtmärsche mochten hinter ihnen liegen – aber ihre kleine Fahne hielten sie hoch am aufgepflanzten Bajonett. Eine erschütternde Illustration zu Gottfried Kellers Gedicht »Schlafwandel«: »Im afrikanischen Felsental marschiert ein Bataillon...«

Wir strebten der 2400 Meter hohen Paßhöhe von Tizin Tichka zu. Die über

In der »Unsicherheitszone« jenseits des Hohen Atlas, wo es 1933 kaum mehr als Kamelpfade gab, verkehren jetzt klimatisierte Touristenbusse.

Eine Illustration zu Gottfried Kellers Gedicht »Schlafwandel«: »Im afrikanischen Felsental/Marschiert ein Bataillon....« Begegnung mit Fremdenlegionären jenseits des Anti-Atlas.

den Hohen Atlas nach Marrakesch führende, von den Legionären erbaute Straße, mit vielen Spitzkurven und ohne jede Sicherung, war dem Verkehr noch nicht offiziell übergeben – kein Wunder, daß uns kein Mensch begegnete! Bevor wir in die Schneeregion gelangten, suchten wir an den sonnigen Hängen nach einer kleinen Bergeidechse (Lacerta andreanszky), die erst wenige Jahre vorher (1929) vom bekannten Wiener Herpetologen Professor Werner beschrieben worden war, gewissermaßen der Entsprechung unserer alpinen Bergeidechse (Lacerta vivipara) im Hohen Atlas.

Ich hatte noch nie ein Exemplar dieser neu entdeckten Eidechse gesehen. Nach mühsamem Suchen fand ich unter einem Stein direkt unterhalb der Schneegrenze endlich eine kleine Echse, die mir fremd vorkam. Hocherfreut steckte ich sie in einen Fangsack. Da ich wenige Schritte daneben noch ein Schlänglein von knapp vierzig Zentimetern fing – nämlich eine Glattnatter (Coronella girondica) –, steckte ich diese in denselben Fangsack.

Als wir den Paß glücklich überwunden und in der Ebene von Marrakesch unser letztes Camp errichtet hatten, wollte ich meine Andreanszky nochmals in Ruhe bewundern. Zu meinem Entsetzen war die Eidechse jedoch verschwunden. Ich fand zunächst keine Erklärung. Es wäre doch absurd und jeder Erfahrung widersprechend gewesen, anzunehmen, daß die kleine Schlange unterwegs die kostbare Eidechse gefressen haben könnte?!

Genau das stellte sich jedoch heraus: Ich fand die Eidechse unbeschädigt im Magen der Natter. Ein schwacher Trost war für mich die nachträgliche, sorgfältige Untersuchung. Es handelte sich gar nicht um eine Lacerta andreansky, sondern um eine mir bis dahin nicht bekannte Unterart der gewöhnlichen Mauereidechse (Lacerta muralis bocagei).

Hätte mir jemand erzählt, daß eine frischgefangene Schlange in einem holpernden Auto eine lebende Beute fresse, so würde ich das nie geglaubt haben. Gerade Schlangen sind ja bekannt dafür, daß sie auf die Gefangennahme oft mit monatelanger Futterverweigerung reagieren. Wenn man mit Tieren zu tun hat, erweist sich eben das Unwahrscheinliche zuweilen als das Zutreffende.

Nach der Rückkehr von unserer wundervollen und erlebnisreichen Reise in den Süden Marokkos, durfte ich wieder die Gastfreundschaft von Herrn und Frau Manuel auf ihrer Farm bei Rabat in Anspruch nehmen. Jeder Tag war für mich ein zoologischer Festtag; dazu kamen Exkursionen und Wochenendausflüge mit dem Zelt in herrliche, reichbelebte Gegenden an oleandergesäumten Flüssen mit Unmengen von Sumpfschildkröten und anderen Reptilien. Zwischendurch war ich mit dem Ordnen der Ausbeute und mit Schreiben beschäftigt, da ich ja meine Studienreisen nach Möglichkeit als Amateurjournalist finanzieren wollte.

Mitten in meiner fesselnden Tätigkeit erkrankte ich plötzlich mit hohem Fieber: Es schien, daß meine alte Malaria wieder zum Durchbruch kam. Mein Freund rief einen prominenten französischen Arzt aus Rabat, der jedoch im Laufe seiner vielen Marokko-Jahre von der westlichen Medizin etwas abgerückt war. Er behauptete, ein großartiges, neues Mittel gegen Malaria zu haben, auf ganz anderer Grundlage beruhend als die üblichen Chinin-Präparate, nämlich auf kolloidalem Mangan. Aus seiner Mappe kramte er eine handfeste Spritze hervor, die in ein nicht mehr sehr frisches Seidenpapier gewickelt war. Damit jagte er mir das braune Wundermittel in den Oberschenkel, wo sich bald ein Abszeß von der Größe eines halben Hühnereies entwickelte. Dennoch fühlte ich mich nach kurzer Zeit entschieden besser, auch als die kräftigen Injektionen nach vier und acht Tagen wiederholt wurden. Nur die Abszesse an den Einstichstellen machten mir beim Gehen noch während einiger Zeit etwas Mühe. Bald war ich

Statt Privatwagen begegneten wir damals in der Nähe von Quarzazat nur einigen Panzerwagen der geologischen Prospektoren. Auch die Kühler konnten durch Eisenplatten geschützt werden. Im drehbaren Turm befand sich ein Maschinengewehr.

wieder vollständig hergestellt und konnte noch herrliche Tage auf der Farm meiner Freunde genießen und kleinere Exkursionen durchführen. Jedenfalls war dies tatsächlich der letzte Malaria-Anfall meines Lebens – wenn es überhaupt einer war.

Der Zwischenfall hatte mir aber doch Anlaß gegeben, meine Pläne zu überdenken. Grundsätzlich war ich ja seit meiner Kindheit auf der Suche nach einem Zoo, und Marokko war sicher nicht der richtige Ort, danach zu suchen, besonders da der vage Plan einer Zoogründung sich verflüchtigt hatte. Erst rund vierzig Jahre später hat König Mohammed II. in Temara einen Zoo geschaffen, der jedoch mehr Ähnlichkeit mit der alten Sultansmenagerie aufweist als mit einem nach tiergartenbiologischen Grundsätzen aufgebauten, dem Klima und der einzigartigen Landschaft entsprechenden Zoo.

Mein Hobbyjournalismus machte mir zwar Spaß und brachte auch etwas Geld ein, aber alles in allem mußte Basel als der günstigere Warteraum erscheinen. Ich verabschiedete mich dankbar von meinen großzügigen Gastgebern, packte mein zoologisches Material zusammen – einige Reptilien nahm ich lebend mit – und fuhr zunächst nach Tanger zurück, wo meine Reise begonnen hatte und wo ich noch zwei Wochen zu bleiben gedachte, teils zur weiteren Erholung, teils zum Schreiben.

Natürlich traf ich auch wieder mit meinem ehemaligen Führer Mohamed zusammen, der mir bei der Suche nach dem Feuersalamander und anderen Tieren geholfen hatte. An den Abenden setzte ich mich oft an einen der kleinen Bartische am Petit Socco, dem belebten Platz, wo das Volk zu flanieren pflegte und regelmäßig ein Polizist patrouillierte. Es fiel mir bald auf, daß – sobald der Polizist bei seinem stereotypen Hin und Her den Rücken gedreht hatte – an verschiedenen Tischchen ein lebhafter Austausch von kleinen Päckchen und Banknoten einsetzte.

Es war nicht schwierig, herauszufinden, daß es sich bei den hin- und hergeschobenen Briefchen um kleine Portionen Opium handelte. Ich besprach die Beobachtung am nächsten Tag mit Mohamed. Im Laufe unserer harmlosen Unterhaltung mußte ich ein bestimmtes Wort – Chocolat – fallen gelassen haben, das sogleich als Stich- und Paßwort und Beweis dafür aufgenommen wurde, daß ich ein verkappter Opiumhändler war.

Je mehr ich mich gegen diese Unterstellung wehrte, desto freudiger und entschiedener erklärten Mohamed und seine Kumpane, daß sie jetzt genau wüßten, mit wem sie es zu tun hätten, und daß alle weiteren Verstellungsversuche meinerseits überflüssig seien. So wurde ich wider Willen als einer der ihren in die Gruppe aufgenommen und ohne weitere Einschränkungen in den Opiumhandel von Tanger eingeführt. Das wiederum reizte meine journalistische, aber auch meine menschliche Neugierde. Ich geriet dabei keineswegs etwa in eine Verbrecherhöhle, sondern eher unter Leute, die sich selbst für Wohltäter hielten, weil sie im Dienste der Kranken oder sonst Opiumbedürftigen gegen die Monopolstellung der europäischen Ärzte vorzugehen beabsichtigten. Sie wollten das vermeintliche Heilmittel jedermann zu volkstümlichen Preisen zugänglich machen. Eine Portion etwa von der Größe eines Frankenstückes, wie sie auf dem Petit Socco hinter dem Rücken des diensthabenden Polizisten allabendlich die Hand wechselten, kostete nur fünf marokkanische Francs. Man bot mir auch größere Mengen in Form eines trockenen, herbduftenden Teiges an. Handlich und entsprechend teuer waren Stücke etwa von der Größe einer Zigarettenschachtel. Ich bekam richtigge-

In solchen Päckchen wurde das Opium an den Kaffeetischchen des Petit Socco in Tanger für fünf marokkanische Franken gehandelt.

hende Lager zu sehen und wurde auch aufgefordert, größere Mengen nach Meknes und Fez zu transportieren, wenn ich schon nicht selber kaufen wollte. Jedenfalls wurde ich freigiebig mit Mustern verschiedener Packungen und Qualitäten versehen.

Von einem Drogenproblem konnte man damals nicht sprechen. Opiumrauchen war im ganzen Orient überaus populär, mehr noch das Rauchen von Haschisch. Am hellichten Tag saßen überall Kif-Raucher in den Straßencafés und auf den Haustreppen und pafften ihre oft schön geschnitzten und bemalten Pfeifen mit den winzigen Tonköpfen. Opium hingegen wurde in Marokko nicht geraucht, sondern stückchenweise mit Tee oder Bier geschluckt.

Mich interessierte, von wo das Opium überhaupt herkam. Die Antwort war ebenso einfach wie einleuchtend, und ich fand sie auch bald bestätigt: Praktisch jeder Matrose, der auf einem Ostasiendampfer in Tanger anlegte, hatte mindestens eine Hosentasche voll Opium. Dieses machte er bei einem Händler zu Geld und finanzierte damit einen angenehmen Landaufenthalt.

Bei meiner Abreise beschränkte ich mich darauf, einen bescheidenen Vorrat an Opium, sozusagen eine Musterkollektion, mitzunehmen. Er reichte nur für wenige Jahre, und ich machte davon äußerst sparsam Gebrauch. Aber wenn es mir einmal wirklich schlecht ging, setzte ich mich in einen leicht abgedunkelten Raum und schluckte eine halbe Dosis. Ich müßte lügen, wollte ich bestreiten, daß ich mich danach wesentlich besser fühlte. Von Arbeiten war natürlich keine Rede, wohl aber von einem unglaublichen Hochgefühl: Ich fühlte mich sozusagen zwei Handbreit über dem Fauteuil oder über dem Boden schwebend, und gewöhnlich blieb mein Blick an irgendeinem Gegenstand hängen, etwa an einer einfältigen Türklinke. Diese erschien dann allerdings in einer unwahrscheinlichen Klarheit, mit Schatten und Glanzlichtern, wie man sie sonst nie beachtet.

Übrigens ging ein wesentlicher Teil meines Vorrates an die damalige »Sammlung für historisches Apothekerwesen« in Basel, zusammen mit einer Kiste voll anderer marokkanischer Pharmaka wie Geierköpfen, getrockneten Chamäleons, allerlei Kräutern, Schlangenteilen, Vogelaugen, Mineralien usw. 1937, nach meiner dritten Marokkoreise, konnte ich dieser Sammlung noch 89 verschiedene Drogen der dortigen Volksapotheke übergeben.

Nach meiner Ankunft in Basel brachte ich das gesamte zoologische Material ins Naturhistorische Museum – wie seinerzeit jenes aus der Südsee – und bearbeitete es entsprechend. 1935 erschien in den Verhandlungen der Naturforschenden Gesellschaft in Basel eine zusammenfassende Darstellung unter dem Titel »Herpetologische Beobachtungen in Marokko«.

Wiederum war ich also reichlich mit wissenschaftlichen und journalistischen Arbeiten – vor allem im Zusammenhang mit der letzten Reise – beschäftigt, auch mit meinen Pfleglingen, denen ich einige Chamäleons und große Skinke hinzugefügt hatte. Doch war ich ständig bemüht, in einem Zoo unterzukommen. In der Schweiz war dies unmöglich, und in Deutschland, wo es viele interessante Zoos gab, die zum Teil auch über Assistentenstellen verfügten, begann der Rummel mit dem germanischen Urwild, das nur von besonders qualifizierten Deutschen betreut werden durfte. Was in deutschen zoologischen Gärten zu geschehen hatte, bestimmte weitgehend der damalige Direktor des Berliner Zoos, Professor Dr. Lutz Heck. Er hatte um diese Zeit gerade ein Buch mit dem Titel »Der deutsche Edelhirsch« herausgebracht, und

Unter den verschiedenen Medikamenten pflanzlicher und tierlicher Herkunft befand sich u. a. auch ein getrocknetes Chamäleon.

zwar mit folgender Widmung: »Gewidmet dem Reichsforst- und Reichsjägermeister, Hermann Göring, dessen Macht und Willen das Reichsjagdgesetz 1934 und somit die Aufartung des deutschen Wildes nach hegerischen Gesichtspunkten zu danken sind.«

Ende Juli 1933 dislozierte ich mit einem Teil meiner Menagerie nach Zug, auf die Burg. Im obersten Turmzimmer, welches damals Rittersaal hieß, ließ sich herrlich schreiben. Von meinem Tisch aus – ungefähr auf der Höhe des riesigen Zifferblattes der unmittelbar benachbarten St.-Oswalds-Kirche – konnte ich auf die Stadt und den See und die dahinterliegenden Hügel sehen. Hier blieb ich länger als je zuvor, nämlich bis Mitte Oktober – keineswegs arbeitslos, aber immer noch stellenlos.

Zufällig fand ich in der Zeitung ein Inserat, in welchem eine neu zu gründende Zeitschrift Mitarbeiter suchte für die Grenzgebiete von Medizin und Völkerkunde, Geschichte, Kunst- und Kulturgeschichte, Astronomie, Geologie, Botanik, Zoologie. Das reizte mich, und ich meldete mich sofort.

Antwort bekam ich von Dr. med. Karl Reucker, dem Redaktor der eben im Entstehen begriffenen Ciba-Zeitschrift, mit dem mich bald eine enge Zusammenarbeit und schließlich eine echte Freundschaft verband. Ich wurde Mitarbeiter vom ersten bis zum letzten (elften) Band dieser bedeutenden medizin- und kulturhistorischen Zeitschrift, die ihrem Redaktor zu Recht den Ehrendoktor eingebracht hat.

Die überaus erfreuliche Zusammenarbeit mit Dr. Reucker bedeutete für mich zugleich auch einen hervorragenden Unterricht in Stilkunde und Grammatik – von dem sich inzwischen manches leider wieder verflüchtigt hat. Ich erhielt auch Einblick in die weltweite Korrespondenz, welche die Redaktion einer so anspruchsvollen Zeitschrift mit sich brachte. Auch in die Druckerei wurde ich eingeführt, in die Sprache und Begriffswelt der Typographen und in die mannigfachen technischen Aspekte.

Noch eine ganz andere Zeitungsmeldung erwies sich für mich als wichtig: Am 11. Oktober 1933 war im Zürcher Zoo ein Schwarzer Panther ausgebrochen und hatte in der ganzen Stadt für reichlich Aufregung gesorgt. Derartige Ausbrüche von Wildtieren sind tiergartenbiologisch immer lehrreiche Experimente, die sich ja nicht nach Belieben veranstalten lassen, sondern optimal ausgewertet werden müssen, wenn sie als Folge unglücklicher Umstände einmal eingetreten sind. Schon während meines Studiums hatte ich alle diesbezüglichen Berichte sorgfältig gesammelt, um die Tatbestände nach tier- und humanpsychologischen sowie technischen, kurz: nach tiergartenbiologischen Gesichtspunkten zu analysieren und gewissermaßen prophylaktische Erkenntnisse daraus zu gewinnen.

Ich fuhr daher sofort nach Zürich und wurde vom Zoodirektor, meinem seinerzeitigen Rivalen Felix Hofmann, eingeladen, an der Suche nach dem Schwarzen Panther teilzunehmen. Wir suchten miteinander die engen Ventilationsschächte des Raubtierhauses ab – vergeblich, denn die Katze war schon über alle Berge. Bekanntlich trieb sich das tropische Tier länger als zwei Monate in den Wäldern herum – ohne einem Menschen auch nur ein Haar zu krümmen –, bis es dann von einem Taglöhner unter einem Heustadel entdeckt und erschossen wurde.

Dieser Zwischenfall löste eine unerhörte Publizität aus und trug zweifellos dazu bei, den erst vier Jahre alten Zürcher Zoo weithin bekannt zu machen. Vom Public-Relations-Standpunkt aus handelte es sich sozusagen um einen Schlager. Der bekannte Zürcher Dichter und Schriftsteller Arnold Kübler verfaßte ein Dialekt-Lustspiel in Versen: »De Schwarz Panther« (Volksverlag Elgg), und noch zum 50. Jahrestag des ungewöhnlichen Ereignisses publizierte der Zürcher Journalist Franz Rueb »eine wahre Geschichte« darüber im Schweizerischen Jugendschriftenwerk Zürich (Nr. 1708, 1984).

Solange das Tier unterwegs war, erschienen Hunderte von Zeitungsartikeln, in denen es meistens als gefährliche Bestie dargestellt wurde. Auch ich – damals mit Schreiben recht aktiv – brachte in den Basler Nachrichten (16. Oktober 1933) einen Beitrag, in dem ich die psychologische Situation eines solchen Tieres darzustellen versuchte. Nur einen Satz daraus möchte ich hier wiederholen: »Ein ausgerissener Panther ist kein Verbrecher.« Später ging ich in verschiedenen Büchern (1942, 1965) auf das Thema Ausbrecher und Ausreißer ein. 1986 – nachdem der berühmte weiße Gorilla »Copito de Nieve« (Schneeflöckchen) unter merkwürdigen Umständen aus dem Zoo von Barcelona ausgerückt war – wurde ich erneut aufgefordert, eine zusammenfassende Darstellung über das Wesen tierlicher Ausbrecher und Ausreißer zu schreiben. Es gibt nämlich gewisse Regeln, durch deren Beachtung sich viel Unheil und Mißverständnisse vermeiden lassen.

Bald nach diesem Panther-Intermezzo beendete ich meinen Aufenthalt in Zug; es war Ende Oktober geworden, und es begann die Zeit, da die großen Kachelöfen der Burg regelmäßig mit Holzscheiten gefüttert werden mußten.

In Basel hatte ich kurz darauf eine freundschaftliche Besprechung mit dem Vorsteher der Zoologischen Anstalt, Professor Adolf Portmann. Er bot mir – ein Jahr nach dem Doktorat – die Stelle eines II. Assistenten an und war durchaus damit einverstanden, daß meine beiden inzwischen abgeschlossenen wissenschaftlichen Arbeiten über die Biologie der Flucht (1934) und die Biologie der Zahmheit (1935) als aus seinem Institut hervorgegangen bezeichnet wurden. Für ihn selber hatte ich zunächst Untersuchungen an Feuer- und Alpensalamandern durchzuführen; dazu kamen allerlei weitere Laborarbeiten.

Zoologische Anstalt und Museum in Basel

Assistenten an Universitätsinstituten waren damals miserabel bezahlt: Mein Monatsgehalt als II. Assistent betrug ganze 125 Franken. Tragischen Umständen hatte ich es zu verdanken, daß dieses Stadium nur von kurzer Dauer war. Nachdem ich meine Stelle angetreten hatte, erlag der I. Assistent einem Herzleiden, und in der Verlegenheit ließ man mich in seine Stellung nachrücken.

Kaum hatte ich mich in die neuen Funktionen eingearbeitet, trat eine neue Versuchung an mich heran: eine Expedition von Ägypten durch das alte, fossile Niltal bis nach Äthiopien. Das Angebot kam vom Begründer der Kulturmorphologie, Geheimrat Leo Frobenius aus Frankfurt. Er war eng befreundet mit der Schwester meiner Mutter und ihrem Mann und hatte durch Professor Speiser von meiner Teilnahme an der Südseereise und meinen eigenen Reisen nach Marokko gehört. Die Verlockung war riesengroß, denn die Sahara, die ich in Südmarokko ein wenig kennengelernt hatte, ließ mich nicht so ohne weiteres los.

Ich besprach die Angelegenheit mit meinem Chef, Professor Portmann, den ich verehrte und mit dem ich seit 1927 befreundet war. Er hatte volles Verständnis für die Versuchung, stellte mir aber andererseits vertraulich in Aussicht, daß er mich so bald als möglich zum Privatdozenten befördern und mir eine akademische Laufbahn ermöglichen würde, falls ich in seinem Institut bliebe. Ich selber war mir klar darüber, daß jede längere Abwesenheit neben Positivem auch Negatives bringen würde, nämlich einen nicht immer leichten Neubeginn. Außerdem war ich ja seit jeher entschlossen, Zoodirektor zu werden, nicht Forschungsreisender. Nach reiflicher Überlegung versprach ich daher Portmann, zu bleiben, und erteilte Frobenius – so schwer mir das auch fiel – eine Absage.

So nahm denn meine Assistententätigkeit ihren Fortgang. Nebenher hatte ich Gelegenheit, meine Beziehungen zur Ciba-Zeitschrift weiter zu pflegen. Mit der Zeit wurden mir ganze Nummern anvertraut, zum Beispiel über »Zähmung und Dressur wilder Tiere« (Nr. 27, 1935) und »Wildtiere in Gefangenschaft« (Nr. 54, 1938). Darin betonte ich u. a. die medizinhistorischen Aspekte, auf welche Dr. Reucker besonderen Wert legte und die sich als weit ergiebiger erwiesen, als man geahnt hätte. Zu allen Zeiten haben sich nämlich große Ärzte und Psychiater für die tierliche Psyche und ihre Leistungen interessiert. Aus diesen beiden Nummern der Zeitschrift sind übrigens später Bücher entstanden.

Gelegentlich kamen von Dr. Reucker auch Aufträge, die er zwar betreute, die aber mit der Ciba-Zeitschrift nicht direkt zu tun hatten. Da war zum Beispiel der Ciba-Kalender, für den ich passende Kurztexte zu liefern hatte. Ein ganz anderer Auftrag hatte seinen Ursprung im tragischen Umstand, daß im Engadin ein zehnjähriges Mädchen durch den Biß einer Viper getötet worden war. Auf diesen Vorfall hin veröffentlichte der bekannte St. Moritzer Arzt Dr. Marco Petitpierre 1934 einen aufrüttelnden Artikel in der Schweizerischen Medizinischen Wochenschrift: »Über Schlangenbißvergiftungen in der Schweiz«. Er führte darin u. a. aus, daß man sich in der Schweiz im allgemeinen über die Gefährlichkeit der Giftschlangen nicht im klaren sei und daß nur wenige Ärzte in der Lage seien, überhaupt zwischen giftigen und ungefährlichen Schlangen zu unterscheiden.

Diese Veröffentlichung nun trug der Ciba zahlreiche Zuschriften von Ärzten ein, sie möchte doch eine aufklärende Schrift zum Thema herausbringen. Mit der Abfassung und Bebilderung dieser Schrift wurde ich beauftragt. Sie konnte großzügig illustriert werden und zeigte von jeder Schlangenart neben einem Gesamtbild je eine Kopfaufnahme von der Seite und von oben.

Die Broschüre mit dem Titel »Die Schlangen Mitteleuropas« wurde – deutsch und französisch – an alle Ärzte der Schweiz verschickt, und ich erhielt die Erlaubnis, sie nachher auch im Buchhandel zu vertreiben. Hoffentlich hat sie dazu beigetragen, Unfälle zu vermeiden und ein besseres Verständnis für die Schlangen zu wecken.

Am 20. August startete ich zu einer zweiten privaten Studienreise durch deutsche zoologische Gärten, diesmal aber im Flugzeug – wenigstens teilweise. Bis Mannheim, wo die erste Zwischenlandung erfolgte, ging in der alten Junkers-Maschine alles verhältnismäßig gut. Dann aber gerieten wir in einen Sturm, und mir wurde derart übel, daß ich in Frankfurt ins Pilotenhaus getragen werden mußte und die Reise von dort mit der Bahn fortsetzte.

In Hamburg wollte ich im Institut für Umweltforschung dessen Begründer und Leiter, Professor J. von Uexküll, ein Exemplar meiner ihm gewidmeten Zahmheitsarbeit überreichen. Er war jedoch nicht anwesend, doch wurde ich von seinem Stellvertreter und späteren Nachfolger Friedrich Brock sehr herzlich empfangen und herumgeführt.

Das Hauptziel meiner Reise war Stellingen bei Hamburg, wo ich während einiger Zeit Hagenbecks berühmte Dressurschule besuchen wollte – nicht als Schüler, sondern lediglich als Beobachter. Ich wohnte unmittelbar neben dem Tierpark und hatte Gelegenheit, den ganzen Tag verschiedenen Dressurproben beizuwohnen, sie zu protokollieren und zu fotografieren. Besonders interessierten mich die Anfänge der Dressurnummern, d. h. die Gewöhnung der Tiere (Bären, Löwen, Elefanten usw.) aneinander, an die Manege und an den Dompteur.

Manche Übungen sah ich Dutzende von Malen nacheinander, Tag für Tag, so daß sich ein klares Bild der Entwicklung und auch der zufälligen Einflüsse und Störungen aus der Umgebung ergab. Alle Dompteure waren sehr hilfsbereit und schätzten das ungewohnte Interesse, das ihnen von wissenschaftlicher Seite entgegengebracht wurde. Auch die ausführliche Diskussion ihrer Arbeit ergab viele wesentliche Gesichtspunkte. Dieser Aufenthalt in Hagenbecks Dressurschule erwies sich als wertvolle Ergänzung zu den Aufzeichnungen, die ich bereits früher in vielen zoologischen Gärten und Zirkussen – besonders auch im schweizerischen Nationalzirkus der Gebrüder Knie – hatte machen können.

Auf der Rückreise nach Basel hatte ich Gelegenheit, im Frankfurter Zoo den Pfleger-Dompteur Neiß bei seiner Arbeit mit vier Pumas zu beobachten. Diese neuweltlichen Katzen reagieren ganz anders als Löwen oder Tiger und haben auch völlig andere Ausdrucksweisen, u. a. ein fast knallend-spuckendes Fauchen unmittelbar vor der kritischen Reaktion, d. h. vor der aktiven Verteidigung. Bei diesen Pumas war die Wirkung der menschlichen Annäherung besonders deutlich zu beobachten. Flucht- und kritische Distanz ließen sich – je nach Stimmung, vorausgegangenen Aktivitäten, Aufregungen usw. – sozusagen auf den Zentimeter genau bestimmen. Das war für mich besonders interessant. Herr Neiß hatte die Freundlichkeit und den Mut, mich dies auch selber ausprobieren zu lassen.

Im September erhielt ich von Professor Portmann den Auftrag, mit 23 Studenten nach Banyuls-sur-Mer zu reisen, wo sich ein bekanntes Institut für Meeresbiologie befand und wo wir erneut in die Wunder marinen Tierlebens eingeführt wurden.

Professor Portmann war vorausgereist. Für seine marinen Forschungen weilte er oft in diesem südfranzösischen Städtchen nahe der spanischen Grenze, und hier hatte er auch seine Frau kennengelernt. So war er ein vorzüglicher Kenner von Land und Leuten und ein glänzender Lehrer für uns. Unter seiner Anleitung füllten sich unsere Hefte mit Zeichnungen der phantastischen Meertiere, welche die Fischer jeden Morgen ins Labor brachten und die man im Binnenland kaum je lebend zu sehen bekam: farbenprächtige Schnecken, Korallen, Radiolarien, Salpen, Quallen, Staatsquallen, bizarre Krebstiere, Würmer, Algen, Fischlarven usw.

Für Hunderte von Studenten gehörten diese marinen Studienaufenthalte mit Professor Portmann zu den unvergeßlichen Erlebnissen ihrer Ausbildung – auch für mich! Als Assistent durfte ich nebenbei auch eigene Themen bearbeiten. So hatte ich u. a. Gelegenheit, mich ausgiebig mit dem berühmten »Lanzettfischchen« (Amphioxus branchiostoma) zu beschäftigen, jenem rätselhaften, streichholzlangen Lebewesen, das man in der Zoologie lange Zeit als das einfachste aller Wirbeltiere betrachtete, neuerdings aber im zoologischen System sogar außerhalb, nämlich unterhalb der Wirbeltiere, einordnet.

Ich war besonders fasziniert von der imposanten Fluchtreaktion dieses primitiven, meist im Sande vergrabenen Wesens. Sie war leicht auszulösen und

In Marseille machte ich Zwischenhalt, wann immer sich die Gelegenheit dazu bot. Blick vom »Transbordeur« herunter auf den Vieux Port mit seinen vielen Fischerbooten, die täglich frische Fische aller Art einbrachten, allerlei Krebstiere, Muscheln, Tintenfische, Seeigel usw., manchmal auch fesselnde zoologische Raritäten.

bestand in einer hastigen Schlängelbewegung, die zum sofortigen Wiedereingraben führte oder mit einer plötzlichen Erschöpfung mit passivem Absinken endete. Ich sah in diesem Verhalten eine Art Ur-Fluchtreaktion.

Von diesem eindrucksvollen Aufenthalt in Banyuls konnte ich ohne Studentenbegleitung heimreisen und schaltete daher in Marseille einen Aufenthalt ein. Im Zoo, wo ich einmal mehr die beiden Eisbären beobachtete, deren auffällige Bewegungsstereotypien ich nun seit Jahren verfolgte, widerfuhr mir ein bedauerliches Mißgeschick: Während ich in meine Arbeit vertieft war, wurde mir das Kameraetui mit den darin aufbewahrten, unersetzlichen Banyuls-Filmen entwendet.

Erfreulicher verlief der traditionelle Besuch der Tierhandlung Chevé, wo ich ein Pärchen reizender Kleiner Plumploris (Nycticebus pygmaeus) entdeckte, jene kaum pfundschweren, fast schwanzlosen, großäugigen Halbaffen aus Ostasien, über die man damals noch recht wenig wußte und die als heikle, in Gefangenschaft noch nie gezüchtete Pfleglinge galten. Eine genaue Herkunft war leider nicht zu ermitteln, denn Mr. Chevé erwarb die meisten seiner Tiere von Matrosen, die sie ihrerseits oft aus zweiter oder dritter Hand gekauft hatten.

Plumploris standen im Ruf, wenig begabte Tiere zu sein, wie man ja allgemein dazu neigt, langsame Tiere zum vornherein als dumm zu betrachten, so etwa auch die Faultiere. Und da es sich dazu noch um nachtaktive Tiere handelt, die bei Tageslicht meist negativ auf irgendwelche Annäherungen reagieren, pflegte man hartnäckig an der Meinung festzuhalten, Plumploris müßten dumm sein.

Meine beiden neuen Pfleglinge überzeugten mich jedoch sehr bald vom Gegenteil. Sie wurden rasch zahm und zeigten sich einfachen Dressuren zugänglich, allerdings nur nachts. Täglich führte ich Protokoll über das Verhalten meiner Loris, die mich um einen Teil meines Schlafes brachten. Leider hatte auch ich mit diesen ruhigen Urwaldwesen keinen Dauererfolg. Nach einem halben Jahr wurden sie trotz bester Pflege so krank, daß ich sie chloroformieren mußte. Die Untersuchung durch einen Pathologen ergab keinen eindeutigen Befund; vielleicht hatte ein Krankheitskeim bereits in ihnen gesteckt. Später hatte ich einen Plumplori neun Jahre lang, was damals wohl Weltrekord bedeutete.

Im Sommer erhielt ich endlich meine gedruckte Dissertation geliefert. Nicht weniger als siebzig Kilo dieser Drucksache hatte ich der Universitätsbibliothek abzugeben! Am 14. Juli 1934 bekam ich dann auch das Doktordiplom ausgehändigt, d. h., es wurde mir nach vorheriger Anmeldung durch den Pedell der Universität ins Haus gebracht – gegen ein traditionelles Trinkgeld. Der Pedell war damals eine in Universitätskreisen sehr bekannte Persönlichkeit, eine martialische Erscheinung mit einem kolossalen Schnurrbart. Das Trinkgeld wurde aufgrund eines alten Gewohnheitsrechtes nach dem Prädikat bemessen. Mit meinem »magna cum laude« war ich in dieser Beziehung noch einigermaßen davongekommen – ein »summa cum laude« wäre mich, bzw. meinen Vater, wesentlich teurer zu stehen gekommen...

Das Angebot, an einer Patagonien-Expedition teilzunehmen, auf welche mich Professor Portmann fairerweise aufmerksam machte, vermochte mich nicht zu reizen, schon weil mich nur tropische und subtropische Gebiete lockten. Außerdem hatte ich ihm ja meine Assistenz versprochen, im Hinblick auf meine Habilitation. Aus dem gleichen Grund verzichtete ich auch auf eine neue Marokkoreise.

Zu jener Zeit irritierte es mich immer mehr, daß die im Zoologischen Garten sich bietenden Beobachtungsmöglichkeiten nicht ausgenutzt wurden und daß auf diesem Feld praktisch keinerlei wissenschaftliche Arbeit geleistet wurde, nicht einmal journalistische. Also führte ich mit Direktor Adolf Wendnagel ein diesbezügliches Gespräch. Zu meiner Überraschung war er damit einverstanden, daß ich eine Reihe von Zeitungsartikeln publizierte, zum Beispiel über Bären, Zwergflußpferde usw. Ich erhielt sogar die Erlaubnis, mit Elefanten und Schimpansen einige einfache Experimente anzustellen.

Indessen war ich durch die Assistenz, durch die Beobachtung meiner Heimtiere und die Abfassung meiner Habilitationsarbeit reichlich beschäftigt. Es ging nicht ohne Nacht- und Sonntagsarbeit. Auch sollte ich einige Vorträge halten, u. a. an den Versammlungen der Schweizerischen Zoologischen Gesellschaft, die zweimal jährlich tagte. Im Herbst 1934 hielt ich meinen ersten Vortrag in der Basler Naturforschenden Gesellschaft.

Zwischenhinein bot sich immer Gelegenheit zu weiteren Wissensergänzungen durch Lektüre (Psychologie, Psychiatrie) und zu kleinen Zufallsexperimenten. Es gehörte zu meinen Aufgaben als Assistent, auch das Material für das Praktikum von Professor Portmann zu beschaffen, u. a. Hühnerembryonen in bestimmten Entwicklungsstadien. Da ergab es sich, daß ich ein Ei zuviel hatte. Ich ließ es im Brutapparat ausbrüten und zog das Küken – eigentlich zum Spaß – isoliert auf. Kein Wunder, daß es auf mich geprägt wurde und mir schließlich wie ein Hund folgte; meine »Poule« wurde im Institut bald zu einer bekannten Erscheinung. Bald zeigte sich jedoch, daß es sich nicht um ein Huhn, sondern um einen Hahn handelte, der mich logischer- bzw. biologischerweise nicht mehr als Mutter betrachtete, sondern mich allen Ernstes anzubalzen begann – besonders den ihm zugänglichen Teil von mir, der ihm auch größenordnungsmäßig einigermaßen entsprach, nämlich meine Schuhe. Es kam sogar zu Begattungen mit Sperma-Abgabe.

Für mich war das ein sonnenklares, leicht zu demonstrierendes Beispiel – eines von Hunderten – der in der Tierpsychologie so wichtigen Angleichungstendenz, d. h. der Tatsache, daß zahme Tiere, die in engem Kontakt mit Menschen aufwachsen, in diesen schließlich Artgenossen sehen, die sie als Geschlechtspartner begatten oder als geschlechtsgleiche Rivalen bekämpfen. Auch diese zweite Möglichkeit habe ich oft genug erlebt, zum Beispiel auf die gefährlichste Art mit einem Rehbock.

Dr. Rudolf Geigy, damals Privatdozent für Entwicklungsmechanik an der Zoologischen Anstalt, hatte übrigens das Verhalten meines Hahnes gefilmt. Ich hatte einige seiner Vorlesungen belegt, und als er Ende Januar 1935 mit seinen Studenten eine Reise nach Freiburg i. Br. organisierte, zum Besuch seines Fachkollegen, des Nobelpreisträgers Hans Spemann, durfte ich mich anschließen.

Spemann hatte im Zusammenhang mit seinen ausgeklügelten Transplantationsversuchen an Amphibienkeimen festgestellt, daß bei der Ausbildung der Körperform von einem bestimmten, scharf umschriebenen Teil des Keimlings gestaltende Kräfte ausgehen. Diese nannte er Organisator-Effekte, und für diese Entdeckung erhielt er 1935 den Nobelpreis. Vielen späteren Entwicklungsmechanikern war dieser Organisator-Effekt zu mystisch, zu wenig mechanisch, so daß die Spemannschen Forschungsergebnisse in den Hintergrund gedrängt wurden. Der Besuch in seinem Labor war für mich ein höchst eindrückliches Erlebnis.

Nachdem ich an der Frühjahrsversammlung der Zoologischen Gesellschaft in Fribourg einen Vortrag über Tierpsychologie im Zirkus gehalten hatte – ein ungewöhnliches Thema in einer wissenschaftlichen Gesellschaft, das aber trotzdem in der offiziellen »Revue Suisse de Zoologic« publiziert wurde –, erhielt ich vom damals berühmten deutschen Dompteur Otto Sailor-Jackson eine Einladung in den Cirque d'hiver in Paris. Er anerbot sich liebenswürdigerweise, mir seine Löwengruppe an drei aufeinanderfolgenden Abenden auf drei verschiedene Arten vorzuführen, nämlich wild (d. h. mit viel Lärm und Revolverschießen), halbwild (mit Peitschenknallen und Scheinangriffen) und zahm (ohne publikumswirksamen Radau und Kitsch). Natürlich durfte ich mir diese außerordentliche, für meine Habilitationsarbeit wichtige Gelegenheit nicht entgehen lassen.

Sailor-Jackson (sein Pseudonym) gehörte zu den damals seltenen Dompteuren, die sich im Gegensatz zu den Tierbändigern alten Stils bemühten, die Schönheit und die psychologischen Eigenarten ihrer Pfleglinge vorzuführen und den Geschmack des eher primitiven Publikums zu verbessern – eine ebenso dankenswerte wie schwierige Aufgabe. Sailor-Jackson wurde übrigens Direktor des nur kurzfristig existierenden Zoos in Genf. Später leitete er erfolgreich den Zoologischen Garten in Leipzig.

Nach einem wiederum sehr lehr- und erlebnisreichen Studienaufenthalt in Villefranche im April 1935 schaltete ich selbstverständlich wieder einen Zwischenhalt in Marseille ein, mit einem nunmehr routinemäßigen Besuch im Zoo und in der Tierhandlung Chevé. Hier konnte ich diesmal einen richtigen Plumplori (Nycticebus cougang) erwerben, dazu eine zwei Meter lange Boa constrictor. Diese Tiere haben mich jahrelang durchs Leben begleitet, der Plumplori während neun Jahren.

Am Schluß des Sommersemesters beorderte mich mein Arzt, Professor Gigon, für einige Tage ins Spital, um allerlei Tests, vor allem der Leber, vorzunehmen. Als Ergebnis schickte er mich – ohne Widerstand zu dulden – für einige Wochen nach Schuls zu einer Leberkur. So fand ich mich – völlig deplaziert als 27jähriger unter wohlbeleibten Bankdirektoren, Industriemagnaten, ältlichen Damen und einem Bundesrat – jeden Morgen um sieben Uhr beim Frühkonzert in der Trinkhalle ein, wo ich in der vorgeschriebenen Zeit die vorgeschriebene Menge des stinkenden Schwefelwassers von vorgeschriebener Temparatur schlucken mußte. Hinzu kamen an vorgeschriebenen Tagen Kohlensäurebäder von ebenfalls vorgeschriebener Temperatur und Dauer – und eine entsprechend langweilige Diät.

Grandios war hingegen die Umgebung. Ich wohnte nicht in einem Hotelkasten im Tal, sondern in einem kleinen Gasthof in Tarasp. Von hier aus konnte ich herrliche Exkursionen in die Berge unternehmen – mit Gemsen, Murmeltieren, Vipern und Edelweiß. Die seltenen, rotschnäbligen Alpenkrähen wohnten in unmittelbarer Nähe in den Zinnen von Schloß Tarasp, und nach dem Abendessen stieg ich gewöhnlich noch zum Schwarzsee hinauf, wo ich regelmäßig ein merkwürdiges Bellen vernahm. Es dauerte eine ganze Weile, bis ich herausfand, daß es sich um Rehe handelte. Ihr »Schrecken«, wie die Jäger das nennen, habe ich nie wieder so oft und so deutlich gehört wie am abendlichen oder nächtlichen Lai nair.

Im Spätherbst 1935 ereignete sich ein merkwürdiges Zwischenspiel. An der Universiät Fribourg suchte man einen Zoologen als Nachfolger für Professor Erhard. Von verschiedener Seite wurde ich aufgefordert, mich zu melden. Ich tat es schließlich – allerdings nur mit halbem Herzen. Einerseits war meine magere Assistentenstelle wirklich schlecht bezahlt, andererseits wollte ich eigentlich gar nicht Ordinarius, sondern Zoodirektor werden, wie eh und je. Anläßlich meiner Vorstellung beim Dekan in Fribourg stellte ich denn auch die Forderung, daß ich einen ordentlichen kleinen Institutszoo auch für meine tierpsychologischen Arbeiten brauche. Dazu kam, daß ich mich persönlich auch nicht sonderlich kompetent fühlte, plötzlich eine Hauptvorlesung über allgemeine Zoologie zu halten. Ich besprach dies offen mit Professor Portmann, der durchaus begriff, daß ich nach einer besser bezahlten Stelle Ausschau hielt. Er versuchte, meine fachlichen Bedenken dadurch zu zerstreuen, daß er mir seine gesamten Vorlesungsunterlagen zur Verfügung stellen wollte. Ein wahrhaft freundschaftliches und großzügiges Angebot!

Ich war eigentlich erleichtert, als ich schließlich aus Fribourg eine Absage erhielt und die Mitteilung, daß Professor Josef Kälin vorgezogen worden sei. Vielleicht hing dies auch etwas damit zusammen, daß mich die protestantischen Vertreter von Fakultät und Senat für zu katholisch, die katholischen Vertreter für zu wenig katholisch hielten. Kälin war zweifellos besser geeignet als Ordinarius. Er war ein hervorragender Redner, ein großartiger vergleichender Anatom und Phylogenetiker. 1952, bei der Gründung des »Schweizerischen Nationalfonds zur Förderung der wissenschaftlichen Forschung«, wurde er Präsident des Stiftungsrates. Trotz meiner »Abfuhr« blieben wir in freundschaftlichem Kontakt, tauschten unsere Publikationen aus, und später besuchte er mich regelmäßig im Zoo mit einer Gruppe seiner Studenten, da er auch stark an Tierpsychologie interessiert war.

Professor Geigy – Intimus von Professor Portmann – fragte mich übrigens, ob ich, wenn ich nach Fribourg gewählt würde, trotzdem in einigen Jahren als Zoodirektor nach Basel kommen würde. Es bestand nämlich eine Art Gentlemen's Agreement zwischen den beiden, mich nach der Pensionierung des damaligen Zolli-Direktors Adolf Wendnagel an den Zoo zu holen. Ich konnte die Frage ehrlich mit ja beantworten.

Am 11. März des folgenden Jahres wurde mir in Basel die Venia legendi erteilt, aufgrund meiner inzwischen abgeschlossenen Arbeit »Zur Biologie und Psychologie der Dressur und der Dressiertheit – insbesondere von Zirkus-Tieren«. Den Titel hatte ich gewählt in Analogie zu den vorausgegangenen Arbeiten »Zur Biologie und Psychologie der Flucht« (1934) und »Zur Biologie und Psychologie der Zahmheit« (1935), welche zusammen in der Tat eine Art Trilogie bilden neben meinen Arbeiten auf dem Gebiet der Herpetologie, die bald zu einem Abschluß kommen sollten.

Vom Sommersemester 1936 an galt es also noch zusätzlich, die eigene Vorlesung vorzubereiten, und ich hatte mir vorgenommen, nicht langweilig zu sein. In der Tat hatte ich nie Schwierigkeiten wegen zu geringer Hörerzahl. Auch bildeten die Hörergebühren für mich zwar einen bescheidenen, aber doch einen willkommenen »Zustupf«. Im ersten Semester las ich über »Spezielle Psychologie der wirbellosen Tiere«, im zweiten über die der Wirbeltiere. Ich merkte bald, wie lehrreich solche Vorlesungen für den Dozenten selbst sind, denn es ist zweierlei, wissenschaftliche Werke nur für sich zu lesen oder so, daß man deren Inhalt klar und verständlich anderen vortragen kann. Auch aus diesem Grunde hätte ich nie mehr im Leben auf Vorlesungen verzichten wollen, trotz der unerhörten

Belastung, die sie mit sich brachten, zumal ich fast jedes Semester ein neues Thema behandelte. Wiederholungen langweilten mich. Und so blieb es von 1936 bis 1978 sozusagen ohne Unterbrechung, ohne Sabbatical leave, 84 Semester lang!

Der Plumplori, den ich im April 1935 in Marseille erworben hatte, erwies sich als ein Pflegling von unerhörter Faszination. Durch den täglichen bzw. nächtlichen Umgang mit ihm kam es zu einer ungewöhnlichen Vertrautheit zwischen uns beiden, und er wurde – ähnlich wie die weiße Maus während meiner Kindheit und der Fuchs »Fritz« während der Schulzeit – zu einer nie versiegenden Quelle überraschender und erkenntnisträchtiger Beobachtungen. Ein derart intensives und ungestörtes Eingehen auf ein einzelnes Individuum war mir in meinem ganzen späteren Berufsleben, als ich von Hunderten, ja Tausenden von Tieren umgeben war und für sie zu sorgen hatte, nie mehr möglich und ist wohl selten oder nie einem Zoodirektor vergönnt gewesen.

Täglich gab es neue Eintragungen in die Protokollhefte, ihre Anzahl wuchs unentwegt. In gewissem Sinne war die Einzelhaltung eines solchen Tieres zwar unbiologisch wie jede Einzelhaltung. Ich hätte alle Anstrengungen unternehmen sollen, diese noch wenig bekannte Halbaffenart zu züchten; doch zeigte sich keine Möglichkeit, den Bestand zu ergänzen. Das hatte eine um so stärkere Konzentration unserer Beziehung zur Folge, ein vertieftes Eingehen aufeinander. Ich bin bisher nie dazu gekommen, die Fülle dieser Aufzeichnungen zu veröffentlichen; nur einzelne Beobachtungen und Bilder habe ich gelegentlich in meine Bücher eingestreut.

Ein halbes Jahr nach Ankunft des Lori bot sich mir unverhofft die Möglichkeit, von einem deutschen Tier-

Dieser Plumplori hat mich während neun Jahren durchs Leben begleitet und mir tiefe Einblicke in die Tierpsychologie gewährt. Während meiner 35jährigen Tätigkeit als Zoodirektor hatte ich nie wieder ein derart inniges Verhältnis wie zu diesem privaten Pflegling.

händler einen ganz anderen Halbaffen, nämlich einen Galago (Galago senegalensis) zu erwerben. Später, in den 70er Jahren, wurden diese Galagos unter der Bezeichnung Buschbaby leider geradezu massenhaft importiert und als Heimtiere in den Handel gebracht, in der Regel ohne genügende Pflegeanweisung, so daß die meisten nach kurzer Zeit starben. Zum Glück wurde die Einfuhr dieser heiklen Tiere – jedenfalls in die Schweiz – nach einiger Zeit verboten.

Obwohl Lori und Galago im zoologischen System beide zu den Halbaffen (Prosimia) gehören, sind sie denkbar verschiedene Geschöpfe. Der Lori lebt in den tropischen Wäldern Indonesiens, der Galago hingegen ist ein Bewohner der afrikanischen Buschsavanne. Der Lori ist ein rundliches, fast schwanzloses Zeitlupentier, der Galago ein eichhörnchenförmiger, langschwänziger, quecksilbriger Hüpfer und Springer. Was die beiden gemeinsam haben, ist die kletternde und nächtliche Lebensweise, die gemischte Obst- und Fleischdiät (besonders Insekten und Kleinvögel), und vor allem gehören beide dem Kontakttyp an, d. h., sie gehören zu den Tieren, welche besonders in der Ruhe den körperlichen Kontakt mit Artgenossen suchen. Im Notfall nehmen sie Vorlieb mit artfremden Geschöpfen, die aber auch dem Kontakttyp angehören (zum Beispiel afrikanisches Stachelschwein und madagassischer Lemur). Die Darstellung von Kontakt- und Distanztyp hat mich lange beschäftigt; sie hat auch in mehreren Büchern (1942, 1965, 1980) Ausdruck gefunden.

Bis dahin hatte ich keinerlei Erfahrung mit Galagos. Als ich aber den Neuankömmling eine Weile beobachtet hatte, kam ich zur Überzeugung, daß Lori und Galago trotz der verschiedenen Körpergestalt, der ungleichen geographischen Herkunft und der Gegensätzlichkeiten ihres Temperamentes sich miteinander vertragen würden.

So wagte ich es, die beiden ungleichen Partner – von denen sich vielleicht noch nie zuvor zwei begegnet waren – sogleich zusammenzulassen. Es klappte wunderbar! Vom ersten Tag an verbrachten die beiden ihren Tagschlaf eng aneinandergekuschelt – während Jahren, ohne die geringste Unstimmigkeit. Natürlich blieben sie nicht auf ihren verhältnismäßig bescheidenen Käfig angewiesen. Jeden Abend durfte der Galago im ganzen Pflanzenkeller herumtollen, während der Lori es vorzog, auf meine Schulter zu klettern. Nach einer Weile einigte man sich in der Regel darauf, den Käfig wieder aufzusuchen, der ja als Heim eine anziehende Wirkung hatte.

Anfang 1936 hielt der bekannte holländische Biologe und Tierpsychologe Professor F.J.J. Buytendijk von der Universität Groningen zwei bedeutende Vorträge in Basel. Wir kannten uns aufgrund einer lebhaften Korrespondenz und des Austausches von Publikationen. Jetzt bot sich Gelegenheit zu persönlichen Gesprächen, in deren Verlauf mir Professor Buytendijk vorschlug, ein halbes Jahr zu ihm nach Groningen zu kommen. Zu meinem Bedauern mußte ich dieses verlockende Angebot ablehnen, zumal meine Habilitation unmittelbar bevorstand. Es galt wieder einmal, trotz aller Versuchungen an einem klaren Kurs festzuhalten.

Seit dem 5. März 1936 durfte ich mich Privatdozent nennen, nachdem ich vor der Fakultät das formelle Kolloquium gehalten hatte, und zwar über das Thema »Zur Psychologie der Reptilien«. Tags zuvor hatte ich in Rapperswil, im Winterquartier des Circus Knie, eine andere Prüfung zu bestehen. Der hervorragende tschechische Dompteur Vojtech Trubka, dessen Tigerdressuren ich bereits früher studiert

Der Dompteur Vojtech Trubka. Zeichnung von Charles Hug (1935), der als Künstler ein leidenschaftlicher Beobachter des Zirkusgeschehens war.

hatte, wollte mir einige neue Leistungen zeigen. So war ich für drei Tage nach Rapperswil gefahren.

Trubka war meinen wissenschaftlichen Fragen gegenüber immer sehr verständisvoll. Nun aber fand er, des Theoretisierens sei jetzt genug, drückte mir Stock und Peitsche in die Hand und hieß mich, ihm in die Manege zu folgen, wo die drei Tiger »Lisette«, »Cambodge« und »Saida« auf ihren Postamenten saßen. Da mir ihre Tricks gut bekannt waren, ließ ich sie einen kleinen Teil ihrer Nummer abspielen. Nach einer Weile meinte Trubka, es sei jetzt genug. So machte ich rechtsumkehrt, um ihm Stock und Peitsche zurückzugeben – das Dümmste, was ich in dieser Situation machen konnte! Kaum hatte ich den Katzen den Rücken zugekehrt, kamen sie von ihren Postamenten herunter und schlichen mir neugierig hinterher. Trubka – aus dem Hintergrund beobachtend – hatte nur auf diesen Lapsus gewartet und wies die Tiger lachend an ihre Plätze. – Theoretisch wußte ich natürlich Bescheid, doch im entscheidenden Augenblick hatte ich nicht daran gedacht...

Auf meinem Programm hatte ich schon lange einen Studienaufenthalt bei Dr. Rudolf und Rudolfine Menzel in Linz, Oberösterreich, vorgesehen. Er war eigentlich Arzt, sie Chemikerin, doch waren beide damals weltberühmt als die besten Ausbilder von Polizeihunden. Mit ihnen hatte ich wegen der praktischen Anwendung des geradezu ungeheuren Geruchsinnes des Hundes und der entsprechenden Dressurmethoden korrespondiert.

Die Menzels hatten u. a. die Begriffe »Mikrolfak« und »Geruchsmimik« geprägt. Als Mikrolfak bezeichneten sie die Anwendung der tatsächlich übermenschlich leistungsfähigen Hundenase zur »Vergrößerung« von minimalen Geruchsspuren, welche für die menschliche Nase nicht wahrnehmbar sind – entsprechend der Verwendung des Mikroskops auf optischem Gebiet. Unter Geruchsmimik verstanden sie die Tatsache, daß viele Tiere (und die Menschen) ihre Körperdüfte, also ihre Ausdünstung, je nach Stimmung von einem Augenblick zum anderen wechseln – entsprechend der Gesichtsmimik und Gestik. In der Kriminalistik wird diese Eigenart zum Beispiel durch den Lügendetektor ausgewertet, mit dem die wechselnde elektrische Leitfähigkeit der menschlichen Haut gemessen wird; diese ändert sich entsprechend der Drüsentätigkeit, je nach Stimmung. Seither ist dieses Forschungsgebiet im Rahmen der Pheromonlehre außerordentlich stark ausgebaut worden. Das

Ehepaar Menzel ist zweifellos als bedeutender Vorläufer zu betrachten.

In bezug auf Hundepsychologie, Tierpsychologie überhaupt, konnte ich während meines Aufenthaltes in Linz sehr viel lernen. Kurz nach meinem Besuch gelang es den beiden Menzels noch rechtzeitig, sich nach Israel abzusetzen, wo sie die Organisation des Blinden- und Polizeihundewesens übernahmen.

Meine Fahrt ging von Linz weiter nach Wien, wo ich den ehrwürdigen Tiergarten Schönbrunn und dessen Direktor, Professor Otto Antonius, kennenlernen wollte. Mit diesem erfahrenen Fachmann hatte ich lange korrespondiert, doch gelang es mir leider nicht mehr, ihn zu treffen. Er befand sich in »politischem Urlaub«. Später wurde er von den Nazis derart drangsaliert, daß er sich zusammen mit seiner Frau erhängte. Es wurde ihm – zu Unrecht, wie sich herausstellte – vorgeworfen, er hätte in seinem Zoobüro Propagandamaterial gegen die Nazis herstellen lassen.

Ende September begleitete ich zum zweitenmal Professor Portmann als Assistent mit einer Studentengruppe nach Banyuls-sur-Mer, wo ich mich wieder mit der faszinierenden Meeresbiologie beschäftigen konnte. Die Rückreise führte mich routinemäßig über Marseille, wo ich mir diesmal nur einen kleinen Königspython kaufte, der sich leicht mit meiner Boa zusammenhalten ließ.

Von einer deutschen Tierhandlung konnte ich zufällig drei tropische Landkrabben erwerben. Seit meiner Begegnung mit den Winkerkrabben in Marokko und erst recht seit dem Aufenthalt in der Südsee hatte ich eine Schwäche für diese hochentwickelten Krustentiere. Die neuerworbenen Landkrabben, die leider nie genau bestimmt worden sind, waren ausgesprochene Tagtiere, die sich sogar in die Sonne wagten. Dabei beobachtete ich, wie sie durch blitzschnelles Zupacken mit ihren Scheren Fliegen fingen – eine völlig unerwartete Leistung. Ich traute zunächst meinen Augen nicht, gelten doch Krebszangen sonst als eher plumpe und schwerfällige Waffen.

Das Jahresende 1936 brachte für mich noch eine entscheidende Wendung: Dr. Jean Roux, der Kustos der Zoologischen Abteilung des Naturhistorischen Museums, wollte sich auf Jahresende zurückziehen. Seine Stelle wurde ausgeschrieben, und es war eigentlich naheliegend, daß ich mich dafür meldete. Da sozusagen jedermann einverstanden war – vor allem Dr. Roux selber, mein Chef, Professor Portmann, und auch die maßgebenden Herren der Museumsleitung, Dr. Fritz Sarasin und Dr. H. G. Stehlin –, erhielt ich die Stelle.

Als Privatdozent blieb ich natürlich weiterhin mit der Zoologischen Anstalt und ihren Dozenten verbunden. So pendelte ich zwischen Augustinergasse und Rheinsprung hin und her, mit privaten Abstechern in den Zoo und in den Allschwiler Wald, wo ich Rehe, Hasen, Füchse, Dachse, Eichhörnchen usw. so intensiv zu beobachten begann, daß ich sie im Rahmen von Studentenführungen zuverlässig vorzeigen konnte. Außerdem war es mir ein starkes Bedürfnis, mich zu jeder Tages- und Nachtzeit und in jeder Jahreszeit im Wald frei zu bewegen.

Mein Nachfolger als I. Assistent bei Professor Portmann war Dr. Hans Mislin, ein Studienkamerad mit großen musischen Begabungen, der durch Forschungen am Lachs und an Fledermäusen hervorgetreten war und später als Nachfolger von Wolfgang Freiherr von Buddenbrock Ordinarius für Zoologie an der Johannes-Gutenberg-Universität in Mainz wurde. Außerdem war er viele Jahre Redaktor der in Basel erscheinenden internationalen Zeit-

Dr. Jean Roux (rechts), mein Chef und Vorgänger als Kustos der Zoologischen Abteilung im Basler Naturhistorischen Museum, im Gespräch mit dem Präparator des Berner Naturhistorischen Museums, Georg Ruprecht (1887–1967), dem Schöpfer der neuartigen Dioramen der afrikanischen Bernhard von Wattenwyl-Sammlung.

schrift »Experientia«. Wir stehen bis heute miteinander in freundschaftlichem Verkehr.

Mit den Funktionen eines Kustos war ich durch meine Tätigkeit am Museum im Zusammenhang mit der Südsee- und den Marokkoreisen bzw. deren wissenschaftlichen Bearbeitung weitgehend vertraut. Aber jetzt durfte ich u. a. die Eintragungen der Neueingänge im Hauptbuch – in dem es keine Korrekturen gab – selber vornehmen. Neue Arten waren rot zu unterstreichen. Nebenbei hatte ich die grandiose Rütimeyer-Bibliothek zu betreuen. Der Kontakt mit den anderen Kustoden der Geologie, Paläontologie, Ethnographie usw. war sehr freundschaftlich, besonders auch der Kontakt mit dem Osteologen Dr. Johannes Hürzeler, dem späteren Entdecker des Oreopithecus, der als ein Vorläufer des fossi-

len Menschen gilt. Hürzeler wurde später Ehrendozent der Universität Basel.

An meine Museumszeit, die nur von kurzer Dauer war, denke ich in Dankbarkeit zurück. Ich hatte ausschließlich mit liebenswürdigen, großzügigen und äußerst kompetenten Menschen zu tun. Besonders Dr. H. G. Stehlin und Dr. Fritz Sarasin waren für mich verehrenswürdige Gestalten. Stehlin beschäftigte sich zwar mit fossilen Tieren, doch zog er zum Vergleich die Skelette rezenter Tiere heran und entfaltete dabei eine Formenkenntnis und ein Formengefühl, wie ich sie außer bei seinem Schüler Johannes Hürzeler nie wieder angetroffen habe. Die meisten Zoologen sind, wie ich, hilflos, wenn man ihnen irgendeinen Knochen oder einen Zahn eines indischen Affen oder eines südamerikanischen Nagetieres zur Identifikation vorlegt; diese Spezialisten aber waren in der Lage, solches Material auf Anhieb zu bestimmen. Eine seiner vielen wissenschaftlichen Veröffentlichungen hatte Dr. Stehlin übrigens einer lebenden Tierart gewidmet (1926), nämlich der Fruchtbarkeit des Meerschweinchens. Er hatte eine eigene, umfangreiche Zucht, über die er genau Buch führte.

Dr. Fritz Sarasin war nach der Pensionierung seines Freundes Dr. Roux mein eigentlicher Chef im Museum. Mit seinem Vetter Paul Sarasin hatte er in den 80er Jahren des 19. Jahrhunderts großartige Expeditionen nach Ceylon, Celebes und Neukaledonien unternommen und die zoologischen und ethnologischen Ergebnisse dieser Reisen in klassischen Werken, meist mehrbändigen Folianten, veröffentlicht. Auf der Reise 1911/12 nach Neukaledonien und den Loyaltyinseln hatte ihn sein Freund Jean Roux begleitet. Von überall her konnte ich wertvolle Anregungen und Auskünfte empfangen, auch von den zahlreichen freiwilligen Mitarbeitern und von Professor Handschin, dem Leiter der entomologischen Abteilung.

Das Haus war für mich gleichfalls sehr eindrucksvoll und hat mich eigentlich bei jedem Arbeitsantritt berührt, nicht nur wegen der riesigen Austellungshallen, sondern vielleicht mehr noch wegen der ausgedehnten wissenschaftlichen Lager- und Arbeitsräume. Es war ein gewaltiger Komplex von Gebäuden, die sich auf verschiedenen Stufen von der Rittergasse bis zum Schlüsselberg erstreckten, voll kostbaren Materials, alles sorgfältig konserviert, geordnet, etikettiert, registriert und den Spezialisten der ganzen Welt zur Verfügung stehend.

Das Arbeitsklima war ideal. Niemand schien zu befehlen; man gab sich Anregungen und besprach technische oder wissenschaftliche Probleme. Die Präparatoren waren erfahrene Spezialisten, ebenso die Techniker und das Hauspersonal. Die Arbeitsräume waren ruhig und erleichterten die Konzentration. Es fehlten die lärmenden Horden von Besuchern, wie sie in zoologischen Gärten anzutreffen sind. Auch gab es keine Finanzprobleme und Terminzwänge.

»Füttern« mußte man nur jedes Vierteljahr, d. h., man hatte in den staubsicheren Schaukästen mit den glasäugigen Tieren und in den Balgsammlungen hinter den Kulissen die Insektizide zu erneuern und in den Alkoholgläsern die allenfalls verdunsteten Flüssigkeitsmengen zu ersetzen.

Alle paar Monate wollte mich Professor Gigon wieder sehen, um einen Bilirubintest durchzuführen, mit dem er noch nicht ganz zufrieden war. Wenn es mir gut ging, konnte ich meine Turnstunde wieder einhalten. Erstmals nahm ich sogar Reitstunden bei dem seinerzeit in Basel berühmt-berüchtigten Reitlehrer Mercier. In meiner Vorlesung behandelte ich nämlich die »Psychologie der Haustiere« – und da fehlte mir jede praktische Erfahrung mit dem Pferd, einem Tier, das mir bisher fremd, unheimlich und gefährlich erschienen war.

Immer stärker wurde auch das Bedürfnis in mir, noch einmal Marokko zu besuchen, und zwar jenen Teil, den ich noch nicht kannte, das Rif. So benützte ich meine Ferien dazu, diesen Plan auszuführen, diesmal in Begleitung meines Studienkameraden Hans Ritter, der ursprünglich Zoologie studierte, dann aber zur Ethnologie abgewandert war und bei Professor Speiser eine Dissertation über »Die Schlange in der Religion der Melanesier« geschrieben hatte. Sie ist 1945 als Supplementum 3 der Acta Tropica erschienen.

Am 23. Mai 1937 schifften wir uns in Marseille ein. Unser Ziel war Quezzane, ein malerisches, ursprüngliches Städtchen, von dessen Minarett der

Auf diese nicht sehr tierfreundliche Art wurden in Quezzane Schafe zum Markt gebracht.

Hier wird einem Esel sogar der Transport eines Billardtisches zugemutet.

Muezzin noch regelmäßig die Gebetsstunde nach allen vier Richtungen der Windrose ausrief – eine feierliche, stimmungsvolle Melodie, die wir uns nicht entgehen ließen, wenn sie durch die Stille der Nacht klang.

Am Tage machten wir uns in der prachtvollen Berglandschaft auf Reptilienfang, und bald hatten wir fünfzehn Arten beisammen, darunter zwei Schlangenarten: Hufeisen- und Eidechsennattern. Zum Konservieren des Materials hatte ich vom Museum wiederum einen Alkoholtank und -gläser mitbekommen, doch fiel mir das Töten der gesammelten Tiere immer schwerer. Dank einer Veröffentlichung des British Museum of Natural History in London (1936) fand ich eine schnelle, also humane Tötungsmethode für Schlangen: Ein Tropfen konzentrierten Nikotins ins Maul genügte, um sie augenblicklich zu töten. Die Herstellerfirma hatte uns zwei kleine Ampullen für die Marokkoreise überlassen. Als wir uns in Tanger auf unsere Arbeit in Quezzane vorbereiteten, passierte allerdings das Mißgeschick, daß eines der Fläschchen auf den Boden fiel und zerbrach. Bevor wir uns noch über den Schaden klargeworden waren, wurde uns derart übel, daß wir heftig erbrechen mußten. Es dauerte eine ganze Weile, bis das furchtbare Gift verdünnt und aufgeputzt werden konnte.

Der Aufenthalt in Quezzane und die

Zwischenstation in Tanger erwiesen sich im übrigen als so ergiebig, daß ich nach meiner Rückkehr ins Museum eine ergänzende Publikation »Herpetologische Beobachtungen in Marokko II (zur Herpetofauna der Umgebung von Quezzane und Tanger)« in den Verhandlungen der Naturforschenden Gesellschaft in Basel (Bd. 48, 1937) herausbringen konnte.

Das war die letzte Sammelreise meines Lebens. Von nun an hatte das Töten für Museumszwecke, das damals notwendig war, ein Ende. Von jetzt an konnte ich mich ganz auf das Beobachten lebender Tiere beschränken. Eine entscheidende Wende war eingetreten.

Das Jahr 1937 verging rasch, und im darauffolgenden Jahr gingen Gerüchte um, der Städtische Tierpark Dählhölzli in Bern, der eben eröffnet worden war und einstweilen von einem halbtags angestellten Tierarzt betreut wurde, suche einen vollamtlichen »Verwalter«. Am 28. Mai 1938 erschien tatsächlich ein entsprechendes Inserat, das mir Anlaß gab, mich sofort zu melden – im Einverständnis mit den Professoren Portmann, Geigy, Handschin und Dr. Roux. Allen war ja bekannt, daß ich seit jeher einen Tierpark bzw. einen Zoo angesteuert hatte.

Als ich am 10. Juni 1938 zu einem ersten Treffen nach Bern reiste, geschah etwas sehr Merkwürdiges: Ich hatte mir als Reiselektüre das grundlegende Werk des Amerikaners F. G. Benedict »The Physiology of the Elephant« unter den Arm geklemmt, und als ich so – schon vorher in das Buch vertieft – dem bereitstehenden Zug entlangging, streckte sich mir plötzlich aus der teilweise geöffneten Türe eines Gepäckwagens ein leibhaftiger Elefantenrüssel entgegen!

Im ersten Augenblick glaubte ich, das Opfer einer Halluzination geworden zu sein. Es war aber ein richtiger Elefantenrüssel mit zugehörigem Elefant. Der stand im Stroh des Gepäckwagens und befand sich mit seinem Betreuer Franz Kraml auf der Reise von Hagenbeck zum Circus Knie, der sich zur Zeit gerade in Thun aufhielt. Es handelte sich um eine besonders schöne und zuverlässige Indische Elefantenkuh: »Sandri«, die dann mehrere Jahrzehnte bei Knie im Zirkus gelebt hat.

Ich stieg sofort zu »Sandri« und Kraml in den Gepäckwagen, und während wir uns über Elefanten unterhielten, verging die Fahrt nach Bern im Nu. Obgleich ich das höchst merkwürdige Zusammentreffen meiner Elefantenlektüre mit »Sandri« auf der Fahrt zu meiner Bewerbung um eine Zoostelle für einen reinen Zufall hielt, sah ich darin für mich ganz privat doch ein Omen dafür, daß ich mich auf der entscheidenden Reise zum lebenden Tier befand. Das war denn auch der Fall.

Gemeinderat Ernst Reinhard, der Direktor des Hochbauamtes, dem der Tierpark unterstellt war, hatte es merkwürdig eilig. Kurz nach unserer ersten Besprechung in Bern kam er zu weiteren Verhandlungen nach Basel, und am 2. Juli mußte ich mich in Bern beim Stadtpräsidenten – Dr. Bärtschi, von Haus aus Geograph – und bei den übrigen Gemeinderäten vorstellen. Es war mir sehr peinlich, nach knapp einhalb Jahren den Herren Stehlin und Sarasin meine Kündigung einreichen zu müssen. Auch bedauerte ich es in gewissem Sinne außerordentlich, das Museum schon wieder zu verlassen, wo es mir doch so gut gefallen hatte. Andererseits mußte ich einfach zugreifen, als sich mir diese erste Möglichkeit bot, endlich in einem Zoo bzw. in einem Tierpark tätig zu werden. Die Ereignisse überstürzten sich damals ein wenig. Professor Gigon hatte mir eine zweite Kur in Schuls verordnet wegen meiner alten Malaria-Leberschäden. Also fuhr ich unmittelbar nach Semesterschluß wieder nach Tarasp in die prachtvolle Landschaft, wo sich nach Erledigung der langweiligen Kurvorschriften so herrliche Exkursionen unternehmen ließen.

Hinzu kam, daß in meinem kleinen Hotel zwei gebürtige Holländerinnen aus Vevey abgestiegen waren, von denen die eine es mir auf den ersten Blick angetan hatte. Bald war der zündende Funke übergesprungen, und ich erlebte meine erste große Liebe, die uns – obgleich unerfüllbar – während einiger Jahre fesselte.

Auf Drängen von Bern wurde meine Entlassung aus dem Museum entgegenkommenderweise verfrüht bewilligt. Am 10. Juli 1938 gab ich meinen Vorgesetzten die Schlüssel zurück und verabschiedete mich auch von meinen Freunden in der Zoologischen Anstalt, mit der ich immerhin als Privatdozent weiterhin verbunden blieb.

Am 14. September 1938 übernahm ich – aus 128 Bewerbern ausgewählt – meine Dienstwohnung im Dählhölzli, um am folgenden Tag meine neue Tätigkeit als Tierparkleiter zu beginnen, also in meinem eigentlichen, so lange ersehnten Beruf.

Der Empfang war nicht gerade freundlich. Ich merkte sogleich, daß man es in einem öffentlichen Tierpark nicht nur mit Tieren, sondern ganz wesentlich auch mit Menschen aller Schattierungen zu tun hat. Diese Erfahrung hat sich während meiner 35jährigen Zootätigkeit in Bern, Basel und Zürich bestätigt. Gerade diese Tatsache möchte ich vor allem jenen Idealisten vor Augen halten, die sich vom Beruf des Zoodirektors ein allzu idyllisches Bild machen.

Mit der freundschaftlichen Atmosphäre, wie ich sie an der Zoologischen Anstalt erleben durfte und mit der gediegenen Umgebung des Museums hatte es ein Ende. Hier wurde man plötzlich ins politisch-polemische Rampenlicht gezerrt und gezwungen, zur Selbsterhaltung Energien aufzuwenden, die man viel lieber den Tieren gewidmet hätte.

Sechs Jahre Tierpark Dählhölzli in Bern (1938–1944) – Von Tieren und Menschen

Als Amtswohnung wurde mir ein Teil des hübschen Ökonomiegebäudes zwischen Aare und Wald am Dalmaziquai zugewiesen, das außerdem noch eine Wärterwohnung, ein kleines Büro und Stallungen für allerlei Haustiere wie Ponys, Zwergesel, Zackelschafe, Zwergziegen, Geflügel, Vorratsräume usw. enthielt.

Als ich mich am Abend meiner Ankunft, also am Tage vor meinem offiziellen Arbeitsantritt, im Büro etwas vorbereiten wollte, ging plötzlich die Türe auf, durch die man von meiner Privatwohnung her eintreten konnte. Herein polterte ein mir unbekannter Grobian in Stallkleidern, ein Tierpfleger namens Gasser, wie sich später herausstellte. Er erklärte mir ohne Umschweife, daß er und seine Kollegen mich in die Aare schmeißen würden, wenn ich mich ihren Anordnungen nicht fügen sollte. Außerdem würden sie im Bedarfsfalle gleich streiken. Ich beendete das Gespräch und das unverschämte Eindringen durch meine Wohnung sehr rasch und kündigte eine Klarstellung der Beziehungen zwischen dem neuen Tierparkleiter und dem Personal für den nächsten Tag an. Diese Klarstellung erfolgte denn auch in aller Deutlichkeit.

Das Pflegerpersonal bestand aus einer Handvoll höchst skurriler Typen, darunter ein schwerer Alkoholiker, ein Schläger und ein Psychopath, alle ohne jede fachliche Ausbildung. Einzige Ausnahme war Werner Schindelholz, den ich schon als Schüler im Basler Zoo kennengelernt hatte und der nach mehrjähriger Tätigkeit im Naturtierpark Goldau als Oberpfleger ins Dählhölzli geholt worden war. Er bildete meine einzige Stütze, hatte jedoch einen ähnlichen Empfang erlebt wie ich. Hierin lag denn auch der Grund, weshalb es mein neuer Chef, Baudirektor Reinhard, so eilig gehabt hatte, mich nach Bern zu berufen. Er befürchtete noch schlimmere Ausschreitungen und erwartete von mir, daß ich sofort für Ruhe und Ordnung sorge.

Das war nicht so einfach, weil das Personal nach eigentümlichen, rein politisch-persönlichen Gesichtspunkten ausgewählt worden war, keineswegs aufgrund sachlicher Qualifikationen. Alle waren fest entschlossen, sich von einem »fremden Fötzel« nicht dreinreden zu lassen. Sie bestimmten Arbeitsweise und Arbeitszeiten selber und waren nicht geneigt, von mir irgendwelche Anweisungen entgegenzunehmen. Angesichts ihrer von oben geduldeten Privilegien hatte ich alle Mühe, den Betrieb einigermaßen in die Hand zu bekommen.

Kurz vor meinem Antritt war Oberpfleger Schindelholz vom Baudirektor zum einfachen Tierpfleger degradiert und gerüffelt worden, während Reinhards Schützlinge sich Schindelholz gegenüber alle Grobheiten erlauben und sogar Morddrohungen gegen ihn ausstoßen durften. Seinem Parteigenossen im Gemeinderat, dem Polizeidirektor, hatte Reinhard offenbar den Wink gegeben, im Tierpark vermehrt Patrouillen einzusetzen und Material gegen Schindelholz sammeln zu lassen.

Ein besonderes Ärgernis in den Augen von Schindelholz' Wärterkollegen war der Fischotter, den dieser in seiner Wohnung aufgezogen und dann dem Tierpark übergeben hatte. Dieses reizende Tier war so zahm, daß es seinem Herrn wie ein Hündchen überallhin folgte und zum Entzücken der Mit-

Werner Schindelholz, der damalige Oberpfleger des Tierparks Dählhölzli, mit seinem »straßengängigen« Fischotter, der ihm auch in den städtischen Bus folgte und zum Ergötzen der Mitfahrer sich gelegentlich auf den Schoß von Bundesrat Motta setzen durfte.

fahrer sogar in den städtischen Autobus mitgenommen werden konnte. Dort wurde es sogar einmal von Bundesrat Motta liebevoll auf den Schoß genommen. Der Fischotter und sein Pfleger waren bald stadtbekannt und bildeten einen großartigen Werbefaktor für den Tierpark. Aber gerade das mochten Reinhard und seine Kumpane nicht leiden, zumal einem von ihnen, dem wortführenden Grobian, die Aufzucht zweier Jungotter mißglückt war. Ihre Eifersucht war maßlos.

Maßlos war auch mein Erstaunen, als ich am 5. Juli 1939 von der Sicherheits- und Kriminalpolizei der Stadt Bern ein Schreiben erhielt, in dem es u. a. hieß: »Wie unsere Patrouillen und der Unterzeichnete (Kommissar Gygax) selbst feststellen konnten, kommt es vor, daß der Wärter Schindelholz während der Besuchszeit den Fischotter aus dem Teich herausnimmt und mit ihm spielt. Wir sind der Ansicht, daß dies unterbleiben sollte...« Auch der Baudirektor verlangte, daß dieses »Theater mit dem Fischotter« abgestellt werde. Ich hatte also als Tiergartenleiter und Dozent für Tiergartenbiologie und Tierpsychologie Anweisungen über das Spielen mit Tieren von einem Polizei- und einem Baudirektor entgegenzunehmen! Diese Situation dürfte in der Geschichte der Tiergartenbiologie einmalig sein. Sie war auch nur denkbar in einer Stadt mit Behörden, die noch keine Tierparkerfahrung hatten.

In meiner Antwort führte ich aus, daß ich gerade das Spiel für einen der wichtigsten Faktoren zur Etablierung einer positiven Mensch-Tier-Beziehung und zur Gesundhaltung des Tieres in menschlicher Obhut halte und daß ich es tief bedaure, wenn Tierpfleger aus Mangel an Zeit oder Begabung auf das Spiel verzichten. Derartige Einmischungen von oben, die auch völlig vertragswidrig waren, konnte ich mir natürlich nicht gefallen lassen. Es kam in der Folge zu einem dauernden Gezänk mit meinem Vorgesetzten, der mir bald die Empfehlung zukommen ließ, ich solle um meine Entlassung nachsuchen. Ich dachte nicht daran. Jetzt, da ich endlich meinen ersten »Zoo« hatte, wollte ich ihn auch um jeden Preis behalten. Um jeden Preis!

Irgendwie mußte ich einen Weg finden. Ich begann, mit den aggressiven Tierpflegern zu sprechen; irgendwie machte es mir sogar Spaß, mit solchen Käuzen umzugehen. Ich hatte auch keinerlei Angst vor ihnen, selbst vor einem der Rädelsführer nicht, der mir offen drohte, mich nötigenfalls umzubringen – aber er würde es mir vorher noch melden. Mit der Zeit gelang es mir, einige anständige Mitarbeiter einzustellen.

Ich stand auch insofern nicht ganz isoliert, als ich ja nicht von Reinhard allein, sondern vom Gesamtgemeinderat angestellt worden war, der aus zwei Sozialisten und fünf Bürgerlichen bestand. Ich war und bin parteipolitisch nicht engagiert. Für mich gab es immer nur eine Partei: die Partei der Tiere, und diese suchte ich durch dick und dünn zu verteidigen. Später konnte ich mich in vielen Zoos der ganzen Welt immer wieder davon überzeugen, daß politische und parteipolitische Einmischungen in Zoobetriebe sich stets verheerend auswirken.

Eine wertvolle moralische Stütze war mir auch der Tierparkverein mit Seminardirektor Dr. Schreyer als Präsident. Von dieser Seite habe ich immer viel Verständnis und Hilfe erfahren.

Der Anfang in »meinem ersten Zoo« war jedenfalls nicht einfach. Die Menschen machten mir weit mehr zu schaffen als die Tiere, und so blieb es eigentlich während meiner ganzen Karriere. Ich kann mich nicht erinnern, daß mir Tiere auch nur annähernd vergleichbare Mühe gemacht hätten.

Ich mußte meine ganze Energie aufbringen, um mich durchzusetzen. Tagwache um 05.00 Uhr war nicht selten, ebenso Feierabend um Mitternacht. Hinzu kam eine vielseitige Tätigkeit außerhalb des Tierparks. Ich wurde sogleich für einen Volkshochschulkurs aufgeboten, und viele Vereine in Bern und Umgebung wollten den neuen Tierparkverwalter durch einen Vortrag kennenlernen.

Auch eine Reihe von merkwürdigen Zwischenfällen machte mir zu schaffen: Da war plötzlich ein Damhirsch mit seinem Geweih in einen großen Weidenkorb verstrickt und verbreitete deswegen Panik im ganzen Gehege. Jemand mußte den Korb vorschriftswidrig im Gehege stehen gelassen haben. Es gelang zwar, den Hirsch zu befreien und die Ruhe wiederherzustellen, doch kurz danach waren drei Steinböcke entwichen und mußten eingefangen werden. Auch die drei größten Riesenschlangen waren plötzlich auf den verzweigten Röhren der Heizungsanlage anstatt in ihrem Terrarium. Besonders oft wurde ich vom Schlangenpfleger auf die Probe gestellt, der mit seinen gefährlichen Giftschlangen mir gegenüber eine besondere Machtstellung einnehmen zu können glaubte. Dank meiner diesbezüglichen Vorbildung kam er jedoch an die falsche Adresse, was ihm einigermaßen imponierte und vorübergehend zu einer Art Burgfrieden führte.

In mein Ressort gehörte auch der berühmte historische Bärengraben der Stadt Bern, welcher »unter der Regierung« des außerordentlich populären Bärenpflegers Grossenbacher stand. Bei einer meiner ersten amtlichen Besichtigungen wollte es der Zufall, daß die Türe zuschnappte, als der Tierpfleger und ich zusammen mit einem bereits ziemlich großen, männlichen Bären in einem der mittelalterlichen Innenställe waren. Irgend etwas schien schief gegangen zu sein: Ich hätte wohl allein mit dem Bären eingesperrt werden sollen!

Wir mußten auf alle Fälle Ruhe bewahren, um das wehrhafte Tier nicht zu einem Angriff zu reizen. Wir hatten keine Möglichkeit, die Türe von innen zu öffnen. Also versuchte der Experte, durch eine vergitterte Luke seine alte Haushälterin zu alarmieren. Nach einer Weile hörte sie die Hilferufe und befreite uns aus unserer peinlichen Lage.

Auch mit diesem Tierpfleger, der in Bern sozusagen als der Papst in Bärenangelegenheiten galt, kam ich schließlich zu einem modus vivendi. Er hatte mit der Stadt einen höchst eigenartigen Arbeitsvertrag mit einem wirklich sehr bescheidenen Fixum; dafür durfte er mit seiner Haushälterin einen einträglichen Kiosk unmittelbar beim Bärengraben führen, und außerdem betrieb er einen regen Handel mit dem Fleisch und Fett der gelegentlich als überzählig abgeschossenen Bären. Dieses Bärenfett galt in weiten Kreisen als vorzügliches Heilmittel und wurde in geradezu unwahrscheinlichen Mengen in der ganzen Schweiz vertrieben. Böse Zungen behaupteten, daß da reichlich Schweinefett beigemischt wurde. Für den schwunghaften Handel mit diesem gesuchten Heilmittel benötigte der Bärenpfleger natürlich ein Auto, während der Tierparkleitung keines zur Verfügung stand...

Neben der Aufsicht über den Bärengraben hatte ich noch eine weitere »Filiale« des Tierparks zu betreuen, nämlich den beim Publikum beliebten, aber furchtbar unbiologischen Ententeich beim Weltpostdenkmal.

Mit dem Tierpark allein hatte ich schon alle Hände voll zu tun. Im Vorwort zu der von der Baudirektion herausgegebenen Eröffnungsbroschüre schrieb Baudirektor Reinhard: »Bern will keinen zoologischen Garten. Es gibt also weder Affenfelsen noch Raubtierhaus, noch Elefantenkraal. Gezeigt wird nur das schweizerische und europäische Tier, wie es noch jetzt bei uns lebt oder einst bei uns lebte, gemeinsam mit jener frohen fremdländischen Tierwelt, die durch unsere bernische Herrschaftssitze, dem französischen Beispiel folgend, bei uns Gastrecht erwarb.« Diesem Prinzip wurde jedoch nicht konsequent nachgelebt.

Der Tierpark Dählhölzli steht dem Publikum unentgeltlich zur Verfügung, lediglich für das Vivarium (mit dem sogenannten Freigehege) wird eine Eintrittsgebühr erhoben. Das ist eine sehr großzügige Einrichtung der Stadt Bern, hatte aber für mich den Nachteil, daß unerwünschte Elemente wie Betrunkene, Rowdies aller Art und auch Kriminelle Tag und Nacht freien Zutritt hatten und die Tiere jederzeit stören oder gar verletzen konnten, erst recht wenn sie die Vorschrift mißachteten, ihre Hunde an der Leine zu führen. Das war eine ständige Quelle von unangenehmen Auseinandersetzungen, einmal auch von einer köstlichen Einsicht.

Gemäß dem tierpsychologischen Gesetz der Angleichung neigen viele Menschen dazu, Tiere, mit denen sie eng verbunden sind, zu vermenschlichen. Darüber ließen sich Bücher schreiben. Einmal mußte ich eine Dame bitten, ihr freilaufendes Schoßhündchen an die Leine zu nehmen. »Das ist kein Hund!« erwiderte die Dame in echter Entrüstung. Für sie war ihr »Fifi« kein Hund; so etwas zu behaupten, war in ihren Augen eine Beleidigung. Ich merkte bald, daß sich hier jede weitere Diskussion erübrigte.

Was mich hingegen ärgerte, war der Umstand, daß die Wärter sich praktisch nie um freilaufende, herumstreunende Hunde kümmerten. Sie überließen es mir, mich mit undisziplinierten Hundebesitzern herumzuschlagen, und begnügten sich damit, mir schadenfroh aus dem Hintergrund zuzusehen.

Am 8. November 1938 fand im Bärengraben der erste »feierliche« Abschuß von überzähligen Bären statt. Ich wollte zunächst einmal dieses Ritual kennenlernen und beobachtete die Anordnungen des populären Bärenpfle-

gers als Zuschauer. Die Exekution wurde auf eine frühe Morgenstunde festgelegt, bevor mit Verkehr und ungebetenen Zuschauern zu rechnen war.

Mit der Tötung der Bären war ein bewährtes, langjähriges Mitglied des Bären-Clubs beauftragt. Er erschien im Morgengrauen in vollem Ornat, d.h. mit einer großen, über die Brust reichenden Halskette, die aus den leeren Patronenhülsen früherer Jahre bestand.

Ein paar Rüben wurden hingestreut, dann wurde der Schieber hochgezogen, und nach einigem Zögern trottete der Bär zu den Rüben. Nach kurzer Zeit krachte der Schuß, der Mutz fiel um, und der Schütze wurde von den eingeweihten Personen beglückwünscht. Vom tierschützerischen Standpunkt aus war hier rein nichts zu beanstanden.

Um alles weitere hatte ich mich nicht zu kümmern. Die Verwertung des Fleisches und der (sehr geringen) Fettmenge war Sache des exklusiven Bären-

> Wie heute noch war der historische Bärengraben der Stadt Bern der Verwaltung des Städtischen Tierparks Dählhölzli unterstellt. Doch zu meiner Zeit (1938–1944) entschied der populäre Bärenpfleger Großenbacher – bzw. der Bären-Club, dessen Mitglied er war –, wann und wie welcher Bär von wem erlegt und unter Zeremoniell verzehrt werden durfte.

Clubs und seines prominenten Mitgliedes, des Bärenpflegers Grossenbacher. Einige Zeit später wurde ein Bankett – in der Fachsprache des Clubs ein »Rüebliessen« – veranstaltet, bei dem die besten Bissen unter strengem Zeremoniell verzehrt wurden. Das übrige Fleisch gelangte in einer Metzgerei in der Altstadt zum Verkauf. Das Angebot an dieser außergewöhnlichen Delikatesse war stets viel geringer als die Nachfrage.

Mir wurde einmal die Ehre zuteil, als Gast an einem solchen »Rüebliessen« teilzunehmen. Alle Teilnehmer außer mir waren mit ihrer traditionellen Kopfbedeckung versehen. Der Präsident trug den Titel »Mani«. So wurden die großen männlichen Bären bezeichnet. Der Sekretär hieß »Chratzer« – und so war alles bis ins kleinste stilgerecht bezeichnet und nahm einen würdigen Verlauf. Den höheren Würdenträgern waren die Tatzen und die Leber vorbehalten, ich meinerseits war sehr zufrieden mit einem Stück Schinken, zumal ich wußte, daß ein Tierarzt eine gewissenhafte Trichinenschau vorgenommen hatte. Da die Bären ihren mittelalterlichen Graben mit zahlreichen Ratten teilten, war diese veterinärhygienische Kontrolle von Gesetzes wegen vorgeschrieben. – Ein wenig erinnerte mich diese feierliche Mahlzeit an magische Rituale, die ich in der Südsee kennengelernt hatte.

Ich war erst fünfzehn Tage im Dählhölzli angestellt, als eine Katastrophe hereinzubrechen drohte: Die Maul- und Klauenseuche war in der Nähe aufgetreten; die Veterinärbehörden verlangten die sofortige Schließung des Parks und stellten die Erschießung aller ansteckungsfähigen Tiere in Aussicht, wie dies in solchen Fällen vom damaligen Chef des Eidgenössischen Veterinäramtes, Professor Flückiger, in landwirtschaftlichen Betrieben regelmäßig angeordnet wurde.

Der geschlossene Tierpark bot ein tristes Bild; viele seiner regelmäßigen Besucher und Freunde reklamierten und hielten seine Schließung für eine unnötige Schikane der zuständigen Veterinärbehörden. Aber es kam noch schlimmer. Bisher war die Schließung lediglich als Vorsichtsmaßnahme angeordnet. Am Weihnachtstag 1938 aber mußte bei den amerikanischen Bisons eindeutig die Diagnose Maul- und Klauenseuche gestellt werden. Ihre Nachbarn waren die Wildschweine und das Steinwild, die beide als sehr anfällig galten, sowie vier verschiedene Hirscharten, die man für weniger gefährdet hielt.

Es war also damit zu rechnen, daß mindestens die erkrankten Tiere, d. h. elf Bisons und zwölf Vertreter des damals sehr kostbaren Steinwildes, abgeschossen werden mußten. Auch in den Zoologischen Gärten von Basel und Zürich wurde durchgegriffen. Im Dählhölzli aber bildeten sich entschlossene Gruppen tierliebender Menschen, welche das Veterinäramt weniger liebten und glattheraus erklärten, daß Funktionäre mit einem Tötungsauftrag zusammengeschlagen und heimgeschickt würden. Manchmal herrschten in Bern noch etwas rauhe Töne, wie ich ja auch bei meinem Amtsantritt festgestellt hatte.

Tatsache ist, daß im Gegensatz zu Basel und Zürich im Berner Tierpark keinem Tier ein Haar gekrümmt wurde. Das Steinwild wurde eingefangen und geimpft. Bei den mächtigen Bisons war das kaum möglich; es gab damals noch keine Narkosegewehre, und ein Fang mit mechanischen Mitteln hätte zweifellos zu Aufregung mit unvermeidlichen Unfällen und Ausbrüchen geführt.

So blieben denn die Bisons unbehandelt und überstanden die böse Viruskrankheit ohne jeden Schaden. Drei trächtige Kühe warfen später ganz normale Kälber. Beim Steinwild ging lediglich eine Geiß ein; von den übrigen verloren einige ihre Hornscheiden, die aber bald wieder nachgewachsen waren. Über diese Seuchenerfahrungen habe ich in unserer Fachzeitschrift »Der Zoologische Garten« (1940) kurz berichtet. – Am 25. Februar 1939 durfte der Tierpark wieder geöffnet werden.

Jetzt konnte ich mich erstmals auf einen lebhaften Frühlingsbetrieb einstellen, auch bezüglich der Werbung. Natürlich war ich auch sonst mit Schreibarbeiten reichlich versehen. An meinem freien Tag reiste ich während des Semesters regelmäßig nach Basel, um meine Vorlesung zu halten und das

Elternhaus zu besuchen. Gelegentlich reichte es auch zu einem Abstecher nach Vevey oder zu einem Gegenbesuch in Bern.

Bald nach der Wiedereröffnung des Tierparks meldeten sich, wie in jedem Zoo, jugendliche Volontäre und Volontärinnen, die an sich sehr willkommen waren, weil es an bezahlten Arbeitskräften mangelte. Doch machte ich sehr bald die Erfahrung, daß man damit ein beträchtliches Risiko auf sich nimmt, weil es diese Volontäre entgegen ihrer naiven Erwartung und der Erwartung ihrer Eltern nicht ausschließlich mit lieben Tierlein und ausgeprägten Gentlemen zu tun bekommen.

Langwierige Versicherungsfälle nach Unfällen und Reklamationen aller Art zwangen mich, mir in Sachen Volontäre die größte Zurückhaltung aufzuerlegen, obgleich ich wahrhaftig für jugendliche Tierenthusiasten in Erinnerung an meine eigene Vergangenheit volles Verständnis hatte. Es gelang mir jedoch nicht, einen bedeutenden Vertreter meiner Aufsichtsbehörde von diesem Sachverhalt zu überzeugen. Er wollte unbedingt seinen knapp vierzehnjährigen Sohn während der Schulferien im Tierpark beschäftigen.

Ich konnte nicht ablehnen, doch hatte ich mir eine harmlose Einführung ausgedacht – so hatte ich es mir jedenfalls vorgestellt.

Zu den positiven Einrichtungen des damaligen Tierparks gehörte nach meinem Empfinden die Murmeltieranlage, weil sie die Möglichkeit bot, durch einen senkrechten Schacht in der Art der Straßenkanalisation ins Winterschlafquartier der Murmeltiere hinabzusteigen, wo es mir später – wohl als erstem – gelang, neugeborene Murmeltiere zu fotografieren (1942). Diesmal nun hätte ich zu gerne einmal ein Murmeltier im Winterschlaf fotografiert. Ich hob also einen schweren Eisendeckel des Schachtes ab und holte ein starres, kaltes, tief schlafendes Murmeli heraus. Dieses drückte ich nun dem neuen Volontär in die Hände, damit ich es knipsen konnte. Dabei sollte nach meiner Berechnung wirklich rein gar nichts passieren können. Doch mit Tieren kann es immer Überraschungen geben. Der Jüngling – anstatt das lebende Modell im Auge zu behalten – sah sich in der Gegend um, wechselte den Griff und steckte dabei dem kältestarren Murmeltier einen Finger zwischen die Nagezähne. Auf diesen Reiz hin schloßen sich die Kiefer langsam, aber unerbittlich – nach Art eines soliden Schraubstocks. Der Fotogehilfe fing an zu schreien und zu tanzen, bis wir aus der nahen Schreinerwerkstätte geeignetes Werkzeug geholt hatten, um die Kiefer des Tieres auseinanderzuhebeln und den Jungen zu befreien. – Das war das Ende seines Volontariates und für mich ein wertvolles Alibi für die Zukunft. Das Murmeltier durfte seinen Winterschlaf fortsetzen – ohne zu wissen, was es angestellt hatte!

Während der dauernden Streitigkeiten mit meiner Oberbehörde und den schwierigen Tierpflegern kamen die Beziehungen zu den lebenden Tieren, auf die ich mich so gefreut hatte, vorerst zu kurz. Einen Lichtblick in diesem wüsten Gerangel brachte der 10. Mai 1939, als die freundlichste der Bisonkühe, »Meieli«, ein Kalb zur Welt brachte.

Ein Bison ist nicht einfach ein Bison, ein Bär nicht einfach ein Bär, ein Elch nicht einfach ein Elch. Das muß einmal betont werden, weil in der Zoologie, in der Ökologie und sogar in der Ethologie immer nur von Bison, von Löwe, von Krokodil, von Fischotter usw. die Rede ist als von gleichartigen Vertretern ihrer Spezies. Wer aber mit Tieren in menschlicher Obhut näher zu tun hat, wird feststellen, daß jedes Individuum eine einmalige Persönlichkeit ist. Gerade das ist für den Tierpsychologen von besonderem Interesse und von unerhörter Faszination.

So war auch die Bisonherde im Dählhölzli nicht lediglich eine Summe von gleichen Tieren, sondern eine Gesellschaft von einzelnen Charakteren. »Meieli« war von ungewöhnlicher Zutraulichkeit, und ich glaubte feststellen zu können, daß dieser individuelle Zug auch in ihrem Gesicht zum Ausdruck kam.

Jedenfalls duldete sie, als sie zum Gebären kam, meine Anwesenheit in ihrer unmittelbaren Nähe. Ich war vielleicht der erste Mensch, der einer Bisongeburt so nahe beiwohnen und sie in allen Phasen fotografieren durfte. Besonders beeindruckte mich dabei, wie die Mutter sich sofort nach Ausstoßung der Frucht erhob und sich mit einer geradezu raubtierhaften Gier daran machte, die Fruchthüllen zu verschlingen und so das Junge aus seinem häutigen Gefängnis zu befreien. Hier wurde der reine Pflanzenfresser vorübergehend zum hastigen Fleischfresser.

Das war für mich eine unvergeßliche Demonstration einer Instinkthandlung, d. h. eines Verhaltens aufgrund angeborenen Wissens. Bei unserem Hausrind und anderen Huftieren ist durch die jahrtausendelange Domestikation dieses Verhalten – das sofortige Befreien der Jungen aus den Fruchthüllen – weitgehend verlorengegangen. Eine Kuh oder ein Pferd können nach einer unbeobachteten Geburt unter Umständen passiv neben dem Neugeborenen stehen, während dieses in seinen Hüllen erstickt.

Gleich nach seiner Befreiung aus dem Hautsack hob das Bisonkälbchen den Kopf und betrachtete mit weit aufgerissenen Augen seine Mutter. In diesem Augenblick erfolgte offenbar die Prägung, die Fixierung des Nachfolgetriebes, die beim Bison – ähnlich wie bei der Graugans – einen sehr strikten und endgültigen Verlauf nimmt.

Weil vergleichende Geburtskunde, die außer den Biologen auch den Veterinär- und Humanmediziner interessiert, damals noch in den Kinderschuhen steckte – erst recht, was Wildtiere anbetraf –, hielt ich an der nächstfolgenden Jahresversammlung der Schweizerischen Naturforschenden Gesellschaft in Locarno (1940) einen Kurzvortrag über diese Geburtsbeobachtungen, und in der Ciba-Zeitschrift erschien ein reichillustrierter Aufsatz darüber (1942). Innerhalb kurzer Zeit kam es im Dählhölzli zu sieben Bisongeburten.

Im Hinblick auf die denkwürdige Landesausstellung von 1939 bekam ich einen besonders schwierigen Auftrag. Professor Hans Steiner von der Universität Zürich hatte die Aufgabe, die zoologische Forschung in der Schweiz in ihrer ganzen Vielfalt zur Darstellung zu bringen. Dazu standen jedem Forscher zwei Quadratmeter Wandfläche zur Verfügung. Professor Portmann hatte zum Beispiel zwei Quadratmeter für seine Brutbiologie, und daneben sollte ich »zwei Quadratmeter Tierpsychologie« zeigen, was mir zunächst völlig unmöglich schien. Glücklicherweise hatten wir die Hilfe eines sehr geschickten Grafikers. Also wählte ich als Thema »Verhalten zwischen Tier und Mensch«.

Im Freileben

Wichtigste Verhaltensweise: nicht »Hunger und Liebe«, sondern Flucht vor Feinden

Mensch als Universalfeind hat Minus-Bedeutung

In Gefangenschaft

Flucht nicht mehr möglich, auch nicht mehr zweckmäßig, da der

Mensch nicht mehr Feind, sondern Ernährer, Freund mit Plus-Bedeutung.

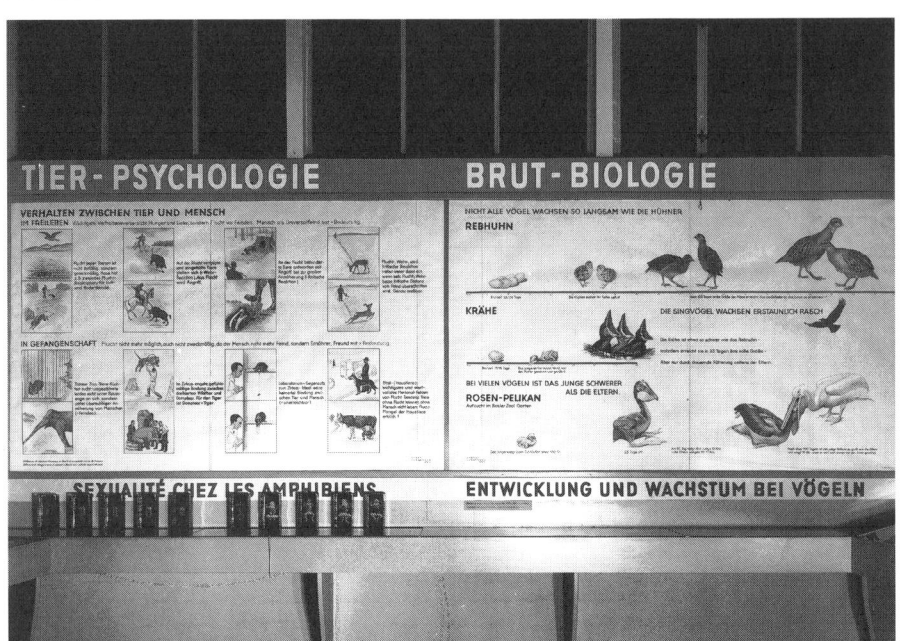

An der Landesausstellung 1939 in Zürich kam mir als jungem Privatdozent die schwierige Aufgabe und die Ehre zu, Tierpsychologie auf zwei Quadratmetern darzustellen, während mein Lehrer, Professor Dr. A. Portmann, seine neuen Untersuchungen über Brutbiologie veranschaulichte. Foto Hans Meiner

Dazu kamen acht anschauliche Doppelbilder mit einigen Zeilen Text. Unter den Bildern befanden sich natürlich auch mein Plumplori in einer Experimentalsituation und Dompteur Vojtech Trubka in einer Tigerdressur-Szene.

Mitte August wurde mir von der Stadt ein besonders heikler Auftrag zugedacht. Vor etlichen Jahren hatten die Berner und die Berliner Stadtväter im Sinne freundschaftlicher Völkerverbindung herausgefunden, daß beide Städte den Bären im Wappen tragen. Während jedoch Bern seit Jahrhunderten seine populären Mutzen im historischen Bärengraben vorführen konnte, hatte Berlin keine derartige Anlage. Dem wollte der Oberbürgermeister abhelfen und beschloß, am Köllnischen Platz einen städtischen Bärengraben – ähnlich jenem von Bern – zu bauen. In ihrer Begeisterung hatten die Berner Stadtväter damals der Schwesterstadt ein Paar Bären versprochen, sobald deren Unterkunft fertiggestellt sei. Darüber vergingen Jahre.

Ausgerechnet im politisch heißen Sommer 1939 war es soweit. Die Berner wurden an ihr altes Versprechen erinnert, und die Behörden sahen keine Möglichkeit, zurückzukrebsen, obschon in Deutschland schon überall die Hakenkreuzfahne wehte. Eine Delegation aus Berlin wurde zunächst zur Besichtigung des Geschenkes eingeladen, und bei dieser Gelegenheit kam es zu einem

Empfang

zu Ehren der Vertreter der Stadt Berlin bei Anlaß der Übergabe der Bären für den Berliner Bärenzwinger.
Montag, den 14. August 1939, 11.50 Uhr im Tierparkrestaurant Dählhölzli in Bern.

Speisefolge
Kraftbrühe mit Mark
Bachforellen blau mit holländischer Sauce
Kartoffeln
Rehrücken mit Rahmsauce
Nudeln
Gemischter Salat
Gefüllte Artischocken
Walderdbeeren mit Rahm
Gebäck
Käseplatte
Schwarzer Kaffee mit Liqueurs

Schweizerweine
Schaffiser aus dem Rebgut der Stadt Bern
Dôle du Valais
Aigle

Das klingt alles sehr harmlos und gemütlich. Bei mir aber liefen Drohbriefe ein. Die meisten Berner waren inzwischen mit diesem Geschenk nicht mehr einverstanden, und viele drohten, die Bären zu vergiften. Diesmal hatte ich nichts dagegen, daß die Stadtpolizei es übernahm, die unschuldigen, ahnungslosen Bären Tag und Nacht zu bewachen. Sie waren ja längst keine Normalbären mehr, sondern politische Objekte, hochpolitische sogar! Und ich war von meiner Oberbehörde – von einzelnen Mitgliedern mit offensichtlicher Schadenfreude – gezwungen, diese politisch hochbrisanten Tiere zu transportieren. Am Morgen des 16. August ging es los. Bis zur Grenze wurden die Bären von Schweizer Detektiven bewacht, dann mußten diese aussteigen. Ich war sehr froh, als wir kurz vor Mitternacht wohlbehalten in Berlin anlangten.

Stadtdirektor Rummert mit einigen seiner Leute und mit zahlreichen Reportern war auf dem Bahnsteig zur Begrüßung anwesend. Von jetzt an war ich nicht mehr direkt verantwortlich und konnte aufatmen.

Am Abend gab es einen großen Empfang im Berliner Rathaus auf Einladung des Oberbürgermeisters Lippert. Nach dem Bankett waren Besuche in verschiedenen Nachtclubs unvermeidlich, und es wurde Wert darauf gelegt, daß wir nach Mitternacht neben weiteren Sehenswürdigkeiten auch die neu organisierte städtische Müllabfuhr besichtigten, und zwar im Smoking. Man wollte uns zeigen, daß kein Stäubchen daneben ging, wenn die riesigen Müllwagen in einem unterirdischen Gewölbe pausenlos heranrauschten und ihren Inhalt in bereitstehende Spezialkähne entleerten. Diese fuhren reihenweise zur Nordsee und entließen dort den Dreck ins Meer. Damals machte man sich noch keine Gedanken über Umweltverschmutzung!

Mein Interesse galt natürlich besonders dem Zoo. Ich war am folgenden Tag schon zum Frühstück dorthin eingeladen und konnte mich ausgiebig mit Dr. Steinmetz unterhalten. Im Aquarium hatte Dr. Oskar Heinroth, der berühmte Ornithologe und Lehrer von Konrad Lorenz, die Führung auf seine bekannt humoristische Art übernommen. Merkwürdigerweise war Heinroth offiziell Direktor des Aquariums, widmete sich aber ein Leben lang dem Studium der Vögel. Das zwischen 1924 und 1933 zusammen mit seiner Frau Magdalena veröffentlichte, vierbändige Werk »Die Vögel Mitteleuropas in allen Lebens- und Entwicklungsstufen, photographisch aufgenommen und in ihrem Seelenleben bei der Aufzucht vom Ei ab beobachtet« ist ein weltberühmter Klassiker geworden. Heinroth starb 1945. Seine zweite Frau, Katharina, erwarb sich große Verdienste durch den Wiederaufbau des Berliner Zoos nach dem Krieg. Sie wurde als 89jährige mit dem Ehrendoktor ausgezeichnet.

Zum Abschluß meines Besuchs im Vorkriegs-Berlin begleitete ich den stellvertretenden Direktor Dr. Willy Windecker, den späteren Direktor des Kölner Zoos, auf der täglichen Morgeninspektion, die um 06.30 Uhr begann. Dieser tägliche Kontrollgang durch alle Reviere gehörte früher zu den wesentlichsten und anstrengendsten Tätigkeiten jedes Zoodirektors. Heute ist diese Inspektion weitgehend aus der Mode gekommen, weil der Direktor mit zu vielen anderen, vor allem administrativen Arbeiten überlastet ist oder weil die Zoos einfach zu groß geworden sind. In einem meiner Bücher (1965) habe ich der klassischen Inspektion eine Art Nekrolog gewidmet. Im Dählhölzli, in Basel und zum Teil auch noch in Zürich habe ich sie aber noch regelmäßig durchgeführt.

Wenige Tage später brach der Krieg aus, erfolgte bei uns die Mobilmachung. Diese betraf mich zwar nicht direkt – ich war ja wegen der Malaria dienstuntauglich erklärt –, aber sie erschwerte den Tierparkbetrieb dadurch, daß die jungen Tierpfleger einrücken mußten.

Um den Betrieb über Wasser zu halten, übernahm ich selber Pflegerdienste in allen Abteilungen, wo es gerade am nötigsten war. Ich mistete im Bisongehege, betreute die Stelzvögel und Gänse, pflegte die Aquarien und Terrarien. Weil viele Autos requiriert wurden, konnten unsere Lieferanten Heu und Körnerfutter nicht mehr bringen. So mußte ich gelegentlich die Ponys einspannen und als Kutscher die Waren selber holen.

Die Mehrarbeit war jedoch weit weniger schlimm als der Kampf mit meinem Vorgesetzten. Der Baudirektor drohte mir mit Entlassung. Ich mußte mich verteidigen und wurde dabei von einigen einflußreichen Freunden unterstützt, die mit dem Vorgehen des Baudirektors nicht einverstanden waren. Das bedeutete wiederum zeitraubende Sitzungen und Besprechungen. Ich wurde aufgefordert, eine Eingabe an den Stadtpräsidenten zuhanden des Gemeinderates zu verfassen, eine Art Beschwerdeschrift mit einer sachlichen Darstellung aller Übergriffe, die sich der Baudirektor mir gegenüber geleistet hatte. Eine lange Liste! Mit viel Nachtarbeit brachte ich es fertig, die Eingabe noch vor Jahresende einzureichen. Sie umfaßte 55 Seiten; jede Einzelheit mußte ja genau belegt werden.

Mir ist heute eigentlich kein Zoo bekannt, weder in der Schweiz noch im Ausland, wo es nicht zu ähnlichen Kämpfen gekommen wäre. Eine Analyse der Hintergründe würde ein weiteres Buch füllen. Sie würde aber zwei wesentliche Komplexe aufzeigen: erstens, wie verfehlt es ist, zoologische Gärten zum Gegenstand politischer Auseinandersetzungen zu machen, und zweitens, daß man die Kritik von Pseudofachleuten nicht unbedacht überschätzen sollte.

Das Jahr 1940 brachte diesbezüglich keine Besserung. Die Streitereien mit dem Baudirektor gingen weiter und dauerten sogar über das Jahr 1941 hinaus. Ich will hier den Abschluß dieses traurigen Kapitels vorwegnehmen: Schließlich kam es zu einer Sondersitzung des Gemeinderates, nachdem Direktor Reinhard mir mit eingeschriebener, dringlicher Post die sofortige Kündigung zugestellt hatte. Es stellte sich heraus, daß dies gar nicht in seiner Kompetenz lag, weil ich vom siebenköpfigen Gesamtgemeinderat angestellt worden war. Es kam zu einem Kompromiß.

Man verlangte von mir, daß ich den besten Tierpfleger und ehemaligen Oberpfleger Werner Schindelholz entlasse. Als ich mich weigerte, fand der Gemeinderat Paragraphen, die es ihm gestatteten, diese Entlassung über meinen Kopf hinweg zu vollziehen. Dafür wurden auch zwei der schlimmsten Rowdies aus dem Tierpark entfernt.

Noch ein amtliches Kuriosum sei hier erwähnt. Ohne mein Wissen ließ der Baudirektor mich im Vivarium durch Detektive beschatten – zu meiner »Sicherheit«! Aber diese merkwürdige (und kostspielige) Maßnahme kam auf tierpsychologisch interessante Weise ans Licht. Pfauen sind bekanntlich ganz außerordentlich neugierig. Von diesen herrlichen Wundervögeln lebte über ein Dutzend völlig frei und flugfähig auf dem Gelände des Tierparks und bot mir Gelegenheit für eine Fülle unvergeßlicher Beobachtungen. Einmal, als die Glastüren offen standen und nur wenige Besucher anwesend waren, begab sich eine Gruppe von drei oder vier Pfauen unbemerkt an der Kasse vorbei, um das Innere des Vivariums zu inspizieren. Dessen Grundriß war L-förmig. Der kurze Schenkel war das Aquarium, der lange die Vogelabteilung, und dieser lange Schenkel war am Ende durch ein großes Blumenfenster abgeschlossen.

Kurz darauf traten einige Besucher mit Kindern ein und versperrten ahnungslos den Pfauen den Ausgang. Als jetzt die Kinder in ihrer Begeisterung auf die Pfauen losstürzten, kam es begreiflicherweise zu einer Panik. Die bedrängten Vögel flogen auf, direkt in die Scheibe des abschließenden Blumenfensters hinein. Dadurch entstand ein erhebliches Gepolter, so daß der im Aquarium postierte Detektiv mit wehenden Rockschößen herbeieilte, in der Meinung, nun hätte mich der böse Wärter gepackt und wolle möglicherweise seine Drohung wahr machen.

Leid tat es mir um meinen besten Mitarbeiter Werner Schindelholz und seine Familie. Seine außerordentliche Begabung ließ ihn jedoch bald eine lukrative Lösung finden, eine interessante Tätigkeit, wo er sein eigener Herr und Meister war. Er verlegte sich nämlich berufsmäßig auf Rattenfang und hatte dabei – ohne Gift! – so viel Erfolg, daß ihm eine Basler Chemiefirma 20 000 Franken für sein Rezept offerierte. Er wies das Angebot lächelnd zurück und hat sein Geheimnis bis heute behalten. Es beruht auf angewandter Tierpsychologie.

Als die Schweiz vom tobenden Krieg umgeben war, erinnerte man sich auch bei uns wieder der vielen Dienstuntauglichen und bot alle, die noch einigermaßen gehen konnten, für die Hilfsdienste auf. Ich verzichtete darauf, mir irgendwelche Zeugnisse oder Empfehlungen zu beschaffen, und war entschlossen, meinen Dienst dort zu verrichten, wo es mich gerade hinwirbelte; ich wollte ganz einfach meine Pflicht erfüllen und tat dies auch bis zu meiner Entlassung aus der Wehrpflicht im Jahre 1964.

Natürlich war es ein eigenartiges Gefühl, im hohen Alter von 33 Jahren noch eine Rekrutenschule absolvieren zu müssen. Ich wurde dem bewaffneten Hilfsdienst zugeteilt und hatte am 3. März 1941 zunächst für vier Wochen einzurücken. Für mich war dies wie Psychotherapie, eine willkommene Gelegenheit, nicht nur Alltagsärger zu vergessen, sondern auch Liebeskummer loszuwerden. Wir waren zunächst in der alten, von Ratten wimmelnden Kaserne in Luzern untergebracht und hatten gelegentlich sogar die Möglichkeit, abends das Theater zu besuchen – ein Luxus, den ich mir schon lange nicht mehr hatte leisten können! Den täglichen Drill faßte ich – wie man heute sagen würde – als Fitneß-Training auf. Die sonntäglichen Urlaube allerdings brauchte ich zu Inspektionen im Tierpark.

Ähnlich, wenn auch nicht ganz so gemütlich, verlief meine zweite, fünfwöchige Dienstzeit im Sommer 1941, als wir mit Bewachungsaufgaben längs der Gotthardlinie betraut wurden, wie es sich für eine HD-Bewachungs-Kompanie, zu der ich nun eingeteilt war, ziemte. Zwischendurch wurden wir aber auch im Nahkampf ausgebildet, und dabei konnte ich eine Beobachtung machen, die nichts mit Tierpsychologie, dafür umso mehr mit Humanpsychologie zu tun hat, insbesondere mit psychologischer Kriegsführung.

Bei diesem Ausbildungskampf fiel mir nämlich auf, daß selbst kräftige Bauernburschen und trainierte Sportler fast regelmäßig die Flinte ins Korn warfen, wenn ich aus vorgeschriebener Entfernung auf sie losgaloppierte, um ihnen das weiche Bajonett in den Bauch zu stoßen. Ich stand bei diesen Übungen zu meiner Überraschung als anerkannter Champion da, obgleich ich ja nicht ein ausgesprochener Kraftprotz war. Die Lösung des Rätsels ergab sich hinterher: Irgendwie war bei meinen Kameraden durchgesickert, daß ich früher in Marokko gewesen war, und daraus wurde abgeleitet, daß es sich bei mir um einen alten Fremdenlegionär handeln müsse, dem man besser aus dem Weg ging!

Später, als meine wahre Identität als Zoologe bekannt war, wurde ich gelegentlich abkommandiert, wenn zoologische Probleme auftauchten. Einmal weigerte sich zum Beispiel eine Gruppe, sich im Rahmen einer Maschinengewehr-Instruktion auf den Boden zu legen. Als Begründung gab die Mannschaft an, es wimmle in dieser Gegend von Vipern und man sei zwar bereit, Dienst zu leisten, aber nicht, sich von Giftschlangen umbringen zu lassen. Ich hoffte schon, an diesem Übungsort unterhalb der Axenstraße ein paar Vipern für den Tierpark einsammeln zu können. Aber alles, was ich zu finden vermochte, war ein Ringelnätterchen. So gelang es mir, alle Beteiligten zu beruhigen.

Ein andermal beklagte sich ein Detachement, daß sich einzelne Soldaten in einem schmutzigen Kantonnement Filzläuse zugezogen hätten. Diese Beschwerde wurde jedoch zurückgewiesen mit der damals noch geläufigen Begründung, daß Filzläuse ausschließlich durch Geschlechtsverkehr übertragen würden. Mir gelang es dann in der Tat, Filzläuse in den Matratzen zu finden und außerdem neuere Literatur, laut der diese unangenehmen Tierchen in Wirklichkeit auch ohne Geschlechtsverkehr aufgelesen werden können.

Später wurde ich einmal aufgeboten, das geheime Hauptquartier von General Guisan in Interlaken zu untersuchen, wo mysteriöse nächtliche Geräusche die Gemüter beunruhigten. Es stellte sich, wie in so vielen ähnlichen Fällen, heraus, daß harmlose Hausmarder die Poltergeister waren.

Als am 25. Juni 1941 im Dählhölzli ein Elchkalb geboren wurde – das zweite in der Schweiz –, erbat ich mir ein paar Stunden Urlaub, um die nötigen Maßnahmen anzuordnen. Ich war damals wieder für fünf Wochen im Militärdienst, und die Elche gehörten zu den prominentesten Pfleglingen des Tierparks und zu den Tieren, die mein besonderes Interesse beanspruchten. Denn sie galten als außerordentlich heikel, besonders weil sie in Gefangenschaft durch eine Unzahl von Darmparasiten bedroht wurden.

Während meiner Tätigkeit als Assistent in Basel hatte ich einen hervorragenden Parasitologen kennengelernt, Dr. H. A. Kreis, der inzwischen ans Eidgenössische Gesundheitsamt in Bern berufen worden war. Als Zoologe war Dr. Kreis auch an tierlichen Schmarotzern interessiert, und er erklärte sich bereit, regelmäßig Kotproben von meinen Tieren zu untersuchen. So konnte ich ihm von den Elchen, insbesondere auch vom jungen, immer wieder Proben zustellen, so daß bei ihm von Anfang an entsprechende Maßnahmen ergriffen werden konnten. Diese genauen Befunde im Zusammenhang mit dem Wachstum habe ich in unserer Fachzeitschrift »Der Zoologische Garten« veröffentlicht (1942, 1949).

Eine andere einheimische Art, die damals noch reichlich rätselhaft war, stellte der gewöhnliche Feldhase (Lepus europaeus) dar. Über ihn habe ich im Dählhölzli sehr viel lernen können. Jedes Jahr brachte man uns einige Junge, die von Spaziergängern – als vermeintlich von den Eltern verlassen – aufgelesen worden waren. Bei einigen gelang die Aufzucht mit der Flasche, und so kamen wir zu ausgewachsenen, geschlechtsreifen Tieren.

Dabei zeigte es sich, daß auch sie unerhört anfällig waren gegenüber Parasiten, in diesem Falle Coccidien, die laufend mit dem Kot ausgeschieden und nach drei Tagen wieder infektionstüchtig werden. Es galt daher, die Tiere – ganz besonders die Jungen – alle zwei Tage in einen völlig sauberen Raum zu bringen bzw. ihren Käfig gründlich zu reinigen. Beides hört sich sehr einfach an, ist jedoch in der Praxis außerordentlich schwierig, da sich Feldhasen im Gegensatz zu Kaninchen nicht am Nackenfell fassen und umsetzen lassen. Dies würde lebensgefährliche Aufregung mit sich bringen.

Daher erfand ich den »spiegelbildlich-symmetrischen Wechselkäfig«, der es ermöglicht, Hasen – ohne sie zu berühren und aufzuregen – alle 48 Stunden in einen sauberen Raum umzusetzen. Diesen neuen Käfigtyp habe ich so oft in allen Einzelheiten beschrieben (1942, 1945, 1948), daß ich hier nicht nochmals darauf eingehen möchte. Mit dieser Methode wurde jedenfalls erreicht, daß der Feldhase routinemäßig gezüchtet werden konnte, während vorher eine Zucht nur ganz ausnahmsweise gelungen war.

Obwohl damals in der Schweiz jährlich rund 60 000 Feldhasen gejagt wurden, war noch nicht einmal die genaue Tragzeit bekannt. Diese ließ sich jetzt ermitteln: 42 Tage. Entwöhnung mit 21 Tagen. Viele wußten auch nicht, daß der junge Feldhase mit einem dichten Pelz, mit offenen Augen und voll bewegungsfähig geboren wird.

Die größte Überraschung war jedoch der Nachweis der Superfoetation, d. h. der Tatsache, daß sich beim Feldhasen zwei Graviditäten überschneiden können, oder noch anders ausgedrückt: Eine hochträchtige Häsin kann drei Tage vor einer Geburt vom Rammler wieder befruchtet werden. Sie kann dann also zweimal nacheinander gebären, ohne Anwesenheit eines Männchens dazwischen. Das war in der Tat eine unerhörte Feststellung, die mir zunächst selber unwahrscheinlich vorkam, so daß ich an Beobachtungsfehler dachte und an alle möglichen Fehlerquellen. Daher habe ich mit einer Veröffentlichung dieses geradezu unglaublichen Befundes lange zugewartet und den Tatbestand immer wieder überprüft – immer mit demselben Ergebnis.

Nachdem ich die ersten Ergebnisse veröffentlicht hatte, setzte eine Korrespondenz ein, die ich kaum zu bewältigen vermochte. Nicht nur Zoologen bestürmten mich mit Briefen, sondern mehr noch Mediziner, besonders Gynäkologen und Physiologen. Sogar Professor Knaus aus Wien, der zusammen mit dem Japaner Ogino wegen seiner Methode der natürlichen Geburtenregelung berühmt geworden war, wollte Näheres über die Feldhasen erfahren. Er traute der Superfoetation nicht, wie es überhaupt neben begeisterten Interessenten auch Kritiker gab, die meine Beobachtungen am Feldhasen für glatten Unsinn hielten.

Aufgrund der damals geltenden Hormonlehre war eine Superfoetation tatsächlich nicht denkbar; unter dem während der Trächtigkeit wirkenden Gelbkörperhormon konnte man sich einen neuen Follikelsprung nicht vorstellen. Aber in der Natur ist eben auch das Unwahrscheinliche möglich.

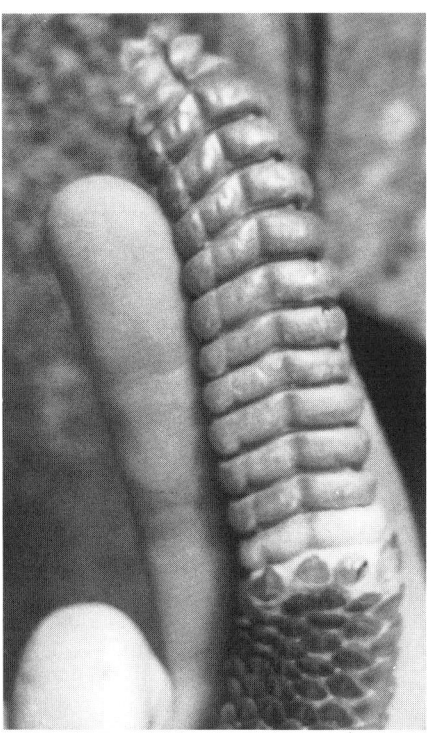

Wie so manche andere biologische Erscheinung ist auch die Idee der Schwanzrassel zur Warnung von Feinden an ganz verschiedenen Stellen des Tierreiches verwirklicht worden: Die Stachelschweine (Hystrix) bringen mit ihren zu »Glöckchen« umgebildeten Schwanzstacheln ein sehr ähnliches Geräusch hervor wie die Rasseln der Klapperschlangen.
Foto Dr. Christian R. Schmidt

Während meiner Dählhölzli-Zeit (1938–1944) hatten wir im Terrarium eine zahme Klapperschlange, deren Schwanzrassel man von Hand vor die Kamera bringen konnte, um ihre Wachstumsphasen festzuhalten. Eben ist ein neues Segment (hell) aus dem Schuppenrand hervorgetreten, während am Ende die ältesten Teile abbröckeln.

Selbstverständlich gab es noch viele Einzelheiten zu klären, was jedoch nur in Laboratorien möglich war und meine Kräfte überstieg. Ich war daher sehr froh, als sich später (1951) eine »Arbeitsgemeinschaft zur Erforschung der Fortpflanzungsbiologie des Feldhasen« bildete, die einen ersten Bericht in der »Revue Suisse de Zoologie« veröffentlichte (1954). Für den abschließenden Bericht »Beobachtungen zur Superfoetation beim Feldhasen, Lepus europaeus« wurde darüber hinaus ein englischer Spezialist zugezogen (1967).

Aber im Dählhölzli gab es ja nicht nur Feldhasen, Elche, Bisons und Pfauen, sondern eine Fülle von anderen Tieren, die mich faszinierten und die in der schönen Aare-Landschaft nahe der Elfenau lebten. Abgesehen von den Unterbrechungen durch den Militärdienst konnte ich mich jetzt vermehrt den positiven Aspekten des Tierparks und seiner Umgebung zuwenden und Kontakt pflegen mit den Kollegen des Zoologischen Instituts und des großartigen Naturhistorischen Museums sowie mit privaten Freunden.

Im Zusammenhang mit meiner Vorlesung in Basel kam ich auch dort regelmäßig mit Freunden und Bekannten zusammen, vor allem auch mit den Professoren Geigy und Portmann. Trotz der reduzierten Fahrpläne und der lästigen Verdunkelung besuchten mich beide oft im Tierpark. Ich mußte viele Vorträge halten, und immer neue Zeitschriften verlangten Aufsätze über Tiere. Dr. Reucker hatte die Idee, für die Ciba die Einleitung zu einem Film über die Atmung im Vivarium des Berner Tierparks drehen zu lassen, wo u. a. Kletterfische, Lungenfische und andere Kostbarkeiten lebten.

Es war eine sehr aktive Zeit, in der ich mich nun ganz den vielseitigen Tierparkaufgaben und vor allem den Tieren widmen konnte. Endlich hatte ich das befriedigende Gefühl, sozusagen jedes einzelne Tier persönlich zu kennen. Das galt sogar für einige Fische des Aquariums, zum Beispiel für den Zitterwels (Malapterurus electricus), der als kleines Ding zu uns gekommen und zu einem schönen Exemplar von fünfzig Zentimeter Länge herangewachsen war.

Unter der Pflege des neuen Aquariumwärters Nyffeler wurde er vollkommen zahm und ließ sich artig aus der Hand füttern: Er zeigte seltsamerweise eine Vorliebe für Emmentalerkäse. Auch ließ er sich gerne streicheln, ohne dabei Schläge auszuteilen.

Unter den einheimischen Fischen war der »Roi du Doubs« oder Apron (Aspro apron) von besonderem Interesse. Von Zeit zu Zeit brachten uns die Fischer aus dem Jura ein Exemplar dieses in der Schweiz nur im Doubs, namentlich bei St. Ursanne, vorkommenden Fisches, der bei uns weitgehend unbekannt geblieben ist. In einem Aufsatz »Erfahrungen aus dem Aquarium des Tierparks Dählhölzli in Bern« habe ich über diesen und andere faszinierende Pfleglinge berichtet, auch über die technischen Einrichtungen, die größtenteils weniger erfreulich waren.

Beim Bau des Aquariums hatte man sich zu wenig auf fachmännische Unterlagen abgestützt und war zu wenig auf Sicherheit bedacht gewesen. So waren die 1700-Liter-Becken mit nur 15 mm dicken Frontscheiben versehen, die zudem schräg (oben vorstehend) eingefügt, also einem verstärkten Druck ausgesetzt waren. So kam es mehrmals zu Brüchen, die glücklicherweise meistens in der Nacht und immer in Abwesenheit von Publikum stattfanden.

Einmal brach die Scheibe des Goldorfen-Beckens am Morgen gleich nach Arbeitsbeginn. Die 1700 Liter Wasser, die mit einer wahrhaft unheimlichen Explosion in den Schauraum stürzten, genügten gerade, um den gesamten Boden einige Zentimeter tief unter Was-

Auch beim Verschlingen toter Ratten ließ sich diese zahme Klapperschlange weder durch die Nähe meiner Leica (26 cm) noch durch die starke Beleuchtung stören. Aus dem Kot sammelten wir die ausgedienten, verschluckten Röhrenzähne zu Demonstrationszwecken.

ser zu setzen. Die fünfzig Goldorfen schwammen in diesem seichten Wasser lebhaft zwischen den Scherben umher und konnten vollzählig und ohne die geringste Verletzung wieder eingefangen werden.

Die Gewalt, mit der bei einem solchen Bruch Tausende feiner, aber auch pfundschwere und kiloschwere, messerscharfe Glasstücke mehrere Meter weit in den Schauraum geschleudert werden, kann sich kaum vorstellen, wer nicht Zeuge einer solchen Explosion war. Ich ließ daher alle 15-mm-Scheiben durch 25 mm dicke ersetzen und blieb so von weiteren Brüchen verschont. Die 35 mm dicke Scheibe des 6,5 Meter langen Aarebeckens, das mit 18 000 Liter Inhalt damals das größte Aquarium der Schweiz war, hielt noch Jahrzehnte und zeigte erst während der Amtszeit meines Nach-Nachfolgers einen warnenden Sprung in der Mitte.

Bei dem erwähnten 18000-Liter-Becken wurde von den Bauherren ein anderer Fehler begangen. Sie nahmen offenbar als Vorbild einen Fischkasten, wie sie von Restaurants für die Haltung von Forellen benützt werden. In diesen Fischkästen, wo die Forellen nur ein paar Tage bleiben, genügt eine kräftige Durchspülung. In einem Schauaquarium aber sollen die Fische jahrelang wachsen und gedeihen. Dazu bedarf es eines Kreislaufsystems, was jedem Aquarienliebhaber bekannt ist. Das Aarebecken aber hatte keinen geschlossenen Kreislauf, sondern war lediglich mit kaltem Leitungswasser durchspült. Weder Temperatur noch Chemismus des Wassers konnten kontrolliert werden. Es konnten also auch keine Medikamente in der richtigen Dosierung beigefügt werden. Dabei bedürfen gerade einheimische Fische einer medikamentösen Behandlung, wenn sie aus Bächen, Flüssen und Seen in Aquarien gelangen, vor allem einer Behandlung gegen Haut- und andere Parasiten. Ich mußte also für dieses Riesenbecken eine Heizung und eine Filteranlage mit Rückspülung einbauen lassen.

Das waren die einzigen Bauarbeiten, die ich während meiner Tätigkeit im Dählhölzli ausführen konnte. Während des Krieges hatten begreiflicherweise die kriegswichtigen Bauten den Vorrang. Neben dem Bauen und konkreten Planen begann mir im Dählhölzli etwas immer mehr zu fehlen: die exotischen Tiere. Ich wollte auch Elefanten und Nashörner, Menschenaffen und Seelöwen, die großen Katzen und Giraffen kennenlernen. Aber daran war einstweilen nicht zu denken.

Nur theoretisch und aufgrund meiner Erfahrung in anderen zoologischen Gärten, in Zirkussen und auf meinen Reisen konnte ich mich mit diesen Tieren beschäftigen. Im Umgang mit meinen Studenten, Volkshochschulhörern und in den Diskussionen nach zahlreichen Vorträgen fiel mir auf, wie viele Mißverständnisse es noch in weiten Kreisen gab in bezug auf das Leben der Tiere im Freien und in Gefangenschaft. In der einschlägigen Fachliteratur fand ich keine befriedigende Darstellung dieses Fragenkreises, und so machte ich mich in der Verlegenheit selber daran, ein Buch über »Wildtiere in Gefangenschaft« zu schreiben. Es sollte gleichzeitig auch »Ein Grundriß der Tiergartenbiologie« sein. So lautete denn auch der Untertitel. Eine Tiergartenbiologie gab es bisher noch nicht, und ich empfand ein dringendes Bedürfnis, dieses Gebiet als einen besonderen, neuen Zweig am Baum der biologischen Wissenschaften wachsen zu lassen. Mit der Nummer 54 (1938) der Ciba-Zeitschrift unter demselben Titel »Wildtiere in Gefangenschaft« hatte ich bereits wesentliche Vorarbeit geleistet.

So widmete ich also meine ganze Freizeit dem Abfassen des Manuskriptes, oft bis tief in die Nacht hinein, mit Zigarren und Kaffeepulver nachhelfend. Irgendwie schaffte ich es, das Manuskript auf Jahresende 1941 fertigzustellen – das Manuskript des wichtigsten Buches meines Lebens, wie sich später herausstellte.

Selbstverständlich bekamen es meine Freunde in Basel, die Professoren Portmann und Geigy, zu lesen. Beide waren begeistert. Portmann anerbot sich, das Vorwort zu schreiben, und Geigy wollte eine Besprechung an prominenter Stelle übernehmen. Beide haben Wort gehalten, und Dr. Reucker sorgte dafür, daß das Buch im gleichen Verlag wie die Ciba-Zeitschrift (bei Benno Schwabe in Basel) erscheinen konnte. Mitten im Krieg war es nicht so einfach, einen Verleger zu finden, und natürlich konnte das Buch nur in einer bescheidenen Auflage gedruckt werden.

In seinem Vorwort schrieb Portmann u. a.: »Durch die Erforschung des Tierverhaltens zur bestmöglichen Gestaltung unserer zoologischen Gärten vorzudringen, durch diese sinnvolle Gestaltung des Tiergartens wiederum zur fruchtbarsten Ergründung des Verhaltens des Tieres beizutragen: in solcher Wechselwirkung scheint mir das Ziel dieses erfreulichen Werkes zu liegen, das mit tiefem, innerstem Anteil am Tier geschrieben worden ist.«

Geigy führte in seiner Besprechung in den »Basler Nachrichten« (21. Dez. 1942) u. a. folgendes aus: »Der Autor verfügt dank seiner Stellung über reiche praktische Erfahrung in Tierpflege, außerdem hat er sich aber durch jahrelange wissenschaftliche Forschungen und originelle theoretische Darlegungen auf dem Gebiet der Tierpsychologie bereits erfolgreich ausgezeichnet. Der Kombination dieses seltenen Wissens mit einer ursprünglichen und reichen Begabung zur Beobachtung von Tieren ist es zu verdanken, daß hier ein Werk von ganz besonderem allgemeinem Interesse entstanden ist, das sowohl dem Tiergartenbesucher als dem Tiergärtner völlig neue Perspektiven eröffnet und darüber hinaus ein bisher vernachlässigtes Sondergebiet der Tierwissenschaft wesentlich fördert.«

Ich führe hier diese Zitate meiner beiden Basler Kollegen, Freunde und Förderer keineswegs zur eigenen Beweihräucherung an, sondern zur Charakterisierung einer Situation, die einige Jahre später eine totale, für mich unfaßbare Wendung erfahren hat. Darüber wird am Ende des folgenden Kapitels die Rede sein.

Im Herbst 1941 hatte mich zu meiner großen Freude Professor Karl von Frisch, der zu Zürich enge Beziehungen unterhielt und 1973 zusammen mit Konrad Lorenz und Niko Tinbergen mit dem Nobelpreis ausgezeichnet wurde, zu einem Vortrag in sein Institut nach München eingeladen. Aus verschiedenen Gründen hatte sich jedoch die Verwirklichung dieses Plans verzögert. Als ich im März 1942 in München eintraf, war zu meiner großen Enttäuschung Professor von Frisch wegen einer »politischen Erkältung« abwesend, und ich wurde von einem ganz anderen, nationalsozialistischen Institutsleiter empfangen.

Nicht nur das, auch das Reisen war damals recht unangenehm. Am deutschen Zoll wurde ich bis aufs Hemd ausgezogen, und die wenigen noch verkehrenden Züge waren überfüllt. Dazu kam ein komplizierter Visumkram und eine peinlich genaue Handhabung der winzigen, auf den Tag des Aufenthaltes knapp berechneten Lebensmittelmarken, die ich zudem verloren hatte. Natürlich benutzte ich die Gelegenheit, den Zirkus Krone zu besuchen, der in München sein Standquartier hatte und dessen ausgezeichnete Vorführungen ich von früher kannte, u. a. die vom alten Direktor Krone präsentierte Nummer mit zwanzig Elefanten. Sein Nachfolger, Herr Sembach-Krone, gleichfalls Dompteur und Kunstreiter, führte mich durch die Menagerie. Außerdem fand ich Gelegenheit, im Zoologischen Museum den Herpetologen Lorenz Müller zu besuchen, mit dem ich jahrelang in Korrespondenz gestanden hatte.

Selbstverständlich besuchte ich auch den Münchner Zoo, dessen Leitung Heinz Heck innehatte, der Bruder des berühmt-berüchtigten Direktors Lutz Heck vom Berliner Zoo. Heinz war ein gemütlicher Bayer, ständig an seiner Pfeife saugend und selektiv schwerhörig. Für unangenehme Fragen war er völlig taub, während er auf flüsternd vorgebrachte Komplimente durchaus hellhörig reagierte. Meine Frage nach der ihm angeblich gelungenen Kreuzung zwischen Hund und Fuchs konnte er nicht verstehen, auch wenn ich sie ihm sozusagen ins Ohr brüllte, doch verstand er es sehr wohl, wenn ich zum Beispiel die ausgezeichnete, von ihm herausgegebene Zoo-Zeitschrift »Das Tier und wir« lobte.

Diese Deutschlandreise hatte für mich aber auch einen sehr ernsten, traurigen Charakter. Ich reiste nach Leipzig, um dort Abschied zu nehmen von einer lieben Freundin, einer Bärendompteuse, die ich durch die Vermittlung meines Freundes Trubka während ihrer Schweizer Tournee 1941 mit dem Circus Knie kennengelernt hatte. Wir waren uns bald sehr nahe gekommen, fachlich und menschlich. Nicht nur während des Berner Gastspiels, sondern wann immer es sich einrichten ließ, fuhr ich an den Spielort, wo wir uns nach der Vorstellung hauptsächlich – aber nicht ausschließlich – über Bären unterhielten. Sie war eine großartige Artistin und eine wunderbare Frau.

Einzigartig war ihre Vorführung eines Braunbären auf dem Hochrad. Zwar waren ihr Vater und ihr Bruder maßgebend beteiligt an dieser einmaligen Dressur, aber meine Freundin hatte die schwierige Aufgabe, die Bärengruppe vorzuführen, besonders den Hochradfahrer. Das erforderte nicht nur Mut und Anmut, sondern auch eine außerordentliche Einfühlung, einen Gefühlsdialog, der größte Disziplin und Konzentration erforderte, nicht nur auf der Seite des Menschen.

Aber dies war nicht die Hauptsache meines Leipziger Aufenthaltes, sondern die Klärung unserer Beziehung. Schmerzlich war dabei die Erkenntnis, daß letzten Endes trotz aller persönlichen Zuneigung eine tiefe Kluft besteht zwischen der Welt des Artisten und der sogenannt bürgerlichen Welt eines Professor-Kandidaten. So mußte es zu einem schweren Abschied kommen. Unsere Wege trennten sich endgültig: westwärts und ostwärts.

Bei meiner Rückkehr nach Bern fand ich ein militärisches Aufgebot zu einer neuen therapeutischen Kur vor, in deren Verlauf mir auch klar wurde, daß meine alte Bindung, die vor Jahren in Tarasp begonnen hatte, ebenso utopisch war. Auch hier handelte es sich um zwei grundverschiedene Welten. Es mußte zu einer gleichfalls schmerzlichen Trennung kommen zwischen einer verwöhnten Frau, die zudem zwei reizende Kinder hatte, und dem kleinen stadtbernischen Beamten, der nie in die Lage kommen würde, einen aufwendigen Haushalt zu führen. So brachte das Jahr 1942 klärende Wendungen – aber auch eine große, entscheidende Überraschung.

Anläßlich der Jungzoologen-Treffen, der Jahresversammlung der Zoologischen und Naturforschenden Gesellschaft, der zoologischen Kolloquien und Vorträge in Bern bzw. an den darauf folgenden gesellschaftlichen Anlässen war mir schon vor Jahren eine junge Zoologin von außergewöhnlichem Charme aufgefallen. Sie war jedoch stets von Couleurstudenten und Offizieren umschwärmt, eine begehrte Tänzerin, Skifahrerin, Reiterin, Tennisspielerin, so daß ich als HD-Soldat, malaria-angeschlagener Bücherwurm, amusischer Nichttänzer und kleiner Beamter keine Chancen für irgendeine Annäherung sah. Käthi Zurbuchen, eine Berner Oberländerin aus Interlaken, hatte in Basel die eidgenössische Matura gemacht, nachdem sie in Ftan das alpine Töchterinstitut besucht hatte. Nach Studien in Genf erwarb sie sich im Zoologischen Institut in Bern bei Professor Baltzer mit einer Dissertation über einen seltsamen marinen Wurm den Doktortitel, arbeitete dann eine Weile im Eidgenössischen Institut für Bienenforschung in Bern-Liebefeld, später bei Professor Seiler am Zoologischen Institut der Eidgenössischen Hochschule in Zürich.

Der Zufall wollte es, daß sie zusammen mit ihrer Mutter an die Muristraße, unweit des Tierparks, zog und bei Freunden in Zug einen längeren Aufenthalt verbrachte. Auch ich weilte immer noch gelegentlich für einige Ferientage in Zug, und hin und wieder sah ich sie im Auto vorbeiflitzen. Zufällige Zusammentreffen wurden unvermeidlich; es kam zu kürzeren und dann längeren Gesprächen.

In Zürich sollte in einem ziemlich aufwendigen Rahmen die Premiere des Ciba-Films stattfinden, dessen einleitender Teil im Aquarium des Dählhölzli gedreht worden war. Dr. Reucker schickte mir zwei Karten für diesen Anlaß, und ich erlebte die Freude, daß Fräulein Zurbuchen die Einladung annahm. So bot sich eine der ersten Gelegenheiten, uns näher kennenzulernen. Es folgten weitere Begegnungen in Bern, im Dählhölzli und an der Muristraße, und bald stellten wir fest, daß wir eigentlich trotz oder gerade wegen vieler Gegensätze gar nicht schlecht zueinander passen würden. Wir verlobten uns stillschweigend und gingen am 2. Oktober 1942 miteinander aufs Zivilstandsamt.

Obgleich meine Frau nicht katholisch war, fand die kirchliche Trauung am folgenden Tag in der St. Oswaldskirche in Zug, unmittelbar neben der Burg, statt. Pfarrhelfer August Stocklin, ein ebenso bescheidener wie weiser und großzügiger Geistlicher, mit dem man über alles, auch über Fragen der Evolution, sprechen konnte, hatte es übernommen, diese Mischehe zu trauen. Er hat später auch unseren Sohn Peter getauft.

Am Abend traten wir unsere kurze Hochzeitsreise an. Eine Fahrt ins Ausland war in diesen Kriegszeiten so gut wie ausgeschlossen, daher begnügten wir uns mit einigen Tagen in Zürich.

Bald darauf nahm Käthi die für sie völlig neue Tätigkeit einer Hausfrau auf, in der kleinen Wohnung des Ökonomiegebäudes im Tierpark. Was für eine kolossale Umstellung mußte das für diese junge Akademikerin bedeutet haben! Aber sie bestand diesen Wechsel mit Auszeichnung. Ich meinerseits bemühte mich, mein Junggesellenleben zu modifizieren. So galt es u. a., die mit Büchern vollgestopfte Küche zu räumen und überhaupt im Haus ein wenig für Ordnung zu sorgen.

Für mich hatte es zum Beispiel einen besonderen Reiz gehabt, daß dieses Haus von zwei Rattenarten bewohnt war: In den Kellerräumen hausten Wanderratten (Rattus norvegicus), welche durch die offenen Stalltüren freien Zugang von der Aare und vom Dalmazi-Kanal her hatten. Wanderratten sind vorzügliche Schwimmer und Bewohner der feuchten Kanalsysteme und Keller. Hausratten (Rattus rattus) hingegen ziehen trockene Estrichräume vor und sind vorzügliche Kletterer. Mit ihren rosigen Ohren und ihrem feinen grauen Pelz sind sie auch viel hübscher und appetitlicher als ihre Verwandten.

Beide bildeten für mich einen interessanten Fall von Biotop-Überlage-

Das neue Dienstgebäude im Dählhölzli, in dem sich meine Wohnung befand, wurde von zwei Rattenarten bewohnt: In den Kellerräumen hausten Wanderratten (links), im trockenen Estrich hingegen die seltenen, langschwänzigen Hausratten (rechts), mit denen ich viele Museen versorgen konnte. Es handelte sich um zwei völlig getrennte, übereinander gelagerte Biotope nahe verwandter Arten.

rung. Ich habe es nie wieder erlebt, daß im gleichen Haus beide Arten sozusagen friedlich übereinander leben, und daher hatte ich namentlich die eher seltenen Hausratten gewähren lassen. Sie gaben mir Anlaß zu einer besonderen Publikation (1941), und verschiedene Museen und zoologische Sammlungen wollten von mir mit Hausratten versorgt werden.

Nun aber wurde unser Wohnhaus im Dählhölzli von Ratten gesäubert. Auch ganz andere Tiere galt es auszusiedeln, die bisher bei mir Gastrecht genossen hatten: eine Gruppe von Pfauen, die sich nicht nur tagsüber, sondern auch nachts auf dem Balkongeländer unmittelbar vor meinem Schlafzimmer aufhielt.

Für mich waren die alles beobachtenden Pfauen willkommene Wachhunde. Wenn ich zum Beispiel im Sommer zur Vorlesung nach Basel oder zu einem Vortrag verreiste und erst um Mitternacht zurückkehrte, konnte ich das Fenster meines Schlafzimmers stets offen lassen. Niemals ist mir nur eine Kleinigkeit abhanden gekommen. Im Gegenteil: Einmal fand ich bei meiner Heimkehr eine Puppe in meinem Bett. Einigen Mädchen, die mit der Umgebung einigermaßen vertraut waren, war es gelungen, die Pfauenbarriere zu durchbrechen.

Doch die frühmorgendlichen Rufe der Pfauen im Frühjahr und im Sommer waren ohrenbetäubend. Mich störten sie zwar nicht, aber aus Rücksicht auf meine Frau mußte dies begreiflicherweise aufhören. Ich befand mich dabei übrigens in bester Gesellschaft: Damals hatte Bundesrat Minger von Verehrern ein Pfauenpaar geschenkt bekommen, das auf seinem Bauernhof in Schüpfen angesiedelt wurde. Ihr durchdringendes Geschrei machte die Vögel aber selbst in der bäuerlichen Umgebung unausstehlich, und der Bundesrat sah sich gezwungen, sich von den prachtvollen Schreihälsen zu trennen.

Ich erhielt den Auftrag, die lästigen Vögel in Schüpfen abzuholen und requirierte für diese Dienstreise den Wagen des Bärenpflegers, da der Tierpark kein Auto zur Verfügung hatte. Der Bären-Herrscher benutzte die Gelegenheit, seine mehr oder weniger am Weg liegenden Kunden mit Bärenfett zu versehen, und so kam es schließlich zu einer feuchtfröhlichen Reise – allerdings nicht zu vergleichen mit den zweiwöchigen Festivitäten, die jeweils stattfanden, wenn ein eingeweihter Kreis im Emmental neue Kletterbäume für die Bären zu beschaffen hatte.

Im November 1942 erhielt ich dank der Bemühungen der Professoren Portmann und Geigy einen Lehrauftrag an der Universität Basel, wodurch mein bescheidenes Einkommen als Tierparkverwalter etwas aufgebessert wurde. Wiederholt kamen die beiden auch zu uns auf Besuch, und während unserer Basler Aufenthalte waren wir mehrmals im »Bäumlihof« bei Geigys eingeladen.

Die beiden Professoren bereiteten nun meine Ernennung zum Außerordentlichen Professor vor, die mich schließlich aber doch überraschte: In der Frühe des 13. November 1943 erhielt ich einen Telefonanruf von einem mir unbekannten Versicherungsagenten: »Guten Tag Herr Professor!« Ich entgegnete: »Hier ist Dr. Hediger.« »Nein«, erwiderte er, er habe es soeben am Radio vernommen und wolle mir die erfreuliche Mitteilung meiner akademischen Beförderung gleich durchgeben. Die offizielle Mitteilung kam erst einige Tage später.

Noch eine Überraschung, die mich nicht wenig beeindruckte, erlebte ich: Der Tierpfleger, der seinen Kollegen Schindelholz und mich wiederholt mit dem Tode bedroht hatte und den ich schließlich losgeworden war, meldete

Die Dienstwohnung im Tierpark Dählhölzli bot mir willkommene Gelegenheit, das Leben der Pfauen aus nächster Nähe kennenzulernen. Jedes ungewohnte Geräusch wurde von den wachsamen Vögeln innerhalb eines Sekundenbruchteils mit durchdringenden Rufen quittiert. So dienten sie auch als zuverlässige Wächter.

sich unerwartet bei mir, um sich in aller Form zu entschuldigen. Mehr als zehn Jahre später machte er mir auch in Zürich einen Höflichkeitsbesuch. Der Kern eines Gentlemans in einer wahrhaft rauhen Schale!

Manchmal begleitete mich meine Frau auf meine Vortragsreisen, einmal zum Beispiel nach Brig, wo ich vor den Oberwalliser Wildhütern sprechen sollte, auf Einladung des damals sehr bekannten Naturschutzpioniers Oberst Eduard Tenger, eines alten Freundes der Familie meiner Frau. Nach dem Vortrag fuhr man nach Blatten und stieg zum Übernachten nach Belalp auf. Am folgenden Tag stiegen wir zum Aletschgletscher ab. Das war meine erste Begegnung mit einem Gletscher, und dabei wurde mir klar, was es heißt, im Berner Oberland oder in Basel geboren zu sein. Während mir die grünen Abgründe der tiefen Gletscherspalten echte Angst einflößten, hüpfte meine Frau wie eine Gemse über die gähnenden Abgründe, die mir lebensgefährlich erschienen.

Ich erinnerte mich an den von mir

geprägten Begriff »Psychotop«, der besagt, daß Tiere und Menschen nicht nur physiologisch und ökologisch an ihren Lebensraum angepaßt sind, sondern auch psychologisch. Zum Biotop gehört also der Psychotop, die psychologische Angepaßtheit an einen bestimmten Lebensraum. In Afrika fand ich, daß zum Beispiel europäische Prospektoren im tropischen Regenwald schon nach wenigen Tagen einen psychischen »Knacks« erleiden, den sie erst bei Erreichen der nächsten Lichtung loswerden. Bei den Pygmäen ist es umgekehrt. Sie fühlen sich nur im dichtesten Urwald wohl und meiden ängstlich die offene Landschaft.

Ich muß bei unserer Gletschertour einen erbärmlichen Eindruck gemacht haben. Meine Frau hingegen war mit Gletschern vertraut. Sie ging in Interlaken zur Schule; ihr Vater stammte aus der Gegend und war Rechtsanwalt. Dessen Vater war Staatsanwalt des Berner Oberlandes, der Großvater mütterlicherseits Stadtbaumeister in Bern. Nach der Scheidung zog Frau Zurbuchen nach Bern, aber in den Chromosomen ihrer Tochter, meiner Frau, war die Alpenwelt offenbar fest verankert. Sie brauchte ihre Berge; das zeigte sich erneut bei unserem Umzug nach Basel, wo sie sich eigentlich nie hundertprozentig wohl fühlte, wie sich nachträglich herausstellte.

Dieser Umzug stand schon bald bevor – rascher, als mir eigentlich lieb war. Aber meine Basler Freunde hatten es eilig mit meinem Antritt im Basler Zoo. Einen Zoo in Kriegszeiten zu übernehmen, war nicht besonders verlockend. Da waren zum Beispiel die Schwierigkeiten der Futterversorgung, das Fernbleiben der Besucher aus der badischen und elsässischen Nachbarschaft, die militärdienstbedingte Abwesenheit vieler Tierpfleger (und von mir selber), die allgemeine Geldknappheit und der Mangel an Baumaterial. Vor allem aber war das Darniederliegen des internationalen Tierhandels nicht sehr ermunternd. Professor Geigy hatte aber einen besonderen Grund, mich möglichst bald nach Basel zu holen. Er hatte nicht zuletzt wegen der kriegsbedingten Isoliertheit der Schweiz 1943 sein Tropeninstitut gegründet und wollte mich mit Vorlesungen über Tropenzoologie beauftragen. Damit mußte ich schon im Januar 1944 beginnen, und im Mai sollte ich als Zoodirektor anfangen. Ich mußte schleunigst meine Kündigung in Bern einreichen. Über diese freute sich hauptsächlich der Baudirektor. Während meiner sechsjährigen Tätigkeit im Dählhölzli hatte ich viele Freunde gewonnen, und die Stadt samt ihrer schönen Umgebung war mir lieb geworden.

Zunächst galt es, einen Nachfolger zu finden, und ich sollte bei der Suche behilflich sein. Eine große Zahl von Bewerbern hatte sich gemeldet, darunter Amateur-Ornithologen, Hunde- und Kaninchenzüchter, Aquarienliebhaber u. a. Bald wurde es klar, daß nur ein Kandidat ernsthaft in Frage kam, nämlich Frau Professor Dr. Monika Meyer-Holzapfel, die Tochter des berühmten Philosophen und Begründers des Panidealismus, Rudolf Maria Holzapfel.

Sie hatte bei Professor Baltzer an der Universität Bern Zoologie studiert und war durch zahlreiche tierpsychologische Arbeiten international bekannt geworden, u. a. durch die Untersuchung von Bewegungsstereotypien bei verschiedenen Zootieren in Amsterdam, Basel, Paris usw. Auch ihre Arbeiten über Markierungs- und Spielverhalten und viele andere hatten in Fachkreisen Anerkennung gefunden. Wir kannten uns seit vielen Jahren und hatten zeitweise eng zusammengearbeitet.

Einige Berner störte es zwar, daß eine Frau die Leitung ihres Tierparks übernehmen sollte, doch fiel es nicht schwer, diese Bedenken mit dem Hinweis zu zerstreuen, daß nicht nur berühmte zoologische Gärten, sondern sogar der Berner Bärengraben während einiger Zeit unter dem Management einer Frau gestanden hatten. Daß der Berliner Zoo in der schwierigen Nachkriegszeit eine Direktorin, Frau Dr. Katharina Heinroth, hatte, wurde bereits erwähnt. Aber auch in Amerika gab es Beispiele von Zoodirektorinnen, so etwa Julie Allen Field in Miami und Belle J. Benchley in San Diego.

Frau Professor Meyer-Holzapfel, die am Zoologischen Institut der Universität die Tierpsychologie vertrat, wurde mit Glanz zur Leiterin des Städtischen Tierparks gewählt und hat dieses Amt mit großem Erfolg vom 1. Mai 1944 bis zu ihrer Pensionierung im Jahre 1969 versehen. Behörden und Bevölkerung sahen ein, daß ein öffentlicher Tierpark nicht mehr nur Erholungsraum sein darf, sondern darüber hinaus auch der volkstümlichen Belehrung und der Forschung dienen muß.

So konnten meine Frau und ich getrost unseren Hausrat packen und direkt nach Basel in den Zoo übersiedeln – in einen richtigen Zoo, in dem auch viele exotische Tiere lebten, die ich bis anhin vermißt hatte.

Neun Jahre Zoologischer Garten Basel (1944–1953) – Kongo und USA

Zoologische Gärten an der Wende

Unmittelbar vor meinem Amtsantritt am 1. Mai 1944 zogen meine Frau und ich in das kleine Haus im Zoo ein, das von 1874 bis 1930 als Verwaltungs- und Kassagebäude gedient hatte. Dort hatte ich als Kind jeweils dem gestrengen Herrn Verwalter oder seiner Frau das Abonnement vorgewiesen.

1930 war der Zoo wesentlich erweitert worden, so daß das Eingangsgebäude ins Innere des Zoos zu liegen kam. Aus dem Kassenraum mit Billettschalter wurde später unser Eßzimmer, und im alten Orang-Utan-Käfig, in dem ich als Kind die roten Menschenaffen bestaunt hatte, saß ich nun selber: der Käfig wurde zu meinem Arbeits- und Bibliothekzimmer umgestaltet. In dem kleinen Anbau, wo ursprünglich »Miss Kumbuk«, der erste Elefant, gehaust hatte und später die Papageien und Kakadus ihr Quartier hatten, war kurz vor unserem Einzug vom Sohn meines Vorgängers, Walter Wendnagel, ein hübsches, kleines Aquarium eingerichtet worden. Wenn meine Frau und ich abends Gäste hatten, bildete der Besuch des Aquariums, zu dem wir durch mein Arbeitszimmer direkten Zugang hatten, oft eine nette Überraschung.

Mein Vorgänger, Adolf Wendnagel-Dubied, hatte den Zolli während der 30 Jahre vor mir geleitet und gestaltet. Er war ein leidenschaftlicher Vogelliebhaber und Vogelschützer von so hervorragender Qualität, daß er 1913 durch den damaligen Verwaltungsratspräsidenten Rudolf Merian zum Zoodirektor ernannt worden war. In meinen Augen war Wendnagel ein Vertreter der alten Schule, ein sehr begabter Praktiker, aber kein Zoologe.

Bei meinem Amtsantritt fand ich in Basel – im Gegensatz zum Dählhölzli – einen ansehnlichen Stab von gut ausgebildeten, erfahrenen Tierpflegern und Handwerkern, mit denen ich keinerlei Schwierigkeiten hatte. Mein direkter Vorgesetzter war Professor Rudolf Geigy, Präsident des Verwaltungsrates; Professor Portmann war Präsident des Vereins zur Förderung des Zoologischen Gartens. Ich hatte also keinerlei personelle Probleme, weder nach oben noch nach unten. Der Sohn meines Vorgängers, Walter Wendnagel, war – wie es sein Vater gewesen war – ein gewiegter Praktiker, der auch die gesamte Buchhaltung und das Lohnwesen besorgte. So sah ich meine Aufgabe darin, den Betrieb durch geringfügige Retouchen den Anforderungen der von mir begründeten Tiergartenbiologie anzupassen, die Öffentlichkeitsarbeit zu intensivieren und eine wissenschaftliche Tätigkeit zu entfalten. Einem Acht-Stunden-Arbeitstag war dieser Aufgabenkreis allerdings nicht förderlich, und meine Frau wurde oft vor harte Geduldsproben gestellt.

In Bern war mir klar geworden, wie wichtig die Beziehungen zur Presse für den Zoo sind. Dort kamen von Zeit zu Zeit Vertreter der verschiedenen Tageszeitungen und wünschten eine Spezialführung mit möglichst vielen exklusiven Informationen. Das war nicht nur außerordentlich zeitraubend, sondern auch sehr unbefriedigend, weil die einzelnen Zeitungen oft das Gefühl hatten, weniger zuvorkommend behandelt zu werden als die Konkurrenz.

Aufgrund dieser Erfahrungen führte ich in Basel sofort den »Presse-Aperitif« ein, eine Einrichtung, die dort bis heute beibehalten worden ist und sich später auch im Zürcher Zoo bewährte; ich empfahl sie auch mehreren ausländischen Tiergärten.

Die Grundidee dieser »Erfindung« bestand darin, den verschiedenen Presseorganen gleiche Chancen zu geben. Die Pressevertreter wurden jeden Monat an einem bestimmten Tag – in Basel war es der dritte Mittwoch im Monat – auf elf Uhr eingeladen. Während der ersten halben Stunde führte ich irgendeine Neuheit vor – am liebsten natürlich ein neugeborenes oder neu angeschafftes Tier, ein besonderes Verhalten oder eine neue Anlage. Dann saß ich mit den Journalisten, Reportern und Fotografen noch eine weitere halbe Stunde beim Aperitif im Zoorestaurant zusammen, um die kurzen Ausführungen zu ergänzen und allfällige Fragen zu beantworten.

So kam es bald zu einem guten Kontakt und einer fairen Zusammenarbeit. Ich meinerseits versprach, alle Fragen nach bestem Wissen und Gewissen zu beantworten und keinerlei Geheimnisse zu verbergen. In einem Zoo gibt es nicht nur erfreuliche Geburten, sondern auch bedauerliche Todesfälle. Diese sind sogar verhältnismäßig häufig, weil die meisten Tiere eine wesentlich kürzere Lebensdauer haben als der langlebige Mensch.

Während der rund dreißig Jahre, in denen ich oder ein Stellvertreter den monatlichen Presse-Aperitif durchführten, wurde ich eigentlich nie enttäuscht. Die Pressevertreter – es waren oft jahrzehntelang dieselben – lernten auch die Schwierigkeiten der Wildtierhaltung im Zoo kennen und brachten Verständnis auf für unvermeidbare Unfälle und Rückschläge, die sie nicht unnötig breitschlugen. Sie hatten auch bald begriffen, daß es mir bei diesen Pressezusammenkünften nicht darum ging, mich selber ins Rampenlicht zu stellen, sondern ausschließlich darum, sachliche, wenn möglich interessante, anregende Information ins Publikum zu tragen und dadurch neue Freunde für den Zoo, für das Tier überhaupt, zu gewinnen.

Abgesehen vom Presse-Aperitif wurden alle interessierten Zeitungen auch mit monatlichen Kurzartikeln bedient unter dem Titel »Was es nur im Basler Zolli gibt«. Diese Beiträge waren numeriert und wurden, wie man mir berichtete, von nicht wenigen Zoofreunden gesammelt. Ab 1944 wurden die Jahresberichte, die bisher reine Geschäftsberichte gewesen waren, regelmäßig durch biologische Themen bereichert, beginnend mit einer Darstellung der Zucht von Fleckenhyänen im Basler Zolli.

Extreme Sparsamkeit wurde von mir auch in bezug auf die Futterkosten verlangt. Das hatte zur Folge, daß viel Fleisch von tuberkulösen Rindern verfüttert werden mußte. Daher war damals bei vielen Tieren und bei einigen Tierpflegern Tuberkulose anzutreffen. Die Fleischkosten suchte mein Vorgänger (wie übrigens auch der Zürcher Zoo bis 1954) dadurch tief zu halten, daß viele Katzen und Hunde, die von Besuchern gegen freien Eintritt abgeliefert wurden, als Futter Verwendung fanden. Mitunter gab es Schwierigkeiten, wenn sich hinterher herausstellte, daß der Überbringer einer Katze oder eines Hundes gar nicht der Besitzer war, sondern jemand, der sich damit einen freien Eintritt in den Zoo verschaffen wollte.

Die Felle der getöteten Katzen und Hunde wurden verkauft, vor allem aber wurde das Hundefett ausgewertet. Ich beendete bei meinem Amtsantritt sofort diese Massentötung von Heimtieren. Nach meiner Auffassung soll ein Zoo nicht eine Schlächterei für überzählige Heimtiere, sondern ein Zentrum für die Ausstrahlung von Tierkunde und Tierliebe sein.

Das Abschießen unerwünscht gewordener Hunde war übrigens nicht immer ungefährlich. So berichtet Dr. Fritz Sarasin, der damalige Präsident des Verwaltungsrates, in seiner »Geschichte des Zoologischen Gartens in Basel 1874–1924« (S. 29), daß 1906 ein Tierpfleger durch eine abprallende Kugel den Tod fand. Früher schon war in Basel ein Pfleger durch einen Eber und ein anderer durch einen Wapitihirsch getötet worden. Daß 1923 ein Tierpfleger durch eine Elefantenkuh ums Leben kam, habe ich bereits früher erwähnt. Kaum ein Zoo bleibt auf die Dauer ganz von tödlichen Unfällen verschont. Ich bin daher sehr dankbar, daß ich während meiner 35jährigen Zoopraxis nie einen Tierpfleger durch einen tödlichen Unfall verloren habe. Teilweise ist dies wohl darauf zurückzuführen, daß ich immer außerordentlich vorsichtig war und auch meine Mitarbeiter stets zu größter Vorsicht ermahnte. Das hat mir oft den Vorwurf übertriebener Ängstlichkeit eingetragen – aber den nehme ich gerne entgegen.

Nicht nur die alten, von Ratten zernagten Tierhäuser und die Futtermethoden galt es zu erneuern, sondern eine durchgreifende Biologisierung des gesamten Betriebes war dringend. Mit Recht führte Professor Geigy in einem Vortrag an der Generalversammlung des Basler Verkehrsvereins u. a. aus: »Die Schlachteinrichtung und die Möglichkeit der Futteraufbewahrung sind mehr als mangelhaft, die Wärterräume durchaus ungenügend, das Elefantenhaus zu klein, das Raubtierhaus baufällig, die Ausläufe des Antilopen- und Giraffenhauses... viel zu eng, die Menschenaffenanlage ungeeignet; das im Krieg im alten Papageienhaus eingerichtete Aquarium stellt lediglich ein Provisorium dar; wir besitzen nicht einmal ein Laboratorium, wo wissenschaftliche Mitarbeiter des Gartens ihren Arbeiten obliegen können.« Diese Beanstandung hätte man übrigens – fast wörtlich – auch beim Zürcher Zoo zehn Jahre später anbringen können. Die zoologischen Gärten befanden sich nach der Kriegszeit an einer entscheidenden Wende. Die »alte Schule« wurde von einer neuen abgelöst, d. h., die Haltung von Wildtieren wurde allmählich auf ein wissenschaftliches Niveau gehoben. Die Tiergartenbiologie, ein neuer Zweig der Biologie, war entstanden.

Aber wir eilen der Zeit voraus. Bei meinem Antritt im Basler Zoo (1944) waren wir ja noch mitten im Krieg. An bauliche Sanierungen war einstweilen nicht zu denken. Die Finanzen waren auf einem Tiefpunkt, ebenso der Tierbestand. Ich fand bei meinem Antritt weder Menschenaffen noch Giraffen noch Seelöwen vor. Alle diese Tiere und noch viele andere waren gestorben und konnten während des Krieges nicht ersetzt werden. In den leeren Menschenaffenkäfigen mußte ich junge Bären oder Hyänen zeigen, im Seelöwenbecken Kormorane, statt Giraffen eine einzelne Elenantilope.

Das bedeutete jedoch keineswegs eine Arbeitsreduktion. Durch Führungen, Vorträge und Veröffentlichungen versuchte ich, das Interesse am Zoo in der Bevölkerung zu erhalten und zu steigern und damit auch die Zahl der zahlenden Besucher. Ich veranstaltete Sonderschauen, zum Beispiel »Tiere im Winterschlaf«, was damals ein Novum war. In einem kühlen, düsteren Nebenraum der Wolfsanlage wurden Murmeltiere, Siebenschläfer, Igel, Fledermäuse und andere Winterschläfer mit entsprechender Information ausge-

Von Zeit zu Zeit wurde die routinemäßige Morgeninspektion im Zoo durch unerwartete »Zutaten« bereichert, so z. B. als ich bei regnerischem Wetter bei der ehemaligen Eulenburg auf eine merkwürdige, etwa kleinfingerlange Schnecke stieß, eine Testacella. Sie hat eine winzige Schale auf dem Hinterende und ist das einzige Exemplar, das ich je gefunden habe und das mich veranlaßte, nebenbei die Wunderwelt der Schnecken zu studieren.

stellt. Eine andere Ausstellung hieß »Futter für einen Tag«. Im geräumigen Pflanzenkeller waren die Tagesrationen für die Maus bis zum Elefanten, für den Löwen bis zum Rotkehlchen zu sehen. Dieses Buffet der Zootiere mit den entsprechenden Menukarten stieß beim Publikum auf erhebliches Interesse und war mit keinen Extrakosten verbunden.

Die allmorgendliche Zooinspektion machte ich, wenn möglich, in Begleitung von Walter Wendnagel und Dr. Ernst Lang, der kurz vor mir als Zootierarzt verpflichtet worden war und vorher eine Landpraxis in Andermatt betrieben hatte. Es dauerte einige Wochen, bis ich den Zoo bis in den hintersten Winkel der Lagerräume und Werkstätten kennengelernt hatte. Bald gab es wieder militärische Zwischenspiele. Einmal wurde ich für einige Tage ins Kriegshundelager nach Bex aufgeboten, weil im Meldehundewesen unserer Armee ein Problem aufgetaucht war: Die Rüden ließen sich durch läufige Hündinnen immer wieder von ihrem vorgeschriebenen Kurs abbringen, und damals war man in der Hormonbehandlung der Läufigkeit noch nicht sehr fortgeschritten.

Vor dem Wintersemester hatte ich wieder für eineinhalb Monate einzurücken. Es handelte sich vorwiegend um Bewachungsdienst, zunächst bei der länderverbindenden Eisenbahnbrücke in Birsfelden. Wir hatten die Gewehre geladen und den Befehl erhalten, sofort zu schießen, wenn jemand auf »Halt!« nicht stillstand. Damals war ein sehr bedeutender Theologe aus Deutschland unserer Einheit zugeteilt, der darauf bestanden hatte, wie jeder andere Schweizer Bürger seine vaterländische Pflicht zu erfüllen.

Eines Nachts krachte ein Schuß, was sofortigen Alarm auslöste. Was war geschehen? Der Theologieprofessor hatte bei seinem Patrouillengang auf der Brücke im Halbdunkel eine Gestalt vorbeihuschen sehen und befehlsmäßig geschossen, als sie auf Anruf nicht gleich stillgestanden war. Eine sorgfältige Rekonstruktion des Vorfalls ergab, daß der eifrige Vaterlandsverteidiger auf seinen eigenen Schatten geschossen hatte. Daraufhin wurde er vom bewaffneten Dienst dispensiert und zum Feldprediger ehrenhalber befördert. Die schamlosen Hänseleien von seiten seiner schadenfreudigen Kameraden konnten ihm nicht länger zugemutet werden.

Wohl durch reinen Zufall wurde die Gruppe, der ich angehörte, zur Bewachung jener Eisenbahnbrücke abkommandiert, die vom Elsässerbahnhof über den Birsig in Richtung Mülhausen führt. Diese Brücke trennt den alten Zoo vom 1939 neu hinzugekommenen Sautergarten; beide Teile sind durch eine Unterführung miteinander verbunden. Ich konnte also von meinem Posten aus verschiedene Tiere sehen und hören. Von Zeit zu Zeit tauchten hinter den Zoomauern auch die grinsenden Gesichter einiger Tierpfleger auf, die ihren neuen Chef als HD-Soldat im strengen Dienst besichtigen wollten. Gelegentlich winkte auch meine Frau über die Zoogrenze zu mir herüber.

Während viele ausländische Zoos durch Bomben schwer beschädigt oder ganz zerstört worden waren, blieb der Zolli von direkten Kriegseinwirkungen zum Glück verschont. Nur ein kleiner Bombensplitter war auf die Ponywiese gefallen.

Zu den vielen Programmpunkten, die ich mir für Basel vorgenommen hatte, gehörte auch das Studium des bisher rätselhaften Elefantenschlafs. Im Zolli lebten damals die Afrikanische Elefantenkuh »Matadi« und die Indische »Mary«; beide bewohnten denselben Stall in dem altmodischen Haus mit Eisenstangen und ohne Bad. Aber so oft ich versuchte, nachts die beiden Tiere im Schlaf zu überraschen, wurde ich enttäuscht – auch wenn ich den Türschlüssel noch so leise drehte und mich auf Zehenspitzen anschlich. Immer hörten mich die Tiere und standen auf, so daß ich sie nicht im Schlaf zu sehen bekam. Mit dem leichten Schlaf dieser Riesentiere hatte es jedenfalls seine Richtigkeit. Nächtliche Störungen waren die beiden Elefanten nicht gewohnt, denn aus Sparsamkeitsgründen war damals im Basler Zolli (und auch im Zürcher Zoo) kein Nachtwächter beschäftigt.

Anders die Elefanten beim Circus Knie, wie ich feststellen konnte. Weil der Zirkus Sarrasani auf seiner Tournee in Belgien einer Brandkatastrophe zum Opfer gefallen war, hatte der Circus Knie fünfzehn Indische Elefanten von diesem Unternehmen übernommen und brachte sie auch zu seinem Gastspiel in Basel mit. Diese imposante Gruppe war nachts in einem besonderen Zelt aufgereiht, und Rolf Knie gestattete mir, eine Nacht darin zu verbringen. Diese Zirkustiere waren an die regelmäßigen Rundgänge eines Nachtwächters und an allerlei Lärm gewöhnt, so daß sie sich in ihren Schlafgewohnheiten durch die Anwesenheit von Rolf Knie und mir in keiner Weise stören ließen. Auf diesen bescheidenen Beobachtungen haben später gründliche Untersuchungen aufgebaut, zum Beispiel jene von Fred Kurt (1960). – Die Schlafgewohnheiten der Wildtiere haben mich während meines ganzen späteren Lebens immer wieder beschäftigt und in mehreren Veröffentlichungen ihren Niederschlag gefun-

Nicht nur aktive, sondern auch schlafende Tiere verdienen unser Interesse. Auch im Zoo schlafen nach meiner Erfahrung nie alle Individuen einer Gruppe gleichzeitig. Wie an dem schlafenden Zebra zu sehen ist, verläuft entlang dem Bauch eine dunkle Mittellinie. Das ruhende Tier im Vordergrund zeigt die für Pferdeartige typische Entlastung eines Hinterbeins, wie dies bei Giraffen niemals vorkommen soll.

den (zum Beispiel 1955, 1959, 1969, 1972, 1975, 1980, 1983, 1985).

Mich interessierte nicht nur das aktive Tier, sondern ebenso das schlafende, das vom Zoopublikum wie auch von der Forschung so lange übergangen wurde. Heute, nachdem feststeht, daß viele Tiere, namentlich Säuger und Vögel, auch träumen, kommt dem schlafenden Tier ein bedeutend höheres Interesse zu. Daran teilzuhaben sollte auch dem Zoobesucher vermehrt Gelegenheit geboten werden. Erst viel später, nämlich 1970, konnte ich im Zürcher Zoo eine Anlage für Fischotter realisieren, welche dem Besucher Einblick in den gut gepolsterten, trockenen, schwach beleuchteten Schlafraum bietet.

In Basel war während der Kriegszeit natürlich nicht ans Bauen zu denken. Auch in wissenschaftlicher Hinsicht mußte ich mit bescheidensten Mitteln auskommen. So beschränkte ich mich auf einfaches Beobachten ohne kostspielige Apparate und Einrichtungen.

Schon damit hatte ich alle Hände voll zu tun. Wo lebende Tiere sind, gibt es für mich keine langweilige Minute. So entstanden in jener Zeit ausführliche Arbeiten zum Beispiel über »Die Bedeutung von Miktion und Defäkation bei Wildtieren« (1944), über das Raum-Zeit-System der Tiere (1946) und über Säugetierterritorien und ihre Markierung (1949).

Die ersterwähnte Arbeit behandelte die Harn- und Kotabgabe von Zootieren. Wer wollte sich schon mit derartigem beschäftigen! Aber der tägliche Rundgang durch den Zoo und die Inspektion der vielen Käfige und Gehege bestätigten in mir die Überzeugung, daß die Abgabe von Harn und Kot keineswegs nur notwendige Stoffwechselabläufe darstellen, sondern darüber hinaus Tätigkeiten von größter biologischer und psychologischer Bedeutung sein können – genau wie beim Menschen.

So mußte zum Beispiel auffallen, daß es in diesem Zusammenhang zwei Typen gab: den diffusen und den lokalisierten. Das heißt, es gibt Tiere, welche ihre Stoffwechselschlacken scheinbar völlig regellos von sich geben, wo sie sich gerade befinden (beispielsweise Rentiere). Das hat praktische Folgen: Die Gehege solcher Tiere vom diffusen Typ müssen auf ihrer ganzen Fläche gereinigt werden. Tiere mit lokalisierter Kotabgabe (etwa Lamas) machen es dem Pfleger leichter, weil sie Kot und Harn an ganz bestimmten Stellen absetzen, die mit wenigen Besenstrichen sauber zu halten sind.

Natürlich haben diese beiden Typen für ihr Verhalten tief wurzelnde biologische Hintergründe, auf die hier nicht näher eingegangen werden kann. Kot und Harn können – vom Stoffwechsel ganz abgesehen – wichtige biologische Sinnträger sein wie beim Menschen (Bettnässen, Hosennässen usw.). Im Tierreich dienen sie oft der Markierung des Territoriums oder sind Ausdrucksphänomene. Diarrhöe kann die Folge von gefährlichem Parasitenbefall oder von einem psychischen Trauma sein. Das sind nur einige Andeutungen.

Mit meiner Arbeit über das Raum-Zeit-System der Tiere wollte ich zeigen, daß die Tiere – auch im Freileben – nicht »in den Tag hinein« leben, sondern daß ihre Tätigkeiten nach Raum und Zeit geregelt, oft unerbittlich streng bestimmt sind. Von Freiheit ist auch im sogenannten Freileben keine Rede, vielmehr ist jede Tätigkeit strengen Gesetzmäßigkeiten unterworfen, sowohl innerhalb des Tages- als auch des Jahresrhythmus.

Diese Einsicht ist u. a. wichtig für die Beurteilung dessen, was man früher mit den beiden Stichworten Freiheit und Gefangenschaft zu bezeichnen pflegte. Wie ich in einem der folgenden Kapitel zeigen werde, ist dieser Dualismus, diese einfache Zweiteilung, längst überholt, weil heutzutage (1990) alle Tiere einem allumfassenden, menschlichen Management unterworfen sind, auch jene, welche man herkömmlicherweise als freilebend bezeichnet.

Am 23. April 1945 feierten meine Eltern in ihrem Haus an der Bundesstraße, wo ich aufgewachsen war, ihre goldene Hochzeit. Doch das Fest war überschattet durch allerlei traurige Umstände. Mein Vater hatte in letzter Zeit schwere finanzielle Rückschläge hinnehmen müssen und sah sich gezwungen, die Zuger Burg, mit der wir alle so stark verbunden waren, zu verkaufen. Die jährlichen Reparatur- und Restaurationsarbeiten an dem alten Haus waren untragbar geworden. Jedesmal, wenn die Familie im Frühling oder Vorsommer wieder einzog, nachdem das antike Gebäude den Winter über leer gestanden hatte, gab es schlimme Überraschungen, wie zum Beispiel den Einsturz eines Teils der Grabenmauer, tiefe Risse in den Wänden oder umfangreiche Schäden am Dach. Die Sanierung erforderte jedesmal Unsummen. Schließlich kaufte die Stadt Zug den historischen Bau für einen Pappenstiel. Später übernahm der Kanton die Burg und machte daraus nach mehreren Jahren weiteren Zerfalls das schöne Burgmuseum, das am 4. Dezember 1982 der Öffentlichkeit übergeben wurde.

Erfreulich und erlösend war die lang erhoffte Ausrufung des Weltfriedens am 8. Mai 1945, am Geburtstag meiner Mutter. Jetzt konnte man auch konkreter an die bitter nötige Erneuerung des Zoos denken, ans Planen, an den künftigen Ausbau. Allmählich öffneten sich die Grenzen wieder für die Korrespondenz, für Besuche und für den Tierhandel. Im September durfte ich Julian Huxley durch den Zoo führen; im Oktober war der Grönlandforscher Lauge Koch bei uns zu Gast.

Nur sehr zögernd setzte auch der Besuch aus der elsässischen und badischen Nachbarschaft wieder ein. Der

Zolli ist ja ein typischer Dreiländerzoo und auf den Zustrom aus den Nachbarstaaten Frankreich und Deutschland angewiesen. Zunächst hatten unsere Nachbarn aus den kriegführenden Ländern begreiflicherweise andere Sorgen; aber es war unverkennbar, daß – auch in den schwer zerbombten Städten – die zoologischen Gärten trotz ihrer bescheidenen oder gar kümmerlichen Tierbestände zu den bedeutsamsten Erholungsräumen fürs Publikum gehörten. Schließlich sind Tiere unmilitärisch und unpolitisch und weitgehend unbelastet von menschlicher Kriegsnot, und das wirkte irgendwie wohltuend.

Selbstverständlich waren auch sie mancherlei Restriktionen unterworfen, vor allem in bezug auf das Futter. Viele Huftiere mußten mit Roßkastanien und anderem Ersatzfutter versorgt werden. Südfrüchte und anderes Obst sowie Gemüse waren ganz vom Speisezettel verschwunden, ebenso Meerfische; Fleisch gab es nur noch in geringer Menge und von einer Qualität, die für Menschen ungenießbar war. Aber selbst während der schlimmsten Mangelzeiten gab es einzelne Besucher, die den Tieren eine Rübe zuwarfen oder ein Stückchen Zucker, das sie sich vom Mund abgespart hatten. Die Affen wurden mit Zucker sogar regelrecht überfüttert, was ihnen gar nicht zuträglich war.

Die mit Javaneraffen besetzte Felsenanlage in der Nähe des Eingangs fand in dieser Zeit besonderen Zuspruch. In der Begeisterung ließen die Damen, die auch noch auf ihre Kinder aufpassen mußten, oft ihre Handtaschen fallen. Bis ein Tierpfleger geholt war, beschäftigten sich die Affen zur großen Freude des Publikums mit dem Inhalt der Taschen – nicht nur mit Lippenstiften und Spiegeln, sondern auch mit Banknoten verschiedenster Währung. Wenn sie aber arglos die kostbaren Lebensmittelmarken zu zerzupfen begannen, sie zerknüllten und in ihre Backentaschen stopften oder als kleine Fetzchen in alle Winde zerstreuten, schlug die Stimmung im Publikum zuweilen um, besonders bei den direkt Betroffenen.

Solche Vorfälle veranlaßten uns damals, lebensgroße Karikaturen von Besuchern an der kreisrunden Innenwand der Affenanlage anbringen zu lassen, die drei »Hauptsünden« des Publikums darstellend, nämlich das Hineinspucken, das Hunterlassen von Schnüren (bzw. Heraufziehen der sich daran festhaltenden Tiere) und das fahrlässige Hinsetzen von Kindern auf die Brüstung. Diese Karikaturen waren zwar wirksamer als trockene Warntafeln oder Verbote, ideal ist diese Lösung indes keineswegs. Zudem hat es mir – trotz aller schlimmen Erfahrungen – immer widerstrebt, den Homo sapiens im Zoo als Karikatur zu präsentieren.

Das Zoopublikum zu vernünftigem und anständigem Betragen anzuhalten, ist ein echtes Problem der Tiergartenbiologie. Verbote alten Stils sind erfahrungsgemäß ungenügend, und außerdem sollte der Zoo als Erholungsraum und kulturelle Institution nicht durch Verbote verschandelt werden. Anschriften mit witzigem Text sind wirksamer als trockene Verbote – aber es sind immer noch Anschriften, die auffällig plaziert und gelesen werden müssen.

Bildliche Darstellungen sind besser als Texte. Sie müssen nicht gelesen werden und gelten für alle Sprachen, doch müssen auch sie in der Blickrichtung des Besuchers angebracht sein und stören dadurch den Blick auf das Wesentliche, nämlich auf das schöne, gesunde Tier und seine möglichst naturnahe Umgebung, auf den Biotop.

Das Ideal ist die Langzeitbehandlung des Publikums. Sie kann nicht übers Knie gebrochen werden, sondern be-

Dieser amerikanische Tapir war besonders empfänglich für Liebkosungen, wie das meine Frau Käthi hier zeigt. Dies gilt nicht für alle Tapire: Mein Vorvorgänger im Basler Zoo, Gottfried Hagmann, wurde von einem Tapir einmal heftig gebissen.

darf einer unentwegten, geduldigen Aufklärungsarbeit, die sich nicht auf den Zoo beschränken darf, sondern auch außerhalb wirken muß, durch die Medien, durch Vorträge usw. Auch Führungen und zooeigene Veröffentlichungen gehören in diesen wichtigen Aufgabenkreis. Das Publikum sollte die richtige Einstellung zum Zootier schon mitbringen.

Dies ist heute weitgehend der Fall. Aber in jenen Nachkriegsjahren, als viele aufs Vernichten und aufs Töten ausgerichtet waren, konnte man eine humane Haltung gegenüber dem Tier nicht ohne weiteres erwarten. Viele sahen in Tieren – zum Beispiel in Raubtieren – Feinde, gefräßige Ungeheuer, Schädlinge, die man necken, an denen man sich rächen, denen man das Leben sauer machen durfte. In Kriegsländern wurde in manchen Zoos mutwillig auf – gewiß unschuldige – Tiere geschossen. Aber auch im Zolli kam es zu Exzessen. Ich werde nie jenen (Schweizer) Soldaten vergessen, der im alten Raubtierhaus die Barriere überstieg, sein blankes Bajonett lärmend an den Eisenstäben des Hyänenkäfigs hin und her zog und damit die Tiere in Panik versetzte.

Seither hat sich zum Glück vieles gebessert. Die zoologischen Gärten, ihre interne und externe Arbeit, haben viel zu einer humaneren Einstellung gegenüber dem Tier beigetragen, eine Funktion, die von Außenstehenden oft ungenügend anerkannt wird. Für besonders wichtig in diesem Zusammenhang halte ich die Zooschule. Ohne eine solche ist ein Zoo eigentlich kein vollwertiger Zoo, und daher habe ich in Zürich jahrelang um einen Zoolehrer gekämpft. Erst meinem Nachfolger war es vergönnt, einen solchen anstellen zu können. Ich selber war während meiner Zeit als Zoodirektor in Zürich nebenbei auch am Oberseminar tätig. Zehn Jahre lang habe ich zweisemestrige Kurse über Tiergartenbiologie und Tierpsychologie erteilt, mit recht erfreulichem Erfolg.

In der Kriegs- und unmittelbaren Nachkriegszeit in Basel war an einen Zoolehrer oder gar an eine Zooschule nicht zu denken. Andere Sorgen waren vorherrschend, vor allem die Erhaltung und Ergänzung des Tierbestandes, die Rattenbekämpfung und, im Zusammenhang damit, die Entfernung alter, zerfallener Ställe und die allgemeine Sanierung. Unabhängig davon war das nach Möglichkeit auszubauen, was man heute als PR-Tätigkeit bezeichnen würde: Führungen, Veröffentlichun-

Meine Frau mit dem ersten in der Schweiz geschlüpften Afrikanischen Strauß (Zoo Basel, Juni 1944).

gen, Vorträge, Radioreportagen usw. Dazu kamen die Vorlesungen an der Universität und am Tropeninstitut. Dieses war von Professor Geigy 1943 in einer ehemaligen Privatklinik eröffnet worden, und es war im Hinblick auf die sich öffnenden Grenzen – auch in tropische Länder – mit einer sich rasch ausweitenden Tätigkeit zu rechnen.

Dieses Institut schuf auch eine eigene Zeitschrift: die »Acta tropica«, und es lag Professor Geigy daran, auch eine Art zoologische Wegleitung für künftige Tropenreisende herauszubringen. Nach der jahrelangen, kriegsbedingten Isolierung waren viele Tropenkandidaten – zum Beispiel Farmer, Ärzte, Unternehmer, Regierungsbeauftragte, Missionare – begreiflicherweise voreingenommen durch die Jagd- und Abenteuerberichte der Vorkriegszeit und hatten entsprechend groteske Vorstellungen von der Gefährlichkeit hauptsächlich von Raub- und Gifttieren, aber auch von der fast sprichwörtlichen Angriffslust von Nashörnern und Büffeln. Die allermeisten dieser Tiere werden dem Menschen aber nur gefährlich, wenn er sie anschießt oder sonstwie bedroht.

Ich sollte also eine Art Kompendium schreiben, in welchem Tropenreisende eine sachliche Charakterisierung der wichtigsten Vertreter der tropischen Tierwelt und ihres Verhaltens finden würden. Es war mir ein Anliegen, in dieser Schrift zu zeigen, daß gerade auch die als gefährlich geltenden Großraubtiere sowie Elefanten und Nashörner vor der Annäherung des Menschen zurückweichen, d. h. vor ihm, ihrem Hauptfeind, eine ausgesprochene Fluchttendenz zeigen. Was die Gifttiere anbetrifft, so verhält es sich keineswegs so, daß sie nur darauf warten, den nächstbesten Menschen zu beißen. Auch sie suchen vor allem zu flüchten und ihr Gift zu sparen. Es kam nun also auch darauf an, den Sinn der Giftigkeit im Tierreich darzulegen und damit eine Korrektur alter Vorurteile des Menschen gegenüber den Gifttieren zu bewirken.

Eine derartige Schrift ließ sich aber nicht als Beitrag in den »Acta tropica« unterbringen. Daher entschloß sich Professor Geigy, sie als selbständiges Buch, d. h. als Supplementum 1, erscheinen zu lassen. Weil meine Vorlesungen, insbesondere jene im Tropeninstitut, eine wesentliche Vorarbeit darstellten, gelang es mir, das Manuskript noch auf Jahresende 1945 fertigzustellen; die Publikation war aber erst 1948 möglich. Das Buch mit dem Titel »Kleine Tropenzoologie« wurde zu meiner Freude allgemein sehr gut aufgenommen.

Zwar ist das (bilderlose) Buch zehn Jahre später (1958) in erweiterter Form noch in zweiter Auflage erschienen, aber damit war Schluß – begreiflicherweise, und in gewissem Sinne auch erfreulicherweise. Nicht nur Zoologen, auch Ethologen, Ökologen, Primatologen und viele weitere Spezialforscher haben seither eine unerhörte Fülle von biologischem Wissen über die Tierwelt der Tropen ermittelt und in einer Flut von Veröffentlichungen dargestellt. Dazu kommt, daß inzwischen viele Millionen von interessierten Touristen mit dieser Tierwelt in Reservaten aus nächster Nähe vertraut geworden sind. – Unter diesen Umständen war meine »Kleine Tropenzoologie« rasch veraltet; aber ich glaube, sie war nicht ganz unnütz.

Darüber, was im Zoo selber geschah, geben eigentlich von jetzt an die Jahresberichte Auskunft. Nur wenige Punkte seien hervorgehoben. Größere Bauarbeiten konnten, wie erwähnt, in dieser Nachkriegszeit nicht ausgeführt werden. Immerhin wurden – dank Spenden des Vereins zur Förderung des Zoologischen Gartens und der Schweizerischen Akademie der medizinischen

Wissenschaften – Wechselkäfige für die Zucht von Feldhasen, wie ich sie im Dählhölzli entwickelt hatte, im Sautergarten aufgestellt. In den eigenen, gut ausgerüsteten Werkstätten ließen sich auch viele Krippen und Raufen für die Huftiere herstellen, denen das Futter – wie es damals noch weithin üblich war – bisher einfach auf den Boden gestreut worden war. Wenn Futter mit Kot in Berührung kommt oder sogar damit vermischt wird, ist das einer verstärkten Parasitierung förderlich, d. h. tiergartenbiologisch höchst unerwünscht.

Ein Zuchterfolg, der damals als außerordentlich bezeichnet werden durfte, stellte sich im Mai 1945 bei den indischen Tigerpythons (Python molurus) ein, die im Vogelhaus untergebracht waren. Auch für mich war das ein höchst aufregendes Ereignis, und ich war glücklich, es dem Publikum und meinen Studenten vorführen zu können. Die Pythonmutter legte sich in vorbildlicher Weise so um den großen Eihaufen, daß man von den gänseeiergroßen, mit einer pergamentartigen Schale versehenen Eiern nur dann

Bis 1945 waren mir nur wenige Fälle von brütenden Riesenschlangen aus der Literatur bekannt, dann zeigte mir ein Python molurus, der im Vogelhaus des Basler Zoos untergebracht war, das volle Brutverhalten: zunächst die Ablage der pergamentschaligen, gänseeigroßen Eier in einem kompakten Haufen.

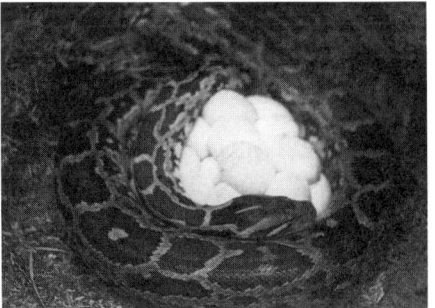

Schlangen verfügen über ganz verschiedene, oft hochspezialisierte Arten der Fortbewegung. Besonders aber beeindruckte mich das behutsame »Umfließen« des Geleges durch die Pythonmutter. Es erfolgte im Prinzip im Uhrzeigersinn, doch kam es dazwischen auch zu prüfenden oder glättenden Bewegungen im Gegensinn.

In immer enger werdenden Spiralen glitt die Mutter um ihre Eier, Schlinge um Schlinge dicht übereinanderlegend.

Normalerweise legte sich der Python so um das Gelege, daß sein Kopf zuoberst und keine Spur von den anfänglich sehr hellen Eiern zu sehen war. Von Zeit zu Zeit liefen rhythmische Kontraktionen durch den Körper, durch welche – wie wir heute wissen – bei dieser Art Wärme erzeugt und dem Gelege übermittelt wird.

Im Jahre 1945 hatte man noch wenig Erfahrung mit der Python-Zucht. Die ursprünglich prallen, sauberen Eier schrumpften zusammen, verfärbten sich und waren leicht schimmlig, so daß ich sie in ein Gemisch von Sand und Torf legte. Mehrere enthielten abgestorbene Embryonen.

Nach rund hundert Tagen, als ich die Hoffnung schon fast aufgegeben hatte, zeigten einige der stark verformten, schmutzigen Eier scharfe Schnitte in der pergamentigen Schale. Sie stammten offensichtlich von schlüpfreifen Embryonen.

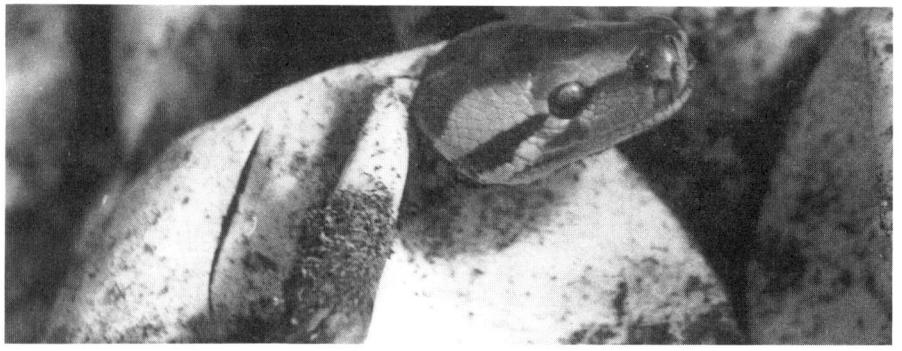

Bald darauf streckten gesunde junge Pythonschlangen ihre züngelnden Köpfe aus den unansehnlichen Hüllen. So verharrten sie einige Tage, bevor sie vollends auskrochen und zu vollwertigen Pythons heranwuchsen.

etwas zu sehen bekam, wenn sie ausnahmsweise für kurze Zeit das Wasserbassin aufsuchte. Im Laufe der Brutzeit wurden die Eier immer schmutziger und schrumpeliger, so daß ich an einem erfolgreichen Schlupf zu zweifeln begann. Offensichtlich war ein bedeutender Wasserverlust eingetreten, und ich entschloß mich, mit einer feinen Pflanzenbrause etwas Wasser darüberzusprayen, was nach damaliger Auffassung der Experten als Todsünde galt. Trotzdem schlüpften schließlich neun gesunde Junge – ein großartiges Schauspiel und für mich ein unvergeßliches Erlebnis!

Als im Jahre 1832 der Naturforscher Lamarre-Picquot der französischen Akademie in Paris einen Bericht über eine angeblich brütende Pythonschlange vorlegte, wurde dort ein zehn Jahre dauernder Streit über die Frage ausgelöst, ob ein »kaltblütiges« Reptil imstande sei, Wärme zu erzeugen und seinen Eiern zu übermitteln. Ein besonderes Komitee wurde eingesetzt. 1842 erklärte der damals hochangesehene Herpetologe Duméril vor der Akademie, daß dies unmöglich sei. Alle Berichte über brütende Pythonschlangen seien als Ammenmärchen zu betrachten, und damit war der Akademiestreit beendet (Hediger 1968).

In Wirklichkeit aber brütet Python

molurus doch, wie durch eine große Zahl neuerer Untersuchungen belegt wird. Während meiner Laufbahn als Zoologe habe ich es oft erlebt, daß viele mit der Autorität bedeutender Gelehrter vorgetragene Behauptungen später korrigiert werden mußten. So ist zum Beispiel auch die von meinen Mitarbeitern und mir für den Feldhasen nachgewiesene Superfoetation von einigen Fachgelehrten für unmöglich gehalten, worden. Es wurde während langer Zeit als undenkbar hingestellt, daß neugeborene Känguruhs, die wie Embryonen aussehen und taub und blind sind, ihren Weg von der Geburtsöffnung in den Beutel ohne mütterliche Hilfe finden. Man glaubte nicht, daß die Biber ihre Jungen auf den Händen und die Lippenbären die ihren auf dem Rücken tragen. Dutzende von Beispielen ließen sich hier aufzählen. Immer wieder mußte ich erfahren, daß in der Natur das unwahrscheinlich und unmöglich Erscheinende zutrifft. Daher bin ich gegenüber vereinfachenden Thesen grundsätzlich skeptisch, auch gegenüber dem Dogma, daß Selektion und Mutation die beiden einzigen Konstrukteure des Artenwandels darstellen. Zu viele Beispiele sprechen gegen diese Theorie.

Eigentlich bildeten die Tigerpythons einen Fremdkörper in dem nach den Plänen meines Vorgängers 1927 erstellten großen Vogelhaus, das im Prinzip aus vielen großen, mittleren und kleinen kubischen Gitterkäfigen bestand, also repräsentativ war für das, was ich oben als die »alte Schule« im Tiergartenwesen bezeichnete.

Lebende Museumspräparate waren hier ausgestellt, wie es eben für die damalige Zeit typisch war. Noch in vielen zoologischen Gärten verwechselte man damals den grundsätzlichen Unterschied zwischen Zoo und Museum und setzte seinen Ehrgeiz in die Schaustellung möglichst artenreicher »Sammlungen«. Der Gedanke an Arterhaltung, an Zuchterfolge und damit an die Schaffung möglichst natürlicher Lebensräume spielte damals noch so gut wie keine Rolle.

Der sterile Sammlungscharakter der Tierhaltung kam im Zolli – und noch in vielen anderen Zoos – auch zum Ausdruck in der großen Zahl von Papageien und Kakadus, die einzeln auf hängenden Bügeln angekettet waren, bei schönem Wetter am Rande der »Papageien-Wiese«, wo die bunten Schreier

Zu Beginn meiner Zoo-Laufbahn wußte man noch nicht, daß die embryohaften, winzigen, nackten, tauben und blinden neugeborenen Känguruhs aus eigener Kraft und Orientierung ihren Weg von der Geburtsöffnung in den Beutel finden, daß bei ihnen Superfötation und verlängerte Tragzeit vorkommen und daß dieselbe Mutter aus ihren Zitzen gleichzeitig Milch von ganz verschiedener Qualität zu produzieren vermag. Sicher stehen weitere Überraschungen bevor.

Bei unserem Amtsantritt im »Zolli« Basel gab es noch viele Papageien, die auf Bügeln angekettet gehalten wurden. Kein Wunder, daß es nicht zu Zuchterfolgen kam. Diese sterile Haltungsart war noch bis weit in die zweite Hälfte unseres Jahrhunderts üblich, besonders in Europa.

oft Kontakt mit Besuchern fanden. Ein Anstoß, die Bügelhaltung dieser Vögel in den Zoos endlich aufzugeben, kam später aus Amerika, wo man es mit Recht für wichtiger hielt, diesen zum Teil bereits selten gewordenen Tieren zweckmäßige Nistkästen zur Verfügung zu stellen und sie in großen Flugräumen zu halten. In klimatisch günstig gelegenen Zoos und privaten Anlagen ging man auch dazu über, diese farbenprächtigen Vögel ganz zahm oder gar leicht dressiert und völlig freifliegend zu halten. Sofort stellten sich Zuchterfolge ein.

Recht altertümlich war in Basel damals auch die Haltung der Elefanten, die ich schon kurz erwähnt habe: Zwei alte Weibchen, ein Indisches und ein Afrikanisches, lebten zusammen auf engem Raum hinter dicken Eisenstangen, ohne Bad. Gerade Elefanten, während Jahrhunderten irrtümlich als »Dickhäuter« verrufen, verwenden sehr viel Zeit für die Körperpflege und besonders für die Hautpflege. Wenn möglich baden Elefanten täglich; daher sollten sie auch im Zoo jeden Tag ihr Bad nehmen können. Außerdem sollte ihre empfindliche Haut täglich geschrubbt werden, was im Freien an Bäumen, Gestrüpp, Termitenstöcken oder Felsen erfolgt. Daran dachte man früher nicht; man konnte es auch gar nicht wissen. Daher fehlt in alten Elefantenanlagen die so notwendige Bade- und Scheuergelegenheit. Sie fehlte damals auch im Zürcher Zoo. An beiden Orten waren deshalb neue Elefantenhäuser dringend nötig. Aber daran war einstweilen, in der Nachkriegszeit, in Basel nicht zu denken.

Nur langsam öffneten sich die Grenzen und auf weitere Sicht die Möglichkeit, Neues zu schaffen. Im Jahre 1946 war es immerhin möglich, ein Paar Schimpansen zu erwerben, so daß die publikumswirksamen Menschenaffen wieder vertreten waren. Auch die schöne, vom Zürcher Bildhauer Urs

Eggenschwyler gebaute Seelöwenanlage konnte endlich wieder mit Kalifornischen Seelöwen besetzt werden.

Weniger spektakulär, aber zoologisch trotzdem bemerkenswert war die Ankunft von sechs Goldhamsterpaaren (Mesocricetus auratus). Es waren die ersten Exemplare dieser Art, die in die Schweiz gelangten. Dieser kleine Nager wurde zwar schon 1839 entdeckt und durch den englischen Zoologen G. R. Waterhouse wissenschaftlich beschrieben, war aber nachher jahrzehntelang wieder verschollen. Erst 1930 gelang es Professor I. Ahorni von der Hebrew University in Jerusalem, bei Aleppo (Syrien) ein Weibchen mit zwölf Jungen zu fangen. Alle heute existierenden Goldhamster sind Nachkommen dieser dreizehn Tiere!

Der Goldhamster ist ein großartiges Beispiel dafür, daß von wenigen – sogar verwandten – Individuen Millionen gesunder Nachkommen gezüchtet werden können. Es gibt noch viele derartige Beispiele. So stammen etwa auch die Bisamratten (Ondatra zibethicus), welche große Teile Europas überflutet haben, oder die Kaninchen, welche in Australien zu einer Plage von größter nationalökonomischer Bedeutung geworden sind, nur von ganz wenigen Paaren ab.

Wo bleiben da die schlimmen Inzuchterscheinungen? In vielen Fällen gibt es sie einfach nicht. Das muß ich deswegen betonen, weil das Gespenst der Inzucht in den Zoos der Welt heute von vielen Fachleuten in übertriebener Weise gefürchtet und durch oft zweifelhafte Maßnahmen bekämpft wird, wie zum Beispiel durch künstliche Besamung, Samen- und Embryobanken, Embryotransfer, Transport von Zuchttieren von einem Zoo zum andern usw. Alle diese Maßnahmen können zwar in einzelnen Notfällen angebracht sein, wenn echte Erbschäden nachgewiesen sind. Mir scheint aber, daß man heute zuweilen allzu leichtfertig Inzucht verantwortlich macht, wenn in Wirklichkeit gesundheitliche Schäden ganz anders bedingt sind, beispielsweise durch falsche Ernährung, Unterbringung oder Behandlung. Früher war man geneigt, viele Krankheiten und Todesfälle bei Zootieren auf Heimweh zurückzuführen, während in Wirklichkeit zum Beispiel Avitaminosen, Parasiten oder Infektionen schuld waren. In ähnlicher Weise scheint heute die Inzucht als Sündenbock herhalten zu müssen. Es gibt nämlich auch im sogenannten Freileben nicht wenig Inzucht, wenn man genauer hinsieht.

Eines Zooereignisses aus dem Jahre 1946 soll hier noch gedacht werden, obgleich es nicht nur den Zolli, sondern die Zooentwicklung im allgemeinen betrifft: Ich meine die Gründung des Internationalen Verbandes von Zoodirektoren am 24. September in Rotterdam. Zwar hatte es bereits vor dem Krieg eine ähnliche Organisation gegeben, doch mußte man aufgrund der neuen Situation annehmen, daß diese »zu existieren aufgehört« hatte. Die neue Initiative ging von Holland aus, von den beiden ehrwürdigen Zoodirektoren Dr. Kuiper (Rotterdam) und Dr. Sunier (Amsterdam).

Es war eine sehr kleine Gruppe, die sich damals in Rotterdam zum Zweck der Neugründung traf: im wesentlichen ging es um die Schaffung neuer Statuten, um die sich Dr. Sunier besonders verdient machte.

Der wichtigste Beschluß, der damals gefaßt wurde, scheint mir Artikel 2 der noch immer geltenden, im September 1949 in Kopenhagen ratifizierten Statuten. Er lautet: »Ziel des Verbandes ist die internationale Förderung der Zusammenarbeit zwischen Direktoren von wissenschaftlich geführten zoologischen Gärten oder Parks, welche als kulturelle und erzieherische Institutionen in gemeinnütziger Weise dazu die-

nen, lebende Exemplare verschiedenster Tierarten zu beobachten und zu studieren, die zoologischen Studien und Forschungen zu fördern und den Schutz wilder Tiere auf der ganzen Welt zu unterstützen.«

Mit dieser Formulierung, die schon aus sprachlichen Gründen nicht leicht zu finden war, sind alle Tierschauanlagen, die nur als Geschäft betrieben werden, vom internationalen Verband ausgeschlossen.

Seither treffen sich die Mitglieder des Verbandes, also der eigentlichen zoologischen Gärten, jedes Jahr einmal irgendwo in einem Zoo der Welt, von Basel bis Barcelona, von Rom bis Chicago, Sydney oder Pretoria. Diese mehrtägigen Zusammenkünfte dienen über den fachlichen Informationsaustausch hinaus natürlich auch der Festigung freundschaftlicher Beziehungen und der Kenntnis ferner Länder, ihrer Fauna und ihrer Naturschutzprobleme.

Aus dem kleinen Gremium, das sich im September 1946 zur Gründung des Internationalen Verbandes von Zoodirektoren in Rotterdam zusammenge-

Tiere sollten zusammen mit ihren natürlichen Symbionten gehalten werden. 1949 gelang es mir, im Basler »Zolli« erstmals südamerikanische Capybaras mit nordafrikanischen Kuhreihern zusammenzuführen, obgleich sich die beiden Arten nie zuvor gesehen hatten. Die freifliegenden Kuhreiher wurden von den großen Nagern angezogen, während Heidschnuckenschafe und Walliserziegen keine Beachtung fanden.

funden hatte, möchte ich eine kleine Episode festhalten, weil sie für die damalige Situation des Veterinärwesens in den Tiergärten kennzeichnend ist.

Ich muß hier vorausschicken, daß zu jener Zeit Zoodirektoren noch aus den verschiedensten Berufsgruppen stammten. Durchaus nicht alle waren Akademiker, Zoologen oder Tierärzte, sondern da gab es Kaufleute, Architekten, Journalisten, Musiker, Gärtner, Tierhändler usw.

Bei diesem Zusammensein in Rotterdam kam die Sprache auf die veterinärmedizinische Betreuung wilder Tiere im Zoo. Dabei äußerte der Direktor des

Amsterdamer Zoos, Dr. A. L. J. Sunier, seines Zeichens Zoologe, die Meinung, daß Tierärzte in zoologischen Gärten unnötig seien und zwar aus dem folgenden Gund: Wenn es sich um leichtere Erkrankungen handle, könne der Direktor mit seinen erfahrenen Tierpflegern am ehesten helfen, weil diese die Patienten, ihre Bedürfnisse und Eigenarten, am besten kennen würden. Handle es sich um schwere Krankheiten, könne auch ein Tierarzt nicht mehr helfen, da er nur für Haustiere zuständig sei und von Wildtieren wenig oder nichts verstehe. Ich sehe jetzt noch vor mir, wie sich auf diese Äußerung hin Professor Achille Urbain, der Direktor von Paris-Vincennes, seines Zeichens Veterinär, mit hochrotem Kopf erhob und uns eine temperamentvolle Lektion über die wichtige Rolle der Veterinäre im Zoo erteilte. In seinem Zoo in Vincennes und im alten Jardin des Plantes, der gleichfalls seiner Direktion unterstand, gab es im Kader ausschließlich Veterinäre und keinen einzigen Zoologen.

Beide Sprecher hatten also extrem entgegengesetzte Auffassungen; jene von Sunier war unter den zeitgenössischen Zoodirektoren noch sehr weit verbreitet, und zwar deswegen, weil es damals noch kaum spezialisierte Zootierärzte mit hinreichender Ausbildung am Wildtier gab. Das mag durch ein Beispiel aus dem Basler Zolli illustriert werden: Der von meinen Vorgängern gelegentlich beigezogene Tierarzt soll als allgemeines Heilmittel vorwiegend Bier verschrieben haben – ob es sich um einen kranken Affen, um ein Krokodil oder eine Antilope handelte. Böse Zungen behaupteten sogar, daß das verordnete Bier vor allem den Tierpflegern wohlgetan habe.

Seither hat sich die Situation grundlegend geändert, namentlich seit dem Zweiten Weltkrieg. Heute stehen spezialisierte Wildtier-Veterinäre zur Verfügung, und es ist eine müßige Frage geworden, ob Zoodirektoren Veterinäre oder Zoologen sein sollen, denn keiner kommt ohne den anderen aus. Immerhin darf festgehalten werden, daß zoologische Gärten nicht primär Anlagen für kranke Tiere sind. Ebenso wichtig wie Zoologie und Veterinärmedizin ist im Zoo heute auch die Tierpsychologie, denn »Tod durch Verhalten« spielt eine sehr bedeutende, wenn nicht die wichtigste Rolle unter den Todesursachen der Zootiere, worauf ich bereits 1956 und 1965 hingewiesen habe. Peter Dollinger widmete 1971 diesem Thema eine ausführliche Dissertation. Heute bedarf es in jedem Zoo einer Symbiose von Vertretern der drei erwähnten Wissenschaftszweige; hinzu

Der Künstler Hans Fischer (Fis) besuchte um diese Zeit den Zoo und fertigte von der eigenartigen Symbiose diese Skizze an (1949).

kommen Architekt und Gartenarchitekt.

Die Zoodirektorenkonferenz 1947 fand in Basel statt, diesmal mit Kollegen aus bereits sieben Ländern. Die internationalen Kontakte und Auslandreisen wurden zusehends erleichtert; so wurde es auch möglich, den Tierbestand wieder zu ergänzen. Das Hauptereignis im Jahre 1947 war ein großer Tiertransport: Zootierarzt Dr. Ernst Lang holte beim Schweizer August Küenzler in Arusha, Tanganjika, u. a. Giraffen, Gnus, Meerkatzen, Servale, Ginsterkatzen, Gepard, Leopard, Mungos, Sekretäre, Riesenschildkröten und viele Vögel ab. Dank einer Spende der Basler chemischen Industrie konnte ich nun auch wenigstens halbtägig einen Zoologiestudenten als wissenschaftlichen Assistenten anstellen, und von meinen Doktoranden legte der erste, Rudolf Schenkel, seine Dissertation über »Ausdrucksstudien an Wölfen« vor. Sie erschien 1947 in der Zeitschrift »Behaviour«, der ich von Anfang an (1946 bis 1987) als Mitherausgeber diente. Im übrigen konnte man sich jetzt zuversichtlich dem Planen für eine Um- und Neugestaltung des Zoos zuwenden. Der Verwaltungsrat hatte dazu den bewährten Architekten Willi Kehlstadt gewählt, der u. a. das eidgenössische Vakzine-Institut in Basel gebaut und damit bewiesen hatte, daß er auf biologische Forderungen einzugehen wußte. Die Zusammenarbeit mit diesem liebenswürdigen und kompetenten Fachmann erwies sich als überaus erfreulich und fruchtbar.

Wir erhielten den Auftrag, im Hinblick auf das bevorstehende Jubiläum des 75jährigen Bestehens des Basler Zoologischen Gartens (1949) nicht nur Pläne, sondern auch ein großes Schaumodell anzufertigen, welches dann dem Publikum, den privaten Geldgebern und den Behörden vorgestellt werden sollte. Ein derartiges Projekt konnte nicht übers Knie gebrochen werden, sondern bedurfte einer allmählichen Reifung.

Für derartige Planungs- und Gestaltungsarbeiten, aber auch für jede tiergartenbiologisch fundierte Tierhaltung ist es unerläßlich, daß ein Zoodirektor seine Pfleglinge auch unter natürlichen Bedingungen kennenlernen kann. Zwar hatte ich in Marokko und in der Südsee reichlich diesbezügliche Erfahrungen sammeln können, aber persönliche Begegnungen mit den typischen Vertretern der Großtierwelt wie Elefanten, Giraffen, Nashörnern, Flußpferden, Zebras, Antilopen, Löwen, Leoparden usw. im Freileben hatte ich noch nicht aufzuweisen. Daher stimmte Professor Geigy als Präsident des Verwaltungsrates zu, als ich von Professor Victor van Straelen in Brüssel aufgefordert wurde, eine halbjährige Studienreise in den Kongo zu unternehmen.

Vor Jahresende 1947 hatte ich indes noch eine sehr unangenehme Aufgabe zu erledigen: Der Indische Elefant »Miss Mary« war in den letzten Jahren immer magerer und schwächer geworden. Sein Tod war vorauszusehen. »Miss Mary« lebte seit 1928 im Zolli und war offensichtlich schwer krank. Ich wollte das Sterben dieses populären Tieres nicht meinen Mitarbeitern überlassen, und so entschlossen wir uns, es noch vor meiner Abreise zu töten. Heute pflegt man dies mit einer einfachen Injektion zu besorgen, aber damals war man noch nicht so weit. Über das Töten von Zoo-Elefanten gab es eine umfangreiche Literatur, die ich sorgfältig studierte. 1820 hatte man in Murten den gefährlich gewordenen Elefanten einer durchziehenden Schaustellertruppe mit einer Kanone erschossen, in anderen Fällen hatte man es mit Gift versucht. 1928 war der Basler Großwildjäger Dr. Adam David beauftragt worden, die Vorgängerin von »Miss Mary«, »Miss Jenny«, mit einer Elefantenbüchse zu erschießen. In anderen Zoos hatte man zur Strangulation mit Flaschenzügen gegriffen, doch alle diese Methoden waren unbefriedigend und voller Tücken.

Da ich mit »Miss Mary« keinerlei Risiken eingehen wollte, entschloß ich mich für das Maschinengewehr, vor allem deshalb, weil sich die einschüssige Elefantenbüchse für eine derartige Exekution nicht bewährt hatte. Ich suchte daher im Interesse einer möglichst humanen Tötung im Zeughaus nach einem Maschinengewehr-Experten, den ich zur gründlichen Instruktion auch in meine frühere Arbeitsstätte, das Museum, führte, wo ein Elefantenschädel im Längsschnitt aufgestellt war.

Der Aufwand lohnte sich: In der Morgenfrühe des 26. November 1947 fand die alte Elefantenkuh einen schnellen Tod. Ich war dem hilfreichen Schützen sehr dankbar. Die von den Pathologen und ihren Helfern vorgenommene Sektion ergab als Krankheitsursache das Bild einer schweren Tuberkulose.

Kurze Zeit nach diesem traurigen Ereignis widerfuhr meiner Frau und mir ein besonderes Glück: Am 6. Dezember 1947 wurde unser Sohn Peter geboren. Obgleich er mitten in einem Zoo aufwuchs, wurde Peter nicht auf Tiere geprägt. Papageien, Zebras, Seelöwen und all die anderen Tiere wurden ihm zur Selbstverständlichkeit. Viel aufregender waren für ihn die uniformierten Musikgesellschaften, die im Sommer jeden Sonntagnachmittag im Musikpavillon ihre Konzerte zum besten gaben. Als Kleinkind wurde unser Sohn auch stark beeindruckt von den mächtigen Dampflokomotiven, welche ihre Züge aus dem nahen Elsässerbahnhof mitten durch den Zoo nach Frankreich führten. Peter wurde also beruflich nicht angesteckt, weder durch die Umgebung noch durch seinen Vater; er ist Sinologe geworden. Meine Frau war der Meinung – und ich kann es ihr nachfühlen –, daß ein Zoodirektor in der Familie genüge. In kritischen Phasen der Kindheit unseres Sohnes gab sie gelegentlich etwas Gegensteuer, um allfälligen zoologischen Einflüssen zu wehren.

Angewandte Tierpsychologie im Kongo

Anläßlich eines Besuches bei Professor van Straelen im »Institut des Parcs Nationaux du Congo Belge« in Brüssel, der mir auch Gelegenheit bot, das einzigartige Kongo-Museum in Tervueren kennenzulernen, wurden die Ziele der bevorstehenden Reise festgelegt: Es sollte eine rein tierpsychologische Mission werden, wohl die erste ihrer Art, die jemals nach Afrika geschickt wurde. Es ging also nur ums Beobachten; ich brauchte kein zoologisches Material zu sammeln, konnte auf Alkoholtanks verzichten und mußte keine Tiere für Museumszwecke töten, wie das in Marokko und in der Südsee noch notwendig gewesen war.

Meine einzige »Waffe« war ein kleines Taschenmesser, wie es etwa zum Anschneiden einer Zigarre verwendet wird. Das würde natürlich eine ganz besondere, vorsichtige, »psychologische« Annäherung an die Großtiere bedingen. Ich wollte mich ganz und gar auf ihre Fluchttendenz verlassen, auf meine These, daß sich Wildtiere unter natürlichen Verhältnissen vor dem Menschen, ihrem Universalfeind, zurückziehen, sobald er ihre Fluchtdistanz unterschreitet. Es gab also keine Möglichkeit, nur »in Notwehr« zu schießen, wie man das oft in Abenteuergeschichten und -filmen liest und sieht. Nicht nur Antilopen und Strauße haben ihre Fluchttendenz mit entsprechender, meßbarer Fluchtdistanz, sondern auch Löwen und Nashörner, grundsätzlich alle Wildtiere – und das wollte ich beweisen.

In Brüssel wurde ich meinem belgischen Assistenten vorgestellt: Jacques Verschuren, damals ein junger Student der Zoologie, ein leidenschaftlicher Naturschützer, der später Generaldirektor der Nationalparks im Kongo wurde und sich namentlich auch während und nach der »Libération« geradezu heroisch für die Erhaltung der dortigen Nationalparks einsetzte. Während mehrerer Jahre lebte er dort

Dr. Jacques Verschuren, der mich 1948 in den damals Belgischen Kongo begleitete und sich später für die Erhaltung der Nationalparks im heutigen Zaïre einsetzte, beim Untersuchen eines Elefanten-Schabebaumes in Ruindi (1960).

– zuweilen in sehr schwierigem Gelände – im Zelt. Neben zahlreichen wissenschaftlichen Publikationen veröffentlichte Dr. Verschuren 1957 eine aufsehenerregende, wegweisende Arbeit über die Fledermäuse des Garamba-Nationalparks und trat u. a. auch durch die Entdeckung giftiger Gasquellen hervor, die sich als tödliche Fallen für Wildtiere erwiesen. 1970 schrieb er ein erschütterndes Buch mit dem Titel »Mourir pour les Eléphants«. Auf unserer Reise war Jacques Verschuren immer ein liebenswürdiger Kamerad und tüchtiger Mitarbeiter.

Am 2. März 1948 starteten wir von Brüssel aus – natürlich mit einem Propellerflugzeug – nach Léopoldville (heute Kinshasa), der Hauptstadt des damaligen Kolonialreiches Belgischer Kongo. Der Schweizer Konsul, Herr Orlandi, hatte die Freundlichkeit, uns bei der Ankunft zu begrüßen. Viele Formalitäten und Antrittsbesuche waren erforderlich; ein schwarzer Schneider fertigte uns geeignete Kleider an.

Ich war natürlich gespannt auf den Zoo, dessen Hauptsehenswürdigkeit für mich sechs Okapis waren – ein erstmaliger, unvergeßlicher Anblick! Nebenbei hatte ich auch den Auftrag, Verhandlungen über die Beschaffung eines Okapis für Basel zu intensivieren, nachdem ein längerer Briefwechsel ergebnislos geblieben war.

Der Zoo diente auch – oder hauptsächlich – als Durchgangsstation für den Export von Wildtieren, besonders für Okapis, deren offizieller Preis 200 000 belgische Francs (20 000 Schweizer Franken) betrug. Ein Exemplar war für Kopenhagen bestimmt und sollte demnächst per Flugzeug abgeholt werden, ein anderes für New York, eines für London und eines für Antwerpen. Das für Basel bestimmte Tier sei gestorben, wurde mir mitgeteilt. Okapis sind außerordentlich gefährdet durch parasitische Würmer, namentlich des Darmes und der Gallengänge. Deshalb war ich sehr erstaunt, daß der zweifellos infizierte Kot der sechs einzeln gehaltenen Tiere nicht sorgfältig aus den Gehegen entfernt, sondern zu großen Haufen aufgestapelt wurde. Eine andere Kuriosität war die, daß zwei große männliche Schimpansen reichlich mit Zigaretten versehen wurden, weil dies den Zuschauern und Betreuern Spaß zu machen schien.

Die Vertreter der Veterinärbehörden sahen ihre Aufgabe in erster Linie in der Erhaltung und Förderung der Viehbestände des Landes, also in der Bekämpfung der Rinder- und Pferdekrankheiten. Einige betrachteten die Nationalparks als Krebsübel für die Viehzucht, weil sie Seuchenherde bildeten und die Antilopen, Zebras und Nilpferde den Haustieren das Futter wegfraßen. Den Okapis, für welche der Kongo das Monopol besitzt, kam ein gewisses Interesse als Devisenbeschaffungsmittel zu. Schließlich war da noch die Elefanten-Zähmungsstation, wo man sich, gleichfalls unter Veterinärleitung, bemühte, aus Afrikanischen Elefanten nützliche Arbeitstiere zu machen, wie sie in Indien schon seit Jahrtausenden existieren. – So bekamen Verschuren und ich einen Vorgeschmack davon, daß das »Institut des Parcs Nationaux« mit seinen Bemühungen um die Erhaltung der Wildtiere nicht überall hoch im Kurs stand.

Für die Weiterfahrt nach Stanleyville (heute Kisangani) hatten wir auf dem damals einzigen Kongodampfer gebucht, dem uralten Kasten »Kigoma«, einem Heckraddampfer, der früher tatsächlich den Mississippi befahren hatte. Ein unternehmungslustiger Geschäftsmann hatte den nostalgischen Kahn für den Dienst auf dem Kongo erworben. Auf diese 13tägige Flußfahrt hatte ich mich besonders gefreut, und in der Tat brachte sie uns Zoologen großartige

Erlebnisse. Die Fahrt war ein wunderbares Gleiten durch tropisches Grün, ein kontinuierliches Theater mit immerwährendem Szenenwechsel.

Die »Kigoma« konnte nur bei Tageslicht fahren wegen der auf keiner Karte eingezeichneten Sandbänke und wegen der vielen schwimmenden Inseln, die oft aus kleinen Waldparzellen bestanden. Nachts mußte das altertümliche Boot immer vor Anker gehen, doch bedeutete das keineswegs eine Unterbrechung der zoologischen Beobachtungsmöglichkeiten. Wiederholt sahen wir uns dabei in einem eigentlichen »Schneesturm« – die Flocken bestanden aus weißen Faltern, die uns wie Wolken umgaben. Auch andere Insekten traten zuweilen in unerhörten Mengen auf.

Die Ufer des Kongo (heute Zaïre) liegen oft viele Kilometer auseinander und lassen sich gar nicht als solche erkennen, weil das Flußbett mit zahlreichen Inseln besetzt ist und ein riesiges Labyrinth bildet, durch das sich der Kapitän mühsam hindurchwinden mußte und in dem er sich gelegentlich auch verirrte.

Am schönsten war es für uns, wenn das Boot dicht am üppigen Grün vorbeifuhr oder nahe an vorgelagerten Sandbänken. Da zeigten sich verschiedene Reiherarten, Rohrdommeln, Eisvögel, Scherenschnäbler, Uferläufer und Hammerköpfe. Scharen von Graupapageien flogen vorbei, und vor den Papyrusbeständen lagen Krokodile. In den malerischen Stauden hingen Webervogelnester; Schlangenhalsvögel tauchten aus dem Wasser auf, flogen weg oder tauchten wieder unter. Ein Waran schwamm mit eleganten Wellenbewegungen durchs Wasser – man kam mit Beobachten kaum nach. Es war ein herrliches Schwelgen von früh bis spät, und nachts flogen Schwärme von Insekten an die beleuchteten Fenster und Laternen. Trotz der Fliegengitter fanden viele auch den Weg in den »Speisesaal«, in die Suppe und in die Gläser.

Mit eintägiger Verspätung kamen wir am 18. März in Stanleyville an. Hier hatte man uns einen neuen Ford Pickup mit 750 Kilo Traglast für unsere Reise bereitgestellt, ein Fahrzeug, das sich in der Folge für unsere Aufgabe außerordentlich bewährte.

Mit dem Hotel gab es zwar einigen Ärger, weil trotz Reservation jeweils alle Gäste auf die Straße gesetzt wurden, um den einmal wöchentlich ankommenden Flugpassagieren Platz zu machen. Wir waren daher sehr froh, die Gastfreundschaft von Mr. Mischotte, Directeur des Services d'Agriculture, in Anspruch nehmen zu dürfen.

In seinem gastlichen Haus lebte Mr. Mischotte mit seiner Frau und fünf Kindern. Auch das jüngste litt mit zehn Monaten bereits an Malaria und bekam sein Chinin in der Milchflasche. Ich dachte an meinen vier Monate alten Sohn zuhause und an meine Frau. Ihr Arzt hatte ihr hart, aber weise verboten, mich in den Kongo zu begleiten.

Auf unserer Besuchsliste figurierte auch Dr. Els, Directeur des Services Vétérinaires in Stanleyville. Er war u. a. zuständig für den Zoo und für die Okapis, die hier – wie in Léopoldville – einen sozusagen offiziellen Bestandteil bildeten. Auch dieser Zoo war eine Art Durchgangsstelle, ein Transitlager, mit einer sauberen Anlage für zehn Okapis. Der Boden war blitzsauber und bestand aus einem Backsteinbelag. Anfallender Kot wurde sofort entfernt, so daß im Gegensatz zum Zoo in Léopoldville keine Reinfektionsgefahr bestand. Diese zweifellos hygienische Unterlage hatte jedoch den Nachteil, daß sie zu hart war und daß infolgedessen die Hufe der Urwaldtiere zu stark abgenutzt wurden. Nur zwei der vorhandenen Boxen waren besetzt, und diese beiden Weibchen befanden sich in einem

So präsentiert sich ein Okapi im Freien niemals. Sein Biotop (Psychotop) ist der dichte, schwer zu durchdringende Dschungel, in dem der Mensch kaum ein paar Schritte weit sieht. Damit hängt es zweifellos zusammen, daß diese heimliche Urwaldgiraffe erst in unserem Jahrhundert entdeckt wurde. Diese und die übrigen Okapi-Aufnahmen machte ich 1949 im Zoo von Stanleyville.

recht schlechten Zustand. Sie waren mager, ihre Rücken dachgiebelförmig, die Augen matt und eingefallen; zahlreiche Wunden bedeckten das schöne, gestreifte Fell. Ein solches Exemplar wäre für Basel nicht in Frage gekommen.

Okapis waren und sind bis auf den heutigen Tag nicht, wie andere Tiere, Gegenstand des internationalen Tierhandels, sondern verwickelter diplomatischer und finanzpolitischer Beziehungen.

Das bekam auch Charles Cordier zu spüren, der fast sagenhafte »Zoological Collector« des Bronx Zoo in New York. Er hatte den Auftrag, u. a. ein Okapi mitzubringen, aber der Hauptgrund für seine damalige Kongo-Expedition bestand darin, für den Bronx Zoo Kongopfauen (Afropavo congensis) einzufangen. Damals hatten die bedeutendsten zoologischen Gärten der Welt noch den Ehrgeiz, Tiere zu importieren, die es in keinem anderen Zoo zu sehen gab, und beschäftigten daher eigene Tierfänger in aller Welt – ganz besonders der Bronx Zoo. In seinen Diensten stand damals Charles Cordier: Er war in der Tat kein gewöhnlicher Tierfänger, sondern interessierte sich nur für seltene Spezialitäten; er war eigentlich ein Künstler des Tierfangs, wohl der letzte seiner Art.

Der Fang und erstmalige Import von Kongopfauen war eine Aufgabe, wie sie ihm auf den Leib geschnitten war. Der Vogel hat eine höchst ungewöhnliche Geschichte: William Beebe, der langjährige wissenschaftliche Mitarbeiter der New York Zoological Society, hatte 1936 sein monumentales Werk über die Fasanen der Erde beendet. Ihm zufolge stellten die Fasanen eine rein asiatische Vogelgruppe dar – doch es kam anders. Im Jahre 1913 hatte der New Yorker Ornithologe James Chapin anläßlich einer Forschungsreise im Kongo bei einem Eingeborenen im Ituri-Wald einen seltsamen Kopfputz bemerkt, der aus zwei Federn bestand, welche Chapin trotz seines enzyklopädischen Wissens keiner Vogelart zuzuordnen vermochte. 1936 besuchte Chapin das Kongo-Museum in Tervueren bei Brüssel und fand dort auf einem Kasten zwei verstaubte Vögel, die ihn sofort elektrisierten: zu ihnen paßten die beiden vor 23 Jahren im Kongo gefundenen Federn! Was für ein enormes Formen- und Farbengefühl steckt hinter einer derartigen Entdeckung!

Chapin telegrafierte seinen sensationellen Befund an das Museum of Natural History in New York, setzte sich ins nächste Flugzeug und flog in den Kongo, wo es ihm tatsächlich gelang, einige Bälge des bisher unbekannten Vogels zu finden, so daß er ihn wissenschaftlich als Afropavo congensis beschreiben konnte. Und dieses seltene Geschöpf sollte nun Charles Cordier lebend in den New Yorker Zoo bringen.

Es traf sich, daß Verschuren und ich in Stanleyville Charles Cordier begegneten und daß er uns in sein Fanglager einlud, das er beim Kilometer 66 nahe dem Dorf Bongena an der Straße Stan-Ituri im Urwald eingerichtet hatte. Cordier war aber kein Amerikaner, sondern ein Schweizer, der uns zusammen mit seiner Frau Emmy überraschend auf Zürichdeutsch begrüßte. In Charles Cordiers Fanglager bekam ich u. a. die ersten Kongopfauen meines Lebens zu sehen. Auch das war ein unvergeßliches Erlebnis für einen Zoodirektor! Naturschützerische Bedenken waren damals nicht am Platz, denn dieser neuentdeckte Vogel bildete einen durchaus üblichen Bestandteil im Menu der Eingeborenen – ebenso wie das Okapi.

Außer den Kongopfauen beherbergte das Cordier-Lager noch zahlreiche andere Kostbarkeiten wie Schuppentiere, Nashornvögel, Galagos, Colobusaffen und viele seltene Vögel. Es bestand aus einem kleinen, palmwedelgedeckten Lehmhaus, in dem sich ein überdimensionierter, mit Petrol angetriebener Kühlschrank recht seltsam ausnahm. Er diente aber nicht so sehr dem Komfort von Herrn und Frau Cordier, als vielmehr der Frischhaltung des kompliziert zusammengesetzten Tierfutters. Die Wildfänge sollten möglichst früh an ein Ersatzfutter gewöhnt werden, wie sie es später im Zoo erhalten würden.

Kurz vor unserem Besuch hatte sich Charles Cordier im weglosen Dschungel ein Bein gebrochen und war nun durch Gipsverband und Krücken schwer behindert. Der Bronx Zoo hatte ihm William Bridges, Curator of Publications, nachgeschickt, um ihn zu unterstützen. Auch mit ihm habe ich später jahrzehntelang freundschaftlich korrespondiert.

In Brüssel waren Jacques Verschuren und ich beauftragt worden, vor allem mit Colonel Offermann, dem Chef de la Chasse, Kontakt aufzunehmen, der auch für den staatlichen Fang der Okapis und Elefanten zuständig war. Über beides hatte ich ein Gutachten zu er-

Charles Cordier, der Schweizer Tierfänger, der sich mit seiner Frau Emmy 1983 in Zürich niedergelassen hat, mit einem der seltenen Riesenschuppentiere 1948 in seinem Lager bei Stanleyville.

stellen. Aber Colonel Offermann war im Urwald nicht leicht aufzufinden. Am 22. März machten wir uns mit unserem Pickup auf die Suche, zunächst in Richtung Bafwasende. Dieser Aufbruch von Stanleyville aus bedeutete für uns bald ein Eintauchen in den tropischen Regenwald, diese großartigste Vegetationsform der Erde, die ursprünglich als Hyläa, als ein gigantischer Baumgürtel, die äquatoriale Zone des ganzen Planeten bedeckte. Seit Jahrhunderten wird sie unaufhaltsam und rücksichtslos vernichtet, neuerdings von einigen wenigen Großfirmen, die mit riesigen Rodungsmaschinen ausgerüstet sind, welche noch keine Naturschutzorganisation aufzuhalten vermochte.

Obgleich wir gelegentlich an frischen Rodungen vorbeikamen, die uns wie gräßliche Wunden erschienen, führte uns die schmale, holperige Straße zumeist durch majestätischen Urwald, durch jene gewaltige, üppige, duftende grüne Pracht, von der wir wußten, daß in ihr Pygmäen, Okapis, Gorillas und Waldelefanten lebten. Am häufigsten trafen wir Herden großer, dunkler Paviane, die quer über die Straße zogen, so daß wir das bescheidene Tempo respektvoll weiter reduzierten, bis der letzte Nachzügler im Dickicht verschwunden war.

Oft fuhren wir wie in einem Tunnel, denn die Bäume neigten sich von beiden Seiten her über die schmale Straßenschneise, so daß sich ihre Kronen berührten und ein solides Dach bildeten. Meistens bestand die Straße nur aus einer doppelten Fahrrinne, welche durch die Räder der wenigen Wagen freigehalten wurde. Daher durften die Autos nur an festgesetzten Tagen in dieser oder in der anderen Richtung fahren – auch weil es viele enge Kurven gab und Fahrer, die es auf zeitliche Rekorde abgesehen hatten.

An Flußübergängen stand ein »bac«, eine Fähre, bereit, die in der Regel aus einigen zusammengebundenen Kanus bestand, über die einige Bretter gelegt waren; oft wurde die Tragfähigkeit durch luftgefüllte Eisenfässer unterstützt. Man konnte von Glück sagen, wenn der Wagen vom glitschigen Steilufer aus tatsächlich auf dem Floß landete und das jenseitige Ufer zu erklimmen vermochte. Ein paar Fährleute zogen das primitive Wasserfahrzeug an Seilen von einem Ufer zum andern.

Unheimlich waren für mich die hohen Brücken, welche über die zahlreichen, tief eingeschnittenen Waldschluchten führten und aus Stangenholz gezimmert waren. Die obersten Stangen waren in der Art von Eisen-

Eine der wackeligen Autofähren über den Dungufluß. Je nach Witterung und Wasserstand war das Übersetzen mit mancherlei Risiken verbunden.

Bei schlüpfrigem Boden, wenn Brems- und Steuermöglichkeiten weitgehend fehlten, konnte man von Glück sagen, wenn es gelang, den Wagen auf die schwankende Fähre zu bringen und den gegenüberliegenden Uferhang zu überwinden.

bahnschwellen angeordnet. Die Fahrspur führte über schmale, zum Teil von Termiten zerfressene Bretter, die in der Längsrichtung darüber gelegt waren. Diese gewagten Konstruktionen wakkelten oft bedenklich, und nicht selten konnte man in der Tiefe Wrackteile entdecken. Von einigen dieser gefürchteten Bauten wurde in makaberem Spaß behauptet, sie würden laufend an Gefährlichkeit verlieren, weil die Schluchten sich langsam mit Autowracks auffüllten!

Unser Ziel war, an diesem ersten Reisetag eine Stelle zu erreichen, die unter der Bezeichnung »km 229« bekannt war, ein kleines Urwaldhotel, das von einem Kauz geführt wurde, von dem es hieß, er halte ständig ein Glas Bier in der Hand und unter der Bartheke seinen eigenen Sarg bereit, weil er nach seinem Tod nicht den Insekten und Zersetzungseinflüssen des tropischen Klimas ausgesetzt sein wollte. Beides kann ich bestätigen.

Überraschend trafen wir bei »km 229« Colonel Offermann, den allmächtigen Herrn über das gesamte Jagdwesen im Kongo, über alle Okapis, Elefanten und Gorillas. In einem anregenden und instruktiven Gespräch erklärte Offermann, daß er auf einem Okapi-Preis von 200 000 belgischen Francs bestehen müsse, weil er damit seinen »Service de la chasse« finanziere. Professor Geigy hatte nämlich geglaubt, daß der Basler Zoo im Hinblick auf das Jubiläum seines 75jährigen Bestehens und der Verdienste des Tropeninstitutes ein Okapi geschenkt bekommen könnte, eventuell auch im Tausch gegen andere Tiere für die Zoos in Léopoldville und Stanleyville. Jetzt wußte ich, woran ich war. Meinem Begleiter Jacques Verschuren waren derartige Geschäftsverhandlungen ohnehin ein Dorn im Auge; er wollte endlich die Arbeit in den Nationalparks in Angriff nehmen. Das war auch mein Ziel; aber da ich darüberhinaus den Auftrag erhalten hatte, über den Okapi-Fang und die Elefantenstation ein Gutachten zu erstellen, mußte ich die Gelegenheit benutzen, mir die Methoden der staatlichen G.C.O. (Group de Capture des Okapis) und der S.D.E. (Station de Domestication des Eléphants) anzusehen.

Colonel Offermann hatte die Freundlichkeit, uns in die Okapi-Fangstation in Bilota einzuladen. Sie wurde mit einzigartiger Sachkenntnis von J. de Medina geleitet, einem Mulatten, dessen Vater ein portugiesischer Arzt und dessen Mutter eine Kongolesin war. Seiner Abstammung entsprechend war er in idealer Weise sowohl mit den technischen Möglichkeiten Europas als auch mit den besonderen Gegebenheiten des Kongo-Urwaldes vertraut.

Seine Okapi-Fangmethode ist die humanste und eleganteste, die ich je kennenlernte: Es gab dabei keine aufregende Hetze, keinerlei Fesselung, kein Stoßen und Festhalten. Dabei ist zu bedenken, daß damals das Drogengewehr noch nicht erfunden war. Würde er noch leben, wäre de Medina ein würdiger Empfänger höchster internationaler Tier- und Naturschutzpreise!

Ihm als »Officier de chasse« standen in seiner G.C.O. 25 Kongolesen zur Verfügung. Mit diesen zog er in einen Okapi-Biotop, studierte die Wechsel dieser kostbaren, erst in unserem Jahrhundert entdeckten und bis heute noch ungenügend erforschten Tiere und ließ von seinen Mitarbeitern 250 Fallgruben auf gut begangenen Wechseln ausheben.

Die Gruben waren 1,8 m tief und reichlich mit Laub ausgelegt, 2 m lang und 80 cm breit. Der Aushub wurde in der Umgebung möglichst unauffällig verteilt und die Öffnung mit einem feinen Rost aus Zweigen und Laub derart getarnt, daß man sie von Auge nicht entdecken, sondern nur mit einem Stock ertasten konnte.

Jeder Mitarbeiter hatte seine zehn Fallgruben täglich zweimal zu kontrollieren. Gelegentlich war eine Schildkröte oder ein anderes Tier hineingefallen, so daß der tarnende Rost wieder repariert werden mußte. Häufig waren die Gruben nach starken Regenfällen auch mit Wasser angefüllt und mußten ausgeschöpft werden.

War nun – vielleicht erst nach Wochen – ein Okapi in eine Grube gefallen, wurde im Fanglager Alarm ausgelöst. Die Mannschaft begab sich zur Fangstelle und baute möglichst schonungsvoll aus dünnen Baumstämmen ein kleines Sicherheitsgehege um die Grube. Wie sollte man aber ein so großes Tier vom Gewicht eines Doppelponys ohne Maschine aus der Grube herausheben? Ganz einfach: Die Grube wurde auf einer Schmalseite mit Erde aufgefüllt, so daß das Okapi aus eigener Kraft heraussteigen konnte und sich dann in einem eilig hergestellten Kral befand, wo es mit seinem natürlichen Futter versehen wurde.

Inzwischen hatten sich de Medinas erfahrene Mitarbeiter bereits daran gemacht, von diesem Kral ausgehend einen 80 cm breiten Laufgang durch den Wald zu bauen – vielleicht mehrere hundert Meter weit –, bis zu einer Stelle, wo ein kleiner Lastwagen hingefahren werden konnte. Das dauerte unter Umständen Wochen, während derer sich das Okapi allmählich an seinen Kral und die Menschen gewöhnte.

Am Ende des Laufgangs wurde eine Rampe erstellt, welche sozusagen nahtlos auf die Ladebrücke des Lastwagens führte. Auf ihm befand sich ein aus demselben Waldmaterial hergestellter Transportkäfig, in welchem sich der Wildfang zur Eingewöhnungsstation bringen ließ.

War alles vorbereitet, so brauchte man im Kral nur die Stämmchen wegzunehmen, welche bisher den Korridor versperrt hatten. Auf seinen Rundgängen entdeckte das Okapi diese Öffnung bald; es wagte sich hinein und bewegte sich darin von selbst vorwärts – bis es sich im Transportkäfig auf dem Auto befand. Man ließ ihm dazu Zeit, aber da es sich im engen Gang nicht umzudrehen vermochte, ging es in der Regel flott voran. War es im Käfig angelangt, schloß sich hinter ihm diskret die Knüppeltüre, und die Fahrt konnte beginnen.

Im Fanglager, mitten im Urwald, war eine entsprechende Einrichtung vorhanden: eine Aussteigerampe, welche direkt in eines der Eingewöhnungsgehege führte, wo das Okapi sein gewohntes Futter vorfand und sich in überraschend kurzer Zeit an seine Pfleger gewöhnte. Schon nach acht bis zehn Tagen ließ sich der Wildfang in der Regel von seinem Pfleger ausgiebig bürsten. Angenehme taktile Reize beschleunigen bei vielen Tieren den Zähmungsprozeß. Beim Okapi war dies in besonderem Maße der Fall. So konnten die Eingewöhnungsgehege auch ohne Schwierigkeiten gründlich gereinigt werden, und eine Reinfektion durch Berührung mit dem parasitenhaltigen Kot war ausgeschlossen. Eine schonendere Fangmethode als die, welche hier von de Medina erfunden und praktiziert wurde, läßt sich meiner Überzeugung nach überhaupt nicht denken.

Eine außerordentliche Mortalität setzte unter den Okapis erst in Léopoldville und auf dem viele Wochen dauernden Bahn- und Schiffstransport zu den europäischen Häfen ein. Dann wirkten mehrere schädigende Einflüsse zusammen: Beunruhigung durch den wiederholten Verlad der Transportkisten, Umstellung auf Ersatzfutter, Seegang und dauernde Reinfektion mit gefährlichen Parasiten. Darauf wird bei der Erwähnung des Basler Okapis (1949) noch zurückzukommen sein.

Wie die Steppengiraffen verfügt auch das Okapi über eine lange Greifzunge, mit der es auch hochgelegene Zweige der Futterbäume zu fassen vermag. Normalerweise bedarf es bei der Futteraufnahme jedoch keiner derartigen Streckbewegungen.

Erstaunlich war die kurze Zähmungsdauer der Okapis. Ein bis zwei Wochen nach dem Fang ließen sie sich in der Regel von ihrem Pfleger am ganzen Körper abbürsten und schienen diese Behandlung zu genießen.

Zwar kam es bereits 1948 im Zoo von Stanleyville zu Brunftverhalten, d. h. zum Verfolgen eines östrischen Weibchens durch ein Männchen, beide fast im Gleichschritt gehend. Aber noch dauerte es fast zehn Jahre, bis das erste zoogeborene Okapi erfolgreich aufgezogen werden konnte (in Paris Vincennes 1957).

Am 1. April erreichten wir Gangalana-Bodio, unsere Basis im »Parc National de la Garamba«, wo wir rund zwei Monate blieben und die Gastfreundschaft des einzigen europäischen Bewohners, Commandant Marc Micha, in Anspruch nehmen durften. In einiger Entfernung von seinem Haus hatte er für jeden von uns eine komfortable Rundhütte mit Petrollampe und Segeltuchwaschbecken errichten lassen. Ein WC-Häuschen war etwa hundert Meter entfernt. Commandant Micha unterstützte uns auf jede erdenkliche Weise, vor allem auch durch sein umfassendes Wissen über Land und Leute. Sein Kochboy pflegte auf dem aus leeren Petrolkanistern gebastelten Herd die unwahrscheinlichsten Menus hervorzuzaubern, die einem Erstklaßhotel Ehre gemacht hätten.

Meine Hauptaufgabe bestand darin, den Einfluß des Tourismus auf das Verhalten der Tiere in Nationalparks zu untersuchen und Empfehlungen für deren Organisation auszuarbeiten. Damals gab es den Massentourismus noch nicht, und die Zahl der Touristen war sehr bescheiden. In weiten Naturschutzkreisen wurde die Auffassung vertreten, daß die Nationalparks nicht den Touristen, sondern ausschließlich dem Schutz der Natur dienen sollten, im Sinne einer »protection intégrale«, für die sich im Grunde auch Professor van Straelen eingesetzt hatte, der große Promotor der Kongo-Parks.

Er verstand die »protection intégrale« so wörtlich, daß er nur Wissenschaftlern den Zutritt zu den Nationalparks erlauben wollte. Und Geologen zum Beispiel sollte es nicht gestattet sein, Gesteinsproben mitzunehmen. Sein extremer Standpunkt war gar nicht so absurd, wie er vielleicht erscheinen mag, denn er befürchtete aufgrund früherer Erfahrungen im Kongo, daß der Fund ausbeutungswürdiger Erze die Anlage großer Minenwerke zur Folge haben könnte.

Im übrigen war Professor van Straelen damals mit Recht der Meinung, daß man sich etwas übertrieben für den Naturschutz einsetzen müsse, um überhaupt etwas zu erreichen. Er sah aber durchaus ein, daß ein Nationalpark seinen Zweck, nämlich die Erhaltung der ursprünglichen Pflanzen- und Tierwelt, nicht erreichen konnte, wenn man ihn sozusagen mit einer chinesischen Mauer umgab und isolierte.

Jeder Naturschutzpark kostet Geld, und sei es nur für die Forschung und für die Beaufsichtigung, für die Wildererbekämpfung und für die sichtbare Abgrenzung. Ebenso sicher ist, daß niemand Geld spendet für etwas, das er nicht kennt und das ihm verschlossen bleibt. Schon deswegen muß ein Nationalpark offen, d. h. dem Publikum zugänglich sein – wenigstens bis zu

Professor Victor van Straelen, der Begründer der ersten Nationalparks im ehemaligen Belgischen Kongo, hatte gute Gründe, den integralen, d. h. absoluten Naturschutz in ihnen zu verlangen.

einem gewissen Grad. Den heutigen Massentourismus konnte damals noch niemand voraussehen, noch weniger seine unmittelbaren und mittelbaren Auswirkungen auf Tiere, Pflanzen und Landschaft. Es galt also, einen tragbaren Kompromiß zu finden. Im Grunde genommen war jeder Tourist, auch wenn er Geld in die Kolonie brachte, Professor van Straelen ein Dorn im Auge.

Eine Voraussetzung für jeden Tourismus ist das Vorhandensein von Straßen und Wegen. Eine der ersten Fragen war daher, wie Tiere auf solche menschlichen Konstruktionen reagieren. Dazu bot der 5000 Quadratkilometer große Garamba-Park geradezu ideale Untersuchungsmöglichkeiten, weil er bei unserer Ankunft eigentlich nur auf dem Papier bestand.

Als wir unsere Arbeit im April aufnahmen, wies das »Straßennetz« im Garamba-Park eine denkbar einfache Versuchspiste von ca. zwanzig Kilometer Länge auf. Für mich erwies sich das als eine geradezu ideale Situation zur Prüfung der Grundfrage, ob und wie menschliche Straßen das Tierleben stören. Von meinen früheren Tierstudien wußte ich, daß auch Tiere ihre Straßensysteme haben, d. h. ein System von »Wechseln«, von Wegen, welche von einem Fixpunkt ihres Territoriums zum andern führen, also zum Beispiel von ihrem Heim (Bau) zur Trinkstelle, zur Suhle, zu Weide- oder zu Jagdplätzen, zu Orten der Kotabgabe, der Körperpflege, des Fressens usw. Dabei hatte es sich gezeigt, daß auch Tiere einen gewissen Bequemlichkeitstrend haben, also lieber einen hindernisfreien Wechsel benützen, als sich mühsam durch Dickichte und über Hindernisse hinweg vorwärtszukämpfen. Es gilt das Gesetz der Unspezifität der Wechsel; das heißt, die Tiere sind keineswegs an ihre eigenen Straßensysteme gebunden.

Die Versuchspiste im Garamba-Park zeigte nun sofort, daß die verschiedensten Tiere auch den Menschenwechsel gern und ausgiebig mitbenutzten, von der Schildkröte bis zur Giraffe, manchmal über Hunderte von Metern weit. Jedenfalls bestätigte sich das Gesetz der Unspezifität der Wechsel, d. h. die Tatsache, daß kleinere Tiere gerne die Wechsel größerer Tiere benutzen, also auch die menschliche Straße. Das ließ sich nicht nur durch direkte Beobachtung feststellen, sondern noch häufiger durch die Aufnahme der Spuren auf unserer Versuchspiste.

An vielen Tagen fuhren wir immer wieder – sehr langsam – der Piste entlang und erstellten jedesmal ein genaues Protokoll aller Beobachtungen und aller Spuren der Pistenbenutzer. Oft gab es so viel zu beobachten, zu notieren und zu fotografieren, daß wir an einem Tag nicht einmal die ganze Piste abfahren konnten.

Unser Auto erwies sich dabei als ein sehr wertvolles Arbeitsinstrument. Von der Ladebrücke aus konnte man mit dem Feldstecher weit ins Gelände schauen, und die häufige Wiederholung derselben Strecke hatte durchaus Vorteile. Ich lernte das langsam und leise fahrende Auto als einen willkommenen »Raumraffer« kennen, d. h., es gestattete uns, dieselben Territorien in der gleichen Zeit viel öfter zu besuchen, als es uns zu Fuß möglich gewesen wäre. Wo immer es uns angezeigt schien, hielten wir an, verließen Wagen und Piste und beobachteten Spuren oder die Tiere selber und ihr Verhalten. So öffneten sich uns Bilder von Warzenschwein-, Erdferkel- oder Hyänenterritorien und der sich in ihnen entfaltenden Raum-Zeit-Systeme, d. h., es bestätigte sich stets aufs neue, daß die freilebenden Tiere sich sehr konservativ daran halten, bestimmte Tätigkeiten bestimmten Örtlichkeiten und Zeiten zuzuordnen, wie ich dies schon zwanzig

Streckenweise werden auch wenig benutzte Menschenwechsel – auf dem Bild eine Autopiste im Kagera-Park 1960 – von Großtieren wie Flußpferd, Nashorn, Elefant und Giraffe, aber auch von Löwen, Hyänen und sogar von Schildkröten und Bodenvögeln ins eigene Wechselsystem einbezogen.

Jahre früher in Marokko und später in der Südsee mit ganz anderen Tieren erlebt hatte.

So setzten sich durch die wiederholten Einblicke in dieselben Territorien im Laufe unseres Aufenthaltes allmählich anschauliche Bilder wie Puzzles zusammen, etwa das Netzwerk der Wechsel, die Verteilung und Benutzung der Fixpunkte für Schlafen, Baden, Körperpflege, Markieren, Kot- und Harnabgabe usw. und deren bevorzugte Benutzungszeiten. Für einen Tierpsychologen und Zoodirektor ergaben sich auf diese Weise höchst aufregende, lehrreiche Einsichten mit der Möglichkeit praktischer Anwendung im Zoo. Ich denke etwa an das Anbieten von Sekretträgern (Ästen, Zweigen) für die Markierung oder von Einrichtungen zur Körperpflege (Suhle, Kratzbäume, Termitenstöcke).

Natürlich unternahmen wir auch gelegentlich safarimäßige Exkursionen ohne Wagen in verschiedene Richtungen, zum Beispiel nach Wilibadi, wo der einzige im Park geduldete Bewohner, ein Leprakranker namens Timwa, mit seiner Familie hauste. Der Sohn Timwas war ein außerordentlich begabter und kenntnisreicher Parkwächter, dem ich eine Fülle interessanter Hinweise und Beobachtungen zu verdanken habe, u. a. die, daß Warzenschweine auf der rasenden Flucht in ihren Erdbau unmittelbar vor dem Eingang einen Stopp reißen, sich blitzartig umdrehen und mit dem Hinterteil zuerst verschwinden. Heute ist diese Eigenart jedem Afrika-Touristen geläufig; für mich war das damals jedoch neu.

Sie leuchtet auch ein, denn die riesigen Hauer namentlich der männlichen Tiere, in Verbindung mit den bei diesem Geschlecht ebenfalls stärker ausgebildeten Gesichtswarzen, bilden einen wirksamen Verschluß der Erdröhre gegenüber Verfolgern. Ich habe auch auf späteren Afrika-Reisen viele Einfahrten zu Warzenschweinbauen gemessen. Der Durchmesser beträgt rund vierzig Zentimeter; die Kurvatur der Hauer und die Anordnung der Warzen sind offensichtlich zweckmäßig auf diese Maße abgestimmt.

Am 14. April brachen wir zu einer einwöchigen Safari alten Stils auf. Commandant Micha hatte als Konservator des Parks mit quasi militärischen Kompetenzen alles trefflich organisiert; u. a. hatte er 26 Träger, von denen jeder 25 Kilo zu tragen hatte, der Piste entlang vorausgeschickt.

Das mag übertrieben erscheinen, aber in dem halbstaatlichen »Institut des Parc Nationaux« war alles genau vorgeschrieben, zum Beispiel welcher Zelttyp einem Beamten oder einem Forschungsbeauftragten zusteht, wie viele Träger usw. Ich – der HD-Soldat – hatte in meiner Eigenschaft als »Chef de mission« Anspruch auf ein Offizierszelt mit allen Zutaten, genauso wie Commandant Micha. Es mußten also Petrollampen, Feldbetten, Klapptisch, Klappstühle, Filter usw. mitgenommen werden, neben der Foto- und Filmausrüstung, einer Anzahl Hühner als lebender Konserve und der nötigen Tranksame.

Commandant Micha, Jacques Verschuren und ich fuhren mit dem Auto bis ans Ende der Piste, und dann begann eine anstrengende, mehrstündige Fußwanderung durch schwieriges Gelände. Wiederholt wurden wir von den Trägern durch Sümpfe und kleine Flußläufe getragen. Wir begegneten zahlreichen Kob-Antilopen, Giraffen und Büffeln und trafen auch bald auf das erste Weiße oder Breitmaul-Nashorn. Diese seltene nördliche Unterart, von der es damals noch einige tausend Exemplare gab, bildete einen Hauptgrund für die Schaffung des Garamba-Parks. Heute gibt es davon nur noch knapp zwanzig Tiere.

Während ich noch das langsam flüchtende Nashorn mit dem Feldstecher verfolgte, zog eine Wolke grellweiß glitzernder Kuhreiher ins Gesichtsfeld, die einer etwa dreißigköpfigen Büffelherde folgte. Bald entdeckten wir von einem Termitenhügel aus eine noch größere Büffelherde, die direkt auf uns zu zog. Viele der Reiher hatten auf den breiten Rücken der Wildrinder Platz genommen, während am Körper der Büffel die starengroßen Madenhakker herumkletterten. Die Herde kam bis auf etwa fünfzig Meter an uns heran, dann hielten die vordersten Tiere an, nahmen Witterung auf und glotzten uns mit ihren imposanten Maskengesichtern eine Weile an, ehe sie langsam an uns vorbeizogen. Auch diese massiven Tiere mit ihren schwarzen Hörnern folgen dem Gesetz der Flucht – sofern sie nicht gejagt werden. Angeschossen aber können sie, wie jedes Großtier, äußerst gefährlich werden, wenn die Fluchtreaktion in die kritische Reaktion umschlägt, d. h. in Notwehr.

Unsere Safari-Tage waren angefüllt mit immer neuen Beobachtungen. So meldete einer der Träger eines Tages zwei schlafende Nashörner von der erwähnten, heute schwer bedrohten Art. Von einem Termitenhügel aus sahen wir sie eng aneinandergeschmiegt liegen, antiparallel ausgerichtet, umflattert von Kuhreihern und Madenhakkern, die den Schlaf der riesigen Geschöpfe offenbar nicht störten. Für mich war das eine unvergeßliche Begegnung. Offen gestanden auch eine etwas ungemütliche. Bisher war ich gewohnt, solide Eisenstangen oder einen Absperrgraben zwischen Nashorn und mir zu haben, und noch nie hatte ich Hörner von derartiger Länge (etwa einem Meter) und Spitzigkeit gesehen. Vor allem aber konnte ich ja nicht wissen, wie es sich mit der kritischen Distanz dieser Tiere verhielt. Schlaf bedeutet Fluchtunfähigkeit – wenn sie erwachten und wir uns innerhalb der kritischen Distanz befanden, mußte das eine Notwehrsituation bedeuten und Angriff, d. h. Verteidigung, auslösen.

Unsere Entfernung betrug vierzig Meter (was ich nachher mit dem Bandmaß feststellte). Das dürfte eher der Fluchtdistanz nahekommen. Nachdem wir etwa eine halbe Stunde die imposanten Geschöpfe beobachtet und fotografiert hatten, wurde eines von ihnen unruhig, wackelte mit den Ohren, grunzte und erhob sich mit aufgeringeltem Schwanz. Dann stand auch das zweite Tier auf, und beide trotteten gemächlich davon, um sich in nur zweihundert Meter Entfernung in den Schatten eines Leberwurstbaumes zu legen.

Diese Begegnung mit freilebenden Nashörnern, der später noch viele weitere folgten, gab mir u. a. auch zu denken wegen der prachtvollen Stirnaufsätze dieser Tiere. In zoologischen

Gärten bekam ich bisher immer nur Nashörner mit jämmerlich abgestumpften Hörnern zu sehen. Eisenstangen und Betonmauern, mit denen Nashörner in Zoos in der Regel umgeben werden, eignen sich in keiner Weise für die Pflege dieser delikaten Hornorgane. Im Freien dienen bestimmte Bäume, ausgewählte Fixpunkte, der Körperpflege; sie werden von den Tieren zum »Wetzen« ihres Kopfschmuckes gemäß ihrem Raum-Zeit-System periodisch aufgesucht. Daher habe ich es später als Direktor des Zürcher Zoos durchgesetzt, daß den Nashörnern solche Wetzbäume zur Verfügung gestellt wurden, und im Afrika-Haus wurden die Betonmauern mit halbierten Baumstämmen »tapeziert«, so daß die Nashörner gar keine Gelegenheit hatten, ihren Kopfschmuck durch stereotype Bewegungen an Betonmauern abzuscheuern. Von diesem biologischen Baumstammangebot machten denn die Tiere auch ausgiebig Gebrauch, und es war damit zu rechnen, daß die Baumstämme von Zeit zu Zeit erneuert werden mußten. Je stärker die Abnutzung, desto deutlicher der Beweis für das Bedürfnis nach diesem biologischen Material!

Mein Nachfolger ließ jedoch nach einigen Jahren die Baumstämme im Außengehege ersetzen durch eine Kunststeinwand. Fixpunkte, d. h. Einrichtungen zur Körperpflege, sind jedoch ebenso notwendig wie geeignetes Futter und meiner Meinung nach im Budget entsprechend zu berücksichtigen. Nicht das Billigste, sondern das biologisch Richtige sollte in einem Zoo unserer Zeit ausschlaggebend sein. Diese Einsicht durchzusetzen war Gegenstand meines immerwährenden Kampfes gegen meine Oberbehörden.

Aber wir befanden uns ja nicht in einer Verwaltungsrats- oder Zookommissionssitzung, sondern in unserem Zeltlager im Garamba-Park, von dem aus wir Exkursionen in die Umgebung unternahmen. Eine solche führte uns eines Tages an einen malerischen Fluß an der Grenze, wo wir einer Flußpferdherde begegneten; etwa 24 Tiere waren im Wasser, das von üppigen Baumbeständen teilweise überdeckt war – eine

Der Garamba-Nationalpark im ehemals Belgischen Kongo wurde ursprünglich vor allem zur Erhaltung der nördlichen Unterart des Breitmaul-Nashorns geschaffen.
Foto Dr. J.-P. Blancpain

Eine kleine Herde von Kaffernbüffeln unmittelbar vor der Flucht. Mit dem Bandmaß ließen sich die Fluchtdistanzen jeweils genau messen. Auch diese wehrhaften Tiere ziehen sich vor den Menschen zurück. Nur wenn sie gejagt und angeschossen werden, kann es zu gefährlichen, kritischen Reaktionen kommen.

großartige Szenerie für ein aufregendes Theater!

Wir richteten uns am Ufer wie auf einem Logenplatz ein, um diese wundervolle Vorstellung zu genießen. Eine Szene folgte der andern. Sozusagen in den Pausen fiel mir auf, daß die Riesentiere, die von Zeit zu Zeit prustend auftauchten, nicht allein waren, sondern umschwärmt von halbmeterlangen Fischen, die sich wie mächtige Blutegel an ihnen festsaugten und auch dann eine Weile an ihnen haften blieben, wenn sie sich für kurze Zeit aus dem Wasser erhoben.

Für Timwas Sohn, unseren einheimischen Experten, war das keineswegs überraschend. Er erklärte uns, daß diese Fische sozusagen »die Kuhreiher der Nilpferde« seien. Er wußte viel, was europäische Zoologen noch nicht ahnten. Die Eingeborenen nannten den Fisch Dorumbia. Offensichtlich handelte es sich um eine bisher unbekannte Symbioseform, ein Zusammenleben zweier ganz verschiedener Tierarten, eine Partnerschaft, die beiden gewisse Vorteile bringt. Ich habe sie in meinem Kongo-Rapport (1951) und in den »Säugetierkundlichen Mitteilungen« (1953) ausführlich beschrieben. Diese Fische, die sich später im »Institut Royal des Sciences Naturelles« in Brüssel als Labeo velifer Boulenger bestimmen ließen, haben ein typisches Saugmaul, mit dem sie die Haut ihrer Symbiosepartner ablutschen und sich dabei auch ansaugen können. Auf diese Weise wird die Haut der amphibisch lebenden Flußpferde gereinigt, und dabei gelangen die Fische auch zu ihrem Futter, das aus allerlei Detritus, wohl auch Algen, Ausscheidungen und vielleicht Parasiten besteht. Wir fanden diese eigenartige Flußpferd-Fisch-Symbiose im ganzen System des Dungu-Flusses, des Aka und Garamba verbreitet; sie dürfte aber noch in anderen Flüssen vorkommen.

Eine andere Exkursion, die wir von

unserem Zeltlager aus unternahmen, machte uns näher bekannt mit einem noch recht wenig erforschten Tier, das zwar so schwer wie ein Mensch wird, aber im Freien kaum jemals beobachtet wird, weil es ein reines Nachtleben führt: mit dem Erdferkel (Orycteropus afer). Dieser eigenartige Termitenfresser ist nur selten in Zoos zu sehen und wurde bisher nur in wenigen Fällen gezüchtet.

Man hatte uns erklärt, daß nur Angehörige eines Geheimbundes, die schon Erdferkelborsten gegessen hatten, uns wirklich beim Aufspüren behilflich sein konnten. Am 23. April war es soweit: Nicht weit von der vertrauten Piste entfernt hatten die Spezialisten einen besetzten Erdferkelbau entdeckt. Einer von ihnen hatte eben noch im Gefängnis gesessen wegen eines angeblichen Vergiftungsfalles. Erdferkelborsten dienen nämlich dazu, unliebsame Zeitgenossen aus der Welt zu schaffen, indem man ihnen zerkleinerte Stückchen ins Essen schmuggelt. Das soll eine ähnliche Wirkung haben wie zerstückelte Bambushaare in Indonesien, nämlich Tod durch multiple Darmperforation. Die Eingeweihten sprechen jedoch von Gift.

Mit zwanzig Leuten zogen wir aus. Die Aussichten erschienen auch deswegen günstig, weil es sich nicht um einen ganzen Komplex von Bauen handelte, sondern um einen isolierten Bau. Er lag genau zwischen zwei Flußpferdwechseln und war von innen verschlossen – ein sicheres Zeichen dafür, daß ein Erdferkel darin steckte. Um ein Eindringen von Warzenschweinen und Hyänen zu verhindern, die gerne von Erdferkelbauen Besitz ergreifen, sollen nämlich die Erdferkel den Eingang von innen her verstopfen, wie man das von verschiedenen anderen Grabtieren weiß – von der Winkerkrabbe bis zum einwinternden Murmeltier.

Die beiden Geheimbündler und ihre Gehilfen horchten die Umgebung der Einfahrt ab, und dort, wo sie das Tier unter dem Boden lokalisierten, wurde in aller Eile ein senkrechter Schacht in die Tiefe getrieben. Indessen stieß man nicht auf das Tier; dieses hatte sich durch einen waagrechten Stollen weitergegraben, und die Experten behaupteten, es unten im Boden graben zu hören. Wir Weiße, die wir nicht mit so leistungsfähigen Sinnesorganen wie die Eingeborenen ausgerüstet sind, vermochten rein nichts wahrzunehmen. Unsere Leute waren jedoch zuversichtlich und gingen sofort an das Ausheben eines zweiten Schachtes. Dann änderten sie plötzlich die Taktik, fertigten aus halbierten Gerten umstehender Büsche im Handumdrehen einige hübsche Körbe an, füllten sie im Schacht kniend mit Aushub und reichten sie in rascher Folge nach oben. Mit einem meißelartigen Instrument wurde nun der Fluchttunnel des Tieres so erweitert, daß einer der Hokuspokusmänner zuerst bäuchlings, dann kniend dem offenbar ständig weitergrabenden Tier folgen konnte.

Es kam jetzt offenbar zu einem unterirdischen Wettlauf zwischen dem mit ungeheuren Grabkrallen ausgerüsteten Erdferkel und seinen Verfolgern. Inzwischen war die Sonne am Untergehen, und es mußten die ersten Grasfackeln eingesetzt werden. Eigentlich hatte ich ja nur die Struktur der Erdferkelbaue kennenlernen wollen, doch da sich jetzt die Gelegenheit bot, eines dieser so selten lebend anzutreffenden Tiere zu sehen, wollten wir versuchen, eines zu fangen. Dazu hatten wir solide Netze mitgebracht.

Die Leute waren jetzt nicht mehr zurückzuhalten und hielten bei Fackellicht im Schacht stehend eine Art Lagebesprechung ab. Nach Ansicht des vordersten Gräbers mußte er sich bereits ganz nahe an das Tier herangearbeitet haben.

Plötzlich schrien alle auf. Das Tier hatte kehrtgemacht und sauste wie eine Furie zwischen den beiden Männern herum. Im blitzschnell sich entwickelnden Durcheinander stieß einer der aufgeregten Männer plötzlich einen Speer nach dem Tier – und schon war es wieder verschwunden. Alles war überrascht – einen solchen Blitzauftritt hatte niemand erwartet.

Nach einer Schrecksekunde machten sich einige trotz der unheimlichen Geschwindigkeit des Tieres an seine Verfolgung. Einer sah es gerade noch in einem Bau, etwa hundert Meter von der Ausgrabungsstelle entfernt, verschwinden. Eine Blutspur bestätigte diese Aussage. Jetzt schlüpfte einer der Spezialisten mit seiner Lampe soweit in den neuen Bau hinein, daß er von einem zweiten Mann an den Füßen gesichert werden mußte. Auf Weisung des Ältesten machten sich nun die aufgeregten Leute an das mühsame Ausheben eines dritten Schachtes.

Gegen ein Uhr früh, als die Vorarbeiten dank des geradezu fanatischen Einsatzes aller Beteiligten genügend fortgeschritten waren, stieg der Alte – nachdem er auf seinen Speer gespuckt und allerlei Hokuspokus getrieben hatte – in den Schacht. Alle folgten seinen Bewegungen mit größter Spannung. Vorsichtig kratzte er in der Tunnelerde und schrie den Leuten allerlei Unverständliches zu. Plötzlich wurde die Schwanzspitze, dann der ganze Schwanz des Tieres sichtbar. War es schon tot?

Es war tot. Einige Schwarze mußten zurücktreten, während Ausgewählte das schwere Tier aus dem Loch zogen. In ihm steckte noch die vom Holzschaft abgebrochene, völlig verbogene dreißig Zentimeter lange Speerspitze – eines der ganz wenigen Souvenirs, die ich zuhause aufbewahre.

Der Alte hatte seine Erdferkel-Ehre gerettet. Stammesgenossen bestaunten ihn und seine Beute. Es stellte sich her-

Das in Andrees Handatlas von 1908 als Kongo-Staat bezeichnete Gebiet hieß zur Zeit unserer Reisen (1948 und 1960) Belgischer Kongo. Die Hauptstadt Kinshasa hieß damals noch Léopoldville, Kisangani war Stanleyville.

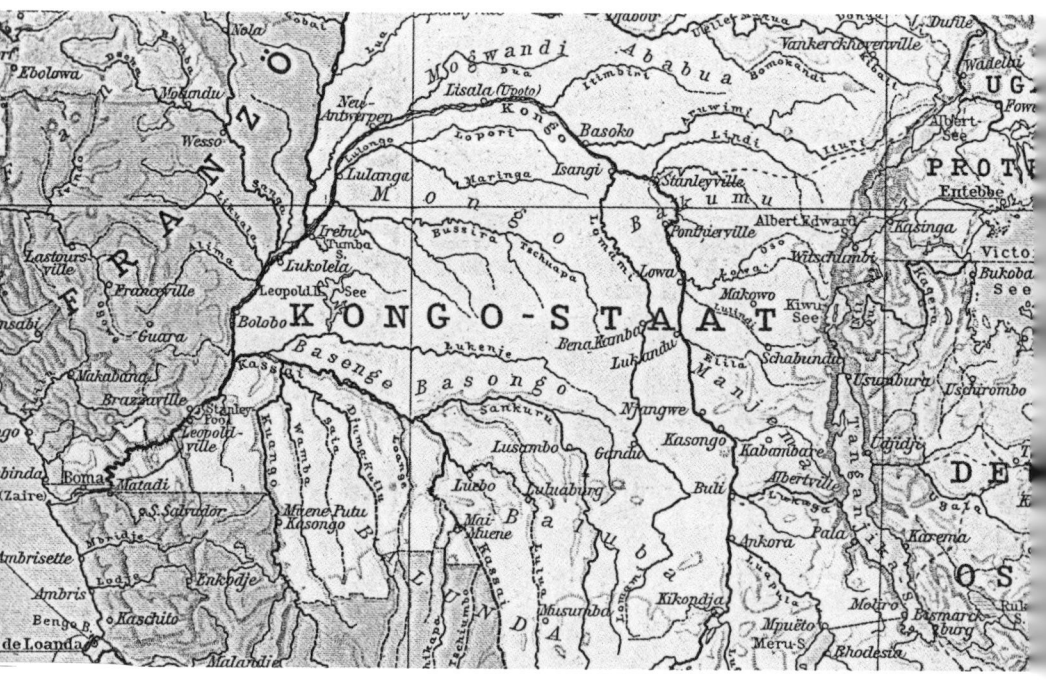

aus, daß selbst »le fils de Timwa« noch nie ein Erdferkel gesehen hatte, obgleich er und seine Angehörigen seit Generationen mitten im Erdferkelgebiet wohnten. Ungezählten Afrikanern geht es nicht anders. Begegnungen, so wie uns eine beschert war, wurden seither kaum wieder beschrieben. Doch gelang es später (1949) Professor Geigy – angeregt durch diesen Versuch –, ein Erdferkel zu fangen und lebend in den Basler Zolli zu bringen.

Diese überraschende Begegnung mit einem freilebenden Erdferkel – die einzige in meinem Leben – verblüffte mich u. a. wegen der außerordentlichen Kraft, die im Zerbrechen des hölzernen Speerschaftes und im Verbiegen der Eisenspitze zum Ausdruck kam, vor allem aber wegen der unerhörten Geschwindigkeit, mit welcher das verletzte Tier zuletzt vom zweiten zum dritten Schacht gesaust war. Das Erdferkel gilt nämlich im Zoo – wie etwa Plumploris oder Faultiere – als langsam von Natur aus. So kann man sich täuschen. Das gilt auch für gewisse Reptilien, etwa für die giftige Krustenechse (Heloderma), die allgemein als so langsam gilt, daß die meisten Pfleger sie ahnungslos wie einen Telefonhörer in die Hand nehmen. Ich habe es aber erlebt, daß eine Heloderma, die ich zum Fotografieren in die Sonne legte, plötzlich wie eine gereizte Bulldogge um sich biß. – Über das Bewegungstempo, das manche als langsam geltende Tiere unter Umständen an den Tag legen können, und über deren neurale Regelung wissen wir noch recht wenig.

Beim Abbalgen unseres Erdferkels zeigte sich, daß es nicht weniger als 73 Kilo schwer war, keine Fettschicht und eine sehr dünne Haut aufwies. Da war nichts Ferkelhaftes. Und die breiten, scharfen Grabkrallen an den außerordentlich muskulösen Extremitäten erinnerten in bezug auf ihre Waffenwirkung eher an Leopard oder Löwe, mit denen es das Erdferkel im Notfall aufnehmen soll. Bei der Verteilung des Fleisches führten die beiden Angehörigen des Erdferkel-Geheimbundes das Wort und versahen sich wohl auch wieder mit den kostbaren Borsten für künftige Zaubereien. Wir hielten in Protokollen und Fotos fest, was an diesem seltsamen Tier von zoologischem Interesse war.

Eine ganz andere Tierbegegnung hätte ich selbst dann kaum geglaubt, wenn sie mir mein bester Freund erzählt hätte. Bei unserem Besuch im Kongo-Museum in Tervuren hatten wir uns zwar ausgiebig über die Treiberameise (Dorylus) orientiert, die in riesigen Massen auftreten und alle Lebewesen auffressen kann, die nicht zu flüchten vermögen. Wir hatten auch Geschichten von einem Tierfänger gehört, der alles für den Abtransport vorbereitet und seine Tiere in sauberen Transportkisten bereitgestellt hatte. Am Morgen soll er statt der lebenden Tiere nur noch deren Skelette vorgefunden haben. In abgelegenen Gefängnissen angekettete Sträflinge waren angeblich nachts von Treiberameisen überfallen, getötet und aufgefressen worden.

Es traf sich, daß wir uns nach einem herrlichen Safari-Tag vor dem Zelt von Commandant Micha zu einem gemütlichen Drink zusammenfanden und uns u. a. über die Gefährlichkeit der Treiberameisen unterhielten. Unser Gastgeber hatte nie nennenswerte Zusammenstöße mit Ameisen gehabt, wollte aber Greuelgeschichten wie die oben erwähnten nicht unbedingt in Abrede stellen, weil ihm ähnliche Fälle von zuverlässigen »vieux coloniaux« berichtet worden waren. Einige Stunden nachdem ich mich in mein durch ein Moskitonetz gesichertes Feldbett zurückgezogen und gut geschlafen hatte, weckte mich ein seltsam kratzendes Geräusch. Im Schein meiner Taschenlampe konnte ich einige Skinke, also tagaktive Eidechsen, sehen, die versuchten, innen an der schrägen Zeltleinwand vor einer Schar Ameisen zu flüchten. Normalerweise sind Eidechsen hinter Ameisen her – hier war es umgekehrt.

Bald darauf spürte ich an den Füßen ein seltsames Kribbeln, dann an den Beinen. Ich schlug die Bettdecke zurück und zündete mit der Lampe darunter: alles voller Ameisen, und schon spürte ich die ersten, brennenden Bisse an Zehen, Füßen und Beinen. Jetzt wußte ich, was los war und daß es für mich nur noch sofortige Flucht gab. Ich riß das Moskitonetz hoch und wollte in die Lagerstiefel schlüpfen, doch waren diese innen und außen bereits mit einem Filz von Ameisen überzogen. Der Zeltboden war von ihnen dicht bedeckt, und am ganzen Körper spürte ich bereits die schmerzenden Bisse. Ich schrie aus Leibeskräften und wollte mich in die Segeltuch-Badewanne stellen, aber das Wasser war bereits mit einem dichten Ameisennetz überzogen. Mein Zelt stand inzwischen in einem Bach von Ameisen. Lediglich vor dem Eingang entdeckte ich noch eine kleine Insel: Ich packte einen Klappstuhl, stellte ihn auf die etwa tischgroße, ameisenfreie Insel, sprang hinauf und riß mir den Pyjama vom Leib, um die unzähligen Ameisensoldaten, die sich mit ihren starken Kiefern an mir festgebissen hatten, einzeln abzulösen. Mir schien es eine Ewigkeit zu dauern, bis Commandant Micha endlich vor seinem Zelt erschien.

Begreiflicherweise konnte er ein leichtes Lachen nicht unterdrücken, als er mich mitten in der Nacht nackt und fluchend auf einem Stuhl tanzend erblickte. Mir war es aber gar nicht zum Lachen. Sofort erfaßte er die Situation, schrie nach den Trägern und hieß sie im Blitztempo Fackeln aus Elefantengras herzustellen und mit der Fackelasche einen Kreis um mich und um mein Zelt zu bilden. Micha und sein Zelt waren »im Trockenen«, d. h. jenseits des Ameisenbaches, der mein Zelt regelrecht umspülte.

Das Mittel der Wahl gegen Ameisen ist in solchen Fällen Asche. Alle gegen Moskitos wirksamen Insektizide erwiesen sich als wirkungslos. Das Gift der schmerzhaften Bisse wirkt zum Glück nur einige Minuten und hinterläßt keine juckenden Pusteln. So wurde mir um so wohler, je mehr sich die Wirkung der für die Ameisen tödlichen Fackelasche zeigte. Der Zustrom blieb aus, die vorhandenen Massen versickerten allmählich, und nach einer Weile konnten wir uns nochmals hinlegen – reicher um eine zoologische Erfahrung, die ich nicht missen möchte. Es bestätigt sich immer wieder: Nicht die großen, sondern die kleinen und vor allem die allerkleinsten Lebewesen (ich denke an die Malaria-Erreger) sind die wirklich schlimmen Feinde des Menschen in den Tropen.

Nach der denkwürdigen Safari ins Innere des Garamba-Parkes verbrachten wir noch einen Monat in Gangalana-Bodio. Zu meinen Aufgaben gehörte, wie erwähnt, ein Gutachten über die S.D.E., die »Station de Domestication des Eléphants«, die sich etwa fünfzig Kilometer entfernt in Aru befand. Sie stand unter der Oberaufsicht von Colonel Offermann und unter der direkten Leitung von Lieutenant Lefevre und seinem Adjunkten J. Haezaert, welche beide guten Willens, aber von zoologischen und veterinärmedizinischen Kenntnissen völlig unbelastet waren.

Während unseres Aufenthaltes im Frühjahr 1948 umfaßte die Station rund fünfzig Elefanten, Bullen und Kühe von ganz unterschiedlicher Größe und verschiedenem Alter, Zahmheits- und Zuverlässigkeitsgrad. Alle Tiere wurden betreut von einem Stab von 150 Eingeborenen, die alle dem Stamm der Azande angehörten, der als besonders kriegerisch und draufgängerisch galt.

Die Elefanten der Station befanden sich nie unter einem Dach oder in einem Gehege, sondern waren in zwei Reihen mit einem Mittelgang einander gegenübergestellt, mit Ketten an Bodenankern gefesselt. Die verschiedensten Typen waren darunter: vom großen Steppenelefanten mit riesigen Stoßzähnen und Fächerohren bis zum kleinen, rundohrigen Waldelefanten.

Am wertvollsten waren für die Station die großen, alten Tiere, die sogenannten »Moniteurs«, die zum Einholen der riesigen Futtermengen sowie zum Beschwichtigen der frisch gefangenen Elefanten eingesetzt wurden. Um diese an einfache Befehle und an Reiter zu gewöhnen, wurden sie an zuverlässige »Moniteurs« gefesselt.

Der tägliche Umgang mit diesen Riesen war natürlich weder einfach noch ungefährlich. Mit einigen alten Bullen war überhaupt nichts anzufangen: Sie blieben unnahbar und konnten nicht mehr losgekettet werden. Die Pfleger waren mit Spießen verschiedener Länge als Dressurhilfen ausgerüstet. Unfälle, auch schwere, waren unvermeidlich. In der Nähe der Station befand sich ein kleiner Friedhof, auf

Julien Haezaert 1948 als Angestellter der »Station de Domestication des Eléphants« mit einem frischgefangenen Elefanten. 1960, im Jahr der Unabhängigkeit des Kongos, war er unser Gastgeber im Kagera-Nationalpark.

Eine Gruppe zahmer Elefanten der »Station de Domestication des Eléphants« beim täglichen Bad im nahen Fluß.

dem die tödlich verunglückten Pfleger beigesetzt wurden. Der ganze Betrieb war militärisch organisiert, von der Tagwache bis zum Feierabend; ein Unteroffizier gab die jeweiligen Trompetensignale. Der Morgen begann mit dem Losbinden und Besteigen der zuverlässigen Tiere, der »Moniteurs« mit ihren zum Teil noch etwas ungebärdigen Schützlingen – und los ging's »auf die Weide«, d. h. in den umgebenden Busch, jeden Tag in einer anderen Richtung, an einen anderen Ort, damit nicht eine Stelle völlig kahlgefressen wurde. Während der nächsten Stunden konnten sich die Elefanten mit frischem Grün, Gräsern, Zweigen, Papyrus usw. sättigen. Am Nachmittag wurden den Tieren riesige Futterhaufen auf den Rücken geladen für jene Artgenossen, die man nicht auf die Weide lassen konnte. Es kam also nur frisches Grün zur Verfütterung, das gratis aus der umgebenden Natur zu beziehen war. Trockenfutter, wie es in den zoologischen Gärten üblich ist, also Heu, Hafer, Pellets oder hartes Brot, blieb diesen Elefanten unbekannt.

Das Abrichten von Elefanten zum Gebrauch in der Land- und Forstwirtschaft war 1948 bereits nicht mehr üblich; es hatte sich nicht gelohnt. Weil die Afrikanischen Elefanten fast 16 Stunden mit Fressen beschäftigt sind und auch täglich ihr Bad nehmen, bleibt praktisch keine Zeit für einen lohnenden Arbeitseinsatz. Hinzu kommt, daß die Bedienung eines Traktors oder eines Bulldozers wesentlich einfacher und vor allem viel weniger gefährlich ist als die Führung eines so mächtigen, empfindlichen und schreckhaften Tieres, wie es der Elefant ist. Gegen die Konkurrenz der modernen Agrikultur- und Forstmaschinen kann ein Tier nicht aufkommen – auch in Indien nicht mehr.

Einen Höhepunkt im Tagesablauf der S.D.E.-Elefanten spielte zweifellos das Bad, zu dem täglich um vier Uhr nachmittags geblasen wurde. Dann brachte man die Tiere zum nahen Fluß, wo sie für eine Weile nach Herzenslust trinken, baden, tauchen und sich ausgelassen tummeln konnten, bis das Signal

zur Rückkehr gegeben wurde. Dieses tägliche Bad, das u. a. für die Hautpflege der vermeintlichen »Dickhäuter« so wichtig ist, gehörte zu den erfreulichsten Aspekten der S.D.E. Leider gibt es heute noch einzelne rückständige Zoos, in denen die Elefanten nicht jeden Tag baden können.

Das Schlimmste an dieser Elefantenstation war zweifellos der alljährlich im Frühling stattfindende Fang neuer Tiere, der auf äußerst verlustreiche und daher unverantwortbare Weise erfolgte. Zuerst wurden die Herden aufgespürt und dann Mütter mit Jungen von der Herde getrennt. Anschließend wurde die Mutter durch einen Lungenschuß »gebremst«. Eine sofortige Tötung hätte zur Folge gehabt, daß das Junge sich der flüchtenden Herde angeschlossen hätte. So aber blieb die schwerverletzte Mutter mit dem Jungen zurück, das gefesselt und zunächst an Bäume gebunden wurde, bis es den herangebrachten »Moniteurs« zum Transport in die Station angehängt werden konnte.

Dies dauerte mitunter nicht nur Stunden, sondern Tage. Unterdessen tobten die Wildfänge, zerrten verzweifelt an ihren Stricken, brachen sich zuweilen die Ohrknorpel oder zogen sich andere Verletzungen zu. Das Drogengewehr, mit dem Alt- und Jungtiere sich hätten beruhigen lassen, war damals noch nicht erfunden, und so blieb

Junger Reitelefant bei Gangala-na-Bodio auf seinem Wechsel. Moderne Forst-, Landwirtschafts- und Straßenbaumaschinen sind weit einfacher und mit geringerem Risiko zu handhaben als diese langsamen und wenig ausdauernden Tiere, so daß ihrer Zähmung keine wirtschaftliche Bedeutung zukommt.

es jahrelang bei dieser grausamen und äußerst verlustreichen Fangmethode.

Dazu brachten diese jährlichen Fangaktionen eine unerhörte Störung in den Garamba-Park, wie sie mit einem Nationalpark ohnehin unvereinbar war. Als der Markt für Arbeitselefanten versiegte, hoffte Colonel Offermann, seine Elefanten an zoologische Gärten in Europa, Amerika und Australien verkaufen zu können, doch kam auch dieses Geschäft nie richtig in Gang. Einer der ersten Elefanten wurde dem Zoo in Antwerpen verkauft, wo er im Juli 1947 eintraf und gleich danach einen Tierpfleger tötete.

Ich stellte in meinem Gutachten den Antrag, daß die »Station de Domestication des Eléphants«, da sie wirtschaftlich nichts einbrachte, umgewandelt werden solle in eine Zucht- und Forschungsstation mit touristischer Anziehungskraft. Eine solche Einrichtung gab es damals auf der ganzen Welt noch nicht.

Leider waren alle Bemühungen, aus der tierquälerischen Station ein angesehenes Institut für Elefantenzucht und -forschung unter Beizug geeigneter Spezialisten zu machen, vergebens. Bald darauf trieb der Belgische Kongo seiner Befreiung zu, was sich auf die Nationalparks katastrophal auswirkte, insbesondere durch das Überhandnehmen des Wildererunwesens, dem nicht nur ungezählte Elefanten, sondern auch viele der seltenen Weißen Nashörner und Berggorillas zum Opfer fielen.

Überdenkt man das Schicksal der afrikanischen Großtierwelt, dann läßt sich weiterum – übrigens auch in anderen Ländern – eine seltsame geschichtliche Abfolge in der Betreuung, bzw. Bewirtschaftung feststellen. Sofern sich die Kolonialbehörden überhaupt darum kümmerten, stellten sie sich zuerst meist die Frage: Wer weiß mit Tieren Bescheid? Das waren in der Regel zuerst die Kolonialoffiziere, die ja zumeist auch Großwildjäger waren. Sie legten die Abschußquoten fest und organisierten in Zusammenarbeit mit den Farmern die Massenvernichtung »schädlicher« Wildtiere wie zum Beispiel gewisser Antilopen, Flußpferde, Zebras.

Nach den Kolonialoffizieren kamen vielerorts die Tierärzte als Tiersachverständige. Es waren indessen nicht Wildtiersachverständige – die gab es damals noch gar nicht –, sondern Haustierspezialisten; ihnen wurde die Erhaltung und Ausbreitung der Nutztierzucht anvertraut, vorab der Rinder, Pferde und Schafe. Für diese mußte großzügig Platz geschaffen werden, durch gewaltige Rodungen und durch Vernichtung der Wildtiere, die nicht nur als Nahrungskonkurrenten, sondern vielfach auch als gefährliche Krankheitsüberträger galten. Ganze Landstriche wurden leergeschossen, um die aus Europa eingeführten Haustiere vor der Tsetsefliege zu schützen.

Nilpferde wurden zu Zehntausenden abgeschossen, als angebliche Nahrungskonkurrenten der importierten Nutztiere; in Ägypten, Südafrika und an anderen Orten wurden sie ausgerottet. Heute weiß man, daß das Nilpferd mit seiner kurzen Tragzeit von nur acht Monaten und mit seinem außerordentlich schnellen Wachstum der weit leistungsfähigere Fleischproduzent ist als das aus Europa eingeführte, krankheitsanfällige Vieh. Inzwischen hat es sich gezeigt, daß man im Interesse einer genügenden Eiweißversorgung der Afrikaner viel eher die einheimischen Tiere hätte bewirtschaften sollen, als empfindliche Haustierrassen einzuführen. Die heute mehr und mehr sich ausbreitenden Game-Ranches tragen dieser Erkenntnis Rechnung und züchten die resistenten, einheimischen Arten mit größerem Erfolg als die krankheitsanfälligen, eingeführten Haustiere. Ökologen und Zoologen in Verbindung mit Agronomen sind bemüht, die noch vorhandene Tierwelt in den ehemaligen Kolonialländern zu erhalten und dem Menschen namentlich in den Hungergebieten sinnvoll dienstbar zu machen.

Die Kolonialgeschichte in weiten Gebieten unserer Erde hätte wahrscheinlich einen anderen Verlauf genommen, wenn die einheimische Tierwelt aufgrund zoologischer und ökologischer Erkenntnisse rechtzeitig in den Dienst der hungernden Menschheit gestellt worden wäre. Eine genügende Eiweißversorgung und hinreichende Erhaltung der Lebensräume der ursprünglichen Tierwelt gehören zu den vordringlichsten Aufgaben in der Dritten Welt.

Während unseres Aufenthaltes in Gangala-na-Bodio war jeder Tag vollgepackt mit fesselnden zoologischen Erlebnissen. Wenn ich es mir leisten konnte, d. h., wenn die vordringlichen Beobachtungen und Protokolle eine gewisse Abrundung erfahren hatten oder aus irgendwelchen Gründen unterbrochen werden mußten, machte ich mich gelegentlich allein davon, auf einem schmalen, verwachsenen Pfad ans Ufer des nahen Dungu-Flusses, wo ich eine kleine Hütte, d. h. ein Dach mit einer Bank, entdeckt hatte.

Dort setzte ich mich ruhig hin, mit dem Feldstecher in der Hand. Ich brauchte nie zu warten – sofort begann eine großartige Vorstellung. Da schwirrten allerlei schillernde Käfer heran, bizarre Schnecken turnten im Schilf, Tausendfüßler und Ameisen krabbelten über den Boden. Aber die Hauptakteure zeigten sich im und am Fluß.

Zur festgesetzten Zeit, gemäß ihrem Raum-Zeit-System, erschien am gegenüberliegenden Ufer eine schön gestreifte Schirrantilope, trat nach langem Sichern aus der schützenden Deckung auf den schmalen Sandsaum, um zu trinken. Auch ein weiblicher Wasserbock mit Jungem trat oft in der Nähe aus. Krokodile lagen gelegentlich auf einer Sandbank und machten mir klar, daß das massige Nilkrokodil dem selteneren, grazileren Panzerkrokodil biologisch überlegen ist. An ruhigen Stellen der Wasseroberfläche sah man oft einen Schwarm fingerlanger Salabafische, die mit einem spritzenden Geräusch von einem Zentrum aus sternförmig nach allen Richtungen durch die Luft davonstoben, um etwa einen Meter weiter wieder ins Wasser zurückzuklatschen. Zweifellos handelte es sich dabei um eine synchrone Fluchtreaktion, wenn eine Salabagruppe von einem Raubfisch angegriffen wurde. Auch das viel weiter führende »Fliegen« der fliegenden Meerfische (Exocoetus) wird als Fluchtreaktion gedeutet. Es erfolgt jedoch nur in einer Richtung, nämlich gegen den Wind. Die kleinen Salabas aber stoben nach allen Seiten auseinander. Dabei kam es oft vor, daß ein flinker Eisvogel sich aus dem Uferschilf löste und einen der Flüchtlinge erhaschte. Wenn der Vogel Pech hatte, schnappte jedoch unversehens ein Krokodil nach ihm.

So sieht es in der »goldenen Freiheit« aus. Ein Tier jagt das andere, und überall zeigt sich der Widerspruch der Selektion: Sie entwickelt oft raffinierte Fluchtreaktionen, die aber durch ebenso raffinierte Fangaktionen – wie etwa das Stoßtauchen der Eisvögel – wieder neutralisiert werden. Flucht- und Beutefangmethoden entwickeln sich gleichermaßen, gleichsinnig, auch bei Zebra und Löwe, Hase und Raubvogel. In der Natur gibt es keinen absoluten Schutz. Der kann nur vom Menschen im Zoo organisiert werden.

Oft mußte ich mich von meinem Logenplatz in dem unvergleichlichen Naturtheater in der Dunguhütte förmlich losreißen; es zog mich immer wieder hin.

Elefanten können auch dickstämmige Akazien zerstören, indem sie an den herunterhängenden Ästen nachfassen, bis sie brechen. Man beachte den unter dem mächtigen Ast stehenden Parkwächter als Größenvergleich!

In Nationalparks dürfen in der Regel keine Menschen wohnen, mit Ausnahme der unbedingt nötigen Funktionäre und der Touristen an präzis festgelegten Stellen. Außerhalb der Schutzgebiete haben es die Eingeborenen oft schwer, ihre bescheidenen Pflanzungen gegenüber Wildtieren zu verteidigen. Während unseres Aufenthaltes wurde Commandant Micha einmal an einen solchen Ort außerhalb des Garamba-Parks gerufen, und wir durften ihn auf seiner Schadeninspektion begleiten. Es handelte sich um kleine Maniok- und Erdnußpflanzungen eines Dorfes, die in der Nacht von Elefanten zerstört worden waren.

Gegen die Invasion von Elefanten versuchten sich die Bewohner dadurch zu schützen, daß sie rund um die Pflanzungen tiefe Fallgruben anlegten. Im Gegensatz zu Fallgruben, in denen Tiere lebend gefangen werden sollten – zum Beispiel Okapis –, waren die Längswände dieser Schächte nicht senkrecht, sondern gegen unten schräg zusammenlaufend. Das hatte zur Folge, daß ein Elefant völlig eingekeilt wurde und innerhalb kurzer Zeit erstickte.

Durch die zuständigen Behörden wurden die betroffenen Pflanzer entschädigt – und wohl auch durch die große Fleischmenge, wenn ein Fang gelang!

Ich selber fand in der Tiefe einer alten Grube meine ersten Krallenfrösche (Xenopus laevis), die gerade damals Berühmtheit erlangten und in allen Frauenkliniken gehalten wurden, weil sie für einen Schwangerschaftstest Verwendung fanden. Einem meiner Studienkameraden, Paul Gasche, war es wenige Jahre vorher erstmals gelungen, in den Ciba-Laboratorien in Basel diesen interessanten Frosch zu züchten. Dieser hat seither seine medizinische Bedeutung allerdings wieder verloren, weil noch einfachere Schwangerschaftstests gefunden wurden.

Die für Elefanten geschilderte Fangmethode mit Hilfe von Fallgruben existierte schon in der Steinzeit. Ebenso gab es damals schon Grubensysteme, in welche ganze Herden von Antilopen hineingejagt wurden. Wir haben während unserer Reise in den Nationalparks des Kongo sehr eindrückliche Anlagen dieser Art gefunden, die jedoch nicht mehr gebraucht werden durften. Erstaunlich ist, wie präzis solche Fanganlagen auf das Verhalten der Tiere abgestimmt waren.

Eine weitere steinzeitliche, d. h. feuerwaffenlose Jagd wurde uns bei anderer Gelegenheit vorgeführt. Es ging um die Erlegung einer kleinen Duckerantilope (Cephalophus). Diese hervorragenden Hüpfer lassen sich nicht in Gruben fangen; sie würden ohne Mühe aus jeder herausspringen. Für sie wurden, ähnlich wie beim Fischfang, lange Netze von 1,1 m Höhe und 5 cm Maschenweite ausgelegt, die sich kaum von den Sträuchern, Lianen und Gräsern abheben. Solche Fanggeräte wurden in Europa noch während der Pfahlbauzeit verwendet, wie K. Lindner (1937) in seinem Werk über die Jagd der Vorzeit ausführt.

Ein alter Jäger leitete die Aktion und gab seinen zehn Gehilfen mit diskreten Gesten die Anweisung, wie und wo sie das zweihundert Meter lange Netz auslegen sollten. Der Jagdleiter hatte auch zwei Hunde mitgebracht, denen hölzerne Glocken angehängt waren und die kläffend und winselnd die Spuren auf den Waldwechseln verfolgten. Einige Schwarze betätigten sich als Treiber und bemühten sich mit lautem Geschrei, die Antilope ins Netz zu jagen. Erst beim zweiten Versuch gelang ihnen dies. Auf ihrer Flucht raste die kleine Schopfantilope, ein Schwarzrückenducker (Cephalophus dorsalis), im Unterholz direkt in die Maschen und verhaspelte sich darin. Im Nu waren die Jäger zur Stelle und hielten die Beute hoch über den Boden, um ihre Zerfleischung durch die Hunde zu verhindern. Es handelte sich um einen weiblichen Ducker, der zwar unversehrt war, aber von den Jägern sogleich getötet wurde. In seinem Magen fand ich tatsächlich Maniokstücke; die Eingeborenen hatten behauptet, daß diese Tiere ihre Maniokpflanzungen schädigten.

Diese Jagdmethoden – sowohl Fanggruben wie Treibjagd – zeigten uns anschaulich, daß die afrikanischen Ureinwohner auch ohne Feuerwaffen durchaus in der Lage waren, ihre Pflanzungen vor einfallenden Tieren zu schützen und sich hinreichend Fleisch zu verschaffen. Eine solche Nutzung des Wildes für den Eigenbedarf hat meines Wissens noch nirgends in der Welt zur Ausrottung oder ernsthaften Bedrohung von Arten geführt, weder bei den Eskimos noch bei den Indianern, weder in Afrika noch in Australien oder Indien. Zudem tragen auch Tabus, Totems und ähnliche Einrichtungen dazu bei, die Tierwelt hinreichend zu schützen. Das Verhängnis kam mit den Feuerwaffen.

Von Gangala-na-Bodio aus unternahmen wir gelegentlich auch Abstecher in die benachbarten Ortschaften, zu großen Plantagen und in den von Schimpansen und Riesenwaldschweinen bewohnten Koriniwald. Auf einer dieser Fahrten waren wir die Gäste eines Farmers, de Schlippe, in dessen Haus zwei junge, völlig zahme Riesenwaldschweine (Hyekochoerus meinertzhageni) wie Hauskatzen lebten. Ich war sofort von den höchst ungewöhnlichen Pfleglingen fasziniert, denn diese größte Wildschweinart Afrikas kannte ich bisher nur aus der Literatur. Sie gehört in zoologischen Gärten zu den absoluten Seltenheiten und wurde meines Wissens noch nie gezüchtet.

Ich erkundigte mich, ob die reizenden Tiere – es war ein Pärchen – wohl zu kaufen seien. Zu meiner freudigen Überraschung stimmte unser Gastgeber sofort zu, wohl im Hinblick auf die Zukunft seiner Pfleglinge, wenn sie einmal die Hundertkilo-Grenze überschritten haben würden. Zwar ist diese Schweineart sehr sauber, praktisch geruchlos und im Prinzip stubenrein, d. h. dem lokalisierten Typ der Kotabgabe angehörend, dazu sehr intelligent – aber so große Tiere frei in einem gepflegten Haushalt zu haben, war voraussichtlich doch mit einigen Problemen verbunden.

Obgleich dies nicht zu meinen primären Aufgaben gehörte, kaufte ich die beiden verspielten Tierchen; es wurde vereinbart, daß wir sie am nächsten Tag auf der Rückfahrt abholen sollten. Als wir aber anderntags auf der Farm eintrafen, war einer der kostbaren Pfleglinge gestorben: Er hatte in der Nacht ein Stück Kokosmatte gefressen, was zu einem Darmverschluß geführt hatte. Die Erwerbung eines Einzeltieres war nicht zu verantworten, und so sind die Tiergärten der Schweiz bis heute ohne diesen bemerkenswerten Vertreter der Schweinefamilie geblieben.

Gegen Ende Mai mußten wir uns von Gangala-na-Bodio und von unserem großzügigen Gastgeber Commandant Micha verabschieden. Zu diesem Abschied gehörte auch die Übergabe von fünf Zwergziegen als Gastgeschenk für seine hilfreichen Mitarbeiter.

Über Faradje fuhren wir zunächst nach Aba, einem Städtchen unmittelbar

Eines der beiden jungen, völlig zahmen Riesenwaldschweine beim Untersuchen meiner Tasche. Diese hochinteressante Art wurde noch später als das Okapi, nämlich erst 1904, wissenschaftlich beschrieben, ist noch seltener in Zoos gelangt und wurde bisher noch nie gezüchtet.

an der Grenze zum Sudan. Hier waren wir mit Colonel Forbes und Major Anderson verabredet. Colonel Forbes hatte im Sudan eine ähnliche Stellung wie Colonel Offermann im Kongo. Das gesamte Jagdwesen war ihm unterstellt, ebenso der Handel mit Elfenbein und mit seltenen Tieren; zudem war er Direktor des Zoologischen Gartens in Khartum. Auch in dieser Organisation gab es keinen einzigen Zoologen. Was für Offermann die Okapis bedeuteten, das waren für Forbes sozusagen die Schuhschnäbel, jene seltsamen Stelzvögel aus den damals noch fast unermeßlichen Papyrussümpfen zwischen Kongo und Nil.

Forbes bzw. der Zoo von Khartum hatte praktisch das Monopol für den Schuhschnabel (Balaeniceps rex). Seit seiner Eröffnung im Jahre 1901 hatte es sich unter den einheimischen Fischern herumgesprochen, daß sie dort für junge Schuhschnäbel eine hübsche Belohnung bekamen. Diese Fischer waren die einzigen Menschen, die überhaupt eine Chance hatten, in dem riesigen Sumpfgebiet gelegentlich zufällig an Nestlinge heranzukommen und sie zu fangen; eine systematische Suche war in dem Papyruslabyrinth nicht möglich. Gegenwärtig geht man bekanntlich daran, dieses durch ein gigantisches Ka-

Colonel Forbes mit zahmen Elenantilopen. Ihm war damals im Sudan u. a. das gesamte Jagdwesen, der Handel mit seltenen Tieren und der Zoo in Khartum unterstellt. Der leichte Tropenhelm aus Kork – zur Abhaltung der Sonne innen mit Staniol ausgekleidet – war übrigens damals die offizielle Kopfbedeckung für Weiße.

Der Zoo von Khartum war damals (1948) u. a. auch die Sammelstelle des im Sudan legal erworbenen, exportbereiten Elfenbeins. Später überbordete in ganz Zentral- und Ostafrika das Wildererunwesen, zum Teil mit Unterstützung der Behörden, und gefährdete die Elefantenbestände.

nalwerk trockenzulegen, wodurch die Ökologie Afrikas entscheidend verändert, aller Wahrscheinlichkeit nach in gefährlicher Weise geschädigt wird. Die ökologische Katastrophe des Assuan-Dammes hat offenbar als Warnung nicht genügt. Die Bauarbeiten und die Trockenlegung bedrohen neben vielen anderen Tieren auch den Schuhschnabel – und nicht zuletzt die Menschen.

Der kleine Zoo von Khartum diente von Anfang an als Tierlieferstelle für den großen, Ende des vergangenen Jahrhunderts gegründeten Zoo in Kairo. Dort traf als aufsehenerregende Seltenheit 1902 der erste Schuhschnabel ein. Seither gelangten alle paar Jahre einige wenige Exemplare in die zoologischen Gärten der Welt, wo sie in der Regel lange lebten, nämlich 10 oder 20, sogar über 35 Jahre lang – aber gezüchtet wurden sie bis heute noch nie. Das bedeutet, daß die Haltung tiergartenbiologisch ungenügend ist; offenbar wird diesem imposanten Vogel trotz aller Bemühungen ein entscheidender Faktor vorenthalten. Jeder Zoodirektor hofft natürlich, diesen zu entdecken und endlich zum Zuchterfolg zu gelangen.

Im Zürcher Zoo konnte ich später (im Afrika-Haus) einen besonderen Raum für Schuhschnäbel verwirklichen. Aber auch da wurde ich bestärkt in meiner Auffassung, daß wir es hier mit einem tierpsychologischen Problem zu tun haben: Diese Vögel kommen – wie oben geschildert – ausschließlich als Junge in Gefangenschaft und werden dabei – offenbar irreversibel – auf den Menschen geprägt, so daß es nicht zu einer natürlichen Paarbildung kommen kann. Hier sehe ich einen der wenigen Fälle, wo unter Umständen das Risiko der künstlichen Besamung gewagt werden dürfte.

So konnte auch ich nicht widerstehen, als Colonel Forbes mir in Aba drei dieser Wundervögel zu einem günstigen Preis für den Basler Zolli anbot. Er versprach, mir die Schuhschnäbel rechtzeitig nach Kairo zu schicken, so daß ich sie auf dem Rückflug nach Europa von dort mitnehmen könnte.

Von Aba setzten wir unsere Autofahrt in Etappen fort. Es ging teilweise über höchst romantische Urwaldsträßchen mit wackeligen Brücken, Fähren und durch heftige Tropengewitter, die den gefürchteten »Potopot«, den glitschigen Lehmbrei auf der Straße, zur

Folge hatten. Zuweilen waren Nachtfahrten unvermeidlich; dann machten uns Ziegenmelker und Eulen zu schaffen, die manchmal gegen die Windschutzscheibe knallten und sofort tot waren. Den Versuch, diese gefährliche Scheibe hochzuklappen oder abzunehmen, mußten wir bald aufgeben, denn nachts war die Luft auch voller Käfer und anderer großer Insekten, die von der Scheibe abgehalten wurden.

Am 2. Juni trafen wir nach Überwindung der kurvenreichen, steinigen und schmalen Bergstraße, der damals noch gefürchteten »Escarpements de Kabasha«, in der tierreichen Ebene im Süden des Eduardsees ein und bezogen in Ruindi unsere zweite Arbeitsbasis, wo wir rund einen Monat bleiben sollten.

Das Camp war ein reizendes Hotel alten Stils, bestehend aus einem Dutzend Rundhütten und einem zentralen Eß- und Gesellschaftshaus. Es diente den wenigen Touristen, die den Albert-Nationalpark besuchten, als Unterkunft und wurde von einem belgischen Ehepaar trefflich betreut. Für Jacques Verschuren und mich war wiederum je eine Hütte reserviert. Für meine Studien bildete dieser den Touristen erschlossene Parkteil einen interessanten Gegensatz zum Garamba-Park, wo noch keinerlei Tourismus existierte. In Ruindi zeigten die Tiere – vom Pavian bis zu den Büffeln, Antilopen und Elefanten – eine erstaunliche Zahmheit, d. h. stark verkürzte Fluchtdistanzen. Sofort nach unserer Ankunft machten Verschuren und ich einen Antrittsbesuch beim bisherigen Konservator des Parks, Commandant E. Hubert. Dieser hatte 1947 ein interessantes Buch über die Fauna unseres Arbeitsgebietes, die Ruindi-Rutshuru-Ebene südlich des Eduardsees, veröffentlicht, war aber gerade kurz vor unserer Ankunft beim »Institut des Parcs Nationaux« in Ungnade gefallen und entlassen worden.

Einen weiteren offiziellen Antrittsbesuch machten wir am folgenden Tag beim Konservator der Vulkangebiete, Commandant van Cools, im rund hundert Kilometer entfernten, auf 1700 m Höhe im Nebelwald gelegenen Rumangabo. Unser Arbeitsgebiet waren jedoch nicht die Vulkane, sondern die weiten Ebenen südlich des Eduardsees.

Der Schuhschnabel ist heute noch ein Problemvogel der zoologischen Gärten. Er konnte bisher noch nie gezüchtet werden, erreicht aber in menschlicher Obhut ein Alter von rund zwanzig Jahren.

Tags darauf kam van Cools nach Ruindi, um uns »auf die Spur zu setzen«.

Ein überraschender Reichtum an Tieren tat sich uns in dem kurzen Gras auf: verschiedene Antilopenarten, Warzenschweine, Büffel, Elefanten und viele Flußpferde, die den Rutshurufluß bevölkerten. Viele Vögel leisteten ihnen Gesellschaft, u. a. Kormorane, Anhingas, Pelikane, Nilgänse, Schattenvögel. Nicht nur die große Zahl an Tieren beeindruckte uns, sondern vor allem auch ihre relative Vertrautheit, d. h. eine gewisse Gewöhnung an Touristen. Die Übersichtlichkeit des flachen Geländes und ein bereits etwas ausgebautes Wegnetz erleichterten die Arbeit.

Schon in der ersten Nacht gab es Elefantenalarm, d. h., die in der Nähe des Camps wohnenden Parkwächter mußten ihre bescheidenen Pflanzungen und den Gemüsegarten des Hotels gegen eindringende Elefanten verteidigen. Zu diesem Zweck wurde mit schweren Stangen an alte Eisenfässer geschlagen, daß es durch die Nacht dröhnte; dazu erhoben die Schwarzen ein enormes Geschrei. Half dieser Spektakel nicht, wurden die Elefanten mit faustgroßen Steinen beworfen, die man jeden Abend vorbeugend bereitlegte. Diese psychologische Abwehr des kleinen Menschen gegenüber den größten Tieren der Erde, d. h. die Auslösung der Fluchtreaktion, genügte in der Regel. Das Fässersystem wurde im Nationalpark weithin mit Erfolg angewendet. Auch der Elefant sieht im Menschen eben doch einen Feind, vor dem man sich besser zurückzieht.

Auf dem verzweigten Wegnetz verteilten sich die wenigen Touristen derart, daß sie uns nicht störten und es möglich war, die im Garamba-Park bewährte Arbeitsweise auch hier beizubehalten: systematisches, langsames Befahren der Pisten mit unserem Pickup als Raumraffer, Verweilen nach Belieben an ergiebigen Beobachtungsstellen, Analyse der Spuren und des direkt sichtbaren Verhaltens. Natürlich beobachteten wir auch abseits der Pisten in der Steppe.

Die im Garamba-Park gemachte Feststellung von der Unspezifität der Wechsel, d. h. der Tatsache, daß Tiere menschliche Wege nicht scheuen, sondern gerne mitbenutzen, fand sich hier sehr eindrücklich bestätigt. Sogar Brücken wurden von den Tieren begangen. Nur eine übertrieben starke Frequenz durch den Menschen vermag Tiere von den Pisten und Straßen fernzuhalten. Im übrigen wirkte sich der (bisher) bescheidene Tourismus nicht negativ aus, sondern hatte lediglich eine Verkürzung der Fluchtdistanzen, also eine Reduktion der Fluchttendenz, zur Folge. Manche Pisten blieben tage- oder gar wochenlang von den Touristen unbenutzt.

Auf einem solchen, wenig befahrenen Waldweg fanden wir amüsante Beiträge zur »Elefanten-Graphologie«. Wenn man Schriftzeichen extrem reduktionistisch lediglich als fixierte Extremitätenbewegungen definiert, dann gibt es solche natürlich auch im Tierreich: zum Beispiel die Spuren und Fährten, die bisher wohl von Jägern, nicht aber tierpsychologisch ausgewertet wurden. Nun verfügen Elefanten mit ihrem Rüssel über eine »Extremität« von einzigartiger Funktion. Auf der erwähnten Waldpiste fanden wir eine ältere Autospur und dazwischen eine wunderschöne Sinuslinie mit der frischen Spur eines einzelnen Elefanten. Der Elefant mußte den Waldweg entlanggegangen sein und mit einer dem Schrittrhythmus entsprechenden Kopfbewegung seine Rüsselspitze leicht über den weichen Boden hinweggezogen haben, auf diese Weise zwischen den beiden Radrillen eine prachtvolle Bogenlinie zeichnend. Aus der Klarheit dieser Kurve über eine längere

Strecke hinweg ließ sich auf eine absolut ruhige, ausgeglichene Stimmung des Elefanten schließen. Er hatte offenbar den Weg mit den Radspuren abgeschnüffelt. War er aber auf seinem Weg an eine Stelle gestoßen, wo ihn erregende Reize trafen, so reagierte die empfindliche Rüsselspitze sofort mit einer zuckenden Bewegung, so daß die harmonische Sinuskurve am Boden eine Unterbrechung oder zackige Verformung erfuhr.

Nach einer besonders anstrengenden Exkursion hatte ich mich in der Badehütte des Hotels soeben in die frisch mit kaffeebraunem Flußwasser gefüllte Wanne gesetzt, als ich gerufen wurde, weil sich in Verschurens Hütte angeblich eine spuckende Kobra in der Lehmwand versteckt hatte. Offen gestanden glaubte ich zuerst, daß mein Kamerad in einem Zustand der Erschöpfung und Nervosität dies vielleicht zu schlimm gesehen hatte. Dennoch hüllte ich mich in ein Badetuch und eilte an den Ort des eher ungemütlichen Geschehens. Als ich vor der Hütte eintraf, fand ich bereits den Senior der Parkwächter, Moische, auf dessen Sonnenbrille einige Giftspritzer festzustellen waren. Als erfahrener Afrikaner hatte er sich zum Glück trotz der fortgeschrittenen Dämmerung die Brille aufgesetzt, konnte aber so im dunklen Innern der Hütte nicht mehr deutlich sehen. Tatsächlich entdeckte ich jetzt in einem Mauerloch die Speikobra in drohender Stellung. Ich ließ mir einen langen Stock und ein Buschmesser reichen. Mit dem Stock reizte ich die gefährliche Schlange, und als sie danach stieß, hieb ich ihr mit dem Buschmesser Kopf und Hals ab – obwohl wir uns in einem Nationalpark befanden und obwohl ich ein Reptilienfreund bin. Spuckende Kobras sind gewiß sehr interessante Tiere, als Zimmergenossen aber eher ungeeignet. – Die nachträgliche Bestimmung des toten Tieres bestätigte, daß es sich in der Tat um eine Speikobra (Naja nigricollis) gehandelt hatte.

Erst während des Zweiten Weltkrieges hatten die belgischen Kolonialherren am Eduardsee eine blühende Fischerei organisiert, welche die Kolonie mit wertvollem Eiweiß versorgte, besonders mit den schnellwüchsigen und schmackhaften Tilapiafischen. Diese wurden in mehreren Seen ausgesetzt, mit Erfolg auch in isolierten Kraterseen, wo Fische bisher gefehlt hatten. Die belgischen Kolonialbehörden ließen eine Gruppe von bretonischen Fischern an den Eduardsee kommen, um die Eingeborenen mit ihren bewährten Fischereimethoden, mit der Netzherstellung und dem Trocknen der Fische vertraut zu machen.

In Vitshumbi, am Südufer des Sees, entstand ein großes Fischerdorf, eine eigentliche Fischerei-Industrie, welche sogleich auffällige Anpassungen von fischfressenden Vögeln, in erster Linie der intelligenten Marabus, auslöste. Sie fanden sich bald massenhaft ein, um sich an den Fischabfällen gütlich zu tun. In einem nahen Wald aus baumförmigen Euphorbien (Euphorbia nyikae) bildete sich bald eine Brutkolonie – die erste und einzige, die ich je zu sehen bekam. In zoologischen Gärten schritten diese fleisch- und fischfressenden Stelzvögel bisher nur sehr selten zur Fortpflanzung.

Auch andere große Fischfresser, die Pelikane, hatten sich bei Vitshumbi in großer Zahl eingestellt. Dabei fiel uns auf, daß diese eine doppelt so große Fluchtdistanz zeigten wie die Marabus. Der tierpsychologische Hintergrund dieses Tatbestandes liegt darin, daß der Pelikan als Fischräuber gejagt wird, während der Marabu in weiten Teilen Afrikas als heiliger Vogel Schonung erfährt und in Vitshumbi als Abfallbeseitiger eine besondere Wertschätzung genießt.

Typisch wellenförmiger Flußpferdwechsel neben einer geradlinig verlaufenden Autopiste. Wegen der Diastase der Beine bleibt in der Mitte des 60 cm breiten Wechsels ein Graskamm stehen. Leider gibt es bis heute kein umfassendes Werk über die Wechselsysteme der Tiere. Mit meinem 1967 erschienenen Buch »Die Straßen der Tiere« wollte ich dazu anregen.

Ein kurzes Stück weit verläuft dieser Hippopotamus-Wechsel ausnahmsweise gerade. Er ist auf ein Markierungsgebüsch ausgerichtet und kreuzt eine Autopiste.

Das alles ist in meinem Kongo-Rapport (1952) ausführlich dargestellt, ebenso wie die Wechsel-Systeme und die Raum-Zeit-Systeme anderer Tiere.

Die geradezu massenhaft vorkommenden Flußpferde ermöglichten uns besonders gründliche Untersuchungen über ihre Territorien und deren Markierung mit Harn und Kot.

Der Rutshurufluß in der Ruindi-Ebene war damals der Ort der größten Hippopotamus-Konzentration von ganz Afrika. Der Konservator E. Hubert schätzte die Zahl der auf einer Flußstrecke von fünfzig Kilometer vorkommenden Tiere auf dreitausend. Bei einer derartigen Dichte waren natürlich stets Auseinandersetzungen im Gange, auch tagsüber. Die Wechsel-Systeme waren deutlich ausgetreten, und ich hätte zu gerne Luftaufnahmen davon gemacht, doch wäre dies zu kostspielig gewesen. An Kreuzungen, Abzweigungen und namentlich bei den Ausstiegen aus dem Wasser (den Heimen der einzelnen Herden) waren überall Markierungsstellen zu sehen, meist Gebüsche, an die sich die Bullen rückwärts herangemanövriert hatten, um ihren klebrigen Harn und den mit dem kurzen, muskulösen Schwanz fein verteilten Kot darüber zu sprayen. Manchmal »duftete« die Gegend wie ein Pferdestall.

Natürlich beobachteten wir auch Kämpfe zwischen rivalisierenden Bullen, wenn sie einander mit weit aufgerissenem Rachen attackierten. Zahlreiche Tiere hatten schwere Wunden. An den Kampfstätten fanden wir Stücke von abgeschlagenen Eckzähnen, aber diese furchtbaren Hauer wachsen während des ganzen Lebens nach. Gelegentlich sah man einen aufgeblähten Kadaver flußabwärts treiben. Wie auf einem Floß hatten sich jeweils einige Geier darauf niedergelassen, die nach Stellen suchten, wo sie mit ihren Schnäbeln die dicke Haut aufreißen konnten.

Auch Elefanten waren hier sehr zahlreich, und als wir ihre Spuren untersuchten, stellten wir fest, daß ihre großen Fußsohlen einen charakteristischen Gleitschutz aufweisen – ähnlich jenem unserer Gummistiefel –, nur war das Relief nicht regelmäßig, sondern bestand aus einem System von individuell ausgebildeten Höckern und Rillen. Diese erinnerten an die Papillarlinien unserer Finger und ermöglichten die Identifikation einzelner Ididviduen. Das könnte zum Beispiel von Bedeutung sein beim Erkennen von Tieren, die immer wieder Plantagen unsicher machen. Den Flußpferden fehlt ein solcher Gleitschutz. Wir fanden daher verhältnismäßig oft Stellen, wo einer dieser Kolosse ausgeglitten und hingefallen war. Aber das ist bei diesen kurzbeinigen Tieren nicht schlimm, da sie nicht aus gefährlicher Höhe stürzen wie die hochbeinigen Elefanten.

Eine meiner Freizeitbeschäftigungen bestand darin, daß ich für Professor Geigy Sandflöhe, fiebererzeugende Zecken und Puppen von Tsetsefliegen sammelte, die er in seinem Tropeninstitut in Basel benötigte. Weniger Glück hatte ich mit dem Versand von zehn kleinen Lungenfischen (Protopterus), die wir in einem Tümpel fangen konnten und die ich dem Basler Zolli für sein Aquarium schicken wollte. Da diese Luftatmer, die im Tierhandel nicht zu beschaffen waren, während längerer Zeit ohne Wasser auskommen können und sich in der Trockenzeit sogar in solide Schlammkapseln mit einem kleinen Luftloch einschließen, wagte ich den Versand in einem entsprechenden Paket. Als ich es frohgemut auf dem Postamt in Rutshuru aufgeben wollte, insistierte der Beamte auf der genauen Deklaration des Inhaltes und refüsierte die Annahme des Paketes »mit lebendem Inhalt« kategorisch. Da half auch kein handfestes »Matabichi« (Trinkgeld) – was wiederum für die Zuverlässigkeit des Beamten sprach. So mußte ich meine Lungenfische wieder mitnehmen. Ich ließ das Paket versuchsweise mehrere Tage in meiner Hütte stehen – so lange, wie der Flug nach Europa gedauert hätte. Die Fische waren noch quicklebendig, aber es blieb mir nichts anderes übrig, als sie am Fangort wieder auszusetzen.

Nur allzu rasch ging auch unser Aufenthalt in Ruindi dem Ende entgegen. Das »Fischgräten-Prinzip« hatte sich für unsere Zwecke auch hier bestens bewährt, d.h. das häufige, langsame Befahren der Hauptwege und Abstecher zu Fuß auf Seitenwegen und Wechseln, sobald etwas Interessantes lockte. Diese Arbeitsweise behielten wir auch an unserer dritten Basis bei, nämlich in Gabiro, im »Parc National de la Kagera« (heute Akagera-Park), wo wir am 17. Juli 1948 von Ruindi her über Ruhengeri und Byumba anlangten.

In Gabiro wurde uns vom Konservator-Ehepaar Verhulst ein sehr hübsches Häuschen zugewiesen. Bei unserem ersten Besuch bei den Gastgebern fiel mir ein schwarzes Kind auf: Madame Verhulst hatte es auf einem Waldweg gefunden. Es war aufgrund irgendwelcher abergläubischer Vorstellungen von seinen Angehörigen ausgesetzt worden und wäre wahrscheinlich Hyänen zum Opfer gefallen, hätte es Madame Verhulst nicht zufällig gefunden und in Obhut genommen.

Angesichts dieses Tatbestandes, der früher zweifellos noch häufiger war, muß es überraschen, daß bis heute kein einziger wirklich beglaubigter Fall bekannt geworden ist, daß jemals ein junger Mensch von irgendwelchen Tieren »adoptiert«, also aufgezogen worden wäre. Es gibt in Tat und Wahrheit weder Wolfskinder noch Tarzane, wie ich in meinem Buch »Tierpsychologie im Zoo und im Zirkus« (1979, S. 249 ff.) näher ausgeführt habe. Nur das Gegenteil kommt vor, daß Menschen junge Tiere aufziehen und im eigentlichen Sinne adoptieren, wie dies besonders mit jungen Menschenaffen geschieht (Hediger 1984). Nur der Mensch, der eben mehr ist als ein »nackter Affe«, hat die Fähigkeit, aufgrund seines biologischen Wissens für Tiere anderer Art die Mutterrolle mehr oder weniger geschickt zu übernehmen.

In einer Zeit, in der es in der Biologie (und auch sonst) Mode geworden ist, den Menschen lediglich als Tier zu betrachten und nur das Tierhafte an ihm zu sehen, muß auch wieder einmal unterstrichen werden, daß es zwischen Tier und Mensch eben doch ganz klare, nicht zu leugnende Unterschiede gibt. Und zu diesen gehört, daß noch nie ein Tier einen Menschen adoptiert und als seinesgleichen aufgezogen hat. Trotz aller Bemühungen ist es bis heute auch noch nie gelungen, zwischen Tier und Mensch Bastarde zu zeugen – und man hat noch nie ein Tier gefunden, welches imstande gewesen wäre, Feuer zu erzeugen und zu manipulieren.

Die Handhabung des Feuers ist eine rein humane Angelegenheit – und eine von allergrößter technischer und geistiger Bedeutung. Einem Zoodirektor sei in diesem Zusammenhang gestattet, trotz aller Banalität auch einmal darauf hinzuweisen, daß schließlich nur der Mensch zoologische Gärten einrichten und Bücher über Tiere schreiben, die Wissenschaft der Zoologie und Biologie, überhaupt Wissenschaft und Kultur schaffen kann. Diese Feststellung mag manchem Leser lächerlich erscheinen; es ist aber zu bedenken, daß Kultur heute von J. T. Bonner (1980) und anderen Autoren lediglich als Transfer von Informationen definiert wird. Wir finden solche Kultur auch bei Mücken und Würmern, sogar bei Einzellern. Sie alle gelten heute in gewissen Kreisen als Kulturträger und der Mensch nur als einer von vielen.

Für meine Untersuchungen über die

Wirkungen des Tourismus auf das Verhalten der Tiere war der Kagera-Park von besonderem Interesse, weil er zwischen dem tourismusfreien Garamba-Park und dem (für damalige Verhältnisse) bereits lebhaft besuchten und mit einem Straßennetz versehenen Südteil des Albert-Parks eine Mittelstellung einnahm: nur wenige Touristen und nur wenige Pisten. Entsprechend wiesen die – wie immer mit dem Bandmaß im Gelände nachgemessenen – Fluchtdistanzen mittlere Werte auf. Auch hier wurden die vom Menschen angelegten Pisten gerne von den verschiedensten Tieren mitbenutzt.

Elefanten und Nashörner fehlten damals im Kagera-Park, dafür dominierten die Zebras – und die Tsetsefliegen. Etwa von zehn Uhr morgens an bis am späten Nachmittag wurde man von diesen Plaggeistern (Glossina palpalis) gestochen. Mr. Verhulst, der schon viele Jahre hier lebte, versicherte uns jedoch, daß die Fliegen harmlos, d. h. nicht mit Trypanosomen infiziert seien. Tatsächlich waren die Stiche nur kurze Zeit schmerzhaft und hatten keine Folgen.

Der Aufenthalt in der herrlichen Parklandschaft bot uns nicht nur Gelegenheit, viele Beobachtungen zu bestätigen und zu ergänzen, er bescherte uns auch Begegnungen mit Tieren von besonderem psychologischem Interesse, denen wir bis dahin noch nicht begegnet waren, so zum Beispiel mit dem Hyänenhund (Lycaon pictus), der heute aus weiten Teilen Afrikas bereits verschwunden ist.

Allgemein gilt er immer noch als das unheimlichste Raubtier des Kontinentes, weil er in Rudeln jagt, so daß das Opfer wenig Chance hat, zu entkommen. Außerdem hat der Hyänenhund im Gegensatz zu vielen anderen Raubtieren keinen eigentlichen Tötungsbiß, sondern er beißt einfach zu, wo er seine Beute erwischt, und zerfleischt sie sozusagen bei lebendigem Leib.

Während alle Großraubtiere normalerweise dem Gesetz der Flucht folgen, sich also vor dem Menschen als ihrem Hauptfeind zurückziehen und nur in seltenen Fällen – als sogenannte »Man eater« – den Menschen als Beute betrachten, waren meines Wissens von Hyänenhunden bisher überhaupt keine Angriffe auf Menschen bekannt geworden. Nicht nur das, dieses »Überraubtier« zeichnete sich auch durch eine ungewöhnlich kleine Fluchtdistanz aus – und das war für mich besonders aufregend.

Als wir am 1. August unsere erste Begegnung mit diesem sonderbaren Raubtier hatten, machte ich gleich die Probe aufs Exempel. Die überraschend kurze Fluchtdistanz bestätigte sich in fast unwahrscheinlicher Weise: Im Auto konnten wir uns einer kleinen Gruppe von fünf Hyänenhunden auf zehn Meter nähern. Sie lagen und standen direkt vor uns auf der Piste, und bald kamen aus der verkohlten Ebene, über die kurz vorher ein Buschfeuer hinweggefegt war, noch zwei weitere Hyänenhunde dazu. Auch sie verhielten sich völlig ungeniert und spielten miteinander wie Haushunde, ohne uns Beachtung zu schenken. Ich konnte der Versuchung nicht widerstehen und verließ das Auto, was keinerlei Reaktion auslöste. Die Tiere balgten miteinander, legten sich hin und verhielten sich, als ob sie allein wären.

Wieso hatten die Hyänenhunde im Gegensatz zu allen anderen Wildtieren ihrer Größe eine so kleine Fluchtdistanz? Ich weiß es auch heute noch nicht. Inzwischen habe ich jedoch dazugelernt, daß der Hyänenhund unter Umständen auch Menschen angreift. Anläßlich einer späteren Afrikareise wurde mir glaubhaft versichert, daß ein weißer Wildhüter unter nicht näher bekannten Umständen von Hyänenhunden angegriffen worden sei. Man fand von ihm nur das Skelett und seine leergeschossene Maschinenpistole, umgeben von mehreren toten Hyänenhunden. Jedenfalls hätte ich es bei späteren Begegnungen nicht mehr gewagt, mich diesen Raubtieren so sorglos zu nähern. Ich hatte auch keine Gelegenheit mehr dazu, weil ich nie mehr Hyänenhunde mit so auffällig kleiner Fluchtdistanz antraf. Hier bedarf es noch gründlicher Untersuchungen, bevor die Art uns entschwindet, wie dies bei so vielen anderen bereits der Fall ist.

Damals, 1948, wußte man über die Biologie des Hyänenhundes noch beschämend wenig. Später (1965) hat als einer der ersten W. Kühme entscheidende Forschungsbeiträge dazu geleistet, vor allem durch seine gründlichen Studien in der Serengeti. Kühme konnte sich seinen Tieren im Auto bis auf zwanzig Meter nähern; sobald er jedoch ausstieg, zogen sie sich fünfzig Meter weit zurück.

Am gleichen Tag, als wir unsere erste Begegnung mit Hyänenhunden hatten, erlebten wir auch unseren ersten Schuhschnabel nahe der Grenze Ruanda-Tansania. Er präsentierte sich uns wie ein Standbild, im grünen Papyrusmeer stehend. Zwanzig Meter neben ihm hielten sich zwei Kronenkraniche auf und eine Sporengans. Auf der anderen Seite zog eine Sitatunga (Tragelaphus spekei) mit ihrem Jungen durch den Sumpf, in typischer Weise die Beine hochziehend und in dem weichen Boden jeden Schritt sichernd. Der kostbare Vogel war ungefähr dreihundert Meter von uns entfernt, und es bestand keinerlei Möglichkeit einer weiteren Annäherung. Fast eine Stunde lang ließen wir diesen Biotop auf uns wirken. Der Schuhschnabel rührte sich nicht, zeigte also dieselbe Unbeweglichkeit, die wir von ihm aus den Zoos kennen, wo die Besucher zuweilen Wetten abschließen, ob es sich um einen lebenden oder um einen ausgestopften Vogel handle.

Die sanft gewellte Parklandschaft in Verbindung mit dem bescheidenen Straßennetz, der geringen Touristenzahl und dem Tierreichtum machten den Kagera-Park für uns zu einem idealen Gebiet für die Beobachtung eines bis heute noch rätselhaften Verhaltens, nämlich des sogenannten »Überholens«. Diesem Verhalten kommt u. a. deswegen besonderes Interesse zu, weil es eigentlich erst mit dem Aufkommen des Autos auffällig wurde und nun wieder im Verschwinden begriffen ist, je mehr sich die Tiere an den Autoverkehr gewöhnt haben. Wir werden daher dieses Überholen schon bald den »fossilen Verhaltensweisen« zurechnen müssen.

Unter fossilen Verhaltensweisen verstehen wir solche, die nicht mehr vorkommen, deren Träger – d. h. die zugehörigen Tierarten – aber noch überleben. Mit »Überholen« ist das geradezu zwangsmäßig ablaufende Verhalten gemeint, das eintritt, wenn ein Auto mit einigem Tempo einer Piste folgt und die Großtiere veranlaßt, aus ihrer ruhigen Weidesituation heraus nebenher zu rasen – bis sie schließlich mit letzter Anstrengung unmittelbar vor dem Wagen die Piste überqueren und sich dann sofort beruhigen.

Es kann dabei durchaus vorkommen, daß Zebras, Warzenschweine oder Oribis, die soeben die Fahrbahn überquert haben und Artgenossen begegnen, die ihrerseits auf der anderen Seite zum Überholen angesetzt haben, sich diesen mit einer Kehrtwendung anschließen und nochmals – in entgegengesetzter Richtung – »überholen«.

Es handelt sich also nicht darum, daß die betreffenden Tiere angesichts der drohenden Gefahr, d. h. des sich nähernden Autos, noch rasch ein bestimmtes Ziel, vielleicht ihr Heim oder ihre Artgenossen, erreichen wollen. Auch Einzelgänger »überholen«. Verblüffend ist die sofortige Beruhigung unmittelbar nach dem »Überholen«.

Es macht den Eindruck, als ob die nahende Gefahr Energien mobilisiert, die nur durch eine entsprechende Leistung – eben das »Überholen« – wieder abgebaut werden können.

In wenig befahrenen Gegenden begegnete ich sogar Haustieren, die diesem seltsamen Zwang gehorchten, zum Beispiel Schafen. Eine befriedigende Erklärung für dieses »Überholen« habe ich bis heute nicht gefunden.

Ein großartiges Beobachtungsergebnis, auf das ich ein wenig stolz bin, brachte uns die »Raumraffermethode«, d. h. das wiederholte, langsame Befahren der Pisten im Kagera-Park. Immer wieder bekamen wir auf diese Weise Oribis zu sehen, Zwergantilopen (Ourebia ourebi), meist paarweise in der Buschsavanne. Gelegentlich störten wir sie in ihrem Lager, so daß sie pfeifend aufschossen und in Deckung gingen. Offenbar lebten diese Tiere ausgesprochen territorial; nach einigen Fahrten – auf denen jede Beobachtung sorgfältig aufgezeichnet wurde – waren wir in der Lage, vorauszusagen, wo wir den nächsten Oribis begegnen würden. Die Territorien waren schätzungsweise kaum einen Quadratkilometer groß und dicht aneinandergedrängt.

Oft machten die Oriböcke bei unserem Erscheinen eine charakteristische Kopfbewegung, und zwar an ganz bestimmten Stellen und besonders dann, wenn wir sie nicht plötzlich aufgeschreckt, sondern aus einer Entfernung von vierzig bis fünfzig Metern gestört hatten.

Es war genau die Kopfbewegung, die ein Antilopenbock macht, wenn er an den zuständigen Fixpunkten sein Markierungssekret zur geruchlichen Kennzeichnung seines Territoriums anbringt – so wie es mir der Hirschziegenantilopenbock (Antilope cervicapra) im Basler Zolli so oft vorgeführt hatte. Ich hatte gehofft, in Afrika das Anbringen von Drüsensekreten als Territoriumsmarkierung unter natürlichen Bedingungen feststellen zu können, doch sowohl im Garamba- wie im Albert-Nationalpark hatte ich vergeblich danach Ausschau gehalten.

Die Morgen-Exkursion vom 23. Juli brachte hier eine entscheidende Wendung. Ich behielt die Stelle, wo ich durch den Feldstecher einen Oribibock seine bezeichnende Kopfbewegung machen sah, sorgfältig im Auge und fand dann an Ort und Stelle einen etwa dreißig Zentimeter hohen, dürren Grashalm, an dessen Spitze ein schwarzes, harziges Sekret-Tröpfchen von etwa fünf Millimeter Größe angebracht war. Da gab es keinen Zweifel: Es mußte sich um Markierungssekret handeln, das der Bock soeben angebracht hatte. Sofort machte ich eine Skizze und ein Foto von dem so lange gesuchten Belegstück, nachdem ich es ausgiebig besichtigt und daran gerochen hatte – was den Parkwächter und unseren getreuen Boy Mutuba zu lautem Gelächter veranlaßte.

Nach dieser ersten, für mich sehr aufregenden Feststellung wußte ich zwar, daß das Sekret aus einer Gesichtsdrüse stammen mußte, doch war nicht ganz klar, aus welcher. Oribis haben nämlich unter dem Ohransatz – wie manche Riedböcke (Redunca) – einen runden, schwarzen, haarlosen Fleck von Augengröße, der früher als Drüsenfeld beschrieben worden war. Auf Veranlassung von Konservator Verhulst erlegte ein in der Nähe wohnender belgischer Arzt für mich außerhalb des Parks einen Oribibock. Das war übrigens das einzige Tier, das wir auf unserer Reise für wissenschaftliche Zwecke töten mußten. Das vermeintliche schwarze »Drüsenfeld« unter dem Ohr fühlte sich trocken und ledrig an und kam als Produktionsstätte für das harzige Markierungssekret nicht in Frage. Hingegen fand sich zwischen Auge und Nase ein tiefer Schlitz von

Augendurchmesser. Als ich dieses Antorbitalorgan mit einer Pinzette öffnete, stieß ich auf das gesuchte Sekret.

Das Oribi wählt einen geeigneten Sekretträger – etwa einen dürren Grashalm, eine trockene Zweigspitze oder dergleichen -, stülpt durch entsprechende Kopfbewegungen die weit geöffnete Drüse darüber und bringt durch leichtes Reiben eine kleine Sekretportion an.

Damit hatte ich also zum erstenmal die Verwendung des Antorbitalorgans im Dienste der Territoriumsmarkierung bei freilebenden Antilopen beschrieben. Ich hatte lange nach diesem Verhalten suchen müssen, und wir konnten es von nun an auf unseren Fahrten oft beobachten. Später, nachdem ich mit den Einzelheiten vertraut war, konnte ich es auch auf vielen Safaris in Ostafrika an Thomson- und anderen Gazellen demonstrieren. Heute ist die Bedeutung von derartigen Sekreten, Pheromonen, Gegenstand vieler Untersuchungen bei den verschiedensten Tieren geworden. Ihre Berücksichtigung bildet eine der wesentlichen Grundlagen der Verhaltensforschung nicht nur bei Säugern, sondern auch bei vielen anderen Tiergruppen. Solche Duftstoffe werden von verschiedenen Drüsen produziert, die keineswegs nur der geruchlichen Kenntlichmachung von Territorien dienen, sondern darüberhinaus oft von großer Bedeutung für die Verständigung der Tiere untereinander sind, für die Chemokommunikation, die heute einen weiten Forschungsbereich einnimmt.

Was die Verständigung unter Huftieren anbetrifft, so sei auf das großartige Werk von Fritz Walther (1984) hingewiesen. Walther hat jahrelang die Antilopen Afrikas studiert und sich als erster die Mühe genommen, die Markierungsstellen in einzelnen Territorien kartographisch aufzunehmen. Aus der Verteilung und der Dichte dieser wichtigen, so lange übersehenen Fixpunkte konnte er wesentliche Schlüsse über das damit zusammenhängende Verhalten ziehen. – Es leuchtet ein, daß Kenntnisse über die Pheromonbedeutung auch in der Tiergartenbiologie entscheidend sein können. So werden unter Umständen durch übertriebene Reinigung von Gehegen diese Systeme wertvoller Geruchsmarken in frustierender Weise zerstört.

Während unseres Aufenthaltes im Kagera-Park unternahmen wir auch mehrere Fußexkursionen in Gegenden, die mit dem Auto nicht zu erreichen waren, u. a. auf den Mont Gabiro. Man zeigte uns einen malerischen Hügel in der Nähe, auf dem in den kommenden Jahren ein repräsentatives Verwaltungs- und Forschungsgebäude gebaut werden sollte. Ich ahnte damals natürlich nicht, daß ich zwölf Jahre später darin zu Gast sein sollte.

Unsere bisherige Unterkunft in Gabiro, ein typisches Kolonialhaus mit Wellblechdach, wies eine Besonderheit auf: Zwischen der Zimmerdecke und dem Wellblechdach hausten unvorstellbare Mengen von Fledermäusen – zum besonderen Entzücken von Jacques Verschuren, der ja später diesen Tieren seine großartige Dissertation gewidmet hat.

Jeden Abend ging, mit der Sturheit des für viele Tiere typischen stereotypen Ablaufs ihres Raum-Zeit-Systems, unter dem Dach ein geradezu unheimliches Gepolter los. Um 18.30 Uhr – man hätte die Uhr danach richten können – ergoß sich ein wahrer Sturzbach von Tausenden von Fledermäusen aus einer Lücke unter dem Dach in den Abendhimmel. Vor dem Morgen kehrte jeweils die ganze Gesellschaft der Insektenfresser wieder in ihr Heim zurück.

Inzwischen waren aus Europa mancherlei Meldungen eingetroffen über einen drohenden neuen Krieg mit

Ägypten als Hauptherd – gerade als wir unsere Heimreise vorzubereiten begannen. Es hieß, die Swissair fliege Kairo nicht mehr an, und Sabena-Passagiere, die in Kairo Anschlüsse abzuwarten hatten, würden auf dem Flughafen wie Gefangene behandelt und hätten keine Möglichkeit, die Stadt zu besuchen. Dabei sollte ich doch im Zoo die Schuhschnäbel abholen!

Hier in Gabiro, im Mandatsgebiet der beiden Königreiche Ruanda-Urundi (heute zwei unabhängige Staaten: Rwanda und Burundi), war nichts Genaues zu erfahren. Vielmehr war jedermann mit den Vorbereitungen zum belgischen Nationalfeiertag am 21. Juli beschäftigt. Auch wir waren zu den Feierlichkeiten in der 145 Kilometer entfernten Hauptstadt Kigali eingeladen. Zunächst gab es eine Truppenparade. Der König von Ruanda überragte mit seiner Körperlänge von 2,05 Meter fast alle seine hochgewachsenen Stammesbrüder.

Am Nachmittag fanden phantastische Tanzvorführungen der Watussi statt. Mit ihrem Kopfschmuck aus Löwenmähnen, ihren Beinschellen und Waffen boten sie ein wahrhaft imposantes Bild! Einen Gegensatz zu diesen Riesen bildeten Pygmäen in Kostümen aus Bananenblättern. Wie Majoretten ließen sie Holzkeulen hoch in die Luft fliegen oder um ihre Handgelenke wirbeln, was wohl kaum ins natürliche Verhaltensinventar dieser Waldbewohner gehört.

Auf einer kleinen Ehrentribüne hatte die schwarze und weiße Prominenz des Mandatsgebietes und der Kolonie Platz genommen, u. a. auch die Spitzen der beiden großen Organisationen IRSAC und INEAC, d. h. des »Institut pour la Recherche Scientifique en Afrique Centrale« und des »Institut National pour l'Etude Agronomique du Congo Belge«. Alles wies damals noch auf eine prosperierende und friedliche Entwicklung dieser schönen, reichen und interessanten Länder hin. Statt dessen kam es zwölf Jahre später, als ich wieder im Kongo weilte, zur »Libération« mit ihren blutigen Stammesfehden und den politischen und wirtschaftlichen Folgen, von denen sich das Land bis heute nicht erholt hat.

Einige Tage nach dem Fest in Kigali bot sich uns eine willkommene Gelegenheit, nach Nyakatale zu fahren, einem Zentrum der Watussi-Rinderzucht. Dabei hatten wir das Glück, den dafür zuständigen Tierarzt, den Russen Dr. Delidimitrion, anzutreffen. Er hatte im Auftrag der Regierung diese berühmten Haustiere mit den Riesenhörnern zu betreuen, obgleich sie überhaupt keinerlei wirtschaftliche, sondern nur kultische und soziale Bedeutung hatten. Die Regierung war aber an einer veterinärmedizinischen Überwachung dieser heiligen Kühe interessiert, weil sie als Träger oder Verbreiter von Krankheiten dem wirtschaftlich nutzbaren Vieh gefährlich werden konnten.

Mich beeindruckte tief, daß es damals – Mitte des 20. Jahrhunderts – auch in Afrika noch heilige Tiere im eigentlichen Sinne gab, eine Haustierrasse von rein kultischer Bedeutung. Es wäre ein Fehler, zu glauben, daß Rindvieh immer nur im Hinblick auf Fleisch- und Milchproduktion, Hühner wegen der Eier und Pferde wegen ihrer Zugkraft gezüchtet worden wären. Am Anfang der Domestikation standen vielfach kultische Motive. Die spätere wirtschaftliche Nutzung war zunächst nicht vorauszusehen.

Der 6. August 1948 war der Tag unserer Abreise von Gabiro und damit der Beginn unserer Heimreise, unseres Abschieds von Afrika. Zunächst ging es nach Kabale, und bald befanden wir uns für eine kurze Strecke in Uganda, auf einer ausgezeichneten Straße, neben der – für uns völlig ungewohnt – eine Telefonleitung verlief.

Auf dem Weg nach Ruindi kletterte die Straße zeitweise in eine kühle Bergregion von 2700 m Höhe, bevor wir wieder in die uns vertraute Ebene mit ihrem Wildreichtum hinuntertauchten. Am folgenden Tag ging es weiter über Rutshuru und Goma auf der herrlichen Vulkanstraße durch den Nebelwald an den Kiwusee, wo ich in Gisenyi erneut mit dem Direktor der IRSAC, Professor Louis van den Berghe, zusammentraf. Er hatte u. a. von meiner Feldhasenzucht mit den spiegelbildlich symmetrischen Wechselkäfigen gehört und hatte kühne Pläne in bezug auf Zuchtanlagen für verschiedene Kongo-Tiere einschließlich Okapi und Elefant. Wir unterhielten uns bis tief in die Nacht hinein voller Zuversicht – doch die politische Entwicklung im Kongo verhinderte die Verwirklichung unserer Projekte.

Trotz allerlei Pannen und »Potopot«, d. h. einem schlüpfrigen Brei, in dem jedes Fahren unmöglich wird, sowie streckenweise massiven Hagelbelägen auf der kurvenreichen Straße gelangten wir nach Butembo, wo wir in einem hübschen Guest House Unterkunft und auf der Post sogar Briefe und Telegramme für uns vorfanden.

Jetzt lag eine besonders reizvolle Strecke vor uns: von Berri auf einer Nebenstraße nach Mambasa, mitten durch den herrlichen Urwald, in dem Okapis, Gorillas und Waldelefanten – und natürlich Pygmäen – wohnten. Im Gegensatz zu den langsamen Fahrten auf den Beobachtungspisten galt es jetzt, in möglichst kurzer Zeit möglichst viele Kilometer zurückzulegen. So bekamen wir kaum Tiere zu sehen. Typisch waren im Wald vor allem die Pavianrudel (Papio doguera), die gelegentlich die schmale Waldstraße überquerten.

Abgesehen von blendend besonnten Lichtungen, an denen wir manchmal vorbeikamen, waren wir von schattendunklem Wald und einer Treibhausatmosphäre umfangen, in der ein so viel reicheres Tier- und Pflanzenleben gedeiht als in unseren Breiten. Von Zeit zu Zeit floß ein kleines Rinnsal quer über den Weg oder auch ein Bach, bei dessen Überquerung Vorsicht geboten war. Über tiefere Schluchten führten Brücken von der uns vertrauten wackeligen Bauart. Viele von ihnen waren gekennzeichnet durch eine geradezu komisch anmutende Holztafel mit der Aufschrift »Pont à réparer – Danger«. Zur Überquerung des Ituriflusses, sozusagen im Herzen des Okapi-Landes, gab es keinerlei Brücken; sie hätten einer zu kostspieligen Konstruktion bedurft. Hier war man auf eine der gemütlich-abenteuerlichen, aus Kanus und leeren Eisenfässern gebastelten Fähren angewiesen, bei denen man nie sicher war, ob sie erstens der Belastung des Wagens standhalten würden, und zweitens, ob es je gelingen würde, das glitschige Steilufer der gegenüberliegenden Seite zu erklimmen.

Nach siebzig Kilometern erreichten wir das Putnam-Camp in Epulu, wo wir lediglich einige Pygmäen und die dürftigen Reste eines Kleinzoos antrafen, der früher einmal recht sehenswert gewesen sein mußte. Wir fuhren gleich weiter nach Nia-Nia, wo wir Benzin tanken konnten – jedoch nur fünfzig Liter. Benzinrationierung selbst in so abgelegenen Gegenden ist oft ein schlechtes Omen. Drohte in den umliegenden Ländern, vielleicht doch ein Krieg? Auch Nia-Nia war nur eine kleine Lichtung, eine winzige Insel im Meer des tropischen Regenwaldes, wo der Weiße ohne Fahrzeug ebenso verloren ist wie auf einer entlegenen Südsee-Insel. Außer dem kleinen Hotel und der Autowerkstätte gab es hier keine Bauten von Europäern.

Bei Avakubi mußten wir ein letztes Mal den Iturifluß überqueren, aber diesmal auf einer motorisierten Fähre.

Auf einer gut ausgebauten Straße näherten wir uns rasch der großen Stadt Stanleyville. Bevor wir sie erreichten, machten wir noch einen letzten Halt am berühmten »km 229« mit dem kauzigen Wirt. In dem kleinen Waldgasthof mit dem bereitliegenden Sarg lebte jetzt als vertrautes Heimtier eine Zwergantilope (Neotragus), die ununterbrochen ihr Schwänzchen auf und ab wippen ließ und gelegentlich wie ein Hund nach zudringlichen Mücken und Fliegen schnappte.

In Stanleyville folgten ein paar hektische Tage mit administrativem Kram. Jacques Verschuren konnte seinen Aufenthalt verlängern; für mich gab es jedoch keinen Aufschub. Familie, Zoo und Universität riefen mich zurück. Doch war der Rückflug nicht so einfach.

Trotz telegrafischer Nachfragen war nicht in Erfahrung zu bringen, ob die Swissair wegen der unsicheren Entwicklung Kairo überhaupt noch anflog. So entschloß ich mich, mit der Sabena über Khartum und Kairo nach Brüssel zu fliegen. Das bedeutete, daß der bedauernswerte Beamte – der einzig zuständige – nicht nur das Billett, sondern auch die Passagierlisten in 28 Exemplaren für jede einzelne Etappe ändern mußte. Er tat dies mit seiner angerosteten Schreibmaschine ohne Murren bis tief in die Nacht hinein – und erst noch an einem Samstag!

Es kam wohl noch weitere Nachtarbeit dazu, denn als die Propellermaschine am folgenden Morgen startete, waren statt der 44 angemeldeten Passagiere nur fünf anwesend. Offenbar hatten sich viele Reisende wegen der Gerüchte um die unsicheren Verhältnisse in Ägypten vom Flug abhalten lassen. Nach einem kurzen Zwischenhalt in Juba, dessen »Flughafen« auch noch zwölf Jahre später lediglich aus Rollfeld, Luftsack und einer Art Gartenhäuschen bestand, landeten wir in Khartum, wo die Passagiere zum Übernachten ins Grandhotel gebracht wurden. Zu meiner Überraschung erwartete mich Colonel Forbes mit der Mitteilung, er habe die drei Schuhschnäbel für den Basler Zoo bereits nach Kairo geschickt.

In Kairo begannen dann die eigentlichen Schwierigkeiten mit den kostbaren Vögeln: Verzollung, Ausfuhrbewilligung und viele weitere bürokratische Einzelheiten. Die Abflugzeit war herangerückt, und der Kapitän hatte das Flugzeug bereits an den Startplatz bringen müssen. Im letzten Augenblick, als man bereits die Propeller anwerfen wollte, wurden die drei Vogelkisten gebracht. In aller Eile – sozusagen bei surrenden Motoren – ließ der Kapitän einige Passagiersessel demontieren und die Vogelkisten dorthin stellen – direkt neben meinen Sitz in dem sonst leeren Flugzeug. So gelangten wir wohlbehalten nach Brüssel, und am 25. August 1948 trafen die ersten Schuhschnäbel in der Schweiz ein. Meine Frau und Professor Geigy erwarteten mich am Bahnhof in Basel. Kurz darauf war ich wieder im Zoo.

Beobachtungen und Erfahrungen werden von Nutzen sein

Neben der Arbeit im Zoo galt es, die umfangreichen Aufzeichnungen zu verarbeiten, den Rapport für das Nationalpark-Institut in Brüssel abzufassen, die vielen Fotos zu ordnen und die Vorlesungen für Universität und Tropeninstitut vorzubereiten, Vorträge zu halten usw. Angesichts der chronischen Finanzknappheit des Zolli machte ich mich gleich wieder daran, Donatoren zu suchen, zunächst für die frisch importierten Schuhschnäbel. Auf ägyptisch heißt dieser imposante Vogel Abu Markub, »Vater des Schuhs«. Es lag also nahe, eine Schuhfirma anzupeilen; die Firma Bata erkannte denn auch sofort die Reklamewirkung eines solchen Patronats-Geschenkes. Ich verpflichtete mich in solchen Fällen jeweils, während der Lebzeit der Tiere auf dem Namensschild einen Geschenkvermerk von bestimmter Größe anzubringen. Diese Schuhschnäbel lebten viele Jahre und wurden im Volksmund bald zu »Bata-Vögeln«.

Sicher handelt es sich hier um eine sympathische und zudem sehr wirksame Form der Werbung. Ich habe diese Bettelmethode während meiner ganzen beruflichen Tätigkeit weiter ausgebaut und den betreffenden Zoos im Laufe der Jahre riesige Summen

Die drei 1948 von mir nach Basel gebrachten Schuhschnäbel in ihrem Sommergehege.

»eingespielt«, auch in Zürich, wo ich als der größte Bettler der Stadt galt.

Natürlich können wertvolle Geschenke auch von ganz anderer Seite kommen, zum Beispiel von den Hilfsorganisationen, die fast jedem Zoo zur Seite stehen. In Basel war dies der Verein zur Förderung des Zoologischen Gartens mit Professor Portmann als Präsident. Dieser schenkte dem Zolli im Jahre 1948 einen jungen Gorilla, den wir dank dem Entgegenkommen meines Pariser Kollegen Professor Achille Urbain erhielten, welcher den historischen Jardin des Plantes und auch den modernen Parc zoologique du Bois de Vincennes leitete. Ihm zu Ehren wurde das Gorillakind »Achille« genannt. Es ist später als Begründer der berühmten Basler Gorillazucht unter meinem Nachfolger Professor E. M. Lang weltbekannt geworden.

Allerdings mußte der Name »Achille« umgeändert werden in »Achilla«, als sich herausstellte, daß es sich um ein Weibchen handelte! Im Gegensatz zu den überaus auffälligen Geschlechtsunterschieden beim Schimpansen ist nämlich die Geschlechtserkennung insbesondere bei jungen Gorillas sehr heikel. Das ist sicher auch ein Grund dafür, daß diese Menschenaffenart so spät – erst 1956 im Zoo von Columbus, Ohio – zum erstenmal gezüchtet wurde.

Eine der ersten unmittelbaren Auswirkungen meiner Kongoreise bestand darin, daß ich im Zebragehege einen künstlichen Termitenstock aus einer weichen Zementmischung aufstellen ließ, nachdem ich in den Steppengebieten immer wieder beobachtet hatte, daß die Termitenhügel nicht nur den Termiten selber dienten, sondern in mannigfacher Weise auch anderen Tieren. Vögel benutzten die willkommene Erhebung im Gelände als Warte, Eidechsen, Schlangen und Mungos bezogen Quartier in den bequemen Höhlungen, Erdferkel fanden darin ihre Nahrung.

Vor allem aber war ich immer wieder beeindruckt, daß solche Termitenburgen auch vielen Huftieren – besonders

Ein von Elefanten völlig glattpolierter Termitenstock. Ein Teil der inneren Struktur und die Mündung der Öffnungen wurden dadurch zerstört.

Dieser von Elefanten und Büffeln glattgeschliffene Termitenstock wurde von den Termiten wieder »repariert«, d. h. mit neuen Ventilationsschächten und Aufbauten (aus dunklem Material) versehen.

Zebras, Büffeln, Antilopen und Elefanten – als wichtige Fixpunkte der Körperpflege, namentlich der Hautpflege, dienten. Oft führten besondere Wechsel zu diesen Stellen; hier scheuerten sich die Tiere ausgiebig, so daß man am Boden meist viele abgestoßene Haare fand. Einzelne Teile der Termitenbauten waren zuweilen geradezu glattgescheuert, bis die Insekten durch entsprechende »Reparaturen« wieder für eine Aufrauhung der Oberfläche sorgten.

Als die Zollihandwerker den ersten künstlichen Termitenstock fertiggestellt hatten und wir die Zebras aus dem Stall ins Gehege ließen, nahmen sie den neuen Fixpunkt für Körperpflege zu meiner Genugtuung sofort derart intensiv in Gebrauch, daß der Zementklotz umstürzte. Es mußte ein neuer mit entsprechender Armierung und solider Verankerung im Boden aufgestellt werden. Später bekamen auch die Elefanten ihren Termitenstock, und heute sieht man diese einfache, den Tieren offensichtlich willkommene Einrichtung fast in jedem Zoo.

Auf dem Dienstgelände des Zoos, wo sich die Lagerräume und Werkstätten befanden, konnte endlich ein zweckmäßiger Sektionsraum mit Laboratorium erstellt werden, so daß die Pathologen für die so wichtige Untersuchung gestorbener Tiere nicht mehr auf das altertümliche Schlachthäuschen angewiesen waren. Wie bereits im Vorjahr wurden von den Handwerkern viele Futterkrippen und -raufen hergestellt, so daß das Futter nicht mehr auf den Boden geworfen werden mußte, wo es mit Kot in Berührung kam und so die Verbreitung von allerlei Parasiten förderte.

Große Ausbau- und Finanzierungspläne standen für das Jahr 1949 bevor, in dem der Basler Zoo das 75-Jahr-Jubiläum feierte. Als Hauptereignis war eine Jubiläumsausstellung vorgesehen, welche dem Publikum und den Behörden gewissermaßen den Idealausbau vor Augen führen sollte. Das

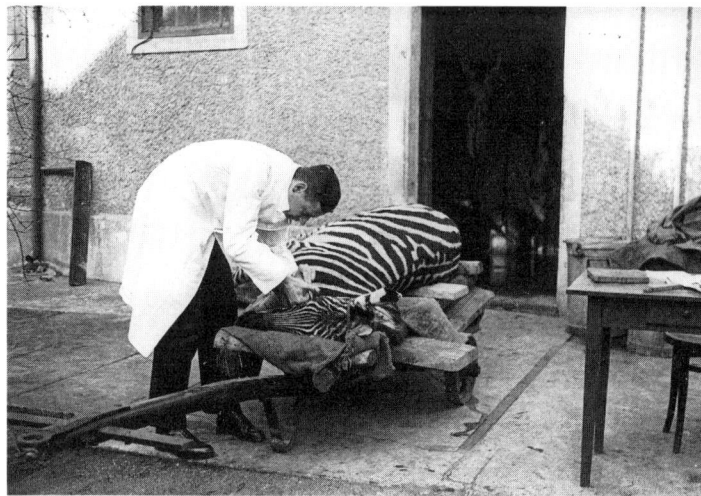

Der Basler Ophthalmologe Professor Brückner interessierte sich für die Augen der im Zoo gestorbenen Tiere. Das Bild zeigt das altertümliche Schlachthäuschen, in dem damals auch Sektionen vorgenommen wurden.

Stadtplanungsbüro hatte es übernommen, ein mehrere Meter großes Modell des Zukunftszoos zu erstellen, aufgrund der Pläne, welche Architekt Willi Kehlstatt und ich in einer überaus erfreulichen und fruchtbaren Zusammenarbeit gestaltet hatten.

Eine weitere Sehenswürdigkeit der Jubiläumsausstellung bildete eine Schau von über fünfzig plakatgroßen Fotos, welche das Kolonialministerium in Brüssel entgegenkommenderweise für die Dauer der Ausstellung zur Verfügung gestellt hatte. Es handelte sich um eindrucksvolle Bilder, welche der Fotograf Henry Goldstein aufgenommen hatte, dem ich auf meiner Kongoreise mehrmals begegnet war.

Professor Geigy gelang es, auf einer Tansaniareise ein Erdferkel zu fangen und als Jubiläumsgeschenk für den Zolli lebend nach Basel zu bringen. Es war das erste Exemplar, das je in der Schweiz gezeigt werden konnte, und stieß daher auf großes Interesse. Im Jahresbericht 1949 hat Professor Geigy den aufregenden Fangverlauf anschaulich geschildert. Im folgenden Jahr kam ein zweites Erdferkel dazu; beide wurden im Antilopenhaus untergebracht, wo sie im Außengehege ihre Grabfähigkeit anschaulich vorführten.

Zum eigentlichen Jubiläumstier aber wurde das am 16. Juni 1949 eingetroffene Okapi »Bambe«. Direktionsassistent Walter Wendnagel hatte das kostbare Tier in Stanleyville abgeholt, und zwar als Geschenk der belgischen Regierung an die Basler Bevölkerung. Was man mir als völlig unmöglich dargestellt hatte, wurde von Professor Geigy ein Jahr später auf diplomatischem Wege erreicht. Das fast sagenhafte Urwaldtier wurde im Antilopenhaus untergebracht und lockte begreiflicherweise riesige Besuchermengen an. Leider lebte es nur wenig länger als zwei Monate. Am 21. August starb es offensichtlich an den Folgen einer sehr starken Verwurmung. Wir setzten alles daran, die Todesursache möglichst genau zu ermitteln. »Acta Tropica« brachte als Sondernummer (1950, 7,2) eine zusammenfassende Darstellung heraus als Grundlage für die möglichst weitgehende Herabsetzung der Mortalität bei künftigen Importen.

Das Jahr 1950 war wesentlich mit Vorbereitungen für die kommenden Bauarbeiten ausgefüllt, zum Beispiel mit der Leerung des aus dem Jahre 1891 stammenden Elefantenhauses. Für die letzte Bewohnerin, die Afrikanische Elefantenkuh »Matadi«, zeigte

Dr. Bernhard Grzimek vom Frankfurter Zoo Interesse. Er war mit aller Energie dabei, den im Krieg zerstörten Zoo wiederaufzubauen. Wir wurden bald handelseinig.

Nun ist der Transport von ausgewachsenen Elefanten – sofern es sich nicht um reisegewohnte Zirkustiere handelt – keine einfache Sache, besonders nicht bei einem Stoßzahnträger, und »Matadi« hatte recht kräftige. Das Narkosegewehr bzw. die entsprechenden Drogen waren damals noch nicht soweit entwickelt, daß wir das riesige Tier einfach hätten in Schlaf legen und mit einem Kran auf einen Wagen laden können. Es kam nur ein Transport in einer entsprechend großen Kiste in Frage.

Da niemand von uns Erfahrung im Herstellen von Transportkisten für Elefanten hatte, beauftragte ich einen ausländischen Tierhändler damit. Als die Kiste nach mehrmonatiger Verspätung endlich in Basel eintraf, stellte sich heraus, daß sie viel zu schwach war. Also mußten alle zooeigenen Zimmerleute, Schreiner und Schlosser antreten und die Kiste mit Balken, dicken Brettern und Eisenbändern derart verstärken, daß der gelieferte Kasten sozusagen eine Art innere Auskleidung bildete.

Da ich Überraschungen mit Tieren im allgemeinen nicht liebe und im Zoo auch wegen des Publikums sehr vorsichtig, um nicht zu sagen ängstlich war, ließ ich unsere Handwerker so lange Verstärkungen anbringen, bis sie anfingen, mich auszulachen. Ich bestand dennoch auf weiteren Sicherungen und ließ zuletzt noch Flacheisen,

Der Basler Geologe Dr. J. J. David, der Bruder des Afrika-Jägers Dr. Adam David, war wohl der erste Weiße, der ein Okapi im natürlichen Biotop zu sehen bekam und auch erlegte. Das leider stark beschädigte Fell gelangte ins Naturhistorische Museum in Basel, welches bald auch die hintere Hälfte eines zweiten Fells erhielt. Dieses war noch zu meiner Kustos-Zeit (1938) als Rarität ausgestellt. 1949 ließ das Museum das im »Zolli« verstorbene Okapi »Bambe« für die Schausammlung montieren.

Stangen, Balken und Bretter bereitlegen – für alle Fälle.

Schließlich kam der große Tag. Die Kiste wurde dicht vor die elektrisch hochziehbare Stalltüre geschoben und gut verankert. Entgegen allen Erwartungen ging »Matadi« sofort hinein und wandte sich den bereitgelegten Leckerbissen zu. Die gewohnten Beinfesseln konnten am Riesenkäfig befestigt und die Türe geschlossen werden. Uns fiel ein Stein vom Herzen – das Schlimmste schien überstanden.

Aber bald zeigte der Elefant eine zunehmende Erregung, und im Nu hatte er mit seinen Stoßzähnen die Holzteile der Frontseite zersplittert und langte mit dem Rüssel heraus. In aller Eile schweißten die Zooschlosser Eisenplatten zusammen, wie zu einem riesigen Maulkorb, der dem Vorderteil der Transportkiste aufgesetzt wurde. Dank dem Einsatz der Handwerker und Tierpfleger war bald alles derart verstärkt, daß »Matadi« auf einen Tiefgangwagen gehoben, zum Badischen Bahnhof gefahren und auf die Bahn verladen werden konnte. Inzwischen schien sich die Kuh etwas beruhigt zu haben. Ihr vertrauter Pfleger, Ernst Buess, wich auf der ganzen Reise nicht von ihrer Seite.

Groß war die Freude bei der Ankunft des mit Spannung erwarteten Tieres in Frankfurt – und noch größer die Enttäuschung, als sich das mächtige Geschöpf nicht mehr auf die Beine zu erheben vermochte. Zwar fraß und trank »Matadi« noch ausgiebig, aber ihr Harn war blutrot gefärbt, und am Tage nach der Ankunft war sie zur Bestürzung aller Beteiligten tot.

In der Fachzeitschrift »Der Zoologische Garten« (Bd. 19, 1952) heißt es darüber: »Die Sektion durch den Leiter des Staatlichen Veterinär-Untersuchungsamtes, Professor Dr. Schopp, den Zootierarzt Dr. Klöppel und den Zoodirektor Dr. B. Grzimek ergab eine Myoglobinurie. Bei dieser Erkrankung wird aus unbekannten Ursachen der rote Farbstoff der Muskeln durch die Nieren ausgeschieden. Diese Erkrankung ist unseres Wissens bisher bei Elefanten nicht beobachtet worden. Sie ist ziemlich häufig bei Pferden und tritt dann schlagartig auf (Kreuzschlag), wenn die Tiere nach längerer Stallruhe und guter Ernährung plötzlich harte Anstrengungen machen.« Es handelte sich also um eine Todesursache, die nach menschlichem Ermessen nicht vorauszusehen war.

Dieses traurige Ereignis vermochte das gute Einvernehmen mit dem später so berühmt gewordenen Frankfurter Zoodirektor Professor Dr. Dr. Bernhard Grzimek indessen nicht zu trüben. Der Basler Zoo blieb danach mehr als zwei Jahre ohne Elefanten, bis mein Zootierarzt und späterer Nachfolger im März 1953 vier junge Afrikanische Elefanten aus Tansania nach Basel brachte.

Im übrigen verlief das Zoojahr 1950 sozusagen routinemäßig. Unterbrechungen brachten für mich die Zoodirektorenkonferenz in London und ein internationales Kolloquium über Tiersoziologie in Paris, wo ich einen Vortrag hielt über »Beiträge zur Säugetier-Soziologie« (1952). An der Diskussion beteiligten sich u. a. Karl von Frisch, der spätere Nobelpreisträger, sowie Pierre Grassé, der Herausgeber der «Traité de Zoologie», Alfred E. Emerson, W. C. Allee, T. C. Schneirla, dem ich später in New York begegnete, ferner der Primatologe C. R. Carpenter u. a. m. Unter diesen prominenten Verhaltensforschern war ich der einzige Zoodirektor und kam mir deswegen etwas eigenartig vor, besonders als mir Carpenter rundweg vorschlug, ich solle doch dieses «blöde Monkey Business» aufgeben und mit ihm in Amerika arbeiten. Aber damit war er bei mir an der falschen Adresse.

Ein zoologisches Hauptereignis des Jahres 1951 war für mich die Ankunft eines Indischen Panzernashornes (Rhinoceros unicornis) am 30. Mai. Die Erfüllung dieses tiergärtnerischen Wunschtraumes ist dem Basler Großtierfänger und -händler Peter Ryhiner zu verdanken, der es zusammen mit seiner charmanten indischen Frau zustande brachte, in Assam ein männliches Panzernashorn in einer Fallgrube zu fangen und nach Basel zu begleiten. Im Jahresbericht des Zolli für 1951 gab Ryhiner folgende Darstellung dieser Reise: »Wir verließen Kaziranga am 1. April 1951, um Mitternacht, per Camion und erreichten Basel mit dem Gotthardschnellzug am 30. Mai abends, waren also volle zwei Monate unterwegs. Mit dem Camion durchfuhren wir die 150 Meilen lange Strecke bis Gauhati in sieben Stunden. Die Ladearbeiten auf den Flußdampfer dauerten einen ganzen Tag. Es folgte eine vierzehntägige Flußreise auf dem Brahmaputra bis Kalkutta, und wir konnten uns glücklich schätzen, daß wir nach nur einem Tag Wartefrist direkt auf den Ozeandampfer verladen konnten. Weitere sechs Wochen Seereise brachten uns nach Genua, wo der Zoologische Garten Basel einen großen SSB-Güterwagen bereitgestellt hatte. Die Hilfe von Wärter Walter Riedtmann (kurz nach seiner Ernennung zum technischen Assistenten 1952 verstorben) war sehr willkommen, und nach zwei Tagen Wartefrist konnten wir die Reise durch den eben wieder geöffneten Gotthard fortsetzen. Dank dem Entgegenkommen des Bahnhofvorstandes von Chiasso wurde der Güterwagen ausnahmsweise dem Expreßzug angehängt, so daß wir noch am gleichen Tag in Basel eintrafen.«

Dieser schlichte Tatsachenbericht enthält das, was ohne Übertreibung als eine außerordentliche Leistung und ein wahrhaft denkwürdiges tiergartenbiologisches Ereignis bezeichnet werden darf. Dies gilt besonders, weil mit dem Nashorn »Gadadhar« – im Volksmund bald »Gadi« genannt – der Grundstock gelegt wurde für die erstmalige Zucht dieser Tierart in Europa überhaupt und für die sich anschließende, weltweit größte Zucht unter meinem Nachfolger Ernst Lang. Über eineinhalb Dutzend Junge dieser bedrohten Art wurden im Zolli geboren!

Es mag daher im Nachhinein verständlich erscheinen, wenn ich damals bei der Ankunft von »Gadadhar« notierte: »Und vielleicht das Unerhörteste an jenem 30. Mai 1951 war die von Peter Ryhiner abgegebene Versicherung, daß er uns im folgenden Jahr noch ein weibliches Panzernashorn dazuliefern könne.« Er hat dieses Versprechen eingelöst und damit dem Basler Zoologischen Garten recht eigentlich zu seinem Erfolg verholfen.

Einer meiner Doktoranden, Ernst Inhelder, der gerade mit einer Dissertation über das Spielverhalten von Zootieren beschäftigt war, fand bei »Gadadhar« einen überraschenden Spieltrieb. Nach dem damaligen Wissen waren von Huftieren nur Bewegungsspiele bekannt; Inhelder konnte jedoch bei diesem Nashorn ausgeprägte Spiele mit Gegenständen feststellen – eine bemerkenswerte Entdeckung.

Diese erfreuliche Tatsache hatte natürlich auch ihre praktische Seite. Was für Spielzeuge konnte man einem solchen Koloß anbieten? Wir versuchten es zunächst mit einem soliden Stück Baumstamm. Aber »Gadi« hatte bald einen besonderen Spaß daran, den schweren Klotz mit dem Horn in der Mitte zu unterfahren und hoch in die Luft zu schleudern, manchmal auch über die eisernen Absperrungsstangen hinaus, so daß Zuschauer gefährdet wurden. Ich ließ daher einen fünfzig Kilo schweren Hartgummiball herstellen in der Annahme, daß dieser runde

Der 1951 von Peter Ryhiner in den Basler Zoo gebrachte junge Panzernashorn-Bulle »Gadadhar« beim Spielen mit einer fünfzig Kilo schweren Vollgummikugel in der alten Elefantenanlage.
Foto Dr. Ernst Inhelder

Gegenstand nicht so gut auf die Stirn aufgeladen und hochgeschleudert werden könne. »Gadi« brachte zwar auch dies fertig, verlegte sich aber mehr auf Bodenspiele mit dem rollenden Ding. Manchmal erinnerte das Riesentier in seinem ausgelassenen Spiel geradezu an ein Kätzchen mit einem Garnknäuel!

Jedenfalls gedieh der junge Nashornbulle prächtig, und wir waren froh, daß der Abbruch des alten Elefantenhauses, in dem er wohnte, noch hinausgeschoben werden konnte, besonders auch im Hinblick auf das von Peter Ryhiner für das kommende Jahr in Aussicht gestellte Nashornweibchen. Die im Jubiläumsjahr geplanten Neubauten ließen sich ohnehin nicht so rasch verwirklichen, und so blieb uns Zeit, Einzelheiten der verschiedenen Bauvorhaben genau zu studieren.

Ich wurde vom Verwaltungsrat mit einer zweimonatigen Studienreise durch die wichtigsten zoologischen Gärten der USA beauftragt. Im Jahresbericht 1951 meinte der Präsident, Professor Geigy, zu meinem Auftrag: »Die gesammelten Beobachtungen und Erfahrungen werden ihm, abgesehen von der wissenschaftlichen Auswertung, für seine Tätigkeit im Zoologischen Garten ganz allgemein von Nutzen sein und lassen sich, wie wir bereits feststellten, auch bei den im Garten in Angriff genommenen und noch bevorstehenden Neubauten aufs beste verwerten.«

Augenschein in den USA

Abgesehen von einigen ganz wenigen präkolumbianischen Tieranlagen, die kaum als zoologische Gärten im heutigen Sinne angesprochen werden können, ist das Tiergartenwesen der Neuen Welt aus Europa, namentlich aus Deutschland, importiert. Besonders der Name Hagenbeck ist in Amerika dabei außerordentlich populär geworden.

Ich war natürlich sehr gespannt festzustellen, wie im »Lande der unbegrenzten Möglichkeiten« die übernommenen Muster abgewandelt und weiterentwickelt wurden. So stellte ich mir ein Reiseprogramm zusammen, das mich von der Ost- zur Westküste und von der kanadischen bis zur mexikanischen Grenze führen sollte. Nicht nur die größten und bekanntesten Zoos wollte ich kennenlernen, sondern auch mittlere und kleine, um einen allgemeinen Eindruck zu gewinnen.

Nur für die Passage Basel–New York wählte ich das Flugzeug, d. h., von Basel nach Zürich brachte mich die Bahn. Dann ging es am 28. Juli 1951 natürlich im Propellerflugzeug mit Zwischenlandungen in Paris–Orly, Shannon (Irland) und Gander (Neufundland) nach New York (Idlewild), wo ich völlig luftkrank ankam, obgleich mich die Hosteß reichlich mit Dramamin und kalten Umschlägen versehen hatte – zuletzt noch mit einem »Riechgas«, das sie mir auf einem Wattebausch hinterrücks unter die Nase gedrückt hatte.

Trotz der wetterbedingten mehrstündigen Verspätung und einer einstündigen Zollkontrolle hatte Charles Cordier, den ich drei Jahre vorher im Kongo kennengelernt hatte, in der Ankunftshalle ausgeharrt und brachte mich in einem Wagen des Bronx Zoos, für den er ja arbeitete, ins Hotel. Er hatte sich die lange Wartezeit mit der über ein Kilogramm schweren Sonntagsausgabe der »New York Times« vertrieben. Für das Papier allein verbraucht diese Ausgabe einen kleinen Wald – aber damals machte man sich über diese Nutzung der Natur noch keine Gedanken.

Am Abend traf ich meine Schwester Margrit, die während insgesamt zwanzig Jahren in New York als Nurse tätig war. Im Laufe der Zeit hatte sie sich einen solchen Ruf erworben, daß sie zuweilen von hochschwangeren Frauen geradezu verfolgt wurde, wenn sie mit ihrem jeweils jüngsten Pflegling im Central Park spazieren ging. Jede wollte sie zur Pflege des erwarteten Babys engagieren, denn zuverlässige Säuglingsschwestern waren kaum zu finden.

Nicht nur wegen meiner Neigung zur Luftkrankheit benutzte ich für die ganze folgende Reise die Eisenbahn, sondern auch, weil ich die Landschaften aus der Nähe kennenlernen wollte. Damals boten die meisten großen Bahnlinien auf den langen Strecken eine sehr komfortable Reisemöglichkeit an: die Roomette. Diese bestand aus einer Einzelkabine mit Waschgelegenheit, WC und einem Bett, das sich tagsüber zu einem bequemen Sofa umgestalten ließ. Ein besonderer Vorteil bestand darin, daß Wagen mit

Roomette-Abteilungen gegebenenfalls auf Nebengeleisen abgestellt wurden, wenn man zu »Unzeiten« in einer Stadt ankam oder sie verlassen mußte. Dadurch konnten viele Hotelübernachtungen und nächtliche Taxifahrten eingespart werden.

So stellte ich mir eine Fahrkarte zusammen, mit der ich zweimal quer durch den nordamerikanischen Kontinent reisen konnte. Das Billett war beim Start in New York genau 1,2 Meter lang und schrumpfte während der nächsten zwei Monate bis auf ein gewöhnliches Ticket zusammen. Natürlich mußte für jede Teilstrecke noch für eine Platzkarte gesorgt werden.

Für mich war das die ideale Art des Reisens. Schon bald nach dem Entschwinden der Skyline und des abgelegenen Singsing-Gefängnisses begann ein einzigartiges Gleiten durch alle erdenklichen Biotope: zunächst durch die Wälder des nördlichen Staates von New York, in denen man Hirschwechsel und Biberdämme wahrnehmen konnte, dann durch die unermeßlichen Mais- und Tabakkulturen, wo früher Millionen von Bisons gelebt hatten, durch die alpine Zone der Rocky Mountains, dem Pazifik entlang, durch die Wüsten von Arizona, die Sumpfwälder von Louisiana usw. Immer wieder wurde mein Blick abgelenkt in die vorbeiziehenden Landschaften, wenn ich während der Fahrt bemüht war, meine Eindrücke vom letzten Zoobesuch niederzuschreiben – und es gab so viel für mich Wichtiges zu notieren.

Allein in New York waren fünf Zoos zu besuchen, das heißt: nicht nur anzuschauen, sondern auch die interne Organisation kennenzulernen, die Bau- und Fütterungsmethoden, die veterinärmedizinischen Einrichtungen, Personalausbildung, Öffentlichkeitsarbeit, Publikationen, wissenschaftliche Tätigkeit, wo es eine solche gab usw. Der Bronx Zoo allein beschäftigte mich mehrere Tage. Es stellte sich heraus, daß die 1950 erschienene Ausgabe meiner »Wild Animals in Captivity« sich als höchst wirksame Voranmeldung erwiesen hatte und mir sozusagen Tür und Tor öffnete. Überall wurde ich aufs freundlichste empfangen und erhielt jede gewünschte Auskunft und jeden Einblick hinter die Kulissen. Wenn möglich wurde ich auch dem Staff und den Mitgliedern der Oberbehörde vorgestellt. Mit einigen hatte ich bereits einen ausgedehnten Briefwechsel geführt.

Am ersten Tag führte mich Lee Crandall, damals »General Curator« im Bronx Zoo, in einem Kleinwagen durch den riesigen Park. Dabei gelangten wir auch zu den Außenanlagen für Gorillas, deren Grabenabsperrung gerade umgebaut wurde, weil wenige Wochen vorher der Gorilla »Makoko« darin ertrunken war. »Makoko« war der erste männliche Gorilla, der in Gefangenschaft Geschlechtsreife erlangt und daher Hoffnungen auf den ersten Zuchterfolg geweckt hatte. Der tragische Vorfall bestätigte die nicht nur tiergartenbiologisch, sondern auch allgemein biologisch bedeutsame Tatsache, daß Menschenaffen – im Gegensatz zu Kleinaffen – nicht angeborenermaßen schwimmen können. Sie müssen es lernen wie wir Menschen, doch von einem solchen Lernerfolg war bis heute nichts zu hören.

Alle Augenblicke kamen wir zu Tieren oder Einrichtungen, die für mich völlig neu und entsprechend aufregend waren, zum Beispiel das Vogelhaus mit seinen Paradiesvögeln und einem besonderen »Jewel Room« voller Kolibris. Da sah und hörte ich u. a. auch meinen ersten brasilianischen Nacktkehl-Glockenvogel (Procnias nudicollis), der ununterbrochen seinen Ruf hören ließ. Es klang tatsächlich wie ein Hammerschlag auf eine große Glocke. Noch viele andere Schätze aus der tropischen Vogelwelt faszinierten mich, manche von Charles Cordier gefangen, zum Beispiel der Hämmerling (Threewattled Bellbird), ein Glockenvogel mit drei langen, wurmförmigen Fortsätzen, die aus der Schnabelgegend herunterhängen oder auch einschrumpfen können. Lee Crandall hat dieser Seltenheit (Procnias tricarunculata) 1948 eine besondere Publikation gewidmet. Da waren ferner der erstaunliche Schirmvogel (Cephalopterus penduliger) mit seinem einziehbaren Federbart und viele weitere unerhörte Vogelgestalten.

Es war ein Schwelgen in zoologischen und tiergartenbiologischen Eindrücken. Nicht nur die Tiere waren im höchsten Grad erregend, sondern auch die Art und Weise ihrer Präsentation. Jeder Käfig war auf seine Bewohner sorgfältig abgestimmt und wirkte wie ein harmonisches Bild oder besser: wie ein vollkommener Ausschnitt aus dem Biotop. Die Vögel strotzten sichtbar vor Gesundheit und hatten offensichtlich alles, was sie brauchten – ohne die ihnen im Freien zusetzenden Feinde.

Dem Außenstehenden mag es lächerlich erscheinen, aber ich war tief beeindruckt auch vom Bodenbelag. So weit meine europäischen Erfahrungen reichten, wurden Vögel – auch Urwaldvögel – in der Regel in stereotypen Käfigen mit den üblichen Sitzstangen gehalten; Sand – wenn nicht Zement oder Beton – bildete den obligaten Bodenbelag. Hier im Bronx Zoo bildete eine Laubschicht die Unterlage, vorwiegend die dekorativen Blätter einer amerikanischen Eiche. Statt gedrechselter Sitzstangen standen den Vögeln sorgfältig ausgewählte Äste zur Verfügung, so wie sie freilebende Vögel aufzusuchen und während langer Zeit beizubehalten pflegen.

Nach diesem überreichen Tag brachte mich Dr. John Tee Van ins Hotel zurück. Tee Van, wie Lee Crandall während Jahrzenten für den Bronx Zoo tätig (heute sind beide längst verstorben), ist in Zookreisen u. a. deswegen berühmt geworden, weil er 1941 nach China reiste, um zwei junge Riesenpandas als Geschenk von Mme Chiang Kai-Shek für den Bronx Zoo abzuholen. Das war mitten im Krieg und die Reise entsprechend abenteuerlich. Leider stellte sich heraus, daß es sich nicht um ein Pärchen, sondern um zwei Weibchen handelte. Ähnlich wie beim Gorilla war auch beim Riesenpanda die Geschlechtserkennung mit den damaligen Hilfsmitteln außerordentlich schwierig.

Tee Van war nicht nur ein sehr erfahrener Zoo-Mann, sondern arbeitete nebenbei an einem mehrbändigen Werk über Fische. Lee Crandall seinerseits gab 1964 das umfassende Werk »The Management of Wild Mammals in Captivity« heraus. Der Bronx Zoo hat immer eine außerordentliche wissenschaftliche Tätigkeit entfaltet, während andere große amerikanische Zoos wie zum Beispiel jene von San Francisco, Detroit oder Atlanta während langer Zeit wissenschaftlich völlig steril waren und sich mit der reinen Schaustellung und Publikumsunterhaltung begnügten.

Die Fülle von zoologischen Erlebnissen allein aus dem Bronx Zoo war erdrückend, meine Leica lief sozusagen auf Hochtouren, und abends bemühte ich mich, soviel wie möglich aufzuschreiben. Aber ich war ja erst am Anfang meiner Studienreise, deren Ergebnisse ich hier nur vage andeuten kann.

Für einen weiteren Bronx-Tag wurde ich vom Aquariumsdirektor Christopher Coates abgeholt. Das alte Aquarium an der Battery war vor einigen Jahren abgebrochen worden, und zur Zeit stand lediglich ein Provisorium zur Verfügung. In einem Kellerraum hielt Coates eine große Anzahl von Elektrischen Aalen, die von ihm und seinen Mitarbeitern für kriegswichtige

Untersuchungen verwendet wurden. Diese südamerikanischen Fische, die Schläge bis über 600 Volt auszuteilen vermögen, erwiesen sich im Zusammenhang mit einem Nervengas als besonders geeignete Versuchstiere. Ich hatte Gelegenheit, die Handhabung dieser glitschigen Fische mit Hilfe von dicken Gummihandschuhen zu erlernen, und am Ende meiner Reise brachte mir Christopher Coates zwei der schwer zu erwerbenden »Elektriker« als Geschenk für den Basler Zolli ans Flugzeug.

Man zeigte mir auch die Pläne für ein neues Aquarium – wirklich phantastisch, so phantastisch, daß sie bis heute nicht ausgeführt wurden und wahrscheinlich niemals verwirklicht werden. Damals fehlte es – selbst in Amerika – schon an Stahl für die gewaltigen Konstruktionen und seither an den nötigen Finanzen, vielen Dollarmillionen. Trotzdem waren die Pläne für ein geradezu ungeheures Superaquarium für mich von größtem tiergartenbiologischem Interesse, weil ihr Studium mich zu der Überlegung führte, wie groß denn eigentlich Tieranlagen (Zoos und Aquarien) sein können und sein sollen. Ich habe stets die Meinung vertreten, daß ein Zoo oder ein Schauaquarium immer in einem gesunden Verhältnis zu der zugehörigen Stadt bzw. Region stehen soll.

Es hat gewiß keinen Sinn, überdimensionierte Zoos und andere Tieranlagen zu bauen, selbst wenn das Geld vorhanden wäre. Aber welches sind die Grenzen einer vernünftigen Dimensionierung? Gelegentlich wurde als Kriterium genannt, ein Zoo solle so groß sein, daß er vom Besucher an einem Tag ohne Hast besichtigt werden kann. Dem möchte ich aus verschiedenen Gründen nicht zustimmen, schon weil das Tempo bei den Besuchern sehr unterschiedlich ist und von der Art ihrer Interessen abhängt. Dem ernsthaft Interessierten ist es ja unbenommen, den Besuch zu dosieren, d. h., an einem Tag die eine, an einem folgenden die andere Abteilung zu besichtigen. Für Museen und Kunstgalerien ist dies längst eine Selbstverständlichkeit.

Aber auch dieser fraktionierte Besuch hat seine Grenzen. Es kann zu einem Überangebot kommen. Neuerdings kommen auch zoologische Gärten immer mehr in die Lage, gewisse Tierarten, nämlich gefährdete, hinter den Kulissen zu pflegen und zu züchten – lediglich im Interesse der Arterhaltung, unter Ausschluß des Publikums. Das Kriterium dessen, was der Besucher an einem Tag an Besichtigung zu bewältigen vermag, fällt also für die Größenbestimmung der Zoos weg, angesichts dieser neuen, wichtigen Konservierungsaufgaben, die im Grunde jeden Zoo verpflichten. Aquarien, die außerhalb des Schaubereiches ausschließlich der Erhaltung von Fischen und anderen Wassertieren dienen, sind mir bis heute nicht bekannt, was jedoch nichts über ihre Dringlichkeit aussagt.

Indessen geht es hier nicht darum, Zukunftsbilder von Zoos und Schauaquarien zu entwerfen. Wir müssen uns vielmehr damit begnügen, die Frage nach der Dimensionierung solcher Anlagen überhaupt aufzuwerfen. Das Studium der Pläne eines neuen Aquariums in New York hat dazu Anlaß gegeben; es ist seither auf ganz andere Weise auf Coney Island, also außerhalb des Bronx Zoos, verwirklicht worden.

Zum Staff-Lunch, zu dem ich freundlicherweise eingeladen war, erschien überraschend Lorenz Hagenbeck, eine in amerikanischen Zoos fast legendäre Persönlichkeit. Aber mit einer Tierart hatte seine Weltfirma noch nie zu tun gehabt: mit dem Schnabeltier (Ornithorhynchus anatinus), dem eierlegenden Säuger, der außerhalb Australiens nur in zwei Exemplaren lebte, nämlich in dem besonders dafür konstruierten »Platypusarium« im Bronx Zoo. Kein Wunder also, daß wir uns nach dem Lunch diesen Wundertieren zuwandten! Wegen ihrer Empfindlichkeit wurde täglich nur eines der Tiere während einer Stunde ausgestellt, so daß sich jeweils lange Schlangen von Schaulustigen bildeten, die nur rasch an der zoologischen Kostbarkeit vorbeidefilieren durften.

Der Bronx Zoo hatte zwar bereits 1922 ein Schnabeltier besessen, das aber nur während vierzig Tagen am Leben erhalten werden konnte. Die von uns besichtigten Tiere waren 1947 mit großem Aufwand und in Begleitung von David Fleay, dem besten Schnabeltierkenner, importiert worden. Ihm war es als einzigem Menschen 1944 gelungen, diese Art zu züchten, und zwar einmal. Seither gab es meines Wissens bis auf den heutigen Tag keinen weiteren Zuchterfolg mehr zu melden. In dieser Beziehung ist also die Tiergartenbiologie noch sehr unterentwickelt.

Als uns das 12 Meter lange und 2,5 Meter breite (inzwischen längst abgebaute) »Platypusarium« im Bronx Zoo gezeigt wurde, zog der Spezialpfleger John Blair das Männchen »Cecil« am Schwanz aus dem Bassin, so daß wir seine Giftsporne an den Hinterbeinen deutlich sehen konnten. Wir durften auch den ledrigen Schnabel und das unerhört feine Fell berühren. Damit waren Lorenz Hagenbeck und ich zu Mitgliedern des spaßeshalber erfundenen exklusiven »Platypus-Clubs« geworden, jener kleinen Gruppe von Menschen also, die jemals ein lebendes Schnabeltier berührt haben. Früher wurden diese Tiere in Australien zu Tausenden getötet und ihre weichen Felle ballenweise exportiert, was die Art an den Rand des Aussterbens gebracht hat.

Es ist, wie ich immer wieder betonen muß, unmöglich, die vielen unvergeßlichen Eindrücke aus dem Bronx Zoo auch nur aufzuzählen, obgleich die Verlockung groß ist, der Erinnerung die Zügel schießen zu lassen und bei den Bildern zu verweilen, die ich noch kristallklar vor mir habe. Dazu gehören zum Beispiel die drei Kongopfauen, die Charles Cordier 1949 aus dem Kongo gebracht hatte, das außerordentlich seltene Wasseropossum (Chironectes minimus), der Yapok, eine großartige Schau von Blattschneiderameisen (Atta), die in langen Zügen rundliche Ausschnitte von Rosenblütenblättern als Grundlage für ihre Pilzkultur ins Nest trugen. Dazu gehört aber auch – als erfrischende Einlage – der Okapi-Pfleger, der, als wir fast andächtig den Stall des wertvollen Tieres betraten, auf einem bequemen Lager aus Strohballen selig schnarchte.

An einem offiziellen Abschiedslunch lernte ich mehrere Persönlichkeiten kennen, die ich später wieder an Kongressen traf und mit denen ich während des ganzen späteren Lebens im Briefwechsel stand, u. a. William Bridges, »Curator of Publication« und Verfasser wichtiger Zoobücher, Jocelyn Crane, damals Assistentin von William Beebe, die 1975 ein über 700seitiges Werk über die Winkerkrabben der Welt veröffentlichte, den Tierpsychologen T. C. S. Schneirla, William Beebe selber, den berühmten Tiefseetaucher u. a.

Doch in New York standen außer dem prominenten Bronx Zoo auch noch andere, bescheidenere und kleinere Zoos auf dem Programm, wie zum Beispiel der Staten Island Zoo, der damals nur mit einer Fähre von Manhattan aus zu erreichen war. Die kurze Fahrt führte mich an der berühmten Freiheitsstatue vorbei. Im Gegensatz zu dem Verkehrswirbel in den Wolkenkratzerschluchten der City kam mir diese Insel mit ihren ruhigen Straßen, mit dem vielen Grün und den heimeligen Häuschen damals geradezu wie ein ideales Ferienland vor. Die Leiterin des Zoos, Patricia O'Connor, eine Tierärztin, holte mich freundlicherweise an der Fähre ab.

Ihr Zoo, in einem schönen Parkwald eingebettet, wies neben verschiedenen Gehegen eigentlich nur ein Hauptgebäude auf, in dem jedoch Abteilungen für Säugetiere, Vögel, Reptilien und Fische eingebaut waren, samt Lager- und Kühlräumen und – worum ich sie besonders beneidete – mit Quarantäne- und Krankenkäfigen, Laboratorien und Hörsaal. Alle Tiere waren ausgezeichnet gepflegt, die Raubtiere sogar leicht überfüttert.

Ein weiterer Tag in New York war dem riesigen »Museum of Natural History« gewidmet, das auch eine Abteilung für Verhaltensforschung an lebenden Tieren beherbergt; hier waren Lester R. Aronson und T.C.S. Schneirla tätig. Mit beiden blieb ich jahrelang in einem fruchtbaren Schriftenaustausch, und beide traf ich gelegentlich wieder an wissenschaftlichen Anlässen. Schneirla hat uns später auch in Zug besucht. Nach seinem Tod (1968) durfte ich einem zu seinen Ehren herausgegebenen Gedächtnisband ein Kapitel beisteuern über die Entwicklung des Präsentierens von lebenden Tieren in zoologischen Gärten. Dazu erhielt ich Anregungen aus dem Central Park Zoo, der nur wenige Blocks von Schneirlas Arbeitsstätte im Museum entfernt war.

Dieser Central Park Zoo in New York war der altertümlichste, den ich auf meiner Reise zu sehen bekam: lauter Eisengitterkäfige und -gehege ohne ordentliche Anschrift, ja ohne anständige Pflege und selbstverständlich ohne jede Öffentlichkeitsarbeit und wissenschaftliche Tätigkeit. Man hatte das Gefühl, hundert Jahre zurückversetzt zu sein ins Zeitalter der düsteren Menagerien. Hier hätte sich eine günstige Gelegenheit geboten, ein Zoomuseum

Der Kinderzoo bildete eine der letzten Neuerungen des veralteten – inzwischen völlig umgebauten – Zoos im New Yorker Central Park.

Bis zum Abbruch des alten Central Park Zoo war in der Kinderabteilung eine Schar weißer Mäuse in einem besonders merkwürdigen »Käfig« ausgestellt, nämlich in der Nachbildung eines riesigen Stücks Emmentalerkäse mit entsprechender Anschrift – offenbar von einem Käseliebhaber gestiftet.

zu errichten, wie ich es ein Leben lang gefordert habe – umsonst. Ein Zoomuseum gibt es bis heute noch nicht. Im Laufe der Jahre ließ sich eine zunehmende Verlotterung dieses altertümlichen Zoos feststellen. Die Wende trat erst 1984 ein, als er dem Bronx Zoo unterstellt wurde, der eine radikale Sanierung einleitete.

Am 5. August 1951 begann meine Reise. Der erste Halt war die Stadt Buffalo in der Nähe der Niagarafälle. Nach der achtstündigen Fahrt überraschte mich in der Bahnhofhalle die riesige goldene Statue eines Bisons – eines Buffalos –, welcher der Stadt den Namen gegeben haben soll. Ich wurde jedoch belehrt, daß in dieser Gegend niemals Bisons vorgekommen seien und daß die Stadtbezeichnung vermutlich durch die Verballhornung von »Beau fleuve« entstanden sei, womit die französischen Pioniere den Niagara gemeint hatten.

Damals war Buffalo noch eine kleine Provinzstadt mit vielen hübschen Häusern zwischen Bäumen und Gärten und großen Reklametafeln. Der eher bescheidene Zoo lag mitten im Delaware-Park. Ein Zooführer oder andere Publikationen waren nicht erhältlich. Der Direktor war merkwürdigerweise kein Zoo-Mann, sondern war – nicht zu seinem Entzücken – als städtischer Angestellter zur Führung des Zoos bestimmt worden. In dem schönen Park trat an verschiedenen Stellen natürlicher Fels, in Platten geschichtet, zutage. Überraschend war die ansehnliche Reptilienabteilung, die auch später, nachdem dieser Zoo eine enorme Entwicklung erfahren hatte, zu seinen Spezialitäten gehörte. Pythons wurden bereits gezüchtet und die Eier anderer Reptilien in feuchtem Sägemehl ausgebrütet.

Nächste Station war Cleveland, Ohio. Direktor des Zoos war ein äußerst initiativer Tier-Mann, Fletch Reynolds. Ursprünglich Musiker, wandte er sich schon in jungen Jahren dem »Monkey business« zu, war Ver-

Der in guter Absicht erstellte Klassenraum im Central Park Zoo fand wenig Zuspruch. Einmal traf ich als einzigen Benützer eine Gans, die überall herumwatschelte.

treter der Firma Hagenbeck in den USA, verbrachte einige Zeit in Kamerun und setzte sich jetzt mit voller Energie für die Entwicklung des Cleveland Zoos ein, nachdem er vorher im Toledo Zoo gewirkt hatte. Bei Bauarbeiten waren auf dem Zoogelände fossile Fische zum Vorschein gekommen, die auch in die Schau einbezogen werden sollten.

Imposant war das neue Vogelhaus mit großen Flugräumen, in denen weder Felsenhähne noch Quezals fehlten. Wie in allen Zoo-Neubauten in Amerika wurde auch hier viel Wert auf eine tadellose Ventilation bzw. Klimatisation gelegt, so daß jede geruchliche Belästigung für die Besucher entfiel. In den herkömmlichen Tierhäusern in Europa, namentlich in den Raubtier- und Affenhäusern, mußten sich demgegenüber die Besucher gelegentlich Taschentücher vor die Nase halten.

Im Toledo Zoo, den ich als nächsten besuchte, fielen mir die vielen WPA-Bauten aus den Jahren 1936 und 1937 auf, wie ich sie bereits in Staten Island und im Central Park von New York gesehen hatte und wie ich ihnen auch noch in weiteren Zoos begegnen sollte. Sie zeichneten sich alle durch eine fast düstere Nüchternheit und einen stereotypen, altmodischen Stil aus. Man merkte, daß hier nicht Zoo-, sondern Baufachleute verantwortlich waren. In der Tat wurden ja diese WPA-Häuser in gewissem Sinne für Menschen erstellt, nämlich zur Bekämpfung der Arbeitslosigkeit durch die »Works Progress Administration« (WPA). Aber mit dem bloßen Aufstellen von Tierhäusern nach altem Muster kann kein erfreulicher Zoo gebaut werden. Zudem verhält es sich mit einem Zoo ähnlich wie mit einem Auto: Mit der Anschaffung ist es keineswegs getan, der Betrieb erfordert erhebliche Kosten! Es braucht genügend kompetentes Personal, ansprechende und zweckmäßige Informations- und Öffentlichkeitsarbeit, die mit guten Anschriften an Gehegen und mit einem belehrenden Zooführer beginnt.

Viele Großtiere waren nur, wie früher üblich, in einem Exemplar vertreten, so zum Beispiel Elefant, Nashorn, Nilpferd. Sehr beeindruckt haben mich im Aquarium anderthalb Meter lange Störe (Acipenser fulvescens) aus den nahegelegenen Seen. Ganz besonders unvergeßlich aber ist mir meine erste Begegnung mit der sonderbaren Gabelantilope (Antilocapra americana), die in Toledo durch ein Paar mit zwei Jungen vertreten war – eine Tierart, der ich in Europa nur sehr selten begegnet bin und die aus bisher noch unerfindlichen Gründen als äußerst heikel gilt. Die früher zusammen mit dem Bison in den nordamerikanischen Prärien weitverbreitete Gabelantilope fällt deswegen aus dem Rahmen der übrigen Hornträger, weil sie als einzige Art im männlichen Geschlecht Hörner mit zwei Enden (Gabeln) trägt und jährlich abwirft, wie man dies sonst nur bei Geweihträgern findet.

Im Zoo von Detroit wurde ich von einer ganz anderen Atmosphäre empfangen. Erst 1928 eröffnet, gehörte er zu den jungen Zoos, wo altmodische Gitterkäfige fehlten. Alles war sehr großzügig und weiträumig angelegt. Ein Porträt von Carl Hagenbeck im Büro des Direktors Frank G. McInnis erinnerte daran, daß die gitterlose Anlage durch Hagenbeck inspiriert und teilweise auch gebaut worden war. Mc Innis, von Haus aus Landschaftsarchitekt, war der richtige Mann für die weiträumige Ausgestaltung dieses Betriebes. Er ließ zum Beispiel das topfebene Bauland durch einen künstlich aufgeworfenen Hügel unterbrechen, von dem ein frischer Bach mit künstlich hochgepumptem Wasser heruntersprudelte. In ihm und in dem kleinen See, der durch den Aushub des Hügels entstanden war, wimmelte es von Regenbogenforellen. Den felsigen Hintergrund der Freianlagen bildeten Kunstfelsen, wie sie Hagenbeck in Zusammenarbeit mit dem Bildhauer Urs Eggenschwyler aus Zürich in die Zoobautechnik eingeführt hat.

Der Hügel und die Ufer des Forellenbachs sowie des Teiches überhaupt waren überwuchert von einem üppigen Blumenflor, der von einem großen Stab von Gärtnern betreut wurde. Ich hatte daher Verständnis für einen Assistenten des Direktors, der mir in einem günstigen Augenblick ins Ohr flüsterte: »Bei McInnis kommen immer zuerst die Blumen.« Die Tiere kamen zwar nicht zu kurz, wohl aber die wissenschaftliche Arbeit. Zwei weitere Eigentümlichkeiten haben mich ferner beeindruckt: Der Zoo war nur während des Sommerhalbjahres geöffnet, was natürlich vieles vereinfachte. Außerdem war er durchzogen von einem Bahnsystem zum Transportieren der Besucher. In allen größeren Zoos sind Transportmöglichkeiten unumgänglich, aber damals kamen mir diese drei achtzylindrigen Benzinlokomotiven mit den zugehörigen Hangaren und Reparaturräumen doch etwas übertrieben vor. Heute jedenfalls bedient man sich diskreterer und umweltfreundlicherer Beförderungsmittel.

Der Direktion von McInnis war auch der Vorgänger seines modernen Zoos, der etwa sechzig Jahre ältere Belle Isle Zoo, unterstellt, den ich natürlich mit seinem Aquarium, Kinderzoo, Schimpansentheater und Elefantenstall auch besichtigen wollte. Daran interessierte mich besonders das solide Eisengestänge von 5 cm Durchmesser, das von einem tobenden Elefanten in bedrohlicher Weise krummgebogen worden war.

Fast in jedem Zoo gibt es immer wieder Überraschungen, weil sich zum Beispiel die Höhe und Solidität von Mauern oder Gittern nicht durch exakte Experimente ermitteln lassen, sondern aus der praktischen Erfahrung ergeben. Eine Absperrung aus Eisenstangen von bestimmter Dicke oder eine Mauer von bestimmter Höhe kann sich aufgrund eines reichen Erfahrungsmaterials für eine Tierart jahrelang allgemein bewähren. Besondere Umstände, vor allem Schreckreaktionen und andere Erregungszustände (im vorliegenden Fall bedingt durch den Besuch eines Bullen), können jedoch ein Tier zu abnormalen Leistungen veranlassen. Andererseits kann eine Absperrung nicht auf solche Extremsituationen abgestimmt werden, sondern basiert auf ausgeglichenem Verhalten. Hier gilt es, in der Praxis vernünftige, verantwortbare Kompromisse zu finden. Mit anderen Worten: Die Wirkung einer Absperrung ist zu einem guten Teil begründet durch die subjektive Stimmung des Tieres. Die langjährige Bewährung einer Absperrung kann auch dadurch gegeben sein, daß sie dem Tier als Betonung seiner Territoriumsgrenze willkommen ist.

Von Detroit führte mich meine Reise weiter nach Chicago, wo ich zwei Zoos und das damals größte Schauaquarium der Welt, nämlich das Shedd-Aquarium, besichtigen wollte. Robert Bean, der fast legendäre Direktor des Brookfield Zoos außerhalb der Stadt – Zoodirektor in zweiter Generation mit einem unerhörten praktischen Wissen und einem leichten Mißtrauen gegenüber Wissenschaftlern – ließ mich am Bahnhof abholen und verwöhnte mich in jeder Hinsicht. Auch seine Stellvertreter, Ralph Graham und Karl Plath, beide gleichzeitig hervorragende Tiermaler, widmeten mir viel Zeit, um mich mit allen Schätzen des überaus großzügig angelegten, tadellos geführten Zoos bekannt zu machen.

Unter dem Einfluß von Hagenbeck waren hier weitläufige, gitterlose Freianlagen mit imposanten Kunstfelsen verwirklicht worden. Diese Art der Tierpräsentation geht auf den Schweizer Bildhauer Urs Eggenschwyler (1849–1923) zurück, den Carl Hagenbeck entdeckt und 1905 nach Stellingen berufen hatte, wo er ihn die imposanten Kunstfelsen seines weltberühmt gewordenen »Tierparadieses« erstellen ließ.

Beim Bau des Brookfield Zoo wollte man diesen begabten Spezialisten ebenfalls gewinnen, doch kam für den etwas kauzigen Künstler weder ein langfristiger Vertrag noch eine Reise über den Atlantik in Frage. Sein tüchtiger Mitarbeiter John Hürlimann hingegen wagte den Sprung in die Neue Welt. Er wurde zum Erbauer der großen Kunstfelsen. Während meiner Aufenthalte in Chicago versuchte ich wiederholt, Näheres über das Leben von John Hürlimann in Erfahrung zu bringen, jedoch ohne Erfolg.

In diesem großartigen Zoo gab es für mich viel zu bestaunen, vom Haiti-Schlitzrüßler (Solenodon paradoxurus) bis zur elektrischen Fliegenfalle. Direktor Robert Bean war auch berühmt wegen vieler außergewönlicher Zuchterfolge. Die größte Sensation war die erste Geburt eines Spitzmaul-Nashornes (Diceros bicornis), d. h. des ersten Nashornes in Gefangenschaft überhaupt. Das war am 7. Oktober 1941. Diesem Erstgeborenen folgte später noch ein zweites Junges.

Noch mehr interessierte mich aber die Tatsache, daß dieser Zoo ein Paar Indischer Panzernashörner besaß, die Ralph Graham in Assam abgeholt hatte. Die beiden Tiere lebten aber getrennt. Bei wiederholten Versuchen, sie zusammenzulassen, hatten sich die Giganten derart attackiert, daß man schwere Verletzungen oder gar den Tod eines Partners befürchtet hatte. Wenn Robert Bean mit seiner großen Erfahrung endgültig darauf verzichtete, das Paar zusammenzuhalten – um den Preis eines erstmaligen Zuchterfolges mit dieser Tierart –, dann mußte das seine Gründe haben.

In der Tat hat es sich später gezeigt, daß, wenn Nashörner zusammengelassen werden, sie wie Lokomotiven aufeinanderprallen. Wer derartige Zusammenstöße der tonnenschweren Kolosse nie aus der Nähe erlebt hat, kann sich die Wucht und die Gefahr derartiger Begegnungen nicht vorstellen. Im Zürcher Zoo, wo das erste Spitzmaul-Nashorn der Schweiz geboren wurde, hatten wir wiederholt die Feuerwehr aufzubieten, um im Notfall mit Druckspritzen die Partner zu trennen, bevor ein Unglück geschah.

Im Hinblick auf die bevorstehende Ankunft einer Partnerin für »Gadadhar« im Basler Zoo beschäftigte mich von jetzt an der Gedanke, eine sanfte, tierpsychologische Methode der Konfrontierung der Geschlechter »auszubrüten«. Der praktische Erfolg hat später meinen theoretischen Überlegungen recht gegeben.

Vom Brookfield Zoo mußte ich mich förmlich losreißen, denn in Chicago wollte ich unbedingt auch noch das Shedd Aquarium besuchen, den in der Stadt gelegenen Lincoln Park Zoo sowie das »Field Museum of Natural History«.

W. H. Chute, der Direktor des Shedd Aquariums, nahm sich drei Stunden Zeit, um mich in die technischen und biologischen Besonderheiten dieser gewaltigen Anlage einzuweihen. Das Shedd Aquarium, so benannt nach seinem Stifter John G. Shedd, war damals das größte und schönste seiner Art, pompös gebaut aus Georgia-Marmor und nicht weniger als fünf Wasserqualitäten enthaltend: warmes und gekühltes Meerwasser, warmes und gekühltes Süßwasser und natürliches Süßwasser aus dem unmittelbar benachbarten Lake Michigan. In 132 Schaubecken waren etwa 10 000 Fische ausgestellt. Die größten Becken waren 9 Meter lang und 1,8 Meter tief und faßten über zwei Millionen Liter Wasser; eine gleich große Menge Reservewasser befand sich in Bassins im Keller, von wo es nach oben gepumpt wurde.

Zum Aquarium-Service gehörte ein speziell konstruierter Eisenbahnwagen, »Nautilus«, der neben Unterkünften für sechs Mann Besatzung riesige Tanks, kleinere Becken und die nötigen Fanggeräte enthielt. Damit fuhr man an alle Küsten des Kontinents, besonders auch nach Key West in Florida, um Fische und andere Meertiere möglichst schonend einzubringen, ebenso große Mengen von natürlichem Seewasser.

Ganz in der Nähe des Aquariums befand sich ein anderer riesiger Gebäudekomplex, den ich aus verschiedenen Gründen besuchen mußte, nämlich das »Chicago Natural History Museum«. Bis 1943 hatte dieser gewaltige Bau »Field Museum of Natural History« geheißen, zur Erinnerung an seinen Förderer und ehemaligen Präsidenten Stanley Field. Dort besuchte ich den Herpetologen und Direktor der zoologischen Abteilung, Dr. Karl Patterson Schmidt, der gerade im Begriff war, die »Vergleichende Morphologie der Wirbeltiere« meines Lehrers Adolf Portmann ins Englische zu übersetzen.

Ich war u. a. auch auf der Suche nach genauen Angaben über die beiden berühmten menschenfressenden Löwen, die »Man eaters of Tsavo«, welche 135 Arbeiter getötet und während neun Monaten den Bau der Uganda-Bahn in Frage gestellt hatten, bis sie endlich im Jahr 1900 durch Colonel J. P. Patterson unter wahrhaft abenteuerlichen Umständen erlegt werden konnten. Wie alle menschenfressenden Raubtiere beschäftigten mich diese beiden Löwen ganz besonders, weil sie nicht dem Gesetz der Flucht folgten, also ganz seltene Ausnahmen vom Normalverhalten darstellten. Ich war schon lange auf der Suche nach präzisen Daten über diesen außerordentlichen Fall.

Die Bälge dieser beiden Menschenfresser waren nach Chicago ins Museum gelangt und dort ausgestellt worden. Daher hoffte ich, dort nähere Informationen zu bekommen. Zwar hatte Colonel Patterson 1907 ein Buch veröffentlicht, doch war es mir nicht gelungen, es irgendwo aufzutreiben, obgleich ich jahrelang danach suchte. Karl Patterson Schmidt zeigte mir die beiden ausgestopften Löwen und gab mir zu meiner Freude eine 40seitige Broschüre, welche das Museum 1925 über diese Menschenfresser veröffentlicht hatte. Es war die Wiedergabe eines Vortrages, den Colonel Patterson 1924 gehalten hatte, und ich fand darin viele aufschlußreiche Einzelheiten; aber aus dem Buch wäre wohl noch mehr zu erfahren gewesen. Ich suchte weiter nach ihm.

Auf einer meiner späteren Amerikareisen traf ich zufällig mit einer Tochter von Stanley Field zusammen. Sie war eine erklärte Zoogegnerin. Im Laufe unserer Unterhaltung und nachdem sie mein Buch »Wild Animals in Captivity« gelesen hatte, gelang es mir indes, sie davon zu überzeugen, daß Zoo nicht gleich Zoo und Zoodirektor nicht gleich Zoodirektor sei und daß in einem nach modernen tiergartenbiologischen Grundsätzen geleiteten Zoo die Tiere sich mindestens ebenso wohl fühlen können wie im gefahrvollen Freileben.

Ms. Field wollte die Probe aufs Exempel machen und wurde in der Folge selber Zoodirektorin, und zwar in Miami – für eine Weile. Sie hatte nicht hinreichend damit gerechnet, daß man es in einem Zoo nicht nur mit Tieren, sondern auch mit Menschen zu tun hat. Oft mit recht seltsamen.

Im Laufe unserer Gespräche kam ich auch auf die Tsavo-Löwen zu sprechen und auf meine vergeblichen Bemühungen, das Buch von Patterson zu beschaffen. Zehn Jahre später erhielt ich von ihr aus Florenz ein Exemplar mit der Widmung: »To Heini Hediger with admiration because he is a true friend to wild animals«. Gezeichnet Julia Allen Field.

Abgesehen von der Broschüre über die Tsavo-Löwen hatte Karl Patterson Schmidt in der prähistorischen Abteilung noch eine andere Überraschung für mich bereit. Er führte mich vor ein

sehr eindrückliches Diorama von Pfahlbauern, »Swiss lake dwellers«. Im Rücken des Beschauers waren in Glaskästen alle Werkzeuge dieser Pfahlbauer ausgestellt – ein Musterbeispiel moderner Museumstechnik, das mich u. a. auch deswegen interessierte, weil ich während vieler Jahre Mitglied des ICOM (International Commitee of Museums), einem Zweig der Unesco, war. Ich hatte darin die zoologischen Gärten zu vertreten, welche mit Museen viele Aufgaben und Probleme wie zum Beispiel Information, Public Relations, Präsentation oder Schadenverhütung gemeinsam haben.

Ich wurde auch ins zoologische Präparatorium geführt, wo gerade »Bushman«, einer der berühmtesten Gorillas, nach den neuesten Methoden der Dermoplastik präpariert wurde. »Bushman« war während Jahren der Star des Lincoln Park Zoos gewesen, der von Marlin Perkins geleitet wurde und den ich selbstverständlich auch noch besuchen mußte. Marlin, mit dem ich bis 1982 immer wieder zusammentraf, war schon damals eine sehr populäre Figur am Fernsehen; jeden Sonntag strahlte er eine Zoosendung aus. Er hatte u. a. auch an einer Yeti-Expedition in den Himalaja teilgenommen und als einer der ersten erklärt, daß es sich bei dem »Abominable snowman« um eine Täuschung handeln müsse, nämlich um eine falsche Deutung von Spuren im Schnee, die sich durch wiederholtes Auftauen und

»Bushmans« Nachfolger im Lincoln Park Zoo war »Sindbad«, den ich auf Aufforderung des damaligen Direktors Marlin Perkins begrüßen durfte.

Wiedergefrieren schließlich phantastisch vergrößerten, die in Wirklichkeit aber von einem viel kleineren Tier, einem Affen oder Bären beispielsweise, herrührten.

Von Chicago führte meine Reise nach St. Louis im Staate Missouri. George Vierheller, ein ehemaliger Journalist, galt als besonders populärer und erfolgreicher Zoodirektor. Er war ein starker Zigarrenraucher und reichte daher gelegentlich auch seinen Schimpansen eine Zigarre durchs Gitter – zum großen Gaudium der Umstehenden. Überhaupt war er ein ausgeprägter Showman, sein Betrieb entsprechend halb Zoo, halb Zirkus. In drei Manegen wurden regelmäßig Schimpansen, Raubtiere und Elefanten vorgeführt, wodurch sich die Kassen füllen ließen – unter völliger Vernachlässigung wissenschaftlicher Tätigkeit. Bei der eher bescheidenen Elefantenvorführung wirkte ein primitiver Clown mit, und die Löwennummer enthielt furchtbaren Kitsch: Da wurde zum Beispiel einem alten Mähnenlöwen ein Herme-

»Bushman«, den mächtigen Flachlandgorilla des Lincoln Park Zoo in Chicago, bekam ich auf meiner Rundreise 1951 nicht mehr lebend zu sehen. Er war als knapp zwanzig Kilo schweres Jungtier nach Chicago gekommen und erreichte ein Gewicht von 249,4 Kilo. Er erinnerte mich an die pessimistische Prophezeiung des seinerzeitigen New Yorker Zoodirektors William T. Hornaday aus dem Jahre 1915, daß es nie möglich sein werde, einen ausgewachsenen Gorilla in irgendeinem Zoo zu zeigen.

linmantel umgelegt und dazu Krone und Brille aufgesetzt.

Tiergartenbiologisch großartig war hingegen das Vogelhaus: ein Stück Urwald mit üppigem Grün und Bäumen, Luftwurzeln und Lianen, dazwischen rieselnde Bächlein, der ganze Raum belebt von bunten Tropenvögeln. Hauchdünne, unsichtbare Fliegengitter gestatteten eine Unterteilung, so daß auch unverträgliche Arten unter demselben Dach gehalten werden konnten.

Hier handelte es sich im Grunde um den allerersten »Offenen Flugraum«, um jene optimale Art der Vogelpräsentation im Zoo, vor der ich ergriffen verweilen mußte. Die vorderste Abteilung war offen, d. h. nur durch ein symbolisches Geländer vom Publikum getrennt, so daß die Vögel hätten hinausfliegen können; dies taten sie aber kaum je, da der kahle Zuschauerraum ihnen nichts bot. In ihrem Biotop-Raum hingegen fanden sie Futter, Sitz- und Nistgelegenheiten, Bade- und Trinkmöglichkeiten, kurz: alles, was sie brauchten.

Ein unvergeßliches zoologisches Erlebnis hatte ich schon außerhalb des Zoos, als ich gleich nach der Ankunft eine Allee entlang ging, in der mich ein fast ohrenbetäubender Lärm umfing, nämlich das Surren von unzähligen Siebzehnjahreszikaden (Magicicada septendecim). Ich hatte Glück, hier ein Flugjahr der geheimnisvollen Insekten zu erleben, ein Ereignis, das – wie der Name andeutet – nur alle siebzehn Jahre eintritt. Mit diesem biologischen Wunder habe ich mich später in meinem Buch »Tiere verstehen« (1980, 1984) etwas näher auseinandergesetzt.

Meine Notizbücher füllten sich rasch mit unzähligen zoologischen Eindrücken, von denen hier nur ein kleiner Bruchteil wiedergegeben werden kann.

In St. Louis sah ich den ersten Offenen Flugraum für tropische Vögel. Diese gefällige und biologische Art der Darbietung fand – ausgehend von hier – weltweite Verbreitung. 1954 eröffnete ich die erste entsprechende Anlage in Europa im Zürcher Zoo. Die Weiterentwicklung bestand darin, daß man das Publikum auf schmalen Pfaden durch die Volieren führte. Foto St. Louis Zoological Gardens

Von St. Louis aus ging es durch die ehemalige Bisonprärie – jetzt unabsehbare Maiskulturen, dazwischen riesige Rinder- und Schafherden – nach Denver, wo ich von Clyde E. Hill empfangen wurde. Er betreute den 1896 von seinem Vater, Alfred Hill, gegründeten Zoo seit 28 Jahren. In diesem Zoo soll 1905 die erste Gabelantilope in Gefangenschaft zur Welt gekommen sein; jetzt waren lediglich zwei Böcke der delikaten Pfleglinge vorhanden.

Unheimlich wurde mir zumute, als mich Mr. Hill an eine gitterlose Freianlage führte, in der ein großer Eisbär hin und her ging. Die Absperrung gegen das Publikum bestand aus einem seichten Wassergraben, zwischen flachen, niedrigen Ufern aus Kunstfelsen – so, wie man dies sonst etwa von Ententeichen kennt. Hill beobachtete aus den Augenwinkeln meine Reaktion auf diese ungewöhnliche Präsentation eines potentiell gefährlichen Raubtieres.

Es stellte sich heraus, daß es sich um eine alte, blinde Eisbärin handelte, die niemals den festen Boden ihrer Felsenanlage verließ. Die Anlage war 1918 von Victor Borchert, einem Künstler und Museumsmann, für Affen erbaut worden – trotz inständiger Warnung des erfahrenen Clyde Hill. Borchert wollte es besser wissen und erklärte, er würde sich erschießen, wenn es den Affen gelänge, aus seiner Anlage auszubrechen. Die Affen wurden schließlich ausgesetzt, entkamen ohne weiteres, und der eigensinnige Erbauer nahm sich das Leben. – Heute hat sich der Denver Zoo unter der Leitung von Clayton F. Freiheit, der zuvor bereits den Zoo in Buffalo ausbaute, zu einer modernen Anlage entwickelt.

Eine schöne Fahrt durch alpine Szenerien brachte mich über die Rocky Mountains nach Salt Lake City, wo es zwei kleine Zoos zu besichtigen gab. Da war zunächst der gut gepflegte Liberty

Die Zikaden auf Rhodos erinnerten mich an die Begegnung mit der Siebzehnjahreszikade in St. Louis. Diese hat eine Entwicklungsdauer von 17 Jahren, lebt also so lange als Larve im Boden und erscheint dann in unvorstellbaren Mengen, wie ich dies in »Tiere verstehen« beschrieben habe.

Park mit der Tracy Aviary, ein typischer Erholungspark mit Picknickplätzen, einem kleinen See mit Booten, Karussell usw. Ferner gab es eine Rocky-Mountains-Postkutsche, eine alte Dampflokomotive, ein Blockhaus alten Stils und andere Attraktionen.

Im Hogle Zoo von Salt Lake City, der 1931 völlig unnötigerweise gegründet worden war, war weder ein Zoowegweiser erhältlich noch ein Direktor anzutreffen. Die Verantwortung für den verlotterten Betrieb hatte man dem »Caretaker« Steve Sathofe überlassen, der mir freundlicherweise Auskunft gab und mich bei stechender Sonne herumführte, u. a. zu den Schwarzbären und zu einem großen Japanischen Bären. Zu meinem Entsetzen wies dieser altmodische, aus Diagonalgeflecht bestehende Käfig keine Umsetzmöglichkeit auf, d. h., der Pfleger mußte täglich zu den Bären hineingehen, um die Reinigungsarbeiten vorzunehmen.

In meinem Notizbuch hielt ich damals fest: »Hier gibt es bestimmt einmal ein Unglück... Dieser Zoo ist unwürdig und gefährlich.« Es entzieht sich meiner Kenntnis, was in dem verlotterten Zoo später alles passiert ist. Aber am 28. Januar 1964 war auch in Schweizer Zeitungen (»Tages-Anzeiger«) die Mitteilung zu lesen: »Salt Lake City (Utah)/USA. 28. Jan. (AP) Der in Basel geborene 37jährige Direktor des Zoos von Salt Lake City, Jerry de Bary, ist am Montag, anderthalb Tage nach dem Biß einer afrikanischen Puffotter, unter entsetzlichen Schmerzen gestorben.«

In später Nacht konnte ich meine reservierte Roomette für die Fahrt nach San Francisco beziehen. Eine herrliche Reise durch die Wüste! Am frühen Morgen konnte ich vom Bett aus allerlei Spuren in den weiten Sandflächen beobachten. Ein Hase hoppelte vorbei, in der aufgehenden Sonne einen grotesken Schatten von mehreren Metern Länge über den vom Wind gerillten Sand werfend. Dann kamen die ersten Koniferenbestände. Vor der prachtvollen Überfahrt über die Sierra Nevada wurden die Fensterscheiben gewaschen, so daß man ungehindert den Blick in die großartige Landschaft genießen konnte und auch noch einige Goldsucher alten Stils mit Schaufel und Sieb zu sehen bekam. Um die Mittagszeit passierten wir das ehemalige Goldgräberstädtchen Oroville und begegneten den ersten Palmen. Über Sacramento mit seinen Palmenalleen, Eukalyptusbäumen und blühenden Agaven erreichte ich Oakland, wo man auf die Fähre umstieg. Nach der Gluthitze der Wüstenfahrt umfing mich plötzlich eine erfrischende Brise. Unter der wahrhaft imposanten Golden Gate Bridge hindurch ging es nach dem Pier von San Francisco. Nach 22 Jahren sah ich erstmals wieder den Pazifik – allerdings unter völlig anderen Umständen.

Am 26. August 1951 galt mein erster Besuch dem berühmten Steinhardt Aquarium, wo ich – wie im Shedd Aquarium in Chicago – wieder viele neue Tierarten und technische Einrichtungen zu sehen bekam. Die monumentale Anlage liegt inmitten des weiten Golden Gate Parks, ist einer der vielen Zweige der California Academy of Sciences und dient auch der Forschung.

Unter den ausgestellten Tieren befanden sich viele Fische, die mich beeindruckten: zum Beispiel zwei Arten von »Talking Fishes« (Roncador), deren gurgelnde oder knurrende Lautäußerungen mit Hilfe eines Hydrophons zum Publikum übertragen wurden, Fledermausfische (Ogcocephalus), die eine kleine, beköderte Angelrute aus der Stirn ausfahren lassen können, riesige Exemplare des im Aussterben begriffenen Weißen Störs (Acipenser transmontanus), über hundert Schützenfische und viele andere mehr. Auch faszinierende Wirbellose waren hier vertreten: In einem speziell gekühlten Becken lebten die größten Octopus, die ich je zu sehen bekommen hatte, mit einer Armlänge von rund eineinhalb Metern und Saugnäpfen von sieben Zentimetern Durchmesser. Ihr Appetit war ausgezeichnet: nachts schlängelten sie ihre Arme durch die Lücken im Aquariumdeckel gelegentlich sogar in Nachbarbecken, um dort ausgestellte Krabben zu ergattern!

Weniger Begeisterung als das Aquarium weckte bei mir der damals ohne eigentliche Direktion dahinvegetierende und weitgehend verlotterte Zoo. Reizvoll waren die überall unter den Eukalyptusbäumen frei sich bewegenden Kalifornischen Schopfwachteln, die man bei uns sorgfältig in geschlossenen Volieren hält. Andererseits wurden in San Francisco die Flamingos allabendlich in eine Art Stall eingesperrt, um sie vor den zahlreichen freilebenden Waschbären zu schützen. Damit wurde natürlich jede Zuchtmöglichkeit zum vornherein ausgeschlossen; es konnte unter diesen Umständen trotz des ausgezeichneten Klimas zu keinem Nestbau kommen.

Hier sei ausnahmsweise auch einmal eine gewerkschaftliche Idylle eingestreut. Um 16 Uhr wurden jeweils die Seelöwen gefüttert. Aus Freude an seinen intelligenten und lernbegeisterten Pfleglingen hatte der Pfleger – seit 23 Jahren im Dienst und ursprünglich schwedischer Herkunft – ihnen einige kleine Tricks beigebracht und dadurch das Mißfallen und den Neid seiner Arbeitskollegen erregt. Sie brachten es fertig, den »Streber« auf der untersten Stufe der Lohnliste zu halten. Jeder kleine Mißerfolg in der Seelöwenarbeit löste bei den mißgünstigen Kollegen unverhohlene Freude aus. Die alten, gut dressierten Tiere starben in der Regel auffallend plötzlich und mußten durch neue ersetzt werden, wozu man in Kalifornien gewissermaßen an der Quelle ist. Niemals kam es zu einer ordentlichen Obduktion der Tiere. Nach der dort maßgebenden gewerkschaftlichen Auffassung hätte es durchaus genügt, die tägliche Fischration einfach ins Bassin zu kippen und sich nicht durch Extraleistungen bei Tieren und Publikum beliebt machen zu wollen.

Diese Arbeitsidylle wurde mir nicht etwa vom Betroffenen berichtet, sondern von einem Außenstehenden, der sich etwas um den Zoo kümmerte. – Viel später hatte ich selber einmal einen jungen Tierpfleger, der zunächst einen guten Eindruck machte, dann aber offen erklärte, er werde alles unternehmen, um bei den Tapiren den Nachwuchs zu verhindern, damit es ihm nicht mehr Arbeit gebe! Der junge Mann blieb nicht lange in meinen Diensten. Menschliche Faktoren auch dieser Art bilden einen Gegenstand der Tiergartenbiologie.

In Los Angeles, meiner nächsten Station, hatte ich etwelche Mühe, etwas über einen Zoo in Erfahrung zu bringen. Schließlich fand ich einen Taxichauffeur, auf dessen Stadtplan ein Zoo eingezeichnet war, doch war er selbst noch nie dorthin gefahren. Neu für mich waren hier die ersten akustischen Namensschilder, d. h. säulenartige, tischhohe »Audio-Guides«, die an strategischen Stellen angebracht waren. Nach Einwurf eines 5-Cent-Stückes gaben diese Apparate eine knapp zwei Minuten dauernde Information über die betreffenden Tiere wieder. Nach meinen Erfahrungen hat sich diese Art der Information in Zoos allerdings nicht durchzusetzen vermocht.

Wie schon auf meiner Kongoreise schickte ich meiner Frau neben kurzen, privaten Briefen regelmäßig Durchschläge aus meinem ausführlichen Reisenotizbuch. In Los Angeles erreichte mich ein Telegramm von ihr: Meine zoomanen Darstellungen hatten in ihren Augen das zumutbare Maß überschritten, und sie verlangte – mit Recht –, daß ich meine einseitige Überfütterung mit rein zoologischen Eindrücken endlich etwas unterbrechen und mir sozusagen als Therapie den Grand Canyon ansehen solle. Das hatte wohl seine Richtigkeit, indessen war meine Weiterreise nach dem für mich besonders wichtigen San Diego bereits festgelegt.

Der San Diego Zoo im Balboa Park stand damals unter der Direktion einer Dame, Mrs. Belle J. Benchley, die sich wegen ihrer außerordentlichen Erfolge in der Haltung und Zucht heikler und seltener Pfleglinge Weltruf erworben hatte. Ursprünglich Buchhalterin im Zoo, wurde sie schließlich aufgrund ihres Flairs, ihrer Energie und unerhörten Sachkenntnis Direktorin von weltweitem Ansehen. Auch als Großmutter war sie jederzeit voll im Betrieb und fand noch Zeit, hochinteressante Bücher zu schreiben. Dazu hatte sie die Gabe, ausgezeichnete Mitarbeiter um sich zu scharen und ein erfreuliches Betriebsklima zu schaffen.

Das Zoogelände mit seinen Plateaus und Schluchten (Mesas und Canyons) wies eine sehr abwechslungsreiche Gestaltung auf und war von einer üppigen tropischen Vegetation bedeckt; Kolibris flogen frei von Blume zu Blume. Die ins Grün eingebetteten Käfige und gitterlosen Freianlagen waren reichlich bemessen; eine enorme Voliere – im Volksmund »Mrs. Benchley's Cage« genannt – konnte man wie auf einem malerischen Waldweg durchwandern und dabei viele herrliche Vögel, zum Teil mit ihren Nestern und Jungen, beobachten.

In diesen drei Tagen in San Diego schwoll mein Notizbuch an, und meine Leica war stets im Einsatz. Viele Bilddokumente sind in meine Schriften eingeflossen, u. a. ein Schnappschuß von zwei kämpfenden Dickhornschafböcken (Ovis canadensis), die mit ihren Weibchen in zwei benachbarten Gittergehegen untergebracht waren (»Tierpsychologie im Zoo und im Zirkus«, 1979, nach S. 144). Die beiden Böcke vertrieben sich mitunter die Zeit, indem sie sich zum Kampf bereit machten, sich in einer Entfernung von etwa zehn Metern auf die Hinterläufe aufrichteten und gegeneinander preschten, so daß sie ihre mächtigen Schneckengehörne genau am trennenden Gitter gegeneinander schmettern konnten. Durch diese wiederholten Übungen wurden in der Höhe des Schlagabtausches nicht nur das Drahtgeflecht, sondern auch die stützenden Eisenrohre stark in Mitleidenschaft gezogen.

Indes: nur das Zwischengitter wurde

»Mrs. Benchley's Cage«. Damals (1951) der größte Vogelkäfig der Welt im Zoo von San Diego (Kalifornien), in dem es erstmals gelang, den Kondor zu züchten.

zerstört, nicht etwa die Außengitter des Geheges! Wenn von Gitterdefekten im Zoo die Rede ist, nimmt der Außenstehende meistens an, daß ein Weg aus der Gefangenschaft ins Freie gesucht werde. Das ist aber keineswegs die Regel. Hier handelte es sich um einen klassischen Fall, wo zwei Tierfamilien ruhig nebeneinander ihre wohlmarkierten Territorien bewohnten. Die dafür verantwortlichen Böcke hatten jedoch das Bedürfnis, von Zeit zu Zeit ihren Grundbesitz zu verteidigen durch diesen längst symbolisch gewordenen, aber nach strengem Ritus durchgeführten Kampf. Dies war für mich ein sehr eindrückliches Schauspiel – eines der vielen, die ich im Zoo von San Diego genießen durfte.

Hier wurde auch viel getan auf dem Sektor Edukation. Abgesehen von zahlreichen wissenschaftlichen und populären Veröffentlichungen waren in der guten Besuchszeit ständig mehrere Busse unterwegs, die von besonders instruierten Studenten geführt wurden. Diese gaben nicht nur Erklärungen über Lautsprecher, sondern sprachen einzelne Tierindividuen an, stellten sie vor und warfen ihnen Leckerbissen zu. So wurde zwischen Tier und Mensch ein freundlicher Kontakt geschaffen.

Wie üblich wurde ich auch hier von Fotoreportern und Journalisten aufgespürt, und zeitraubende Interviews ließen sich kaum vermeiden. Nach drei randgefüllten Tagen mußte ich mich wieder auf den Weg machen. Aus Dankbarkeit für die überaus lehrreichen und schönen Tage widmete ich mein 1954 erschienenes Buch »Tierpsychologie im Zoo und im Zirkus« der vorbildlichen Zoodirektorin Belle J. Benchley.

Die Mahnung meiner Frau hatte ich nicht vergessen. Die einzige Eisenbahnverbindung zum Grand Canyon war von Los Angeles aus die Santa-Fe-Bahn: »All the way Santa Fe« hieß die Reklame-Devise. Am 3. September 1951 verließ ich Los Angeles mit dem Santa-Fe-Bähnlein, allerdings nicht in einer Roomette. Nach Einbruch der Nacht wurden die Passagiere in eine Art Filzsärge verpackt, in denen man kaum atmen konnte. Alle waren wir froh, am folgenden Morgen in einen luftigen Bus umsteigen zu können, der uns zum Hotel am Rande des Canyons brachte. Damals waren nur kleine Reisegruppen unterwegs, während heute in der Hochsaison so viele Touristenflugzeuge in der Luft herumschwirren, daß es gelegentlich zu Zusammenstößen kommt.

Wenn man von der Ebene unvermittelt an den Rand des gigantischen Absturzes mit seiner Lichtfülle und Farbenpracht, mit seinen bizarren Formationen und unerhörten Dimensionen gelangt, so fühlt man sich zunächst geradezu erschlagen. Mir jedenfalls ging es so: Ich mußte mich an diesen ungewohnten Tiefenaspekt, an den Anblick dieser »negativen Alpen«, dieser Abstürze ins Unheimliche, erst gewöhnen. Am zwanzig oder dreißig Kilometer entfernten, gegenüberliegenden Rand zeigte man uns zum Beispiel eine Art Steinmännchen, eine gelbrote Felssäule, die in Wirklichkeit so groß war wie das Empire State Building in New York. Da mußte man seine Sinnesempfindungen ganz anders einstellen – es gab keine objektiven Größenvergleiche. Zur Beschreibung dieses Naturwunders – der »Divine Abyss« – fehlen mir die Worte. Ich bin meiner Frau bis heute dankbar, daß sie mich dorthin geschickt hat.

Eine lange Fahrt mit der modernen Sunset-Bahn brachte mich von Los Angeles direkt nach San Antonio, viele Stunden durch die malerischen Wüsten mit den dekorativen Saguaros, den Riesenkakteen. Manchmal standen sie so nah am Geleise, daß man die Nisthöhlen sehen konnte, welche Vögel in die stachelstarrenden Stämme gebaut hatten. Viele Tierspuren führten kreuz und quer über die Sandfläche, und bei Sonnenuntergang glaubte ich sogar eine kleine Herde von Gabelantilopen in der Ferne auszumachen.

Eine Woche lang hatte ich alle Nächte in der Bahn zugebracht. Nun zeigte mir die fortschrittliche Sunset-Linie – eine von 64 privaten Bahnen –, was ihr Speisewagen außer dem Essen sonst noch zu bieten hatte. Die Bahn bediente die Strecke Los Angeles – New Orleans. Dieses Gebiet gehört zu den wichtigsten Wirkungsstätten des 1951 verstorbenen berühmten Künstlers und Naturforschers John James Audubon, der 1065 Vögel in 435 Gemälden dargestellt hat. 1951 wurde zum Gedenkjahr des großen Künstlers erklärt, und zu seinen Ehren hatte sich die Sunset-Linie etwas Besonderes einfallen lassen! An den Seitenwänden des Speisewagens waren 16 seiner Vogelbilder sehr sorgfältig reproduziert worden. Der vierseitigen Speisekarte war ein besonderes Blatt beigefügt, mit dessen Hilfe man die Vogelporträts identifizieren konnte; die Rückseite der Karte enthielt eine Kurzbiografie Audubons und einen Aufruf zum Schutz der Vögel.

Im Zoo von San Antonio wurde ich von Fred Stark, einer der legendären Gestalten unter den amerikanischen Zoodirektoren, aufs freundlichste empfangen. Stark war ein »selfmade man« mit unglaublichen Erfolgen. Eine stechende Sonnenglut lastete über diesem texanischen Zoo, dem es in diesem Jahr beinahe gelungen war, als erster Flamingos zu züchten. Sechs Nester hatten die Vögel bereits gebaut und einige – allerdings unbefruchtete – Eier gelegt. Damals war das Problem der Flamingozucht noch ungelöst; es gab lediglich mehr oder weniger einleuchtende Theorien.

Während in San Francisco, wie erwähnt, die Flamingos jeden Abend vor den Waschbären in Sicherheit gebracht werden mußten, war es in San Antonio ein ganz anderer Umstand, der es nicht gestattete, sie frei an einem flachufrigen Teich zu halten. Hier hatten schwere Hagelfälle schon so viele Flamingos erschlagen, daß Fred Stark es nicht wagte, sie außerhalb einer gedeckten und daher entsprechend engen Voliere zu halten. Darin konnte die erforderliche Brutstimmung nicht aufkommen. Erst ein Jahr später, 1952, schlüpfte das erste Junge, lebte jedoch nur einen Monat – das erste in einem Zoo geborene Flamingo-Küken! 1964, nach einer biologischen Gestaltung der Flamingoanlage, kam es dann zu einer eigentlichen »Explosion« von Flamingo-Küken.

Die Freianlagen waren geschickt in das abwechslungsreiche Gelände mit seinen natürlichen Felspartien eingebaut, und eine auf dem eigenen Areal entspringende warme Quelle gestattete den filterlosen Betrieb eines Aquariums. Die Becken, in denen u. a. eineinhalb Meter lange Knochenhechte ausgestellt waren, konnten also beliebig mit kristallklarem Frischwasser durchspült werden.

Der Transport dieser Fische bot nach Fred Stark keinerlei Schwierigkeiten, weil sie sich (wie seinerzeit meine Goldauer Karpfen), in feuchte Tücher eingewickelt, stundenlang am Leben erhalten ließen. Meerschildkröten pflegte er mit Erfolg in dem reichlich zur Verfügung stehenden Süßwasser zu halten; nur von Zeit zu Zeit gab er eine Handvoll Salz in ihre Becken: »für die Augen«.

Sehr reich war die Reptilienabteilung, und bei den Amphibien begegnete ich erstmals dem texanischen blinden Höhlensalamander (Typhlomolge rathbuni), einer außerordentlichen Seltenheit, die nur in Texas vorkommt und äußerlich an einen kurzen europäischen Grottenolm erinnert, offensichtlich eine konvergente Bildung. Im Freien schwirrten zu meinem Entzücken Kolibris zwischen den tropischen Pflanzen herum, also jene winzigen Vögel, die damals in europäischen Zoos so schwierig zu halten waren.

Den Sarus-Kranichen – von Fred Stark jedes Jahr gezüchtet – stand ein weites Gehege mit einem langsam fließenden Bach zu Verfügung. Zu meiner Überraschung tauchten mehrere der im Wasser stehenden Riesenkraniche immer wieder ihre Köpfe ins Wasser, manchmal den ganzen Hals bis über die Schulter. Von einer Brücke herunter ließ sich dieses unerwartete »Gründeln« im klaren Wasser gut beobachten. Die Kraniche interessierten sich offensichtlich für die ihre ca. 40 cm weiten Laichgruben betreuenden Sonnenfische und stachen gelegentlich nach ihnen. Im Zoo habe ich später diesen schönen Vögeln oft Fische angeboten, mit gutem Erfolg.

Fred Stark – mit den hohen, schrägen Absätzen, der farbigen Kragenschnur, dem breitrandigen Hut und seinem Dialekt ein typischer Texaner – lud mich zu einem stark gewürzten mexikanischen Dinner ein, bevor ich an Bord meines bereitstehenden Schlafwagens ging, der um 4.30 Uhr Richtung New Orleans abfuhr. Hatten auf der letzten Teilstrecke die aus dem trockenen Sand aufragenden Riesenkakteen das Landschaftsbild beherrscht, so waren es jetzt die unendlichen Sumpfwälder aus dicht mit »Spanish moss« behangenen Bäumen. Selbst die Telefondrähte trugen oft lange, graugrüne Bärte. Ich wurde jedoch belehrt, daß es sich bei diesen Behängen keineswegs um Flechten handelte, wie etwa in unseren Bergwäldern oder in den Vulkanwäldern im Kongo, sondern um ein Ananasgewächs. Viele weiße Reiher waren in dieser Audubon-Landschaft zu sehen, und als die 1935 fertiggestellte Huey P. Long-Brücke uns etwa zehn Kilometer weit hundert Meter hoch über den Sumpfwald führte, wähnte ich mich fast in einem Flugzeug.

In New Orleans umfing mich eine Treibhausatmosphäre, die mich an den Kongo erinnerte. Der im Audubon-Park gelegene Zoo war, wie erwartet, von der bescheidenen Sorte. Aber auch in solchen lassen sich zuweilen interessante Beobachtungen machen. Hier sah ich zum Beispiel zum erstenmal im Leben freiwillig schwimmende Rhesusaffen: Sie stürzten sich offensichtlich mit großem Vergnügen in den Wassergraben, um Erdnüsse und andere Leckerbissen, die von Besuchern hineingeworfen wurden, zu erhaschen, und wohl auch, um die Abkühlung zu genießen. Diese natürliche Schwimmfähigkeit der »niederen Schwanzaffen« erinnerte mich an die im Bronx Zoo so tragisch erfahrene Schwimmunfähigkeit der Menschenaffen.

Recht amüsant war ferner ein junger, brauner Klammeraffe, der sich zwischen den Gitterstäben hindurch ins Freie begeben konnte. Hier hängte er sich am Schwanz frei auf und wurde deswegen von den Besuchern besonders reichlich mit Leckerbissen bedacht – bis der mit einem Knüppel bewaffnete Pfleger erschien und ihn zum schleunigen Rückzug in den Käfig veranlaßte. Die Eltern des Kleinen begnügten sich damit, durchs Gitter hindurch mit ausgestreckten Armen zu betteln. In San Diego konnte ich auch Klammeraffen beobachten und fotografieren (1954, 1961, 1979), welche sehr erfolgreich mit ihrem langen Schwanz bettelten, der weiter als die Arme aus dem Gitter herausreichte.

Tropfnaß von der Hitze und von Moskitos zerstochen, kam ich am späten Nachmittag ins Hotel. Es fiel mir auf, daß die Leute auf der Straße ständig Bewegungen machten, wie sie mir vom Sepikfluß in Neuguinea bekannt waren: Verzweifelt versuchten sie, die lästigen Mücken totzuschlagen. Die Zeitungsverkäufer an den Straßenecken hatten ihre eigene Methode: Sie zündeten zusammengewickelte alte Säcke an, damit der Qualm eine moskitofreie Zone um sie schaffe.

Eine altmodische Eisenbahn führte mich durch eine herrliche, von vielen Reihern und anderen Vögeln bewohnte Schilf- und Sumpflandschaft, über viele Brücken und Dämme nach dem am Atlantik gelegenen Jacksonville in Florida. Im Zoo faszinierte mich vor allem die großartige, tropische Vegetation, während der Tierbestand sehr bescheiden war: Viele Käfige standen leer und waren defekt. Hingegen konnte ich im Umgelände meine Bekanntschaft mit Winkerkrabben erneuern, mit einer kleineren Art, als ich seinerzeit in Marokko beobachtet hatte, die sich jedoch durch ein lautes, vibrierendes Surren auszeichnete.

Der eigentliche Grund für einen

Zwischenhalt in Jacksonville war indes nicht so sehr der Zoo, als vielmehr die »Yerkes Laboratories of Primate Biology« in Orange Park, damals das größte Institut für Schimpansenforschung und -zucht. Ich traf dort 67 Schimpansen, zum Teil in der dritten Generation; die vierte war unterwegs. Direktor Dr. Karl S. Lashley war so liebenswürdig, mir das in einem schönen Park gelegene Institut zu zeigen und mich seinen Mitarbeitern, u. a. Vizedirektor Dr. Henry W. Nissen, vorzustellen.

Lashley, der besonders an Gehirnforschung interessiert war, hatte gerade seine aufsehenerregende Arbeit »In Search of the Engram« (1950) veröffentlicht. Seit dreißig Jahren war er damit beschäftigt, Engramme – also im Gehirn vermutete Gedächtnisspuren – zu finden. Das war ihm jedoch nicht gelungen, wie er in der erwähnten, zusammenfassenden Arbeit resigniert feststellte: »Manchmal habe ich das Gefühl, wenn ich die Ergebnisse meiner Experimente über die Lokalisation von Gedächtnisspuren überdenke, es sei daraus zu folgern, daß Lernen überhaupt nicht möglich ist.« Dieses offenherzige Bekenntnis hat er nicht nur in der erwähnten Veröffentlichung abgelegt, sondern auch im Gespräch während des Abendessens und beim Rundgang durch sein Institut – eine bewundernswert großzügige Einstellung zu seinem Lebenswerk! Heute werden Gedächtnisspuren im Molekularbereich gesucht; ob sie dort eher gefunden werden, wird sich zeigen.

Von größter Bedeutung war für mich die Bekanntschaft mit dem Psychologen-Ehepaar Keith und Cathy Hayes und ihrer Adoptivtochter »Viki«, einer Schimpansin. Als sie drei Tage alt war, wurde »Viki«, einem schon lange vorbereiteten, wissenschaftlichen Plan folgend, von den Hayes aufgenommen und während Jahren wie ihr eigenes Kind aufgezogen. »Viki« hatte allerdings die Eigenart, daß sie keinen Babysitter akzeptierte und dadurch die Ehe ihrer Pflegeeltern auf eine harte, fast unmenschliche Probe stellte.

An anderer Stelle (»Tierpsychologie im Zoo und im Zirkus«, 1961, 1979) habe ich kurz über meine denkwürdige Begegnung mit »Viki« berichtet. Hier sei lediglich festgehalten, daß dies für mich auch der Beginn einer Reihe von Pilgerfahrten war, die mich in den kommenden Jahrzehnten zu den prominentesten »sprechenden« Menschenaffen führte: 1970 zu der berühmt gewordenen Schimpansin »Washoe« in Oklahoma City, 1980 zu »Lana« in Atlanta und zum Gorilla »Koko« bei San Francisco.

Ich war ja schon als Kind gewissermaßen besessen gewesen von der Idee, mit Tieren sprechen zu können. Ein Wunschtraum – er gehört zu den ältesten der Menschheit –, der sich leider nie erfüllt hat, an dessen Verwirklichung aber auch heute noch moderne Biologen glauben, wie später auszuführen sein wird.

Die Hayes gaben sich jedenfalls alle erdenkliche Mühe, ihrer charmanten »Viki« die menschliche Sprache beizubringen, aber es gelang ihnen nicht, die Dreiwortgrenze zu durchbrechen. »Viki« lernte nur: Papa, Mama und Cup (wobei Cup Tasse bzw. Trinken bedeutete). Die erwähnten Nachfolger beherrschten nach Angaben ihrer Betreuer 150 oder mehr Worte. Leider konnte ich dies nicht bestätigen. Eine bedeutende Fehlerquelle liegt meines Erachtens darin, daß Schimpansen, Gorillas, höhere Tiere überhaupt, als weit überlegene Interpreten des menschlichen Ausdrucks ihren Betreuern anmerken, was sie tun sollen.

Cathy Hayes hatte soeben ihr faszinierendes Buch »The Ape in our house« (1951) herausgebracht. Nach meiner Rückkehr in die Schweiz bemühte ich mich – leider vergeblich –, einen Verlag für eine deutschsprachige Ausgabe zu gewinnen. Den Ansichten der Verleger ist oft schwer zu folgen.

»Viki«, die bei meinem Besuch vierjährig war, ist wenige Jahre später an einer Gehirnkrankheit gestorben; die Ehe der Hayes zerbrach. Cathy Hayes heiratete Dr. H. W. Nissen.

Der Besuch bei »Viki«, wie sie mich bei der Hand nahm, in ihr Spielzimmer führte und mit mir ein Magazin anschaute, hat mich stark beeindruckt. Mit Mrs. Hayes blieb ich noch jahrelang im Brief- und Schriftenaustausch.

Nächste Station war Marineland bei St. Augustine, wo ich mehrere Tage im damals ersten und einzigen Ozeanarium zubrachte und meinen ersten, auch körperlichen, Kontakt mit Delphinen hatte. Sie fühlen sich an wie Plastik. Kurator Forrest G. Wood, bis heute ein führender Pionier auf diesem Gebiet und damals noch ein junger Mann, machte mich mit allen technischen und biologischen Einzelheiten dieser Anlage vertraut, die zum Vorbild vieler Ozeanarien, Delphinarien und Seeaquarien auf der ganzen Welt geworden ist.

Ursprünglich war das 1938 eröffnete Marineland ein rein privates Unternehmen, gedacht für Unterwasserfilmaufnahmen mit Delphinen, großen Haien, Rochen, Muränen, Meerschildkröten usw. Ein Schiffswrack diente als malerischer Hintergrund. In dem riesigen Becken konnten sich Taucher betätigen. Das zentrale Hauptbecken erinnerte gewissermaßen an ein negatives

Gruppe von fünf »fliegenden« Pazifischen Delphinen. Diese erstaunliche Dressurleistung ist nur möglich aufgrund einer äußerst präzisen Zusammenarbeit der beteiligten Tiere. Sie durchbrechen die Wasseroberfläche im selben Sekundenbruchteil nach einem entsprechenden Anlauf.

Schiff: das Wasser innen, die drei übereinandergelegenen Decks außen. Durch die vielen Luken konnte man von außen nach innen den vielen Meertieren zuschauen. Bald zeigte sich der außerordentliche Schauwert einer solchen Anlage für das Publikum. Viele kleinere Becken wie in den traditionellen Schauaquarien kamen hinzu, ferner ein gut eingerichtetes Laboratorium für wissenschaftliche Untersuchungen, eine Bibliothek und Gästezimmer. In einem davon, unmittelbar am Meer, war ich untergebracht.

Trotz der Meernähe konnten die gewaltigen Becken nicht einfach mit Meerwasser gespiesen werden, sondern bildeten einen geschlossenen Kreislauf mit einer Filteranlage. Durch Stürme, hohen Wellengang und andere Umstände kann die Wasserqualität in Ufernähe ungünstig beeinflußt werden, so daß man auf Filter mit geschlossenem Kreislauf angewiesen bleibt – eine Erfahrung, die auch andere meernahe Ozeanarien gemacht haben. Erst später wurde durch künstliche Salzmischungen eine völlige Unabhängigkeit vom Meer erreicht (zuerst in Brookfield, Chicago).

Während des Krieges und der Nachkriegsjahre war Marineland noch nicht voll im Schwung, aber bei meinem Besuch Mitte September 1951, war es u. a. besetzt mit zehn Großen Tümmlern (Tursiops truncatus), von denen vier hier geboren waren, ferner mit zwei Fleckendelphinen (Stenella plagiodon) und mit vielen großen Meerfischen. Schon früh waren die außerordentliche Intelligenz und die Lernfähigkeit der Delphine aufgefallen, doch hatte niemand bisher Erfahrung mit der Pflege und namentlich mit der Dressur dieser Meeressäuger, die man bisher – von antiken Anekdoten abgesehen – lediglich als unerwünschte Fischräuber und Lieferanten minderwertigen Fleisches betrachtet hatte. Daß sie sich durch ein Gehirn auszeichneten, welches dasjenige selbst der Menschenaffen in mancher Hinsicht übertrifft, war noch kaum zur Kenntnis genommen worden.

Die von hoher Intelligenz zeugende Kontakt- und Lernfreudigkeit der Del-

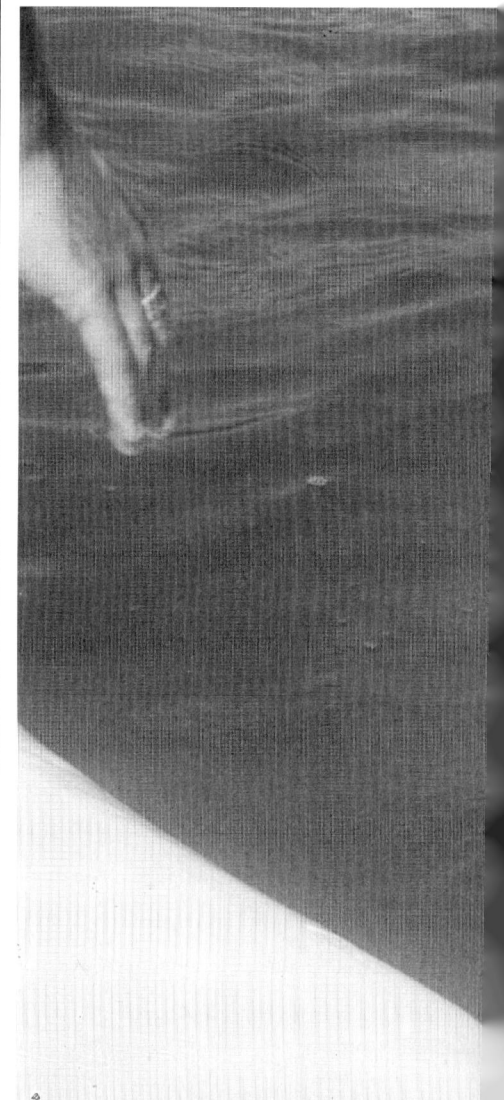

Dieses Bild ist gewissermaßen symbolisch: Während Schwertwale dafür bekannt sind, daß sie riesige Fleischfetzen von Bartenwalen bzw. mehrere Delphine oder Robben nacheinander verschlingen können (was ihnen Namen wie »Mörder-« oder »Killerwale« eingetragen hat), scheinen in menschliche Obhut genommene Schwertwale ihren Pfleger kaum je zu verletzen.

Schwertwale, die spektakulären, tonnenschweren, hochintelligenten Zahnwale, werden seit einiger Zeit auch in Hongkong gezeigt. Die Geschichte der Tiergartenbiologie kennt viele Fälle, wo die ersten Vertreter neuer und auffälliger Arten – wie seinerzeit die Menschenaffen – zunächst vor allem schaustellerisch ausgewertet wurden und erst später die wissenschaftliche Aufmerksamkeit erhielten, die für ihre biologisch richtige Pflege unabdingbar ist.

phine sollte in Marineland nach amerikanischem Stil zunächst finanzmäßig, d. h. schaustellerisch, ausgewertet werden – aber durch wen? Es gab noch keine Delphin-Spezialisten, weder in Amerika noch in Europa. Hingegen gab es in Europa, namentlich in Deutschland, ausgezeichnete Seelöwendresseure. Und da Seelöwen schließlich auch fischfressende Meersäugetiere sind, somit eine gewisse Verwandtschaft bestehen mußte, ließ Marineland einen Meister der Seelöwendressur, Adolph Frohn, aus Deutschland kommen.

Ihn traf ich dort, kurz nachdem er seine Arbeit aufgenommen hatte. Er muß – heute längst vergessen – als der Pionier der Delphin- und Wal-Dressur überhaupt gelten. Bei unserer ersten Begegnung fand er kaum Worte, um die Dressurbegabung seiner Delphine zu preisen, die selbst jene seiner intelligentesten Seelöwen weit übertraf.

In verhältnismäßig kleinen Rundbecken hinter den Kulissen standen Adolph Frohn einzelne Delphine zur Verfügung, unter denen sich besonders einer – »Flippy« – hervortat, indem er zum Beispiel zugeworfene Tennisbälle oder Ringe von selber auffing und wie selbstverständlich apportierte – zu einer Zeit, als man noch glaubte, daß Delphine außerhalb des Wassers nicht klar sehen könnten. Schon nach wenigen Hinweisen lernte »Flippy«, durch Beißen in den Gummiball eine alte Autohupe oder durch Ziehen an einem über der Wasseroberfläche angebrachten Seil eine Schiffsglocke ertönen zu lassen. Fische wurden nicht nur aus der Hand genommen, sondern im Nu lernten die eifrigen Schüler auch, nach ihnen zu springen, wenn sie vom Pfleger mit der Hand oder mit dem Mund zwei oder gar drei Meter über der Wasseroberfläche hingehalten wurden.

Das waren die Grundlagen, auf denen die später in vielen Delphinarien gezeigten Höchstleistungen beruhen. In der »Zeitschrift für Tierpsychologie« habe ich 1952 (9,2,321–328) einige erste Eindrücke über die Dressur von Delphinen festgehalten. Diese Dressurleistungen sind später enorm gesteigert und auf andere Zahnwalarten ausgedehnt worden, wie ich mich auf vielen weiteren Studienreisen überzeugen konnte. Dies habe ich 1962 in derselben Zeitschrift in einer Konrad Lorenz zum 60. Geburtstag gewidmeten Arbeit geschildert.

In Florida gibt es viele kleine Tierschauen mit oft sehr interessanten Spezialitäten. Ich besuchte mehrere. Von besonderem Interesse war für mich der »Parrot Jungle«, ein typisches Erfolgsunternehmen eingewanderter Europäer, vor allem wegen der außerordentlichen Zuchterfolge mit Aras, jenen bunten brasilianischen Riesenpapageien, die in europäischen Zoos noch kaum je zu Nachzucht gelangten, weil sie fast ausschließlich einzeln, auf Bügeln angekettet, gehalten wurden.

Im »Parrot Jungle« lebten rund 150 dieser prächtigen Vögel, wie mir Besitzer Franz Scherr – ein gebürtiger Österreicher, von Beruf Zimmermann – erklärte. Er hatte 1936 mit bescheidenen Mitteln eine Papageienschau aufgezogen, die ihm inzwischen ein Vermögen eingebracht hatte. Mit Hilfe seines Sohnes und einiger Gärtner hatte er, begünstigt durch ein wunderbares Klima, einen schönen Park gestaltet und führte darin einige völlig zahme Aras vor. Wenn diese freifliegenden Riesenpapageien von ihren Dresseuren durch Namensaufruf einzeln aus den Kronen der umstehenden Bäume heruntergerufen wurden, um ihre kleinen Tricks vorzuführen, boten sie ein überaus imposantes Flugbild, das ich in europäischen Zoos noch nie zu sehen bekommen hatte.

Noch größer war die Überraschung, als ich in eine etwas abgedunkelte Wellblechhütte geführt wurde, in der sich zwei Reihen von käfigartigen, 80 cm tiefen, 40 cm breiten und 60 cm hohen Holzkästen befanden. Die meisten der symbolischen Türen waren offen, so daß mir gleich beim Betreten der Baracke ein Ara wie ein bissiger Hund an die Beine fuhr. Man gab mir daher einen Stock in die Hand, um mich notfalls gegen weitere Angriffe schützen zu können.

In Wirklichkeit handelte es sich bei den »Käfigen« um die Nistkästen der Aras, deren Zucht hier sozusagen explodiert war. Ich bekam zu meiner Überraschung Einer-, Zweier- und Dreiergelege zu sehen, nachdem der brütende Vogel mit einem Stock etwas zur Seite geschoben worden war, dazu Nestlinge in allen Größen. Hier war wohl die erste große Arazucht entstanden. Die Brutpaare verteidigten ihre Kästen derart, daß sich ein Verschluß erübrigte; nur die tagsüber »arbeitenden« – d. h. bei den Vorführungen eingesetzten – Vögel wurden für die Nacht in solchen Boxen eingeschlossen, wobei sich oft weitere Paare zusammenfanden.

Von Miami aus unternahm ich einen besonders instruktiven Abstecher zum außerhalb der Stadt in einem schönen Park gelegenen Pferderennplatz »Hialeah Race Course« – allerdings nicht wegen der Pferde, sondern weil dort am 6. Juli 1937 das erste Flamingoküken in menschlicher Obhut geschlüpft war (das allerdings nur zwei Wochen lebte). Jährlich schlüpften dort jetzt vierzig bis fünfzig Flamingos – und dies zu einer Zeit, als noch kein Zoo der Welt Zuchterfolge mit diesem schönen Parkvogel verzeichnete, obwohl fast jeder eine Flamingogruppe hielt und einzelne Vögel auch in Europa zwanzig, dreißig und mehr Jahre alt wurden.

Hingegen gab es viele Theorien, welche das Ausbleiben von Zuchterfolgen erklären sollten, wie zum Beispiel ungünstiges Klima, falsche Ernährung, fehlendes Salzwasser, mangelndes Nistmaterial. Vor allem aber wollte man der Flügelamputation die Schuld für das Ausbleiben von Nachwuchs geben. Die Verfechter dieser Theorie behaupteten, die Männchen könnten die Weibchen zur Kopulation nicht besteigen. Das leuchtete mir deswegen nicht ein, weil kupierte Flügel bei anderen stelzbeinigen Vögeln, wie zum Beispiel den Störchen und Kranichen, durchaus kein Kopulationshindernis bildeten.

In Hialeah wurde der Beweis dafür erbracht, denn die ursprünglich angeschaffte Gruppe war kupiert und kopulierte trotzdem unbehindert, so daß bei meinem Besuch eine Schar von etwa fünfhundert dieser schönen Vögel zu sehen war, die sich vorwiegend im »Infield Lake«, einem künstlichen See im Oval der Rennbahn, und auf einer Insel darin aufhielt, zusammen mit vielen australischen Schwarzschwänen. Ich erhielt die Erlaubnis, mir alles aus der Nähe anzusehen, auch die Zubereitung des Futters in einer benachbarten Hütte: täglich 150 Pfund Reis, 40 Pfund Garnelen und 75 Pfund Hundekuchen. Dieses Gemisch wurde jeweils um elf Uhr mit einem Auto zum See gebracht und von den Vögeln bereits erwartet. Dann erfolgte die Verteilung in mehrere Kessel. Ein diskreter, kaum kniehoher Elektrozaun hielt die Vögel vom Betreten der eigentlichen Rennbahn ab. Alle hier geborenen Flamingos wurden flugfähig belassen, und gelegentlich unternahmen sie im Schwarm kurze Ausflüge in die Umgebung.

Die erste Brutkolonie – zwar nicht in einem Zoo, aber doch in menschlicher Obhut – bot einen imposanten Anblick. Nebenbei sei daran erinnert, daß die erste Brutkolonie in Ostafrika erst Jahre später, nämlich 1954, entdeckt wurde.

Auf viele weitere verlockende Tier-

schauen in der Umgebung von Miami mußte ich verzichten, denn es galt, die Fahrt in den Norden anzutreten, zunächst die lange Etappe nach Washington D. C., wo ich den amerikanischen National-Zoo und dessen sehr populären Direktor, Dr. William (Bill) Mann, kennenlernen wollte, »the grand old man«. Er war ursprünglich Insektenforscher, Entomologe. In einem sehr unterhaltsamen Buch »Ant Hill Odyssey« (1948), das er mir freundlicherweise mit einer Widmung überreichte, ist sein Werdegang lebhaft geschildert, gewissermaßen eine persönliche Ergänzung zu seinem 1949 in neuer Auflage erschienenen Zoobuch »Wild Animals in and out of the Zoo«, das er mir gleichfalls dedizierte und das mir noch oft als Nachschlagewerk dient. Ich lernte auch seinen Mitarbeiter Dr. Ernest P. Walker kennen, der seit Jahren an einem einzigartigen Werk arbeitete, in welchem alle rund 1500 Säugetiergattungen der Welt abgehandelt und mit einem Bild nach dem Leben dargestellt werden sollten. Dieses monumentale Werk ist 1964 mit einem Vorwort von Fairfield Osborn, dem Präsidenten der New York Zoological Society, erschienen und umfaßt drei dicke Bände. Dr. Walker hat ihm die folgende denkwürdige Widmung vorangestellt: »To the mammals, great and small, who contribute so much to the welfare and happiness of man, another mammal, but receive so little in return, except blame, abuse and extermination.«

Flamingos legen jeweils nur ein Ei in die Mulde eines selbstgefertigten Lehmkegels. So ist es gegen Hochwasser geschützt und zudem von kühlender »Höhenluft« umweht: In Ostafrika wurde bei einer Bodentemperatur von 50 Grad eine Nesttemperatur von nur 25 Grad gemessen.
Foto Dr. Christian R. Schmidt

Aus den wahren zoologischen Gärten, in denen respektvoll und wissenschaftlich gearbeitet wird, sind immer wieder Mahnungen zu einer anständigen Behandlung der Tiere und ernste Warnungen vor der Zerstörung ihres natürlichen Lebensraumes ebenso wie entscheidende Leistungen zur Erhaltung der Arten hervorgegangen.

Der Zoo in Washington D. C., ein Zweig der mächtigen Smithsonian Institution, ist mitten im Grünen gelegen, in einem äußerst abwechslungsreichen Gelände und steht der Bevölkerung frei zur Verfügung. In einer Weltstadt dieser Größenordnung bedarf es eines entsprechenden Ordnungs- und Sicherheitsdienstes auch im Zoo. Schon damals, 1951, standen 19 Polizisten im Zoodienst, zu Fuß, zu Pferd und im Auto, rund um die Uhr.

Schon am ersten Abend war ich bei Dr. Mann zuhause und nachher in seinem Freimaurerclub eingeladen. Wir hatten viel miteinander zu besprechen, nicht nur Fachliches, sondern auch Persönliches, denn es stellte sich bald heraus, daß wir beide in unserer Kindheit auf Tiere, auf einen Tierberuf geprägt worden waren. Bei ihm hatten zunächst die Insekten im Vordergrund gestanden, bei mir eher die Reptilien. Die frühe Zuneigung zum Zirkus und zu Tropenreisen war uns ebenfalls gemeinsam. Ihn hatte das Schicksal jedoch fünfzehn Jahre vor mir in die Südsee, d. h. nach den Salomonen, verschlagen; bei beiden folgten weitere Reisen nach Afrika. Vor allem aber waren wir beide früh dem Zoo verfallen und seinen biologischen Problemen.

Unter diesen nimmt bis heute die Frage eine hervorragende Stellung ein, wie den Zootieren, die vom Zwang der Nahrungsbeschaffung und der ständigen Flucht vor Feinden dispensiert sind, zu genügend Bewegung verholfen werden kann. Im Kleinsäugerhaus in Washington wurde dies dadurch versucht, daß vielen Arten ein ihrer Größe entsprechendes Laufrad zur Verfügung gestellt wurde, in welchem die Tiere ihr Bewegungsbedürfnis nach Belieben abstrampeln konnten.

Eine technische Einrichtung zur Befriedigung eines biologischen Bedürfnisses kann jedoch, obwohl sie in manchen Fällen funktioniert, keine tiergartenbiologisch befriedigende Lösung sein. Ich habe eine solche eher in biologisch angepaßter Dressur, einer Art Aktivitätstherapie im Sinne eines gemeinschaftlichen Spiels mit dem Menschen, gesucht, doch ist dies angesichts der heutigen Arbeitslöhne ein wesentlich kostspieligeres Verfahren (»Tierpsychologie im Zoo und im Zirkus«, 1961 und 1979). Nur bei Menschenaffen, Raubtieren, Robben und Elefanten, die sich schaumäßig vorführen lassen, fand dieses Rezept bisher einige Verbreitung. Viele andere Tiere warten noch darauf.

Die Gehege des amerikanischen National-Zoos waren damals zu einem großen Teil enttäuschend altmodisch. Der Zoo wurde später unter der Leitung von Dr. Manns Nachfolger, Dr. Theodore H. Reed, dank der Hilfe der Smithsonian Institution vorbildlich modernisiert. In allen Abteilungen fand ich außerordentliche Seltenheiten, unter den Huftieren zum Beispiel das Blauschaf (Pseudois nayaur), welches Dr. Mann selber von einer seiner Asien-Expeditionen mitgebracht und erfolgreich gezüchtet hatte. Der Gaur (Bos gaurus), das größte Wildrind der Erde, war in zwei Gruppen vertreten. Er ist inzwischen so selten geworden, daß man 1981 im Bronx Zoo in New York zur künstlichen Methode des Embryotransfers gegriffen hat, um die wenigen in menschlicher Obhut lebenden Tiere in den Dienst der Arterhaltung zu stellen. Daß der erwähnte Zuchttrick – in diesem Fall die Übertragung von Gaur-Embryonen in Hauskühe als Leihmütter – nach meiner Überzeugung im Zoo nur in äußersten Notfällen Anwendung finden sollte, habe ich später (1986) ausführlich dargestellt.

In der Elefantenanlage, in der vorher ein altes Tier an Lungentuberkulose gestorben war, traf ich jetzt drei junge Indische Elefanten. Das Haus war gewaltig dimensioniert; eine Schmalseite war von sechs Giraffen bewohnt. Weil Elefanten wiederholt in den harten Graben gestürzt waren, mußte im nachhinein eine starke Eisenabsperrung errichtet werden. Aus derartigen Erfahrungen – auch in anderen Zoos – konnte ich für die künftigen Anlagen in Basel und Zürich viel lernen. Es war immer mein Bestreben, solche Zwischenfälle zu vermeiden und tragbare Kompromisse zu finden zwischen einer gefälligen, gitterlosen Präsentation und der erforderlichen Sicherheit.

Eine Hauptsehenswürdigkeit war der am 2. Januar 1950 geborene Bär »Gene«. Seine Eltern waren Bastarde zwischen einem männlichen Eisbären und einem weiblichen Alaska-Braunbären. Es ist an sich schon erstaunlich, daß Bären von so verschiedener Gestalt und Lebensweise sich kreuzen lassen, doch geschah dies in mehreren Zoos. Daß aber solche Bastarde sich weiter fortpflanzen, hat sich meines Wissens bisher nur einmal – in Washington D.C. – ereignet.

Nach einem anregenden Abend mit Freunden luden Dr. Mann und seine charmante Gattin mich zu einer nächtlichen Stadtrundfahrt zum beleuchteten Capitol und zum Weißen Haus ein. Die vielen Parks und Alleen und das Fehlen von Wolkenkratzerkomplexen gaben der Kapitale ein besonderes Gepräge als Gartenstadt. An ein längeres Verweilen war indessen auch hier nicht zu denken; es galt meine Zooreise abzuschließen. Am 24. September mußte ich in Baltimore sein.

Hier wollte ich nicht nur den Zoo sehen, sondern auch zwei Persönlichkeiten treffen, von denen ich mir wichtige zoologische Informationen erhoffte. Einer von ihnen war der Anthropologe Professor Dr. Adolph Schultz, der 1937 zusammen mit dem Primatologen C. R. Carpenter eine ausgedehnte Expedition nach Siam unternommen hatte. Mich interessierten bestimmte Einzelheiten im Verhalten zwischen Mensch und Gibbon.

In seinem ausführlichen Bericht (1940), zu dem Adolph Schultz die Einleitung geschrieben hatte, beschrieb Carpenter die außerordentlichen Schwierigkeiten, im Urwald überhaupt an Gibbons heranzukommen. Während fünfzehn Tagen konnte er diese Affen zwar hören, aber nur viermal gelang es ihm, sie flüchtig zu sehen. Er war an dem Punkt, die Expedition abzubrechen, als er und seine Mitarbeiter beschlossen, ihr Lager zu verlegen, und zwar in die unmittelbare Nähe eines buddhistischen Tempels bei Doi Dao, in dessen Umkreis die Gibbons geschützt und ihre Fluchtdistanz entsprechend gering war. Es boten sich also vorzügliche Möglichkeiten zur Beobachtung ihres natürlichen Verhaltens, besonders auch des Sozial- und Territorialverhaltens. Buddhistische Priester und Pilger haben begreiflicherweise eine völlig andere Einstellung zum Tier als Menschen, die Tiere jagen – eine Tatsache, die auch für andere Religionen und Naturreligionen in vielen Ländern der Erde gilt und zuweilen zu einer bedeutenden Zahmheit freilebender Wildtiere führt. Dieser Umstand läßt auch manche christlichen Heiligenlegenden tierpsychologisch in einem interessanten Licht erscheinen, zum Beispiel jene vom hl. Gallus mit dem Bären (Hediger 1967).

In Baltimore gelang es mir jedoch nicht, Professor Schultz, der dort seit Jahren an der Universität als Anthropologe tätig war, zu treffen. Zu meiner großen Überraschung erfuhr ich, er sei soeben in die Schweiz umgezogen, und zwar nach Zürich, um an der dortigen Universität den Lehrstuhl für Anthropologie zu übernehmen! Wenig später trafen wir uns in Zürich, wo er mich – abermals zu meiner Überraschung – auf Schweizerdeutsch begrüßte. Ich hatte nicht gewußt, daß er in der Schweiz aufgewachsen war.

Nachdem ich die Direktion des Zürcher Zoos übernommen hatte, wurde Professor Schultz zu meiner Freude Mitglied des Zoovorstandes. Nach seinem Tod 1976 hinterließ er sein bedeutendes Vermögen in Gestalt der »Adolph-Schultz-Stiftung zur Förderung primatologischer Forschung am Anthropologischen Institut« der Universität Zürich.

Das zweite wichtige Rendezvous in Baltimore war mit Dr. Curt Richter vom John Hopkins Hospital vorgesehen. Wir hatten uns in Basel getroffen und standen während Jahren in einem sehr anregenden Briefwechsel, trafen uns später auch wiederholt in Europa und Amerika. Curt Richter war interessiert an meinem Buch »Wild Animals in Captivity«, besonders an allen Angaben, die sich auf Streß und Schock bezogen; er hatte sich kurze Zeit mit Faultieren und Ratten beschäftigt – nicht nur mit weißen Laboratoriumsratten, sondern auch mit wilden Wanderratten – und zahlreiche Fälle untersucht, wo Menschen selbst in der Stadt Baltimore und deren Umgebung von Ratten verletzt und angenagt worden waren. Dies war eine ungewöhnliche Tier-Mensch-Beziehung, die mich außerordentlich interessierte, nicht nur vom tierpsychologischen, sondern auch vom hygienischen Standpunkt aus. Spätere Erfahrungen brachten mich dazu, die Wanderratte als das gefährlichste Tier in zoologischen Gärten zu bezeichnen und die Tierpfleger zu entsprechender

Vorsicht zu mahnen. Natürlich wurde ich zunächst ausgelacht, bis sich im Zürcher Zoo unter dem Tierbestand mehrere Todesfälle ereigneten und einige Tierpfleger schwer an Leptospirose erkrankten, jener gefährlichen, durch Ratten übertragenen Infektion.

Aber auch mit Curt Richter hatte ich Pech; er hatte sich länger als vorgesehen in Kanada aufgehalten, doch trafen wir uns wenig später in New York.

So fand ich in Baltimore Zeit, um mich dem Zoo zuzuwenden; allerdings war es nicht einfach, einen Taxifahrer aufzutreiben, der etwas von einem Zoo gehört hatte und bereit war, mich hinzufahren. In der Tat gab es keinen Haupteingang, keinen Plan, keinen Führer oder Prospekt. Ein Taxi führte mich schließlich in einen schönen, hügeligen Park, der von Autostraßen durchzogen war, und setzte mich vor einer Gruppe altmodischer Bären-, Löwen- und Tigerkäfigen vom Zwingertyp ab. Ich fand dann auch ein Eisbären- und ein Seelöwenbassin, einen alten, einsamen Elefanten und einige andere Tiere. Ein an sich hübsches, kleines Reptilienhaus war »wegen Fütterung geschlossen«. Doch traf ich dort einen Tierpfleger, Mr. H. G. Hoernlein, der mich freundlicherweise einließ und mich mit seinem Hobby bekannt machte: Er züchtete nämlich schwanzlose Mäuse. Mehr interessierten mich jedoch seine beiden Heimtiere, eine Katze und ein zahmes amerikanisches Murmeltier (Marmota monax, Groundhog oder Woodchuck), das sich mit der Katze völlig frei bewegte.

Von Baltimore nach Philadelphia war es mit der Bahn nur ein Katzensprung. Direktor Freeman Shelly, den ich von einer Konferenz her kannte, empfing mich aufs freundlichste und überließ mich fürs erste seinem Vogelkurator, Mr. J. A. Griswold. Dieser zeigte mir eine Fülle von Seltenheiten, doch mit Abstand am aufregendsten war für mich das Vogelhaus mit dem großartigen »Offenen Flugraum«, noch vollkommener als jener in St. Louis, weil in ihm die dort gemachten Erfahrungen bereits verwertet waren. So war zum Beispiel der Publikumsraum in Philadelphia völlig kahl, ohne jede Sitzmöglichkeit für Vögel, also auch ohne Hängelampen, Heizkörper usw., auf denen sie sich hätten niederlassen können.

Das Prinzip des Offenen Flugraums, wie es in St. Louis und Philadelphia inauguriert und erst später auch in Europa – zuerst 1954 in Zürich – verwirklicht wurde, besteht bekanntlich darin, daß eine harmonierende, sorgfältig aufeinander abgestimmte Gruppe verschiedener Vögel in einem schön bepflanzten, biotopartigen Raum gehalten wird, der gegen die Besucher weder durch Gitter noch durch Glas, sondern lediglich durch eine symbolische, niedrige Barriere abgegrenzt ist. Die Vögel könnten also den ihnen zugedachten Biotopraum verlassen, tun es aber in der Regel nicht, weil sie sich im kahlen Publikumsraum nur auf den nackten Boden setzen könnten und dort durch Besucher gestört würden. In ihrem Biotop aber fühlen sie sich wohl, finden ihr Futter und schreiten oft auch zur Fortpflanzung.

Beeindruckt war ich auch vom Raubtierhaus, in dem dank der Ventilationsanlage überhaupt kein Tiergeruch wahrzunehmen war. Aber nicht nur störende Geruchsreize fehlten in diesem Haus, sondern auch das sonst übliche Kettengeklirre, wenn Schieber zwischen den Käfigen hochgezogen oder geschlossen wurden. Ein System von Zugseilen, das vom Keller aus gut zu überwachen war, gestattete eine nahezu geräuschlose Bedienung der Schieber, was ich als wohltuend empfand und was sicher auch den empfindlichen Tieren zuträglich war.

Berühmt war der Philadelphia Zoo

damals auch wegen der beiden mächtigen Gorillas, die sich zwar nie fortpflanzten, weil beide Männchen waren, aber ein Rekordalter erreichten in den altertümlichen Gitterkäfigen. Ein ähnlich hohes Alter, nämlich fünfzig Jahre, hatte auch ein Schnabeligel (Echidna) in einem gleichfalls »antiken« Käfig im Kleinsäugerhaus erreicht.

Was mich indes noch weit mehr fesselte, war ein Pakarana (Dinomys branickii), ein brasilianisches Nagetier von Murmeltiergröße, damals das einzige Exemplar in einem Zoo und daher das erste, dem ich begegnete. Die Art war nach ihrer Entdeckung im Jahre 1873 während Jahrzehnten verschollen und galt als ausgestorben, bis 1904 zwei Exemplare im Zoologischen Museum in Para (Belem) auftauchten. Dieses Museum, dem ein kleiner Zoo angegliedert war, stand damals unter der Leitung des Schweizer Zoologen Dr. Emil August Goeldi (1859–1917), der später nach Bern zurückkehrte und wegen seines grundlegenden Buches über »Die Tierwelt der Schweiz« (1914) gelegentlich auch »der schweizerische Brehm« genannt wurde.

Die Geschichte der Entdeckung, der Wiederentdeckung und der Haltung des Pakaranas in zoologischen Gärten bis zu den ersten Zuchterfolgen könnte Stoff für eine romanhafte Darstellung bieten, wie ich in der Zeitschrift »Das Tier« (1971, Nr. 9) anzudeuten versucht habe.

Mich faszinierte dieses seltene, nur höchst dürftig beobachtete Nagetier vor allem deswegen, weil es angeblich keine Fluchttendenz besitzt und von seinem fürchterlichen Gebiß zur Verteidigung keinen Gebrauch macht. Das ist natürlich ein höchst verhängnisvoller Mangel. Jeder Indianer, der im Urwald einem Pakarana begegnet, kann es also wie eine Hauskatze auf den Arm nehmen und zuhause schlachten. Es liefert einen ausgezeichneten Braten.

Kein Wunder also, daß ein derart minderbegabtes Tier dem Aussterben nahe ist.

Das Philadelphia-Pakarana, 1946 dort eingetroffen, bestätigte dieses merkwürdige Verhalten. Der Tierpfleger hob es freundlicherweise für mich aus dem Käfig und setzte es auf den Boden, so daß ich es fotografieren konnte. Wegen seines großen Kopfes, des kolossalen Schnurrbarts und der riesigen Nagezähne hat das Pakarana den wissenschaftlichen Namen Dinomys erhalten, was soviel heißt wie Schreckensmaus. Es machte indes keinerlei Gebrauch von seinen bedrohlichen Zähnen, hob lediglich die Pfote zu einer symbolischen Abwehrbewegung und ließ sich anschließend ruhig wieder in den engen Käfig stecken, in dem es noch bis 1956 lebte.

Es versteht sich von selbst, daß ich nach dieser ersten Begegnung mit einem Pakarana alles daran setzte, mehr über dieses mysteriöse Tier zu erfahren und wenn möglich einige Exemplare für den Zoo zu erwerben. Rund zwanzig Jahre später tauchten Pakaranas überraschend im Tierhandel auf. Ich war damals im Zürcher Zoo, kaufte sofort ein Paar und erlebte die Freude, daß wir 1972 die seltsame Art erstmals in Europa zur Fortpflanzung bringen konnten, nachdem es kurz vorher meinem Freund, Professor Mario Autuori, im Zoo von São Paulo gelungen war, den weltersten Zuchterfolg zu verzeichnen.

Freeman Shelly, Direktor des Philadelphia Zoos, war außerordentlich gastfreundlich und lud mich u. a. auch zum Lunch im Rotary Club ein, wo etwa 400 Mitglieder anwesend waren. Shelly war weder Zoologe noch Tierarzt, aber ein guter Kaufmann, der es verstand, kompetente Kuratoren beizuziehen: Herbert L. Ratcliffe (Pathologe), Frederick Ulmer (Säugetiere), Roger Conant (Reptilien) und John

Griswold (Vögel). Mit allen stand ich noch viele Jahre in Korrespondenz, und sie alle unterzeichneten die Widmung, welche Shelly in dem klassischen Werk von Herbert Fox »Disease in captive wild mammals and birds« (1923) für mich anbrachte. Das war damals das umfassendste Werk über Krankheiten von Wildtieren im Zoo.

Ratcliffe, als sein Nachfolger, konnte das enorme Material von Fox übernehmen und sozusagen nahtlos fortsetzen; er wollte jedoch über die Arbeit des Pathologen hinaus die Zoowelt auch von seinen kuriosen Ansichten in bezug auf Tierernährung überzeugen. Dies führte mit der Zeit zu eher scharfen wissenschaftlichen Auseinandersetzungen zwischen ihm und mir, die u. a. im Futterkapitel meines Buches »Mensch und Tier im Zoo« (1965) sowie im Diätabschnitt des »Int. Zoo Yearbook« (1966) ihren Ausdruck gefunden haben.

Ratcliffe hatte sich dazu verstiegen, die Wildtiere im Zoo nicht vom biologischen, sondern vom rein (ernährungs-)physiologischen Blickpunkt aus zu betrachten, also gewissermaßen als Retorten oder Säcke, die mit dem Material abgefüllt werden müssen, das sie physiologisch benötigen. So kam er zu einer von ihm berechneten »Idealdiät«, zu einer Einheitspaste, in der alles an Eiweiß, Fett, Kohlehydrat, Mineralien, Spurenelementen und Vitaminen enthalten war, was die Tiere nach seiner Kalkulation zum Leben brauchten – Tag für Tag derselbe Teig in ausgeklügelten Portionen!

Was Nahrungssuche und Auswahl, Qualität und Quantität je nach Jahreszeit, Nahrungsbearbeitung usw. im Leben des Wildtieres bedeuten, wurde vom Pathologen völlig übersehen, ebenso die im Laufe der Evolution – d. h. während Millionen von Jahren – entwickelten Organe des Nahrungserwerbs, die Spezialisierungen der Aufnahme und Zerkleinerung (Gebiß), ferner die lebenswichtige Bedeutung von unverdaulichem Material (im Extremfall von Steinen), die Appetitphasen und natürlichen Fastenzeiten. Mit der tiergartenbiologischen Auffassung ließen sich die stereotypen Rezepte von Ratcliffe nicht vereinbaren. Nach anfänglichen Erfolgen in einigen fortschrittlich sein wollenden Zoos wurde das unbiologische Abfüllen der Tiere nach der Ratcliffe-Methode bald wieder aufgegeben, auch in Philadelphia.

Etwas ganz anderes ist die Anwendung von standardisierten Pellets, die eine genügende Aufnahme von Vitaminen, Mineralien, Spurenelementen usw. garantieren, als Beifutter. Dagegen ist vom tiergartenbiologischen Standpunkt aus selbstverständlich nichts einzuwenden.

Dr. Herbert L. Ratcliffe war gleichzeitig auch Direktor des »Penrose Research Laboratory«, das dem Zoo angegliedert war. Neben vielen anderen Versuchen nahm er auch künstliche Infektionen verschiedener Labortiere mit Tuberkulose vor. Auf einem Affenfelsen, genannt »Monkey Island«, im Zoo lebte eine etwa dreißigköpfige Gruppe von Rhesusaffen (Macaca mulatta), die gewissermaßen tuberkulös sein durfte. Jedes Jahr wurde eine neue Gruppe angeschafft und unbesehen direkt aus den Transportkäfigen auf die Anlage entlassen; die Tiere hatten also keinerlei Quarantäne, keine veterinärmedizinischen Tests durchzumachen. Im Herbst wurden die Überlebenden verkauft (Penrose-Jahresbericht 1950). Eine derartige Tierhaltung widerspricht in manchen Punkten den Regeln der Tiergartenbiologie.

Heute würde wohl kein Zoodirektor wissentlich infizierte Tiere im Bestand dulden und sie jährlich durch eine neue Gruppe ersetzen, unter Verzicht auf jede Zuchtmöglichkeit. Nach dem Reglement des internationalen Verbandes wäre dies auch gar nicht möglich.

Diese »Tuberkulose-Insel« war nur eine der skurrilen Ideen von Ratcliffe. In seinem bereits erwähnten Penrose-Report von 1950 nahm er auch Stellung gegen die in meinem Buch »Wild Animals in Captivity« vorgebrachte Meinung, daß man Zootieren zu mehr biologischer Aktivität, zu mehr Bewegung verhelfen sollte. Ratcliffe war der Meinung, daß man die Wirkung dieser kostspieligen Aktivitätstherapie auf billigere Weise (d. h. ohne Personal) dadurch erreichen könne, daß man die – von ihm rein physiologisch berechneten – Futterportionen entsprechend kürze, das Tier also gewissermaßen in einem Zustand ständiger Futtersuche halte.

Zweierlei wollte ich mit diesem Exkurs in die Gedankengänge eines Zoo-Pathologen klarstellen. Die objektive Ermittlung der Todesursache von im Zoo verstorbenen Tieren – seine eigentliche Aufgabe – ist außerordentlich wichtig. Wir Tiergartenbiologen können aus solchen Befunden zweifellos sehr viel lernen. Aber der Pathologe sollte nicht gleichzeitig Tierarzt spielen, so wie ein Ankläger nicht gleichzeitig Richter sein sollte; dies aber nahm Ratcliffe auch auf dem Gebiet der Ernährung, der Unterbringung, der Tier-Mensch-Beziehung usw. für sich in Anspruch. Zweitens sollte eine strikte Trennung verwirklicht sein zwischen experimentellen (veterinär-)medizinischen Instituten und Zoos, die mit den Grundsätzen des Internationalen Verbandes von Zoodirektoren, wie sie in den Statuten klar formuliert sind, ernst machen. Biomedizinisches Experimentieren und die Pflege von Wildtieren im Zoo sind zweierlei Dinge, die nicht unter einem Dach betrieben werden können.

Nachgerade wurde es für mich höchste Zeit, zum Ausgangspunkt meiner Reise, nach New York, zurückzukehren. Hier traf ich zunächst Dr. Curt Richter, den ich in Baltimore verfehlt hatte, zu einem äußerst fruchtbaren Gespräch, zu dem er mich in den Harward Club eingeladen hatte. Wir sahen uns später noch wiederholt in Basel, Zürich und an seiner Arbeitsstätte im John Hopkins Hospital. In der Region New York gab es damals, wie erwähnt, fünf zoologische Gärten, ein Symptom dafür, daß in den großen Metropolen ein Zoo allein nicht genügt, da der Zoo ja auch zu einem wesentlichen Bestandteil des menschlichen Großstadt-Biotops geworden ist. So mußte ich mir in New York auch noch den Prospect Park Zoo ansehen – einen Zoo von seltsamer Bauweise in halbkreisförmiger Anordnung, aber ohne jede wissenschaftliche Aktivität. Ein typischer Stadtpark mit traditionellen Käfigen und Gehegen, das Werk von Architekten ohne tiergartenbiologische Einfühlung.

In dieser Hinsicht war und ist der Bronx Zoo in New York führend, neben Washington D. C., San Diego und einigen anderen, die inzwischen mächtig aufgeholt haben. In New York musste ich natürlich über meine Zooreise berichten, zu der ich hier vor zwei Monaten gestartet war. Es stellte sich dabei heraus, daß ich wahrscheinlich mehr Zoos gesehen hatte als irgendeiner meiner amerikanischen Kollegen. Dies, obwohl ich leider viele Tiergärten aus meinem Programm hatte ausklammern müssen, weil die Zeit zu kurz war. Weitere konnte ich auf späteren Amerikareisen kennenlernen – dies war ja erst ein Anfang.

Im Bronx Zoo fand ich jetzt Gelegenheit, die weitläufigen Diensträume näher zu studieren, den »Service Yard«, das Tierspital, die großartige Bibliothek und das »Question House«. Dieses »Frage-Haus« wurde von einem sehr kenntnisreichen Ehepaar betreut: Hier konnte jeder Besucher Fragen stellen und bekam auch freundliche und kompetente Antwort – eine wertvolle

Einrichtung, die man jedem Zoo wünschen möchte!

Zu meiner Überraschung wurde im Bronx Zoo mit dem Staff eine Art Abschiedslunch für mich veranstaltet, mit viel Prominenz wie Fairfield Osborn, dem langjährigen Präsidenten der New York Zoological Society, und William Beebe mit seiner Mitarbeiterin und späteren Nachfolgerin Jocelyn Crane. Von Osborn war gerade wieder eine Neuauflage seines aufrüttelnden Buches »Our Plundered Planet« erschienen, in dem er vor allem vor der weltweiten Zerstörung des Waldes warnte. William Beebe war u. a. durch sein monumentales Werk über die Fasanen der Erde hervorgetreten sowie durch seine Forschungsreisen den Galapagos und seine Tiefsee-Expeditionen (Arcturus Adventure). Soeben war sein charmantes Buch »Wundersame Küstenfahrt« auf deutsch erschienen, und er widmete mir ein Exemplar.

Einen Abstecher nach New Haven benützte ich zu einem kurzen Besuch bei Frank Beach, damals Professor an der Yale University Medical School. Er arbeitete besonders über das Sexualverhalten von Laboratoriumstieren und hatte großes Interesse an entsprechendem Verhalten bei Wildtieren, über das noch wenig bekannt war. Später wurde ich von ihm zu einer Doppelkonferenz (1961 und 1962) über das Thema »Sex and Behavior« nach Berkley/California eingeladen, nachdem wir uns bereits 1952 an einer ähnlichen Konferenz – »Hormones, Psychology and Behaviour« der Ciba Foundation – in London getroffen hatten.

Natürlich machte ich in New York auch wieder einen Besuch im »Museum of Natural History«, wo ich diesmal Jean Delacour in seinem Arbeitszimmer antraf. Dieser hervorragende Vogelkenner besaß auch einen Privatzoo in Clères (Frankreich) und war bis zu seinem Tode (1985) ein regelmäßiger Besucher der Konferenzen des Internationalen Zoodirektorenverbandes. Er war ein völlig unabhängiger Grandseigneur, Schloßbesitzer, Weltreisender, zeitweise auch Museumsdirektor in Los Angeles und Verfasser grundlegender ornithologischer Werke. 1966 veröffentlichte er seine Biographie, zu der sein Freund Peter Scott – Künstler, Ornithologe und Begründer des WWF – das Vorwort geschrieben hat.

Während meines Besuches bei Delacour im New Yorker Museum trat unerwartet François Bourlière aus Paris ein. Von Haus aus Mediziner, hatte Bourlière sich mehr mit Zoologie und Naturschutz beschäftigt. Eben war sein Buch »Vie et moeurs des mammifères« (Paris 1951) erschienen, und er war gerade dabei, eine amerikanische Ausgabe unter dem Titel »The Natural History of Mammals« herauszubringen, in dem er viele meiner Kongo-Beobachtungen verwertet hat.

Im Museum traf ich auch James Chapin, den Entdecker des Kongopfauen, von dem schon die Rede war. Dieser große Ornithologe teilte mir neben vielen anderen wertvollen Informationen auch eigene Beobachtungen mit über die mich so faszinierende Symbiose zwischen Honiganzeiger und Honigdachs – jene einzigartige Partnerschaft zwischen Vogel und Dachs, bzw. auch zwischen Vogel und Mensch, die selber zu sehen mir in Afrika leider nie möglich war. Sie klingt so märchenhaft, daß ich sie immer wieder verifizieren mußte. Außer James Chapin und dem Berner Afrikaforscher C. A. W. Guggisberg gehörte Herbert Friedmann mit seiner großartigen Monographie »The Honey Guides« (Smithsonian Institution Washington D. C. 1955) zu meinen Hauptzeugen für das tatsächliche Bestehen dieser Partnerschaft, auf die ich in meinem Buch »Tiere verstehen« (1980, S. 84) näher eingegangen bin.

Bevor ich New York verließ, wollte

Anläßlich meiner Rückkehr von der Rundreise durch die zoologischen Gärten Nordamerikas nach New York wurde am 2. Oktober 1951 im Bronx Zoo nach dem Lunch dieses Gruppenbild mit viel Prominenz aufgenommen.

① Christopher W. Coates, Curator-Aquarist, N. Y. Aquarium
② James W. Atz, Assitant Curator, N. Y. Aquarium
③ Lee S. Crandall, General Curator, N. Y. Zoological Park
④ James A. Oliver, Curator of Reptiles
⑤ Gordon Cuyler, Assistant to the Executive Secretary, N. Y. Z. P.
⑥ Heini Hediger
⑦ Joseph Murnin, Animal Behavior Research Fellow
⑧ Robert McClung, Assistant Curator, Mammals and Birds
⑨ Herbert Knobloch, Associate-in-Charge, Education
⑩ Fairfield Osborn, President, N. Y. Zoological Society
⑪ William Bridges, Curator of Publications
⑫ John V. Quaranta, Animal Behavior Research Fellow
⑬ William Beebe, Director, Dept. of Tropical Research
⑭ Quentin M. Schubert, Superintent of Construction & Maintenance
⑮ Herbert Schiemann, Comptroller
⑯ Leonard J. Goss, Veterinarian
⑰ Ross F. Nigrelli, Aquarium Pathologist

ich nochmals meine Schwester Margrit sehen, doch war es nicht einfach, mit der vielbegehrten Kinderschwester einen gemütlichen Abend zu vereinbaren. Ich durfte die Vereinigten Staaten auch nicht verlassen, ohne rechtzeitige Vorsprache auf dem entsprechenden Amt. Schon bei der Einreise war mir klar geworden, daß auch Amerika nicht ganz frei von Bürokratie ist. Daß mir von allen zehn Fingern die Abdrücke genommen wurden, war verständlich. Immerhin wurde mir auch ein Handtuch gereicht, um die schwarze Stempelfarbe wieder loszuwerden. Weniger verständlich war mir die offiziell gestellte Frage, ob ich beabsichtige, den Präsidenten der Vereinigten Staaten zu ermorden.

Christopher Coates, der damalige Direktor des Aquariums, ließ es sich nicht nehmen, mich am Flugplatz La Guardia nicht nur zu verabschieden, sondern mir auch zwei seiner Elektrischen Aale für unser kleines Aquarium in Basel mitzugeben. Dabei wurde durch eine ungeschickte Manipulation des Lademeisters vor dem Abflug das Wasser aus dem Behälter geschüttet. Christopher Coates hatte das Mißgeschick beobachtet und raste – ich glaube, als die Propeller schon angeworfen waren – in die nahegelegene Bar, ergriff den nächstbesten Champagner-Kühler, füllte ihn mit wohltemperiertem Wasser und schüttete dieses, als die Türen schon zuklappen wollten, im letzten Augenblick in den Transportbehälter der kostbaren Zitteraale. Sie haben im Basler Zoo zum Entzücken der Besucher und meiner Studenten viele Jahre überlebt!

Veränderungen

Bald war ich im Zolli wieder voll im Amt, und wenig später setzten auch die Vorlesungen an der Universität und im Tropeninstitut, Radiosendungen und Vorträge wieder ein. Mit Professor Geigy hatte ich einen ausgedehnten Arbeitslunch, an dem u. a. vereinbart wurde, daß ich an der nächsten Generalversammlung der Zoo-Aktionäre einen Vortrag halten sollte über »Eindrücke von einer Studienreise durch zoologische Gärten von USA«. Außerdem sollte ich in seiner Zeitschrift »Acta tropica« über meine Reise berichten. Da diese aber nur tropische Themen behandelte, einigten wir uns auf einen ausführlichen Beitrag »Seltene tropische Tiere und ihre Haltung in zoologischen Gärten Nordamerikas« (1952).

Ein für einen weiteren Leserkreis bestimmter Bericht, in dem vorwiegend von meiner Amerikareise die Rede war, erschien im Basler Neujahrsblatt 1953, das dem Zolli gewidmet war, unter dem Titel »Der Basler Zoo im Vergleich zu ausländischen Tiergärten«. – Als der Zürcher Fotograf Emil Schulthess sein schönes USA-Buch herausbrachte (Manesse-Verlag 1955), durfte ich zu den vorzüglichen Zoobildern die Legenden und einen Aufsatz über »Prominente Zoo-Insassen« beisteuern. Natürlich sind einzelne Beobachtungen und Erfahrungen meiner Reise auch in viele spätere Veröffentlichungen eingeflossen.

In jedem der von mir besichtigten US-Zoos, auch in den kleinen und dürftig geführten, war ich immer wieder überrascht von der erstklassigen Futterqualität, während in Europa noch weitgehend eine »Abfall-Auffassung« vorherrschte, also die Meinung, daß auch schimmliges Brot, angefaultes Obst und Gemüse und zweifelhafte Fleischreste für die Tiere gut genug seien. In einem amerikanischen Zoo wurde ich von einem besorgten Funktionär allen Ernstes gefragt, ob er wohl sogenannte »blood-point eggs«, also ganz leicht angebrütete Hühnereier, verfüttern dürfe. Ich beruhigte ihn mit dem Hinweis, daß die meisten freilebenden Eierfresser auch stark angebrütete Eier mit Appetit verzehren. Ich war jedenfalls sehr froh, als der Verwaltungsrat nach einem früheren, vergeblichen Anlauf nun einstimmig den Beschluß faßte, »daß in Zukunft die bisher verwendeten schlechten Fleischqualitäten (vorwiegend von tuberkulösen Rindern) nicht mehr an unsere Großraubtiere verfüttert werden dürfen, sondern daß trotz des höheren Preises nur noch Pferdefleisch zu verfüttern sei«.

Das Jahr 1952 brachte im Zoo keine aufregenden baulichen Neuerungen; aus verschiedenen Gründen konnte keines der drei vorgesehenen großen Projekte – Betriebsgebäude, Elefantenanlage und Direktorwohnhaus – fertiggestellt werden, nicht zuletzt, weil der strenge Winter die Bautätigkeit in unvorhersehbarer Weise behinderte.

Um so reicher war das Jahr an zoologischen Ereignissen. Da war zunächst die Geburt der ersten Giraffe in der Schweiz am 26. Mai, doch kam das

Junge etwas zu früh zur Welt. Auch war seine Mutter ihrer Aufgabe noch nicht gewachsen: Sie trat ihrem Kalb auf ein Hinterbein, so daß dieses brach; außerdem mußte das Junge mit der Flasche aufgezogen werden. Um nichts zu unterlassen und das Junge zu retten, zog Zootierarzt Dr. Lang einen humanmedizinischen Orthopäden, Dr. H. Fredenhagen, zu, für den ein vierbeiniger Patient allerdings etwas völlig Neuartiges und entsprechend Schwieriges darstellte. Nach einem halben Jahr mußte der Patient von seinem Leiden erlöst werden.

Weit positiver war die im Vorjahr von Peter Ryhiner versprochene Ankunft eines weiblichen Panzernashorns. Auch dieses war aufgrund spezieller Bewilligungen in einer Fallgrube im Kaziranga-Reservat in Assam gefangen worden; aber diesmal hatte Peters charmante indische Frau Mercia den schwierigen Transport während einer abenteuerlichen, dreimonatigen Seereise allein geleitet. Nun war Basel im Besitz eines Paares dieser seltenen Nashörner und hatte damit Aussicht auf eine erfolgreiche Zucht – eine Aussicht, die sich später in einzigartiger Weise verwirklichen sollte, wie ich bereits erwähnt habe.

Seit meinem Besuch im Brookfield Zoo (Chicago), wo man zwei Panzernashörner getrennt hielt, hatte ich gehofft, daß uns nicht dasselbe Unglück zustoßen würde, und ich überlegte mir seither, wie das Risiko ausgeschaltet werden könnte.

Ich ging von meiner Zoo-Erfahrung aus, wonach viele Säugetiere, wenn sie sich als Fremde erstmals begegnen, nicht so sehr ihre Augen, als vielmehr ihren Geruchssinn einsetzen und sich dabei oft mehr für den Geruch des Raumes als für die Erscheinung des Partners interessieren. So können beispielsweise Wisente, wenn sie einander im Gehege erstmals begegnen, wie blind aneinander vorbeimarschieren, um zunächst den Bodengeruch zu prüfen.

Das könnte theoretisch auch bei Nashörnern vorkommen, obschon sie über einen weit besseren Gesichtssinn verfügen, als ihnen meistens zugeschrieben wird. Jedenfalls wollte ich alles vorkehren, um einen verhängnisvollen Begegnungsschock zu vermeiden. Ich brachte die beiden Nashörner »Gadadhar« und »Joymothi« nicht in unmittelbar benachbarten Gehegen des glücklicherweise noch nicht abgerissenen Elefantenhauses unter, sondern in zwei Gehegen, die durch einen neutralen Raum voneinander getrennt waren. Im Auslauf des mittleren Abteils lagen die Suhle und das Bad. Nun gingen wir ganz langsam, schrittweise vor. Zunächst wurde das Männchen ins Aussengehege gelassen, dann nur das Weibchen, so daß sich die Tiere nicht sehen konnten. Dann durften sie abwechselnd die Suhle besuchen und bekamen auf diese Weise Witterung voneinander, ohne sich bis dahin gesehen zu haben.

Mehrere Tage später wagten wir es, durch das mittlere Gehege getrennt beide Tiere gleichzeitig in ihren individuellen Auslauf zu lassen, so daß sie sich erstmals auf Distanz zu sehen bekamen. Der nächste Schritt des Kennenlernens bestand darin, daß beide Tiere sich in unmittelbar benachbarten Gehegen – also nur durch eine einfache Gitter-Balken-Absperrung getrennt – in Augenschein nehmen und beschnuppern durften. Das alles ging so gut, daß wir es am 25. Juli wagten, unter den üblichen Vorsichtsmaßnahmen – Bereithaltung von Besen, Hydranten usw. – die beiden zum erstenmal im gleichen Gehege zusammenzulassen. Für einen Zoodirektor ist so etwas ein historischer Augenblick. Man stelle sich vor: In Basel begegnen sich zwei Indische Panzernashörner und bilden – was noch nicht vorauszusehen war – den Grund-

Der Basler Fremdenführer von 1892 zeigt das ein Jahr früher erstellte Elefantenhaus des zoologischen Gartens mit seiner ersten Bewohnerin »Miss Kumbuk«, die von den Vettern Sarasin aus Ceylon mitgebracht wurde. In diesem Haus fand 1952 die denkwürdige Begegnung der von Peter und Mercia Ryhiner importierten Panzernashörner statt, welche die Grundlage der berühmten Zucht bildeten.

stock für die erfolgreichste Zucht dieser bedrohten Art in einem Zoo!

Jede Einzelheit dieses tiergartenbiologisch seltenen und tierpsychologisch hochinteressanten Ereignisses wurde durch meinen seinerzeitigen Doktoranden Robert Schloeth, den nachmaligen Direktor des Schweizerischen Nationalparks, der gerade mit einer Dissertation über das Begegnungsverhalten von Tieren beschäftigt war, im Film sorgfältig festgehalten.

Alles verlief glimpflich. Wohl krachten gelegentlich die stumpfen Hörner der schräg vorgehaltenen Schädel dröhnend aufeinander, auch gab es harmlose Verfolgungen und Balgereien, aber bald lagen die beiden Kolosse – sozusagen ein Herz und eine Seele – wie Sardinen nebeneinander in der Suhle.

Ein weiteres Zoo-Ereignis ersten Ranges im Jahr 1952 bestand darin, daß der Zootierarzt, Dr. Ernst Lang, im Auftrag des Verwaltungsrates bei unserem ehemaligen Giraffenlieferanten, dem Schweizer Pflanzer und Tierhändler August Küenzler in Arusha im damaligen Tanganjika, fünf junge Afrikanische Elefanten abholte. Sie trafen am 1. November in Basel ein und waren 212 bis 314 Kilo schwer. Über diesen denkwürdigen Transport hat Dr. Lang im Zoo-Jahresbericht 1952 selber ausführlich berichtet.

Da das neue, von mir zusammen mit Architekt Arthur Dürig geplante Elefantenhaus noch im Bau war, mußten die jungen Tiere vorläufig im sogenannten Pflanzenkeller untergebracht werden, bis der Neubau am 13. März 1953 feierlich eröffnet werden konnte. Er diente dann auch dem Panzernashorn-Paar als Unterkunft. Selbstverständlich wies er sowohl innen wie außen gitterlose Graben-Absperrungen auf, ebenso je ein Bad. Ein für das Publikum unsichtbarer Mittelgang bot genügend Absperrmöglichkeiten, so daß auch unberechenbar gewordene Tiere gefahrlos versorgt werden konnten. An die Anlage war eine permanente Manege mit Zuschauerrampen angeschlossen, zur Vorführung biologischer Dressurübungen im Sinne einer Beschäftigungstherapie.

Einen furchtbaren Schrecken jagte uns das später berühmt gewordene Gorillaweibchen »Achilla« ein, als es einen Kugelschreiber, den ihm der Tierpfleger zum Zeichnen überlassen hatte, kurzerhand verschluckte. Der gefährliche Fremdkörper steckte so unglücklich im Magen, daß er operativ entfernt werden mußte, wofür sich Chirurg, Anästhesist und Röntgenologe des Basler Bürgerspitals samt Hilfspersonal in rührender Weise zur Verfügung stellten (Hediger 1953).

Der weitaus bedeutendste Tag des Jahres 1952 war für mich persönlich der 24. Mai, weil er indirekt Folgen hatte, die für meine Familie, meine Mitarbeiter und mich entscheidend waren: Anläßlich des 50-Jahr-Jubiläums der Veterinärmedizinischen Fakultät der Universität Zürich wurde mir dort der Ehrendoktor der Veterinärmedizin verliehen, »in Anerkennung seiner grundlegenden Arbeiten auf dem Gebiet der Verhaltensforschung sowie seiner unentwegten Bemühungen um ein besseres Verständnis der tierischen Psyche und um eine biologisch begründete Haltung der Wild- und Haustiere, wodurch auch ähnliche Bestrebungen der Veterinär-Medizin unterstützt wurden«.

Diese für mich völlig überraschende Ehrung freute mich begreiflicherweise aufrichtig. Sie erfolgte in Zürich an einem Samstag. Am darauffolgenden Montag brachten die Basler Zeitungen die Nachricht von der Ehrung ihres Zoodirektors. Für Mittwoch, den 28. Mai, hatte sich bei mir im Zoo eine Delegation angemeldet, bestehend aus dem Präsidenten des Verwaltungsrates des Zoos, Professor Dr. Rudolf Geigy, Professor Dr. Adolf Portmann, Präsident des Vereins zur Förderung des Zoologischen Gartens, und Ferdinand Kugler, Vizepräsident des Verwaltungsrates.

Mit den zwei Erstgenannten, beide Zoologen, war ich, wie hier schon so oft erwähnt, seit Jahren befreundet. Sie hatten einige meiner Bücher in lobender Weise rezensiert, 1942 meine Beförderung zum Außerordentlichen Professor angeregt und mich 1944 an den Basler Zoo berufen. Professor Portmann war seit meinem Studienbeginn vor 25 Jahren mein verehrter Chef und Lehrer, auch während meiner jahrelangen Assistenz an seinem Institut. Er war mein Doktorvater, und zwischen uns hatte sich im Laufe der Zeit eine Freundschaft entwickelt, die während meiner Reisen auch in unserem Briefwechsel einen entsprechenden Niederschlag fand. Ich hatte also allen Grund anzunehmen, daß die Delegation sich angemeldet hatte, um mir zu gratulieren. Das Gegenteil war der Fall! Von meinen beiden Universitätskollegen, besonders von Professor Geigy, wurde ich aufs schlimmste abgekanzelt. Es war wie ein Blitz aus heiterem Himmel. Unter anderem wurde der Vorwurf erhoben, ich würde die wissenschaftliche Arbeit im Zoo behindern und sabotieren. Ich traute meinen Ohren nicht. Daß Professor Portmann sich dafür einspannen ließ, traf mich wie ein Schlag.

Es dauerte eine Weile, bis ich diesen Schock – die Enttäuschung meines Lebens – einigermaßen überwunden und eine Erklärung für den totalen Gesinnungswandel meiner ehemaligen Freunde gefunden hatte. Der Anführer war zweifellos Professor Geigy, dem Professor Portmann auch sonst in seltsamer Weise untertan war. Zwischen beiden bestand ein merkwürdiges Abhängigkeitsverhältnis, das auch für andere ein Rätsel war. Tatsache ist, daß Portmann, der aus Arbeiterkreisen stammte, während seiner Ausbildungszeit von Professor Geigys Vater ein

Blankocheckheft erhalten hat. Das brauche ich hier nicht alles näher auszuführen; der Biologe Professor Joachim Illies hat dies in seiner Portmann-Biographie 1976 »Das Geheimnis des Lebendigen. Leben und Werk des Biologen Adolf Portmann« (Kindler, München) ausführlich besorgt.

Kurz gesagt: ich war den beiden Herren – jedenfalls dem einen – offenbar zu bekannt und zu erfolgreich geworden, und er hielt es für notwendig, mir jetzt klarzumachen, was für eine Null ich eigentlich sei. Damals war noch keiner der beiden mit einem Ehrendoktor ausgezeichnet. Jedenfalls hatte das erschreckende Erlebnis zur Folge, daß ich sofort nach Möglichkeiten suchte, mich aus diesem Machtbereich abzusetzen; mir waren genügend Beispiele dafür bekannt, was es bedeutete, in diesem Kreis in Ungnade zu fallen.

Was den gegen mich vorgebrachten Vorwurf der Behinderung wissenschaftlicher Arbeit im Zoo betrifft – wo ich sie doch in Wirklichkeit eigentlich eingeführt hatte –, so konnte ich mir nachträglich nur denken, daß vielleicht meine grundsätzliche Ablehnung der Aufnahme biomedizinischer Versuchstiere im Spiele gewesen sein könnte. In der Tat war ich immer gegen die Vermischung biomedizinischer Forschung und tiergartenbiologischer Zielsetzung, wie es übrigens den Statuten nicht nur des Basler Zoos, sondern auch des Internationalen Verbandes von Zoodirektoren entspricht. Nur zu leicht können Tuberkulose, tropische Infektionskrankheiten usw. von Versuchstieren auf die Tiere des Zoobestandes überspringen, zumal die Haltebedingungen in Laboratorien und zoologischen Gärten sehr verschieden sind.

Nicht einmal in rein wissenschaftlichen Laboratorien sind die Haltebedingungen so, daß Infektionsmöglichkeiten des Pflegepersonals und der Wissenschaftler ausgeschlossen sind. Es kommt hinzu, daß Zoobesucher keine Patienten zu sehen wünschen, sondern gesunde Tiere in einem möglichst natürlichen Biotop.

Das Trauma vom 28. Mai 1952 hatte bei mir jedenfalls zur Folge, daß ich mich – so schwer es mir fiel – nach einem anderen Arbeitsfeld, d. h. nach einem anderen Zoo, umzusehen begann. Oft genug hatte man mir im Ausland verlockende Stellen angeboten, doch war ich in der Schweiz zu stark verwurzelt, als daß diese mich ernsthaft hätten in Versuchung führen können. Es traf sich zudem, daß von Zürich – sowohl vom Zoo als auch von der Universität aus – immer häufiger zunächst private, dann mehr oder weniger offizielle Anfragen kamen, ob ich nicht den Zürcher Zoo übernehmen würde. Ich hatte dafür ein offenes Ohr; bald kam es auch zu Verhandlungen, und Anfang Februar 1953 waren die Berufung und meine Zusage definitiv.

Am 19. Februar machte ich Professor Geigy davon Mitteilung, anerbot mich jedoch, nötigenfalls bis zum Herbst oder sogar bis im Frühjahr 1954 in Basel im Amt zu bleiben, damit in aller Ruhe ein Nachfolger gesucht und allenfalls von mir eingearbeitet werden könnte. Immerhin gab es damals nicht viele geeignete Kandidaten. Nun drehte Professor Geigy den Spieß um und kündigte mir seinerseits auf den kürzesten zulässigen Termin, nämlich auf Ende Juni 1953: »Der Amtswechsel soll jedoch schon auf den 1. April 1953 vorgenommen werden.« Das machte sich denn auch schon am ersten Tag bemerkbar, als mein langjähriger Direktionsassistent Walter Wendnagel unserem fünfjährigen Sohn das Trottinettfahren im Zoo auch während der besuchsarmen Zeit aufs strengste verbot.

Mit dem wenig liebenswürdigen Trick, mir mit seiner Kündigung zuvorzukommen, ist Professor Geigy übrigens ein bezeichnendes Mißgeschick passiert: In der Eile hatte er nicht bedacht, daß er mich damit nicht nur als Zoodirektor losgeworden war, sondern selbstverständlich auch als Dozent an seinem Tropeninstitut. Erst als das neue Semester in die Nähe rückte, realisierte er die ungeschickte Situation und schrieb mir am 25. März 1953 einen zuckersüßen Brief mit dem Ansinnen, ich solle doch meine Vorlesungen über Tropenzoologie fortsetzen: »Wir würden diese Vorlesungen, die wertvolle Glieder der beiden Programme bilden, nicht gerne missen und es auch speziell begrüßen, wenn Sie dieselben weiter übernehmen wollten. Bezüglich der Stundenverteilung könnten wir Ihnen natürlich weitgehend entgegenkommen, gegebenenfalls zwei Stunden zusammenlegen und dergleichen. Die Reisekosten würden selbstverständlich vom Tropeninstitut übernommen... Ich bin mit den besten Grüßen Ihr Rud. Geigy.«

Diesem Brief, den ich als bezeichnendes Kuriosum aufbewahrte, kam nachträglich noch eine unerwartete Bedeutung zu, nämlich während meines Konfliktes mit dem seinerzeitigen Vorstand des Zürcher Zoos (1959), der Gegenstand einer amtlichen Untersuchungskommission war. In dem über 370 Seiten starken Bericht wurde dieser Brief (act. 107) erwähnt, um die von meinen damaligen Gegnern frischfröhlich in die Welt gesetzte Behauptung zu entkräften, ich sei schon während meiner Basler Tätigkeit am Zoo und am Tropeninstitut unbrauchbar gewesen.

Im Jahresbericht des Basler Zoos 1953 schrieb Professor Geigy: »Die Leitung des Gartens wurde am 1. April von Herrn Dr. Ernst Lang übernommen. Mit diesem Wechsel findet eine 9jährige Periode ihren Abschluß, während welcher Herr Prof. H. Hediger dem Garten hervorragende Dienste geleistet hat, wofür wir ihm hier unseren Dank und unsere Anerkennung aussprechen.«

Gegen außen mußte natürlich der Schein gewahrt werden, als ob sich alles in Minne abgespielt hätte; zu viele Basler Zoofreunde hätten sonst reklamiert. Es kam auch so zu einer ausgiebigen öffentlichen Diskussion und einer entsprechenden Pressekampagne, die hier übergangen sei.

Selbstverständlich wurde auch meinen beiden Doktoranden, die gleichzeitig als Halbtagsassistenten wirkten, E. Inhelder und R. Schloeth, gekündigt. In eine verzwickte Lage geriet Dr. W. Fiedler, der spätere Direktor des Schönbrunner Tierparks in Wien, mit dem ein einjähriger Vertrag als wissenschaftlicher Mitarbeiter abgeschlossen worden war. Alle drei haben ihre Studien im Zürcher Zoo fortgesetzt bzw. abgeschlossen.

Auch meiner Sekretärin, Fräulein Margrit Nadolny, die dem Zoo während Jahren ausgezeichnete Dienste geleistet und deren Vater als ehrenamtlicher Rechnungsrevisor gewirkt hatte, wurde gekündigt. Wer nicht ebenfalls in Ungnade fallen wollte, mußte sofort jeden Kontakt mit mir aufgeben oder – noch besser – gegen mich agieren. Hier ließen sich aufschlußreiche menschliche Erfahrungen sammeln. Am meisten tat sich in dieser Beziehung mein Nachfolger hervor, Dr. Ernst M. Lang, den ich ins Zoowesen eingeführt und dem ich selbstverständlich mein Wissen und meine Privatbibliothek zur Verfügung gestellt hatte.

Diese Situation hat sich in der Folge jahre- und jahrzehntelang nicht geändert. Selbst als der Zolli 1974 sein hundertjähriges Jubiläum feierte, brachten es die Autoren der Festschrift »Leben und Erleben im Zolli«, Dr. Ernst M. Lang und der Journalist-Historiker G. A. Wanner, fertig, den Namen Hediger trotz meiner neunjährigen

Tätigkeit im Zolli vollkommen zu unterschlagen.

Nicht alle Basler waren mit dieser Taktik einverstanden. Mir gingen – wie damals in Bern – auch viele Sympathiekundgebungen zu, auch in Form von Einladungen aus Kreisen, von denen ich dies nicht erwartet hätte. Wegen meiner langfristig angesetzten Kündigungsfrist und der viel kürzeren Gegenkündigung war ich während drei Monaten sozusagen arbeitslos, d. h. ohne offizielles Einkommen, denn mein Antritt in Zürich war frühestens auf den 1. Oktober 1953 vorgesehen. Zwei Firmen der Basler chemischen Industrie sprangen spontan in großzügiger Weise ein, um diese für meine Familie und mich heikle Situation zu überbrücken. Für diese unerwartete Hilfe bin ich auch heute noch dankbar.

Selbst die Firma Geigy, die sich um unsere privaten Auseinandersetzungen nicht kümmerte, hielt an ihrem Auftrag fest, im Rahmen der »Documenta Geigy« eine Folge von sechs Broschüren zum Thema »Tiere im Schlaf« zu verfassen.

Am 1. April 1953 erfolgte also die Amtsübergabe an meinen Nachfolger. Mir wurde zwar noch das Wohnrecht bis am 1. Oktober belassen, so daß ich mit meinen Studenten noch das Sommersemester mit den zoologischen und tierpsychologischen Demonstrationen im Zoo durchführen konnte. Aber nach Abschluß des Semesters vermochte nichts mehr meine Familie und mich länger an diesem Ort bitterer Enttäuschung zu halten.

Am 21. Juli erfolgte der Wechsel nach Zürich, wo wir eine Wohnung in Zoonähe bezogen – zufällig im gleichen Haus wie der berühmte Geologe Professor Arnold Heim, Sohn des noch berühmteren Geologen Albert Heim.

Natürlich hatte mein Wechsel von Basel nach Zürich in der Presse viel zu schreiben gegeben. Dadurch hatte u. a. Direktor Guyer vom Kantonalen Lehrerseminar in Zürich Kenntnis von meinem Zuzug bekommen. Er suchte mich sofort auf, und schon im Sommersemester setzte er einen Kurs für Tiergartenbiologie und Tierpsychologie aufs Programm. Während zwölf Jahren hielt ich diese Kurse am Oberseminar ab, im Sommer im Zoo, im Winter im Hörsaal. Ich hatte das Gefühl, den angehenden Pädagogen einen wesentlichen Zugang zum Zoo als biologischer Lehrstätte bieten zu können. Zu meinem Leidwesen mußte ich diese Kurse nach zwölf Jahren wegen allzu großer Arbeitsbelastung aufgeben.

Vom 1. Oktober 1953 an war ich Angestellter des Zürcher Zoos. Mein Vorgänger, Felix Hofmann, blieb noch im Amt bis zum Jahresende. Er, der frühere Sumatrafarmer, hatte eigenartige Vorstellungen von Arbeitszeiten. Täglich fuhr er mit dem ersten Tram in den Zoo und machte auf seine Weise die Inspektion im klassischen Sinne; er wollte den ganzen Zoo vor Antritt der Tierpfleger gesehen haben und verließ ihn auch als letzter. Ich war gespannt darauf, mit ihm einmal gemeinsam auf Inspektion zu gehen. Sie begann um 06.30 Uhr, war aber deswegen nicht sehr ergiebig, weil es um diese Zeit – besonders in den Ställen ohne elektrischen Anschluß – noch recht dunkel war, so daß das, was man eigentlich sehen wollte, nicht zu sehen war.

Es stand mir genügend Zeit zur Verfügung, den Zoo, seinen Tierbestand, das Personal kennenzulernen, Sanierungen und Ausbaumöglichkeiten zu planen. Ende Oktober begann ich – neben den Vorlesungen im Lehrerseminar – meine Vorlesungen über Tiergartenbiologie und Tierpsychologie an der Universität. Dazu kamen noch Vorträge, u. a. auch am C.G.-Jung-Institut.

Im Dezember konnte ich an der Ethologen-Konferenz in Oxford teilnehmen, wo wir wie Collegeboys während elf Tagen in einem der traditionsreichen Colleges wohnten und arbeiteten. Ich hielt einen Vortrag über »Zoological gardens and human ethology«, in dem ich besonders die Frage nach der Prägung bei Tier und Mensch behandelte. Während beim Tier in der Regel während seiner sensiblen Jugendphase nur viererlei geprägt werden kann, nämlich Raum, Nahrung, Feind und Kumpan, bestehen beim Menschen viele weitere Möglichkeiten wie zum Beispiel Beruf, religiöse Einstellung, Stil, soziale Einordnung usw.

Bei manchen Zoopflegern und -direktoren hat es sich gezeigt, daß sie beruflich vor ihrem zehnten Lebensjahr fixiert wurden. Bei vielen Verhaltensforschern wie Oskar Heinroth, Konrad Lorenz, Peter Scott, C. O. Whitman und anderen erfolgte die Prägung auf das Studium der Vögel ebenfalls in früher Kindheit. Alexander von Humboldt wurde im Berliner Botanischen Garten als kleines Kind beim Anblick einer riesigen Fächerpalme von der Besessenheit gepackt, in tropische Länder zu reisen, Darwin wiederum durch die Lektüre einer Reiseschilderung von Humboldt. Der berühmte Afrikaforscher und Begründer der Kulturmorphologie Leo Frobenius (1873–1938) ging einmal als Kleinkind im Frankfurter Zoo verloren, wo eine afrikanische Völkerschautruppe eine große Menschenmenge angelockt hatte. Man fand ihn erst am folgenden Morgen glückselig auf dem Schoße einer Sudanesin, und er gab seinem Wunsch Ausdruck, in jenes Land zu reisen, wo es so herrlich dufte.

Der Archäologe Heinrich Schliemann (1822–1890) wurde als Kleinkind geprägt durch eine Darstellung der brennenden Stadt Troja und durch die Erzählung, daß diese Stadt verschwunden sei. Seither ließ ihn der Gedanke nicht mehr los, Troja zu finden und auszugraben – ein Plan, den Schliemann bekanntlich verwirklicht hat.

Wenn verhältnismäßig oft Söhne beruflich in die Fußstapfen ihrer Väter treten, ist dies keineswegs immer kommerziell bedingt, sondern kann auch Folge eines biologischen Prägungsprozesses sein, wie das auch für viele andere Eigenschaften gilt. An der Diskussion in Oxford wurden von anwesenden Ethologen so viele und so eindrückliche Fälle von frühkindlicher Fixierung des Berufes geschildert, daß es spontan zur Anregung kam, in dieser Berufskategorie eine systematische Enquête zu veranstalten. Nach meiner Rückkehr nach Zürich verschickte ich sogleich Fragebogen an die Teilnehmer. Einzelne Antworten waren in der Tat verblüffend. Franz Sauer etwa glaubte, daß es für ihn ein entscheidendes Erlebnis war, als er im Wald von seinem Vater auf dem Arm getragen und auf den Gesang einer Grasmücke aufmerksam gemacht wurde. Noch als erwachsener Zoologe hat sich Sauer oft und intensiv mit Grasmücken und anderen Zugvögeln beschäftigt.

Zwanzig Jahre Zürcher Zoo (1954–1974) – São Paulo und Sydney

Schwierige Anfänge und ein »Papier-Zoo«

Dann kam der große Tag, der 1. Januar 1954, mein Amtsantritt im dritten Schweizer Zoo, wo ich vor 22 Jahren abgeblitzt war. Mein Vorgänger, Felix Hofmann, überreichte mir feierlich die Schlüssel. Es war ein bitterkalter Tag, an dem die Bise vom Glattal her über den Einschnitt auf dem Zürichberg gegen den See fegte. Otto Meier, der populäre Menschenaffenpfleger, hatte mich gewarnt und behauptet, daß dieser eisige Wind manchmal derart über den Rücken der Allmend Fluntern pfeife, daß man nicht mehr atmen könne und sich rückwärtsgehend gegen den Sturm stemmen müsse, um von der Tramstation den Zoo zu erreichen. Er hatte nicht stark übertrieben.

Vorsorglich hatte ich mir einen mit Schaffell gefütterten Wintermantel anfertigen lassen, denn ich wollte nicht zu jenen Kollegen gehören, von denen böse Zungen behaupteten, sie führten die Zooinspektion nur bei schönem Wetter durch. Nicht einverstanden war ich aber damit, daß mir für diese Dienstkleidung die damals für Pelzmäntel übliche Luxussteuer angerechnet wurde. Mein Protest führte zu bürokratischen Auseinandersetzungen bis nach Bern. Schließlich übernahm die Herstellerfirma die stur verlangte Luxussteuer für den ohnehin teuren Mantel.

Bei meinem Amtsantritt hatte mir mein Vorgänger auch einen Revolver und ein Fläschchen Strychnin überreicht, die Waffe zum Erschießen der fast täglich als Futter für die Raubtiere angelieferten Hunde, das Gift zum Töten der Füchse, die durch das defekte und völlig verrostete Gitter in den Zoo eindrangen und viele kostbare Vögel und andere Tiere töteten.

Wie schon erwähnt, war ich grundsätzlich gegen das Töten von Hunden und Katzen zu Futterzwecken, wie es auch in Basel üblich gewesen war; und was die Füchse anbetraf, so war ich gleichfalls grundsätzlich gegen die Verwendung von Gift im Zoo und verlangte stattdessen eine Erneuerung der gesamten Gitterumfassung.

Im Jahresbericht 1953 führte der Präsident des Aufsichtsrates, Professor H. Steiner, der für meine Berufung an die Universität verantwortlich war, u. a. aus: »Durch die am 1. Januar 1954 erfolgte Übernahme der Direktion durch Herrn Prof. Dr. H. Hediger ist ohne Zweifel eine neue Periode in der Geschichte unseres Zoologischen Gartens eingeleitet worden. Über die Bedeutung dieses Direktionswechsels ist sich der Vorstand als für die Leitung des Gartens verantwortliches Organ von allem Anfang an bewußt gewesen. Eine Reorganisation der Leitung des Gartens namentlich im Hinblick auf die Kompetenzausscheidung drängte sich auf, welche ihren Niederschlag letzten Endes in einer Statutenrevision finden mußte. Nach diesen Reorganisationsvorschlägen werden viele bisher vom Vorstand respektive dessen Präsidenten Emil Keller-Furrer ausgeübte

Pflichten und Rechte in der Leitung und Geschäftsführung des Gartens dem Direktor übertragen...« Professor Steiner, der in den ersten Jahren halbtagsweise selber die Direktion des Zürcher Zoos innehatte, tat gut daran, diese neue Kompetenzverteilung gleich am Anfang klarzustellen. Aber einigen Herren des Vorstandes fiel es nicht leicht, sich an die neue Ordnung zu halten, besonders jenem nicht, der bis zu meinem Amtsantritt intern die Rolle des Direktors gespielt hatte, während Felix Hofmann sich – wie ich erst nachträglich erfuhr – lediglich nach außen hin als Direktor hatte bezeichnen dürfen. Juristisch war der Zürcher Zoo eine Genossenschaft, der Basler Zoo eine Aktiengesellschaft auf gemeinnütziger Basis und der Tierpark Dählhölzli ein städtischer Betrieb.

Mir erschienen diese verschiedenen Organisationsformen unwesentlich. Es kam, wie ich auch überall im Ausland feststellte, entscheidend auf die beteiligten Persönlichkeiten an, auf ihren guten Willen, im Interesse des zu fördernden Zoos produktiv zusammenzuarbeiten.

Der erwähnte »getarnte« Direktor, ein schrulliger Junggeselle, der sich später im See ertränkte, machte mir von Anfang an Schwierigkeiten. Er hatte bis zu meinem Antritt einen schwunghaften Tierhandel betrieben – zum Beispiel auch große Mengen von Rhesusaffen für Tierversuche importiert –, und jetzt fiel es ihm schwer, die Finger davon zu lassen. Ich hatte auch Mühe, für die Zoodirektion bestimmte Post direkt zu erhalten und nicht über seine Privatadresse, welche bisher als Direktionsadresse gegolten hatte.

55 Jahre jünger als der Basler Zolli, war der 1929 eröffnete Zürcher Zoo in der Bevölkerung noch nicht so stark verwurzelt. Er bezog noch keine regelmäßigen Subventionen von der öffentlichen Hand und wollte dies auch gar nicht, wie mir gesagt wurde, weil damit wohl ein öffentliches »Hineinreden« mit in Kauf zu nehmen gewesen wäre, und darauf war die Leitung der Genossenschaft nicht erpicht. Es fehlte also, wie in so vielen zoologischen Gärten, ganz entschieden an Geld.

Ich ließ mich dadurch nicht abschrecken, da dies sozusagen eine Normalerscheinung darstellte, und ich nahm es eher positiv auf, daß ich von der Buchhaltung entlastet sein sollte; sie wurde in der Bank des Präsidenten erledigt, deren Verwalter er war. Meine Hauptaufgabe sah ich auch darin, mich in erster Linie um die Tiere zu kümmern, um den biologischen Aspekt des Zoos, für den ich mich kompetent hielt. Finanzexperten und Buchhalter gibt es überall – meine Ausbildung liegt auf einem anderen Gebiet, dem in einem Zoo Priorität zukommen sollte. Meine Naivität in Finanzangelegenheiten, die ich gerne zugebe, war mir und meiner Familie in vielen Situationen begreiflicherweise nicht zuträglich.

Da im Zürcher Zoo kaum Geld für Sanierung und Ausbau vorhanden war, verlegte ich mich, wie seinerzeit in Basel, aufs Betteln bei Firmen und Privaten, und bald geriet ich in den Ruf, Zürichs größter Bettler zu sein. Dabei fand ich wertvolle Unterstützung bei den Journalisten, welche an den monatlichen Presse-Aperitifen teilnahmen, die ich auch hier sofort nach meinem Amtsantritt einführte. Hinzu kamen bald auch regelmäßige Fersehsendungen, die den Zoo nichts kosteten, aber eine gute Propaganda-Wirkung erzielten.

Im übrigen fühlte ich mich im Alter von 46 Jahren durchaus in der Lage, nochmals von vorne zu beginnen und einen Zoo mit Freuden neu aufzubauen. Der Zürcher Zoo hatte es bitter nötig, von seinen Eierschalen befreit und zu einer dieser Stadt würdigen Anlage entwickelt zu werden.

Bevor an einen Ausbau gedacht werden konnte, mußten allerdings viele alte Gitterkäfige und Einrichtungen aufgehoben werden, die dem Publikum, den Tieren und dem Personal nicht länger zugemutet werden durften. Bisher waren einzelne Gehege und Huftierställe einfach ohne Kanalisation und Wasseranschluß ins Gelände gestellt worden. Das Wasser mußte in Handtankwagen zu den Huftierställen im hintersten Gartenteil geführt werden, was namentlich im Winter mühsam und zeitraubend war. Zudem konnten die Abwässer der Tierhäuser und des Restaurants nicht mit natürlichem Gefälle weggeschafft, sondern mußten unter Kostenfolge über den Hügel nach der Seeseite gepumpt werden. Häufig kam es zu Verstopfungen und Überschwemmungen im Pumphaus, so daß das ohnehin schon spärliche Personal für solche Reparaturen viel Zeit und Arbeit aufwenden mußte. Es fehlte – im Gegensatz zu Basel – an eigenen Werkstätten und Handwerkern. Ein Zimmer neben dem Direktionsbüro diente als Futter-Lagerraum, so daß nur in kleinen, relativ teuren Quantitäten eingekauft werden konnte. Bei meinem Antritt standen ein Kassier, dreizehn Tierpfleger, ein Gärtner, ein Handwerker und eine Putzfrau (auch Kassier-Stellvertreterin) im Einsatz. Bei meiner Pensionierung verfügte der Zoo über einen kaufmännischen Leiter mit Per-

Auch im Zürcher Zoo hielt ich noch einige Feldhasen, z. B. einen zahmen »Bürohasen« im Sekretariat. Das Lager auf dem Aktenkasten hatte der Hase selber gewählt. Im Vordergrund meine Sekretärin Heidi Schär.   Foto Jürg Klages

sonal für Buchhaltung und Kasse, eine Sekretärin, eine Telefonistin, Bauführer mit Handwerkern und 35 Tierpfleger. Zum Personal gehörte ferner ein Chauffeur für den Lieferwagen. Den brauchte ich anfangs noch nicht, da der Zoo kein Auto besaß. Alles mußte erbettelt, um jeden neuen Mitarbeiter mußte beim Vorstand gekämpft werden.

Ich kannte also den Zoo von seinen bescheidensten Anfängen an. In großen Weltstadt-Zoos, namentlich in amerikanischen, gibt es umfangreiche Mitarbeiterstäbe für jede einzelne Betriebssparte, von der Forschung bis zum Bauwesen, vom Veterinärdienst bis zu den Public Relations, von der Bibliothek bis zum Unterhalt der elektrischen Anlagen und zur grafischen Gestaltung der Anschriften. Für Einkauf, Unterhalt des Wagenparks, Aufsicht, Tierbestandsregister, Führung der Internationalen Zuchtbücher, Gärtnerei und Futtertierkulturen, für Fotografie und Publikationen stehen ganze Gruppen von spezialisierten Mitarbeitern zur Verfügung, in der Regel Hunderte. Ich habe den Zoo noch sozusagen als »Einmannbetrieb« kennengelernt. Die berufliche Befriedigung ist indessen nicht abhängig von der Größe eines Zoos; mir waren ein gewisses Maß an direktem Tierkontakt und die Überblickbarkeit des Betriebes wichtig.

Mit diesen Hinweisen wollte ich lediglich dartun, daß die Anfänge nicht leicht waren. Mir ging es darum, mit den sehr bescheidenen Mitteln etwas Neues zu schaffen und damit das Interesse des Publikums zu beleben. Da reizte mich zunächst das sogenannte Vogelhaus, d. h. der Längstrakt des inzwischen (1986) abgerissenen Hauptgebäudes, das u. a. Elefantenstall, Aquarium und Terrarium, Menschenaffen und oben im »Turm« einige Gibbons und Kleinsäuger beherbergte.

Der Vogeltrakt war angefüllt mit

Durch dosierte Provokation konnte der Hase zur Abwehr gereizt werden. Er schlug dann kräftig mit den Vorderläufen, ein Verhalten, das früher von Straßengauklern durch Vorhalten einer Trommel gelegentlich als Kunststück vorgeführt wurde.
Foto Jürg Klages

Drahtvolieren und einer Doppelreihe von kleinen Gitterkäfigen auf der einen Längsseite. Mir war aufgefallen, daß der Pfleger seinen Vögeln jeweils unwahrscheinlich große Futterportionen vorsetzte, doch waren zu meiner Verwunderung am nächsten Morgen die Futternäpfe völlig leer. Das konnte nicht mit rechten Dingen zugehen.

Als ich einmal einen nächtlichen Rundgang durch den Zoo machte, wurde mir alles klar: Der sogenannte Vogeltrakt war eigentlich eine gigantische Hausmaus-Zuchtanlage. Fast in jedem Käfig waren Mäuse damit beschäftigt, sich vom Vogelfutter zu bedienen. In der Folge untersuchte ich den Raum über der Decke und den Keller und stieß auf ein wahres Mäuseparadies, d. h. auf die ausgedehnteste Hausmauspopulation, der ich je im Leben begegnet bin. Das eröffnete mir ganz neue, interessante Einblicke in die Bio-

Nur wo große Hausmaus-Kolonien während Jahren völlig ungestört leben, wie dies in einem Kellerraum des alten Hauptgebäudes im Zürcher Zoo der Fall war, bilden sich auf engen Wechseln (z. B. auf Röhren) die typischen »Urinating posts«: stark riechende Zäpfchen aus Kot mit Harn und Haaren, auf denen die Mäuse von einem Fixpunkt zum anderen gelangen.

Ein schönes Beispiel von einem breiten Markierungspolster, das von Hausmäusen wahrscheinlich im Laufe von Generationen auf der vielbegangenen Schwelle einer durch Harneinwirkung entstandenen Gitterlücke gebildet wurde.

logie der Hausmaus (Mus musculus), die mich außerordentlich faszinierte. Darüber habe ich in einem Beitrag zur Festschrift für die Hamburger Säugetierforscherin Dr. h. c. Erna Mohr in unserer Fachzeitschrift »Der Zoologische Garten« (Bd. 22, 1955) ausführlich unter dem Titel »Mäuse im Zoo« berichtet.

Hier konnte nur ein Ausräumen des ganzen Traktes helfen, und nach mehreren Sitzungen stimmte der Zoovorstand meinem Vorschlag zu, alle Käfige und Mäuse-Nistgelegenheiten zu entfernen und einen Offenen Flugraum im Stil jener von St. Louis und Philadelphia einzubauen. Eine Hälfte des langgestreckten Traktes wurde mit Humus, lebenden Pflanzen und toten Ästen ausgestattet, während die andere, für das Publikum reservierte Hälfte völlig kahl gehalten wurde. Beide Teile waren nur durch eine niedrige Glasbarriere voneinander getrennt. Die Vögel konnten also darüber hinwegfliegen, hatten aber kein Interesse daran, ihren Biotop zu verlassen und sich in einem kahlen, ständig von Besuchern gestörten Raum aufzuhalten. Am 7. September 1954 wurde diese für die Schweiz und Europa neuartige Anlage in Betrieb genommen.

Zur Eröffnung wurden zwölf Vogelarten eingesetzt, die natürlich sorgfältig aufeinander abgestimmt sein mußten. Auf Papageien, die alle Pflanzen in kurzer Zeit zerstört hätten, mußte ebenso verzichtet werden wie auf Raubvögel. Es ging darum, eine harmonische Gruppe anzusiedeln, so daß sich Territorien etablieren ließen.

Bald kam es auch zu erfreulichen Zuchterfolgen, zum Beispiel bei den Bali-Staren, Kragen- und Krontauben,

Dolchstichtauben u. a. m. In der Tat empfand ich diesen Offenen Flugraum als eine Art Oase im sonst noch so stark vergitterten Zoo. Die Vögel quittierten die weitgehend natürlichen Lebensbedingungen durch ausgeglichenes Verhalten einschließlich Bewegung, Futteraufnahme, Balz, Nestbau und Jungenaufzucht.

Der Offene Flugraum fand auch beim Publikum guten Anklang und zeigte vielen Zoofreunden, daß neue Wege der Tierhaltung offenstanden, wenn nur die erforderlichen Geldmittel vorhanden waren. Besonders erfreulich war auch, daß sich Vogelpfleger Walter Hunziker, ein Veteran, der von Anfang an dabei war, absolut positiv zu seinem umgestalteten Arbeitsraum einstellte. In den gefälligen Glasvolieren, welche die alten Gitterkästen ersetzten, brachte er es zu damals sehr beachtlichen Zuchterfolgen, zum Beispiel beim Kea und beim Lachenden Hans.

Ein ähnliches »Biotopgefühl« wie vor dem Offenen Flugraum empfand ich sonst eigentlich nur noch in dem von Tierpfleger Werner Geiser betreuten Aquarium und im Terrarium, das von Franz Zweifel besorgt wurde. Beide hatten sich schon immer bemüht, ihre Pfleglinge nicht in nackten Kuben, sondern in bepflanzten Biotopen zu zeigen. Im Terrarientrakt dominierten eine riesige Bougainvillea und ein ebenso mächtiger Philodendron, die mit ihrem üppigen Blattwerk viele Mauerrisse und brüchige Glasscheiben wohltuend überdeckten und eine tropische Atmosphäre verbreiteten; zwischen den Blättern hindurch waren gelegentlich einige Geckos und exotische Frösche außerhalb der eigentlichen Terrarien zu sehen.

Gar kein Biotopgefühl konnte hingegen aufkommen beim Betrachten der Giraffen, die auf Holzböden in einem ehemaligen Viehstall gehalten wurden.

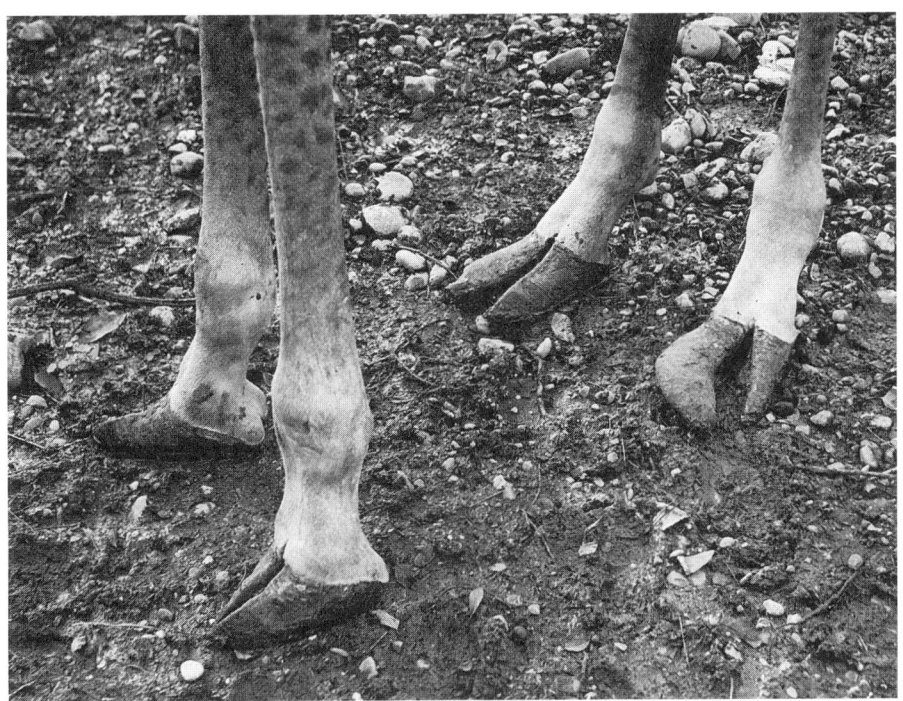

So sahen die Hufe der einzigen Giraffe aus, die ich bei der Übernahme des Zürcher Zoos im Januar 1954 dort vorfand.

Ich erlebte noch den »letzten Mohikaner« in dieser traurigen Unterkunft, wo es während mehr als zwei Jahrzehnten immer nur Todesfälle, aber keine einzige Geburt zu verzeichnen gab. Ich beharrte darauf, Giraffen erst wieder zu halten, wenn eine bessere Anlage zur Verfügung stehen würde. Meine diesbezüglichen Pläne ließen sich jedoch während meiner Amtszeit nicht verwirklichen. Dringenderen Bauten mußte Priorität eingeräumt werden, nämlich jenen für Menschenaffen, Nashörner, Elefanten und Antilopen, deren Unterkünfte ebenfalls völlig ungenügend waren.

Das Jahr 1955 brachte allerlei Überraschungen, positive und negative – auch tragikomische. Ein wichtiges Ereignis war die Ankunft einer Brückenechse (Sphenodon punctatus) als Geschenk der neuseeländischen Regierung. Es war das erste Exemplar dieser seltenen, bedrohten Reptilienart, das je in die Schweiz gelangte – und zwar im Austausch gegen ein Namensschild-Muster!

Eine wahrhaft erfreuliche Überraschung bereitete uns auch die Schimpansin »Mary«, die damals noch in einem düsteren, engen Gitterkäfig des Hauptgebäudes untergebracht war: Ausgerechnet am Tag der Generalversammlung der Zoogenossenschafter, am 29. Juni 1955, brachte sie ihr erstes Junges zur Welt, »Miggel«, das sie auch tadellos aufzog, was bei Erstgeburten eher die Ausnahme ist. Es war die erste Geburt eines Schimpansen in der Schweiz überhaupt und für Otto Meier, den Menschenaffenpfleger, ein Höhepunkt seines Berufslebens. Natürlich brachte diese aufsehenerregende Geburt dem Zoo eine willkommene Zahl zusätzlicher Besucher. Der große Tiermaler und Zoofreund Fritz Hug stellte Mutter und Sohn in einem großartigen Porträt dar.

Zweieinhalb Monate später, am 17. September, brachte die Schimpansin »Lulu«, die mit »Mary« freundschaftlich zusammenlebte, ihrerseits ein Junges zur Welt. Der gemeinsame Vater war »Toni«, ein äußerst temperamentvolles Männchen.

Der zweifache Zuwachs in dem engen Käfig der Schimpansen machte jetzt den schon lange geforderten Neubau für die Menschenaffen besonders dringlich. Mit den beiden Jungen, ihren Müttern und dem Vater lebte auch noch »Großmutter Nanette« in dem altertümlichen Gitterkomplex. Im Juni 1955 erhielt ich vom Zoo-Vorstand den Auftrag, mit Architekt M. E. Haefeli ein Projekt für ein neues Menschenaffenhaus auszuarbeiten. Die Zusammenarbeit mit diesem vorzüglichen und für spezielle Zoowünsche aufgeschlossenen Architekten erwies sich als äußerst fruchtbar und angenehm; allerdings waren wir beide an finanzielle Fesseln gebunden, die uns zwangen, an unseren Plänen immer wieder massive Abstriche vorzunehmen. Immerhin konnte nebenher eine kleine Pinguinanlage und im sogenannten »Turm« des Hauptgebäudes ein kleines, gitterloses Freilandterrarium eingebaut werden mit quasi natürlichen Biotopen, welche vom Besucher nur durch niedere Glasschranken getrennt waren, entsprechend jenem der Vögel im Offenen Flugraum.

Die beiden erfreulichen Schimpansengeburten gaben zu allerlei wertvollen Beobachtungen Anlaß und bestätigten auch, daß diesen Menschenaffen nichts angeboren ist, was mit der Fortpflanzung zusammenhängt: Sie bedürfen also einer regelrechten sexuellen Aufklärung, die unter natürlichen Bedingungen im Familien- und Herdenverband sozusagen durch Anschauungsunterricht erfolgt. Das gilt nicht nur für die Begattung, das Geburtsverhalten und die Behandlung der Nachgeburt, sondern auch für die Säuglingspflege. Im Zoo muß da sehr oft der Pfleger helfend eingreifen. Über diese und weitere Schimpansengeburten – auch eine Zwillingsgeburt – wurde ausführlich berichtet (Hediger und Zweifel 1962).

Hier soll nur eine ebenso interessante wie amüsante Einzelheit von den beiden ersten Geburten kurz wiedergegeben werden. Anfangs werden Schimpansensäuglinge von ihrer Mutter am Bauch getragen. Das war auch bei »Mary« und ihrem Sohn »Miggel« der Fall, bis dieser etwa ein halbes Jahr alt war. Dann darf das Kind im Jockeysitz auf dem Rücken der Mutter reiten. So setzte sich auch »Mary« ihren Sohn auf den Rücken – allerdings verkehrtherum, »rückwärts«. Das wirkte auf uns keineswegs komisch, denn immer, wenn die Mutter mit ihrem Reiter unter einem niedrigen Ast hindurch oder durch eine Käfigtüre ging, mußten wir befürchten, daß sich der Kleine seinen Kopf anschlagen würde. Merkwürdigerweise ist das jedoch nie passiert.

Das ging so lange, bis der zweite junge Schimpanse, »Susi«, ebenfalls ins Alter kam, da ihn seine Mutter auf den Rücken setzte. Am 19. Mai 1956 geschah dies erstmals: Seltsamerweise aber setzte »Lulu« ihre Tochter von Anfang an richtig auf ihren Rücken, also mit dem Gesicht nach vorn. Von diesem Augenblick an drehte auch »Mary« ihren Sohn in die richtige Stellung!

Diese an sich höchst bescheidene Zoobeobachtung läßt die Frage, was diesen Menschenaffen im Zusammenhang mit der Säuglingspflege angeboren ist und was nicht, in einem eigenartigen Licht erscheinen. Wissen Schimpansenmütter vielleicht nur, daß, aber nicht wie sie ihr Kind von einem gewissen Alter an auf dem Rücken tragen sollen? Im Zoo haben wir zum Beispiel auch immer wieder beobachtet,

Im Laufe meiner 35jährigen Zoo-Tätigkeit konnte ich viele Geburten protokollieren und im Bilde festhalten. Dabei zeigte sich u. a., daß neugeborene Huftiere angeborenermaßen nur wissen, daß sie im Winkel zwischen einem Bein und dem Körper der Mutter nach dem Euter suchen müssen. Oft suchen sie daher im falschen Winkel, nämlich zwischen Vorderbein und Hals oder Bauch und saugen dort sogar an Haarbüscheln. Erfahrene Mütter, wie z. B. diese Nilgau, schubsen dann ihr Junges an den richtigen Ort.

daß neugeborene Huftiere zwar wissen, daß sie in einem Winkel zwischen Beinen und Bauch der Mutter nach dem Euter suchen müssen, aber nicht genau wissen, ob es sich um die Vorder- oder Hinterbeine handelt. Oft suchen sie dann hartnäckig am falschen Ort, bis sie durch Zufall oder von einer erfahrenen Mutter gestoßen, an den richtigen Ort gelangen und so lernen, wo sich dieser befindet.

So scheinen ungenügend angeborene Verhaltensgrundlagen durch individuelle Lernprozesse ergänzt zu werden. Ein solcher Lernakt kann einmalig und von unglaublicher Kürze sein und an tiefere Wissensschichten anknüpfen. Es genügte der Schimpansin, die richtige Tragweise bei ihrer Freundin zu sehen, um bereits eingefahrenes Fehlverhalten sofort zu korrigieren. Wegen dieses Fehlverhaltens wurde »Mary« sozusagen berühmt und ging in die primatologische und tierpsychologische Fachliteratur ein.

Der 14. November 1955 bescherte mir eine erstaunliche Überraschung: Auf meinem Schreibtisch fand ich einen Zettel, auf dem in der Handschrift des Kassiers fein säuberlich meine Absenzen der vergangenen Woche eingetragen waren. Als ich Herrn A. Th. deswegen zur Rede stellte, erschrak er zutiefst und gestand, daß er den Zettel verwechselt hätte mit einem anderen, den ich von ihm verlangt hatte: Ich wollte jeweils mit ein paar Zahlen über Tageseinnahmen und Besucher orientiert werden.

Meine Absenzen vom Zoo waren großzügig bemessen, darin eingeschlossen waren auch meine Bettelgänge zu Firmen in der Stadt und meine Tätigkeit am Oberseminar, wobei ich die Hälfte der Besoldung dem Zoo abzuliefern hatte. Der Kassier hatte vom Präsidenten, Emil Keller-Furrer, den Auftrag erhalten – wie dieser peinlicherweise zugeben mußte –, mich in meiner Tätigkeit zu bespitzeln und ihm Auskunft zu erteilen. Es stellte sich heraus, daß ein wesentlicher Teil des Zoopersonals nicht aufgrund entsprechender Qualifikationen angestellt worden war, sondern entsprechend der Bereitschaft, den neuen Direktor in allen Tätigkeiten zu überwachen und dem Präsidenten Bericht zu erstatten.

Von diesem Augenblick an war natürlich mein Vertrauen in die Oberbehörde erschüttert. Verschiedene andere Erfahrungen fügten sich zu einem Bild zusammen. So hatte sich zum Beispiel der Zootierarzt, Dr. H. Böhler, als Mitglied des Zoovorstandes geweigert, mir nach jedem seiner Besuche einen ganz kurzen Rapport über seine Tätigkeit zu schreiben. In Basel hatte ich dieses System mit gutem Erfolg eingeführt. Zudem war es meistens die Frau des Tierarztes, die bei Behandlungen das große Wort führte und mysteriöse, farbige Pülverchen an die Patienten abgab. Die beiden, die in der Stadt eine Kleintierpraxis führten, kamen regelmäßig im Taxi und ließen den Wagen jeweils warten, auch während ausgiebiger Plauderstündchen mit den Pflegern ihres Vertrauens oder während Spaziergängen in die Umgebung des Zoos.

Diese Zustände führten begreiflicherweise zu einer Vertrauenskrise. Ein postalischer Zwischenfall hatte zur Folge, daß ein Brief, der an die alte, inoffizielle Zoodirektion adressiert war, ordnungsgemäß mir als dem neuen Direktor zugestellt wurde. Er enthielt die Mitgliederliste einer Freimaurerloge, und es zeigte sich, daß so gut wie alle Mitglieder des Zoovorstandes demselben Clan angehörten. Bald konnte ich, der Außenstehende, den Herren überhaupt nichts mehr recht machen, und es kam zu offensichtlich konzentrierten Nörgeleien und Reibereien. Planung und Erstellung der dringend notwendigen Neubauten für Menschenaffen, Nashörner und Ele-

Emil Keller-Furrer, der damalige Präsident der Genossenschaft Zoologischer Garten Zürich, an der Jahresversammlung vom 27. Juni 1958 (am Rednerpult) im Kreise seiner Getreuen, als er kurz vor Mitternacht meine Entlassung als Zoodirektor aussprach. Später mußte der gesamte Vorstand zurücktreten, während ich rehabilitiert wurde. Photopress

fanten wurden dadurch wesentlich verzögert. Die Atmosphäre war vergiftet. An der stürmischen Generalversammlung der Zoogenossenschafter vom 27. Juni 1958 wurde mir kurz vor Mitternacht gekündigt.

Die Studenten beider Hochschulen reagierten sofort mit dem Aufruf zu einer Demonstration, die am 4. Juli in Form eines imposanten Fackelzuges stattfand und an der auch viele andere Bürger teilnahmen. »Diese Kündigung« – so heißt es im Zoo-Jahresbericht 1959 – »löste in der Presse, unter den Studenten und in weiten Kreisen der Bevölkerung heftige Proteste aus, so daß sich die Behörden aufgrund von Interpellationen im Kantons- und Gemeinderat entschlossen, eine Kommission zur Untersuchung der Auseinandersetzungen zwischen Vorstand und Direktion der Genossenschaft Zoologischer Garten Zürich ins Leben zu rufen.«

Diese Untersuchungskommission nahm ihre Arbeit bereits kurz nach meiner Entlassung im Juli 1958 auf und bestand aus Oberrichter Dr. Hans Studer als Obmann, dem Chef der kantonalen Finanzverwaltung und dem städtischen Finanzinspektor sowie einem Gerichtsschreiber. Tiergartenbiologisch bemerkenswert ist der Umstand, daß kein einziger Zooexperte zugezogen wurde; es ging auch hier wieder einmal nur um finanzielle und juristische Fragen.

Alle Herren nahmen ihr Amt selbstverständlich sehr ernst. Beide Parteien hatten eine Art Beschwerdeschrift vorzulegen als Grundlage für die langen Verhandlungen, die sich über rund acht Monate erstreckten und im Obergericht stattfanden. Während dieser Zeit mußte ich jede Woche an mehreren Tagen während mehrerer Stunden antreten und mich gegen die geradezu ungeheuerlichen Vorwürfe meiner Gegner verteidigen, die eine große Zahl von

Als Reaktion auf meine Entlassung kam es im Juli 1958 unter der Bevölkerung zu überraschenden Protestkundgebungen. Die Illustrierte »Die Woche« veröffentlichte einige dieser Szenen in ihrer Ausgabe vom 7. Juli 1958.

Zeugen aufmarschieren ließen, darunter natürlich auch alle ihnen zugetanen Tierpfleger. Als der Schimpansenpfleger Otto Meier an der Reihe war, gegen mich auszusagen, wurde er von Zoopräsident Keller nach peinlichem Schweigen energisch aufgefordert, endlich aufzuzählen, was er gegen mich vorzubringen habe. Nach weiterem Überlegen stotterte Meier, den ich vor Jahren zum Oberpfleger befördert hatte, daß ihm jetzt doch etwas einfalle: Ich hätte nämlich einmal von der greisen Schimpansin »Nanette« gesagt, sie sei eine »alte Tschättere«. Darauf brach der würdige Oberrichter und sein Kollegium in schallendes Gelächter aus und meinte, da drohe ja noch ein Ehrverletzungsprozeß!

Es war das einzige Mal, daß während der monatelangen Untersuchungen gelacht wurde. Im übrigen gab ich diesen Anklagepunkt zu, gleichzeitig aber auch zu bedenken, daß diese baslerische Dialektbezeichnung beim Anblick der bewährten, runzeligen Affengroßmutter durchaus freundschaftlich gemeint war.

Einen Trumpf besonderer Art hatte mein Hauptgegner, Präsident Emil Keller-Furrer, längere Zeit aufbewahrt, um ihn im geeigneten Augenblick gegen mich auszuspielen und mich sozusagen der Hochstapelei zu überführen. Er behauptete, ich hätte einen Brief an eine dem Zootierarzt nahestehende Veterinärfirma als Dr. med. vet. h. c. H. Hediger unterschrieben, und legte das vermeintliche Corpus delicti mit geschwellter Brust auf den Tisch. Herrn Keller und seinen Kumpanen war entgangen, daß mir dieser Titel 1952 von der Universität Zürich tatsächlich verliehen worden war. Zwar machte ich in der Regel keinen Gebrauch davon, doch in dem Brief an die betreffende Veterinärfirma hatte ich es für angebracht gehalten, weil sie mir in einer bestimmten Sache – zweifellos auf

Die Studenten beider Hochschulen organisierten als Sympathiekundgebung einen Fackelzug. Dann wurden die Fackeln vor meiner Wohnung niedergelegt.

Ein Reporter überraschte uns in der Wohnung und schrieb zu dem Bild: »Oben, am Fenster vor dem überfüllten Schreibtisch (der daran erinnert, daß die Arbeitszeit eines Zoodirektors nicht mit der Präsenzzeit im Tiergarten zusammenfällt) nimmt die Gattin den Geehrten am Ärmel, daß er sich den Fackelträgern nochmals zeige. Der Sohn, der fiebrig im Bett lag, durfte aufstehen, um, mit einem großen Stoffbären unter dem Arm, das verfrühte Augustfeuer vor dem Haus zu bewundern.«

Einflüsterung hin – Schwierigkeiten zu bereiten versuchte.

Derart erheiternde Zwischenspiele waren allerdings selten in den langen Monaten, in denen mich die Verhandlungen von der eigentlichen Zooarbeit abhielten. So lange die Untersuchungskommission tagte, wirkte ich trotz der Kündigung weiterhin als Zoodirektor; hinzu kamen meine Vorlesungen an der Universität und am Oberseminar und die übrigen Verpflichtungen.

Um dieses düstere Kapitel des Zürcher Zoos kurz abzuschließen, zitiere ich aus dem Jahresbericht 1959: »Der am 28. Mai 1959 von der Untersuchungskommission abgeschlossene Bericht hatte zur Folge, daß der alte Vorstand (...) an der von Stadtrat Maurer souverän geleiteten Generalversammlung vom 29. Juni 1959 gesamthaft zurücktrat. Es konstituierte sich ein neuer Vorstand (...) mit Herrn Prof. Dr. H. R. Schinz als Präsident. Der entlassene, durch die offizielle Untersuchung rehabilitierte Direktor wurde wieder eingestellt.«

Entlassung und Rehabilitation hatte ich ja bereits 1941 in Bern erfahren; in Basel hatte ich selber gekündigt und auf eine Wiederanstellung verzichtet. Solche Nebengeräusche seien vor allem auch deswegen wiedergegeben, weil so viele Idealisten den Beruf des Zoodirektors für einen Traumberuf halten. Man hat im Zoo keineswegs nur mit Tieren, sondern auch mit Menschen verschiedenster Schattierungen zu tun.

Das erfreuliche Ergebnis, zu dem die Untersuchungskommission gelangte, bestand also für mich darin, daß ich den alten Zoovorstand – mit Ausnahme der beiden Behördevertreter – losgeworden war, ebenso den Kassier und einige üble Elemente des Personals. Der Huftierpfleger, Fritz Bucher, wurde zum technischen Assistenten befördert; das Sekretariat wurde neu besetzt durch Heidi Schaer, die spätere Frau des Zoofotografen Jürg Klages, und Dr. Peter Weilenmann begann seine Tätigkeit als Zootierarzt. Ein neues, erfreuliches Klima war entstanden, eine neue, produktive Phase stand bevor. Endlich konnte ich mich wieder ganz für den Zoo einsetzen.

Meine Rehabilitation nach dem leidigen Zoo-Skandal wurde auch in der Öffentlichkeit lebhaft diskutiert und begrüßt und hatte allerlei völlig unerwartete Folgen. Ich wurde eingeladen, in verschiedenen Gremien Einsitz zu nehmen, was ich jedoch ablehnen mußte, da mich der Zoo und meine Vorlesungen sowie die verschiedenen Nebenfunktionen vollauf beschäftigten. Die größte Überraschung für mich war eine Anfrage von Dr. Sigmund Widmer in seiner Eigenschaft als Präsident des Landesrings der Unabhängigen, ob ich eine Kandidatur bei den bevorstehenden Nationalratswahlen annehmen würde. Der spätere Stadtpräsident von Zürich und ich hatten uns vor Jahren kennengelernt, als wir beide nebenamtlich Dozenten am Kantonalen Oberseminar waren. Ich bemühte mich, eine möglichst höfliche Absage zu formulieren und führte u. a. aus: »Mein Beruf hat notwendig zu einer engen Spezialisierung, einer Einseitigkeit, geführt. Das Sprichwort vom Schuhmacher und seinem Leisten drängt sich mir hier schmerzlich, aber eindringlich auf.« Ich fügte auch bei, daß mir das staatsbürgerliche und politische Wissen, das für dieses Amt notwendig ist, fast vollständig fehle. Was ich in meiner Antwort nicht zum Ausdruck brachte, war der subjektive Tatbestand, daß ich nichts so sehr haßte wie Sitzungen mit viel Geschwätz. Schon die Zoositzungen waren für mich schwarze Termine und eigentlich die einzigen langweiligen Zeiten in meinem Leben. Obgleich ich mir Mühe gab, dabei aufmerksam und höflich zu sein, ist mir dies – so fürchte ich – nicht immer ganz gelungen.

Schon während des Zookonfliktes hatte sich Professor Dr. med. Hans R. Schinz mutig für den Zoo und seinen Direktor eingesetzt. Er lancierte einen Aufruf an die Bevölkerung, die an dem Geschehen lebhaften Anteil genommen hatte, und rief sie zu einem scharenweisen Eintritt in die Zoogenossenschaft auf.

In einer außerordentlichen Generalversammlung am 25. November 1959 unter dem Motto »Rettet den Zoo« konstituierte sich ein neuer Vorstand; Professor Schinz wurde zum Präsidenten gewählt. Unter der Leitung dieses großzügigen Arztes, eines weltberühmten Radiologen, Glied der Naturforscher-Dynastie Schinz, begann eine neue, ersprießliche Ära. Natürlich konnte auch er nicht zaubern, doch mit dem neu geweckten Interesse begannen bei Behörden und Privaten auch die Finanzen zu fließen, und es ging allenthalben vorwärts.

Bevor ich von der »Ära Schinz« berichte, sei der Blick aber kurz zurückgerichtet auf die vorausgegangenen Jahre, die nach einem optimistischen Start vom Zerwürfnis mit dem alten Zoovorstand überschattet wurden. Zum Glück gab es auch viele Lichtblicke, bedingt vor allem durch den täglichen Kontakt mit Tieren aus aller Welt. Höhepunkte bildeten beispielsweise die Geburten, nicht so sehr wegen der Seltenheit der betreffenden Arten, als vielmehr, weil ich in vielen Fällen unmittelbar dabei sein und das Verhalten von Mutter und Nachwuchs von Anfang an beobachten konnte. Die Art und Weise, wie neues Leben erscheint – sei es aus dem Ei oder aus dem Mutterleib – ist unerhört faszinierend. Von besonderem Reiz war es ferner, von Geburt an vertraute Tiere über Jahre hinweg zu begleiten, ihren Charakter zu beobachten, ihr Verhalten zu Artgenossen, zu Menschen und zum Raum mit seinen Vorzugsstellen und Fixpunkten. Das Erscheinen der zweiten oder weiterer Generationen, ebenso das Altern mit allen Nebenerscheinungen und Folgen interessierten mich ebenfalls – umsomehr, weil wir aus dem Freileben darüber nur wenig wissen.

Anläßlich der Zoodirektoren-Konferenz im Juni 1956 in Brookfield-Chicago bot sich mir Gelegenheit, einige weitere Zoos kennenzulernen, die ich auf meiner ersten USA-Reise (1951) nicht besucht hatte. Aufgrund einer Mitteilung, welche Direktor Earl Davis vom Zoo in Columbus (Ohio) an der Konferenz in Chicago machte, improvisierte ich einen Abstecher dorthin. Davis hatte nämlich behauptet, ein trächtiges Gorillaweibchen zu besitzen, was unter seinen Kollegen unverblümte Heiterkeit auslöste. Sie konnten sich nicht vorstellen, daß ausgerechnet in diesem – bisher nicht sehr berühmten – Zoo dieses Weltereignis, die erste Gorillageburt in menschlicher Obhut, stattfinden sollte!

Als Earl Davis zur Stütze seiner Behauptung anführte, daß sein Gorillaweibchen wiederholt erbrochen habe (was er als Schwangerschaftserbrechen deutete), brachen die prominenten Kollegen erst recht in Gelächter aus und versicherten, daß in ihrem Zoo sogar die männlichen Gorillas häufig erbrechen würden!

Ich war der einzige Kongreßteilnehmer, der Davis' Ausführungen ernst nahm und seiner Aufforderung Folge leistete, die Situation an Ort und Stelle zu beurteilen. Obgleich ich keinerlei Erfahrung mit Gorillazucht hatte – niemand hatte diese damals –, überzeugten mich Davis' weitere Angaben und vor allem auch das Verhalten der präsumptiven Eltern, namentlich die zahlreichen Kopulationen, davon, daß dieses Weibchen trächtig war.

In der Folge blieben Davis und ich in lebhaftem Briefwechsel, der uns in unserer positiven Einstellung zunehmend

Auch ausgesprochene Pflanzenfresser unter den Huftieren – wie die Zebras – werden beim Gebären vorübergehend zu gierigen Fleischfressern: sie verschlingen die Embryonalhüllen, in denen das Neugeborene noch im letzten Augenblick ersticken könnte – ein Verhalten, das bei Haustieren durch die Domestikation oft verlorengegangen ist.

Das neugeborene Zebra wird von der Mutter trockengeleckt. Seine Vorhufe (Eponychien), die hier noch gut zu sehen sind, trocknen in wenigen Minuten ein...

...und werden bei den ersten Aufstehversuchen rasch völlig weggeschabt. Auf zu glatter, unbiologischer Unterlage, z. B. auf nicht genügend eingesandeten Stallböden, besteht die Gefahr des Vergrittens, d. h. der pathologischen Spreizung der Beine.

bestärkte. Die Nervenprobe dauerte allerdings bis am 22. Dezember 1956. An diesem für die Zoowelt denkwürdigen Tag kam der erste Gorilla in menschlicher Obhut zur Welt. Aber nicht nur für Zooleute wurde dies ein wichtiger Tag, sondern auch für die biologisch-anthropologische Forschung. Der Columbus Zoo wurde für eine Weile zum internationalen Brennpunkt journalistischen, zoologischen und überhaupt naturwissenschaftlichen Interesses.

Warren D. Thomas, ein junger Veterinärstudent, war damals der Pfleger des kostbaren Gorillakindes. Er war als erster anwesend, hielt das Neugeborene durch Mund-zu-Mund-Beatmung am Leben und betreute es. Dreißig Jahre später, im März 1987, traf ich völlig unerwartet im Zürcher Zoo wieder mit dem ehemaligen Gorillapfleger zusammen. Er erzählte mir, jenes Gorillakind sei inzwischen Urgroßmutter geworden – gewiß eine höchst positive Seite im Geschichtsbuch der zoologischen Gärten!

Dr. Thomas war inzwischen Direktor des Los Angeles Zoo geworden und befand sich zusammen mit Direktor Ed Maruska von Cincinnati und Dr. Betsy Dresser, einer Spezialistin für Embryotransfer, auf der Durchreise nach Nairobi, um Bongos zu beschaffen, jene prachtvollen zentralafrikanischen Urwaldantilopen. Dies allerdings nicht auf einer abenteuerlichen Fangexpedition, sondern durch die Gewinnung mikroskopisch kleiner Embryonen aus Bongos, die auf einer Farm in Kenia gehalten wurden. Diese sollten dann, tiefgefroren im Handgepäck, nach Amerika gebracht und weniger seltenen, verwandten Antilopen-Leihmüttern zum Austragen eingepflanzt werden. – So ändern sich Zeiten und die Methoden.

Die zweite Gorillageburt nach Columbus erreignete sich rund drei Jahre später, am 22. September 1959, im Zoo von Basel, als mein Nachfolger Dr. E. M. Lang dort Direktor war. Bald darauf explodierte sozusagen die Gorillazucht in den zoologischen Gärten in aller Welt.

Jene Zoodirektoren, die damals an der Konferenz in Chicago erklärten, daß ihre Gorillas – ob Männchen oder Weibchen – gelegentlich oder sogar oft erbrechen würden, waren übrigens keineswegs Phantasten, sondern brachten ein tiergartenbiologisches Problem zum Ausdruck, das bis heute nicht völlig gelöst ist und weiterer Forschung bedarf. Daran sind übrigens auch Kinderärzte, Diätspezialisten, Psychologen u. a. interessiert, wie an so vielen Zooproblemen. Ein Beispiel unter anderen, das zeigt, wieviele Disziplinen der Menschenkunde im weitesten Sinne an scheinbar unbedeutenden Erscheinungen im Zoo interessiert sein können und wie wichtig es deshalb ist, die im Zoo sich bietenden Beobachtungsmöglichkeiten nach allen Richtungen auszuwerten. Dazu braucht es selbstverständlich qualifizierte Mitarbeiter. Mit Füttern, Saubermachen und Kassieren ist es heute im Zoo längst nicht mehr getan.

An diese Tatsache mußte ich mich oft mit Nachdruck erinnern, wenn in den Sitzungen des alten Zoovorstandes die Pläne für das neue Menschenaffenhaus diskutiert und reduziert wurden, bis schließlich der gesamte Raster verkleinert werden mußte. So hatte ich mir meine Vorstellungen von einem modernen Haus ganz aus dem Kopf zu schlagen und mußte froh sein, daß ich wenigstens für die Gibbons innen einen Glasabschluß und für alle Käfige eine Klimaanlage durchsetzen konnte, d. h. zwei getrennte Systeme für die Gibbons und die großen Menschenaffen. Zum Glück vermochte ich die vielen Kleinaffen vom Neubau fernzuhalten; wegen ihrer großen Artenzahl und ihrer verhältnismäßig kurzen Lebensdauer bringen diese oft einen lebhaften Verkehr in den Tierbestand und damit – trotz aller Quarantänemaßnahmen – erhöhte Infektionsrisiken. Mögen auch Tuberkulose und andere Erkrankungen aus vielen zoologischen Gärten weitgehend verschwunden sein, so treten doch immer wieder neue auf, bei den Affen neuerdings auch aus der Aids-Gruppe.

Immerhin war das neue Menschenaffenhaus für unsere fünf Schimpansen eine entscheidende Verbesserung im Vergleich zu den engen, düsteren Eisenstangenkojen, die sie bis anhin bewohnt hatten. Außerdem konnten sich Gibbons und Siamangs, die sich erfreulich fortpflanzten, in gefälligen Räumen präsentieren und an elastischen Bambusgerüsten ihre Brachiationskünste ausüben, das elegante und sichere Schwingen von Ast zu Ast zeigen. Auch Orang-Utans und Gorillas konnten provisorisch in dem neuen Gebäude gezeigt werden; es war so konzipiert, daß es sich um mehrere Einheiten vergrößern ließ, sobald das erforderliche Geld zur Verfügung stand.

Ein Raum – vom Publikum abgekehrt – war für einen wissenschaftlichen Mitarbeiter vorgesehen. Aber es kam leider nie dazu. Die Bedürfnisse der Wissenschaft wurden in den zoologischen Gärten meistens zuletzt berücksichtigt. Einen Hörsaal hat der Zürcher Zoo auch heute noch nicht aufzuweisen, wohl aber seit langem ein einträgliches Restaurant. Mit diesen für die Wissenschaft kargen Verhältnissen steht der Zürcher Zoo keineswegs allein da.

Am 17. April 1959 konnte der Neubau eröffnet werden, also rund zwei Monate, bevor der alte Zoovorstand zurücktreten mußte. Die Kosten betrugen rund 750 000 Franken und wurden gedeckt aus den zwei Millionen, welche Stadt und Kanton aufgrund der Volksabstimmung dem Zoo in dankenswerter Weise zur Verfügung stellten. Für ausländische Leser sei hier erwähnt, daß in der Schweiz das Volk nicht nur über den Bau von Brücken und Straßen, sondern auch über jenen von Affenhäusern demokratisch abstimmt. Ich hatte eigentlich nie Anlaß, am guten Ausgang solcher Zooabstimmungen zu zweifeln. Das Problem lag eher in den von den begreiflicherweise zurückhaltenden Behörden zuhanden der Bevölkerung ausgearbeiteten Abstimmungsvorlagen.

Zoodirektoren sind in der Regel einsichtig genug, um zu begreifen, daß auch Spitäler, Altersheime, Verkehrsanlagen, kulturelle Institutionen, Lehranstalten usw. notwendig sind. Andererseits muß betont werden, daß zoologische Gärten in unserer Zeit keineswegs einen Luxus darstellen, wie dies früher in gewissem Sinne der Fall war, als jedermann noch in hinreichendem Maße Naturkontakte hatte. Heute ist der Stadtmensch in gefährlicher Weise von der Natur abgeschnitten, mit allen fatalen Folgen, die ich immer wieder hervorgehoben habe. Inzwischen sind die zoologischen Gärten zu einem absolut unerläßlichen Bestandteil des menschlichen Biotops geworden. Sie bilden die dringend notwendigen Brücken, die Notausgänge zur Natur. Es ist nicht übertrieben zu behaupten, daß, wo diese fehlen, Kriminalität und psychische Mangelerscheinungen auftreten, die typischen Großstadtkrankheiten, die primär nur dort existieren, wo es an der erforderlichen Dosis Naturkontakt fehlt.

Mit diesem Tatbestand wurde ich im Jahre 1957 in packender Weise konfrontiert. Damals war São Paulo die am schnellsten wachsende Stadt der Welt. Täglich schossen rund sechzig Hochhäuser sozusagen aus dem Urwald empor und umfingen immer neue Millionen von Menschen mit Betongebirgen und den unvermeidlichen Immissionen von lärmendem Verkehr. Von natürlichem Grün und freiem Tierleben waren die Menschen im Nu abgeschnitten. Vor allem psychische, aber auch physiologische Mangelerscheinungen wie Infektionskrankheiten breiteten sich aus. Die krebsartig wuchernde Monsterstadt begann nach einem geeigneten Naturersatz geradezu zu schreien: die Bevölkerung verlangte gebieterisch nach einem Zoo.

Der Gouverneur des Staates São Paulo konnte sich dem dringenden Wunsch der Stadtbevölkerung nicht entziehen und beauftragte Professor Mario Autuori, den Direktor des »Istituto Biologico«, auf dem schnellsten Weg einen Experten für die Ausarbeitung von Plänen zu suchen. Professor Autuori, den ich an einem Kongreß in Paris kennengelernt hatte, erinnerte sich meiner Zooarbeit, und so wurde ich vom Staat São Paulo sozusagen per Expreß eingeladen, an Ort und Stelle die Grundlagen für einen Zoo zu erarbeiten.

Am Tag nach meiner Ankunft in São Paulo wurde ich in ein etwa zwanzig Kilometer außerhalb der Stadt gelegenes Stück Urwald geführt, wo noch Jaguare, Wasserschweine, Brüllaffen und Faultiere lebten. In dieser ungestörten Gegend namens Agua Funda sollte der Zoo gebaut werden.

Schon bei meinem ersten Besuch des Hügel, Schluchten und kleine Seen umfassenden Urwaldgeländes wurde ich gefragt, wo das Elefantenhaus hinkomme, wo die Giraffenanlage, die Volieren, die Großkatzen und Terrarien. Riesenhafte Bulldozer und andere unheimliche Maschinen waren bereits aufgefahren und warteten auf Arbeit. Es war nicht leicht, aber herrlich aufregend, zunächst überhaupt eine gewisse Übersicht über das ca. 2,5 Quadratkilometer umfassende Gelände zu gewinnen: Da hieß es, überall herumzusteigen und sich zunächst nach Bäumen, Bodenformen und Rinnsalen zu orientieren.

An Platz fehlte es hier jedenfalls nicht – anders als bei den meisten Zooanlagen und -erweiterungen! Ich war fest entschlossen, einen Zoo ohne sichtbare Gitter zu planen, und an diesem heute eigentlich selbstverständlichen Grundsatz habe ich auch im Zürcher Zoo immer festgehalten, sofern nicht höhere Gewalt – d. h. finanzielle und behördliche Zwänge – dazwischenkam.

Da ich selber nicht zeichnen, sondern nur primitive Skizzen anfertigen kann, sah ich – im Einverständnis mit meinen Auftraggebern – meine Aufgabe vor allem darin, Ideen sowie Ratschläge bezüglich Abmessungen und Qualität des Baumaterials zu liefern. Ich war daher auch bei allen späteren Zooplanungen auf die Mitarbeit eines aufgeschlossenen Architekten angewiesen. In dieser Beziehung hatte ich eigentlich immer Glück, wahrscheinlich auch deswegen, weil die meisten qualifizierten Architekten es schätzen, einmal etwas anderes als Wohnsiedlungen, Verwaltungsgebäude, Hotels, Spitäler, Schulhäuser und andere herkömmliche Bauten zu planen. Der Tiergartenbiologe hat gewissermaßen die Interessen der Tiere und die Bedürfnisse des Publikums zu vertreten, der Architekt diese baulichen Grundforderungen in eine gefällige, stilsaubere Form zu bringen.

In São Paulo hatte ich das Glück, mit einem großartigen Architekten, Joaquim Bezoera da Silva, zusammenarbeiten zu dürfen. Von der generellen Auslage und Dimensionierung der Häuser und Gehege bis zu den Einzelheiten war es ein weiter Weg. Sehr behilflich war mir auch Renato Lion de Araujo, ein Zoologe vom »Istituto Biologico«, mit dem ich auch das Serum-Institut in Butantan, den Zoo in Rio und das Aquarium in Santos besuchte, ebenso den Zuckerhut und andere Sehenswürdigkeiten. Es war ein großartiges Gefühl, einmal einen Zoo »from scratch« in jungfräulichem Gelände zu planen, ohne räumliche Einschränkungen, und es bot sich mir Gelegenheit, meiner Phantasie und meinen Ideen freien Lauf zu lassen.

Zu meinen tiergartenbiologischen Überzeugungen gehört u. a., daß jeder Zoo seinen eigenen Charakter aufweisen sollte, der durch Klima, Landschaft, Bevölkerung, Vegetation und einheimische Tierwelt mitgeprägt wird. Ich verabscheue schematische Zoos, die überall dasselbe bieten. Diese Gefahr besteht in Ländern wie etwa den USA, wo man bei bestimmten Firmen komplette zoologische Gärten bestellen kann, einschließlich Tierbestand und Personal samt Direktor. Namentlich für kleinere Städte stellt diese Art der Beschaffung eine Versuchung dar.

Bei jedem Zoo ist auch zu bedenken, daß er zwei wichtige Zielgruppen zu berücksichtigen hat, nämlich die einheimische Bevölkerung sowie Touristen. Dies wiederum hängt zusammen mit dem Schauwert der Tiere. Allgemein gilt die Regel, daß exotische Tiere den weit größeren Schauwert aufweisen als einheimische Tiere. Es ist eine Binsenwahrheit, daß viele zoologische Gärten, die sich bei der Gründung fest vorgenommen hatten, nur einheimische Tiere zu beherbergen, bald auch Exoten aufnahmen, weil die einheimischen Arten mit ihrem geringen Schauwert nicht genügend Besucher anlokken. In der Schweiz sind der Basler Zoo und der Tierpark Dählhölzli in Bern Beispiele für eine solche Entwicklung; in Europa gibt es viele weitere.

Eine schwierige Frage ist dabei die, was man unter »exotischen« Tieren zu verstehen hat; ich bin 1955, 1957 und 1965 (»Mensch und Tier im Zoo« S. 127) kurz darauf eingegangen. Für Europäer, Inder, Schwarze und Brasilianer sind exotische Tiere jeweils etwas völlig Unterschiedliches. Es ist hier weder möglich, näher auf dieses faszinierende und noch erstaunlich wenig bearbeitete Problem einzugehen, noch geht es an, die von mir entworfenen Pläne für den Zoo von São Paulo im einzelnen darzulegen. Aber an einem Beispiel möchte ich zeigen, von welcher Bedeutung solche Tatsachen für den Tiergartenbiologen sein können.

Unter den vielen Ideen, die ich in São Paulo verwirklichen wollte, hielt ich die folgende für besonders originell und reizvoll. In Wirklichkeit war sie ganz besonders blöd, was ich bei sachlicher Überlegung gleich hätte wissen müssen. An einer nüchternen Beurteilung der Sachlage fehlte es bei mir jedoch offensichtlich, weil ich während meiner Dählhölzli-Zeit die französische Ausgabe des großartigen Buches von F. M. Chapman »La vie animale sous les tropiques« mit Begeisterung gelesen hatte.

Am aufregendsten waren die Beobachtungen, die Chapman 1935 in Barro Colorado (Mittelamerika) an den nur etwa krähengroßen Urubus (Coragyps atratus) angestellt hatte. Er konnte durch höchst einfache Versuche nachweisen, daß diese kleinen Neuweltgeier ihre Beute zu riechen vermögen. Dies war damals eine geradezu ketzerische Behauptung, denn nach der wissenschaftlichen Lehrmeinung können Vögel nicht riechen, weil der Riechlappen (Lobus olfactorius) ihres Gehirns winzig ausgebildet ist. Das stand in allen Lehrbüchern, sogar noch in Grzimeks Tierleben 1968, und wurde mir während des ganzen Studiums eingehämmert. Chapman hatte dieses Dogma durchbrochen und wurde während Jahrzehnten nicht ernst genommen. Heute weiß man, daß viele Vögel über ein beachtliches Geruchsvermögen verfügen und daß sich sogar die Brieftaube weitgehend aufgrund ihres Geruchsinnes orientiert – ein Befund, der noch vor wenigen Jahren als völlig unwissenschaftlich abgelehnt worden ist. Es stellte sich heraus, daß die seit jeher bestimmten Funktionen zugewiesenen Gehirnstrukturen dieser Zuordnung keineswegs entsprechen. Man kann, mit anderen Worten, aus der Gehirnform nicht in grober, schematischer Weise auf Funktionen schließen. Das zeigte sich zum Beispiel auch bei Beuteltieren (Känguruhs, Opossums usw.), die aufgrund ihrer Gehirnformen minderbegabt zu sein hatten, bis das Gegenteil bewiesen wurde (Hediger 1934 und besonders 1958).

Kehren wir jedoch nach São Paulo zurück, zum riechenden Vogel, dem ich während vieler Jahre zu begegnen hoffte. Hier in Brasilien hatte ich endlich Gelegenheit dazu – nicht erst im Urwald, sondern schon in den Außenquartieren der Stadt.

Dieser Vogel, in meinen Augen wegen seines Geruchsinnes eine Art Wundervogel, mußte im neuen Zoo selbstverständlich eine ganz besondere Präsentation erfahren. Im Gelände stieß ich auf einen kleinen Hügel inmitten einer malerischen Lichtung: Hier wollte ich die freilebenden Urubus anlocken und sie dreimal täglich füttern lassen, wobei ein Glockenzeichen den intelligenten Vögeln die Fütterungszeit anzeigen sollte.

Mein Freund Autuori klärte mich jedoch schonend darüber auf, daß dieses Projekt nicht in Frage komme, weil mein Wundervogel in Brasilien nämlich allgemein als schmutziges, widerliches Geschöpf gelte, als Abfall- und Kotfresser, dem man – jedenfalls im Zoo – nicht zu begegnen wünsche. Mir war sofort klar, was er meinte – ich hätte es wissen müssen. Der Urubu-Plan landete im Papierkorb.

Ganz anders liegen die Verhältnisse in Europa, erst recht im Alpenraum, wo die nahezu ausgestorbenen Geier sozusagen Gegenstand zoologischer Nostalgie, intensiven Schutzes und internationaler Wiederansiedlungsbemühungen sind. Einzelne Arten, wie zum Beispiel der Bart- oder Lämmergeier (Gypaetus barbatus), gelten sogar als ausgesprochen schön, und in den Tiergärten bemüht man sich mit großem Aufwand, die ehemals einheimischen Geier zu züchten.

Der Tierpark Hellbrunn bei Salzburg ist deswegen international bekannt geworden, weil es ihm 1966 gelang, Gänsegeier (Gyps fulvus) freizulassen und an einen offenliegenden Futterplatz zu gewöhnen. So verschieden, so gegensätzlich werden freifliegende Geier in São Paulo und in Salzburg beurteilt!

Dies ist wiederum nur ein Beispiel dafür, daß ein Zoo nicht nur eine zoologische Angelegenheit ist, sondern eine Mischung der verschiedensten Disziplinen, unter denen der Psychologie im weitesten Sinne eine große Bedeutung zukommt.

Einen Monat nach meiner Ankunft in São Paulo mußte ich nach Zürich zurückkehren, über dessen Zoo für mich dunkle Wolken aufzogen. Ich war gespannt, was von den mit da Silva ausgearbeiteten Plänen jemals verwirklicht werden würde. Aber in Brasilien geschehen neben aller Schlamperei manchmal Wunder, auch auf baulich-organisatorischem Gebiet: Zwei Monate nach meinem Rückflug wurde der Zoo in Agua Funda eröffnet. Der Andrang der Bevölkerung in diese sekundäre, nahe der Stadt gelegene Naturstätte war derart, daß anfänglich die Straßen völlig verstopft waren.

Ich selber bekam meinen »Papier-Zoo« erst 1967 zu sehen. Mein Freund Mario Autuori hatte die Direktion übernommen, zusammen mit seiner charmanten und sachverständigen Frau, und sorgte auch für Erweiterungen außerhalb meiner Primärplanung. Als Entomologe, ursprünglich international bekannter Spezialist für Blattschneiderameisen (Atta), war er der kompetente Fachmann für die Einrichtung einer schön bepflanzten Schmetterlingshalle, in welcher die Besucher ohne Absperrung viele der herrlichen Schmetterlinge bewundern können, an denen Brasilien besonders reich ist.

Nach meiner Rückkehr aus Brasilien konnte ich mich in der »Ära Schinz« glücklicherweise auch in Zürich produktiver Tätigkeit zuwenden.

Dank der Initiative und dem großen Einfluß von Professor Schinz begannen bei den Behörden die Finanzen zu fließen. Die Buchhaltung wurde in den Zoo verlegt, die Besucherzahl schoß in die Höhe und Geschenke häuften sich. Ein Antilopenhaus nach neuartigen Gesichtspunkten konnte gebaut werden, zwar nicht gitterlos, aber mit einem hellen, heizbaren, bepflanzten Innenraum und sauberer Trennung von Publikums- und Diensträumen. Im Aquarium konnten alte Kleinbecken durch ein mit Meerschildkröten besetztes 2000-Liter-Bassin ersetzt werden. Die durch das neue Menschenaffenhaus frei gewordenen, altertümlichen Schimpansenkäfige wurden dank einer großzügigen Schenkung der Migros in lichtdurchflutete Großterrarien für Bindenwarane und Riesenschlangen mit tropisch bepflanztem Hintergrund umgebaut, und ein Elektrobähnchen wurde angeschafft. Der Zoo begann allmählich Gestalt anzunehmen, und ich konnte mich neben den Vorlesungen und zahlreichen Vorträgen im In- und Ausland auch wieder etwas wissenschaftlicher Arbeit und vor allem der Planung zuwenden. Erfreuliche und interessante Zuchterfolge stellten sich ein, zum Beispiel bei den Kapuzineraffen, was damals nicht so selbstverständlich war, ferner bei Stinktieren, Pinguinen, Rotschnabelkittas, Hühnergänsen, Anakondas, Taggeckos, Strahlenschildkröten und anderen Arten.

»Kontrollfahrt« nach Afrika

Eigentlich war vom »Institut des Parcs Nationaux du Congo Belge« in Brüssel vorgesehen, daß ich die 1948 zusammen mit Jacques Verschuren gemachten Untersuchungen zehn Jahre später überprüfen sollte. Dies wäre zweifellos sehr aufschlußreich gewesen, aber im Jahre 1958, als die Schwierigkeiten im Zoo ihrem Höhepunkt entgegentrieben, konnte ich nicht daran denken, meinen Arbeitsplatz zu verlassen.

Erst nach zwölf Jahren, 1960, zeigte sich eine Möglichkeit, das Versäumte nachzuholen. Der Stiefsohn von Professor Schinz, Jean-Pierre Blancpain, der kurz vor dem juristischen Doktorexamen stand, hatte Lust, mich sozusagen in der Funktion eines »Assistenten ehrenhalber« zu begleiten. In der Tat war er mir eine außerordentliche Hilfe: Er bestand zum Beispiel darauf, jeden Abend – auch nach recht anstrengenden Tagen – ein ausführliches Protokoll zu schreiben. Zudem betätigte er sich als Fotograf; ihm gelangen einzigartige Bilder, zum Beispiel von dem heute nahezu ausgerotteten Nördlichen Breitmaul-Nashorn (Ceratotherium simum cottoni) und von einer weißen Giraffe.

Unsere Reise fiel in das Jahr der Unabhängigkeit, der Befreiung des Belgischen Kongos von seiner Kolonialmacht, doch wurde diese Befreiung keineswegs von allen Schwarzen als solche empfunden – im Gegenteil. Viele beurteilten den Rückzug der Belgier eher als eine Auslieferung an die alten Zustände mit ihren Stammesfehden und grausamen Gerichtsmethoden.

Wir kamen mitten in diese Unruhen hinein und wurden Zeugen der Aufhetzung, die von zweifelhaften Machthabern aus Léopoldville und Stanleyville geschürt wurde. Als durchreisende Forscher waren wir zwar keinen direkten Angriffen ausgesetzt; wir bekamen lediglich passiven Widerstand zu spüren. In einzelnen Nationalparks waren die weißen Konservatoren bereits zu Assistenten und Dienern ihrer einheimischen Nachfolger degradiert und zuweilen mißhandelt oder vorübergehend eingekerkert worden.

Diese Umstände trugen zur Beschleunigung unserer Reise bei, auf der sich im Prinzip meine vor zwölf Jahren gemachten Beobachtungen bestätigten. Am 1. März 1960 flogen wir zunächst

Dr. Jean-Pierre Blancpain (links), der mich 1960 in den Kongo begleitete, und J. de Medina (rechts), der ehemalige Chef der G. C. O. (Groupe de Capture des Okapis), der Erfinder der äußerst humanen Fangmethode, durch welche seinerzeit Dutzende von Okapis in menschliche Obhut gelangt sind.

Breitmaul-Nashorn im Garamba-Nationalpark 1960. Foto Dr. J.-P. Blancpain

nach Khartum, in dessen Zoo u. a. ein schönes Okapi-Paar stand. Am folgenden Tag ging es in immer kleineren Flugzeugen über Usambara nach Kigali und von dort im Lastwagen nach Gabiro und in den Kagera-Nationalpark (heute Parc de l'Akagera). Hier wurden wir von Konservator Julien Haezaert, den ich seinerzeit auf der Elefantenstation von Gangala-na-Bodio kennengelernt hatte, sehr gastfreundlich aufgenommen. Der Wildreichtum hatte offensichtlich zugenommen; wir begegneten riesigen Mengen von Zebras, Topis, Impalas, Büffeln usw. Später bekamen wir erneut Schuhschnäbel zu sehen, immer einzeln, wie Statuen am Rande von herrlichen Papyrusbeständen und Seerosenbuchten stehend.

Das Netz der Pisten war seit 1948 etwas erweitert worden. Eines Tages fuhren Jean-Pierre Blancpain und ich an eine abgelegene Stelle des Kagera-Flusses, wo es Nilpferde gab. Den Wagen ließen wir in einiger Entfernung stehen und näherten uns bedächtig zu Fuß einem stillen Nebenarm zwischen Palmen und dekorativen Kandelabereuphorbien. Plötzlich standen wir am Wasser, nahe den Seerosen, vor einer Wand von Papyrus am jenseitigen Ufer, in der sich Eisvögel niedergelassen hatten und von Zeit zu Zeit ins Wasser stießen. Libellen schwirrten hin und her. Da und dort war die Wasseroberfläche leicht geringelt von auftauchenden Fischen, Fröschen oder anderen Lebewesen. Im Vordergrund bewegten sich einige Sporenkiebitze auf den Ufersteinen. Vogelgesang und das erdhafte Brummen von Flußpferden bildeten das Orchester in diesem sonst stillen, grünen Naturtheater, über das sich ein klarer Himmel mit den charakteristischen Wolken wölbte.

Der Anblick war hinreißend, einfach

überwältigend. Ich hatte zwar schon viele grandiose Szenerien in Afrika erlebt, doch diese war zu viel für mich und überstieg das rein zoologische Erleben: Ich war so ergriffen, daß ich weinen mußte. Als Jean-Pierre hinzukam, fragte er bestürzt, was mit mir los sei. Ich konnte nicht sprechen, nur mit einer Handbewegung auf das vor uns liegende Bild hinweisen. Er stellte keine weiteren Fragen und begriff wahrscheinlich, daß ich von der einzigartigen Schönheit und Stimmung des vor uns sich ausbreitenden lebendigen Gemäldes überwältigt war. Im Protokoll von diesem 6. März 1960 heißt es in Klammern: »Spezielle Darstellung folgt.« Es kam in allen darauffolgenden Jahren nie dazu. Ich fand bis heute die Worte nicht, um dieses Erlebnis zu schildern. Und so bleibt es bei der hier formulierten, stümperhaften Skizzierung.

Am folgenden Tag überfuhren wir auf einer wenig befahrenen, teilweise überwucherten Piste beinahe eine Mamba, die sich mit halbgeöffnetem

Im Kagera-Park hatten wir 1960 Gelegenheit, einen einzelnen Papyrushalm zu messen: fünf Meter – eine für die Verwendung im Zoo etwas unhandliche Länge! In der Mitte, neben dem Wildhüter, Konservator Haezaert, rechts J.-P. Blancpain.

In den Sümpfen des Kagera-Parks (heute Parc de l'Akagera) steht der Papyrus mancherorts auch heute noch wie eine dichte Wand. Foto Dr. Christian R. Schmidt

Maul bis zum Rückspiegel aufgerichtet hatte, dann aber blitzschnell im hohen Gras verschwand.

Im übrigen begegneten wir während der nächsten Tage dem ganzen Reichtum der dortigen Fauna, einschließlich zahlreichen Sitatungas in Wassernähe, Hyänenhunden, Zebras, Meerkatzen, Topis und vielen anderen Tieren in Hülle und Fülle. Oft präsentierten sich einzelne Topi-Antilopen in ihrer typischen Weise, die mir schon 1948 aufgefallen war: wie Bronze-Statuen auf Termitenstöcken stehend, von wo aus sie eine gute Übersicht über das Gelände und darin verborgene Feinde haben.

Dazu gehörten auch viele Wilderer. Einmal stießen wir auf ein kurz vorher verlassenes Wilderer-Camp, in dem noch der Holzrost stand, auf dem das Fleisch vieler Antilopen getrocknet und geräuchert worden war. Schädel und Knochen lagen überall haufenweise herum. Trotz diesem ständigen Aderlaß durch die Wilderer hatte ich den Eindruck, daß die Wildbestände seit meinem ersten Besuch zahlenmäßig um ein Mehrfaches angestiegen waren. Nur die Elefanten fehlten, doch waren diese schon kurz nach der Gründung des Parks im Jahre 1934 Jägern zum Opfer gefallen. Man konnte uns nur

Besonders reich ist der Kagera-Park an Antilopen: hier eine Herde der grazilen, schön gefärbten Impalas.
Foto Dr. Christian R. Schmidt

Sehr oft stehen Topi-Antilopen etwas erhöht: So haben sie einen guten Überblick und markieren gleichzeitig optisch ihr Territorium.
Foto Dr. Christian R. Schmidt

noch den Schädel des letzten Exemplares zeigen.

Bald nach unserem Besuch geriet der großartige Kagera-Park in den Wirbel des politischen Geschehens, und als Teil des neuen Staates Rwanda entglitt er der Kontrolle des »Institut des Parcs Nationaux du Congo Belge« in Brüssel, das ihn geschaffen und bis 1960 großzügig gefördert hatte. Sein letzter belgischer Konservator wurde ermordet.

Unserem Programm folgend, fuhren wir Mitte März über Gisenyi und Rut-shuru nach Ruindi, dessen Camp 1948 meinem Mitarbeiter Jacques Verschuren und mir als Basis gedient hatte. Wie im Kagera-Park wollte ich auch in diesem Teil des Albert-Parks nach Möglichkeit dieselben Pisten befahren, um einen – wenigstens flüchtigen – Vergleich mit den Verhältnissen von 1948 anstellen zu können.

Wir trafen im Prinzip dieselben Verhältnisse der Tierbestände und ihres Verhaltens an. Offensichtlich hatte auch hier die Zahl der Tiere zugenommen. Auf einer einzigen Routinefahrt (12. März 1960), zu der uns Konservator Cornet einlud, sahen wir u. a. 981 Büffel, 1276 Topis, 850 Kob-Antilopen, 7 Warzenschweine, 8 Nilpferde, 7 Wasserböcke und 44 Elefanten.

Im Camp von Ruindi, wo uns wiederum – wie 1948 – je eine Rundhütte zur Verfügung stand, hatte ich die Freude, meinen belgischen Begleiter von damals anzutreffen, Jacques Verschuren. Er hatte inzwischen mit seiner großartigen Dissertation über die Fledermäuse des Kongo den Doktortitel erworben und als offizieller Parkbiologe die meiste Zeit im Kongo verbracht. Im Hinblick auf die enormen Umwälzungen, welche die Bildung des unabhängigen Staates Zaire mit sich brachte, hatte er mit einigen seiner getreuen Parkwächter versucht, zu retten, was noch zu retten war, und die neuen Herren von der Kostbarkeit der Nationalparks und ihrer weltweiten Bedeutung zu überzeugen.

Im Zusammenhang mit meinen Stu-

Verlassenes Wilderercamp. Hier handelte es sich um eine Fleischtrocknungsanlage.

Das Fleisch von Büffeln und Antilopen wurde säuberlich in kleine Stücke geschnitten, getrocknet oder geräuchert und weggetragen.

Das wichtigste Fangmittel bildeten alte Kabel aus Minen und Liftanlagen der Städte. Die Drahtschlingen bedeuten aber für die Opfer einen qualvollen Tod.

dien über »Die Straßen der Tiere« (1967) konnten wir hier im ebenen Steppengebiet des Albert-Parks interessante Beobachtungen wiederholen und ergänzen. Die Tendenz vieler Tiere, menschliche Kunstwechsel, also einfache Autopisten, in ihre Wechselsysteme einzubeziehen, zeigte sich erneut an vielen Beispielen. Eindrücklich war dabei, daß besonders Nashörner und Nilpferde den Wellenlinien-Charakter ihrer natürlichen Wechsel in die parallel laufenden Fahrrinnen der Geländewagen so einbauten, daß sie eine bestimmte Strecke weit die eine Fahrrinne benutzten, dann die andere. Auf wenig befahrenen oder vom Menschen aufgegebenen Pisten überwucherten mit der Zeit die von den Tieren nicht begangenen Teile, während die ständig ausgetretenen immer deutlicher wurden, so daß schließlich nur noch die Wellenlinie zwischen den ursprünglichen, parallelen Radspuren übrigblieb. Alles Schnurgerade und Geometrische fehlt in den tierlichen Wohn- und Wegsystemen und ist eben unbiologisch (mit Ausnahme von Spinnennetzen, Insektenwaben usw.).

Dieselben Feststellungen konnten wir bald darauf auch im Garamba-Park machen. Dort waren die damals noch häufigen, heute vom Aussterben bedrohten Breitmaul-Nashörner besonders erpicht auf die großen, wurstförmigen Früchte der Leberwurstbäume. Im Wechselsystem der Nashörner bildeten diese malerischen Bäume wichtige Fixpunkte, die von den Tieren auf alten, ausgetretenen Wechseln immer wieder aufgesucht wurden, um die heruntergefallenen, weichholzartigen Früchte zu fressen.

Auf dem Weg von Ruindi zum Garamba-Park tauchten wir nochmals ein in den großartigen Ituri-Wald, einen tropischen Regenwald, wie er im Buche steht und weltweit in steigendem Tempo verschwindet. Wir machten

Die Regel, daß die kürzeste Verbindung zwischen zwei Fixpunkten (des Territoriums) nicht die Gerade, sondern die wellenförmig gebogene Linie ist, wurde besonders eindrücklich durch die Breitmaul-Nashörner im Garamba-Nationalpark bestätigt, wo sie diese Struktur in die parallelen Randrinnen der aufgegebenen und wieder verwachsenen Piste einbauten.

Wichtige Fixpunkte im Lebensraum der Nashörner waren dort die Leberwurstbäume, deren Früchte sie als Nahrung aufnahmen. Wenn möglich wurde dabei die ehemalige Autopiste benutzt – bald die eine, bald die andere Seite.

einen Zwischenhalt in Epulu, dem damaligen Okapi-Fangzentrum. Aber die Unabhängigkeit war auch in diesem abgelegenen Waldwinkel bereits spürbar: Wir trafen keinen Weißen mehr an und eigentlich niemanden, der für die Herberge und die Okapis verantwortlich war. Kurz bevor wir uns am Abend unter die Moskitonetze verkrochen, knallte ein Goliathkäfer gegen die Petroleum-Lampe, einer jener mehr als hühnereigroßen Riesenkäfer mit der eindrucksvollen Augenzeichnung. Die Entwicklung dieser prachtvollen Insekten spielt sich im Elefantenmist ab. 1986 ist es dem Zoo von Cincinnati gelungen, diese Riesen des Insektenreiches zu züchten.

Der folgende Morgen brachte uns ein geradezu kolossales zoologisches bzw. tiergartenbiologisches Erlebnis: Hier in Epulu waren 32 Okapis in engen, primitiven Gehegen eingepfercht – jenes Tier also, das erst in unserem Jahrhundert entdeckt wurde, nur in Zaire vorkommt und zuoberst auf der Wunschliste jedes Zoodirektors steht.

32 Okapis! Es gibt außer Jean-Pierre Blancpain und mir wohl nur ganz wenige Weiße, denen ein solcher Anblick vergönnt war. Aber dieser Anblick hat uns stark belastet: Die aus armdickem Stangenholz gefertigten Gehege waren sehr eng, und im natürlichen, weichen Waldboden konnten sich gefährliche parasitische Würmer optimal entwickeln. Gelegentlich drangen Leoparden in die Gehege ein und rissen eines der kostbaren Tiere. Es wurde auch gemunkelt, daß Okapi-Braten und -Sandwiches in dieser Gegend reichlich verzehrt würden...

Niemand war zuständig für verbindliche Verhandlungen zur Rettung der kostbaren Tiere. In dieser ebenso überwältigenden wie verzweifelten Situation blieb mir nichts anderes übrig, als vom nächsten Postamt aus, das wir auf

Die Unregelmäßigkeit im Streifenmuster des einen Okapis (links) ist wahrscheinlich auf eine Verletzung durch einen Leoparden zurückzuführen. Auch Verletzungen der Ohren sind verhältnismäßig häufig und können dem Beobachter als individuelle Marken dienen.

unserer Weiterreise erreichten, ein Telegramm an einen reichen Zoo zu senden. Ich richtete es an Fairfield Osborn, den Präsidenten des Bronx Zoo bzw. der New York Zoological Society. Doch die politische Entwicklung in Zaire war derart, daß eine vernünftige Verwertung des einzigartigen Okapi-Schatzes nicht zu verwirklichen war – bis heute nicht, übrigens.

Das dritte und letzte Ziel unserer Kontroll- bzw. Vergleichsfahrt bildete der Garamba-Park, wo wir wiederum Gangala-na-Bodio als Basis benutzen durften. Die Holzbrücke, welche 1948 von unserem Haus über den Dungufluß in den Park geführt hatte, war inzwischen weggeschwemmt worden, so daß wir eine Fähre benutzen oder auf Elefanten reiten mußten. Diese afrikanischen Reittiere haben eine eigenartige Gangart, bei der die unteren Partien des Reiters einer erheblichen Scheuerwirkung ausgesetzt sind...

Etwas Hotel-Ähnliches gab es immer noch nicht, und von Tourismus konnte gleichfalls nicht gesprochen werden, was ganz im Sinne des Parkgründers, Professor van Straelen, war. Schon gleich nach dem Übersetzen über den Dungu begegneten wir mehreren Giraffen, zahlreichen wilden Elefanten und vielen Antilopen und Büffeln sowie zwei Nashörnern. Auch hier hatte ich den Eindruck, daß der Tierbestand in den letzten zwölf Jahren bedeutend zugenommen hatte. Einige Pistenteile waren überwuchert oder ganz zu Tierwechseln geworden. Als Fixpunkte im Straßensystem der Nashörner fanden wir zahlreiche Kotstellen, aus denen Keimlinge von Leberwurstbäumen sproßten. Auch Nashörner tragen also zur Verbreitung ihrer bevorzugten Nahrungsbäume bei, wie dies zum Beispiel von vielen beerenfressenden Vögeln bekannt ist.

An einem der anregenden Abende erzählte uns unser Gastgeber, Konservator Ory, von einer weißen Giraffe, die in der Umgebung wiederholt gesehen worden war – allerdings immer nur auf große Entfernung. Natürlich bildeten wir uns nicht ein, während unseres kurzen Aufenthaltes der Giraffe zu begegnen.

Doch auf unserer routinemäßigen Kontrollfahrt längs der Piste meldete einer unserer schwarzen Mitfahrer plötzlich in höchster Erregung: »Dikala americani« – die weiße Giraffe! Dikala war die lokale Dialektbezeichnung für Giraffe, americani bedeutete weiß (angeblich weil die von Amerikanern getragenen Hemden vorwiegend weiß waren). Von meinem Feldstecher war nur noch eine Hälfte übrig, da er bei einer besonders holperigen Fahrt aus dem Wagen gefallen und von einem Hinterrad halb zerquetscht worden war. Doch die übriggebliebene Hälfte bot mir ein unglaubliches Bild: Da stand tatsächlich eine schneeweiß scheinende Giraffe im satten Grün eines recht hügeligen, bewaldeten Geländes.

Von diesem Augenblick an war Jean-Pierre nicht mehr zu halten. Er verfügte über eine raffinierte Fotoausrüstung mit leistungsfähigen Tele-Objektiven und folgte in den nächsten Stunden der weißen Giraffe buchstäblich über Stock und Stein, durch Dikkicht und Dorngestrüpp. Dabei wurde uns erneut klar, daß Giraffen keineswegs ausschließlich Geschöpfe des Flachlandes sind, sondern auch hügeliges, sogar schluchtenreiches Gelände bewohnen. Wir hatten alle Mühe, der Giraffe bzw. dem leidenschaftlichen Fotografen zu folgen und ihn nicht aus den Augen zu verlieren.

In der grünen Umgebung erschien diese Giraffe zwar schneeweiß, doch war mit dem Feldstecher – und später bei der Analyse der Bilder – deutlich zu erkennen, daß es sich nicht um einen echten Albino mit roten Augen handelte. Die Mähne und die Schwanzquaste waren leicht beigefarben und die Augen bräunlich. Trotzdem wirkte das Tier im Gelände als Weißling. Die Fotos stellen seltene Belege dar.

Es traf sich, daß in diesem Jahr (1960) im Hallwag-Verlag in Bern von Bernhard Grzimek, Konrad Lorenz und mir die Tier-Illustrierte »Das Tier« ins Leben gerufen wurde. Jean-Pierre Blancpains einzigartiges Bild der weißen Giraffe erschien in der ersten Nummer dieser Zeitschrift (Oktober 1960). Ich schrieb einen entsprechenden Text dazu. Später interessierte sich auch die amerikanische Zeitschrift »Life« für die seltenen Aufnahmen.

Zwar gibt es albinotische Individuen theoretisch von jeder Tierart, aber eine weiße Giraffe im afrikanischen Busch war von außerordentlichem biologischem Interesse, u. a. weil Weißlinge in der freien Natur als besonders gefährdet gelten. Gerade von Giraffen heißt es in den Lehrbüchern, daß ihr Fleckenmuster eine ausgezeichnete Tarnung bilde und sie vor Feinden wirksam schütze. Eine junge weiße Giraffe hatte nach unserem Wissen nur eine minimale Chance, Raubtieren zu entgehen. Unsere Dikala aber hatte die volle Größe ihrer Art erreicht und war nach unserer Schätzung etwa neun Jahre alt.

Wir stellten uns die Frage, ob das seltene Tier wohl die politischen Umwälzungen mit der zu erwartenden Zunahme der Wilderei überleben würde. Konservator Ory war zuversichtlich, weil das auffällige Wesen unter den Eingeborenen auch Gegenstand von allerlei Aberglauben war, der sich in diesem Falle positiv auswirkte. Die Eingeborenen hielten die »Dikala americani« für ein Wesen, dessen Tötung Unglück bringen würde. So schien das Weiterleben der weißen Giraffe gesichert. Doch wenig später kamen Agitatoren aus der Stadt, die nicht durch abergläubische Vorstellungen gehemmt waren und das seltene Tier bald nach unserer Abreise töteten.

Derart abnorm gefärbten Individuen kommt auch eine besondere tierpsychologische Bedeutung zu, weil sie gewissermaßen natürlich markiert und so im Gelände auf große Entfernung erkennbar sind. Dies gestattet, ihr konservatives Verharren in einem bestimmt umschriebenen Territorium während Jahren festzustellen.

Übrigens hatte man uns auch im Sumpfgebiet des Kagera-Parks eine weiße Sitatunga-Antilope gezeigt, die auffällig aus der grünen Vegetation herausstach und schon jahrelang in einem engen Bezirk, ihrem Territorium, unter Beobachtung stand. Auch unsere weiße Giraffe wurde immer nur aus einem Umkreis von etwa 35 Kilometer um das Dorf Delale gemeldet.

Ende März mußten wir uns auf den Heimweg machen, d. h. zunächst 250 Kilometer im Auto nach Aba fahren, unmittelbar an der Grenze zum Sudan. Bis Juba war es von da nur ein Katzensprung. Dann folgte die schlimmste Flugreise meines Lebens. Der Flugplatz von Juba bestand damals nur aus einer mit Steinen markierten Piste, einem Windsack und einer kleinen, offenen Hütte. Der Pilot des kleinen Flugzeuges navigierte auf Sicht in Bodennähe und bewegte sich geschickt zwischen den Kumuluswolken hindurch. Plötzlich aber verdüsterte sich der Himmel, und wir gerieten in einen schauerlichen Hagelsturm, der dem Piloten jede Sicht nahm und uns in einer Weise schüttelte, daß die Angst die Luftkrankheit überwog. Mein sonst so reisefester Begleiter war – so schien es mir – grün im Gesicht; ebenso gefärbt war der Teint einiger anderer Passagiere und wahrscheinlich auch mein eigener.

Wie durch ein Wunder gelangten wir nach Khartum. Es war die Zeit, in der die ehemaligen Kolonialländer allerlei Devisen- und Paßschikanen eingeführt hatten. In einigen mußte man außer dem Paß sogar eine neue Röntgenaufnahme vorlegen! Offenbar hatten wir trotz guter Ratschläge etwas falsch gemacht: Als wir auf Aufforderung unsere gesamte Barschaft in Khartum offen hinlegten, wurde sie von den arroganten Beamten konfisziert, und wir konnten von Glück reden, daß wir das Hotel nicht mit dem Gefängnis vertauschen mußten. Allerdings hatten wir uns täglich auf dem Zollamt zu melden, wo wir längere Zeit stehend antichambrieren mußten, während die schwarzen Beamten von bequemen Sesseln aus lange Gespräche mit ihren Lieben zu halten pflegten, die Beine bequem auf den Tisch gelegt.

Wir wurden im Hotel festgehalten und hatten keine Möglichkeit, Omdurman, die alte Stadt, oder den Zoo zu besuchen. Glücklicherweise hatte Jean-Pierre einige Taschenbücher in seinem Gepäck, u. a. solche von Somerset Maugham, mit denen ich Lücken in meiner Allgemeinbildung füllen konnte. Schließlich, am 4. April, wurde uns ein Teil unseres Geldes zurückerstattet, so daß wir unseren Weiterflug nach Kairo antreten und die Reise einige Tage später nach Zürich fortsetzen konnten. Kurz darauf war ich wieder im Zoo und im Semester.

Afrika-Haus

Mitte November 1960 hatte ich einen meiner ganz seltenen Berufsunfälle – selten, weil ich im Umgang mit Tieren immer übermäßig vorsichtig war und weil ich die Meinung vertrete, daß die meisten Zoounfälle auf eine falsche Einschätzung der Tiere zurückzuführen sind, was einem Tierpsychologen eigentlich nicht passieren sollte.

Im vorliegenden Fall handelte es sich zugegebenermaßen um eine solch typische Fehleinschätzung. Es war am Vortag eines Presse-Aperitifs, an dem die neuen Terrarien für Riesenschlangen und große Warane der Presse vorgestellt werden sollten. Dazu mußten die etwa 1,6 m großen Bindenwarane aus ihrem Provisorium ins neue Schauterrarium umgesetzt werden.

Tropische Reptilien sind um so lebhafter, je besser die Temperatur der Umgebung mit ihrer Optimaltemperatur übereinstimmt, im vorliegenden Fall zwischen 25 und 30 Grad Celsius. Mit einer reduzierten Temperatur läßt sich das Temperament dieser Tiere dämpfen, im Extremfall sogar eine außerordentliche Verlangsamung oder gar Starre erzielen.

Ich hatte daher aus Gründen der Vorsicht angeordnet, daß die Temperatur im Waran-Provisorium etwas gedrosselt werden sollte, damit die Tiere vom Pfleger ohne Risiko aufgenommen und in eine Transportkiste verbracht werden konnten. Der betreffende Tierpfleger, Franz Zweifel, hatte jahrelang einen großen, zahmen Bindenwaran betreut und daher einige Erfahrung mit diesen wehrhaften Reptilien.

Am Morgen des Presse-Aperitifs stellte sich heraus, daß Zweifel erkrankt und die Drosselung der Temperatur nicht vorgenommen worden war. Der Stellvertreter befand sich im Militärdienst – so fiel mir diese Aufgabe zu. Eine praktische Betätigung im direkten Umgang mit Tieren war für mich immer eine willkommene Unterbrechung der Papierarbeit, zudem hatte ich auf meiner Südseereise sogar frischgefangene Warane – allerdings nicht von dieser Größe – in der Hand gehalten.

Ich versuchte, sorgfältig die zu hohe Temperatur, die davon abhängige Reaktionsgeschwindigkeit und die Kraft des Warans einzuschätzen, bevor ich

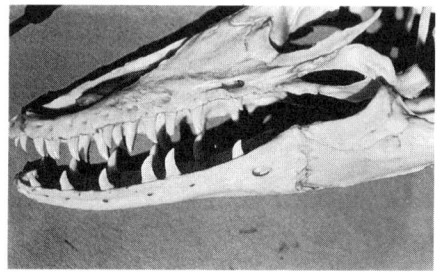

Das sägeartige Gebiß des Bindenwarans.

zugriff. Aber ich hatte den Waran bedeutend unterschätzt. Bevor ich ihn am Genick zu fassen vermochte, hatte er mich mit seinem sägeartigen Gebiß am Handgelenk erwischt und eine ziemlich tiefe Wunde gerissen, bei der auch der »Ramus dorsalis« durchtrennt wurde. Ich hatte mich blamiert und mußte in die Notfallstation des Kantonsspitals eingeliefert werden. Außer der Wunde mußte auch der erwähnte Nerv genäht werden, jener Nerv, der beim Schreiben eine wesentliche Funktion ausübt. Dadurch wurde meine Handschrift keineswegs verbessert – zudem hat sie später verschiedene Graphologen verunsichert.

Im Zoo ging 1961 das »gewaltige Sanierungsprogramm« weiter, auf dessen Dringlichkeit der neue Präsident Zoofreunde und Behörden im Jahresbericht 1960 vorbereitet hatte. Zur Überwachung der Reparaturen und Überholungsarbeiten wurde ein vollamtlicher Bauführer, Marcel Perrin, angestellt.

Als Geschenk der Tiergarten-Gesellschaft, deren Präsident nun Kantonsschulprofessor Dr. Hans Graber war, mein früherer Mitarbeiter als Direktionsassistent, durfte der Zoo zwei große Freilandterrarien für europäische und mediterrane Reptilien bauen, denen ein geräumiger, von innen kontrollierbarer Überwinterungsraum angefügt war. Dahin konnten sich die Tiere selbständig zur Winterruhe zurückziehen, sich in Laub und Torf einwühlen und im Frühjahr gemäß ihrem Kalender wieder erscheinen.

Unterbrechungen in der Routinearbeit im Zoo brachten mir einige wissenschaftliche Kongresse. So wurde ich 1961 und 1962 von Frank A. Beach von der University of California in Berkeley zu einer Zweistufen-Konferenz über »Sex and Behavior« nach San Francisco bzw. Berkeley eingeladen. Es gab damals nur wenige Zoologen, die sich wissenschaftlich mit der Fortpflanzung von Wildtieren befaßten; die Forschung hatte sich bisher wesentlich an Haustiere gehalten, wo die natürlichen Verhältnisse durch die Domestikation meist stark entstellt sind. Frank A. Beach hat die Ergebnisse der beiden Konferenzen 1965 und nochmals 1974 in einem stattlichen Band herausgegeben.

Natürlich benutzte ich die Aufenthalte in den USA dazu, meine Schwester Margrit sowie zoologische Gärten und Aquarien zu besuchen, ferner die immer zahlreicher werdenden Ozeanarien in Los Angeles, San Diego usw. Ein unvergeßliches Erlebnis war für mich die Begegnung mit freilebenden See-Ottern (Enhydra lutris), jenen stark gefährdeten, ganz im Meer lebenden Verwandten unseres Fischotters, die an der Küste Kaliforniens wieder angesiedelt wurden und sich durch einzigartigen Werkzeuggebrauch auszeichneten. Einige Studenten von Berkeley waren so freundlich, mich im Anschluß an die Konferenz nach Point Lobos südlich von San Francisco zu bringen.

Aus nächster Nähe beobachteten wir mit dem Feldstecher, wie die Tiere zwischen den riesigen Tanggewächsen tauchten, sich auf den Rücken legten, einen flachen Stein sozusagen als Amboß auf dem Bauch plazierten und dann mit einem Stein wie mit einem Hammer auf die stachlige oder hartschalige Beute – Seeigel oder Muscheln – schlugen, so daß die Weichteile freigelegt wurden. Aus allen Richtungen war das Klopfen der geschickten Schalenöffner zu hören – für einen Tierpsychologen ein unerhörtes Bild! Ein höchst aufregender Fall von doppeltem Werkzeuggebrauch – Hammer und Amboß –, und das bei einem marinen Raubtier!

Nachdem die Konferenzen des Internationalen Zoodirektorenverbandes in den vorhergehenden Jahren in Europa stattgefunden hatten, war der Tagungsort 1962 Chicago, so daß ich in dem Jahr nochmals in die USA fliegen mußte, diesmal über Montreal, wo ich einmal Zoodirektor hätte werden sollen. Auf dieser Reise, die u. a. über Miami und Washington D. C. führte, wurde den Teilnehmern Gelegenheit geboten, von San Diego aus das berühmte Palomar-Observatorium zu besuchen. Wie sehr ich dort von der Winzigkeit unseres Erdplaneten beeindruckt wurde, habe ich in meinem Buch

»Tiere verstehen« (1980, 1984) anzudeuten versucht. Bei dieser Gelegenheit möchte ich jenen privaten Spendern und Firmen danken, die es mir ermöglichten, für Reisen aufzukommen, die dem Zoo damals nicht zugemutet werden konnten.

Auch sonst durfte der Zoo großzügige Geschenke in Gestalt von Tieren, Geld und Material entgegennehmen. Das 1963 als Geschenk im Zoo eingetroffene Gorillapaar »Copo« und »Copina« sei hier vor allem deswegen erwähnt, weil es die Regel bestätigte, daß sich viele große Säugetiere, die als Jungtiere zusammen aufwachsen, nach Erreichen der Geschlechtsreife nicht zu fortpflanzungswilligen oder -fähigen Paaren zusammenfinden.

Im Juni 1965 konnte das von mir zusammen mit Architekt R. Zürcher geplante Afrika-Haus durch Präsident Schinz der Öffentlichkeit feierlich übergeben werden. In seiner Ansprache, die wie immer seinen weiten Horizont als Naturforscher, Arzt und Psychologe erkennen ließ, führte Schinz u. a. aus: »Die Verhaltensforschung, die wir beim Wildtier in der freien Natur, im Zoo und bei Haustieren studieren können, gibt manchen Fingerzeig, manche Erleuchtung, manchen therapeutischen Wink, auch für das menschliche Verhalten.«

Da der Bau dieses Hauses und die Beobachtung seiner Bewohner zu den Höhepunkten meiner Zookarriere gehören, möchte ich hier etwas verweilen. Es war bestimmt für die beiden afrikanischen Nashornarten und ihre Symbionten, ferner für Nilpferd und Schuhschnabel. Die Bezeichnung »Afrika-Haus« war im Hinblick auf die höchst bescheidene Vertretung der afrikanischen Fauna weit übertrieben, gewissermaßen größenwahnsinnig. Während der Planung wurde denn auch zutreffender vom »Nashorn-Nilpferd-Haus« gesprochen, doch erwies sich dies bald als zu umständlich, und es bürgerte sich die kurze Bezeichnung Afrika-Haus ein. Sie ist insofern richtig, als darin ausschließlich afrikanische Tiere wohnen.

Den unmittelbaren Anlaß zu diesem Neubau gab die geradezu tierquälerische Unterbringung eines Spitzmaul-Nashorn-Paares in einem düsteren Kellerraum des seinerzeitigen Hauptgebäudes. Bereits im Jahresbericht 1955, also zehn Jahre früher, hatte ich geschrieben: »Die derzeitige Unterbringung des erwachsenen afrikanischen Nashornpaares ist in hygienischer und tierhalterischer Hinsicht unhaltbar geworden. Es fehlen im Nacht- und Winterraum sowohl Heizung als Ventilation, und der Boden besteht aus Beton.« Die Dringlichkeit einer besseren Unterbringung war also unbestritten, und es lag nahe, einen Neubau etwas großzügiger zu planen, wenigstens ein Muster zu verwirklichen, wie afrikanische Großtiere in einem neuen Zoo unterzubringen wären. – Die Elefanten, deren Unterbringung gleich mißlich war, mußten aus Finanzgründen auf später vertröstet werden.

Schon vor Jahrzehnten (1942, 1956) trat ich dagegen auf, daß Wildtiere im Zoo in kubischen Räumen untergebracht werden, nur weil diese Bauart am billigsten und dem Menschen am vertrautesten ist. Es handelt sich im Grunde um einen Anthropomorphismus, um ein Unvermögen, sich tierliche Lebensräume vorzustellen, sich klar zu werden darüber, daß der Kubus eine unnatürliche Raumform darstellt, die wir nirgends in der Natur antreffen, ebensowenig wie rechte Winkel, völlig flache Böden oder herkömmliche Treppen und Türen.

Architekt Rudolf Zürcher war aufgeschlossen genug, meine Forderungen zu verstehen, auch daß dieses Haus keine sichtbaren Gitter aufweisen durfte, dafür aber maximalen Pflanzen-

Eine Hälfte des 1965 im Zürcher Zoo eröffneten Afrika-Hauses. Zum Gedeihen des Pflanzenwuchses im Innern bedurfte es großer Fenster. Das ganze Innere bildet einen einheitlichen Flugraum, in dem die symbiontischen Vögel – Kuhreiher und Madenhacker – frei fliegen und nisten können. Es gibt keine rechteckigen Räume und Tierdurchgänge, weder flache Böden noch sichtbare Gitter.

Breitmaul-Nashorn in Gesellschaft von Kuhreihern. Die Hörner sind verhältnismäßig lang und spitz dank der Pflegemöglichkeit an den halbierten Baumstämmen. Links ist eine der ovalen Tier-Türen sichtbar. Die Ficus-Pflanzen wurden nicht gefressen, obwohl sie leicht erreichbar waren.

bewuchs. Von einem rund sechzig Meter langen Bogengang aus hatte das Publikum über einen Trockengraben hinweg Einblick in vier Buchten mit abgerundetem Hintergrund; je zwei waren für die Breitmaul- bzw. Spitzmaul-Nashörner reserviert. Die Böden waren uneben, mit einzelnen Erhebungen und eingelassenen Steinblöcken. Längs halbierte Baumstämme dekorierten die Wände und verhinderten die bei Nashörnern gefürchteten stereotypen Bewegungen, durch welche ihr imposanter Kopfschmuck oft bis auf flache Stümpfe abgewetzt wird.

In den Rückwänden waren zwischen den Baumstämmen ovale Öffnungen eingelassen, den Körperquerschnitten der Tiere einigermaßen angepaßt, also etwa der Weite jener Tunnels entsprechend, welche Nashörner und Nilpferde gelegentlich auf ihren Wechseln anlegen, wenn diese durch dichten Busch führen. Diese verhältnismäßig engen Öffnungen bildeten die Türen, welche in einen breiten Wärtergang bzw. in die Nachtboxen, in die geräumigen Außengehege und zu den Bassins führten.

Zwischen den beiden Nashorn-Abteilungen befand sich das Hippo-Gehege mit einem kleinen Landteil im Hintergrund und einem Bassinteil, der gleichzeitig die Funktion eines Wassergrabens als Absperrung übernahm. Die Wassertiefe nahm von hinten gegen den Publikumsbereich hin bis zu einem Maximum von 1,2 Metern zu, welche den Hippos am meisten zusagte, wie ich von meinen gründlichen Beobachtungen im Kongo wußte.

Das Bassin wurde absichtlich sehr klein gehalten, diesmal weniger aus finanziellen, denn aus tiergartenbiologischen Gründen. Meine Erfahrungen in vielen anderen Zoos hatten mich gelehrt, daß es fast unmöglich ist, Nilpferde in sauberem Wasser zu zeigen, weil es ihnen im Wasser nur wohl ist, wenn es ihren Duft trägt. Es wird daher häufig ins Wasser markiert, d. h., die Bullen verteilen mit propellerartigen Schwanzbewegungen ihren Kot im Wasser, in Ufernähe und zum Teil auch an Gebüschen auf dem Land. In vielen Zoos hat man nicht mit der dauernden »Wasserverschmutzung« gerechnet und präsentiert die Nilpferde in großen, stinkenden Jaucheseen. Ich kenne nur eine einzige Stelle, wo Nilpferde in freier Natur in kristallklarem Wasser leben, und das sind die Mzima Springs in Kenia. Von diesem Ort stammen denn auch alle Unterwasser-Aufnahmen, welche Filmgesellschaften und Tierfotografen je gemacht haben. Andererseits traf ich oft Nilpferde, welche sich tagsüber in ganz kleinen Tümpeln aufhielten, so daß ich mir kein Gewissen daraus machte, ihnen auf dem Zürichberg nur ein bescheidenes Bassin anzubieten.

Zwar hatte ich mir eine Einrichtung ausgedacht, die gestattet hätte, im Afrika-Haus ein Nilpferd zusammen mit den an ihm saugenden, symbiontischen Fischen (Labeo velifer) zu zeigen, doch wäre dieser Anbau zu teuer geworden. Ich war schon froh, den Architekten dazu überreden zu können, daß er mir keine menschlichen Treppen als Einstieg ins Bassin baute, sondern – wenigstens in Andeutung – enge, steile Hohlwege. In vielen Zoos sah ich abschreckende Beispiele von Bassin-Einstiegen in der Form von Zementtreppen, auf menschliche Schuhgröße und Gangart abgestimmt, wie es einen Tiergartenbiologen geradezu schmerzen kann.

Das kleine Bassin hat sich jedenfalls bewährt. Beim Nilpferd spielen sich Kopulation, Geburt und das Säugen des Jungen bekanntlich im Wasser ab. Allen diesen lebenswichtigen Funktionen hat das Becken vollauf genügt. Seit der Einweihung des Hauses wurde jedes Jahr ein Junges geboren, das erste pikanterweise am Eröffnungstag des von mir in Zürich organisierten Ethologen-Kongresses, am 21. September 1965.

Die den ganzen Bau durchziehende niedrige Absperrmauer auf der Publikumsseite bildete auf der Höhe des Hippo-Abteils, also in der Mitte des Gebäudes, gleichzeitig den Bassinrand. Hier war also der Trockengraben für die Nashörner unterbrochen, und die Flußpferde konnten sich, wenn sie sich im Wasser aufrichteten, mit Kopf und Vorderfüßen auf der Publikumsmauer aufstützen. Theoretisch wäre auch ein Entweichen denkbar gewesen, wenn zum Beispiel ein zweites Tier als Fußschemel benützt worden wäre. Da ich kein Freund von Risiken bin, ließ ich für alle Fälle ein elektrisch hochziehbares Eisengitter einbauen, doch wurde diese Sicherung nur bis zur Eingewöhnung der Tiere eingesetzt. Bald gewöhnte sich der Bulle »Kiboko« daran, auf Anruf heranzukommen, sich auf die Abschrankungsmauer aufzustützen und mit weit aufgesperrtem Rachen einige Brotstücke in Empfang zu nehmen. So war es mir möglich, meinen Studenten und bei Führungen den Besuchern nicht nur die außerordentliche Zahmheit des Tieres, sondern auch die Besonderheiten des Gebisses, vor allem die während des ganzen Lebens wachsenden Eckzähne zu zeigen. Nach beendeter Demonstration tauchte der riesige »Kiboko« wieder unter und unternahm nie einen Versuch, ohne Aufforderung auf- oder gar auszusteigen, so daß das Sicherungsgitter nie wieder hochgezogen werden mußte.

Der ganze Bau bildete einen einzigen Raum. Die Trennmauern zwischen den abgerundeten Boxen, welche Steilufern oder Sandgruben glichen, reichten nicht bis zur Decke und trugen Pflanzenbehälter, in denen üppiges Grün sproßte, zum Beispiel Philodendren und Gummibäume, die sich auch über das Bassin neigten, sogar bis tief in die Boxen der Breitmaul-Nashörner hin-

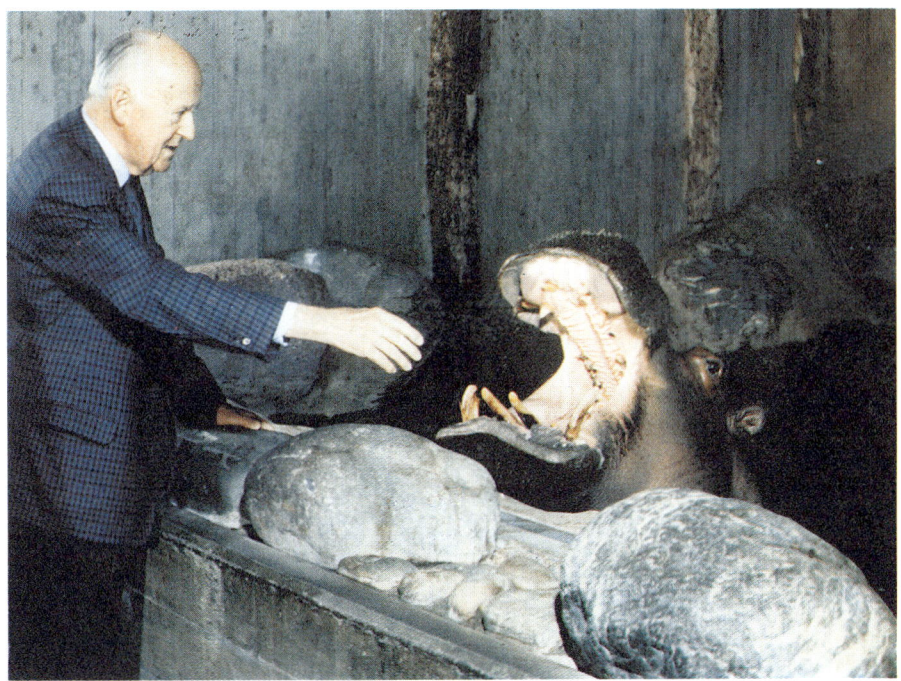

Auch Jahre später noch kam »Kiboko« jeweils auf Anruf zur Brüstung und sperrte zur Begrüßung seinen riesigen Rachen auf. Foto Dr. Christian R. Schmidt

ein. Im Gegensatz zu den Breitmaul-Nashörnern fraßen die Spitzmaul-Nashörner und Nilpferde jedes erreichbare Blatt. Um störendes Licht auszuschalten, war der im Bogen verlaufende Publikumsraum fensterlos und niedrig gehalten. Darüber erhoben sich große Fenster in Halbkreisform, so daß die Pflanzen gut gedeihen konnten und die Tiere sich in optimaler Beleuchtung zeigten. Etwas von dem üppigen Grün, das über den Köpfen der Zuschauer am Fuße der großen Fenster wucherte, hing vor dem Zuschauerraum herunter und sollte stellenweise als Vorhang tropische Vegetation andeuten.

Daß das ganze Afrika-Haus – abgesehen von den kleinen Pfleger- und Vorratsräumen – einen einzigen großen Raum bilden sollte, hatte einen besonderen Grund: Ich wollte nämlich hier die jeden Safari-Teilnehmer beeindruckenden Symbiosen von Kuhreiher (Bubulcus ibis) und Madenhacker (Buphagus erythrorhynchus) mit Nashorn und Nilpferd verwirklichen. Dieses erstmalige Projekt wurde denn auch ein voller Erfolg. Die Vertreter beider Vogelarten setzten sich wie in ihrer Heimat auf ihre riesigen Reittiere und pflanzten sich auch wiederholt fort. Der Kuhreiher wurde damals noch nicht häufig in Zoos gezüchtet, und die Zucht des Madenhackers gelang zum erstenmal überhaupt. Schließlich kam am 27. August 1970 in diesem Haus das erste Spitzmaul-Nashorn auf Schweizerboden zur Welt, und mit dieser Art wurden hier wegweisende, tierpsychologische Untersuchungen angestellt. Das alles hat dazu geführt, daß die Realisation des Afrika-Hauses und die Beobachtung seiner Bewohner mich mit großer Freude erfüllt haben und von mir als Höhepunkte meiner Zookarriere empfunden werden. Hier konnten offensichtlich tiergartenbiologische Fortschritte erzielt werden: Keine Kuben und sichtbare Gitter, viele lebende Pflanzen, Tiere nicht als isolierte Arten, sondern in natürlichen Symbiosen. Bei den Bewohnern dieses Hauses darf mit Fug und Recht angenommen werden, daß ihnen – außer den im Freileben stets vorhandenen Bedrohungen durch Feinde – nichts fehlt und daß sie sich infolgedessen wohlfühlen. Ihr künstlicher Wohnraum enthält offenbar alle wesentlichen Elemente des natürlichen Biotopes.

Weit schwieriger als die Beschaffung und Eingewöhnung der Kuhreiher war jene der Madenhacker, auf die ich seit Jahren ein Auge hatte, die aber in Zoos bisher wie andere Vögel dieser Größe immer in gewöhnlichen Käfigen oder Volieren gehalten wurden. Die Planung des Hauses und seine Besetzung hatten mich natürlich seit langer Zeit intensiv beschäftigt.

Wesentliche Hilfe brachte mir ein Besuch im amerikanischen National-Zoo in Washington D.C., wo ich selbstverständlich auch nach Madenhackern fragte. Direktor Ted Reed, der Nachfolger von Bill Mann, hatte damals ein völlig zahmes Exemplar. Wenn man den Kopf in die geöffnete Voliere steckte, kam es angeflogen und durchsuchte die Kopfhaare. Zweierlei hat mich bei diesem erstmaligen Kontakt beeindruckt: Ich hätte eigentlich kräftige Stiche der spitzen Krallen erwartet, aber ich spürte den auf meinem Kopf herumrutschenden Vogel kaum. Und auf der Suche nach allfälligen Zecken oder anderen Parasiten ging der Vogel beim Zerteilen und Untersuchen der einzelnen Haarbüschel so sorgfältig vor, daß von Hacken keine Rede sein kann.

Noch wichtiger als dieser »Selbstversuch« war der Umstand, daß mir Ted die Adresse einer Engländerin in Kenia mitteilte, die jedes Jahr einige junge Madenhacker aufzog und sie an europäische und amerikanische Zoos verkaufte. Das Angebot war stets viel kleiner als der Bedarf. Jedenfalls gelang es uns später – 1968 –, einige Exemplare von dort zu erwerben, zu importieren und einzugewöhnen.

Natürlich konnte ich diese seltenen Pfleglinge nicht einfach im Afrika-Haus »loslassen«. Es bedurfte da einiger Vorversuche, d. h. vorerst der Prüfung, ob die handaufgezogenen Vögel zu Huftieren überhaupt Beziehungen im Sinne einer Symbiose finden würden. Aber wo im Zoo bot sich eine Möglichkeit, Huftiere in einem vogeldichten Raum zu halten? Meine Wahl fiel auf den im Sommer leeren Flamingo-Überwinterungsraum, der gut abschließbar und mit einer großen Glasscheibe gegenüber dem Publikum ausgestattet war.

Statt der Flamingos quartierten wir jetzt einige ruhige Zwergziegen darin ein, von denen zu erwarten war, daß sie die Glasabsperrung respektieren würden. An den Wänden wurden Äste montiert als Sitzgelegenheit für die Madenhacker. Bald setzten sich diese tagsüber auf die Zwergziegen und untersuchten deren Fell – und die Ziegen ließen sich diese ungewohnte Behandlung ohne weiteres gefallen.

Der nächste Schritt bestand darin, die Vögel in einem herkömmlichen Käfig ins Afrika-Haus zu bringen, wo sie sich während einiger Wochen optisch in der neuen Umgebung orientieren konnten. Als wir dann mit einer diskreten Fernauslösung den Käfig öffneten, war es ein höchst eindrückliches Erlebnis, zu beobachten, wie die Madenhacker schnurstracks auf die Nashörner zuflogen und an ihnen herumkletterten, als ob sie dies immer getan hätten – dabei hatten die handaufgezogenen Pfleglinge nie in ihrem bisherigen Leben ein Nashorn zu sehen bekommen! Für mich war das eine geradezu klassische Illustration für das, was Konrad Lorenz früher »das angeborene Schema« genannt hat. Es kam dabei etwas wie ein

ererbtes Urbild zum Ausdruck, etwas, das stark auch an den Archetyp von C. G. Jung erinnert. Solchen Situationen bin ich im Tierreich öfter begegnet, und ich glaube, daß sich hier – was man grob mit den Stichworten Instinkt und Archetyp bezeichnen könnte – einmal eine interessante Nahtstelle zwischen Tier- und Humanpsychologie ergeben wird. Urbilder können etwas eminent Durchgehendes, Biologisches im weitesten Sinne sein.

Ein großer Teil der Aktivität der Madenhacker spielte sich von nun an auf dem Rücken der Nashörner ab, zum Beispiel Balz, Paarung, Fütterung der Jungen, Gefiederpflege, Sich-Sonnen. Zum Brüten hatten wir an geeigneten Stellen Kästen nach Art von Starenkästen aufgehängt. Monica Benz hat später (1974) in unserer Fachzeitschrift »Der Zoologische Garten« eine ausführliche Darstellung über die Fortpflanzungsbiologie des Rotschnabel-Madenhackers aufgrund ihrer Beobachtungen im Afrika-Haus veröffentlicht.

Viele Leute, auch viele meiner Kollegen, konnten nicht verstehen, daß die im Haus frei fliegenden Vögel nicht entwichen, wenn die Nashörner und Nilpferde in die Außengehege gelassen und am Abend wieder hereingeholt wurden. Das war in der Tat ein Risiko, mindestens theoretisch, das auch mir zu schaffen machte. Aber ich hatte mit dem schon 1942 formulierten tiergartenbiologischen Slogan gerechnet: »Raumvertrautheit stimuliert, Raumfremdheit deprimiert.« Anders ausgedrückt: Die Vögel fühlten sich in der geräumigen Halle, welche das Afrika-Haus bildete, bald daheim; sie konnten sich in den Pflanzen und im Geäst nach Belieben ihre Nistgelegenheiten auswählen. Zudem hielten sie sich mehr in der belichteten Höhe als auf dem Boden auf, und wenn der Tierpfleger die Nashörner und Nilpferde durch die

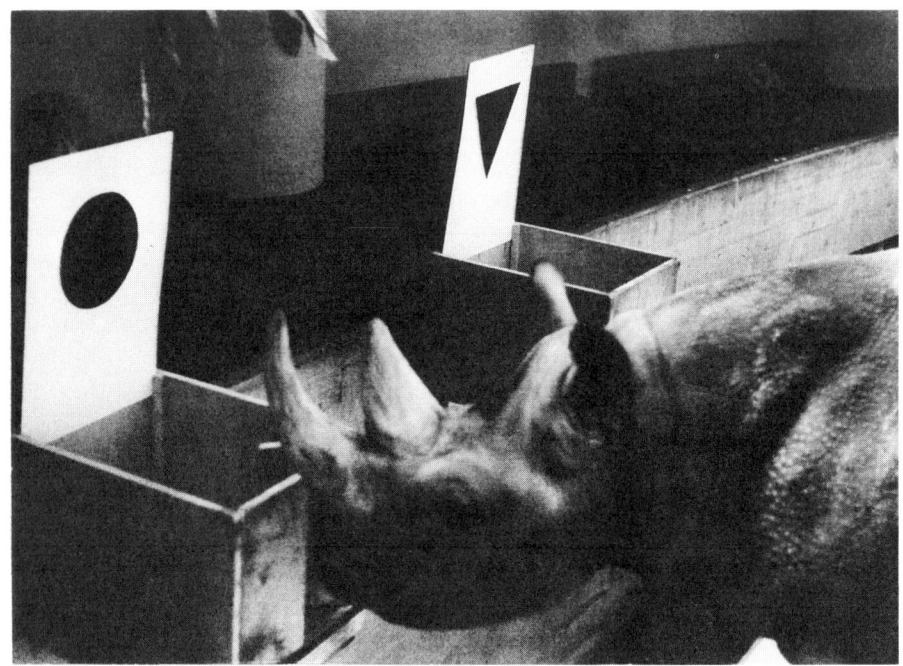

Das Spitzmaul-Nashorn öffnet sorgfältig die kleinen Flügeltüren der Kiste mit dem positiven (runden) Signal, das es schon aus einiger Entfernung angesteuert hat. Später konnten die Signale auf wenige Zentimeter Größe reduziert werden. Nach fünfjähriger Unterbrechung wählte das Tier noch 100 Prozent richtig. Foto Eva Fasnacht

verhältnismäßig engen Türöffnungen ließ, stand er zum Öffnen der Schlösser in der Nähe der Türen. Die Vögel hatten eine zwar geringe, aber deutliche Fluchtdistanz vor dem Menschen, verließen also ihre Reittiere, wenn diese sich dem Pförtner näherten. Die Aussengehege blieben den Vögeln fremd und daher unheimlich; sie hatten also keinen Anlaß, den vertrauten Raum zu verlassen.

Abgesehen von diesen Symbiosen zwischen den Vögeln und ihren Reittieren bildeten die Bewohner des Afrika-Hauses auch noch andere Quellen erstmaliger, erfreulicher Beobachtungen, welche für die unvermeidlichen, oft langweiligen Routinearbeiten administrativer Art willkommene Entschädigung boten.

Die parallele Haltung von Spitzmaul- und Breitmaul-Nashörnern führte uns interessante Gattungsunterschiede vor Augen, wohl deutlicher, als dies bei getrennter Haltung möglich gewesen wäre. Die kleineren Spitzmaul-Nashörner verhielten sich viel aktiver und aufmerksamer als ihre größeren Verwandten. Sie reagierten auch auf hingehaltene Leckerbissen wie Brot und Rüben, während unsere Breitmaul-Nashörner auf solche Reize nicht reagierten, sondern sich stur dem gewohnten Futterhaufen zuwandten.

Verschiedene banale Beobachtungen im Freileben und in Zoos hatten in mir starke Zweifel aufkommen lassen an der im Schrifttum bis in letzter Zeit stets wiederholten Behauptung, Nashörner seien sehr kurzsichtig und hätten ein schlechtes Sehvermögen. Im Afrika-Haus bot sich Gelegenheit, die Frage nach der Sehschärfe und dem visuellen Lernvermögen experimentell zu untersuchen. Eine meiner Studentinnen, Eva Fasnacht, entschoß sich, diesem Thema ihre zoologische Diplomarbeit zu widmen (1974). Aus dieser Veröffentlichung seien nur wenige Sätze zitiert: »Das Nashorn ›Faru‹ war zur Zeit der Versuche 21 Jahre, das Nashorn ›Susi‹ etwa 8 Jahre alt... Die Versuche wurden von April 1970 bis April 1971 im Afrika-Haus ausgeführt... Die optischen Signale (Kreis = positiv / Dreieck = negativ) wurden auf Sperrholztafeln aufgeklebt, die bei zwei massiven Holzkisten 50 × 70 × 55 cm hinten leicht eingeschoben werden konnten. Die beiden Kisten wurden vom Zuschauerraum her an die 1 m hohe Abtrennungsmauer angehängt und waren so für die Nashörner über den 1,5 m breiten Graben gut erreichbar. Die vorderste Front der Kisten konnten die Nashörner (je nur eines) durch einen leichten Stoß mit den Hörnern öffnen.«

Die Tiere lernten erstaunlich rasch, nur die Kiste mit dem positiven Signal zu öffnen. In ihr fanden sie einen Leckerbissen, während die Dreieckskiste stets leer war. Natürlich wurden beide Kisten bzw. Signale unregelmäßig gewechselt, um eine Seitenstetigkeit zu vermeiden. Die Tiere hätten die verhältnismäßig leichten Holzkisten leicht zerstören können, behandelten sie aber erstaunlich sorgfältig.

Nachdem die beiden Signale begriffen waren, konnten sie im Laufe der Versuche mehr und mehr verkleinert werden. Die Wahl erfolgte zunächst auf einen Meter Entfernung, später schon auf eine Distanz von drei bis fünf Metern. Geruchsreize wurden ausgeschaltet durch Leer-Versuche, d. h. durch Nichtbeködern auch der positiven Kiste und umgekehrt.

Kurz zusammengefaßt ergaben diese Versuche, »daß das Sehvermögen der Nashörner im Rahmen anderer Säuger sicher nicht sonderlich schlecht ist. Die Sehschärfe des Nashorns ist zwar um einiges geringer als die von Mensch und Affen..., doch zeigen z. B. Indischer Elefant, Nilgauantilope, Esel, Rothirsch und Frettchen schlechtere Werte. Die Leistung des Nashorns läßt sich etwa mit derjenigen der Katze und des Pferdes vergleichen.«

Von einer besonderen Kurzsichtigkeit und Stumpfsinnigkeit, die dem Nashorn während Jahrhunderten – sozusagen von Aristoteles bis Grzimek – nachgesagt wurden, ist also keine Rede. »Beide Tiere zeigten eine erstaunliche Arbeitswilligkeit und Lernfreudigkeit«, stellte die Autorin dieser Diplomarbeit in der Zusammenfassung fest, eine Erkenntnis, von der ich mich selber immer wieder überzeugte und die ich für eine tiergartenbiologisch höchst bedeutsame Tatsache halte.

In der Umwelt von Wildtieren in menschlicher Obhut kann der Mensch, wie ich oft betont habe, als Katalysator eine außerordentliche Rolle spielen, d. h., er kann ungeahnte Fähigkeiten aktivieren, die unter den Normalbedingungen des Freilebens niemals zum Ausdruck kommen und daher als nicht vorhanden gelten. Das hat immer wieder zu einer bedeutenden Unterschätzung der psychischen Fähigkeiten vieler Wildtiere geführt und zeigt, wie notwendig die wissenschaftliche, namentlich die tierpsychologische Arbeit im Zoo ist, um einigermaßen abgerundete, wirkliche Bilder der Psyche von Wildtieren zu gewinnen. Jagdberichte und sterile Zoohaltung können dazu nichts beitragen und verfälschen damit unsere Meinung über die wirklichen, auch latenten Fähigkeiten vieler Arten.

Noch erstaunlicher als die bisher geschilderten Beobachtungen von Eva Fasnacht sind diejenigen, die sie anläßlich der geplanten Untersuchungen über das Farbsehvermögen der Nashörner machte und die sie 1977 unter dem Titel »Erstaunliche Gedächtnisleistung bei einem Spitzmaul-Nashorn (Diceros bicornis)« in der Fachzeitschrift »Der Zoologische Garten« veröffentlichte. Diese Untersuchungen über das Farbsehvermögen, die als Dis-

Auch im Zürcher Zoo balzte der menschgeprägte Schuhschnabel »Seppli« hartnäckig nur seinen Pfleger J. Vokac an und wollte von Artgenossen nichts wissen.

Foto Jürg Klages

sertation geplant waren, kamen zwar aus äußeren Gründen nicht zustande, doch ergaben schon die Vorbereitungen dazu überraschende Ergebnisse: Das Nashorn »Susi« zeigte sich beim versuchsweisen Aufstellen der neuen Apparaturen für die Farbsehversuche auffällig interessiert. Das brachte Eva Fasnacht auf die Idee, zu prüfen, ob »Susi« vielleicht etwas von den fünf Jahre früher angestellten Formsehversuchen in Erinnerung behalten hatte.

So wurde dem Tier die alte Einrichtung mit den Dreieck- und Kreissignalen neuerdings angeboten. Die Versuchsleiterin stellte folgendes fest: »Im März 1971 hatte das Nashorn diese Muster zum letzten Mal gesehen. Im Januar 1976 wurden dem Tier diese Signale erneut gezeigt. Zu unserem großen Erstaunen wählte ›Susi‹ auf Anhieb mit großer Sicherheit das positive Signal, den Kreis, gegenüber dem negativen Dreieck (50 Wahlen, 100 % richtig).« Eine wahrhaft überraschende Leistung! Ohne einen einzigen Fehler öffnete Susi fünfzigmal nacheinander die beköderte, mit dem Kreissignal gekennzeichnete Kiste.

Außer den Unterkünften für Nashörner, Nilpferde und ihre Symbionten war im Afrika-Haus noch ein separater Biotop für Schuhschnäbel vorgesehen. 1964 schenkten die Bally-Schuhfabriken zwei dieser imposanten Vögel, von denen wir aufgrund eines geringen Größenunterschiedes annahmen, daß es sich um ein Paar handelte. Damals stand die moderne Methode der Laparaskopie zur Geschlechtserkennung bei Vögeln noch nicht zur Verfügung.

Bekanntlich ist es bisher noch in keinem Zoo der Welt gelungen, den Schuhschnabel zu züchten. Einer der beiden Zürcher Vögel lebte 17 Jahre lang im Zoo und richtete sich ganz auf seinen Pfleger aus, den er wie einen Artgenossen zu begrüßen pflegte – ein Beispiel von irreversibler Prägung.

Die feste Prägung auf den Menschen als Geschlechtspartner hat sich im Zoo auch bei zwei anderen Vögeln fatal ausgewirkt, nämlich beim Kondor und bei einem Straußenhahn. Zwar boten diese beiden Fälle eindrückliche Möglichkeiten, das Wesen der Prägung meinen Studenten und anderen Interessenten zu demonstrieren, sie verhinderten jedoch jede erfolgreiche Zucht.

Das Thema »Der Mensch als Sozialpartner von Tieren und umgekehrt« hat mich immer fasziniert. Im Herbst 1963 habe ich darüber an einem Symposium über »Social organization of animal communities« in der Zoologischen Gesellschaft London berichtet.

Das Jahr 1964 brachte erfreuliche Geburten, zum Beispiel den vierten Gibbon und nach langer Unterbrechung wieder einmal einen Eisbären, der – weil von der Mutter vernachlässigt – vom damaligen Zootierarzt Dr. Peter Weilenmann in seinem Hause aufgezogen wurde.

Dank der Vermittlung von Professor Schinz konnte der berühmte Antilopenforscher Dr. Fritz Walther im Zürcher Zoo einen längeren Aufenthalt

Bei einem kurzen Ferienaufenthalt auf Rhodos 1964 vexierten mich die beiden alten Damhirsch-Monumente an der Hafeneinfahrt. Meine Erkundigungen ergaben, daß die Insel früher von Giftschlangen gewimmelt haben soll. Das deswegen befragte Orakel von Delphi empfahl, Damhirsche aus Mesopotamien einzuführen. Hirsche zur Schlangenbekämpfung?

In einer alten Brehm-Ausgabe (1865) fand ich die – später weggelassene – Darstellung eines südamerikanischen Hirsches im Kampf mit einer Schlange. In der Literatur stieß ich dann auf zahlreiche Angaben, daß nicht nur Hirsche, sondern auch Wildziegen und -schafe spontan Schlangen töten, indem sie hoch in die Luft springen und sich mit zusammengehaltenen Füßen darauf fallen lassen. Aber wo gibt es heute noch so viele Schlangen und Huftiere, daß sich diese Beobachtungen wiederholen ließen? Offenbar handelt es sich um einen Fall von »fossilen« Verhaltensweisen.

dazu benutzen, seine Studien zu ergänzen. Es traf sich, daß am 19. Juli eine Bleßbock-Antilope zur Welt kam und künstlich aufgezogen werden mußte; dabei wurde sie strikte auf Dr. Walther geprägt, so daß sie ihm auf Schritt und Tritt folgte, auch zu Besprechungen ins Büro. Nachts schlief sie unmittelbar neben seinem Bett. Natürlich bot eine derartige Intimität Gelegenheit für feinste Ausdrucks- und Kommunikationsstudien.

Die internationale Zoodirektoren-Konferenz fand 1964 in Sydney statt und bot mir auf der Hinreise Gelegenheit, an verschiedenen Zwischenstationen zoologische Erlebnisse zu sammeln, zum Beispiel in Manila, wo ich im Zoo zum ersten und einzigen Mal in meinem Leben einem Tamarau, d. h. einem Mindoro-Büffel (Anoa mindorensis), dem seltensten Wildrind, begegnet bin. Vor Konferenzbeginn hatte ich auf Einladung des australischen

David Fleay mit einem seiner zahmen Schnabeltiere.

Verhaltensforschers Glen McBride an der Universität Brisbane einige Vorlesungen zu halten, und nebenbei erhielt ich auch Einblick in die Untersuchungen am Australischen Lungenfisch (Neoceratodus forsteri), jener imposanten Fischgestalt, von welcher der Zürcher Zoo kurz vorher zwei Exemplare erworben hatte. Schließlich bot mir der Aufenthalt in Brisbane auch Gelegenheit, David Fleay, den großartigen Kenner der australischen Fauna, in seinem kleinen, aber höchst reizvollen Privatzoo zu besuchen. Fleay war – und ist bis heute – der einzige, dem die Zucht des Schnabeltieres (Ornithorhynchus) gelungen ist (1944).

In Sydney war der Internationale Zoodirektoren-Verband Gast des selbsternannten, höchst eigenwilligen und kauzigen Zoodirektors Sir Edward Hallstrom. Ich war bestürzt, daß der Taronga Park Zoo seit meinem ersten Besuch 1929, also seit 35 Jahren, praktisch keine Fortschritte gemacht hatte. Von biotopgemäßer Präsentation konnte keine Rede sein; immer noch dominierten altmodische Gitterkäfige und -gehege mit Betonböden, obgleich gerade hier die Möglichkeit bestanden hätte, die Tierwelt Austra-

Dieser Tamarau oder Mindoro-Büffel, dem ich 1964 im Zoo von Manila begegnete, schien damals das einzige Exemplar in menschlicher Obhut zu sein. Ich habe 1965 über dieses »seltenste Wildrind« berichtet.

liens und anderer warmer Zonen in einzigartiger Weise zu zeigen.

Trotz seiner achtzig Jahre duldete Sir Edward keinerlei qualifizierte Mitarbeiter in seinem Zoo – weder Zoologen noch Tierärzte noch Architekten –, sondern wurstelte völlig eigenmächtig drauflos. Da er einen beträchtlichen Teil seines mit Kühlschränken gemachten Vermögens der Krebsforschung zur Verfügung stellte, war er in London geadelt worden und hatte auch in Sydney viele Freunde. Er versah das Amt des Zoodirektors, das er für sich selbst geschaffen hatte, ehrenamtlich und ließ sich von niemandem dreinreden. Zum Beispiel behauptete er, in seinem Zoo gebe es keine kranken Tiere und deswegen brauche er auch keinen Tierarzt. Des Rätsels Lösung fand ich zwei Jahre später, als ich von der Regierung von New South Wales den schwierigen, aber interessanten Auftrag bekam, den Taronga Park Zoo zu reorganisieren.

Während der Zoodirektoren-Konferenz in Sydney hatte ich davon indessen noch keine Ahnung. – Auf dem Heimflug bot sich Gelegenheit, in Manila und Bangkok kurze, höchst lehrreiche Zwischenhalte einzuschalten. In Manila lernte ich u. a. ein Haustier etwas näher kennen, das mich seit jeher faszinierte: den Wasserbüffel oder Kerabau. Hier sah ich dieses uralte, genügsame, gutmütige, seit Jahrtausenden im Dienste des Menschen stehende Geschöpf in seiner Ur-Funktion, beim Pflügen der unter Wasser stehenden Reisfelder und auch als zuverlässiges Reit- und Zugtier. In etwas abgelegenen Dörfern begegnete ich sogar noch Büffeln, die vor Schlitten gespannt waren, jene archa-

Außerhalb Manilas stieß ich noch da und dort auf solche von Hausbüffeln gezogene Schlitten. Im nassen Gras und sumpfigen Gelände bewährt sich dieses altertümliche Fahrzeug auch heute noch.

Philippinischer Kleinbauer bei der Pflege seiner Wasserbüffel. Trotz internationaler Anstrengungen ist es bis heute in vielen Hungergebieten Afrikas und Südamerikas nicht gelungen, dieses überaus genügsame und leicht zu haltende Haustier als Arbeitsgehilfe und Fleischlieferant einzuführen. Manche Völker finden zu dem schwarzen, gefährlich aussehenden Koloß keine Beziehung.

Zoologisch Interessantes gibt es überall: In Manila fielen mir einzelne Häuser mit seltsamen Butzenscheiben-Fenstern auf.

Die einzelnen Scheibenelemente bestanden aus den durchsichtigen, flachen Schalenhälften der Fenstermuschel. Das Material wurde später auch nach Europa und Amerika exportiert und zu Mobiles, Lampen, Servierplatten usw. verarbeitet.

ischen Fahrzeuge aus der Zeit, als Rad und Wagen noch nicht erfunden waren.

Obwohl sich maßgebende internationale Organisationen wie BOSTID (Board on Science and Technology for International Development) seit Jahren bemühen, dieses geradezu ideale Haustier, das wenig braucht und viel leistet, in den Hungergebieten zum Beispiel Afrikas einzuführen, ist dies bisher nicht in nennenswertem Ausmaß gelungen, und zwar aus psychologischen Gründen: Der ähnliche, aber nicht näher verwandte Afrikanische Kaffernbüffel, ein Wildtier, gilt als angriffig und gefährlich, und daher trauen die meisten Afrikaner auch dem altbewährten Hauswasserbüffel nicht, obgleich er in seiner Heimat meist von Kindern betreut wird.

Natürlich besuchte ich in Manila auch die wichtigsten Tier- und Zierfischhändler. Beos und andere Ziervögel wurden schon auf der Straße oft in zierlichen, aus Bambus gefertigten Käfigen zum Kauf angeboten. Hin und wieder fielen mir auch buntbemalte Zweiradkarren auf, in denen Hunde als Delikatesse zu Kunden gebracht wurden. In Bangkok benutzte ich den Aufenthalt pflichtgemäß, aber auch aus zoologischem Interesse in erster Linie dazu, den Zoo und verschiedene Tierhändler zu besuchen. Im Zoo bekam ich u. a. meine ersten »weißen« Elefanten zu sehen, die im Gegensatz zu den »gewöhnlichen« Elefanten unter einem besonderen Dach untergebracht waren, auf hölzerne Plattformen gefesselt, die sie vielleicht jahrelang nicht verlassen durften – oder wollten, wie mir erklärt wurde.

Von Weiß war an diesen heiligen Tieren allerdings nichts zu bemerken. Sie waren so grau wie ihre Artgenossen, mit denen sie angeblich nichts zu tun haben wollten. Es handelte sich also keineswegs um Albinos. Einer der »Weißen« wies helle Augen auf, und

Zu den reichhaltigsten Tiermärkten gehört zweifellos jener von Bangkok. Da gab es noch 1964 eine große Auswahl an Fischen, Vögeln und allerlei Säugetieren vom Eichhörnchen bis zum Affen.

ein anderer hatte im Gaumen eine helle Stelle, die mir von einem Pfleger freundlicherweise gezeigt wurde. Wirklich weiße Elefanten, so wurde mir gesagt, gebe es nur alle paar Generationen als eine Inkarnation eines bestimmten Heiligen der indischen Mythologie. Es würde zu weit führen, näher auf dieses Thema einzugehen, doch hat es mich sehr beeindruckt, in einem Zoo heiligen Tieren zu begegnen.

Im Zürcher Zoo waren die Elefanten immer noch recht bedenklich untergebracht, nämlich im Parterre des sogenannten Hauptgebäudes. Im winzigen Publikumsraum konnte nur etwa ein Dutzend Besucher Platz finden, und im düsteren, stinkenden Stall waren die beiden großen Indischen Elefanten hintereinander aufgestellt, so daß der erste, die legendäre »Mandjullah«, die Sicht auf ihre Stallgenossin völlig verdeckte.

Einige Händler hatten sich auf Kampffische spezialisiert, die in kleinen Gläsern verkauft und häufig in Wettkämpfen eingesetzt werden. Dabei geht es zuweilen – wie bei den beliebten Hahnenkämpfen – um bedeutende Summen.

In vielen Zoos, wie z. B. dem in Bangkok, steht zirkusmäßige Unterhaltung im Vordergrund, wie bei uns in Europa in der Menagerie-Zeit. Tiergartenbiologie und Forschung sind mancherorts noch unbekannt.
Für die Elefanten braucht es in einem Zoo wie in Bangkok nicht einmal ein Dach. Die Tiere werden lediglich im Freien in einer Reihe aufgestellt und verankert.

In einem miserablen Käfig fand ich Plumploris zum Kauf angeboten.

Seit meinem Amtsantritt im Zürcher Zoo war es mir nie wohl gewesen mit dieser üblen Elefantenunterkunft: Sie war nicht nur denkbar häßlich und unzweckmäßig, sondern auch sehr gefährlich. Es war alles so eng, daß der Pfleger bei seinen Hantierungen durch eine einzige hastige Bewegung seiner Pfleglinge – etwa eine Schreck- oder Abwehrreaktion – leicht hätte an die Wand gedrückt und zerquetscht werden können. Ich hatte deswegen manche unruhige Stunde. Mein Vorgänger hatte in diesem Stall zwei Todesfälle erlebt: Eine Besucherin und ein Tierpfleger waren ums Leben gekommen.

Die Situation war eigentlich kaum mehr zu verantworten. Beruhigend war einzig der Umstand, daß »Mandjullah« ein ungewöhnlich ruhiges Tier und ihr

In einem düsteren Käfigkasten wartete ein Malaienbär auf einen Käufer.

Natürlich spielten Gibbons nicht nur auf dem Markt, sondern auch in den permanenten Tierhandlungen von Bangkok, in denen nicht immer Ordnung herrschte, als Verkaufsobjekte eine große Rolle.

Der Preis einer Riesenschlange richtete sich nach der Länge. Große Exemplare waren besonders gesucht, aber eine genaue Messung ist unmöglich, weil sich diese Tiere niemals gerade ausstrecken oder strecken lassen.

langjähriger Pfleger Alfred Hauser in sie recht eigentlich verliebt war. Die beiden hätten sich niemals absichtlich etwas zuleide getan, aber der vertraute Pfleger mußte ja auch gelegentlich abgelöst werden.

Während einer solchen Ablösung geschah es, daß »Mandjullah« und »Valaja« plötzlich in eine unruhige Phase gerieten, die wir uns zunächst nicht erklären konnten. Plötzlich auftretende Unruhe unter diesen Stallverhältnissen bedeutete eine ernst zu nehmende Gefahr, und ich gab den Befehl, keine Risiken einzugehen. Inzwischen suchten wir eifrig nach den Ursachen der ungewohnten Unruhe und fanden sie schließlich darin, daß wir in einem vom Elefantenstall durch eine solide Mauer getrennten Abteil des sogenannten

Winterstalls eine Gruppe von Halsband-Pekaris untergebracht hatten. Die Geräusche (vielleicht auch der Geruch) der für die Elefanten unsichtbaren Nachbarn war offensichtlich die Ursache der gefährlichen Unruhe. Als wir die kleinen Südamerikaner entfernt hatten, trat wieder Ruhe ein. – Eine kleine tierpsychologische Rechnung war damit (hinterher) aufgegangen.

Bei »Mandjullah« hatten sich in den letzten Jahren zunehmende Alterserscheinungen bemerkbar gemacht. Sie war bei der Eröffnung 1929 ausgewachsen in den Zoo gekommen und galt als der älteste Elefant in Europa. Am 6. Dezember 1966 fand sie der neue Elefantenpfleger Ruedi Tanner bei Arbeitsantritt tot im Stall liegend. Noch einmal erwies sich der enge Stall ohne Absperrmöglichkeit als besonders bedenklich: Der riesige Kadaver mußte an Ort und Stelle zerlegt werden. Der Veterinärpathologe Professor Stünzi und der Veterinäranatom Professor Seiferle waren anwesend und bestätigten bei der Sektion die Alterserscheinungen wie starke arteriosklerotische Prozesse in Aorta und Kranzgefäßen mit deutlicher Fetteinlagerung in der Aorta, Altersveränderungen an den Herzklappen und Sehnenfäden, chronische Glomerulasklerose, Lungenemphysem, mehrere Uterusmyome etc.

Mit Hinweis auf die schweren Aorta- und Herzbefunde konnte Professor Seiferle, selber ein Kettenraucher von Zigarren, die Bemerkung nicht unterlassen, daß dieses Tier nie im Leben

Halsband-Pekaris: Die Geräusche – und vielleicht auch der Geruch – der für die Elefanten unsichtbaren Nachbarn waren die Ursache der Unruhe im Elefantenstall.
Foto Dr. Christian R. Schmidt

auch nur eine Zigarre geraucht habe! Der Verlust dieses populären Tieres beschleunigte die Planung einer neuen, besseren Elefantenanlage, nachdem für Menschenaffen bereits bessere und für die Nashörner sogar mustergültige Unterkünfte verwirklicht waren.

Im Frühjahr 1966 hatte ich u. a. im Auftrag der Thyssen-Stiftung Dr. Fritz Walther in der Serengeti (Tansania) zu besuchen, der dort dank dieser Stiftung langfristige Untersuchungen namentlich an der Thomsongazelle durchführte, nachdem er seine Beobachtungen im Zürcher Zoo abgeschlossen hatte. Auf dieser Reise wurde ich von Ruedi Schinz, einem Sohn des Zoopräsidenten, begleitet; er liebäugelte damals mit dem Gedanken, Zoologie zu studieren. Nach einem kurzen Zwischenhalt in Kairo, wo wir selbstverständlich den Zoo besuchten und die freifliegende Kuhreiher-Kolonie bewunderten, die sich bereits weit auf die Eukalyptusbäume des nahen Boulevards ausgedehnt hatte, trafen wir in Nairobi das Schweizer Zoologen-Ehepaar Charles und Roseanne Guggisberg, ausgezeichnete Kenner von Land, Leuten und Tieren. Charles war kein Jäger, sondern ein Afrikaforscher im klassischen Sinne, der neben seiner wissenschaftlichen Arbeit viele fesselnde Bücher veröffentlichte und mit der Zeit zu einer beinahe legendären Figur geworden war – den pessimistischen Prognosen seiner Berner Universitätslehrer zum Trotz. Die geradlinige Verfolgung seines beruflichen Idealbildes von Kindsbeinen an hat mich bei jeder Begegnung immer wieder tief beeindruckt. Schließlich wurde er von der Berner Universität mit dem Ehrendoktor ausgezeichnet.

Nach kurzem Zwischenhalt in Nairobi brachte uns Dr. Walther in seinem Landrover über Arusha in sein Arbeitsgebiet nach Banagi, wo wir als Gäste in seinem Häuschen wohnen durften, und

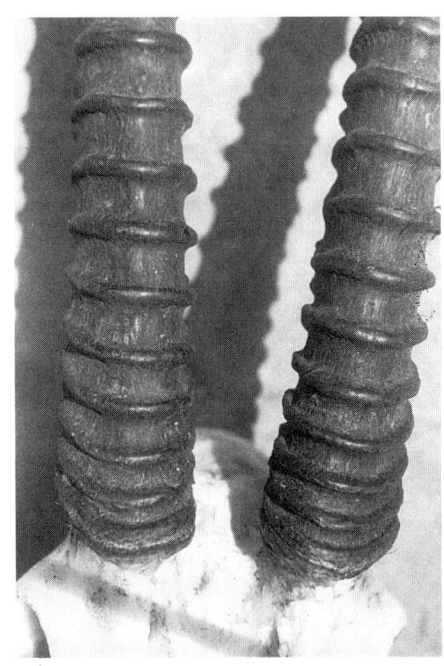

Eine Erklärung für die ungeheure Vielgestaltigkeit der Gehörnformen wurde noch nicht gefunden. Ebensowenig ist es möglich, die Schmuckwülste zu deuten, die am Gehörn der Grantgazelle besonders schön ausgebildet sind. Die Formen des Ganzen wie auch der Einzelheiten entziehen sich bisher einer mechanistischen Deutung und gehören zum Problem der tierlichen Gestalt. Sie sind Ausdruck einer Innerlichkeit, mit der sich Adolf Portmann intensiv beschäftigt hat.

zwar hinter Gittern, was mir als Zoodirektor etwas eigenartig vorkam. Schuld an dieser Maßnahme waren große Pavianrudel, welche die Gegend durchstreiften und durch offene Fenster und Türen einzusteigen pflegten.

Als alter Herpetologe erkundigte ich mich bei unserem Gastgeber, ob er hier gelegentlich auch Schlangen zu sehen bekomme. Nein, sagte er, in all den Monaten keine einzige. Kurz darauf griff ich unmittelbar neben dem Haus beinahe in eine grüne Baumschlange, die wohl schon lange dort gewohnt hatte. Solche Erfahrungen habe ich überall in den Tropen immer wieder gemacht: Die Ornithologen sehen nur

Vögel, die Entomologen nur ihre Insekten – und für Dr. Walther gab es eben fast nur seine Gazellen.

Dr. Walther, der schon früher in der Serengeti gearbeitet hatte, war im Besitze der einzigartigen Bewilligung, das Blockhäuschen im Ngorongoro-Krater benutzen zu dürfen. Es war seinerzeit durch die National Geographic Society speziell für den Amerikaner Richard D. Estes gebaut worden, zu seinem alleinigen Gebrauch während seiner jahrelangen Gnu-Forschungen. Sonst durfte damals niemand im Krater übernachten. Es dauerte eine Weile, bis Dr. Walther von den Behörden grünes Licht für unsere Tauchfahrt in die Tiefe des Kraters erhielt, doch dann wurden wir sehr zuvorkommend behandelt. Man empfahl uns, im Falle von Schwierigkeiten irgendwelcher Art einfach mit den Scheinwerfern Blinksignale nach oben zu geben, woraufsich sofort eine Hilfsmannschaft auf den Weg machen würde.

Weil der Krater damals von Großtieren aller Art wimmelte, gleich neben der Hütte am Flüßchen ein Löwenrudel hauste und überall viele Fleckenhyänen vorkamen, und weil wir – wie immer – keine Waffen bei uns hatten, befürchteten die Beamten vielleicht Schwierigkeiten mit Tieren.

Wir hatten zwar Schwierigkeiten, aber keineswegs wegen irgendwelcher Tiere, sondern weil wir bald nach dem Start in ein Gewitter gerieten, das uns zeitweise jede Sicht nahm, so daß wir schließlich anhalten mußten und uns um Stunden verspäteten. Wir benutzten einen wenig befahrenen Weg, der nur aus den beiden ausgefahrenen Radrinnen bestand, in deren Mitte sich ein Kamm erhob. Die Sturzbäche des Gewitterregens hatten diese Rinnen so stark ausgewaschen, daß der Kamm immer häufiger gegen die unteren Weichteile unseres Wagens schlug. Einige Male konnten wir mit Pickel und Schaufel diesen Kamm etwas abtragen, aber schließlich saßen wir hoffnungslos fest in strömendem Regen. Inzwischen war es dunkel geworden, und uns schien der Augenblick gekommen, die vereinbarten Blinkzeichen zu geben – aber es kam kein Echo.

Es blieb uns nichts anderes übrig, als in unserem Landrover eine lange, ungemütliche, naß-kalte Nacht zuzubringen, wie dies eben auch zur Arbeit in Afrika gehört. Im Laufe des Morgens konnten wir unseren Wagen flottkriegen; es stellte sich heraus, daß wir nur wenige Kilometer von unserem Ziel, der Kraterhütte, entfernt waren. Als wir uns darin häuslich einrichten und trokkene Kleider anziehen wollten, bemerkten wir, daß sie bereits bewohnt war – von einem Schwarm wilder Bienen, der uns eigentlich nicht weiter störte. Im Laufe des Tages bekamen wir unerwartet Besuch von Park-Funktionären, denen sogleich die kopfgroße Schwarmtraube der wilden Bienen sozusagen in die Nase stach. Einer der Beamten versicherte, daß er einen Spezialisten kenne, der mit den Bienen »reden« und uns garantiert von ihnen befreien könne.

Ich war von diesem Vorschlag hoch begeistert, weil ich mir davon ein tierpsychologisches Erlebnis ersten Ranges versprach. Viele Angehörige von Naturvölkern verfügen nach meiner Überzeugung und Erfahrung über Fähigkeiten, mit Tieren umzugehen, von denen wir Europäer keine Ahnung haben – etwa der Schweinehirt in der Südsee, der mit einer Handbewegung die herumflitzenden Wildschweine zum Stehen brachte.

Am Nachmittag traf der Bienenbeschwörer ein, doch zu meinem Leidwesen wies er uns Weiße weg, weil wir seine magischen Beziehungen zu den Bienen stören würden. Erst nach Sonnenuntergang durften wir zurückkehren. Wir nutzten die Zeit, um eine Kolonie von Hyänenhunden zu besuchen, eine Anzahl von Erdbauen, in denen die sonst vagabundierenden Raubtiere gerade Junge aufzogen. Verschiedene Forscher wie Wolfdietrich Kühme (1965), Hugo und Jane van Lawick-Goodall (1970) und George Schaller (1973) haben dem Sozialleben und der Jungenaufzucht der Hyänenhunde umfangreiche Studien gewidmet.

Mit dem so zuversichtlich angezeigten Bienenzauber klappte es übrigens gar nicht. Als wir in die Hütte zurückkehrten, in die sogenannte »Villa Estes«, war der ganze Schwarm aufgestört, und die Bienen krochen und schwirrten jetzt im ganzen Raum herum. Nach der unbehaglichen Regennacht im Auto hatten wir uns auf eine ruhige Nacht unter einem Dach gefreut, doch daraus wurde nichts. Immer wieder schrie einer von uns fluchend auf, weil ihn eine der gereizten Bienen gestochen hatte. So waren wir die ganze Nacht damit beschäftigt, mit der Pinzette Stacheln aus den verschiedensten Körperteilen zu ziehen und die Stichstellen mit dem Salmiaktupfer zu behandeln, den ich in meiner Taschenapotheke zum Glück mitgenommen hatte. Fast noch mehr ärgerte mich jedoch, daß ich nichts von dem Bienen-Hokuspokus mitbekommen hatte. Natürlich wurde uns Europäern die Schuld am Versagen zugeschoben.

Großartige Tiererlebnisse füllten unsere Tage in Banagi. Während dieser zoologischen Schwelgerei kam ich kaum dazu, mir vorzustellen, welchen Strapazen meine Frau zuhause ausgesetzt war. Sie besorgte inzwischen den Umzug aus unserer alten, viel zu teuren Stadtwohnung nach Schwerzenbach, wo wir ein kleines Häuschen in der Nähe des Greifensees erworben hatten. Es bot u. a. den Vorteil, daß ich von dort in siebzehn Minuten den Zoo erreichen konnte, unter Umgehung des Stadtverkehrs und – damals – ohne Behinderung durch eine einzige Verkehrsampel. Dafür lebten wir in Schwerzenbach – einem Dorf mit damals 2800 Einwohnern – wirklich auf dem Lande. Unsere Nachbarn waren Bauern. Vor dem Balkon breiteten sich Wiesland und Äcker aus bis an den Fluß, die fischreiche Glatt. Am ersten Morgen weckte mich ein Kuckucksruf ganz aus der Nähe. Rehe und ein Hermelin konnten wir vom Fenster aus sehen. Auf der von meiner Frau gepflanzten Birke ließen sich vielerlei Vögel nieder, einmal sogar ein Wiedehopf. Reiher zogen über das Haus, Spitzmäuse wühlten im Garten. Im nur wenige Minuten entfernten Ried, einem Naturschutzgebiet, begegnete ich regelmäßig Rehen, Hasen, Füchsen, Kiebitzen; eine Große Rohrdommel gehörte zum Inventar, Scharen von Bleßhühnern, Wildenten, Zwergtauchern, Drosseln und Rohrsängern, ferner Ringelnattern, Blindschleichen, Frösche und Laubfrösche, dazu viele schöne Schmetterlinge, Käfer und viele andere interessante Insekten.

Ich will jetzt nicht schildern, wie sehr sich die Gegend um unser Häuschen in den folgenden zwanzig Jahren verändert hat; ich ziehe es aber immer noch einer Wohnung etwa an der Park Avenue in New York vor.

Der für mich an der Universität zuständige Ordinarius für Zoologie, Professor Dr. Ernst Hadorn, hatte freundlicherweise dafür gesorgt, daß mir in einem der psychologischen Institute an der Zürichbergstraße ein Zimmer zur Verfügung gestellt wurde, das ich bis Ende 1988 benutzen durfte. Hier konnte ich meine Privatbibliothek unterbringen und wissenschaftlich arbeiten. Die Lage war ideal: genau zwischen Zoo und Universität, wo ich damals meine Wintervorlesungen hielt. Im Sommer war ich immer im Zoo, wo wir im Bedarfsfall in Ermangelung eines Hörsaals ein Tierhaus benutzten.

Leider endete die für den Zürcher Zoo so erfreuliche und gedeihliche »Ära Schinz« mitten im Jahre 1966. Professor Schinz starb am 12. Juni. Er hatte den Mut gehabt, das Schicksal des Zoos an dessen Tiefpunkt im Jahre 1959 in die Hand zu nehmen. Mit seinem zündenden Mahnruf »Rettet den Zoo« war er unerschrocken und energisch vor die Öffentlichkeit getreten, und später hatte er mit einigen einflußreichen Freunden die Aktionen »Helft dem Zoo« und »Verschönert den Zoo« lanciert.

Ihm, dem berühmten Radiologen, Arzt und Naturforscher, war es in der Tat zu verdanken, daß der Zoo nicht nur erhalten, sondern ganz entscheidend gefördert werden konnte. Auf die Initiative von Professor Schinz ging die so glanzvoll verlaufene Volksabstimmung von 1962 zurück, in welcher die Stimmbürger dem Zoo eine einmalige Hilfe von fünf Millionen Franken und eine jährliche Subvention von 150 000 Franken – je zur Hälfte von Stadt und Kanton – bewilligten und ihm den Status einer kulturellen Institution zusprachen. Es war für mich eine Freude, unter dem Präsidium dieses weitsichtigen, toleranten und hochgebildeten Mannes zu arbeiten; immer stieß ich bei ihm auf ein großes biologisches Verständnis. An jeder Geburt, an jeder Neuanschaffung nahm er lebhaften Anteil und vertiefte sich anhand von Fachliteratur in die Lebensweise und systematische Stellung von Arten, die ihn besonders interessierten.

Einen Höhepunkt seiner Präsidialzeit bildete zweifellos die bereits erwähnte Einweihung des Afrika-Hauses im Juni 1965. Auch gitterlose Anlagen für Tapire und Zwergflußpferde, Hyänen, Skunke, Marderhunde und Wölfe entstanden während der Ära Schinz, ebenso eine provisorische Anlage für Strauße.

Die Afrikanischen Strauße, die größten Vögel der Erde, waren bis anhin zusammen mit den Zebras oder in deren unmittelbarer Nachbarschaft gehalten worden, hatten dabei jedoch keine Eier gelegt, offensichtlich wegen der dauernden Störung. In der neuen Anlage aber kam es sofort zur Ablage der eineinhalb Kilo schweren Eier und zur Bebrütung, abwechselnd durch beide Eltern. Das regelmäßige Ablösungszeremoniell, die imposante Balz, das Einrollen der Eier, das Schlüpfen und rasche Heranwachsen der Küken (1 cm pro Tag) boten meinen Studenten ungewöhnliche Beobachtungsmöglichkeiten.

Ich war ein wenig stolz, daß es mir gelang, die Niststelle genau vorauszubestimmen. Bekanntlich sind diese Riesenvögel nicht in der Lage, zwischen regenexponierten und regengeschützten Stellen zu unterscheiden. In Afrika würde ihnen das auch nicht helfen; sie müssen die starken Regengüsse einfach über sich ergehen lassen und den trocknenden Sonnenschein abwarten. Im Zoo sind sie nicht einmal imstande, den Bereich der rhythmischen Begießung durch Rasensprayer zu beurteilen und lassen den künstlichen Regen über sich ergehen, obgleich er ihnen unangenehm ist. Strauße im Regen bieten auch in Afrika ein trauriges Bild.

In unserem mitteleuropäischen Klima war es auf die Dauer nicht mitanzusehen, wie die Strauße in den oft sehr kalten Frühlingsregen auf ihren Eiern ausharrten – wobei zu bedenken ist, daß ihre lockeren Federn das Wasser nicht abzuweisen vermögen. Regen bedeutet also Durchnässung und Abkühlung bis auf die Haut, und das konnte nach menschlichem Ermessen kaum gesund sein. Andererseits war es unmöglich, ein Dach über einer bereits legenden oder brütenden Henne aufzurichten; derartige Umtriebe hätten die Bruststimmung zerstört. Also bauten wir zuerst ein solides Regendach an einer

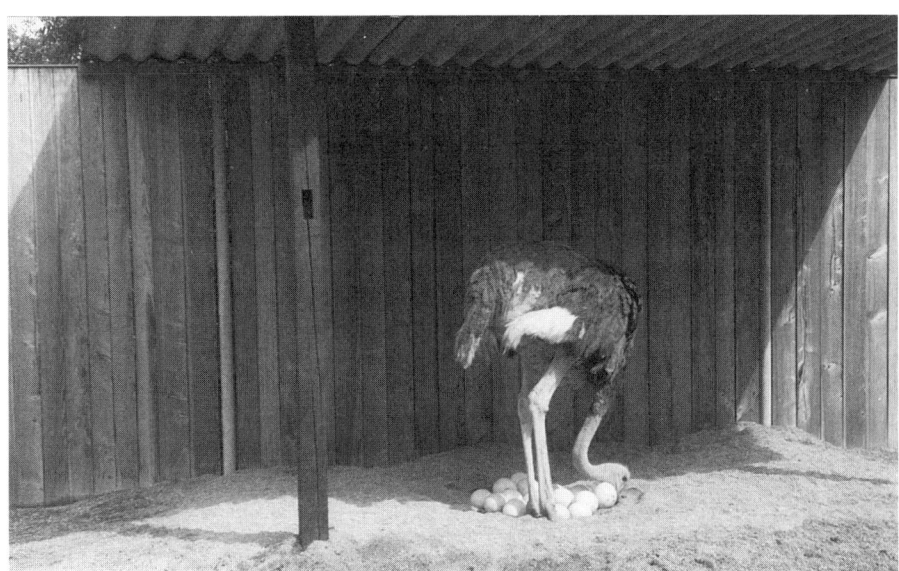

geeigneten Stelle und versuchten, durch das Angebot einer bestimmten Bodenqualität (eines feinen Sandes) die Straußenhennen zu animieren, ihre Eier gerade dort – und nirgendwo anders – abzulegen.

Zu meiner freudigen Überraschung nahmen die Strauße den »Sandhaufen« an und konnten so im Trockenen brüten. Die zweite, für mich noch größere Überraschung bestand darin, daß Straußenküken schlüpften, obwohl während eines besonders kalten Frühlings Schneewehen unter dem Dach die brütenden Eltern und teilweise sogar die Eier erreichten, welche durch das lockere Gefieder der Altvögel nur teilweise gedeckt wurden. Allerdings schlüpften die Jungen nicht nach 42 Tagen, wie es in den Büchern steht, sondern beinahe eine Woche später. So bot uns das neue (provisorische) Straußengehege immer neue Beobachtungsmöglichkeiten.

Nach dem Umzug mußten wir allerdings auch eine sehr schlimme Erfahrung machen. Das neue Gehege war unmittelbar am unteren Rand des Zoogeländes angelegt worden, d. h. etwa 200 Meter näher als bisher beim nahe

Afrikanische Strauße unterscheiden nicht zwischen regenexponierten und -geschützten Stellen. Daher boten wir ihnen zum Brüten ein Dach an und versuchten, sie mit einem flachen Sandhaufen darunterzulocken. Es gab übrigens Besucher, die überzeugt waren, wir hätten den Sand aufgeschüttet, damit die Vögel im Bedarfsfall ihren Kopf hineinstecken könnten... Auf dem Bild ist die von Lorenz und Tinbergen bei Gänsen analysierte »Eirollbewegung« besonders schön zu sehen.

gelegenen Schießstand, in dem an Wochenenden nach typischer Schweizerart tüchtig geballert wurde. Neu eingeführte Tiere mußten an diesen Lärm jeweils sorgfältig gewöhnt werden, was in der Regel nicht lange dauerte.

Hingegen hatte ich es unterlassen, beim Umzug vom alten ins neue Gehege zu berücksichtigen, daß in diesem der Schießlärm entsprechend stärker war. Unser Hahn regte sich, als der Lärm am neuen Ort erstmals losging, derart auf, daß er in Panik geriet und gegen das Gitter raste, wobei er sich den Hals brach. Hier erwies sich die tierpsychologische Voraussicht leider als ungenügend.

Das Jahr 1966 war für mich wiederum reichlich gespickt mit Vorträgen und mit Fernsehsendungen, die im Studio wie im Zoo zu einer regelmäßigen Einrichtung geworden waren und sich unter der Regie von Walter Plüss allgemeiner Beliebtheit erfreuten. Es war auch die Zeit, als besonders unter dem Einfluß von Professor Bernhard Grzimek, dem Frankfurter Zoodirektor, ein intensiver Afrika-Tourismus eingesetzt hatte. Viele Zoo- und Tierfreunde empfanden das Bedürfnis, die exotische Tierwelt einmal ohne Gitter unter kundiger Führung kennenzulernen. So gerieten wissenschaftliche Reiseleitungen unabwendbar in die Pflichtenhefte meiner Mitarbeiter und in meinen eigenen Aufgabenkreis, zumal der neue Zoopräsident Rolf Balsiger als PR-Fachmann einer großen Industriefirma die Bedeutung solcher Safaris für den Zoo sehr hoch einschätzte. Er sorgte auch dafür, daß in der seinem Ressort unterstehenden Hauszeitschrift für die Mitarbeiter dieses Konzerns eine illustrierte, zweiseitige Rubrik »Skizzen aus dem Zürcher Zoo« eingeführt wurde.

Gegenüber Gruppen-Safaris, überhaupt gegenüber organisierten Gesellschaftsreisen, war ich zunächst äußerst skeptisch, nach all dem, was ich als Unbeteiligter bisher davon zu sehen bekommen hatte. Dieser Herdenbetrieb nach festem, meist überladenem Programm war mir offengestanden ein Greuel. Ich war bis dahin gewohnt, meine eigenen Reisen nach Zeit und Raum absolut frei zu gestalten, nach Belieben zu verweilen und Abstecher einzuschalten, wie dies ja für wissenschaftliche Feldarbeit eine unbedingte Voraussetzung ist.

Andererseits war ich neugierig, ob es überhaupt möglich war, einem heterogenen, zwanzigköpfigen Kollektiv im Gelände etwas Sinnvolles zu zeigen. Das war denn auch in unerwartetem Ausmaß der Fall. Vor dem Beginn der ersten derartigen Reise, kurz vor Weihnachten 1966, bot sich Gelegenheit, meine Gruppe – sozusagen als theoretische Einleitung – durch den Zoo zu führen. Zu meiner Freude schloß sich Professor Autuori vom Zoo São Paulo meiner Gruppe an, um die Tierwelt Afrikas einmal aus eigener Anschauung kennenzulernen. Ich hatte mir auch vorbehalten, an interessanten Stellen nach Belieben anzuhalten, nachdem ich schon bei der Programmgestaltung jede übertriebene Eile und Überladung abgelehnt hatte.

So war es zum Beispiel möglich, Fluchtdistanzen der verschiedensten Tiere zu demonstrieren, Wechselsysteme zu untersuchen, Markierungsstellen, Spuren, Kot- und Freßstellen, ein von Löwen gerissenes Zebra, einen geöffneten Termitenstock usw. zu sehen. Wenn kein Risiko bestand, durften alle Teilnehmer aussteigen und auch kleinere Tiere wie Eidechsen, Schildkröten oder Insekten aus nächster Nähe beobachten und fotografieren.

Diese freie, allgemein geschätzte Art der Safari-Führung war jedoch in den folgenden Jahren nicht mehr möglich, weil inkompetente und unvorsichtige Reiseleiter Unfälle verursachten, indem sie Großtiere in gewissenloser und sinnloser Weise provozierten. Daher mußten die Parkbehörden jedes Aussteigen, zum Teil sogar das Öffnen des Autodaches, verbieten, wodurch die Beobachtungsmöglichkeiten empfindlich eingeschränkt wurden. Auf künftigen Gesellschaftsreisen mußte auch ich mich danach richten, wenn keine anderen Vereinbarungen getroffen werden konnten.

Anwalt der Tiere

Die Dynamik der eben begonnenen »Ära Balsiger« fand ihren Ausdruck u. a. in einem spektakulären Geschenk in Gestalt eines thailändischen Elefanten als Ersatz für die im hohen Alter verstorbene »Mandjullah«. Im folgenden Jahr kamen zwei junge Indische Elefanten als Geschenk seiner Majestät, des Königs von Bhutan, dazu. Die Neuankömmlinge mußten zusammen mit der alteingesessenen »Valaja« zunächst noch in dem üblen, alten Elefantenstall, hintereinander gestaffelt, untergebracht werden. Ein Neubau wurde unaufschiebbar.

Das Jahr 1966 bescherte mir noch einen unerwarteten Auftrag: eine Einladung der Regierung von New South Wales, den Taronga Park Zoo in Sydney zu reorganisieren. Diese offizielle Einladung war ganz nach meinem Geschmack und konnte nicht abgelehnt werden. Der ganze Monat Oktober war dafür vorgesehen.

Unter dem selbsternannten Direktor Sir Edward Hallstrom und der ihm völlig ergebenen Aufsichtsbehörde war dieser Zoo, der wegen seiner herrlichen Lage an der Bucht von Sydney und dem ausgezeichneten Klima einer der schönsten der Welt hätte sein können, ein Ausbund an biologischer Mißwirtschaft, eine Ansammlung von üblen Gitterkäfigen, düsteren Ställen, unzweckmäßigen Tierhäusern und fehlenden oder geschmacklosen Anschriften wie zum Beispiel »King Kong« am Gorillakäfig.

Meine Kritik an den unhaltbaren Zuständen richtete sich also notwendig gegen die bisherige Zooleitung. Peinlicherweise holte mich Sir Edward bei meiner Ankunft am Flughafen persönlich ab. Ich bemühte mich selbstverständlich um allergrößte Sachlichkeit, wobei mir meine alte Leica sehr behilflich war. Dank ihr konnte ich die vielen kritisierten Tatbestände objektiv festhalten. Mein rund fünfzig Seiten umfassender »Report on Taronga Park Zoo from the Viewpoint of Biology of Zoological Gardens«, den ich am Schluß meiner Untersuchung dem damaligen Premier von New South Wales übergab, ist denn auch sehr reich bebildert. Ich war selbstverständlich der Meinung, daß es sich dabei um ein internes, von der Regierungsdruckerei vervielfältigtes Dokument handle, und war daher nicht wenig überrascht, als dieser Report später in australischen Buchhandlungen zu kaufen war. Ich verrate also keine Geheimnisse, wenn ich einiges daraus erwähne.

Amtlich hatte ich besonders mit dem damaligen »Minister for Lands«, T. L. Lewis, zu tun. In Australien bestand zu jener Zeit – kurz nach der Einführung des Dollars – eine Art Euphorie; man erwartete im Hinblick auf die kommenden Überschallflugzeuge einen gewaltigen Touristenstrom, besonders von der amerikanischen Westküste. In dieser Stimmung entstand das berühmte, von einem schwedischen Architekten entworfene Opera House, das nicht nur wegen seiner eigenwilligen Struktur, sondern auch deswegen weltweites Aufsehen erregte, weil seine Baukosten das Budget um ein Mehrfaches übertrafen.

Noch bis vor kurzem wurden Schimpansen allenthalben – z. B. auch im Taronga Park Zoo in Sydney – als Karikaturen dargestellt, während sie heute weltweit als biomedizinische Modelle des Menschen in der Aids-Forschung gesucht, gewildert und geschmuggelt werden.

Von australischen Journalisten wurde ich gelegentlich gefragt, ob ich jetzt meinen Traum-Zoo plane. Meine Antwort, die ich auf solche Fragen stets zu geben pflegte, war die, daß es einen eigentlichen Traum-Zoo nicht gibt, sondern lediglich Zoos, die in einer vernünftigen Relation zu der sie tragenden Bevölkerung (Stadt, Region usw.) stehen und den Besonderheiten des Klimas, der Kultur, der geographischen und zoogeographischen Lage sowie den ethnologischen Eigenarten der Bevölkerung optimal Rechnung tragen.

Mir war zwar keine bestimmte Summe genannt worden, doch war auffällig oft die Rede vom Skandal, den die Budgetüberschreitung beim Opernhaus ausgelöst hatte. Meine bisherige Zooerfahrung hatte mich gelehrt, daß in fast allen zoologischen Gärten eine chronische Finanzknappheit herrscht und daß daher größte Sparsamkeit geübt werden muß. Diese Taktik wandte ich auch bei meiner Arbeit im Taronga Park an, obgleich von mir großzügige Pläne erwartet wurden und es in meinem Kopf an »verrückten« Plänen keineswegs fehlte. Ich versuchte, mit einem Minimum an Aufwand ein Maximum an Verbesserungen und Neuem zu erreichen.

Bei einer Art Halbzeit-Besprechung ließ Mr. Lewis durchblicken, daß ich in meiner Zurückhaltung wohl doch etwas zu weit gegangen sei. Das ließ ich mir nicht zweimal sagen und erklärte mich gerne bereit, meinem bisherigen Bericht ein Kapitel hinzuzufügen, das wir unter uns »the crazy chapter« nannten. Darin konnte ich also mit gutem Gewissen einige »Träume« unterbringen, u. a. eine Wal-Bucht für größere Arten, als sie bisher je gezeigt worden waren, eine Elefantenzucht-Anlage, wie sie auch noch nirgends verwirklicht worden war, eine Neuguinea-Halle besonderer Art, eine gitterlose Paradiesvogel-Schau und viele andere. Alle diese Einrichtungen sollten für den Besucher nicht nur auf malerischen Fußwegen durch schöne Pflanzenbestände zugänglich sein, sondern ebenso in Monorail-Kabinen, welche selbst durch die Häuser führen würden.

Viele andere Neuerungen waren jedoch vordringlicher, auch solche reorganisatorischer Art. Ich pflegte zudem Kontakte mit den ausgezeichneten Museen und mit der Veterinär-Fakultät, die bisher nie zugezogen worden waren, weil es – wie schon kurz erwähnt – in Sir Edwards Zoo weder kranke noch tote Tiere gab, eine Behauptung, die er auch mir gegenüber stur aufrechthielt. Des Rätsels Lösung fand ich in einer entlegenen Ecke des Zoos, wo sich ein überdimensionierter Verbrennungsofen befand, in dem nicht nur tote, sondern auch kranke und überzählige Tiere verschwanden. Eine parasitologische Kontrolle der Zootiere

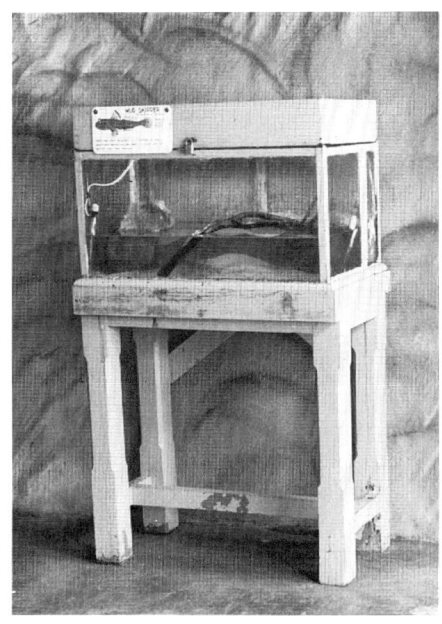

Im Aquarium des Taronga Park Zoos in Sydney fand ich Einrichtungen, wie sie bereits das älteste »Fisch-Haus«, das erste Schauaquarium in London, 1853 aufgewiesen hat: einzelne kubische Glaskästen auf einem Tisch.

Beispiel der skurrilen Bauweise, wie ich sie noch 1964 im Taronga Park Zoo in Sydney vorfand: ein geschmackloser Zementtempel und ein Gemisch verschiedenster Absperrmethoden wie Graben, Mauer, Gitter, Eisenstangen, hinter denen ein Afrikanischer Elefant dahinvegetierte.

wurde nie vorgenommen, obgleich viele an Diarrhöe litten. Dies war auch nicht verwunderlich, weil das Futter nicht in Raufen und Krippen angeboten, sondern einfach auf den Boden geworfen wurde, was eine dauernde Reinfektion mit Parasiten zur Folge hatte. Viele Huftiere hatten mißgebildete Hufe, weil sie auf völlig ungeeignetem Betonboden gehalten wurden. Die sogenannte Quarantäne-Abteilung zeichnete sich durch besondere Unordnung und einen unerhörten Schmutz aus. Unter anderem hatte ich auch die Sicherheitsmaßnahmen zu überprüfen, d.h. abzuklären, was zum Beispiel im Falle von Giftschlangenbissen vorgekehrt war. Sir Edward versicherte mir, daß alle notwendigen Seren in einem Kühlschrank des Terrariums bereitgehalten würden. Als ich den Kasten öffnete, purzelten einige tote Schildkröten, Schlangen und Eidechsen heraus, dazu defekte und eingetrocknete Serum-Ampullen und rostige Injektionsspritzen. Einer der Terrarium-Pfleger war ein Hobby-Präparator und benutzte den Kühl- und Sanitätskasten zur Aufbewahrung von allerlei Tierleichen. Das Erste-Hilfe-Material war unbrauchbar. Allerdings muß ich gestehen, daß ich ähnliche Zustände auch in anderen Zoos angetroffen habe, in denen man eine bessere Ordnung erwartet hätte.

Es geht indessen hier nicht darum, meinen Report zu wiederholen, sondern es lag mir nur daran, sozusagen ein Stimmungsbild des Zoos einer Weltstadt zu vermitteln, der gar kein Zoo war, sondern eine traurige, nicht zu verantwortende Ansammlung von Wildtieren. Mein Gutachten wurde sehr beifällig aufgenommen, und es wurde mir die – an sich verlockende – Stelle des Direktors angeboten. Indessen war ich mit meiner Familie in der Schweiz zu stark verwurzelt, und außerdem war ich der Überzeugung, daß dieser Posten unbedingt von einem Australier übernommen werden sollte.

Mein Vorschlag, Dr. Ronald Strahan als Direktor zu ernennen, wurde denn auch verwirklicht. Er war ein echter Australier, ein gut ausgebildeter Zoologe und während einiger Zeit an der Universität in Hongkong tätig gewesen.

Nach diesem australischen Intermezzo, das auch für mich höchst lehrreich war, kam ich gerade noch zurecht zur Zoodirektoren-Konferenz in Colombo, Sri Lanka, wo sich wieder Kollegen aus der ganzen Welt zusammenfanden.

Der Besuch des unter der vorzüglichen Leitung von W. L. E. de Alwis stehenden Zoos führte mir erneut vor Augen, wieviel einfacher und billiger sich ein tropischer Zoo gestalten läßt im Vergleich zu einem Zoo etwa im schweizerischen Klima. In Colombo brauchte es keine heizbaren Räume, weder für Tiere noch für Menschen, und frisches, natürliches Futter war in Hülle und Fülle in nächster Nähe vorhanden. Bei den Kleinen Pandas beispielsweise wucherte der Bambus durchs Gitter direkt in den Schaukäfig hinein!

Aus diesem schönen Park konnte der Zürcher Zoo später (1976) noch einen weiteren Elefanten beziehen. De Alwis hatte in Verbindung mit seinem Zoo eine Aufzuchtstation für verwaiste Elefantenbabys errichtet, in der er bis zu zwanzig Jungtiere hielt, deren Mütter zum Beispiel als Plantagenschädlinge umgebracht worden waren.

Im Zürcher Zoo ging die Routinearbeit neben den Vorlesungen, Vorträgen und zusätzlichen Funktionen mit Volldampf weiter. Zum erstenmal überschritten 1967 die Billett-Einnahmen eine Million Franken, und wir durften verschiedene Geschenke entgegennehmen, darunter eines, das noch auf die Ära Schinz zurückging: Unter

Professor Schinz' Patienten aus aller Welt war auch Präsident Tubman aus Liberia. In diesem westafrikanischen Staat leben die seltsamen Zwergflußpferde, von denen ich in Basel eine der produktivsten Zuchten betreut hatte. Im Interesse der Arterhaltung waren noch weitere Zuchtstellen erwünscht, und so kam dieses großartige Geschenk sehr gelegen. Nachdem ein erster Transport verunglückt war, wurde Peter Ryhiner, der seinerzeit dem Basler Zoo zu seinen fruchtbaren Panzernashörnern verholfen hatte, mit dem Abholen der kostbaren Zwergflußpferde beauftragt. Sie wurden später im Zürcher Zoo zu Stammeltern einer erfolgreichen Zucht.

Auf dem baulichen Sektor wurde die »Ära Balsiger« inauguriert durch eine Anlage für Riesen- und andere Schildkröten, die im wesentlichen das Werk meines Mitarbeiters René E. Honegger und des zooeigenen Bauführers Marcel Perrin ist. Die im Freien gefährdeten Riesenschildkröten hatten bisher zu den Tieren gehört, die im Zürcher Zoo unter völlig ungenügenden Bedingungen dahinvegetierten. René Honegger hatte in Amerika und besonders auf den Galapagos wiederholt Gelegenheit, die urtümlichen Geschöpfe in ihren Biotopen kennenzulernen. Nur aufgrund dieser Beobachtungen an Ort und Stelle war er in der Lage, die neue Schildkrötenanlage so trefflich zu gestalten und auch die übrigen Terrarien als echte Biotope auszustatten, mit entsprechenden, zum Teil erstmaligen Zuchterfolgen. So schlüpften zum Beispiel 1989 in Zürich die ersten Galapagos-Riesenschildkröten Europas. Dies ist ein Beispiel dafür, wie sehr sich Reisen von Zoofunktionären in die Biotope ihrer Pfleglinge praktisch auszahlen können.

Ende November 1967 reiste ich nochmals nach New York und von dort nach Tampa, Florida, wo ich an der Jahreskonferenz der »American Association of Zoological Parks and Aquariums« einen Vortrag über »Experiences of a Zoo Director in Teaching Animal Behavior« hielt. Dort hatte ich

Premiere im Zürcher Zoo: 1989 schlüpfte hier erstmals in Europa eine Galapagos-Riesenschildkröte. Foto René E. Honegger

auch Gelegenheit, viele zoologisch interessante Anlagen in der näheren und weiteren Umgebung kennenzulernen, u. a. auch die berühmten Busch-Gardens. Auf dem Rückweg hatte ich auf Einladung von Ted Reed im romantischen Rahmen des Elefantenhauses im National Zoo von Washington D.C. einen Vortrag zu halten.

Ich habe es oft bedauert, daß ich meine Frau auf den Überseereisen nicht mitnehmen konnte; aber im Mai 1968 traf aus San Francisco eine derart generöse Einladung ein, daß wir uns endlich einen gemeinsamen, komfortablen Abstecher in die USA leisten konnten. Dr. Robert I. Bowman vom »San Francisco State College« bzw. von dessen »Institute of Animal Behavior« hatte folgendes Symposium organisiert: »Both sides of the railings« (»Beide Seiten der Gitter«). Er hatte dieses Stichwort in der Einleitung zu meinem 1955 in London, später auch in New York erschienenen Buch »Psychology of Animals in Zoos and Circuses« gefunden und zum Motto für das Symposium gewählt, an dem u. a. auch Frank Beach, William Conway, Theodosius Dobzhansky, Harry Harlow, Earl Herald, Eckhard Hess, Charles Schroeder, Niko Tinbergen u. a. teilnahmen.

Ich hatte zwei Vorträge zu halten, nämlich: »Both sides of the railings, Approaches of a Zoo Director to the study and teaching of Animal Behavior« und »Animals as social partners of man«. Auch in Amerika gab es damals – selbst in großen Städten – noch viele sogenannte zoologische Gärten, die nach rein geschäftlichen und schaustellerischen Gesichtspunkten betrieben wurden, wo nichts unternommen wurde im Dienste der Volksbelehrung und der Forschung, ohne Beziehungen zu Schulen und Universitäten. Die Tiergartenbiologie und ihr weiter Aufgabenkreis waren vielerorts noch völlig unbekannt. Das Symposium und die aus ihm sich ergebenden Veröffentlichungen sollten u. a. dazu beitragen, das Niveau der unterentwickelten Pseudo-Zoos anzuheben.

Ein Besuch des Zoos und des berühmten Steinhardt Aquariums in San Francisco war selbstverständlich nicht zu vermeiden. Aber diesmal machte ich im Zoo einen geradezu umwerfenden Fund im Gehege der Südafrikanischen Breitmaul-Nashörner. Nicht nur Zoologen, sondern ebenso Kunsthistoriker interessieren sich für die wohl berühmtesten Nashorn-Darstellungen von Albrecht Dürer (1471–1528), nämlich um eine Silberstiftzeichnung und um einen Holzschnitt aus dem Jahre 1515. Die von Dürer gezeichnete Art ist unverkennbar ein Indisches Panzernashorn (Rhinoceros unicornis), und zwar handelt es sich um das zweite Exemplar, das lebend nach Europa gebracht wurde. Das erste wurde bereits unter Kaiser Titus im Jahre 80 eingeführt und im eben vollendeten Kolosseum in Rom zur Schau gestellt.

Dürer, der ja ein außergewöhnliches Interesse für schöne und sonderbare Tiere hatte, sah das im Jahre 1515 nach Lissabon gebrachte Nashorn nie selber. Vielmehr war er auf Darstellungen eines portugiesischen Freundes angewiesen. Dabei sei ihm – so lautet eine Version – das amüsante Mißgeschick passiert, daß er einen zufälligen Schnörkel in der Schultergegend auf den portugiesischen Nashornvorlagen für ein spiralig gedrehtes, kleines Horn hielt und seinem Nashorn aufsetzte (Exotische Freunde, 1968). So entstand das in der Kunstgeschichte viel diskutierte »Dürer-Hörnlein«, das mehr als zwei Jahrhunderte lang getreulich in allen nachfolgenden Nashorndarstellungen übernommen wurde. Es begann erst wieder zu verschwinden, als im Jahre 1714 ein weiteres Panzernashorn lebend nach Europa gebracht wurde, das keine Spur eines Rückenhornes aufwies – ebensowenig wie seine Nachfolger.

Ich traute daher meinen Augen nicht, als ich im San Francisco Zoo einem Südafrikanischen Breitmaul-Nashorn begegnete, welches genau an der Stelle des »Dürer-Hörnleins« ein solides, stumpfes, etwa zehn Zentimeter hohes Horn trug. Dieser aufregenden Entdeckung widmete ich in unserer Fachzeitschrift »Der Zoologische Garten« eine ausführliche Abhandlung (1970). Es stellte sich heraus, daß in der Schultergegend verschiedener Nashornarten gelegentlich zusätzliche Hornzapfen auftreten. Daher ist es höchst wahrscheinlich, daß das mysteriöse »Dürer-Hörnlein« auf den Vorlagen des großen Künstlers und an dem von seinem Freund beobachteten Tier tatsächlich vorhanden war. Nur die spiralige Drehung nach Art eines Narwal-Zahnes dürfte der künstlerischen Phantasie entsprungen sein.

Im Zürcher Zoo gab es noch viel zu reparieren und zu sanieren, bevor an weitere Neubauten zu denken war, so zum Beispiel das Kleinaffenhaus, ein düsteres, übelriechendes, gitterstarrendes Gebäude, das von Mäusen wimmelte und in dem früher die Tuberkulose grassiert hatte. Da gab es kein einziges grünes Blatt.

Inzwischen war vom Zoovorstand eine Baukommission bestellt worden, deren Präsident eigenartigerweise weder mit dem Bauen noch mit Tieren vertraut war. Es sei hier nicht untersucht, aus welchen Motiven sich Persönlichkeiten für solche Funktionen zur Verfügung stellen – ehrenhalber wohlverstanden. In einigen Fällen mag ein gewisses Profilierungsbedürfnis im Spiele sein. Im Grunde handelt es sich hier um ein Thema der Tiergartenbiologie, die ja auch bestimmte Aspekte der Humanpsychologie einschließt, doch ist hier nicht der Ort, diesen an sich interessanten Gegenstand näher zu behandeln.

Niemanden störte es, daß der Zoodirektor der Baukommission nicht angehörte, war er doch lediglich Zoologe – und mir widerstrebte es stets, mich aufzudrängen. Immerhin ließ sich die Baukommission davon überzeugen, daß die altmodischen Gitter im Affenhaus durch Glasabschlüsse ersetzt und die Käfige vergrößert werden mußten, waren doch einige nicht größer als Telefonkabinen! Es galt jedoch, nicht nur den ästhetischen und biologischen Aspekt dieses alten Affenhauses zu verbessern, sondern vor allem auch den hygienischen, d. h., die gefährlichen Mäusescharen mußten eliminiert werden. Sie hatten ihr Rückzugsgebiet über der Decke des Hauses; Probeöffnungen ergaben, daß der Dachraum von einer dicken Schicht Mäusekot bedeckt war. Es war nämlich ein geschlossener Raum, zu welchem für Kontroll- und Reinigungszwecke kein Zugang vorhanden war. Solche blind geschlossenen Räume sind in Zoos grundsätzlich zu vermeiden, denn sie werden gefährlich als Brutstätten von Ungeziefer wie zum Beispiel Ratten, Mäusen oder Küchenschaben.

Nun war die Baukommission zwar einverstanden mit dem Anbringen von Glasscheiben und der Verwendung einzelner Käfigräume als Pflanzenkojen. Was jedoch nicht bewilligt wurde, war die Entfernung der Decke! Dazu konnte ich begreiflicherweise meine Zustimmung nicht geben. So kam es wegen meines unerwünschten Widerstandes zu zahlreichen Sitzungen, dann wieder zu Augenscheinen, neuen Sitzungen, neuen Augenscheinen. Auf diese Weise machte ich mich, wie in zahlreichen anderen Fällen, nicht beliebt. Aber ich hielt mich für den Anwalt der Tiere und wehrte mich gegen tiergartenbiologisch untragbare Kompromisse. Ich hätte ein sehr viel bequemeres Leben haben können, wenn ich mich nicht stets hartnäckig für das eingesetzt hätte, was ich tiergartenbiologisch für richtig hielt. – Die Decke im Affenhaus ist nur ein Beispiel von sehr, sehr vielen. Sie mußte übrigens später selbstverständlich doch entfernt werden.

Immer wieder entschädigten die Tiere durch ihr faszinierendes Verhalten reichlich für derartigen zeitraubenden Kleinkram, von dem wohl nur wenige meiner Kollegen ganz verschont bleiben. Auch gab es sonst stets anregende Unterbrechungen, so zum Beispiel eine Einladung der »Royal Society of Medicine London«. Ich hatte dort am 17. April 1968 einen Vortrag zu halten über »Comparative Observations on Sleep«. Schlafbeobachtungen an Wildtieren bildeten eine Art Hobby von mir und hatten bisher kaum Beachtung von wissenschaftlicher Seite gefunden. Wiederholt hatte ich über den Schlaf von Wildtieren publiziert (bis 1985), gelegentlich auch in medizinischen Zeitschriften und Büchern (1959, 1980, 1983). Schließlich boten sich nirgends bessere Möglichkeiten für Schlafbeobachtungen an Wildtieren als im Zoo, und von medizinischer Seite wurde diesen Erscheinungen – neuerdings auch im Zusammenhang mit der Traumforschung (1972) – ein wachsendes Interesse entgegengebracht.

Die Einladung ins Club- und Gästehaus der Ärztegesellschaft in die traditionsreiche »Domus medica« an der Duchess Street bot mir wieder einmal Gelegenheit, ein Stück altes London einschließlich Küche, Bad und Butler zu genießen. Mir wurde sogar angeboten, die blaue Krawatte mit dem Kronenmuster zu tragen, die sonst den Mitgliedern vorbehalten blieb. Natürlich benutzte ich den Aufenthalt in London, um mit meinen Kollegen im Regent's Park und im Whipsnade Zoo sowie mit dem damaligen Aquariumsdirektor Dr. G. Vevers, der gerade mein Buch »Mensch und Tier im Zoo« ins Englische übersetzt hatte (1969), zusammenzutreffen.

Im Sommer 1968 wurde ich von den Verantwortlichen der Piz-Lagalb-Bahn (Pontresina) beauftragt, zu prüfen, ob bei der fast 3000 m hoch gelegenen Bergstation der Bau einer Tieranlage möglich wäre. Das lag wieder einmal außerhalb der Routine und reizte mich besonders, weil es etwas Erstmaliges sein mußte – an einen zoologischen Garten oder Park mit Affen, Lamas oder Löwen war in dieser Höhe überhaupt nicht zu denken.

Mir schwebte von Anfang an etwas völlig anderes vor, für das ich erst noch einen Namen finden mußte: Ich kam auf Alpinarium. Darunter verstand ich eine Repräsentation von typischen Alpentieren, wie sie die Gegend um den Piz Lagalb natürlicherweise besiedeln: Steinwild, Gemswild, Murmeltier, Alpenschneehase, Schneehuhn, Schneemaus, Steinadler, Alpenkrähe, Alpendohle, Schneefink usw. Alle Tiere sollten selbstverständlich in Zuchtgruppen und ohne sichtbare Gitter gezeigt werden. Dr. Robert Schloeth, der Direktor des Schweizerischen Nationalparks, stimmte dem Plan gerne zu, vor allem aus zwei Gründen: Erstens wurde die wachsende Besucherzahl im Nationalpark langsam zum Problem, und zweitens waren dort viele Touristen enttäuscht, weil sich die Tiere nicht so vor den Kameras zu präsentieren pflegten, wie sie dies vielleicht von Löwen und Elefanten in Afrika gewohnt waren.

Diesem Bedürfnis zum Beobachten und Fotografieren aus nächster Nähe vor einem natürlichen Hintergrund wollte ich mit dem Alpinarium entgegenkommen. Dabei kamen mir verschiedene Umstände zu Hilfe, vor allem eine bereits vorhandene, aus Holz konstruierte Galerie, die den Skifahrern den Zugang von der Station zum

Abfahrtsgelände erleichterte. Damit war der Grundplan eigentlich vorgegeben: Man brauchte nur die Holzgalerie etwas auszubauen. Darunter konnten – für den Besucher unsichtbar – geräumige Ställe mit einem Gang für die Tierpfleger untergebracht werden. Aus den verschließbaren Fenstern hatte der Besucher freien Ausblick auf die sich vor natürlichem Felshintergrund auf Naturboden präsentierenden Tiere. Den hinteren Abschluß der Gehege bildete der anstehende Fels, und die Unterteilungen bestanden in meinen Plänen aus Baumstämmen, die so versetzt waren, daß zwischen ihnen schmale, unsichtbare Gitterzonen hätten eingesetzt werden können.

In kleinen Kojen zwischen den Fenstern wollte ich u. a. Murmeltiere im Winterschlaf und die sagenhaften Schneemäuse zeigen. Wo gab es das schon zu sehen? Im August 1970 fand die Eröffnung der Pionieranlage statt.

Das Hauptproblem bildeten die zu erwartenden winterlichen Schneemassen. Die zuständigen Ingenieure hatten mir jedoch erklärt, dies könne ich ruhig ihre Sorge sein lassen. Es war vorgesehen, den Schnee entweder mechanisch (mit Schneebaggern) oder thermisch (mit Heizkabeln, Flammenwerfern usw.) aus den Gehegen zu entfernen. Indessen erwiesen sich alle diese Methoden als ungeeignet oder zu aufwendig. Gegen eine Schneedecke von fünf bis sieben Meter war auf die Dauer nicht anzukommen. Nach einigen Jahren mußte das Alpinarium deshalb aufgegeben werden.

Anläßlich meines sechzigsten Geburtstages am 30. November 1968 lud Präsident Balsiger den Vorstand, Pressevertreter, Zoofreunde und Mitarbeiter zu einer kleinen Feier ein. Die Fachzeitschrift »Der Zoologische Garten« brachte eine »Hediger-Festschrift« heraus (Bd. 36), zu welcher der Schriftleiter, Professor Dr. Heinrich Dathe, Direktor des Ostberliner Tierparks Friedrichsfelde, eine überschwengliche Laudatio beisteuerte. Meine Mitarbeiter Christian R. Schmidt und René E. Honegger hatten eine Bibliographie zusammengestellt, und zahlreiche Kollegen aus vielen Ländern hatten interessante Beiträge geschrieben.

Im Jahre 1968 fand die internationale Zoodirektoren-Konferenz in Pretoria statt; sie begann am 14. Oktober. An diesem Tage aber hatten der gesamte Regierungs- und Kantonsrat von Zürich mit zusätzlichen Offiziellen ihren Besuch im Zoo angesagt. Da mußte ich natürlich anwesend sein und im Menschenaffenhaus eine kurze Ansprache halten, um für die bereits bewilligten Subventionen zu danken und auf die kommenden Gesuche hinzuweisen.

Wegen dieses seltenen und wichtigen Anlasses traf ich mit zweitägiger Verspätung in Pretoria ein und fand im Hotel lediglich eine Notiz vor, ich solle sofort ins Provincial Building kommen. Ich nahm an, daß es sich um einen gemütlichen Abendhock unter Kollegen handle, und setzte mich – da es ungewöhnlich heiß war, in einem kurzärmeligen Hemd – ins Taxi. Das Provincial Building erwies sich als ein repräsentativer, riesiger Neubau. Zu meinem Schrecken wurde ich in einen feierlich wirkenden Raum geleitet, wo ein pompöses Bankett im Gange war. Blonde Kellner mit weißen Handschuhen wiesen mir meinen Platz an zwischen Damen in Abendkleidern mit luftigen, weit ausladenden Hüten. Ich wollte rechtsumkehrt machen, um mich im Hotel passender anzuziehen, aber es gab kein Zurück mehr. Mein Tenü in Hemdsärmeln wurde großzügig übersehen.

Im Anschluß an die Konferenz wurde für die Teilnehmer eine mehrtägige Exkursion in den Krüger-Nationalpark organisiert. Im Gegensatz zu den mir vertrauten Parks im Kongo und in Ke-

Der durch einen tieffliegenden Helikopter mit entsprechender Aufregung aus der Herde herausmanövrierte Elefant bricht narkotisiert zusammen – lediglich zur Demonstration eines damals (1969) neuartigen Waffentyps. So etwas sollte meiner Meinung nach nicht gestattet sein.

nia/Tansania wurden hier die Besucher in großen Bussen auf gut ausgebauten Straßen herumgeführt, was für die Tiere zweifellos von Vorteil ist, da die Beobachtung aus der Entfernung erfolgt und die Tiere wesentlich weniger stört.

Nur bei einer besonderen Gelegenheit wurden die Kongressteilnehmer in kleinen Geländewagen transportiert: Als es sich darum handelte, einen Elefanten mit dem Drogengewehr zu narkotisieren – lediglich als Demonstration. Das war gar nicht nach meinem Geschmack, denn meiner Meinung nach sind derartige Eingriffe ins individuelle und soziale Leben von Tieren zu reinen Demonstrationszwecken nicht zu verantworten.

Ich zog es vor, den Krüger-Park noch ein paar Tage auf meine Art zu besichtigen, und machte auf dem Heimflug einen kurzen Zwischenhalt in Nairobi, um u. a. den Tierfänger und Tierhänd-

Junge, völlig zahme Grantzebras im Tierfanglager von John Seago in Nairobi 1969. Inzwischen sind die zoologischen Gärten weitgehend oder vollständig Selbstversorger geworden, so daß sich ein Fang erübrigt.

ler Seago zu besuchen. Er war lange Zeit der einzige, der Bongos, diese wunderschönen Waldantilopen, anzubieten hatte; auch zeichnete er sich durch eine ungewöhnlich humane und einfühlsame Art der Tierbehandlung aus. Aufgrund von Fotos schilderte mir Seago seine Fangmethode, die er in den Aberdare Mountains in Kenia anwandte, wo ich später freilebende Bongos wiederholt zu sehen bekam.

Bongos leben dort in den dichten Gebirgswäldern sehr ortstreu in ihren Territorien. Diese galt es zunächst auszukundschaften und auf den Hauptwechseln – anders als beim Okapi – nicht Fallgruben anzulegen, sondern Fallen aufzustellen, in der Art riesiger Mausefallen, die aus dünnen Baumstämmen gefertigt waren. In dem zerklüfteten Gelände mußte Seago wiederholt eigentliche Bergbahnen durch die Waldschluchten anlegen, d. h. eine Art Geleise aus Holzprügeln, auf dem die Kastenfalle mit ihrem Insassen vorsichtig abgeseilt oder vorwärtsgeschoben werden konnte, bis in flacherem Gelände ein Tragen der Last möglich wurde. Eine solche Fangmethode ist begreiflicherweise außerordentlich aufwendig und macht den hohen Preis der Tiere verständlich.

Erst 1932 gelangte der erste Bongo in einen Zoo, nämlich in den Bronx Zoo in New York. Heute wird die Art in mehreren Zoos gezüchtet, u. a. auch in Basel und Berlin, wo die zooeigene Fachzeitschrift den Titel »Bongo« trägt.

Im März 1969 wurde ich überrascht durch einen von der Stiftung Pro Helvetia vermittelten Auftrag. Der Game Warden von Simla, der Hauptstadt des indischen Gliedstaates Himachal Pradesh, K. L. Mehta, hatte es sich in den Kopf gesetzt, dort einen »National Himalayan Zoological Park« zu schaffen, und mich als Berater hinzugezogen. Im Himalaja leben viele hochinteressante

Wochenlang nahm sich John Seago Zeit, um eine Giraffe an die Transportkiste zu gewöhnen. Hier wird sie auch gefüttert, so daß ihr die ungewohnte Umgebung vertraut wird.

Tiere, die weder in den prominenten indischen Zoos wie Delhi, Bombay oder Kalkutta noch in den großen Zoos der übrigen Welt vertreten waren. Der riesige wilde Yak etwa wurde – im Gegensatz zum kleinen Hausyak – überhaupt noch in keinem Zoo gezeigt. Ein Himalaja-Zoo hätte aber noch viele weitere Arten aufnehmen und zu ihrem Schutz beitragen können, zum Beispiel das Blauschaf (Pseudois), den gewaltigen Steinbock, den mächtigen Nian, ein Wildschaf von Eselsgröße, den Kaschmirhirsch, das Moschustier und viele andere.

Die Aufgabe war also höchst reizvoll. Mir schwebte ein Zoo mit ausgewählten Spezialitäten vor, natürlich ohne Gitter. Der geplante Tierpark war in einem herrlichen Bergwald von Zedern und Rhododendren vorgesehen und auch als Kern eines künftigen Nationalparks gedacht.

Dabei war zu bedenken, daß es sich nicht um eine kostspielige Riesenanlage

Ein Schlangenbeschwörer wartet auf Zuschauer und hat seine Brillenschlange zum Abspreizen ihrer Halsrippen gereizt, so daß die sonst verborgene Augenzeichnung sichtbar wird.

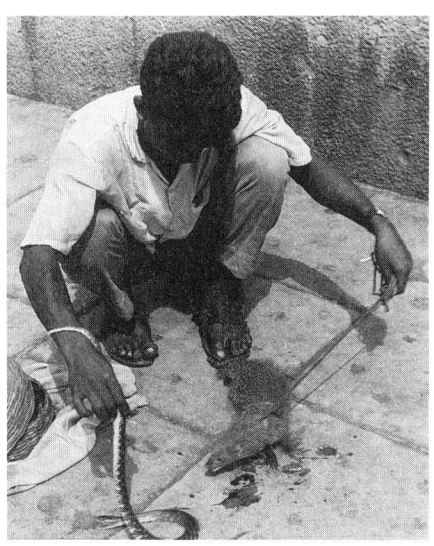

Dem an einer Schnur mitgeführten Mungo wird eine weniger kostbare Natter zum Totbeißen vorgehalten. Nur in Reisegeschichten werden Mungos immer wieder als leidenschaftliche oder gar ausschließliche Schlangenfresser dargestellt.

handeln konnte, denn Simla hatte damals etwa 100000 Einwohner, meist arme Bergbewohner, kaum Europäer, und jährlich etwa 50000 Touristen, welche für eine Weile der Hitze des Tieflandes entfliehen wollten. Während der Kolonialzeit hatte jeweils der Vizekönig von Indien im Sommer den ganzen Regierungsapparat aus dem hitzeflimmernden Delhi in die kühle Bergstadt Simla verlegt, die vielen durch Rudyard Kiplings köstliches Buch »Kim« bekannt ist.

So flog ich also Mitte März 1969 in offizieller Mission über Karachi und Bombay nach Delhi, wo ich von K. L. Mehta, dem Chef des Game Departments von Himachal Pradesh, empfangen und im luxuriösesten Hotel untergebracht wurde.

Der Hotelgarten wimmelte von allerlei Amphibien und Reptilien, und hier begegnete ich auf einem Abendspaziergang auch meinem ersten freilebenden Mungo. Der großzügig angelegte Zoo mit der wunderbaren Vegetation war ursprünglich von Hagenbeck errichtet worden, stand jetzt aber selbstverständlich unter indischer Leitung.

Nach einigen Tagen verließen Mehta und ich die faszinierende Millionenstadt in einem klapprigen Auto und hatten in Chandigarh, der Hauptstadt von Punjab, nur wenig Zeit, um die von Le Corbusier erbaute Universität zu besichtigen. Bald nachher begann der Einstieg in die Berge auf einer immer abenteuerlicher werdenden Straße. Zu meiner Überraschung wurde ich in Simla in die seit Jahren leerstehende Residenz des ehemaligen Vizekönigs geführt. Es war ein riesiger Wellblechpalast, vor dessen Eingang ein bewaff-

Der mit Wellblech gedeckte Palast in Simla, in dem seinerzeit der Vizekönig von Indien mit seinem Gefolge jeweils die heißen Sommermonate verbracht hatte. Während meines Aufenthalts war ich der einzige Bewohner des verlassenen Luxusbaus.

An der Hauptstraße von Simla. Ich konnte mir nicht vorstellen, daß sich diese Stadt einen aufwendigen Zoo würde leisten können.

neter Wächter stand. Ein Diener brachte mich in ein kaltes, saalartiges Schlafzimmer, wo ein enormes Himmelbett – das vizekönigliche – bezugsbereit war. Ich kam mir vor wie in einem Museum; nur der alte Diener, der mich wie ein Schatten verfolgte, schien irgendwo in der Nähe zu wohnen. Am folgenden Morgen weckte mich ein heftiges Gepolter auf dem Wellblechdach: Rhesusaffen, die, wie sich später herausstellte, jeden Morgen die Dächer und Türme inspizierten.

Dann begann die Besichtigung des für den Zoo vorgesehenen Geländes, das äußerst abwechslungsreich mit Kuppen und Schluchten durchsetzt war. Der schmale Weg war zuweilen so steil und kurvenreich, daß der Jeep riskante Manöver an den Hängen durchführen mußte. Einige wenige Tiere waren hier schon in primitiven Gehegen und einzelnen Käfigen untergebracht.

Die Vormittage verbrachte ich jetzt meistens im Gelände, während ich an den Nachmittagen die einzelnen Anlagen skizzierte und die Dimensionen dazu notierte. Dazu kamen Besprechungen mit Behördevertretern. Einmal hatte ich einen Vortrag zu halten vor Beamten des Forest Departments, ein andermal im Rotaryclub. Schließlich konnte ein erstes Layout angefertigt und im Gelände ein Netz von Orientierungspfosten ausgesteckt werden – jedenfalls für eine erste Bau- und Finanzierungsphase.

Es kostete mich einige Mühe, Herrn Mehta und seine Kollegen von ihrer Lieblingsidee abzubringen: Er wünschte nämlich als Herzstück seines Zoos eine imposante Anlage für Eisbären! Da konnte ich nicht mitmachen, trotz allem Verständnis für den Publikumswunsch nach exotischen Tieren. Eisbären auf 2400 m Höhe, inmitten von Zedern und Rhododendren!

Meine Ablehnung des Eisbärenprojektes stützte sich wesentlich auch auf finanzielle Überlegungen: Dazu wären enorme Mengen von Beton, Armierungseisen und Panzerglas erforderlich

Früher bedeckten Zedern- und Rhododendronwälder die Berge in der Umgebung von Simla. Heute sind sie zum größten Teil abgeholzt; der ursprünglich reichen Tierwelt ist der Lebensraum entzogen.

Mit Ochsen-Gespannen und primitiven Pflügen versuchten die Bauern in der Umgebung von Simla den steinigen Boden zu bearbeiten.

gewesen, und nicht nur das Material, sondern auch der Transport in dieses entlegene Bergland hätte horrende Summen gekostet. Ich konnte daher den Bau einer solchen Anlage nicht mit gutem Gewissen empfehlen, sondern nur dringend davor warnen.

Eines Nachmittags, als ich im ex-vizeköniglichen Zimmer am Schreibtisch in meinen Schlußbericht vertieft war, schien draußen eine so herrliche Frühlingssonne, daß ich die Fenster und die feinen Fenstergitter öffnete. Als ich während einer Denkpause von meinen Papieren aufschaute, sah ich mich einem riesigen Rhesusaffen gegenüber, der gerade im Begriffe war, die Blumen aus der kleinen Vase zu reißen, die mein Diener auf den Schreibtisch gestellt hatte. Obgleich ich Affen, wie alle

Primitives Gehege für Kaschmirhirsche in Simla. Bezeichnenderweise ist der Überhang des Gitters nach außen gerichtet, um Leoparden abzuhalten.

Im Vorläufer des Zoos von Simla fanden sich noch einzelne kistenartige Käfige, wie sie früher auch in den alten Menagerien Europas üblich waren. In diesem leben Schakale.

Tiere, liebe, war mir dieser intime Besuch doch zuviel. Anstatt zu flüchten, drohte mich mein Gegenüber heftig an und zeigte seine starken, spitzen Eckzähne. Sollte ich vielleicht die Flucht ergreifen? Ich brüllte den ungebetenen Gast an und machte meinerseits die schlimmsten Drohgebärden, deren ich fähig war. Nach einer kritischen Sekunde warf der Rhesus Vase und Blumen hin und verschwand zum Fenster hinaus.

Auf der Rückfahrt machten wir wieder in Chandigarh Halt, wo ich an der Universität einen Vortrag hielt. Im Institut des berühmten Anthropologen Chopra war eine sensationelle Entdeckung gemacht worden: Chopra hatte den Schädel des fossilen Hominiden Gigantopithecus gefunden, den er in einem Safe des Instituts aufbewahrte. Mir wurde die Ehre zuteil, diese außerordentliche Kostbarkeit zu besichtigen und für einige Minuten in der Hand zu halten.

Auch in Delhi war das Tagesprogramm so konzentriert, daß ich eine Einladung des vornehmen Inders R. D. Jain nur noch zum Frühstück annehmen konnte. Jain gehörte einer bekannten Religionsgemeinschaft an, deren Vertreter sorgfältig darauf achten, keinem Tier etwas zuleide zu tun; sie üben daher Berufe aus, bei denen keine Gefahr besteht, daß sie etwa einen Wurm oder einen Käfer ungewollt zertreten. Zum Abschied schenkte mir Mr. Jain

Wohl in allen Affenländern werden einzelne dieser Tiere von Straßengauklern einer harten Dressur unterzogen. Hier muß ein Rhesusaffe in Bombay seine Tricks vorführen.

Auf dem Heimflug schaltete ich einen Zwischenhalt in Bombay ein, um den Zoo, das Aquarium und die »hängenden Gärten« zu besuchen, wo sich eine ganze Menagerie von Tieren – dargestellt aus sorgfältig zugeschnittenen, lebenden Pflanzen – befindet.

ein Bild mit vierundzwanzig Darstellungen, denen so verschiedene Tiere zugeordnet waren wie Fisch, Krokodil, Ente, Stachelschwein, Ziege, Elefant u. a., in denen Menschen inkarniert sein können. In den zoologischen Gärten Indiens fällt auf, wie respektvoll sich die Besucher den Tieren gegenüber verhalten. Als europäischer Zoodirektor möchte man sich diese disziplinierte und ernste Annäherung für seine Besucher wünschen!

Kurz nach meiner Rückkehr wurde der Zürcher Zoo von einer Gruppe von 37 amerikanischen Zoodirektoren besucht, die auf einer Rundreise durch europäische Zoos begriffen waren. Am meisten interessierten sie sich für das Afrika-Haus, d. h. für die Nashörner und Flußpferde mit ihren freifliegenden Symbionten, den Kuhreihern und Madenhackern. Einige konnten trotz meiner ausführlichen, objektiven Erklärungen nicht verstehen, daß die Vögel nicht entwichen, und witterten irgendeinen Geheimtrick. Geheimtricks aber gibt es bei mir überhaupt nicht.

1969 feierte der Zürcher Zoo das Jubiläum seines 40jährigen Bestehens. Unter den Auspizien des initiativen und PR-zugetanen Präsidenten Rolf Balsiger fanden zahlreiche Jubiläumsaktionen statt. Ein besonderes Jubiläumskomitee war zu diesem Zweck ins Leben gerufen worden, und eine Wunschliste des Zoos wurde erstellt und zu Tausenden verschickt. Ein Jubiläumsbuch »40 Jahre Zoo Zürich« mit 55 Zeichnungen des berühmten Zürcher Tiermalers und Zoofreundes Fritz Hug erschien zu diesem Anlaß mit Grußworten des Bundespräsidenten, des Präsidenten des Zürcher Regierungsrates und des Stadtpräsidenten. Carl Zuckmayer schrieb darin sein »Bekenntnis zum Zoo«. Meinem historischen Überblick stellte ich das Zitat des Philosophen und Begründers des Pestalozzi-Dorfes, Walter Robert Corti, voraus: »Ein gut geleiteter Tiergarten ist sicherlich eines der schönsten Sozialgeschenke, die sich der Mensch selber bereiten kann.«

Jeder Zürcher Schüler bekam einen Ansteckknopf mit dem neuen Zoosignet. Silberne und goldene Jubiläumstaler wurden geprägt und in Rekordzeit ausverkauft. Zahlreiche Jubiläumsspenden gingen ein. Auf dem Sechseläutenplatz – sonst dem Zürcher Hauptfest, eben dem Sechseläuten, und dem Circus Knie reserviert – wurde eine ganze Zeltstadt aufgebaut für ein Non-Stop-Zürcher-Zoofest mit Frühschoppen und einem Gala-Abend mit Josephine Baker. Alle Medien machten mit und trugen dazu bei, daß niemand von den Funken der Zoobegeisterung verschont blieb. Und dies alles zum 40-Jahr-Jubiläum – wie würde erst der fünfzigste Geburtstag ausfallen?

Zwischen der Zooarbeit hatte ich anfangs Oktober 1969 an der Zoodirektoren-Konferenz in New York teilzunehmen. Im Bronx Zoo wurden den Konferenzteilnehmern wiederum viele interessante Referate und neue Sehenswürdigkeiten geboten, unter denen mich die großzügig angelegte »World of Darkness« besonders faszinierte. Hier wurde eine große Zahl nächtlich lebender Tiere, vom Frosch bis zum Säuger, bei stimmungsvoller, sanfter Beleuchtung in naturnahen Biotopen gehalten; durch Lichtumkehr wurde erreicht, daß sie sich tagsüber aktiv zeigten. Ein Chor von nachtaktiven Dschungelbewohnern – wenn auch ab Tonband – trug zusätzlich zur Steigerung der Stimmung bei.

Zurück aus New York, wandte ich mich dem dringend notwendigen Neubau einer zeitgemäßen Elefantenanlage zu. Über »Häuser für Elefanten« hatte ich mir schon seit Jahren Gedanken gemacht und besonders von negativen Eindrücken gelernt, die ich in vielen ausländischen Zoos hatte sammeln können. Unter diesem Titel hatte ich in drei Ausgaben der »Neuen Zürcher Zeitung« (ab 9. Januar 1969) ausführlich dargelegt, daß heutzutage Elefanten nicht mehr einzeln, nicht mehr ohne Bad, nicht in Dickhäuter-Häusern und nicht mehr in düsteren, fensterarmen und pflanzenlosen Gebäuden untergebracht werden dürfen.

Einzelhaltung irgendeines Tieres ist heute unzulässig; es kommen grundsätzlich nur Zuchtgruppen in Frage – auch für Elefanten. Das tägliche Bad ist notwendig für die Gesunderhaltung,

So sieht die zweizeilig behaarte Schwanzquaste eines gut gepflegten Arbeitselefanten in Indien aus. Bis gegen die Jahrhundertmitte stand in vielen zoologischen Gärten den Elefanten weder ein Bad zur Verfügung noch wurde ihre Haut richtig gepflegt. Ihre Schwänze glichen daher oft einem borkigen Strick.

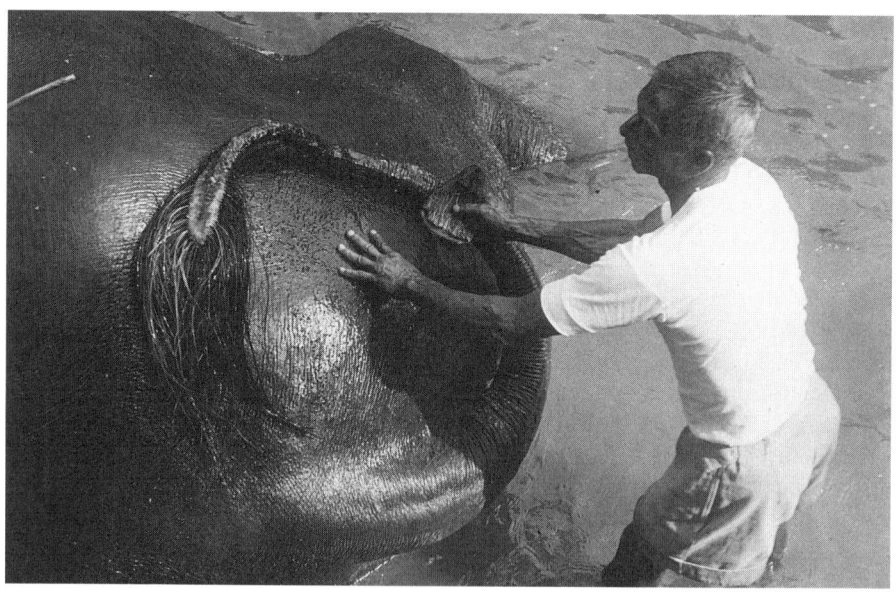

besonders auch der Haut, die sonst borkig wird. Und was die heute noch da und dort anzutreffenden Dickhäuter-Häuser betrifft, so handelt es sich eigentlich um eine jahrhundertealte Irreführung des Publikums, weil es Dickhäuter (Pachydermen) in der Zoologie längst nicht mehr gibt. Früher rechnete man Elefanten, Nashörner, Flußpferde und oft auch Tapire zu dieser Gruppe, unter der falschen Voraussetzung, daß diese Geschöpfe miteinander verwandt seien. In Wirklichkeit sieht die Verwandtschaft der Elefanten völlig anders aus: Sie wird gebildet von den Seekühen (Sirenia), jenen noch mangelhaft erforschten, ganz ans Leben im Wasser angepaßten Stiefkindern der zoologischen Gärten einerseits, und den nur murmeltiergroßen Klippschliefern (Procaviiden) andererseits.

Es wäre also eher sinnvoll, in einem Elefantenhaus diese beiden Verwandten unterzubringen, doch machte ich mir hinsichtlich der Seekühe keine Illusionen. Ihre Unterbringung im geplanten Elefantenhaus mit den erforderlichen Bassinanlagen, dazu die Unsicherheit der Beschaffung, ließ mich von Anfang an auf diese faszinierenden Geschöpfe, denen ich erstmals 1930 in der Südsee begegnet war, verzichten. Hingegen hielt ich daran fest, Klippschliefer im künftigen Elefantenhaus einzuplanen, was ohne großen Aufwand möglich war.

Da Elefanten gewöhnliche Fenster mit Kot oder mit Steinen einzuwerfen pflegen und wegen ihrer grauen Farbe eines besonderen Lichteinfalls bedürfen, damit sie sich dem Besucher nicht zu sehr als Schwarz-Weiß-Erscheinungen präsentieren, widmete ich der Belichtungsfrage besondere Aufmerksamkeit. Weil ein Tierhaus außerdem ohne Pflanzen heute nicht mehr denkbar ist, Elefanten aber alle Pflanzen in Reichweite ihrer Rüssel zerstören, plante ich tropisches Grün auf der den Elefanten

Sie ähneln auf den ersten Blick Murmeltieren, sind aber näher mit den Elefanten verwandt: Klippschliefer aus Afrika.
Foto Dr. Christian R. Schmidt

gegenüberliegenden Seite. Pflanzenanlagen in einem Zoo sollen aber auch von Tieren belebt sein, wie es in der Natur stets der Fall ist. Daher kombinierte ich die Elefantenunterkunft mit einer langgestreckten, gitterlosen Voliere für Flughunde, jene früchtefressenden Riesenfledermäuse, die bisher meist in viel zu kleinen Gitterkästen oder gar in engen Papageienkäfigen gehalten wurden. Ich träumte immer davon, diese fliegenden Säugetiere im Zoo auch im Fluge zeigen zu können, seitdem ich ihnen auf nächtlichen Exkursionen in der Südsee und später an vielen anderen Orten begegnet war. Tatsächlich konnte ich meinen Studenten und anderen Zoobesuchern – auch zu meiner eigenen Freude – später Flughunde in ihrem imposanten Flug vorführen. Bei dieser Haltungsart kam es auch wiederholt zu Zuchterfolgen.

In dem fünfzehn Meter langen Flugraum des Zürcher Elefantenhauses ließen sich fliegende Flughunde jederzeit vorführen. Foto Jack Metzger

Mich störte an den alten Elefantenhäusern aber auch der Umstand, daß viele Zoobesucher die Elefanten bestaunten in der Annahme, die größten Tiere der Erde vor sich zu haben. In Wirklichkeit haben sie aber nur die größten Landsäugetiere vor Augen – Zwerge im Vergleich zu den Riesen des Meeres, besonders zum Blauwal, dem größten Geschöpf, das jemals unseren Planeten bewohnt hat: 30 Meter lang und 120 Tonnen schwer. Aus einem dieser heute leider stark bedrohten Riesen könnte man also massenmäßig dreißig bis vierzig durchschnittliche Zoo-Elefanten machen.

Da ich es für unmöglich halte, daß jemals ein Blauwal lebend in Menschenobhut gehalten werden kann – nicht einmal in der für Wale vorgesehenen Spezialanlage in der Sydney Harbour Bay –, und da man den Zoobesuchern doch eine Vorstellung der größten Mitbewohner auf unserer Erde geben sollte, verfiel ich auf die Idee, ein unterkellertes Elefantenhaus zu entwerfen. An einer Seite des langgestreckten Kellerraumes stellte ich mir die Darstellung eines dreißig Meter langen Blauwals in naturgetreuen Umrissen vor. In der Magengegend des Giganten hätte ich ein Aquarium eingebaut mit lebendem Krill, d. h. mit den winzigen, nur streichholzlangen Krebschen (Euphausia), von denen sich die Blauwale hauptsächlich ernähren.

Aber wir haben es ja mit einem Haus für Elefanten zu tun, deren Stoffwechsel vielen Zeitgenossen noch weitgehend unbekannt ist. Zum Beispiel gehört der Elefant zu den schlechtesten Futterverwertern überhaupt. Nur ein sehr bescheidener Teil – rund vierzig Prozent – des rein pflanzlichen Futters wird verdaut, der größte Teil jedoch unverdaut aus dem Darm entlassen. Die tägliche Harnmenge beträgt etwa 50 Liter. Über diesen gigantischen Stoffwechsel, der den Elefanten im Freileben mancherorts zum Verhängnis wird, sollte meiner Meinung nach der Zoobesucher gleichfalls informiert werden. Ich sah daher in meinen Plänen vor, Waagen mit durchsichtigen Böden in die Elefantenanlage einzubauen. Durch Einwurf einer Münze in einen Futterautomaten hätten die Besucher im Kellerraum Gelegenheit erhalten, die Elefanten einzeln auf die über ihrem Kopf befindliche, durchsichtige Waagebrücke zu locken. Solche Futterautomaten hätten nicht nur Geld eingebracht, sondern auch Spaß auf beiden Seiten – oben und unten – bereitet.

Natürlich erwartete ich nicht ernsthaft, daß eine solche Einrichtung in Zürich verwirklicht werden könnte. Was ich aber bestimmt erhoffte und fest plante, war ein Bullenstall, denn wie jede andere Tierart muß auch der Elefant im Zoo gezüchtet werden – besonders der Asiatische Elefant, der in seiner Heimat zunehmend bedroht ist, wie Dr. Fred Kurt in seinem erschütternden Elefantenbuch 1986 dargestellt hat.

Zoologische Gärten sind also zur Zucht von Elefanten im Sinne der Arterhaltung verpflichtet, und zur Zucht braucht es Bullen, zumal die künstliche Besamung bei diesen Riesentieren wegen verschiedener anatomischer und physiologischer Besonderheiten keineswegs einfach ist. Aber auch die Haltung von Bullen ist schwierig bzw. gefährlich, weil diese von Zeit zu Zeit in Aufregungsphasen geraten, in denen sie völlig unberechenbar werden und selbst ihre vertrauten Pfleger plötzlich töten können. Auch der Zürcher Zoo machte hier leider keine Ausnahme: Nachdem »Chang« zur Zeit meines Vorgängers zwei Menschen umgebracht hatte (1944 und 1947), mußte er erschossen werden.

Nach »Changs« Tod hatte der Zürcher Zoo während Jahrzehnten keine Zuchtmöglichkeit mehr; eine solche mußte also in der geplanten Elefantenanlage unbedingt vorgesehen werden, wie ich in der »Neuen Zürcher Zeitung« betonte: »Elefantenbullen dürfen in Zoos nur dann gehalten werden, wenn geeignete, das heißt jedes Risiko ausschließende technische Einrichtungen vorhanden sind. Diese bestehen in einem sogenannten Wechselstall, d. h. in zwei unmittelbar aneinanderliegenden, sehr soliden Ställen, deren Verbindungstüre sich von außen bedienen läßt. Diese an sich einfache Disposition gestattet es, dem Bullen zur gegebenen Zeit eine Elefantenkuh zuzuführen; vor allem ermöglicht sie eine risikolose Pflege des Bullen, indem er in den gefährlichen Phasen mit Futter von einem Stall in den anderen gelockt werden kann, so daß sich der jeweils leerstehende Raum vom Wärter in aller Ruhe und Sicherheit reinigen und mit Futter und Streu versehen läßt.«

Für den Neubau in Zürich standen damals zwei Millionen Franken zur Verfügung – und kein Franken mehr, wie mir mit erhobenem Zeigefinger eingeschärft wurde. Das war in der Zeit maximaler Bauteuerung von rund zwanzig Prozent pro Jahr. Eine Teuerungsklausel war nicht vorgesehen, und die Projektkosten waren in dem Betrag inbegriffen. So mußten leider fortwährend Abstriche gemacht werden, und schweren Herzens mußte ich auf den vorgesehenen Bullenstall und damit auf die tiergartenbiologisch dringend zu fordernde Zucht verzichten. Es galt in erster Linie, eine zeitgemäße Unterkunft für die vier vorhandenen Kühe in einer gefälligen, gitterlosen Anlage in Verbindung mit der Flughund-Voliere und der Klippschliefer-Abteilung sicherzustellen.

Erst rund ein Jahrzehnt später hatte mein Nachfolger, Dr. Peter Weilenmann, die nötigen Finanzen zur Verfügung, um einen Bullenstall nachträglich einzubauen, so daß er 1981 den Bullen »Maxi« ohne Risiko in den Zoo aufnehmen konnte. Am 27. Juli 1984 kam dann auch das erste Elefantenjunge, »Komali«, im Zürcher Zoo zur Welt. – Es braucht viel Geduld in einem Zoo; in einem Menschenleben läßt sich nur wenig verwirklichen. Meine kühnen Utopien mit der Wal-Darstellung im unterkellerten Teil des Elefantenhauses sind bisher noch nirgends verwirklicht worden.

Das Jahr 1970 bescherte mir dafür einen der Höhepunkte meiner Zookarriere, nämlich die Geburt des Spitzmaul-Nashornes ‹Mtoto» am 27. August. Acht Jahre später, am 18. September 1978, brachte dieses erste in der Schweiz geborene afrikanische Nashorn seinerseits ein Junges zur Welt: »Embu«.

Wenn ich die Nashornhaltung früherer Zeiten mit den biologischen Zuchtanlagen von heute vergleiche, so ergibt sich ein gewaltiger und erfreulicher Unterschied – auch was die Einstellung des Publikums zu diesen großartigen Tieren betrifft. Im Freien wurden sie maßenhaft gejagt und gewildert und in den Zoos einzeln in öden, düsteren, schmutzigen Betonkästen mit schweren Eisenstangen gehalten. Man hielt diese Tiere für schwerfällige, stumpfsinnige Trampel, für lebende Versteinerungen – Dickhäuter auch im übertragenen Sinne, die blöd in den Tag hineinlebten und vom Tierpfleger keinerlei Anregungen erhielten.

Dies hat sich weitgehend geändert, am meisten wohl im Zürcher Zoo, in den von Licht und lebenden Pflanzen erfüllten Innen- und Außenräumen des Afrika-Hauses, wo die Nashörner mit ihren Symbiose-Vögeln in direkte Berührung und über wohldosierte Gräben hinweg mit Menschen in nahen Kontakt kommen. Hier wurde festgestellt, daß sie auf eine einzelne Maus oder auf einen freilaufenden Hund außerhalb des Zoogeländes achten, und hier wurde durch zweckmäßige, Aufmerksamkeit erheischende, aber nicht stressende Experimente ihr erstaunliches Sehvermögen nachgewiesen – dazu ein überraschendes Gedächtnis und auch Freude am Mitmachen. Ich geniere mich nicht, dieses Wort zu verwenden. Bei vorsichtigem, mit biologischem Feingefühl geleitetem Eingehen auf ein Tier kann der Mensch in unerhörter Weise als Katalysator wirken und ungeahnte Latenzen des tierlichen Verhaltens freisetzen, die in der Natur, wo es wesentlich um Feindvermeidung, Nahrungssuche, Körperpflege und Sozialkontakt geht, niemals aktiviert werden.

In den gleichsam über-optimalen Bedingungen und in der Geborgenheit des Zoolebens hingegen, in der Atmosphäre vertrauter und begabter Pfleger und Mitarbeiter kann eine Situation entstehen, die das Aufkommen gesunder Familien ermöglicht und darüberhinaus eine Intimität zwischen Tier und Mensch, welche die natürlichen Bedingungen und Fähigkeiten transzendiert. Bei wirklich guten Zirkusdompteuren kommt diese Situation gelegentlich ebenfalls vor, wird dort aber fast immer durch zweckhafte Zwänge abgebremst oder zerstört, wenn es gilt, sich den Anforderungen des Programms oder des Publikums zu fügen.

Für eine in gewissem Sinne vergleichbare Erscheinung halte ich das Südafrikanische Breitmaul-Nashorn »Ceyla« des Circus Knie, welches Fredy Knie nicht nur in der Manege präsentierte, sondern – was ich noch höher einschätze – auch durch verkehrsreiche Straßen verschiedener Städte führte. Dabei leitete er es nur mit seiner Stimme und mit einem fingerdicken Stäbchen – ein Nashorn, das als Jungtier im Busch eingefangen worden war, wo es nur eine Beziehung zum Menschen kannte, nämlich die Flucht.

Was für eine unerhörte Anpassungs- und Lernfähigkeit hat das Tier unter der Anleitung seiner Pfleger bewiesen und wie enge, zuverlässige Bindungen müssen zwischen Tier und Mensch entstanden sein, um eine derart totale Verhaltensänderung zu erreichen! Und

Am 27. August 1970 erfüllte sich einer meiner Zooträume: Im Afrika-Haus des Zürcher Zoos wurde das erste Spitzmaul-Nashorn geboren. Auf der Mutter sitzen Vertreter der beiden symbiontischen Vogelarten: ein Kuhreiher auf dem Rücken, ein Madenhacker auf der Stirn. Das Junge »Mtoto« ist später selber Mutter und sogar Großmutter geworden. Foto Comet

doch fehlte in diesem engen Verhältnis Entscheidendes: Obwohl beide Geschlechter vorhanden waren, wurden sie aus zirkustechnischen Gründen nie zusammengelassen. Es blieb daher unbiologischerweise bei einem Fragment der Entfaltungsmöglichkeiten.

Ein Ganzes sollte aber in diesem Zusammenhang nicht geteilt werden. Das natürliche Fortpflanzungsverhalten gehört zu dieser vorher erwähnten Harmonie, wie sie heute in Zoos immer häufiger angestrebt und auch realisiert wird. Biologische Zuchtgruppen sind eine Voraussetzung dafür, doch kann noch etwas weiteres geboten werden: die vom Menschen ausgehende, katalytische Wirkung, welche das Tier sozusagen über seine Normal-Fähigkeiten hinaus – unter Umständen weit hinaus – hebt.

Dieser Tatbestand ist noch kaum untersucht. Meines Wissens gibt es weltweit kein einziges Institut, welches sich dem hier angedeuteten Thema widmet, d. h. den auf affektiver Basis entwickelbaren Tier-Mensch-Beziehungen und den auf dieser Grundlage möglichen, über das Natürliche hinausgehenden Leistungen. Was es in Überfülle gibt, sind labormäßige Tests der rein intellektuellen Fähigkeiten von Tieren unter – oft erschreckender – Vernachlässigung der sie bedingenden psychischen Grundlagen. Es sei nur an die erstaunlichen Studien über das Sprechvermögen von Menschenaffen erinnert, auf die später kurz zurückzukommen sein wird.

Dieser Exkurs war eigentlich nur gedacht, um zu beleuchten, weshalb ich die Geburt des Spitzmaul-Nashornes »Mtoto« 1970 im Zürcher Zoo als etwas ganz Besonderes empfand, als einen Höhepunkt meiner Zookarriere.

Am 1. September 1971 konnte das ohne Bullenabteilung fertiggestellte Elefantenhaus von unseren vier weiblichen Elefanten bezogen werden. Die feierliche Eröffnung folgte eine Woche später; man wollte den Tieren etwas Zeit lassen, sich in der neuen Umgebung einzugewöhnen.

Das war besonders für die alte »Valaja« eine nicht geringe Zumutung; sie hatte schließlich ein paar Jahrzehnte lang neben der noch älteren »Mandjullah« im gleichen Stall und auf derselben Plattform gelebt, und wir ahnten, daß der Umzug eines so stark verwurzelten Tieres nicht einfach sein würde. Versuche, sie ganz allmählich an das schrittweise Verlassen ihres Auslaufes zu gewöhnen, schlugen fehl. »Valaja« war nicht dazu zu bewegen, ihr vertrautes Heim auch nur um ein paar Meter zu verlassen. So sieht zuweilen der »Freiheitsdurst« von Zoobewohnern aus.

Obschon es sich nur um wenige hundert Meter handelte, stellte sich uns hier ein Transportproblem, das von großem tiergartenbiologischem Interesse war. Für Außenstehende ist es selbstverständlich, daß Zirkuselefanten in allen Städten vom Verladeplatz zum Zirkus geführt werden und womöglich noch an Paraden teilnehmen. Doch Zoo-Elefanten sind keine Zirkuselefanten, für die Dislokationen sozusagen zum täglichen Brot gehören. Die meisten Zoo-Elefanten bleiben während Jahren und Jahrzehnten in ihren Anlagen.

Wir dachten zunächst daran, »Valaja« von zwei zuverlässigen, straßengängigen Elefanten des Circus Knie in die Mitte nehmen und ins neue Haus führen zu lassen, was vielleicht die biologischste Lösung gewesen wäre. Doch die Knie-Elefanten waren zu dieser Zeit weit weg auf Tournee und hatten täglich ihr Programm zu absolvieren.

In Frage kam auch eine riesige Transportkiste, wie wir sie seinerzeit für den Transport des Afrikanischen Elefanten »Matadi« von Basel nach Frankfurt verwendet hatten. Dies wäre allerdings eine sehr zeitraubende und

»Valaja« sträubte sich, ihren vertrauten Raum zu verlassen ...

... und versuchte auch unterwegs, immer wieder umzukehren.

Ihre wachsende Unsicherheit und Nervosität äußerte sich in zunehmender Diarrhöe – an den Spuren auf dem Weg erkennbar.

Nach dreieinhalb Stunden näherte »Valaja« sich – von Elefantenspezialist Josef Hack (im Vordergrund) geleitet – ihrem neuen Zuhause ...

... wo sie von ihren Artgenossinnen erwartet wurde und sich bald beruhigte.

Fotos
Dr. Christian
R. Schmidt

kostspielige Methode gewesen. Schließlich entschlossen wir uns dazu, »Valaja« zu fesseln und mit Hilfe starker Winden Schritt für Schritt auf den Weg zu ihrem neuen Heim zu bringen, wobei ihre Beinketten für jede Teilstrecke an Bäumen und soliden Geländern verankert und wieder gelöst wurden. Eine Panik wollte ich um jeden Preis vermeiden. Um jedes Risiko auszuschließen, hatten wir den erfahrenen Elefantenpraktiker Josef Hack aus seinem Ruhestand in Hamburg hergebeten, um die schwierige Aktion zu überwachen; er hatte den jugendlichen Brüdern Knie seinerzeit als Lehrer in der Elefantenbehandlung gedient.

Natürlich gaben sich »Valajas« vertraute Pfleger, vor allem Ruedi Tanner, alle Mühe, sie zu beruhigen, aber ohne Aufregung ging es nicht. Diese äußerte sich u. a. in einer zunehmenden Diarrhöe, je größer der Abstand zum alten Stall wurde. Bei Elefanten ist der Darm ein besonders empfindliches Ausdrucksorgan. Dr. med. Fred Fischer, Psychotherapeut in Zürich, mit seinem außerordentlichen Interesse für Tierpsychologie, hielt den denkwürdigen Umzug im Film fest. Das seltene Ereignis faszinierte ihn besonders, weil er in seinem bedeutenden Werk »Der animale Weg« (1972) sozusagen die Biologie und Psychologie des Weges bei Mensch und Tier grundlegend dargestellt hat.

Der heikle Transport war auf die frühen Morgenstunden angesetzt worden, damit wir ohne störendes Publikum arbeiten konnten. Die Direktion des nahegelegenen Militärflugplatzes in Dübendorf hatte sich bereit erklärt, während der kritischen Zeit den Zoo nicht zu überfliegen. Wir gaben uns alle Mühe, zusätzlich aufregende Reize fernzuhalten.

Kurz nach fünf Uhr morgens begann der mühsame Marsch, und nach dreieinhalb Stunden war »Valaja« in ihrem neuen Stand angekettet; wir konnten erleichtert aufatmen. Eine spürbare Verminderung der Aufregung war festzustellen, als »Valaja« Kontakt mit ihren drei jungen Artgenossinnen aufgenommen hatte, die ohne weiteres in den Neubau marschiert waren und dort »die Alte« erwarteten. Bald fühlte sie sich im neuen Wohnraum zuhause, doch dauerte es noch eine Woche, bis sie sich nachts zum Schlafen wieder hinlegte.

Im gleichen Jahr hatten wir Schwierigkeiten mit der Besetzung der 1970 von der Tiergarten-Gesellschaft geschenkten, nach meinen Plänen erstellten Fischotter-Anlage, die selbstverständlich auf Zuchterfolge ausgerichtet war. Bis 1952 waren für die Erlegung von Fischottern in der Schweiz noch Prämien ausgesetzt; erst dann erfolgte der Schutz, also erst nach der praktisch völligen Ausrottung (Jagdzoologie, 1966, 1975). Man wußte damals weder Bescheid über Tragzeit noch über Brunft- und Setzzeit. In unserem Jahrhundert war der Europäische Fischotter noch in keinem Zoo gezüchtet worden, seine Lebensweise war weitgehend unbekannt.

Um die neue Anlage zu besetzen, mußten wir in ganz Europa nach Fischotterpaaren suchen, von Frankreich bis Moskau und von Schottland bis Andalusien. Ich benutzte daher die Gelegenheit, mich im Anschluß an die Zoodirektoren-Konferenz in Barcelona in Südspanien umzusehen, mit Jerez de la Frontera als Basis. Ich stand in Korrespondenz mit dem Konservator des dortigen kleinen Zoos, Francisco Carabantes. Er war ein Anti-Stierkampf-Spanier mit einem ungewöhnlichen Flair im Umgang mit Tieren und ein ausgezeichneter Kenner von Land und Leuten. Mit einem Jeep durchfuhren wir die herrliche Gegend, die mich an Marokko erinnerte, und kamen auch auf eine heiße Spur: Einige der zahllo-

Einzelne Stellen des noch völlig intakten Sandstrandes der Coto Doñana glichen einer ausgeschütteten Conchilien-Sammlung.

sen Jäger hatten junge Fischotter aus ihrer Nisthöhle ausgehoben und wollten sie in einem Plastiksack transportieren. Die kostbaren Tiere sind darin leider prompt erstickt!

Francisco Carabantes, der einige Jahre später Tierpfleger im Zürcher Zoo wurde und ab 1985 dort aufsehenerregende Zuchterfolge mit Fischottern erzielte, führte mich auch in das großartige Naturschutzgebiet Coto Doñana mit seinem Reichtum an Flamingos und verschiedenen Reihern. Auch Damhirschen, Rothirschen und Wildschweinen begegneten wir, zum Teil völlig unerwartet, in den malerischen Sanddünen zwischen dem Meer und den duftenden Pinienwäldern. An dem weiten, damals noch menschenleeren Sandstrand fesselte mich das Schwemmgut, das mich an eine ausgeschüttete Muschelsammlung erinnerte. Da gab es noch keine einzige Spraydose oder Plastikflasche!

Wie so oft drängten die Zooarbeit und der Semesterbeginn zur Rückkehr in die Schweiz. Die große Zahl von Studenten aus verschiedenen Fakultäten, welche sich für meine »Zoologischen und tierpsychologischen Demonstrationen im Zoo« eingeschrieben hatten, zwang mich auch diesmal wieder zur doppelten Führung der zweistündigen Demonstrationen im Zoo.

Im August 1970 fand der dritte internationale Primatologenkongreß zu Ehren von Professor Adolph Schultz in Zürich statt, und am 4. August besuchten die Kongreßteilnehmer den Zoo, zu dessen Vorstand Professor Schultz gehörte. Sein Nachfolger als Direktor des Anthropologischen Instituts und auch als Zoo-Vorstandsmitglied, Professor Josef Biegert, wies als Herausgeber in seinem Vorwort zum dreibändigen Kongreßbericht (1971) u. a. auf den dringend notwendigen Schutz der Primaten und ihres Lebensraumes hin.

Im übrigen sind in den Jahresberichten alle wesentlichen Zoo-Ereignisse so ausführlich dargestellt, daß sich hier eine Wiederholung erübrigt. Seit 1964 enthalten sie auch einen besonderen Abschnitt »Der Zoo im Dienste von Bildung und Wissenschaft« mit einem Verzeichnis aller im Zusammenhang mit dem Zoo stehenden fachlichen Publikationen. Es geht ja hier auch nicht um eine Geschichte des Zürcher Zoos, so daß ich mich mehr auf persönliche Erlebnisse beschränken kann, zum Beispiel auf Reisen, von denen ich nur die überseeischen erwähnen möchte.

Zoo: Notausgang zur Natur

Eine solche fand im Sommer 1971 statt. Nachdem ich verschiedene Afrika-Safaris als wissenschaftlicher Leiter begleitet hatte, trat man mit der Bitte an mich heran, an einer Reise mit der »Lindblad Explorer« nach den Seychellen teilzunehmen. So verlockend mir dieses Angebot erschien, so zurückhaltend war ich eingedenk der Seekrankheit, der ich seit jeher unterworfen war. Es gab damals noch keine Fluglinie nach den Seychellen und noch keine eigentlichen Hotels, so daß die Teilnehmer an Bord des Schiffes wohnten. Ich erkundigte mich daher bei Kollegen, u. a. bei Dr. Dieter Backhaus, dem ehemaligen Leiter des Frankfurter Zoo-Aquariums, Redaktor bei der Zeitschrift »Das Tier«. Seine Auskunft lautete, daß während seiner Seychellenfahrt das Meer spiegelglatt gewesen sei. Ich sagte daher frischfröhlich zu, zumal meine Frau ebenfalls eingeladen war. Zudem wurde die »Lindblad Explorer« betreut von einem Nachkommen des Polarforschers Sir Ernest Henry Shackleton (1874–1922), einem hervorragenden Ornithologen und Künstler, der seine Beobachtungen durch vortreffliche Zeichnungen festzuhalten pflegte.

So flogen meine Frau und ich am 16. Juli 1971 wieder einmal nach Nairobi, wo wir die Gelegenheit benutzten, einige Sehenswürdigkeiten der Stadt zu bewundern, in welcher zahlreiche Hochhäuser in unheimlichem Tempo in die Höhe schossen. Der Nairobi-Aufenthalt war indes nur ein Vorspiel für die Seychellenfahrt, von der ich hoffte, daß sie meiner Frau eine Idee meiner vierzig Jahre früher erlebten Südseereise vermitteln könnte. Dies ist in bezug auf landschaftliche und Stimmungseindrücke auch gelungen: blaues Meer, schäumende Brandung, grüne Inseln, elegante Palmen, feuchter Urwald usw., nur in bezug auf die Urbevölkerung ließ sich in der »kleinen Südsee«, auf den Seychellen, nichts Vergleichbares bieten, weil diese Inselgruppe gar keine Urbevölkerung aufweist, sondern erst sehr spät von Kreolen besiedelt wurde. Im Ganzen aber konnten wir in eine weitgehend echte Südsee-Atmosphäre eintauchen.

Meine Frau Käthi 1971 auf der Seychellen-Insel Praslin neben einer jungen Coco-de-mer, der größten und wohl seltensten Palmenart.

Bis es soweit war, hatten wir allerdings einige Strapazen zu bestehen. Bei der Ausfahrt aus dem Hafen von Mombasa begann das Schiff furchtbar zu schlingern. An ein Frühstück war nicht zu denken, ebensowenig an die folgenden Mahlzeiten mit den verlockenden Menüs. Mit etwas Rotwein und leichten Sandwiches, die uns ein freundlicher Steward brachte, versuchten meine Frau und ich, die nächsten drei Leidenstage zu überstehen. Zu einem sauersüßen Lächeln kam es höchstens dann, wenn über den Kabinen-Lautsprecher etwa die vom Programmleiter leichtfertig verkündete Meldung aus dem Schiffshörsaal kam: »Und jetzt habe ich das Vergnügen, Ihnen Professor Hediger aus Zürich vorzustellen. Er wird Ihnen einen Lichtbildervortrag halten über die zoologischen Besonderheiten der Seychellen.« Weit gefehlt: Ich konnte nicht einmal aufsitzen. Es sollen aber auch nur ganz wenige unverwüstliche Seebären im Hörsaal gewesen sein.

Nicht nur meine Frau und ich atmeten erleichtert auf, als wir am Morgen des 24. Juli in die Bucht von Port Victoria einfuhren und bald darauf wieder festen Boden unter den Füßen und einen herrlichen Tropenhimmel über uns hatten. Wir wohnten an Bord der »Lindblad Explorer«, die uns zu den verschiedenen Inseln brachte, jedoch nicht direkt anlegen konnte. Um an Land zu gelangen oder auch um kurze Strecken zwischen benachbarten Inseln zurückzulegen, mußten wir gruppenweise motorisierte Schlauchboote besteigen, was bei unruhiger See nicht immer ganz einfach war. Einmal hatte unser Schlauchboot ein Leck, gerade als wir zwischen zwei Inseln unterwegs waren. Mehrere unserer Reisegefährten opferten ihre Hüte, um damit das rasch eindringende Wasser über Bord zu schöpfen. Aber ihr Eifer konnte nicht verhindern, daß wir langsam absackten und uns aufs Schwimmen einstellen mußten. Glücklicherweise zeigte es sich, daß wir in seichtem Wasser waren, welches uns nur bis zu den Hüften reichte. Während der rund zwanzig Minuten, die wir auf ein Ersatzboot warteten, bot sich Gelegenheit, die reichhaltige Meeresfauna um uns zu beobachten. Am meisten waren wir beeindruckt von einem kleinen, etwa 1,2 m langen Hammerhai, der zwischen unseren Beinen herumstrich, ohne uns etwas zu tun. Es war das einzige Mal in meinem Leben, daß ich Gelegenheit hatte, einen Hammerhai im natürlichen Biotop zu beobachten.

Auf den Inseln, wo wir praktisch keine anderen Touristen antrafen, konnte man sich etwas verteilen, wenn es nicht auf schmalen Pfaden durch Busch und Dschungel ging. Überall fesselten landschaftliche und zoologische Eindrücke in der noch weitgehend intakten Natur; vor allem die Vögel boten imposante Aspekte schon durch ihre unerhörten Mengen und ihre durchdringenden Rufe. Die zündroten, fast zum Platzen aufgeblasenen Kehlsäcke der Fregattvögel leuchteten aus dem satten Grün der Mangroven, während Schwärme von Seeschwalben die Luft durchzogen. In einem Baumstumpf konnten wir einen brütenden Tropikvogel in Augenschein nehmen, wozu ich in der Südsee nie Gelegenheit gefunden hatte. Ein amerikanischer Ornithologe weilte im Archipel, um den erschreckend zurückgegangenen Bestand einiger Raritäten aufzunehmen.

Am meisten beeindruckte mich die überall massenhaft vorkommende Feenseeschwalbe (Gygis alba), die in mehrfacher Hinsicht zu denken gibt. Sie ist die einzige rein weiß befiederte Vertreterin der Seeschwalben (Sternidae) und zeichnet sich auch dadurch aus, daß sie kein Nest baut und immer nur ein Ei pro Legeperiode produziert. Dieses eine Ei wird zudem nicht etwa

Die zündroten Kehlsäcke der Fregattvögel leuchteten aus dem satten Grün.
Foto Dr. Christian R. Schmidt

an einer besonders geschützten Stelle abgelegt, sondern mit Vorliebe in einer Astgabel. Wir fanden einzelne Eier auch auf Pfosten. Diese unerhört exponierten Eier sind also auch von der Seite oder sogar von unten zu sehen, erst recht natürlich von oben.

Wie soll man diese Kuriosität evolutionstheoretisch verstehen? Was bietet sie an Überlebenschancen gegenüber einem normalen Nest? Wahrscheinlich nichts, erst recht nicht auf diesen oft sturmgepeitschten Inseln. Sehr häufig werden die lose hingelegten Eier heruntergeweht, ebenso die ausschlüpfenden Küken. Am Boden lauern Skinke (Echsen), um die Dotter der heruntergefallenen Eier aufzulecken, außerdem Scharen von zangenbewehrten Landkrabben, um die vom Wind heruntergefegten Jungvögel aufzufressen. – Mit der beliebten Theorie vom Selektionsvorteil bin ich noch nie zurechtgekommen, schon gar nicht bei der Analyse von Vogel- und anderen Nestern, die mich oft beschäftigt hat (1977, 1984). Die unsicherste Phase im Leben eines Vogels ist paradoxerweise die, welche er im Nest zubringt; aber offensichtlich birgt auch der nestlose Zustand bedeutende Gefahren.

Fünfzehn Jahre nach unserem Besuch veröffentlichte W.J. Schrenk (1986) einen Reisebericht unter dem bezeichnenden Titel »Die Seychellen – ein Naturparadies vor dem Ausverkauf«. Aus ihm sei hier nur eine tierpsychologisch besonders reizvolle Einzelheit herausgegriffen. Auch die Reptilien der Seychellen haben sich in diesem Zeitraum dem Touristenverkehr angepaßt. Während ich noch einige Mühe hatte, einen Skink zu fangen, wurde Schrenk im Gegenteil von der Dreistigkeit dieser anpassungsfähigen Echsen überrascht: »Bei einem Picknick zog mir einer dieser Gesellen unverfroren die Salamischeibe vom abgelegten Brot und biß in aller Ruhe handliche Stücke ab.« Wahrlich ein Zeugnis hoher Lernfähigkeit!

Die »Lindblad Explorer« brachte unsere kleine Gruppe auf einer wiederum recht bewegten Fahrt nach Aldabra, dem größten Atoll der Erde. Wir waren froh, als wir durch die enge Passage in die ruhige Lagune gelangt waren, in der sich während des Ersten Weltkrieges der deutsche Dampfer »Königsberg« vor der englischen Flotte versteckt hatte. In den Schlauchbooten konnten wir den großartigen Mangrovenufern entlangfahren, umkreist von Tölpeln, Seeschwalben, Fregattvögeln u. a. Die Hauptattraktion von Aldabra waren für mich die Riesenschildkröten, deren einzige Verwandte auf den Galapagos leben.

Auf unserer Landexkursion über das spitze Korallengestein des schmalen Waldpfades dauerte es nicht lange, bis ich die erste Riesenschildkröte im Unterholz entdeckte. Tony Beamish, der Aldabra und seiner Tierwelt 1970 ein instruktives und aufrüttelndes Buch gewidmet hat, nimmt an, daß auf dem Atoll noch etwa 30 000 Schildkröten leben. Das scheint eine hohe Zahl zu sein; die Erfahrung lehrt jedoch, daß selbst so reich erscheinende Bestände in wenigen Jahrzehnten oder sogar Jahren ausgerottet werden können, nicht nur durch massenhafte Vernichtung der fluchtunfähigen Tiere zum Zwecke der Fleischgewinnung, sondern ebenso durch die vom Menschen eingeführten Haustiere wie Hunde, Katzen, Schweine, welche sich über die Eier hermachen.

Es ist zu hoffen, daß Aldabra im Sinne der tatkräftigen Bestrebungen von Tony Beamish unter Schutz gestellt wird. Auch Julian Huxley, der ihm ein Vorwort gewidmet hat, beschwört die zuständigen Instanzen: »As a natural treasure house, Aldabra must belong to the whole world.« Es geht nicht an, daß derartige Kostbarkeiten unseres Planeten der Ausbeutung und Zerstörung durch einzelne Interessengruppen überlassen werden. Aber die Erhaltung von Naturschätzen war immer und überall weit schwieriger als ihre Ausbeutung.

Von Aldabra führte uns die »Lindblad Explorer« zur Inselgruppe der Komoren, also in die Gegend, wo sich in den letzten Jahren das abgespielt hat, was von Fachleuten als »die größte Sensation des Jahrhunderts auf dem Gebiete der Zoologie« bezeichnet worden ist. Hier wurde nämlich am 12. November 1954 der erste lebende Komoren-Quastenflosser (Latimeria chalumnae) gefangen, ein Fisch, der bis anhin als verschollen oder ausgestorben gegolten hatte. Quastenflosser waren lediglich als Fossilien bekannt, als altertümliche Fische, die am Ende der Kreidezeit, also vor 70 Millionen Jahren, erloschen. Erst 1938 ging ein solcher Fisch bei den Komoren, in einer Tiefe von ca. 80 m, ins Schleppnetz eines Fischdampfers, wurde von einer südafrikanischen Zoologin, Mrs. Latimer, unter dramatischen Umständen entdeckt und der wissenschaftlichen Bearbeitung zugeführt. Ihr zu Ehren wurde der sensationelle Fund Latimeria benannt. Sofort wurden hohe Fangprämien ausgesetzt, und es wurden denn auch bei den Komoren-Inseln noch einige Exemplare erbeutet; der erste Lebendfang gelang allerdings, wie erwähnt, erst 1954.

Es war in der Tat ein unerhörtes Ereignis, ein Tier aus der Kreidezeit plötzlich lebend vor sich zu haben! Durch diesen ersten Lebendfang aus 225 m Tiefe war es möglich, nicht nur die Form, sondern auch die Bewegungen dieses lebenden Fossils zu untersuchen, allerdings nur während 24 Stunden. Länger vermochte der empfindliche Fisch in einem wassergefüllten

Boot nicht zu überleben – begreiflicherweise, denn Latimeria ist im höchsten Grade lichtempfindlich und einem Wasserdruck in erheblicher Tiefe angepaßt.

Unsere Seefahrt im Indischen Ozean führte uns weiter nach Zanzibar, jener zauberhaften tropischen Gewürzinsel, die bis kurz zuvor von behäbigen Arabern bewohnt war, von zufriedenen Gärtnern, die ihren Zimt, ihre Gewürznelken wachsen ließen, und von geschickten Goldschmieden und anderen Handwerkern.

Durch den Einbruch des Kommunismus wenige Jahre vor unserem Besuch und durch den Zusammenschluß von Zanzibar und Tanganjika zum Staate Tansania war die früher viel gepriesene Prosperität von Zanzibar verlorengegangen. Die malerischen Gassen waren weitgehend verlassen und schmutzig, viele Läden geschlossen. So fiel der Abschied verhältnismäßig leicht. Wir nahmen Kurs auf Mombasa und flogen am 3. August nach Zürich zurück, vollgepackt mit köstlichen Eindrücken und bereichert durch viele unvergeßliche zoologische Beobachtungen, auch wenn sie nur oberflächlich waren.

Nach mehreren Monaten intensiver Zooarbeit brachte mich ein wissenschaftlicher Auftrag wieder einmal in die USA, wo ich in Boston in einem führenden Hotel ein Zimmer bestellt, vorausbezahlt und bestätigt erhalten hatte. Als ich am 5. Oktober nachts dort eintraf, wurde ich zu meiner größten Überraschung auf dem Flughafen von einer Dame der besten Gesellschaft empfangen und eingeladen. Sie entpuppte sich als Hediger-Fan, hauptsächlich aufgrund meines Buches »Wild Animals in Captivity« (1964).

Angesichts meiner festen Reservation und weil ich ein gewisses Maß an Freiheit liebe, mußte ich ablehnen. Im Hotel aber kam die große Überraschung: Da tagte nämlich eine Parteiversammlung, und diese pflegen Hotels kurzerhand zu überschwemmen und alle Vereinbarungen anderer Gäste aufzuheben. Bis ich mich zum Assistant Manager durchgeboxt hatte, war Mitternacht vorbei und meine Bitte, die bestätigte Reservation zu berücksichtigen, wurde abgeschlagen. Aber, so wurde mir versichert, ein anderes nettes Hotel, wo ich sicher noch Platz finden würde, befinde sich »gleich um die Ecke«. In der Tat fand sich dort ein kleines, hotelartiges Haus voller dubioser Gestalten, in dem mir ein höchst bescheidenes Zimmer angewiesen wurde. Ich war indessen froh, wenigstens ein Dach über dem Kopf zu haben.

Aufgrund mannigfacher Erfahrungen und fremder Empfehlungen hatte ich die Gewohnheit entwickelt, die Zimmertüre im Hotel nachts durch kleine Barrikaden aus Koffern, Stühlen usw. zusätzlich zu sichern. In diesem Zimmer aber war ein so kompliziertes Riegelsystem angebracht, daß ich diesmal, todmüde, auf zusätzliche Sicherungen verzichtete. Ich war kaum eingeschlafen, als die Riegelkombination in Bewegung geriet, die Türe sich öffnete und ein alter Zwerg rüstig quer durchs Zimmer schritt, das Fenster öffnete und in der Dunkelheit verschwand. Ich traute meinen Augen nicht, aber es war kein Traum: Es stellte sich nämlich heraus, daß der alte Zwerg mit seinem riesigen Schlüsselbund der Nachtwächter des sogenannten Hotels war und meinen Zimmernachbarn, die ihren Schlüssel verloren hatten, über die Feuerleiter Zutritt zu ihrem Zimmer verschaffen wollte.

Da die Parteiversammlung andauerte und ich keine Lust verspürte, noch eine Nacht in diesem sonderbaren Haus zu verbringen, rief ich am nächsten Morgen reumütig meine vorausschauende Gastgeberin an, die mich mit unverminderter Freundlichkeit abholte und in ihr schönes, altes Haus führte, das außerhalb der Stadt in einer herrlichen Waldgegend lag und das sie mit ihrer Familie bewohnte.

Als wir am Abend dort anlangten, befand sich ein ansehnlicher Wagenpark von prominenten Gästen vor dem Haus, und der Foxterrier rannte uns zur Begrüßung entgegen; er wurde jedoch abgelenkt und kroch bellend unter die parkierten Autos. Im Scheinwerferlicht ließ sich ein Stinktier ausmachen, das die Aggression des offenbar unerfahrenen Hundes ausgelöst hatte. Dieser war nicht mehr zurückzurufen, sondern ließ sich in eine Rauferei mit dem Skunk ein, ehe er winselnd und entsetzlich stinkend zu seiner Herrin zurückkehrte. Diese wußte sofort, was in dieser Situation zu tun war: sie stürzte zum Kühlschrank und verabreichte dem stinkenden Terrier eine totale Friktion mit Tomatenpuree, dem Mittel der Wahl, wie ich bei dieser Gelegenheit belehrt wurde. Dadurch ließ sich der Gestank wenigstens so weit dämpfen, daß man das arme Tier in der Waschküche einsperren konnte. Das war – zum Glück – meine einzige Begegnung mit einem Skunk im natürlichen Biotop.

Nach ausgiebigem Bad konnten wir uns in dem gastfreundlichen Haus zum Abendessen einigermaßen entlüftet hinsetzen. Als erstes wurden Langusten aufgetragen, die in Form eines üppigen, höchst dekorativen Bouquets angerichtet waren. Es folgte eine angeregte Diskussion über zoologische Gärten, welche die überraschende Begegnung erklärte: In Boston bestand nämlich nur ein sehr kümmerlicher Zoo, der auch Desmond Morris Anregung gegeben hatte zu seinem bösartigen und vielbeachteten Magazinbericht über »The naked Zoo«. Jetzt endlich hatten die Stadtbehörden Pläne für einen neuzeitlichen Zoo ausarbeiten lassen – ausschließlich von Architekten. Wie ich später in meinem Buch »Zoologische Gärten gestern – heute – morgen« (1977) ausführte, wollte damals eine Architektengruppe die Stadt Boston mit dem ersten »vertikalen Zoo« beglücken, einem zwölfstöckigen Hochhaus in der Innenstadt, angefüllt mit Zootieren in entsprechend engen Räumen, also eine Art moderne Menagerie ohne Garten und Park. Es war vorgesehen, den bedauernswerten Tieren von Zeit zu Zeit Ferienaufenthalte außerhalb der Stadt zu gewähren!

Ferien aber sind ein rein anthropozentrischer Begriff und daher im Zoo – was Tiere anbetrifft – absolut fehl am Platz. Tiere machen weder Ferien noch Reisen im menschlichen Sinne. Kein Wildtier verläßt seinen angestammten Wohnraum, sein vertrautes Territorium ohne Zwang. Daher sollte man einem Tier jeden nicht unbedingt notwendigen Transport, jeden Umzug, jede Ortsveränderung nach Möglichkeit ersparen. Fremder Raum ist unheimlicher Raum; jeder erzwungene Raumwechsel bedeutet ein Trauma. Ferien für Zootiere sind daher ein Unfug, eigentlich eine Quälerei, wie sie nur von tierfremden Architekten ausgedacht werden kann.

Eine zweite Architektengruppe hatte einen anderen Plan vorgelegt, fein ausgearbeitet in drei dicken Folianten. Sie waren bei der Planung offenbar von einem Handbuch der Zoologie ausgegangen und wollten dazu eine lebende Illustration bauen, wobei keine Art zu kurz kommen sollte. Von jeder Art war – wie bei der Arche Noah – ein Pärchen vorgesehen oder ein Männchen mit mehreren Weibchen, wenn es sich um eine polygyne Art handelte. Für jede dieser Einheiten wurde der benötigte Raum berechnet und aus diesen Elementen der Zoo zusammengesetzt, so daß nach Architekten-Ansicht nichts fehlgehen konnte – nur die tiergartenbiologische Situation wurde von diesen Planern total vernachlässigt!

Die langweiligsten zoologischen Gärten sind solche, die »ein wenig von allem« bringen: ein paar Elefanten, Schimpansen, Kamele, Pinguine usw., anstatt Spezialitäten zu pflegen, die ihrem Klima, ihrem ethnischen Hintergrund, ihrer geographischen wie topographischen Lage, ja ihrer Geschichte entsprechen. Zu berücksichtigen sind auch die Bedürfnisse der Zeit, d. h. die Dringlichkeit des Schutzes gefährdeter Arten und die aktuellen Ergebnisse der ökologischen und biologischen Forschung. Selbst die besten Architekten können derartige Tatbestände nicht kennen und noch weniger voraussehen. Wer hätte damals zum Beispiel gedacht, daß Elefanten aus Indien heute praktisch nicht mehr zu bekommen sind, während südafrikanische Nashörner und Sibirische Tiger kaum mehr zu plazieren sind? Wenn sich irgendwo ungewöhnliche Zuchterfolge – besonders bei gefährdeten Tierarten – einstellen, heißt es diese ausbauen, bis das Risiko überwunden ist. Dadurch werden alle noch so präzisen Tierbestands- und Raumprogramme über den Haufen geworfen. Nicht der Lehrbuch-Charakter allein, sondern noch mehr der Artenschutz steht heute im Vordergrund der zoologischen Gärten.

So fehlte es uns nicht an Gesprächsstoff an jenem Abend. Aber eigentlich war ich unterwegs nach Milwaukee, wo ich mir den sehr schönen, unter der Leitung von George Speidel stehenden Zoo ansehen wollte. Speidel war der Schwiegersohn des populären Zoodirektors Robert Bean von Brookfield-Chicago. Eine große Siamang-Gruppe und Tiger hinter Glas machten mir besonderen Eindruck. Am Tage meines Besuches wurde übrigens eine Giraffe geboren, die den Namen »Hediger« bekam und deswegen den herbeigeeilten Journalisten als Fremdwort einige Mühe bereitete.

Von Milwaukee ging es weiter nach Oklahoma City, wo ich nicht nur den Zoo besuchen wollte, sondern in Norman Professor Lemmon und seine berühmt gewordene Schimpansin »Washoe«, angeblich der erste Menschenaffe, der die amerikanische Taubstummensprache (American Sign Language, ASL) beherrschte. Schon zwanzig Jahre früher war ich zu einer anderen berühmten Schimpansin, »Viki«, nach Orange Park in Florida gepilgert, der man die menschliche Sprache beibringen wollte; trotz aller Bemühungen war man dabei aber nicht über die Dreiwortgrenze hinausgekommen.

Diese Erkenntnis gab damals Anlaß, eine Verständigung mit Schimpansen in unserer Lautsprache als unmöglich zu betrachten und es mit der Zeichensprache (ASL) zu versuchen, einer Methode, die vom Psychologen-Ehepaar R. A. und B. T. Gardner in Reno lanciert und dann von Lemmon und seinem Assistenten R. S. Fouts an »Washoe« weiterentwickelt wurde. Ich habe darüber 1980 (1984) in meinem Buch »Tiere verstehen« ausführlich berichtet.

Beide Forscher nahmen mich aufs freundlichste auf und machten mich mit ihren Arbeitsmethoden und Erfolgen vertraut. Ich wurde im Hotel abgeholt und von »Washoe«, die hinten im Wagen saß, mit einer herzlichen Umarmung empfangen. Ich bin als Tierpsychologe davon überzeugt, daß Tiere dieser Organisationshöhe und Menschenähnlichkeit ein sehr feines Gespür dafür haben, ob die von einem Menschen zum Ausdruck gebrachten Gefühle echt oder nur gespielt sind. Erst später erfuhr ich, daß »Washoe« einem anderen Besucher zum Empfang gleich einen Finger abbiß!

Wie sehr habe ich mir doch seit meiner Kindheit gewünscht, daß eines Tages diese hemmende Schallmauer durchbrochen und eine direkte sprach-

Der Assistent hat – für Roger Fouts nicht sichtbar – aus der Kartonschachtel einen Gegenstand in die doppeltürige Kiste gelegt, z. B. Schlüssel, Kamm oder Zahnbürste. »Washoe« bezeichnet den Gegenstand in amerikanischer Taubstummensprache.

War »Washoes« Bezeichnung richtig, erhält sie von Roger Fouts eine Belohnung, z. B. eine Traubenbeere. Die Antworten werden genau protokolliert. Im Vordergrund der für alle Fälle bereitgelegte Elektrostab.

liche Verständigung zwischen Tier und Mensch möglich sein würde! In der Tat handelt es sich hier um einen der ältesten Wünsche der Menschheit überhaupt (»Verstehens- und Verständigungsmöglichkeiten zwischen Mensch und Tier«, 1967). Mit größtem Interesse habe ich alle diesbezüglichen Untersuchungen, von denen ich Kenntnis hatte, aufgrund der Fachliteratur oder an Ort und Stelle verfolgt und überprüft und auch in meinen Vorlesungen dargelegt. Aber leider wurde ich immer wieder enttäuscht, so auch in Norman bei »Washoe«, von der ihre Lehrer behauptet hatten, daß sie hundert oder zweihundert Zeichen kenne und daß es möglich sei, sich direkt mit ihr zu unterhalten.

Mein Optimismus wich auch hier bitterer Enttäuschung, trotz der Überzeugung von Lemmon und Fouts. Was ich in Wirklichkeit zu sehen bekam, war nicht mehr als stark verfeinerte Zirkusdressur oder das, was sich zwischen Hund und Herr im Alltag abspielt: nämlich, daß »Washoe« auf Zeichen mit Zeichen reagierte. Doch ist das noch längst kein echter Dialog. Nichts, was war oder was sein würde, konnte »Washoe« mitteilen, sondern zum Beispiel nur das Zeichen für Blume (Finger an die Nase halten) geben, wenn man ihr eine Blume zeigte und das Fragezeichen signalisierte.

Entsprechendes konnte sie mit vielen Dingen tun, sogar unaufgefordert, zum Beispiel an einem Coca-Cola-Automaten das – auch uns Menschen geläufige – Trinkzeichen geben: Daumen der geballten Faust an den Mund heben. Auch ja und nein vermochte sie auszudrükken, gleich und ungleich, »gib mir Orange«, »öffne die Tür« usw. Im Prinzip gibt es dies aber auch beim Hund, der zur Türe geht, um hinausgelassen zu werden, der versteht, was es bedeutet, wenn sein Herr Hut und Leine zur Hand nimmt.

Ich kann bei »Washoe« und allen später besuchten »sprechenden« Menschenaffen beim besten Willen nicht oder nur wenig mehr sehen, als was uns aus dem alltäglichen Verkehr mit Haustieren oder aus dem Zirkus bereits bekannt ist oder auch etwas darüber hinausragt. Aber von einer Sprache, auch von einer Zeichensprache, von einem Dialog gar zu reden, besteht meines Erachtens kein Anlaß und keine Berechtigung. Unter Sprache verstehe ich etwas anderes als nur Reaktionen auf bestimmte Zeichen oder das Geben von Zeichen zum Erzielen gewisser Reaktionen beim Partner oder die Benennung von Gegenständen oder Tätigkeiten. Hinzu kommt bei all diesen Verständigungsmethoden zwischen Tier und Mensch, mit denen nur eine leichte Anhebung gegenüber der bisherigen Alltagserfahrung erreicht werden kann, die kolossale Gefahr des »Klugen-Hans-Fehlers«: das Hineindeuten von Leistungen in die Handlung von Tieren, Leistungen, die lediglich auf einer allerdings oft virtuosen Interpretation des menschlichen Ausdrucks beruhen, also auf unwillkürlicher Zeichengebung.

Tiere, mit denen der Mensch intim, d. h. lange und intensiv, zusammenarbeitet, lernen feinste Ausdruckserscheinungen des Menschen zu erkennen und zu interpretieren, mit einer für uns noch gar nicht faßbaren Präzision. Und dies nicht nur auf dem Gebiete der optischen und akustischen, sondern auch der geruchlichen und thermischen Wahrnehmung und wohl auch aufgrund noch anderer Reizarten, die wir heute noch nicht durchschauen. Wir dürfen nicht vergessen, daß uns viele Tiere hinsichtlich ihrer Sinnesleistungen weit überlegen sind. Mit anderen Worten: Viele Tiere spüren, was sie tun sollen, und täuschen damit ein Verstehen unserer »Sprache« vor.

Immer neue »Sprachen« wurden seit den Erfahrungen mit »Washoe« vom Menschen für den Verkehr mit Menschenaffen erfunden und eingesetzt. So führte das Psychologen-Ehepaar David und Ann Premack für die Schimpansin »Sarah« Plastiksymbole in Gestalt verschieden geformter und gefärbter Klötzchen ein. Jedes hatte die Bedeutung eines Wortes, und so ließen sich durch Aneinanderreihen Drei- oder gar Vierwortsätze bilden. D. M. Rumbaugh seinerseits, den ich später (1980) in Atlanta besuchte, erfand zum gleichen Zweck die künstliche Computersprache »Yerkish«.

Aber auch hier, wie in allen Fällen von angeblich sprachlichem Dialog mit Tieren, von denen ich im Laufe meines Lebens Kenntnis erhalten habe, konnte ich zu meinem großen Bedauern keinen Sprachcharakter feststellen, sondern nur Fehlerquellen und falsche Interpretationen tierlichen Verhaltens auf der Seite der beteiligten Menschen, deren wissenschaftlichen Eifer und deren Überzeugungsfähigkeit ich immer wieder bewundern mußte. Von allen »sprechenden« Affen wurde behauptet, daß ihr Sprachschatz hundert oder Hunderte von Wörtern umfasse. Da mußte ich oft zurückdenken an das einfache Pidgin-Englisch, die Lingua franca, deren wir uns in der Südsee bedient hatten, um uns mit den Eingeborenen zu unterhalten. Diese Sprache umfaßte nur etwa sechzig Wörter, doch konnte man damit alles ausdrücken. Missionare haben sogar die Bibel ins Pidgin-Englisch übersetzt. Nicht nur über Gegenwärtiges konnte man in dieser Sprache berichten, sondern auch über Vergangenes und Zukünftiges. Was wir hingegen bei Tieren finden, kann zwar sehr differenzierte Kommunikation sein (Fluchtsignale, Kontakt-, Paarungsrufe, Futtermeldungen, Ausdrücke von Wohlbefinden oder Angst, Hunger, Schmerz, Ortsbewegung usw.), doch mit echter Sprache hat es meiner Meinung nach nichts zu tun. Auch Linguisten, mit denen ich später zusammenarbeitete, teilten diese Meinung.

Die tierpsychologische Pilgerfahrt zu »Washoe« nach Norman hat mich auf solche Gedanken gebracht, doch kam auch meine andere Berufshälfte, die Tiergartenbiologie, nicht zu kurz. Nach Oklahoma City besuchte ich auch die Zoos in Houston und Cincinnati. Überall wurde ich freundlich empfangen und bekam viel Neues zu sehen. In Houston interessierten mich die riesigen, stützenlosen, klimatisierten Kuppelbauten – ganz neuartige Konstruktionen, die sich über eine Fläche von mehreren Fußballfeldern wölbten. Man hätte einen ganzen Zoo in solchen gigantischen Domen unterbringen können – und es gab Architekten, welche mit diesem Gedanken liebäugelten.

Cincinnati ist u. a. eine historische zoologische Gedenkstätte: Direktor Edward Maruska überreichte mir ein Foto von »Martha«, der letzten amerikanischen Wandertaube (Ectopistes migratorius), die am 1. September 1914 in diesem Zoo gestorben war. Als ich Ed Maruska nach Jahren, im März 1987, im Zürcher Zoo wieder begegnete, erzählte er mir, daß seither zur

Letzte Aufnahme einer lebenden Wandertaube, der berühmten »Martha«, die am 1. September 1914 im Zoo von Cincinnati starb. Das Bild verdanke ich Dr. Edward Maruska, Direktor des Cincinnati Zoos.

Erinnerung an die ausgestorbene Taubenart in seinem Zoo ein Denkmal errichtet worden sei. Noch der großartige Künstler und Ornithologe John James Audubon (1785–1851) war Zeuge der in Nordamerika einst in Millionenschwärmen verbreiteten Wildtaube, deren Massenflüge buchstäblich den Himmel verdunkelten und dicke Äste der Rastbäume zum Knicken brachten. Durch Waldrodung und blindwütigen Abschuß wurde auch diese Art ausgerottet.

W. T. Hornaday, der erste Direktor des Bronx Zoo in New York (1896 – 1926), der leidenschaftliche Naturschützer und Retter der letzten Bisons, schrieb in seinem umfassenden Werk »The American Natural History« (1904): »Das Schicksal dieser Art sollte der ganzen Welt als Lehre dienen. Jede Vogel- oder Säugetierart kann durch kommerzielle Interessen innerhalb von zwanzig Jahren – oder weniger – total ausgerottet werden.«

Vor dem Rückflug nach Europa schob ich in New York einen kurzen Aufenthalt ein, um mich im Bronx Zoo umzusehen. Wenn es sich einrichten ließ, verweilte ich immer einige Zeit im »Aquatic Bird House«, wo ich mich jedesmal besonders wohlfühlte, wahrscheinlich weil dasselbe offensichtlich auch von seinen Insassen galt, zum Beispiel von der schönen Kahnschnabel-Kolonie, die wirklich wie in ihrem natürlichen Biotop lebte.

Auch die gitterlose Anlage für kleine Strandvögel hatte es mir angetan. Da war ein Stück flacher Sandstrand mit Schwemmholz, einigen leeren Muschel- und Schneckenschalen, zwischen denen die Stelzvögel hin und her beinelten, den rhythmisch anrollenden Wellen notfalls ausweichend. Deren Rauschen konnte man tatsächlich wahrnehmen; es wurde – wie die Wellen selber – in einem Kellerraum künstlich produziert. »Maschinen im Zoo« stellen ein heikles Kapitel der Tiergartenbiologie dar. Skizzenhaft bin ich 1973 darauf eingegangen.

Dieses quasi ideale, gitterlose Vogelhaus (1964) konnte eigentlich kaum mehr verbessert werden. Aber William Conway, der Direktor des Bronx Zoo, fand Wege, es – jedenfalls in bezug auf Dimension und Information – noch zu überbieten. Die 1972 eröffnete »World of Birds« war damals (1971) noch nicht ganz vollendet, ließ aber die Großzügigkeit der Konzeption ahnen und auch die Kleinlichkeit der Veterinärvorschriften, welche selbst im Lande der unbegrenzten Möglichkeiten die Beschaffung mancher Vogelarten bürokratisch erschweren oder gar verhinderten, obschon in diesem Zoo alle Voraussetzungen für Quarantäne, Pflege und damit Zuchterfolge optimal erfüllt waren.

Die bereits erwähnte Einweihung des neuen gitterlosen Elefantenhauses – zwar ohne Bullenstall, aber mit dem fünfzehn Meter langen Flughunderaum und einer Klippschliefer-Abteilung – bildete das Hauptereignis des Jahres 1971 im Zürcher Zoo. Hinzu kamen wieder erfreuliche Zuchterfolge: erstmals für Europa beim Pakarana, erstmals für Zürich beim Matschie-Baumkänguruh (Dendrolagus matschiei), beim Bindenwaran (Varanus salvator) und anderen Reptilien, bei denen sich die Verwendung von Inkubatoren für menschliche Frühgeburten zum Bebrüten der Eier sehr bewährte.

Das kollegiale Wettrennen unter den zoologischen Gärten um Zuchterfolge bedeutete eine zunehmende Verbesserung, d. h. Biologisierung der Lebensbedingungen der Tiere. Generell standen die Haltungs- und Zuchterfolge der Reptilien hinter jenen der Säuger und Vögel zurück, so daß da und dort die Meinung aufkam, die Zucht dieser Wirbeltier-Klasse werde nie den Standard der höheren Wirbeltiere erreichen. Ich habe diese Ansicht nie vertreten, sondern die angeblich nicht züchtbaren Arten stets definiert als solche, die wir tiergartenbiologisch ungenügend verstehen. Auf diesem Sektor wurde in den letzten Jahren jedoch bedeutend aufgeholt. Kurator René Honegger hat im Zürcher Zoo entscheidend dazu beigetragen.

Erfreuliche Geburtstage brachte auch das Jahr 1972. Nachdem ich die jahrzehntelangen, mühsamen Versuche, Flamingos zu züchten, auch in Amerika intensiv verfolgt hatte und nachdem der Basler Zoo 1958 zum Zuchterfolg gelangt war, reihte sich nun auch der Zürcher Zoo in die Reihe der Flamingozüchter ein: Am 5. Juli 1972 schlüpfte zu meiner großen Freude das erste Küken, dem später viele weitere folgten. Besseres Futter, geeignete Vitaminversorgung und eine gewisse »Nesthilfe« dürften hier wie auch in anderen Zoos entscheidend gewesen sein, wobei die Nesthilfe darin besteht, daß man eine Anzahl der massiven, kegelförmigen Nester vorbaut und diese Rohformen den Vögeln zur weiteren Bearbeitung überläßt.

Unvorstellbar großen Scharen von Rosaflamingos und Zwergflamingos begegnete ich zu Beginn des Jahres 1972 am Nakurusee in Kenia auf einer Reise, die ich zusammen mit einer Filmequipe im Auftrag des Schweizer Fernsehens unternahm. Jahrelang hatte ich lediglich sogenannte »Samichlaus-Sendungen« als Zooreklame präsentiert. Sie bestanden im Prinzip darin, daß ich Tiere, die zahm oder sonst leicht vorzuzeigen waren, vom Studio aus vorstellte und dazu einen zoologischen und tierpsychologischen Kommentar sprach.

Die meisten dieser Sendungen »Blick ins Tierreich« erfolgten noch vom alten Studio aus, d. h. aus der ehemaligen Tennishalle des Hotels Bellerive; da ein Lift fehlte, mußte alles über lange Treppen hinaufgeschleppt werden. Es kamen also nur kleine, leicht zu transportierende Tiere in Frage, die meist in Säcken oder Kisten vom Zoo gebracht wurden – daher die Bezeichnung »Samichlaus-Sendungen«. Meist mußten auch geeignete Äste als Unterlage, Futter, Eier, abgestreifte Häute, gelegentlich auch Schädel oder andere Skeletteile oder einige Bilder mitgebracht werden – vor allem aber auch Putzmaterial, da nicht alle Tiere stubenrein waren. Die meisten Sendungen erfolgten »life«. Im Laufe der Zeit wurde auch die populäre Heidi Abel als Präsentatorin in einige Sendungen eingeschaltet; sie ließ sich bereitwillig zum Beispiel eine Boa um den Hals legen oder eine Riesenkröte in die Hand geben. Manchmal kamen die Sendungen auch aus dem Zoo oder wurden dort aufgenommen und aus dem Studio kommentiert.

Ein besonderes Anliegen war es mir, die Entwicklung des Hirschgeweihes an einigen Beispielen zu demonstrieren,

Das riesige Bastgeweih dieses Ren-Hirsches aus dem Basler Zoo (1945) hat Professor Portmann so beeindruckt, daß er im Zusammenhang mit seinen Untersuchungen über die Tiergestalt wiederholt darauf Bezug genommen hat. Die simplen Redensarten von Selektionsdruck oder Kosten-Nutzen-Kalkulationen bringen uns in der Tat nicht weiter, vielmehr geht es um den Sinngehalt, den Darstellungswert solcher Bildungen.

Ren-Hirsch im Stadium des »Fegens«, d. h. wenn nach rund hunderttägigem Wachstum das Geweih abstirbt und endlich gebrauchsfähig wird, wobei der nekrotisierende »Bast«, die ernährende Haut, kiloweise abfällt und in blutigen Zotteln herabhängt, bis das neue Geweih blankgefegt ist. – Wo, wenn nicht in einem zoologischen Garten, haben Biologen Gelegenheit, die ontogenetische und saisonale Geweihbildung während Jahren am gleichen Individuum aus nächster Nähe zu beobachten? Alle wissen zwar, daß der Riesenhirsch wegen seines gigantischen Geweihs längst ausgestorben ist, doch nur wenige machen sich Gedanken darüber, welch unerhörte Zumutung es für den Organismus bedeutet, jährlich einige Kilo Knochen neu aufzubauen für ein Gebilde, das erst nach seinem Absterben und nur während weniger Monate funktionstüchtig ist.

Hier ist das Geweih blankgefegt und könnte nun eingesetzt werden. Manche Hirsche werden in dieser Phase sozusagen über Nacht aggressiv und gefährlich. Dieses Ren blieb auch nach dem Fegen zuverlässig zahm, so daß ihm meine Frau einige Leckerbissen überreichen konnte.

Ren-Hirsch als Einstangler. Im nächsten Augenblick kann auch die linke Geweihhälfte wie ein welkes Blatt abfallen, wenn die Osteoklasten an der Grenze zwischen lebendem und totem Knochen ihre auflösende Tätigkeit von der Peripherie gegen das Zentrum hin genügend weit getrieben haben. Normalerweise verläuft dieser Prozeß völlig synchron.

also die einzelnen Phasen des Wachstums, der Bastentwicklung, des Fegens, des Abwurfs. Um die wichtigen Stufen festzuhalten, mußte jeweils ein Kameramann in den Zoo gerufen werden. Schließlich fehlte uns nur noch ein Einstangler, d. h. ein Hirsch, der im zeitigen Frühjahr eine einzelne Geweihstange abgeworfen hatte und sich sozusagen als Einhorn präsentierte. Meistens werfen die Hirsche ihre Geweihstangen gleichzeitig, in derselben Sekunde, ab. Der selten zu beobachtende Zustand eines Einstanglers konnte ein paar Stunden, Tage oder sogar eine Woche dauern. Mehrmals war in der kritischen Zeit kein Operateur abrufbar, doch gelang uns schließlich eine tadellose Aufnahme.

Jetzt war das Filmmaterial endlich so weit, daß es für eine Sendung zusammengestellt werden konnte; es brauchte nur noch geschnitten zu werden. Voller Erwartung ließ ich mir im Studio den Film zeigen, um nachher den Text dazu zu sprechen. Aber zu meiner Enttäuschung fehlte ausgerechnet die Sequenz vom Einstangler. Es stellte sich heraus, daß dieses Stück beim Schneiden weggeworfen worden war mit der Begründung, diesen Hirsch könne man doch nicht zeigen, da er ja nicht einmal ein anständiges Geweih trage!

Was ich schon lange vergeblich vorgeschlagen hatte, wurde, wie erwähnt, Anfang 1972 endlich verwirklicht, nämlich eine Fernsehreise nach Ostafrika. Mir schwebte vor allem vor, aufzunehmen, was im Studio nicht möglich war und was man in den durchschnittlichen Afrikasendungen damals noch nicht zu sehen bekam, nämlich einerseits das oft rücksichtslose Verhalten der Touristen gegenüber den Tieren und andererseits die Tiere in Beziehung zu ihren Territorien und deren Inneneinrichtungen. Dazu gehörten vor allem ihre Wechsel, Spuren, Markierungen, Warten, Ruhe-, Freß-,

Trink- und Kotplätze, ihre sozialen Gruppierungen, überhaupt möglichst viel Verhalten. Ferner wollte ich auch interessante Kleintiere zeigen, wie Geckos, Agamen, Spinnen und Insekten, die oft schon in den Bungalows zu sehen waren, damals aber kaum beachtet wurden.

Nur ein winziger Teil dieser Absichten konnte verwirklicht werden. Die Fernsehleute hatten ganz andere Vorstellungen. Als Neulinge auf dem Gebiet der Tieraufnahmen im afrikanischen Gelände waren sie u. a. besessen von der Idee des Rekognoszierens. Nichts wurde spontan aufgenommen, obwohl die Kamera oft einsatzbereit war. Durch das ständige Rekognoszieren und Verschieben auf den nächsten Tag gingen viele schöne Gelegenheiten verloren.

Ich erinnere mich an eine herrliche, besonders imposante Büffelherde, die gemächlich vor unserem Wagen durch eine wunderschöne Sumpflandschaft zog. Unser Operator stand neben der Kamera und war nicht zu einer Aufnahme zu bewegen. Als die Karawane von rechts nach links vorbeigezogen war, meinte er im Regieton: »So, und jetzt das Ganze nochmals von links nach rechts!« Ich hatte offenbar keine Ahnung von Fernseharbeit.

So mußte beispielsweise auch eine Wildererszene in den Film eingebaut werden, um die langweilige Zoologie etwas zu beleben. Die Regie vereinbarte mit dem Kommandanten der nächsten Polizeikaserne, daß er eine Anzahl seiner Askaris zur Verfügung stellen solle: Die einen hatten sich als böse Wilderer zu verkleiden, die anderen sollten als tüchtige Buschpolizisten auftreten, die nach sorgfältiger Lagebesprechung die Wilderer auskundschafteten, umzingelten, überfielen und nach einer brutalen Rauferei verhafteten und abführten.

Um den Film fürs sensationslüsterne

»... und jetzt das Ganze nochmals von links nach rechts!«   Foto Dr. Christian R. Schmidt

Publikum noch weiter zu würzen, wurde zuhause ein alter Streifen vom Abschuß eines Elefanten hinzugekauft und unseren Afrika-Aufnahmen angehängt. – Das war ungefähr das Ende meiner Mitwirkung am Schweizer Fernsehen.

Das Zoojahr 1973 begann mit einer ungewöhnlichen Erfahrung, die wir Ratten zu verdanken hatten. Zwar war es uns gelungen, diese gefährlichen, ungebetenen Zoobewohner auf ein Minimum zu reduzieren, doch hatten sie verschiedene, zum Teil im Wasser lebende Tiere wie Biber und Fischotter und deren Pfleger mit Leptospiren infiziert. Zwei Tierpfleger waren so schwer erkrankt, daß wir uns entschließen mußten, nicht nur die gefährdeten Tiere, sondern auch das Personal, einschließlich des Direktors, gegen Leptospirose zu impfen, mit einem Impfstoff, der vom damaligen Direktor des Hygiene-Instituts der Universität, Professor E. Wiesmann, eigens für uns hergestellt worden war. Über die im Zoo erkrankten Biber hat Felix Mettler 1975 eine veterinärmedizinische Dissertation veröffentlicht.

Im übrigen hatte der Zoovorstand beschlossen, es in bezug auf meine Pensionierung mit der Stadt und nicht mit dem Kanton zu halten, obgleich der Zoo als private Organisation diesbezüglich völlig frei gewesen wäre. Das heißt, ich hatte mit 65 Jahren und nicht erst mit 70 in Pension zu gehen. Vielleicht lag diesem Entschluß auch die Überlegung zugrunde, daß es bei der Universität auf eventuelle präsenile Erscheinungen bei Dozenten nicht so sehr ankomme, daß jedoch im Zoo ein derartiges Risiko auszuschließen sei.

Zudem hatten verschiedene Mitglieder des Zoovorstandes offensichtlich genug von Zoodirektor Hediger, der immer mit neuen Wünschen hinsichtlich der Ergänzung des Personalbestandes, der Beschleunigung von Sanierungs- und Erweiterungsbauten usw. auftrat. Ich war ein unbequemer Mann, zugegeben, aber ich hatte nicht in erster Linie Menschen zu dienen, sondern die Interessen der Tiere zu vertreten und der Tiergartenbiologie in der Praxis zur Anerkennung zu verhelfen. Wahrscheinlich hat Toni Peterhans den Nagel auf den Kopf getroffen mit dem Kapitel »Der unbequeme Direktor« in seinem charmanten, 1979 erschienenen Büchlein »Zürcher Zoo-Geschichten«. Peterhans nahm als ständiger Mitarbeiter der »Neuen Zürcher Zeitung« während rund zwanzig Jahren an fast allen monatlichen Presse-Aperitifen teil.

So wurde also 1973 mein letztes Zoojahr. Es bescherte mir noch eine Anzahl erfreulicher Geburten, zum Beispiel bei Orang-Utan, Siamang, Dschelada, Capybara, Stinktier, Kleinkantschil, Lachendem Hans, Schnee-Eule, Madenhacker, Kuhreiher u. a. m. Zudem konnten wir einige faszinierende, für uns neue Arten in den Bestand aufnehmen wie zum Beispiel Vieraugenfische und Wickelskinke.

Diese große, blattfressende Echsenart (Corucia zebrata), die nur auf den Salomoneninseln vorkommt, hatte ich auf meiner Südseereise 1929–1931 kennengelernt. Seither träumte ich davon, dieses merkwürdige Reptil in zoologischen Gärten zu halten und zu züchten und dadurch einen Beitrag zum Fortbestand der Art zu leisten. Ich war seinerzeit nämlich Zeuge davon gewesen, daß die Eingeborenen den Skink als Leckerbissen betrachteten (Hediger 1937). Tatsächlich ist es René Honegger später wiederholt gelungen, die seltene, lebendgebärende Art zur Fortpflanzung zu bringen.

Das kleinste Huftier der Welt: ein ausgewachsenes Kleinkantschil. Immer träumte ich davon, diese Art einmal neben den größten Huftieren, den Giraffen, auszustellen. Der Plan wurde nie realisiert.
Foto Dr. Christian R. Schmidt

Was den Kleinkantschil betrifft, so hatte ich mit diesem kleinsten aller Huftiere schon lange etwas Besonderes im Sinn: Ich wollte es unmittelbar neben dem größten (höchsten) Huftier zeigen, nämlich neben der Giraffe. Der Bau eines Giraffen-Hauses rückte indes in immer weitere Ferne. Ich hatte dafür einen Plan ausgearbeitet aufgrund neuartiger tiergartenbiologischer Ideen, doch blieb er – wie so viele andere – auf dem Papier. Mir hat schon das Planen neuer Tieranlagen Vergnügen bereitet; die Verwirklichung ist eine andere, hauptsächlich finanzabhängige Sache.

Die Kleinkantschils, die mein Mitarbeiter Christian R. Schmidt in Kuala Lumpur persönlich abholte, wurden gleich nach ihrem Eintreffen auf andere Art ausgewertet. Man wußte damals noch sehr wenig über ihre Lebensweise, weshalb ich einem meiner Studenten, Klaus Robin, vorschlug, die zierlichen Tiere aus dem malaiischen Dschungel zum Thema einer zoologischen Dissertation zu machen. Er nahm sich sofort mit Begeisterung und Erfolg dieser Aufgabe an und veröffentlichte 1979 seine Doktorarbeit unter dem Titel »Zum Verhalten des Kleinkantschils (Tragulus javanicus Osbeck 1965)«. Die bisherigen wissenschaftlichen Untersuchungen stammten vorwiegend von Anatomen und Systematikern, während Robin das Verhalten in den Vordergrund stellte und über siebzig Verhaltenselemente beschrieb und analysierte. Dr. Robin wurde später Assistent im Tierpark Dählhölzli in Bern. Er ist einer von meinen zahlreichen Doktoranden, die sich beruflich der Tiergartenbiologie zugewandt haben. Ende 1989 wählte ihn die Eidgenössische Nationalparkkommission als Nachfolger von Robert Schloeth zum neuen Direktor des Schweizerischen Nationalparks.

Im ganzen betreute ich während meiner akademischen Tätigkeit 17 Doktoranden als Doktorvater und zudem eine Anzahl Diplomanden. Für einen Zoodirektor ist dies eine eher etwas periphere Funktion; ich habe sie auch nie gesucht, sondern im Hinblick auf meine starke Beanspruchung durch den Zoobetrieb die Studenten eher davor gewarnt. Anderseits meldeten sich immer wieder interessierte und begabte Studenten, und es gehört zu den primären Aufgaben der Tiergartenbiologie, den in zoologischen Gärten vorhandenen Tierbestand nach Möglichkeit auch wissenschaftlich auszuwerten. So bot ich mich in erster Linie als Wegweiser an und gab Literaturanstöße; die Initiative aber, den Eifer, die Freude am Beobachten und am Tier mußte jede und jeder selbst mitbringen.

Die folgende Aufzählung der Dissertationen (nach Erscheinungsjahr geordnet) mag einen Eindruck von der wahrhaft unerschöpflichen Fülle von Themen vermitteln, die ein Zoo anbietet.

1. Rudolf Schenkel, 1947. Ausdrucksstudien an Wölfen. (Behaviour, 1). R. Schenkel wurde später Professor für Verhaltensforschung an der Universität Basel.
2. Herbert Bruhin, 1953. Zur Biologie der Stirnaufsätze bei Huftieren. (Physiol. Compar. et Oecologica, 3). H. Bruhin trat später als Zoologe in die Firma Geigy in Basel ein und wurde 1982 Tierschutzbeauftragter der Ciba-Geigy AG.
3. Peter Bopp, 1954. Schwanzfunktionen bei Wirbeltieren. (Rev. Suisse Zool. 61). P. Bopp wandte sich dem Lehramt zu und wurde Rektor einer Schule.
4. Ernst Inhelder, 1954. Zur Psychologie einiger Verhaltensweisen – besonders des Spiels – bei Zootieren. (Zs. für Tierpsychol. 12). E. Inhelder arbeitete zunächst als Lehrer an einer Privatschule, später in der psychologischen Praxis.

5. Robert Schloeth, 1956. Zur Psychologie der Begegnung zwischen Tieren. (Behavoiur, 10). R. Schloeth wurde Direktor des Schweizerischen Nationalparks.
6. Lilly Schönholzer, 1958. Beobachtungen über das Trinkverhalten bei Zootieren (Zoolog, Garten, N. F. 24). Der jungen Zoologin wurde eine Stelle als Bibliothekarin in der chemischen Industrie in Basel angeboten.
7. Karl H. Winkelsträter, 1960. Das Betteln der Zoo-Tiere (Verlag Hans Huber, Bern). Da seither in den meisten zoologischen Gärten generelle Fütterungsverbote eingeführt wurden, haben die Tiere keinen Anlaß mehr zum Betteln. Dieses vom Menschen induzierte Verhalten wurde also sozusagen in letzter Minute von Winkelsträter erfaßt. Er wurde Direktor des Zoos von Saarbrücken.
8. Hans Rudolf Heusser, 1967. Wanderungen und Sommerquartiere der Erdkröte (Bufo bufo L.) (Juris Druck + Verlag, Zürich). Nach verschiedenen Tätigkeiten ist H. R. Heusser Wissenschaftsjournalist geworden und besorgt u. a. die Zoo-Berichterstattung für die »Neue Zürcher Zeitung«.
9. Hilde Spivak, 1968. Ausdrucksformen und soziale Beziehungen in einer Dschelada-Gruppe (Theropithecus gelada) im Zoo (Juris Druck + Verlag, Zürich). Eine Kurzfassung dieser Dissertation wurde 1971 in der Zeitschrift für Tierpsychologie veröffentlicht (Bd. 28); nachher hat sich die Autorin ins Privatleben zurückgezogen.
10. Heinrich Müller, 1969. Beiträge zur Biologie des Hermelins (Mustela erminea, Linne 1758). Die Ausarbeitung zog sich über zehn Jahre hin, weil ihr Beginn in ein plötzlich eingetretenes Populations-Tief dieser Art gefallen war. Später gelang es Heinrich Müller als erstem, Hermeline generationsweise zu züchten und eine Fülle neuer Entdeckungen zu machen. H. Müller ist Gymnasiallehrer in Bern.
11. Peter Dollinger, 1971. Tod durch Verhalten bei Zootieren (Juris Druck + Verlag, Zürich). Diese Dissertation aus der Tierpsychologischen Abteilung der Universität Zürich am Zoologischen Garten und aus dem Veterinär-Pathologischen Institut der Universität Zürich wurde der Veterinär-Medizinischen Fakultät vorgelegt. Peter Dollinger befindet sich heute in leitender Stellung im Bundesamt für Veterinärwesen und ist u. a. mit der Oberaufsicht über die Tierhaltung in zoologischen Gärten betraut.
12. Myrtha Kurz, 1976. Sichsonnenverhalten bei Säugetieren und Vögeln im Zoo (Juris Druck + Verlag, Zürich). Nach Abschluß des Studiums hat sich Frau Kurz nicht mehr weiter wissenschaftlich betätigt.
13. Christian R. Schmidt, 1976. Verhalten einer Zoogruppe von Halsband-Pekaris (Tayassu tajacu) (Juris Druck + Verlag, Zürich). C. R. Schmidt, der eine Zeitlang mein Vorlesungsassistent war, beschreibt in seiner Dissertation interessante soziobiologische Beobachtungen. Schon während meiner Direktionszeit als Zooassistent tätig, ist Christian R. Schmidt heute Kurator für Säugetiere und Vögel am Zürcher Zoo, wo er sich für den Aufbau von Erhaltungszuchten (zum Beispiel Vikunjas, Rothschild's Mainas) einsetzt. Auch auf internationaler Ebene ist er in Tiergartenbiologie und Naturschutz aktiv, etwa bei der Organi-

sation der Europäischen Erhaltungszucht-Programme (EEP).
14. Robert Keller, 1977. Beitrag zur Ethologie des Kleinen Pandas (Ailurus fulgens, Cuvier 1825) (Studenten-Schreib-Service, Zürich). Dieser Dissertation war 1976 ein bedeutender »Beitrag zur Biologie und Ethologie der Keas (Nestor notabilis) des Zürcher Zoos« (Zool. Beiträge 22,1 Berlin) als Diplomarbeit vorausgegangen. R. Keller war jahrelang mein Vorlesungsassistent und übernahm nach meinem Rücktritt die »Tierpsychologische Abteilung«, bis er aus personellen Gründen in die Privatwirtschaft wechselte.
15. Marcel H. R. Huber, 1978. Zoo-Beobachtungen über das Verhalten einer Urson-Gruppe (Erethizon dorsatum dorsatum) unter besonderer Berücksichtigung der Sinnesleistungen (OK Gotthard, Zürich). Später übersiedelte M. Huber in die USA, wo er an Universitäten tätig war.
16. Nikolaus P. Robin, 1979. Zum Verhalten des Kleinkantschils (Tragulus javanicus Osbeck 1765). (Juris Druck + Verlag, Zürich). Klaus Robin wurde Assistent am Städtischen Tierpark Dählhölzli in Bern und leitet ab Sommer 1990 als Direktor den Schweizerischen Nationalpark.
17. Ingo Rieger, 1980. Beiträge zum Verhalten von Irbissen (Uncia uncia, Schreber 1775) (Eigendruck, Zürich). I. Rieger wurde 1981 der erste Zoolehrer des Zürcher Zoos, kündigte jedoch seine Stellung wegen Meinungsverschiedenheiten im Frühjahr 1987.

Abgesehen von diesen siebzehn Doktoranden betreute ich noch eine Anzahl von Diplomanden, deren Diplomarbeiten jedoch nicht alle im Druck erschienen sind. Eine davon ist die von Hans Kummer, 1957: Soziales Verhalten einer Mantelpavian-Gruppe (Beiheft Schweiz. Zs. Psychol. u. ihre Anwendungen Nr. 33, Verlag Hans Huber, Bern/Stuttgart). Doktoriert hat H. Kummer später mit einer Drosophila-Arbeit bei Professor Hadorn, wurde selber Ordinarius für Zoologie und Direktor der Abteilung Ethologie und Wildforschung des Zoologischen Institutes der Universität Zürich.

Neben diesen Dissertationen und Diplomarbeiten sind aus den von mir geleiteten zoologischen Gärten viele andere wissenschaftliche und populärwissenschaftliche Veröffentlichungen hervorgegangen, wie aus der Bibliographie zum Teil ersichtlich ist. Während meiner 25jährigen Tätigkeit als Titularprofessor an der Universität Zürich von 1953 bis 1978 setzte ich kein einziges Semester aus und kam nie in den Genuß eines »Sabbatical leave«, eines bezahlten Urlaubs. Das ist bei Titularprofessoren nicht üblich, und es wird ihnen – was nicht nur die Steuerbehörden überraschen mag – auch nach so langer Tätigkeit kein Rappen Pensionsgeld ausbezahlt.

Im August 1973 bot sich mir nochmals Gelegenheit, an der Internationalen Ethologenkonferenz teilzunehmen, deren bescheidene Anfänge mit weniger als zwanzig Teilnehmern ich bei Lorenz in Buldern miterlebt hatte. Jetzt füllten Hunderte von Interessenten ein riesiges Auditorium; gegen 150 Vorträge wurden gehalten. Diesmal fand die Konferenz in Washington D.C. statt – eine willkommene Gelegenheit, mit alten Kollegen zusammenzutreffen und neue kennenzulernen. Besonders wichtig war mir ein Gespräch mit Donald R. Griffin, der seinerzeit das Radarsystem bei Fledermäusen entdeckt hatte, um sich dann – im Gegensatz zu allen zünftigen Ethologen – der heiklen Frage des Bewußtseins bei Tieren zuzuwenden und das gleichfalls als tabu geltende Problem der tierlichen Intelligenz neu anzugehen (Griffin 1974, 1984, 1985).

Selbstverständlich besuchte ich auch den Zoo, wo mir John Eisenberg – damals in seiner Eigenschaft als »Assistant Director for Animal Programs« – seine reiche Sammlung seltener Kleintiere für wissenschaftliche Beobachtungen zeigte, u. a. Hemicentetes semispinosus aus der Familie der madagassischen igelähnlichen Tanreks. Diese Art, die ich nur hier zu sehen bekam, verfügt über ein höchst ungewöhnliches Stridulationsorgan: Eine spezialisierte Gruppe der Rückenstacheln kann in vibrierende Bewegung versetzt werden und ein zirpendes Geräusch hervorbringen, welches der Verständigung dient. Ebenfalls ein einziges Mal in meinem Leben bekam ich in dieser Raritäten-Abteilung einen Sternmull (Condylura cristata) zu sehen, sozusagen ein Maulwurf mit einem höchst mysteriösen, vielzipfligen, häutigen Stern auf der Nasenspitze. Ich hatte Glück, denn wenige Tage nach meinem Besuch war das seltene Geschöpf aus seiner Anlage verschwunden.

Ein Abstecher brachte mich nach Philadelphia, dessen Zoo nun unter der Leitung von Ron Reuther und im Zeichen einer beeindruckenden Modernisierung stand. Von den eigensinnigen Fütterungsmethoden des ehemaligen Pathologen Ratcliffe war praktisch nichts mehr festzustellen; der Zoo hatte zu biologischeren Methoden zurückgefunden. Kurze Zeit später setzte ein Zookrach der Direktionszeit meines Kollegen Reuther leider ein jähes Ende.

Der Rückflug nach Europa mußte damals noch von New York aus erfolgen, so daß ich Gelegenheit fand, dem Bronx Zoo erneut einen Besuch abzustatten. Diesmal konnte ich das wohl großartigste Vogelhaus, »World of Birds«, voll im Betrieb sehen. Derartiges kann sich nur eine Millionenstadt mit einem riesigen Einzugsgebiet und finanzstarken Gönnern leisten. So konnte ich ohne Neid diese großzügige Anlage bewundern.

Während ich von Direktor William Conway in einem seiner Mini-Elektromobile zu einigen neuen Sehenswürdigkeiten geführt wurde, beobachtete ich zufällig im Gehege der afrikanischen Kirk-Dikdik (Madoqua kirkii), wie der Bock – wahrscheinlich angeregt durch unser Erscheinen – in geradezu klassischer Weise sein Territorium, d. h. sein Gehege, markierte. Ich erhielt die Erlaubnis, den Zweig, an dem das harzige Markierungssekret angebracht war, abzubrechen und für meine Sammlung mitzunehmen. Von dieser Art hatte ich noch keinen Beleg. Der Zoofotograf erbat sich das selten schöne Objekt, um es zu fotografieren. Es wurde mir am Lunch der wissenschaftlichen Mitarbeiter zurückgebracht – als Dekoration mitten in den Dessert-Kuchen gesteckt und garniert mit Bemerkungen über meine Schwäche für Territoriums-Markierungen, denen im Zoo bekanntlich die Bedeutung von Besitzanzeigen zukommt; sie sind also der Beweis dafür, daß sich gut eingelebte Tiere nicht als Gefangene, sondern als Grundbesitzer fühlen.

Wenn ich es einrichten konnte, fuhr ich immer frühzeitig zum Flughafen, besonders zum damals neuen John F. Kennedy Airport, weil mich dessen moderne, großzügige Bauten auch vom architektonischen Standpunkt aus interessierten. Flughäfen müssen ja – wie Zoogebäude – sehr spezialisierte Bauten sein, die den technischen Riesenvögeln ebenso wie den sie benutzenden Menschen zu dienen haben. Beide sollten sich darin »wohlfühlen«.

Wohl nur wenige Fluggäste haben zur Kenntnis genommen, daß es im John F. Kennedy Airport einen in dieser Umgebung doppelt erholsamen, offiziellen Fußweg gibt, der ins Grüne,

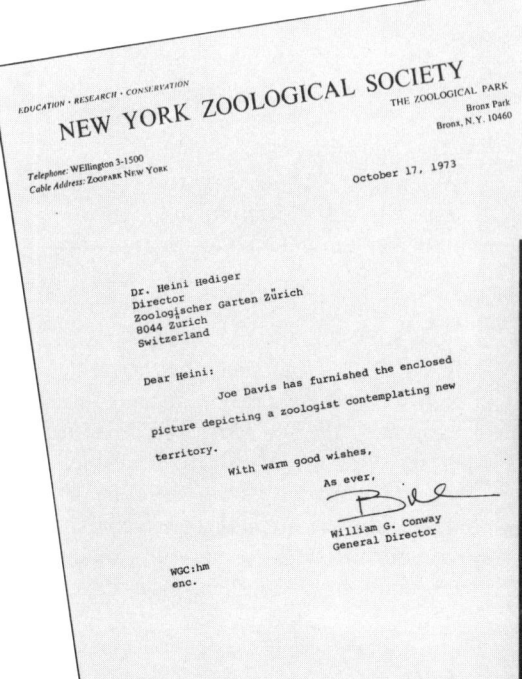

Der von einem Dikdik-Bock markierte Zweig, den ich – mit Erlaubnis von Direktor William Conway – hatte abbrechen dürfen, wurde mir auf dem Dessertkuchen serviert. Das Foto von Joe Davis bekam ich später mit dem dazugehörigen Brief zugestellt.

sogar an einen ruhigen Teich führt, in dem Wasserinsekten leben und über dem Libellen und einzelne Vögel fliegen. Noch stiller als an dieser künstlichen Idylle ist es in den drei kleinen, stilvollen Kirchen, die in dieser relativen Abgeschiedenheit friedlich nebeneinander stehen – für mich ein Bild praktischer Ökumene. Ich besuchte die stimmungsvolle katholische Kirche »The Lady of the Sky« auch bei späteren Aufenthalten auf diesem imposanten Flughafen.

Die letzte internationale Zoodirektoren-Konferenz, an der ich als aktiver Zoodirektor teilnehmen konnte, fand im Dezember 1973 in Tokio statt. Und da mein Nachfolger schon lange bestimmt und am 15. Mai 1973 vom Zoovorstand offiziell gewählt worden war, wurden wir beide an die Konferenz delegiert. Es bot sich dabei die Gelegenheit, Dr. med. vet. Peter Weilenmann in verschiedenen Zoos, die sozusagen am Wege lagen, einzuführen.

Als Zootierarzt hatte Peter Weilenmann während vierzehn Jahren mit mir zusammengearbeitet und bei den fast täglichen Besprechungen zusammen mit Betriebsassistent Fritz Bucher, Kurator René Honegger, Assistent Christian R. Schmidt und Bauführer Marcel Perrin Einblick in die Zooprobleme erhalten. Im Hauptberuf hatte er bisher seine Privatpraxis geführt, war aber in Notfällen immer für den Zoo einsatzbereit gewesen. Ich hatte ihn als einen hervorragenden Tierarzt kennengelernt, doch überraschte es mich, daß er bereit war, die Bürde der Direktion zu übernehmen. Nie hatte er dies mir gegenüber durchblicken lassen.

Unsere Reise verlief in voller Harmonie über Kopenhagen, Seattle, Los

Angeles, San Diego, Honolulu nach Tokio. Hier wurden die Konferenzteilnehmer auch vom Tenno (gestorben im Januar 1989) und seiner Gemahlin empfangen. Jeder wurde mit Handschlag und mit einem »Thank you for coming« begrüßt. Bekanntlich war der Kaiser ein leidenschaftlicher Amateur-Zoologe mit einem besonderen Interesse für Insekten. Auf diesem Gebiet war er auch als Forscher hervorgetreten, und die Zeitschrift »The Insectarium«, die zu seinen Lebzeiten sein Wohlwollen genoß, bringt in jeder Nummer überraschende, glänzend illustrierte neue Beobachtungen.

Unsere Gastgeber hatten für die Kongreßteilnehmer ein überaus reichhaltiges, interessantes Programm zusammengestellt, das weit über den Zoo der Stadt hinausreichte und uns u. a. in eines der berühmten Monkey-Centers führte, wo seit 1948 gründliche und teilweise überraschende Beobachtungen an Japan-Makaken (Macaca fuscata) gemacht worden waren. Unter anderem hatten einige Tiere gelernt, ihr aus Süßkartoffeln bestehendes Futter zu waschen, im Meerwasser zu salzen und dann auch allerlei Meertiere in ihre Diät einzubeziehen. Solche und ähnliche Befunde wurden von außenstehenden Forschern in übertriebener Weise als »Kulturleistungen« hochgespielt und als Beweise dafür, daß Kultur durchaus kein menschliches Privileg sei. Auf diesen Punkt werde ich noch zurückkommen.

Neben ganz modernen Anlagen gab es im Ueno-Zoo von Tokio auch noch viel Altertümliches, zum Beispiel eine bescheidene Voliere für Kronenkrani-

Gut eingelebte Tiere fühlen sich nicht als Gefangene, sondern als Grundbesitzer: Professor Bernhard Grzimek ließ zur Illustration dieses Satzes diese Tafel an den Raubvogelvolieren im Frankfurter Zoo anbringen. Er hatte den Zürcher Zoo gerade zur betreffenden Zeit besucht. Besonders auffällig war übrigens das Verhalten eines Mäusebussards, der sein – nun nicht mehr eingezäuntes – Territorium gegen Besucher verteidigte und daher in einer provisorischen Voliere untergebracht werden mußte.

che. Zu meiner Überraschung führte ein isoliertes Paar darin ein Küken. Das war das erste (und einzige) Mal, daß ich einen Zuchterfolg bei diesen Vögeln zu sehen bekam, die doch – wie Flamingos – in fast jedem Zoo gehalten werden.

Im Aquarium sah ich erstmals in meinem Leben die Riesenkrabbe (Macrocheira kämpferi), die größte heute existierende Krebsart, mit ungeheuer langen, bis zu drei Meter Spannweite erreichenden Beinen, deren einzelne, röhrenartige Glieder durch Scharniergelenke miteinander verbunden sind. Der Pfleger bot dem phantastischen Geschöpf einige Fischstücke an, so daß das lebende Gestänge in Bewegung geriet: Mit ihren endständigen Zangen erfaßten die muskelgefüllten Kalkröhren die Futterbrocken erstaunlich präzis und führten sie mit roboterartigen, ausladenden Bewegungen zielsicher zum Maul – ein unvergeßlicher Anblick!

Japan ist sehr »zoofreudig«: Es gibt dort gegen hundert Zoos und Schauaquarien von unterschiedlicher, meist guter Qualität. Besonders beeindruckte mich ein großes Ring-Aquarium, das erste dieser Art, das ich zu sehen bekam und das bisher in Europa nicht seinesgleichen hat.

Zwar habe ich im südlichen Nordamerika »Shark Channels« gesehen, also ringförmige, im Freien angelegte Kanäle, in denen Großhaie gehalten werden können, die ständig schwimmen müssen. Das erwähnte Ring-Aquarium aber befindet sich klima-unabhängig in einem runden Gebäude, in welchem Fische und Meerschildkröten nicht von oben zu beobachten sind wie in den »Shark Channels«, sondern von der Seite, wie in herkömmlichen Aquarien. Dieses Ring-Aquarium besteht aber nicht aus Kuben, sondern bildet einen einzigen großen Ring von etwa 25 Metern Durchmesser. Die Zuschauer gelangen auf einer Spiralrampe ins Innere dieses Kreises, der von einem nicht unterteilten, in sich geschlossenen Riesenbecken gebildet wird. Hinter mächtigen Scheiben und vor einem abwechslungsreich gestalteten Hintergrund ziehen in kristallklarem Wasser Hunderte bis meterlange Knochen- und Knorpelfische am Besucher vorbei, einer Strömung entgegen – ein großartiges Bild! Man konnte sich fast wie ein Taucher fühlen.

Von Tokio aus führte uns der rasche Flug um die Erde über Hongkong nach Bangkok, wo ich diesmal endlich eine wirkliche Krokodilfarm zu sehen bekam. Während Jahrzehnten war von Krokodilfarmen zu lesen und zu hören, obwohl es sich in Wirklichkeit immer nur um Aufzuchtstationen zur Befriedigung der Modebedürfnisse handelte: Es wurden jährlich Tausende von Jungtieren (oder Eier) der Natur entnommen, in Gefangenschaft aufgezogen, und – wenn sie die richtige Größe erreicht hatten – geschlachtet.

Bei der von Peter Weilenmann und mir besichtigten Anlage, in der möglicherweise über tausend (laut Prospekt: zehntausend) Krokodile lebten, handelte es sich jedoch um eine regelrechte Zucht, um eine Produktion ohne Schwächung der natürlichen Bestände, doch auch diese Anlage diente der Befriedigung der Modebedürfnisse.

Tiergartenbiologisch interessant war für uns, daß den fortpflanzungsfähigen Weibchen am Rande eines Teiches – in idealem Klima – einfache Boxen oder Nischen (4×4 m, auf einer Seite offen) zur Verfügung standen, in denen sie ihr Nest bauen und ihre Eier ablegen konnten – eine Situation, wie sie in zoologischen Gärten merkwürdigerweise bisher kaum je verwirklicht worden ist. Wir können also auch aus solchen, rein kommerziellen Anlagen lernen.

Der neuerbaute Zoo von Kuala Lumpur war damals noch von echtem Urwald umgeben; man konnte die frei-

Noch 1965 gab es in den Souvenirläden des Hamburger Hafens haufenweise getrocknete und primitiv ausgestopfte Jungkrokodile – ein Unfug, der inzwischen glücklicherweise der Vergangenheit angehört.

lebenden Gibbons rufen hören, und kurz zuvor war eine große Python in der unmittelbaren Nachbarschaft gefangen worden. Dort trafen wir auch in einem höhlenartigen Kanal eine Kolonie von Salanganen (Collocalia), jenen seltsamen Verwandten der Segler und Kolibris, von denen eine Art kulinarisch bedeutungsvoll wurde, weil ihre winzigen, an die Höhlenfelsen geklebten, aus Speichel gefertigten Nester im Osten als Leckerbissen gelten. Als wir in die dunkle Höhle eindrangen, schwirrten sie wie Fledermäuse um uns herum, so daß Peter Weilenmann ohne große Mühe einige fangen konnte; natürlich haben wir sie nach kurzer Besichtigung wieder freigelassen.

Nächste Station war für uns Singapur mit seinen zoologischen Sehenswürdigkeiten, u. a. einer riesigen Voliere mit üppiger Bepflanzung und vielen kostbaren Vögeln. In diesem weitflächigen Flugraum trafen wir Professor Grzimek aus Frankfurt mit seinem jugendlichen Enkel Christian, beide – wie immer – eifrig mit Fotografieren beschäftigt. Der Zoo dieser Stadt liegt etwas außerhalb auf einer bewaldeten Anhöhe, unmittelbar neben einem See, der als Trinkwasser-Reservoir dient. Es mußte daher Sorge getragen werden, daß keine Abwässer aus dem Zoo dort hineingelangten. Dies wurde erreicht durch einen das Zoogelände umgrenzenden Sicherheitskanal. Ausgerechnet einem Nilpferdbullen aber, der wie alle seine Artgenossen die Eigenart hat, seine Stoffwechselbedürfnisse im Wasser zu erledigen, war es gelungen, sein Gehege zu verlassen, den Sicherheitskanal zu überwinden und das Trinkwasser-Reservoir der Stadt als sein Territorium in Besitz zu nehmen. Angesichts der ungeheuren Verdünnung und der natürlichen Filtrierung durch den Erdboden dürfte der ungewöhnliche Gast aus Afrika die Qualität des Trinkwassers allerdings kaum beeinträchtigt haben.

Bombay bildete den Abschluß unserer Zooreise. Von hier aus flogen wir ins winterliche Zürich zurück, wo ich kurze Zeit darauf meine Tätigkeit als Zoodirektor abschloß – nach sechs Jahren Bern, neun Jahren Basel und zwanzig Jahren Zürich. Am 31. Dezember 1973, um 17 Uhr, übergab ich die Zooschlüssel und die Funktionen meinem Nachfolger, Dr. Peter Weilenmann.

Meine langen Erfahrungen im Tiergartenwesen haben mich u. a. gelehrt, daß es geradezu eine Gesetzmäßigkeit zu sein scheint, daß pensionierte Zoodirektoren und ihre Nachfolger sich durch gegenseitige Kritik und Einmischung das Leben sauer machen. Das wollte ich um jeden Preis vermeiden; Peter Weilenmann und ich kamen überein, hierin eine Ausnahme zu bilden und es zu keinem Streit kommen zu lassen. Ich ließ ihn ruhig dem Zoo seinen »Stempel aufdrücken« und mischte mich in keiner Weise ein. Ich hatte ja auch anderes zu tun.

Nur selten gelingt es Löwen, den Panzer einer Leopardschildkröte zu knacken.
Foto David Rechsteiner

Am Schreibtisch – und unterwegs

In Wirklichkeit war ich ja ab 1974 nur halbwegs pensioniert, denn an der Universität dauerte meine Tätigkeit noch fünf Jahre an. Ich hielt also weiterhin in den Wintersemestern meine Vorlesungen im Hörsaal des Zoologischen Instituts, ebenso meine zoologischen und tierpsychologischen Demonstrationen im Zoo während der Sommersemester. Zudem hatte ich viele wissenschaftliche Arbeiten nachzutragen, deren Erledigung mir während meiner Zeit als Zoodirektor nicht möglich gewesen war. Auch waren noch einige Doktoranden zu betreuen, Vorträge zu halten und Bücher zu schreiben.

Am 28. Februar 1974 erfuhr ich eine völlig unerwartete Ehrung: Stadtpräsident Dr. Sigmund Widmer überreichte mir in einer würdigen Feier den Kulturpreis der Stadt Zürich. Dazu hatte er Konrad Lorenz eingeladen, der im Jahr zuvor zusammen mit Karl von Frisch und Niko Tinbergen den Nobelpreis erhalten hatte. Konrad Lorenz ließ es sich nicht nehmen, extra von Wien herzureisen und eine sehr liebenswürdige Laudatio vorzutragen. Wir kannten uns seit Jahrzehnten, waren befreundet, hatten aber zum Beispiel in bezug auf die Evolution nicht dieselben Ansichten.

Dies veranlaßte ihn einmal in einer Diskussion zu dem Ausruf: »Du bist eben ein alter Vitalist!« Das stimmt jedoch nur insofern, als ich – im Gegensatz zu ihm – kein Mechanist bin, sondern an psychische, sogar transzendentale Phänomene glaube.

Wenig später, Anfang März 1974, wurde ich nach Algier berufen, um dort die Planung eines Zoos zu beurteilen. Dies lockte mich um so mehr, als mein Vater, der als junger Kaufmann jahrelang in Algerien gelebt hatte und fließend Arabisch sprach, mir Land und Leute stets in den schönsten Farben geschildert hatte.

Ich wurde in einer hübschen Villa mit einem wundervollen Garten untergebracht und von einem aufmerksamen Diener verwöhnt.

Man führte mich an ein dreihundert Hektar umfassendes, sehr verlockendes Gelände, für dessen Ausbau eine überaus großzügige Zooplanung erwartet wurde. Da ich stets der Meinung war, daß ein Zoo immer in einem vernünftigen Verhältnis zu den vorhandenen wirtschaftlichen Gegebenheiten stehen müsse, schlug ich vor, zunächst ein reduziertes, aber originelles Teilprojekt zu skizzieren. Mir schwebte eine Kernanlage vor, in der zwei in Nordafrika besonders wesentliche Elemente betont zur Geltung kommen sollten, nämlich Schatten und Wasser. Ich dachte dabei an eine Anzahl der landesüblichen Flachdachhäuser, die in der Regel Gärten umschließen und die ich so gruppieren wollte, daß der Besucher durch einseitig geschlossene Arkaden sich im Schatten von einem Komplex zum anderen hätte begeben können. Dabei hätte er die Tiere – selbstverständlich ohne Gitter – in den umschlossenen Gärten und Höfen beobachten können, teils auch durch Fenster, hinter niedrigen Gartenmauern oder von beschatteten Flachdächern aus.

Durch geeignete Kombination der einzelnen Häusergruppen hätte sich ein reicher Bestand ausgewählter Tierarten sozusagen in orientalischem Stil präsentieren lassen, während die nicht überbauten Hektaren einstweilen zum Beispiel Strauße, schutzbedürftige Antilopen, Berberaffen usw. hätten aufnehmen können. Ein Architekt brachte meine Idee geschickt und einfühlsam zu Papier.

Indessen tauchten später neue Projekte für zwei weitere Zoos in andern Gegenden des Landes auf und damit die Gefahr der unabhängigen Bearbeitung von drei zoologischen Gärten. Ich vertrat die Meinung, daß die drei geplanten Anlagen harmonisch aufeinander abgestimmt werden müßten, doch war die wirtschaftliche Entwicklung des Landes der Verwirklichung von so großen Projekten nicht gerade förderlich.

Nach der Entlastung vom Zoobetrieb leistete ich mir häufig ausgedehnte Spaziergänge in die Umgebung von Schwerzenbach, namentlich in die Greifenseegegend und der Glatt entlang, stets mit dem Feldstecher in der Hand. Natürlich waren Begegnungen mit Wiedehopf, Eisvogel oder Rohrdommel für mich aufregend, doch besonders genoß ich die zunehmende Vertrautheit mit den Territorien von weniger seltenen Tieren und ihren Raum-Zeit-Systemen im Laufe der Jahre. So konnte ich Jahr für Jahr »meine« Zauneidechsen am gleichen Pappelstamm sich sonnen sehen, Bergeidechsen auf derselben Steingruppe, Krähen, Elstern und Turmfalken auf ihren Warten, und jedes Jahr bildete die Rückkehr des Kuckucks ein wichtiges Erlebnis, das mich immer mehr zum Studium der einschlägigen Fachliteratur und 1982 zur Veröffentlichung meiner »Kuckucks-Rätsel« führte.

Jedes Frühjahr erwartete ich auch die Ankunft der Kiebitze und konnte schließlich die Aufteilung des Ackergeländes in vier Territorien ziemlich genau voraussagen. Die Bussarde der Umgebung bekamen individuelle Namen; Rehe, Fasanen und Hasen waren mir sozusagen persönlich bekannt, ebenso die Einstände mancher Fische in der Glatt und im Chimli-Bach. Das jährliche Auftauchen der Grasfrösche noch unter den Eisbrocken eines nahen Tümpels verfolgte ich, ebenso die Produktion der ungeheuren Laichmengen,

Während der Laichzeit sammelten sich an den kiesigen Stellen der Glatt große Mengen von Schwalen an.

Zwanzig Jahre lang besuchte ich oft das Ried, das von unserem Häuschen in Schwerzenbach in wenigen Minuten zu erreichen war. Leider mußte ich dort Zeuge einer zunehmenden Verarmung nicht nur der Vogel- und Insektenwelt sein, auch Ringelnattern, Zaun- und Bergeidechsen, Blindschleichen, Laubfrösche usw. bekam ich in den letzten Jahren nicht mehr zu sehen.

das Schlüpfen und Wachsen der Kaulquappen und ihr allmähliches Verschwinden. Inzwischen ist das sommerliche Gequake der Frösche und Laubfrösche fast verstummt. Am Anfang unserer Schwerzenbacher Zeit, in den sechziger Jahren, hatte ich mir erlaubt, einen der unzähligen Laubfrösche nach Hause zu nehmen und in einem kleinen Terrarium auf meinem Schreibtisch zu halten. Jetzt habe ich seit Jahren keinen Laubfrosch mehr gesehen, und ich wüßte kaum noch, wo ich die Falter, Schnaken und Fliegen für ihn beschaffen könnte. Durch das intensive Besprühen der bis an die Glatt reichenden Äcker sind auch die Insekten weitgehend verschwunden. Die Fauna um Schwerzenbach ist in den letzten Jahren rapide verarmt.

Im September 1974 wurde ich mit der freudigen Nachricht überrascht, daß mir die Zoologische Gesellschaft von San Diego die Goldmedaille »for dedication and service to the cause of wildlife conservation« verliehen habe. Bewährte Gönner machten es mir in verdankenswerter Weise möglich, die Auszeichnung an Ort und Stelle in Empfang zu nehmen.

Also führte mich der Weg abermals in die Neue Welt mit Zwischenhalt in New York. In San Diego wurde ich vom neuen Zoodirektor Charles Bieler persönlich am Flughafen abgeholt. Als Business-Manager vertrat er den namentlich in Amerika immer öfter zum Zuge kommenden dritten Zoodirektoren-Typ, von dem erwartet wird, daß er die geschäftliche Steuerung eines zoologischen Gartens besser beherrscht als die nur auf Tiere ausgerichteten Zoologen und Veterinäre.

Nach der feierlichen Überreichung der Goldmedaille und einem Besuch des Zoos und der weiträumigen Zooanlage in San Pasqual hatte ich Gelegenheit, das großzügige Ozeanarium Sea World mit seinen Schwertwalen und Seeottern näher kennenzulernen.

Von San Diego aus flog ich über Atlanta und Miami nach Haiti, um meinen dort mit historischen Studien beschäftigten Sohn Peter zu besuchen. Er wußte um meine Schwäche für bodenständige Hotels mit großen, etwas ungepflegten Gärten und hatte mich in dem romantischen, von Graham Greene besungenen »Grand Hotel Oloffson« in Port-au-Prince untergebracht, wo es weder Lift noch Klimaanlage noch Glasfenster gab. Dafür konnte ich vom Frühstückstisch aus Anolisechsen beim Balz- und Markierungsverhalten beobachten und winzigen Kolibris (Mellisuga minima) zusehen, die wie Hummeln von Blüte zu Blüte schwirrten. Hübsche schwarze Kreolenschweinchen streiften durch den verwilderten Garten, und am Abend kamen Scharen von Fledermäusen, um in rasendem Flug mit einem seltsamen Geräusch Wasser vom Bassin aufzunehmen.

Eigentlich wollte ich mir im Nachbarland Santo Domingo einen Krokodil-Biotop ansehen, aber es war unmöglich, mit einem Auto dorthin zu gelangen. Die Straßen waren so schlecht und voller badewannengroßer Löcher, daß wir uns bei unseren Ausflügen an die einigermaßen befahrbaren Strecken halten mußten. Es war die Zeit, als noch »Baby Doc«, der Diktator Jean-Claude Duvalier, das Land mit Hilfe seiner verhaßten Schlägertruppe und Geheimpolizei der »Tontons macoutes« in Schach zu halten versuchte, bis es am 7. Februar 1986 zum Zusammenbruch des unwürdigen Regimes kam.

Der Heimweg führte mich über Miami und New York in die Schweiz zurück, gerade noch rechtzeitig, um an der Zoodirektoren-Konferenz teilzunehmen, welche diesmal in Basel stattfand. Kurz vor Weihnachten führte mich der Weg wieder nach Nairobi, von wo aus ich als wissenschaftlicher Reiseleiter eine Gruppe zoologisch interessierter Freunde zu führen hatte. Auf solchen kurzen Gesellschaftsreisen war zwar an wissenschaftliche Arbeit nicht zu denken, doch machte ich auch später die Erfahrung, daß ich auf jeder derartigen Reise doch einige Beobachtungen anstellen konnte, die für mich neu und interessant waren.

Nur zwei will ich diesmal hervorheben. Im Ngorongoro-Kratersee waren große Scharen von Zwergflamingos, die am seichten Ufer gründelten. Dabei wurden sie aber gestört von einem Schabrackenschakal, der seinerseits auf der nur leicht überspülten Sandfläche nach Freßbarem suchte. Den Flamingos war die Anwesenheit dieses Feindes offensichtlich unheimlich: Sie hielten ihm gegenüber eine Fluchtdistanz von etwa 25 Metern ein. Dies bedeutete, daß sich der Schakal immer im Mittelpunkt eines kreisförmigen »Flamingo-Vakuums« von rund 50 Metern Durchmesser befand – eine eindrücklichere Demonstration der Fluchtdistanz läßt sich kaum denken!

Jahre später hatte Betriebsassistent Fritz Bucher auf einer Safari Gelegenheit, eine ganz ähnliche Situation nicht nur zu beobachten, sondern auch foto-

Durch die großen Huftieranlagen im San Diego Wild Animal Park (San Pasqual) wird der Besucher in einer Einschienen-Elektrobahn geführt. Foto Dr. Christian R. Schmidt

Meinem langjährigen Mitarbeiter im Zürcher Zoo, Fritz Bucher, verdanke ich dieses interessante Bild vom Nakurusee in Kenia: Im Zentrum des kreisrunden Flamingo-Vakuums steht der Erzfeind Marabu. Der Radius entspricht der Fluchtdistanz.

grafisch festzuhalten. Diesmal war der Feind im Flamingo-Vakuum allerdings kein Schakal, sondern ein Marabu. Dieser Stelzvogel mit dem furchtbaren Schnabel gehört mit zu den schlimmsten Flamingofeinden.

Die zweite Überraschung bezog sich auf Nilpferde, von denen ich irrtümlich glaubte, ich sei mit ihrem Ethogramm, ihrem Verhaltensrepertoire, einigermaßen vertraut. Wir stießen auf eine kleine Gruppe dieser amphibisch lebenden Riesensäuger in einer Gegend, wo sie nicht untertauchen konnten, weil das Wasser zu wenig tief war. Sie lagen in den seichten Tümpeln der Länge nach seitlich ausgestreckt, wobei eine Flanke aus dem Wasser ragte.

Dies machten sich blutsaugende Insekten zunutze und versuchten, die mächtigen Leiber anzustechen. Die Hippopotami aber hatten zur Abwehr der lästigen Blutsauger einen überraschenden Mechanismus eingeschaltet. Alle zehn bis zwölf Sekunden machten ihre Schwänze eine Bewegung wie eine Schöpfkelle und bespritzten mit einem ausgiebigen Wasserschwall ihren luftexponierten Körperteil gerade dann, wenn die aufsässigen Insekten wieder auf ihnen landen wollten.

Mit dem Feldstecher konnten wir feststellen, wie die Blutsauger immer wieder verscheucht wurden. Diese von allen Nilpferden rhythmisch wiederholte, wie im Halbschlaf ausgeführte Bewegung war für mich ein neues Element im Verhaltenskatalog des Hippopotamus amphibius. In der einschlägigen Fachliteratur fand ich sie noch nirgends erwähnt.

Auf dieser Safari besuchten wir auch das originale »Treetops Hotel«, das seinerzeit Prinzessin Elizabeth beherbergt hatte, als ihr mitgeteilt wurde, sie sei Königin von England geworden. Dieses erste Baumhotel, das später zu mancherlei Nachahmungen Anlaß gab, war damals eigentlich noch kein Hotel, sondern tatsächlich ein großer Baum mit weit ausladenden, starken Ästen, auf denen einige bescheidene Kabinen und ein Speiseraum installiert waren. Man befand sich hier in der Tat »mitten im Urwald«. Abends wurde die hölzerne Treppe hochgezogen, und die Gäste waren angewiesen, sich ruhig zu verhalten. Meistens verbreitete sich eine feierliche Stille, und man wähnte sich auf einem – allerdings sehr komfortablen – Hochsitz in Erwartung der Tiere, die sich besonders am Abend und nachts einzustellen pflegten. Ein Wasserloch und eine Salzlecke machten diesen Fixpunkt im Wald für viele Tiere attraktiv; sie hatten sich auch an das Scheinwerferlicht gewöhnt. Oft kam es zu höchst reizvollen Szenen, wenn Elefanten, Büffel, Hyänen, Riesenwaldschweine, Weißschwanz-Ichneumone, Nashörner oder gar Bongos auf ihren Wechseln dahergezogen kamen, am Rande der Lichtung sichernd verharrten, dann zur Tränke gingen, in aller Ruhe ein wenig verweilten und schließlich wieder im Dunkel verschwanden. Die leuchtenden Augenhintergründe der verschiedenen Tiere, ihre Arglosigkeit und ihr völlig ungestörtes Benehmen trugen dazu bei, diese einzigartige Schau zu einem herrlichen Erlebnis zu gestalten.

Mir war diese Art der Tierbeobachtung besonders sympathisch, weil sie nur für kleine Reisegruppen in Frage kam, und besonders, weil sie sich grundsätzlich von der sonst üblichen, oft höchst aufdringlichen Verfolgung der Tiere durch motorisierte Touristen unterschied. Hier drängten sich nicht Scharen von Menschen zu den Tieren, sondern – und dies empfand ich als besonders wohltuend – hier kamen die Tiere nach ihrem Belieben zu den Menschen, wann und wie lange es ihnen beliebte. Für mich und für viele andere Teilnehmer hatte diese Art der Begegnung durchaus etwas Feierliches.

Außer Wasser und Salz, die als einzige Anlockungsmittel zulässig sind,

Alle paar Sekunden benutzten die ruhenden Flußpferde ihre Schwänze als »Schöpfkelle« und spritzten lästige Insekten weg. Foto Dr. Christian R. Schmidt

Ein Wasserloch und eine Salzlecke machen die sogenannten Baumhotels in Ostafrika für Wildtiere – auf dem Bild ein Kaffernbüffel – attraktiv.
Foto Dr. Christian R. Schmidt

weil sie auch natürlich vorkommen, bietet »Treetops« gewissen Tieren noch einen weiteren Reiz: das Licht des Scheinwerfers. Es lockt Insekten in großer Menge an und diese ihrerseits Fledermäuse verschiedener Art. So läßt sich hier sehr schön beobachten, was der große Biologe Jakob von Uexküll schon zu einer Zeit beschrieben hat, als man von Ultraschall noch kaum etwas wußte: Die Orientierungssignale der jagenden Fledermaus bedeuten dem Falter ein ernstes Warnsignal, auf das hin er sich flüchtend fallen läßt, um dem Feind zu entgehen. Es ist der einzige Ton, den der Falter wahrnehmen kann, auch der wichtigste. Den blitzartigen, senkrechten Absturz der Nachtfalter vor jagenden Fledermäusen habe ich nie eindrücklicher beobachten können als im Scheinwerferlicht von »Treetops«. Natürlich fanden sich unter der Lampe auch allerlei Frösche und Kröten ein, die sich an den Insekten gütlich taten.

In den folgenden Tagen befanden wir uns wieder in der wildreichen Serengeti, wo der Mensch den Tieren im Wagen so nahe als möglich zu kommen sucht. Zwar waren einzelne Bereiche des Parks für den Tourismus gesperrt, doch wo er zugelassen war, wurde der Druck auf die Tierwelt immer größer. Durch entsprechende Trinkgelder wurden die einheimischen Chauffeure immer häufiger dazu verführt, die Grenzen der Diskretion und des Anstandes gegenüber den Tieren zu mißachten. Während im Zoo die Zuschauer durch Absperrungen in Grenzen gehalten werden, wurden die Reservattiere in den Touristengebieten oft eingekreist und sozusagen ihres Privatlebens beraubt; auch ruhende Gruppen wurden ohne jede Hemmung gestört. Die Autos wurden mit der Zeit vom Wild nicht mehr als gefährlich empfunden, sondern lediglich noch als lästig, und immer mehr Tiere, namentlich Raubtiere, suchten sich die Fahrzeuge zunutze zu machen. Da gab es Löwen, die sich in den Schatten stehender Wagen legten – viel zu nahe für die mit langen Teleobjektiven ausgerüsteten Insassen. Geparde fingen an, anstatt Termitenstöcke als Ausgucke zu benut-

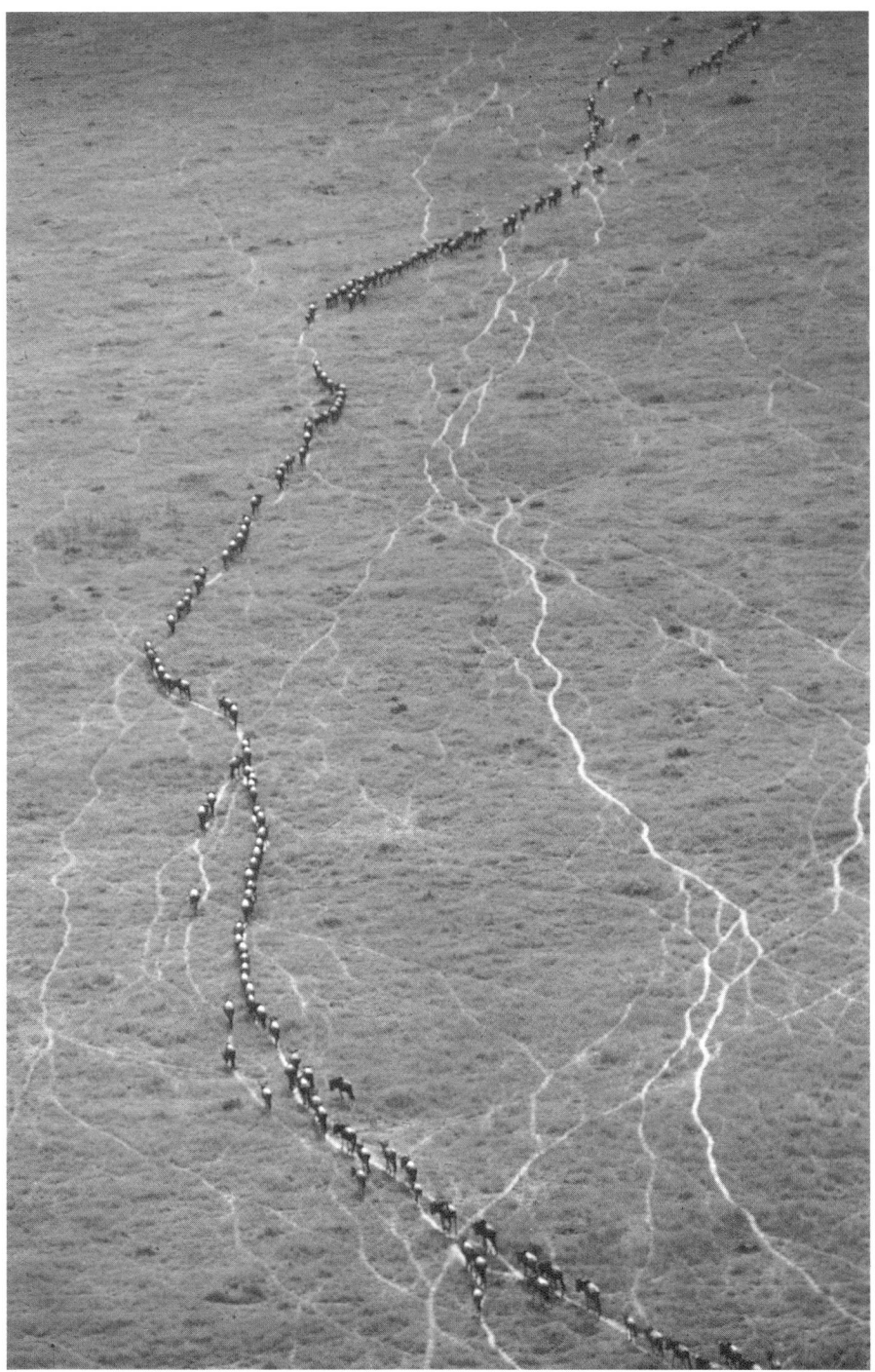

Ein großartiges Bild-Dokument von Dr. Georg Gerster. Es zeigt die Benutzung der Wechsel durch Gnus, die geradezu an Eisenbahnwagen auf ihren Geleisen erinnern. Leider sind die grandiosen Wechselsysteme der Serengeti und anderer tierreicher Gebiete der Erde niemals gründlich untersucht und aufgezeichnet worden. Heute sind sie – wie die Tierwelt selbst – schon zu einem großen Teil unwiederbringlich gestört oder gar zerstört.

In der Serengeti kann der Abbau der Fluchttendenz bei den Geparden so weit gehen, daß sie stehende Autos wie Termitenhügel oder umgestürzte Bäume als Ausguck benutzen.

Foto Dr. R. Staehelin

zen, sich auf die Kühler und Dächer von Autos zu setzen und von dort nach Beute auszuschauen. Wir erlebten es auch, daß ein Leopard am hellichten Tag unsere Wagen als Deckung benutzte, um sich an eine junge Thomson-Gazelle anzupirschen, die er dann vor unseren Augen schlug. Bei einzelnen Reisegruppen entwickelte sich sogar die Mode, eine Gazelle durch entsprechendes Manövrieren zum Beispiel einem hungrigen Geparden zuzutreiben. So kam es in den Schutzgebieten zu einer neuen Art von Jagd, zu widerlichen Schau-Jagden. Wir hielten uns von derartigem Spektakel fern und versuchten, ihm entgegenzuwirken, was nicht immer einfach war, da die »Fütterung der Raubtiere« auf gewisse Menschen als besondere Attraktion wirkt. Als ob das die Hauptsache am Zoo oder neuerdings am Reservat wäre!

Hingegen pflegte ich meine Reisegruppen wenn möglich zu »Kills« zu führen, zum Beispiel zu Büffeln, Gnus oder Zebras, die von Raubtieren gerissen worden waren. Hier ließ sich demonstrieren, daß die in den Prospekten so ausgiebig verwendete Bezeichnung der Reservate als »Tierparadiese« eine sehr relative ist, weil ja in ihnen lediglich der Mensch als Feind ausfällt, der übrige Kampf ums Dasein jedoch – mit Beuteschlagen und ständiger Fluchtbereitschaft – weitergeht.

An frischen »Kills« waren die Scharen von Geiern interessant, die bekanntlich – durch thermische Luftsäulen getragen – tagsüber am Himmel in vier- bis fünftausend Metern Höhe ein Beobachtungsnetz bilden, für das menschliche Auge unsichtbar. Gewisse Geier vermögen aus solcher Höhe zu unterscheiden, ob eine in der Steppe liegende Antilope tot ist oder bloß schläft. Handelt es sich um einen Kadaver, so lassen sie sich im Sturzflug in die Nähe fallen und werden dabei von ihren schwebenden Artgenossen beobachtet, die gleichfalls zum Sturzflug an-

Die »Krokodil-Bar« dieser Lodge in Kenia ist ein Beispiel dafür, wie präzis die Raum-Zeit-Systeme von Touristen und freilebenden Wildtieren aufeinander abgestimmt werden können: Nur ein niedriges Mäuerchen trennt die Bargäste von den Krokodilen, die durch ausgelegtes Fleisch jeden Abend angelockt werden. Allerdings widerspricht diese Attraktion den für Schutzgebiete gebotenen Verhaltensregeln.

Foto Dr. Werner Toepfl

setzen. So ist es möglich, daß in kürzester Zeit Dutzende von Geiern sich bei einer Beute einfinden.

Auf einer zweiten Safari, etwas später im gleichen Jahr (1975), überraschte unsere gemächlich fahrende Wagengruppe drei dösende, noch nicht ganz erwachsene Junglöwen, von denen einer eine Leopardschildkröte – wie einen Fußball – zwischen den Vorderpranken hielt. Wir warteten in diskreter Entfernung. Nach einer Weile hielt die Schildkröte offenbar ihre Chance für gekommen und versuchte, sich der Umklammerung zu entziehen. Dies weckte den schläfrigen Löwen jedoch auf: Er hielt sie erneut fest, machte einige vergebliche Nageversuche an ihr und schlief wieder ein. Nach etwa fünf Minuten unternahm die Schildkröte einen neuen Fluchtversuch, weckte aber dabei den Löwen wieder auf. Dieses Spiel wiederholte sich mehrmals.

Einmal gelang es der Gefangenen, sich fast einen Meter weit von ihrem Wächter zu entfernen, und meine Begleiter wollten schon zu einem stillen

Der in Reiseprospekten so häufig verwendete Ausdruck »Tierparadiese« für Parks und Reservate trifft nur bedingt zu: Zwar fällt der Mensch als Feind weg, doch der Kampf ums Dasein geht für die Wildtiere weiter. Zu den wichtigsten Beutetieren der Löwen gehören Zebras; hier ein Kill, von dem sich offenbar auch Menschen einige Stücke abgeschnitten haben.

Applaus für die geplagte Schildkröte ansetzen, der alle Sympathien galten, als der Löwe im letzten Augenblick erwachte und sie zurückholte, gerade als sie im nahen Dickicht verschwinden wollte. – Zwar kennt man Fälle, wo es Löwen gelang, mit ihrem gewaltigen Gebiß solche Panzerreptilien zu knacken; meist aber bildet das harte Knochengehäuse einen wirksamen Schutz.

War ich nicht in Afrika, so war ich voll beschäftigt mit meiner Vorlesung, mit Vorträgen im In- und Ausland und mit Veröffentlichungen. So oft ich es mir jedoch leisten konnte, streifte ich in der Umgebung von Schwerzenbach herum, wo ich mich keine Minute langweilte.

Mit der Zeit begannen mich auch die Vogelscheuchen zu faszinieren, welche die Bauern auf den umliegenden Äckern aufstellten, einer jahrtausendealten Auseinandersetzung zwischen Mensch und Tier Ausdruck gebend: vergebliche Versuche, die Intelligenz der Vögel mit magischen oder elektronischen Mitteln zu übertreffen. Dies alles gab mir auch Anlaß, solche Tatbestände aufgrund der einschlägigen Fachliteratur zu vertiefen und eventuell durch entsprechende Publikationen weiterzugeben.

Wie seit Jahrtausenden in aller Welt, gibt es auch bei uns immer noch Vogelscheuchen, denen keinerlei tierpsychologische Wirkung zukommt, sondern lediglich magische und volkskundliche. Sie wirken alle nur kurze Zeit – nicht besser allerdings als ein anderer fremder Gegenstand.

Foto Dr. Robert Keller

Nicht nur gegen Vögel, sondern auch zur Abschreckung anderer Tiere, wie Schnecken oder Insekten, werden gelegentlich noch Methoden angewandt, die eher magische als biologische Grundlagen haben. Dazu gehört beispielsweise das Aufstecken von leeren Hühnereiern in Gemüsegärten.

In der Umgebung von Schwerzenbach fand ich noch verschiedene Modelle von Vogelscheuchen. Beliebt war z. B. eine tote, an einem kreuzförmigen Gestell aufgehängte Krähe. Die grundlegende, anthropomorphistische Idee war wohl etwa die: »So kann es euch Krähen ergehen, wenn ihr euch hier niederlaßt.« – Mit den Vogelscheuche-Praktiken wird die Lernfähigkeit der Vögel unterschätzt – andererseits werden die Vögel aber auch überschätzt, indem man ihnen vermenschlichend zutraut, ein Wissen um den Tod zu haben.

Am 2. September 1977 brachen meine Frau und ich auf, um über Dhahran, Colombo, Bangkok und Hongkong nach Taiwan zu reisen. In Taipeh wurden wir von unserem Sohn in Empfang genommen, der uns mit Land und Leuten sowie den Sehenswürdigkeiten der Stadt und ihrer weiteren Umgebung bekanntmachte.

Ich beschränke mich hier auf einige Besonderheiten des Zoos, in dem ich aufs freundlichste empfangen wurde. Mein Buch »Wild Animals in Captivity« lag bereits zum Signieren bereit. Meine Kollegen waren gerade dabei, mit Hilfe von amerikanischen Beratern Pläne für einen neuen, großartigen Zoo etwas abseits der Stadt auszuarbeiten. So kam ich gerade noch zurecht, um den alten Zoo kennenzulernen, der mich u. a. deswegen faszinierte, weil er sozusagen einen lebendigen Längsschnitt durch das Tiergartenwesen unseres Jahrhunderts darstellte. Da gab es noch viele alte, enge, kubische Eisenstangenkäfige (zum Beispiel für Raubtiere), neben weitläufigen Gehegen (für Giraffen) und einzelnen Biotopen mit üppigem Grün (für Krokodile).

Die Indischen Elefanten waren zwar durch ein Paar vertreten, doch war der große Bulle mit prachtvollen Stoßzähnen zeitlebens an eine Kette gefesselt, wie ich dies früher auch noch in Chicago-Brookfield und Sydney gesehen hatte. Hier, im Taipeh-Zoo, lief die schwere Kette durch eine Öffnung in der Rückwand des vorne offenen Elefantenhauses und konnte außerhalb je nach Bedarf kurz oder lang verankert werden. Während der Reinigungsarbeiten war der imposante Bulle dicht an der Wand festgemacht, sonst konnte er sich im ganzen Gehege bewegen, die Kette am Bein mitschleppend. Wahrscheinlich war diese Behinderung aber doch schuld, daß es hier nicht zur Fortpflanzung kam, obwohl sich der weibliche Elefant frei im Gehege bewegte.

Große Aufregung gab es während unseres Aufenthaltes, weil eines der

Noch bedeckt natürliches Grün einen beträchtlichen Teil der in rascher technischer Entwicklung begriffenen Insel Taiwan. Den wertvollen großen Urwaldbäumen ist allerdings während der japanischen Besetzung arg zugesetzt worden.

Wenige Kilometer außerhalb der Stadt Taipeh gibt es noch Reisterrassen.

Einer der schönen, offenen Tempel in der Umgebung von Taipeh während einer Kulthandlung.

Panzernashörner plötzlich sein Horn verloren hatte. Dies kommt bei allen Nashornarten gelegentlich vor, ist aber nicht weiter schlimm, weil das Horn, das eigentlich aus einem Konglomerat von Haaren besteht, wieder nachwachsen kann. Im chinesischen Raum kommt einem kiloschweren Horn enorme Bedeutung zu, nämlich jene eines kleinen Vermögens, wenn es als Medizin verkauft wird. In den Zeitungen wurde darüber diskutiert, wem das abgeworfene Horn gehöre, dem Zoo oder der Stadt und ob man das andere Panzernashorn, das noch im Besitze seines Hornes war, weiterhin unbewacht in seinem Gehege belassen könne. Das waren tiergartenbiologische Probleme, welche die Direktoren außerasiatischer Zoos glücklicherweise nicht belasten.

Bekanntlich gilt pulverisiertes Horn in China als wirksame Medizin auch gegen Erkältungs- und andere Krankheiten, keineswegs nur als Aphrodisiakum. Man kann es in den Apotheken von Taipeh oder Hongkong kaufen, neben Schuppentier-Schuppen, getrockneten Tiger-Penes, Hirschgeweih usw. In denselben Apotheken sind aber auch die Präparate der westlichen Pharmaindustrie zu haben.

An die vergangene Menagerie-Phase des Taipeh-Zoos erinnerte in typischer Weise auch ein kleines Museum, in dem verschiedene Tiere ausgestopft zur Schau gestellt waren. Die starren Glasaugen, die staubigen Bälge und die Stellungen der Stopfpräparate bildeten einen schauerlichen Kontrast zu den ausdrucksvollen Gesichtern und eleganten Bewegungen der lebenden Tiere, die nur wenige Meter neben dieser düsteren Gruselkammer lebten. Früher wurden oft genug die in Wirklichkeit grundverschiedenen Aufgaben von Museum und Zoo nicht sauber getrennt. In Paris bildet – historisch begründet – der Zoo immer noch eine Abteilung des Naturhistorischen Museums, und es gibt heute noch einzelne Zoodirektoren, auch in Mitteleuropa, die es nicht lassen können, Leichenteile, Skelette und Schädel zwischen lebenden Tieren auszustellen. Derartige Präparate gehören ins Museum, wo sie in Glaskästen mit allerlei Giften gegen Insektenfraß zu schützen sind – und Gifte gehören gleichfalls nicht in den Zoo!

Eine besondere Überraschung erwartete mich im Giraffengehege, das von einem älteren und einem jüngeren Bullen bewohnt war. Deren Verhalten gab mir ein Rätsel auf, das bis heute noch nicht gelöst ist. Im Zoo entwickeln diese »höchsten Tiere der Erde«

Im Hinblick auf das fast pflanzenhaft schnelle Wachstum der Geweihknochen – rund hundert Tage – ist es nicht verwunderlich, daß in der Volksmedizin diesen Organen besondere Potenz zugeschrieben wird. In chinesischen Apotheken werden in Scheiben gesägte Bastgeweihe noch heute massenhaft verkauft. Die eingetrocknete, behaarte Haut zeigt, daß es sich um lebend amputierte Geweihe handelt, nicht um Abwurfstangen.

Der alte Zoo von Taipeh war auch deswegen interessant, weil in ihm noch alle Phasen der Zoo-Entwicklung sichtbar waren, so auch ein »Museum« zwischen Gehegen mit lebenden Tieren.

Die offen aufgestellten Stopfpräparate waren – wie in vielen Sammlungen der Tropen und Subtropen – arg von Motten zerfressen.

zuweilen allerhand Schrullen. Schon im Basler Zolli hatte ich eine Giraffe gepflegt, die eine bestimmte, ihrer Größe angemessene Türe zwischen Innen- und Außenraum nur in einer Richtung durchschritt und nicht dazu zu bewegen war, sie auch in der anderen Richtung zu benutzen.

Der Netzgiraffenbulle von Taipeh hatte eine ganz andere Eigenart: Wenn das Jungtier sich auf dem Sandboden niedergelegt hatte, kam der Alte und setzte seinen rechten Hinterfuß auf dessen Kruppe. So blieben die beiden wie ein Denkmal ruhig stehen, die Köpfe in entgegengesetzter Richtung gewandt, viertelstundenlang oder noch länger.

Im Gegensatz zu anderen Huftieren, zum Beispiel Pferden, ist es gerade bei Giraffen meines Wissens nie beobachtet worden, daß sie, wenn sie ruhend stehen, ein Hinterbein entlasten. Die Taipeh-Giraffe aber tat dies ausgiebig und immer wieder und stützte dabei den angehobenen Huf stets auf den liegenden Artgenossen, der sich das ohne weiteres gefallen ließ. Von dieser seltsamen Schrulle habe ich vielen Kollegen erzählt, doch konnte mir keiner eine plausible Erklärung dafür geben, und auch in der einschlägigen Literatur fand ich keinerlei Anhaltspunkte.

Nachdem ich nach unserer Rückkehr in die Schweiz wieder mit Vorlesungen, Vorträgen und Schreiben beschäftigt war, konnte ich der Versuchung nicht widerstehen, im Februar 1978 nochmals die wissenschaftliche Leitung einer Kenia-Safari zu übernehmen. Noch einmal bekamen wir von der »Ark« in den Aberdarebergen aus den Bongo in vollem Glanze zu sehen. Das meine ich wörtlich, denn ein so leuchtendes Gehörn und ein so glänzendes Fell vermag man im Zoo meist nicht vorzuweisen, weil es an reinigenden Duschen und am bürstenden Effekt von Gebüschen fehlt. Nachdem man in der Tiergartenbiologie veterinärmedizinisch viele Krankheiten in den Griff bekommen hat, könnte jetzt auch der Kosmetik – im Sinne biologischer Körperpflege – mehr Aufmerksamkeit geschenkt werden.

Am 3. Juli 1978 führte ich meine letzten »tierpsychologischen und zoologischen Demonstrationen im Zoo« durch und beendete damit meine offizielle Universitätstätigkeit im Zoo, fünf Jahre

Eine inzwischen recht selten gewordene Erscheinung im Scheinwerferlicht der »Ark«: der scheue Bongo, eine besonders schöne Waldantilope.

Foto Dr. Christian R. Schmidt

Mysteriöses Verhalten eines Netzgiraffen-Bullen im alten Zoo von Taipeh (1977): Der ausgewachsene Bulle hatte die seltsame Gewohnheit, sein rechtes Hinterbein leicht auf den Oberschenkel eines jüngeren Artgenossen abzustützen, sobald dieser sich hingelegt hatte. In dieser ungewöhnlichen Stellung verharrten die beiden – offenbar ruhend, ohne Erregung – viertelstundenlang.

nach meiner Pensionierung als Direktor.

Eigentlich hatte ich mir ein umfassendes Programm für diese neue Lebensphase vorgenommen: Es ist ja das Schicksal der meisten Zoodirektoren, im Laufe ihrer beruflichen Tätigkeit den direkten Tierkontakt weitgehend zu verlieren und mehr und mehr vom Papierkrieg aufgefressen zu werden. Dies mußte auch ich in schmerzlichem Ausmaß erfahren. Die tägliche Inspektion des Zoos hatte ich lange vor meiner Pensionierung aufgeben müssen, und ich habe es oft bedauert, daß ich an vielen Tieren vorbeihasten mußte, ohne eine Möglichkeit, mich ihnen teilnehmend zuzuwenden, sie zu grüßen oder ihnen einen freundschaftlichen Klaps zu geben, wie es sich eigentlich gehörte. Auch Tiere bleiben nicht gerne unbeachtet, wenn ihnen bestimmte Menschen einmal vertraut sind.

So hatte ich mir schon lange gewünscht, im Ruhestand so lange bei bestimmten Tieren zu verweilen, wie es mir paßte, und vor allen Dingen hatte ich vor, viele – auch wissenschaftliche – Beobachtungen anzustellen, für die ich während meiner Amtsperiode keine Zeit gefunden hatte. Mich faszinierten seit jeher ganz einfache Zusammenhänge zwischen Tier und Raum: Wann tut welches Tier was, wo, wie und warum? Auf dieser simplen Fragestellung lassen sich bei fast allen Zootieren, vom Fisch bis zum Säuger, sinnvolle, interessante, sogar wichtige Untersuchungen aufbauen. Die meisten der von mir vergebenen Diplom- und Dissertationsthemen wie Spielen, Trinken, Sichsonnen, Markieren, Sozialverhalten usw. drehen sich um diesen Fragenkreis. Tiere im Zoo – und auch im sogenannten Freileben – sind ja wie Schachfiguren. Sie stehen oder sitzen oder gehen niemals zufällig herum, sondern in jedem Augenblick bestimmen viele Faktoren ihren Aufenthaltsort und ihre Tätigkeit. Wie beim Schachspiel ist jede Stelle, an der sich das Tier befindet, Ausdruck einer bestimmten Situation, hat einen besonderen Sinn. Und diese nicht ohne weiteres offenbaren Sinngehalte wollen wir Tiergartenbiologen herausfinden in unserem Bemühen, das Tier zu verstehen. Nur wenn wir es verstehen, sind wir in der Lage, es biologisch richtig zu behandeln. Ist es soziale Spannung zu Mitbewohnern oder Nachbarn, ist es Neugier oder Ausschau nach vertrauten Personen, eine Luftströmung, eine günstige Topografie, eine bestimmte Oberflächenbeschaffenheit oder einfach die zusagende Temperatur, oder sind es ein Dutzend andere, uns verborgene Reize, welche das Ortsverhalten eines Tieres bedingen?

Um so einfache, dem Außenstehenden einfältig erscheinende Fragen zu studieren, braucht es Zeit, viel Zeit. Diese glaubte ich jetzt aufbringen zu können, vielleicht an einem oder zwei Tagen in der Woche. Aber es kam anders. Denn außer Zeit ist dafür auch noch Konzentration und Ungestörtheit erforderlich.

Kaum hatte ich mich für meine erste Beobachtungsaufgabe eingerichtet, als altbekannte Besucher und meine früheren Tierpfleger vorbeikamen und sich wohlwollend nach meinem Befinden, nach dem meiner Frau, nach meiner jetzigen Beschäftigung usw. erkundigten und die gegenwärtige und bevorstehende Wetterlage mit mir zu besprechen begannen, mir also jene Aufmerksamkeit und Liebenswürdigkeit zuwandten, die ich als Direktor meinen Tieren so oft hatte versagen müssen. Natürlich war ich tief gerührt, doch brachte mich diese Erfahrung bald zur Einsicht, daß ich meinen naiven Beobachtungsplan aufgeben mußte.

Ich erinnerte mich auch daran, daß mir die Pensionierten unter den Zoobesuchern schon im Dählhölzli und in

Basel und dann auch in Zürich in gewissem Sinne ein Dorn im Auge waren, und zwar deswegen, weil manche von ihnen mit vertrauten Pflegern nicht nur ein Schwätzchen, sondern zuweilen eine richtiggehende Schwatzstunde zu halten pflegten. Bei solchen Unterhaltungen wurde sehr oft nicht nur über Tiere, sondern auch über Arbeitskollegen gesprochen und über den Direktor, seinen Vorgänger und seine präsumptiven Nachfolger.

Ich empfand aber noch ein anderes, stärkeres Nachholbedürfnis: Ich hatte noch viele Ideen, die ich bearbeiten und veröffentlichen wollte. Dies führte dazu, daß ich nur noch selten in den Zoo kam. In gewissem Sinne, d. h. in bezug auf die Beobachtung der Tiere, wurde er mir ersetzt durch die anfänglich noch reichhaltige freilebende Tierwelt in der Umgebung von Schwerzenbach. Meine Fachbibliothek, auf die ich beim Schreiben angewiesen war, hätte ich in unserem Minihäuschen gar nicht unterbringen können. Ich war daher – und bin es bis heute – sehr dankbar dafür, daß mir mein Arbeitszimmer an der Zürichbergstraße von der Universität belassen wurde – bis zu meinem 80. Geburtstag, als meine Frau und ich uns nach Zollikofen zurückzogen.

Neben verschiedenen anderen Publikationen in den vorausgegangenen Jahren erschien 1979 eine neue und stark erweiterte Ausgabe meiner »Tierpsychologie im Zoo und im Zirkus« im Ostberliner Henschel-Verlag. Ein besonderes Anliegen war mir jedoch der Abschluß meines Manuskriptes »Tiere verstehen«, das 1980 im Kindler-Verlag, dann bei Ex Libris und 1984 auch als Taschenbuch erschien.

Darin versuchte ich, wie schon früher (zum Beispiel in der Festschrift zum 60. Geburtstag von Manfred Bleuler 1963), den Unterschied zwischen Tierpsychologie und Ethologie klarzustellen. Die in den vierziger Jahren auf gekommene Art der Verhaltensforschung, die sich objektive Verhaltensforschung oder Ethologie nannte, glaubte auf alles Subjektive und Psychische verzichten zu können; alle Lebenserscheinungen waren demnach auf Chemie und Physik zurückzuführen, also rein materialistisch zu erklären. Der Ethologie ging es, kurz gesagt, nicht mehr darum, das Tier zu verstehen, sondern darum, seine Verhaltensmechanismen zu analysieren.

Es ist eigenartig, wie viele meiner Kollegen mehr oder weniger überraschend, oft sozusagen über Nacht, ihre Ansicht wechselten, ins Lager der Ethologie übergingen und von dort aus die Tierpsychologie als veraltet, ja sogar als falsch belächelten. Mein Kollege Stanek Veselowsky, Direktor des Prager Zoos, hat in seinem 1971 erschienenen Buch »Sind Tiere anders?« u. a. auch das Thema Liebe behandelt: Dieses Verhalten kommt auch bei Tieren vor, und zwar als Geschlechtsverhalten; denn Tiere sind ja eigentlich nicht anders als der Mensch. Der Biologe ist, wenn er bei der wissenschaftlichen Wahrheit bleiben will, genötigt, »dieses von den Dichtern so oft besungene Phänomen zu analysieren und es als das Wirken besonderer chemischer Verbindungen, allgemein Geschlechtshormone genannt, zu definieren, die im Körper der Lebewesen von bestimmten Drüsen ausgeschieden werden«.

Da wird »Liebe« allerdings auf eine recht einfache Formel gebracht. Sie hat zur Voraussetzung, daß Menschen nicht anders sind als Tiere. Die Ethologie macht da in der Tat keinen Unterschied mehr. Während man früher – auch noch während meines Studiums – von Menschen und Tieren sprach, mit denen sich die Anthropologie bzw. die Zoologie beschäftigte, gibt es heute in der Ethologie nur noch Tiere. Der Mensch gehört, wie die Affen, zu den Primaten. Wenn man heute von Affen sprechen will, so sind dies infrahumane Primaten.

Als Konrad Lorenz, Bernhard Grzimek und ich 1960 im Hallwag-Verlag in Bern die Zeitschrift »Das Tier« gründeten, hieß es im Vorwort zur ersten Nummer, von uns dreien unterzeichnet: »Wir sind alle drei Tierpsychologen, wir beschäftigen uns weniger mit dem Körperbau als mit dem Wesen der Tiere, ihrer Art zu leben, miteinander zu leben.«

Wenig später hätte Konrad Lorenz sich nicht mehr als Tierpsychologe bezeichnet; auch er ist Ethologe geworden, wenngleich nicht so radikal wie viele andere Verhaltensforscher. Er räumte durchaus ein, daß auch Tiere ein subjektives Leben haben, sah aber keine Möglichkeit, dieses zu erforschen. Wörtlich schrieb er in seinem berühmten Buch »Das sogenannte Böse« (1963, S. 316): »Wir halten aus grundsätzlichen erkenntnistheoretischen Erwägungen alle Aussagen über das subjektive Erleben von Tieren für wissenschaftlich nicht legitim, mit Ausnahme der einen, daß Tiere ein subjektives Erleben haben.«

Dem Trend des Reduktionismus folgend, werden Tier und Mensch als biologische Apparate betrachtet und deren Mechanismus nach den Methoden von Physik und Chemie analysiert. Für Psychisches ist kein Raum mehr; es werden auch so wichtige Fragen wie die nach dem Bewußtsein einfach beiseite geschoben. Wer andere Ansichten vertritt, wird von der offiziellen Wissenschaft abgelehnt. Meine Kollegin in Bern, Frau Professor Dr. Monika Meyer-Holzapfel, und ich waren in der Schweiz die ersten und die letzten Tierpsychologen.

Die von mir bei meinem Amtsantritt im Zürcher Zoo und an der Universität 1953 begründete »Tierpsychologische Abteilung« wurde nach meinem Weggang umbenannt. Ich sah in diesem Zusammenhang auch schwarz für die ehrwürdige, 1928 von Otto Koehler und Konrad Lorenz ins Leben gerufene »Zeitschrift für Tierpsychologie«. In meinem vorher erwähnten Buch »Tiere verstehen« (1980) wagte ich die Prognose, daß hier eine Anpassung an den Modetrend der Verhaltensforschung erfolgen werde. Ich schrieb damals: »Vom 26. Jahrgang, d. h. von 1969 an, erschien plötzlich der Untertitel: Journal of Comparative Ethology, zunächst in bescheidener Schriftgröße. Ab 1977 erschien dieser Untertitel in wesentlich größerer Schrift, und es wird interessant und aufschlußreich sein, die weitere Entwicklung zu verfolgen.«

Gewiß handelt es sich hier um kleine, unwesentlich erscheinende Symptome einer wissenschaftlichen Wandlung, doch sind diese sehr bezeichnend. Seit 1980 erschien der erwähnte Untertitel in auffälliger roter Farbe, und seit 1986 heißt die Zeitschrift tatsächlich »Ethology (formerly Zeitschrift für Tierpsychologie)«. Heute wage ich eine andere Prognose: In absehbarer Zeit wird die Zeitschrift wieder zurückbuchstabieren müssen, wenn sie sich halten will, dann nämlich, wenn die Verhaltensforschung zur Einsicht gekommen sein wird, daß es ohne Psychisches nicht geht.

Es mochte – nicht für mich – den Anschein haben, daß die Tierpsychologie ein für allemal erledigt und die Ethologie die einzige, die einzig richtige Art der Verhaltensforschung sei. Sie ist aber offensichtlich ein Torso, weil sie die überaus wichtigen Aspekte des Subjektiven, des Psychischen, des über Chemie und Physik Hinausreichenden völlig überspielt oder gar negiert. Wer nicht nur mit Laboratoriumstieren, mit Taufliegen, weißen Ratten, neurotischen Rhesusaffen u. a. zu tun hat, sondern zum Beispiel als Zoodirektor mit gesunden, nicht domestizierten Wildtieren vom Fisch bis zum Gorilla, dem müßte klar sein, daß eine neue Wende, eine Rückkehr zur ehemaligen Tierpsychologie, zur Anerkennung von psychischen Erscheinungen außerhalb der sich selber beschränkenden Ethologie eines Tages kommen muß bzw. bereits gekommen ist.

Diese Rückströmung erfolgte merkwürdigerweise in Amerika, dem Land, wo seinerzeit die Labyrinth-Methode herrschte und nachher die Skinner-Methode, mit welcher hungernde Tiere durch »reinforcement« zu bizarren Dressurleistungen gebracht wurden, zum Beispiel Tauben zum Ping-Pong-Spielen. Die Anhänger dieser Methoden betrachteten das Tier – kurz gesagt – als Automaten, als Maschine. Der eigentliche Ausbrecher aus der apsychischen Gedankenwelt der Ethologie war der prominente amerikanische Zoologe Donald R. Griffin von der Rockefeller Universität in New York mit seinem 1984 erschienenen Buch »Animal Thinking«. Es wurde 1985 von Elisabeth Walther, der Frau des hier oft zitierten Gazellenforschers Fritz Walther, ins Deutsche übersetzt unter dem Titel »Wie Tiere denken. Ein Vorstoß ins Bewußtsein der Tiere«.

Aus diesem mutigen Werk seien hier nur wenige Stellen zitiert, zunächst der erste Satz: »Ziel dieses Buches ist, das wissenschaftliche Interesse an bewußtem, seelischem Erleben bei Tieren wiederzuerwecken.« Ferner heißt es (S. 8): »In unserem gesamten Bildungswesen wird den Studenten beigebracht, daß es unwissenschaftlich sei, zu fragen, was ein Tier denkt oder fühlt. Solche Fragen werden energisch mißbilligt, lächerlich gemacht und mit offener Feindseligkeit behandelt... Man hat uns durch die heftige Ablehnung aller Zeugnisse, die für tierliches Denken sprechen, einer derartigen Gehirnwäsche unterzogen, daß es als tollkühn gilt, wenn Studenten oder aufstrebende Wissenschaftler ihre Gedanken in derartige verbotene Gefilde abschweifen lassen. Sie werden als unkritisch abgetan oder gar aus der wissenschaftlichen Gemeinde ausgestoßen.«

Solche Feststellungen sind eine wohltuende Bestätigung für vieles, was ich 1980 in meinem Buch »Tiere verstehen. Erkenntnisse eines Tierpsychologen« ausgeführt habe, namentlich im Kapitel, in dem ich die Tierpsychologie gegenüber der Ethologie verteidigte, und im Kapitel über das tierliche Bewußtsein, das von der Ethologie ebenso wie alles Psychische ausgeklammert oder gar negiert wurde. Seit 1947 hat mich die Frage nach dem tierlichen Bewußtsein intensiv beschäftigt. Ich konnte nicht verstehen, daß viele Verhaltensforscher vor dieser – nicht leichten – Frage einfach kapitulierten oder sie bequemlichkeitshalber kurzerhand als tabu, als grundsätzlich unerforschbar erklärten. In dieser sturen Ablehnung sehe ich eine unwissenschaftliche Haltung; es geht doch nicht an, irgendwelche Phänomene einfach zu leugnen, weil man sie nicht ohne weiteres in den Griff bekommen kann oder weil sie den betreffenden Forschern – grob gesagt – nicht in den Kram passen, wie zum Beispiel auch gewisse Aspekte der Evolution, von denen später die Rede sein wird.

Im Jahre 1980 war ich so intensiv mit anderen Fragen der Tierpsychologie beschäftigt, nämlich mit den Verständigungsmöglichkeiten zwischen Tier und Mensch, die mich seit meiner Kindheit faszinierten, daß ich nicht einmal dazu kam, meine traditionellen Afrika-Safaris fortzusetzen. Statt dessen führte mich der Weg wieder einmal nach Amerika, zunächst nach New York. In den letzten Jahren war mein Kontakt zum Linguisten Thomas Sebeok der Indiana University in Bloomington immer intensiver geworden. Wir hatten uns mehrmals zu anregenden Gesprächen getroffen, und dabei hatte sich – auch durch den Austausch unserer Publikationen – gezeigt, daß wir hinsichtlich des Sprachvermögens von Menschenaffen weitgehend gleicher Meinung waren. Dies, obwohl wir von völlig verschiedenen Startpunkten ausgingen: er von der Linguistik bzw. Semiotik, ich von der Tierpsychologie und vom Zoo aus.

Sebeok belebte in mehreren Werken die Semiotik, d. h. die Lehre von den Signalen, neu und hat als Begründer der Zoo-Semiotik (1972) zu gelten, d. h. der Lehre von den Signalen im zwischentierlichen Verkehr und im Verkehr zwischen Tier und Mensch. Er untersuchte also die vielseitigen Kommunikationsmittel von den optischen, chemischen, elektrischen, taktilen, akustischen, vibratorischen usw. bis zur eigentlichen Sprache. 1977 erschien sein über tausendseitiges Werk »How Animals communicate«, das er mir liebenswürdigerweise gewidmet hat, und 1980 brachte er zusammen mit seiner Frau Jean das Buch »Speaking of Apes« heraus, eine kritische Anthologie der Kommunikation zwischen Mensch und Tier. Darin ist auch mein Aufsatz enthalten »Do you speak Yerkish? The newest colloquial language with chimpanzees«, den ich vorher in der Zeitschrift »Das Tier« veröffentlicht hatte.

Yerkish ist eine von D. M. Rumbaugh (1977) erfundene, d. h. künstlich konstruierte Zeichensprache; mit Hilfe von Dias und Computer können Wunsch und Antwort des Schimpansen bzw. seines Lehrers zum Ausdruck gebracht werden. Ihr Erfinder war überzeugt, daß seine Schimpansin »Lana« (von LANguage Analogue Project) mit Hilfe dieser elektronischen Sprache über eine weit höhere Leistungsfähigkeit verfüge als die früher erwähnte Schimpansin »Washoe« mit ihrer amerikanischen Taubstummensprache.

Gespannt machte ich mich an die Lektüre von Rumbaughs Buch »Language learning by a chimpanzee«, mußte es jedoch bald völlig enttäuscht aus der Hand legen, da es sowohl vom tiergartenbiologischen als erst recht vom tierpsychologischen Standpunkt aus in mir die heftigste Kritik auslöste. Auch Rumbaugh war offensichtlich – wie alle Schimpansen-Sprachlehrer: die Gardeners, die Premacks, Lemmon und Fouts – der schlimmsten Gefahrenquelle in diesem Zusammenhang zum Opfer gefallen, nämlich dem Klugen-Hans-Fehler, d. h. der unwillkürlichen Zeichengebung durch den Versuchsleiter und der verfehlten Interpretation der tierlichen Antworten – ein Thema, über das ich mir seit Jahrzehnten (zum Beispiel 1951, 1954, 1967, 1974, 1976, 1980) Gedanken gemacht hatte.

Sebeok und ich waren überzeugt, daß alle diese Versuche wesentlich an einer ungenügenden Ausschaltung unwillkürlicher Zeichengebung, also am Klugen-Hans-Fehler krankten, mit dem offenbar keiner der Experimentatoren genügend vertraut war, um ihn völlig auszuschalten. Bekanntlich sind viele Tiere die besseren und schnelleren Beobachter als der Mensch, weil ihre Sinnesorgane leistungsfähiger und ihre Reaktionszeiten kürzer sind als die menschlichen. Sehr oft merkt das (höhere) Tier, besonders wenn es mit seinem Gegenüber vertraut ist, was der Mensch von ihm will und reagiert entsprechend. Der Experimentator glaubt dann, das Tier habe auf die ihm laut Protokoll gestellte Aufgabe reagiert, während es sich in Wirklichkeit lediglich nach den oft minimen – unbewußten und nicht kontrollierbaren – Ausdruckserscheinungen gerichtet hat.

Dieser Tatbestand wird als Kluger-Hans-Fehler (Clever Hans Phenomenon) bezeichnet. Vor dem Ersten Weltkrieg schrieb man in Berlin einem

Pferd, eben dem »Klugen Hans«, die Fähigkeit zu, zu sprechen, zu denken, zu rechnen, zu spaßen und zu philosophieren wie ein Mensch. Das Pferd gab seine Antwort durch Klopfzeichen mit den Hufen; jedem Buchstaben des Alphabetes war eine Zahl zugeordnet, so daß sich das Pferd der »Klopfsprache« bedienen konnte.

Nach dem offiziellen Gutachten von

Gegen Ende meiner Beobachtungen im Zoo beschäftigte ich mich mit einem neuen Aspekt der Dressur, nämlich mit der »Dressur durchs Gitter« oder über den Graben hinweg oder – bei Delphinartigen – durch die Land-Wasser-Grenze, also in Situationen, bei denen es zu keinem direkten Kontakt zwischen Mensch und Tier kommen kann. Elefantenpfleger Ruedi Tanner befiehlt seinem Elefantenbullen »Maxi« nur mit Worten und Gesten, sich aufzurichten.

In einer anderen Übung hebt der Elefant Fuß und Rüssel und bezeugt damit, daß er die Befehle, die mit starkem Affekt gegeben werden müssen, verstanden hat. Die Tiere interpretieren dabei den menschlichen Ausdruck oft in verblüffender Weise – nicht nur bei der Dressur, sondern auch im wissenschaftlichen Experiment, ganz besonders bei Sprachübungen mit Menschenaffen.

»Maxi« ist auf Befehl etwas zurückgetreten, so daß sein Pfleger ihm ein Stück Holz zuwerfen kann.

»Maxi« apportiert das zugeworfene Holz und übergibt es seinem Pfleger. Ein direkter Kontakt hat auch hier nie stattgefunden.

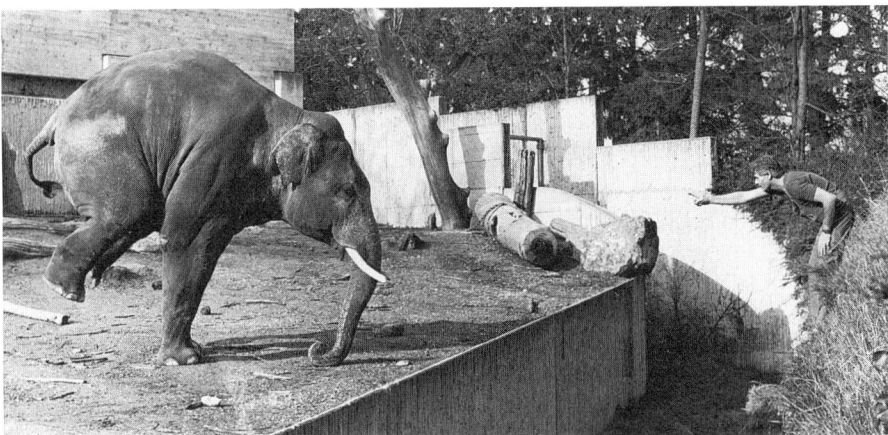
Auch das Stehen auf den Vorderbeinen wird vom Elefanten auf ein bloßes verbal-gestisches Kommando hin ausgeführt. Dabei spielt der menschliche Ausdruck eine hervorragende Rolle. Foto-Serie Jürg Klages

Otto Pfungst (Psychologisches Institut der Universität Berlin) hatte der »Kluge Hans« nichts anderes gelernt, als (nachdem die Frage gestellt worden war) auf ein bestimmtes Zeichen hin mit dem Klopfen zu beginnen. Unwillkürliche Zeichen des Lehrers, die oft nur 1/5 mm Ausschlag hatten, veranlaßten den »Hans«, im richtigen Moment mit Klopfen aufzuhören, worauf er eine Belohnung erhielt. Es handelte sich also bei diesem Zählen, Rechnen, Sprechen, Philosophieren usw. durchwegs um Scheinleistungen (näher ausgeführt in »Tiere verstehen« 1980 und 1984).

Da diese außerordentliche Fehlerquelle eigentlich in jedem Tierexperiment eine bedeutende Rolle spielen kann – und nach Sebeoks und meiner gemeinsamen Überzeugung bei den verschiedenen Sprachexperimenten mit Menschenaffen eine entscheidende Rolle spielte – entschloß Sebeok sich, eine Tagung der New York Academy of Sciences zu organisieren mit folgendem Thema: »The Clever Hans Phenomenon: Communication with Horses, Whales, Apes and People«. Mir kam dabei die Aufgabe zu, den einleitenden Vortrag zu halten über »The Clever Hans Phenomenon from an Animal Psychologist's Point of View«. Die Vorträge dieser Tagung sind als Band 364 der Annals of the New York Academy of Sciences 1981 veröffentlicht worden.

In der Welt der Tierexperimente, besonders auch der Sprachexperimente mit Menschenaffen, geht das Gespenst des Klugen-Hans-Fehlers immer noch um und entstellt zuweilen die Versuchsresultate in grotesker Weise – in unserer Zeit eigentlich eine ungeheure Erscheinung. Sie ist wesentlich darauf zurückzuführen, daß kaum einer der heutigen Experimentatoren sich die Mühe nimmt, nachzuforschen, was eigentlich vor einem Menschenalter mit dem »Klugen Hans« passiert ist oder auch nur das offizielle Gutachten von Otto Pfungst aus dem Jahre 1907 aufmerksam zu lesen. Diese Lektüre sollte aber für jeden, der wissenschaftlich mit Tieren arbeitet, zur Pflicht gemacht werden.

Das Gutachten von Otto Pfungst ist bis auf den heutigen Tag nie genau überprüft worden, obwohl es nach Ansicht des Autors Mängel enthält und nach meiner Meinung auch schwere Fehler. So wursteln Tierexperimentatoren ungestört weiter durch die Jahrzehnte und verwenden aus dem Gutachten vom Hörensagen oder aus indirekten Quellen das, was ihnen zusagt, und klammern die darin enthaltenen, für sie unbequemen Fragen stillschweigend aus. So geht der wissenschaftliche Skandal weiter. Seit Jahrzehnten verlange ich eine kritische Wiederholung der Exmperimente unter laboratoriumsmäßigen Bedingungen und unter Einsatz aller heute zur Verfügung stehenden Kontrollmöglichkeiten. Diese Forderung stellte ich erneut in meinem Akademie-Vortrag in New York – wiederum ohne jedes Echo, obgleich diese kritische Überprüfung sozusagen überall und mit bescheidenem Aufwand durchgeführt werden könnte.

Bis heute ist es daher oft schwierig oder unmöglich, klar zu entscheiden, was bei »sprechenden« Tieren Scheinleistungen und was echte Leistungen sind. Bei allen Beispielen, die ich zu sehen bekam, handelte es sich meiner Überzeugung nach nicht um Sprache, sondern lediglich um verfeinerte Reaktionen von Tieren auf direkte oder indirekte menschliche Signale, wie wir sie im Prinzip auch bei Zirkusdressuren oder etwa in der Beziehung zwischen Hund und Mensch beobachten können. In »Tiere verstehen« (1980, 1984) bin ich etwas näher auf diese Problematik eingegangen, vor allem aber auch in meinem Akademie-Beitrag (1981).

Hier soll lediglich noch ein Gesichtspunkt erwähnt werden: Selbst wenn es gelingen würde, mit Pferden, Menschenaffen, Delphinen oder anderen Tieren in direkten sprachlichen Kontakt zu treten – was sollten sie uns denn erzählen, da sie sich doch nicht für das interessieren, was wir der Literatur oder den Medien entnehmen, was unsere Kultur im weitesten Sinne ausmacht, was Politik, Sport, Beruf, Arbeit, Technik, Forschung, Religion betrifft? Was bliebe dann noch? Sehr wenig, besonders wenn wir bedenken, daß dem Tier die Zukunft und weitgehend auch die Vergangenheit verschlossen sind; es lebt wesentlich in der Gegenwart. Als allfällige Themen blieben die Bedürfnisse des Tages, der soziale und sexuelle Bereich, Speise und Trank, Spiel und Komfort, Freude und Enttäuschung und vielleicht noch ein paar andere Punkte. Ich schloß meine Ausführungen mit einem Zitat des britischen Biologen J. B. S. Haldane aus einem Vortrag, den er 1954 an der Sorbonne in Paris gehalten hatte: Wenn ein Kind zu seiner Mutter sagt: »Ich bin hungrig« oder »ich möchte schlafen«, dann ist es noch ein Tier. Wenn es aber sagt: »Heute morgen habe ich das und das getan«, dann beginnt es, ein Mensch zu sein.

Nach der äußerst anregenden Tagung ließ ich mir in New York noch ein paar Tage Zeit, um einige Einladungen anzunehmen und mit Thomas Sebeok und dem Semiotiker Paul Buissac von der Universität Toronto den Ringling-Barnum-Bailey-Zirkus zu besuchen. Natürlich besuchte ich auch Museum und Zoo. Selbst der abbruchreife Central Park Zoo lockte mich erneut, besonders das kleine Gorillamädchen »Patty Cake«, das ich 1973 kurz nach seiner Geburt dort fotografiert hatte. Wie durch ein Wunder hatte die Kleine überlebt, nachdem sie – unterernährt, stark verwurmt und mit einem gebrochenen Arm – im Tierspital des Bronx Zoo gesund gepflegt worden war. Jetzt war sie bereits größer als ihre Mutter.

Im Herbst 1982 wurde der Tierbestand des Central Park Zoo aufgelöst und in alle Welt zerstreut; einige Tiere gelangten bis nach Polen und Spanien, der Großteil jedoch in den Bronx Zoo. So war mein Besuch im Anschluß an die Kluge-Hans-Tagung in New York 1980 sozusagen ein Abschiedsbesuch.

Meine nächste Station war Atlanta, wo ich im Yerkes Regional Primate Center der Emory Universität die berühmte Schimpansin »Lana« kennenlernen wollte, die erste, welche die Computersprache »Yerkish« beherrschte.

Bei meiner Ankunft befand sich »Lana« jedoch bereits in einer Art Ruhestand. Sie konnte, wie zu erwarten war, nach Erreichen der Geschlechtsreife nicht mehr für Experimente verwendet werden und wurde daher einem passenden Männchen beigesellt. Mit diesem lebte sie in einem Käfig, wie die 180 anderen Schimpansen, die dort der Wissenschaft dienen. D. M. Rumbaugh und seine Frau arbeiteten damals mit zwei anderen, jüngeren Schimpansen, »Sherman« (5) und »Austin« (4). Auch sie bedienten sich der Yerkish-Computersprache, d. h., sie drückten auf kleine Dias mit verschiedenen Symbolen, um zum Beispiel eine Banane oder Orange, ein Coca Cola oder ein Werkzeug zu verlangen. Beide beherrschten etwa zwei Dutzend solcher Signale und konnten sich mit dieser Methode auch untereinander verständigen.

Der Direktor des Primate Center, Dr. King, war so liebenswürdig, mir unter der Führung von Frau Dr. Tigges die Besichtigung der mich interessierenden Abteilungen zu bewilligen. Im Gegensatz zu »Washoe« seinerzeit waren »Sherman« und »Austin« aber keineswegs erfreut über mein Erscheinen und begannen sofort zu toben, so daß man sich nicht verständigen konnte

Alt und neu vor der New Yorker Skyline: links historischer Käfig im alten Central Park Zoo, unten Japanmakaken-Anlage mit gedecktem Besuchergang im neuen Central Park Zoo.
Fotos
Dr. Christian R. Schmidt

und an ein normales Arbeiten an ihren Apparaten nicht zu denken war. Ich mußte mich wieder zurückziehen.

Nicht nur die Schimpansen, sondern auch ihre Lehrmeister, die Rumbaughs, legten offensichtlich keinen Wert auf fremde Besucher, was ich durchaus verstehe. Es kommt in solchen Fällen oft zu einem »Vorführungseffekt«, d. h., durch fremde Beobachter fühlen sich die Tiere abgelenkt, gestört und gereizt und verhalten sich dann nicht normal. Mir selber ist dieser Effekt von meinen jahrelangen Demonstrationen im Zoo wohlbekannt. Man kann ihn unter Umständen bis zu einem gewissen Grade einkalkulieren und sozusagen auffangen. Für die Rumbaughs wäre es beispielsweise ein leichtes gewesen, für Besucher einen kleinen Raum mit Einwegglas einzurichten, doch waren sie – wie viele ihrer Kollegen – an fremden

Central Park Zoo einst und jetzt: links kahle Gorillakäfige, unten biologisch eingerichteter Flugraum in der »Tropic Zone«.
Fotos
Dr. Christian R. Schmidt

Zuschauern gar nicht interessiert. Die beiden Forscher haben eine ausführliche Darstellung ihrer Arbeit mit »Sherman« und »Austin« im gleichen Band der »Annals of the New York Academy of Sciences« veröffentlicht, in dem auch mein Kluger-Hans-Vortrag enthalten ist (364, 1981).

Die Bemühungen um die Etablierung eines Sprachkontaktes mit Menschenaffen wurden u. a. auch deshalb kräftig gefördert, weil man sich mit solchen Erfahrungen neue Zugänge zur Verständigung mit zurückgebliebenen und hirngeschädigten Kindern erhoffte. Doch sind die Rumbaughs am Schluß ihres bereits zitierten Buches »Language learning by a chimpanzee« (Lana) 1977 wesentlich zurückhaltender geworden als am Anfang. So heißt es auf Seite 306: »Es scheint nicht wahrscheinlich, daß die spontanen Prozesse normaler Sprachbeherrschung von normalen Kindern aufgeklärt werden können durch Sprachuntersuchungen an Menschenaffen. Außerdem scheint es unwahrscheinlich, daß Mensch und Menschenaffe ausgedehnte, vertiefte Konversation über verschiedene vom Menschen gewählte Themen haben können. Der Menschenaffe ist nicht Mensch.« Dem kann ich nur zustimmen.

In Amerika gab es damals (1980) noch andere Menschenaffen, von denen behauptet wurde, sie könnten mit Menschen in sprachlichen Kontakt treten. Ein besonders prominenter war das Gorillaweibchen »Koko«. Von ihm hieß es, es sei dreisprachig, d. h., es verstehe Englisch, bediene sich (wie »Washoe«) der Taubstummensprache und bis zu einem gewissen Grade des Yerkish, also der Computersprache. Dieses Unikum durfte ich mir auf meiner Suche nach sprechenden Tieren auf keinen Fall entgehen lassen!

»Koko« war am 4. Juli 1971 im Zoo von San Francisco geboren worden, war jedoch untergewichtig und von einer Darminfektion befallen, so daß sie in eine Universitätsklinik in Pflege gegeben werden mußte und dann von Direktor Ron Reuther in seinem Haushalt betreut wurde.

Ungefähr ein Jahr später wurde »Koko« ihrer neuen Pflegemutter, Francine Patterson, anvertraut, welche das Baby an die Stanford Universität brachte und dort in den folgenden sechs Jahren zum Gegenstand ihrer Dissertation »Linguistic Capabilities of a Lowland Gorilla« machte. Dieses über 350 Seiten umfassende Werk brachte der Autorin 1979 den Doktortitel ein. Merkwürdigerweise fehlt im Literaturverzeichnis das methodologisch in diesem Zusammenhang besonders wichtige Gutachten von Otto Pfungst von 1907 über den »Klugen Hans«, obgleich eine neue amerikanische Übersetzung vorlag. So kam Francine Patterson zum Schluß, daß »Koko« im Verlaufe von sechs Jahren ein Vokabularium von gestischen Worten in der »American Sign Language (Ameslan)« erwarb, welches sie verwendete, um mit ihren menschlichen Freunden in eine Zweiweg-Kommunikation zu treten.

Im Vorwort ihres 1981 zusammen mit Eugene Linden veröffentlichten Buches »The Education of Koko« heißt es noch deutlicher: »Koko ist die erste ihrer Art, welche eine menschliche Sprache erworben hat. (She is the first of her species to have acquired a human language)«. Ich mußte »Koko« einfach kennenlernen! So flog ich denn von Atlanta nach San Francisco, doch war es nicht leicht, überhaupt Zugang zu finden zu Dr. Patterson und »Koko«. Es gelang mir nur dank der Vermittlung des ehemaligen Zoodirektors von San Francisco, Ron Reuther, und von Frau Dr. Eva Blum-Spitz, deren Ranch in der Nachbarschaft der mit ihr befreundeten Francine Patterson lag. Unmittelbar vor meiner Abreise aus der Schweiz hatte ich von Frau Blum einen warnenden Telefonanruf erhalten, daß ich ein Thorax-Röntgenbild und ein Gesundheitszeugnis vorlegen müsse, um zu »Koko« zugelassen zu werden. Dies war aber lediglich ein letzter Versuch, mich von »Koko« fernzuhalten. Nach beiden wurde nie mehr gefragt.

Am 18. Mai 1980 brachte mich Ron Reuther zu Mrs. Blums abgelegener Ranch. Von dort aus ging es noch einige Kilometer weiter zu einer einsamen Waldlichtung, in der »Kokos« riesiger, vergitterter Wohnwagen neben dem Häuschen von Dr. Patterson abgestellt war.

»Koko«, die inzwischen durch ausführliche Berichte im »National Geographic« Weltberühmtheit erlangt hatte, war bei meinem Besuch etwa neun Jahre alt und 90 Kilo schwer – ein Prachtsexemplar ihrer Art. Mrs. Patterson, eine zierliche, hübsche Blondine, stellte mich »Koko« in Zeichensprache vor und gab nach einer Weile das Einverständnis, daß ich zunächst ihren Wohnwagen betreten dürfe. Bald darauf öffnete sie das trennende, schwere Eisengitter, so daß »Koko« und ich uns richtig begrüßen konnten. Es ist auch für einen Ex-Zoodirektor ein etwas eigentümliches Gefühl, plötzlich einem fremden, 90 Kilo schweren Gorilla gegenüber zu stehen! Aber »Koko« war sehr liebenswürdig, und wir unterhielten uns bald sehr lebhaft – auf englisch und auf schweizerdeutsch bzw. auf Ameslan – über ihre Spielzeuge. Ich hatte ihr ein kleines Plüschnashorn mitgebracht, nachdem man mir den Tip gegeben hatte, daß »Koko« sich über Gastgeschenke freue; es hat aber keine weitere Beachtung gefunden.

Mitunter hängt sich »Koko« mir an die Schulter oder setzte sich auf meinen Schoß – ein stattliches Gewicht! Nach einer Weile aber signalisierte sie Miss Patterson, daß sie einen kleinen Ausflug machen wollte. Ich verließ also den wohnlichen Käfig so höflich wie möglich, und Miss Patterson führte »Koko« ins Freie, nachdem sie – sozusagen symbolisch – eine lange Longe an ihrem Fuß befestigt hatte. »Koko« spielte zunächst im Gras und kletterte dann auf die umstehenden Bäume, die Longe zeitweise hinter sich her ziehend, also völlig frei. Die Art und Weise, wie die kleine Frau den mächtigen Gorilla »in der Hand« hatte, war für mich äußerst beeindruckend, ja das Haupterlebnis dieser Begegnung. Sie gab keine eigentlichen Befehle, sondern sozusagen im gegenseitigen Einverständnis begab sich »Koko« nach einer Weile wieder in ihr Heim, den Wohnwagen.

Ich glaube gerne, daß jemand, der sich seit Jahren täglich zehn oder mehr Stunden mit »Koko« beschäftigt – oft wird »Koko« auch ins Privathaus eingeladen – weit mehr an Signalen und hauptsächlich an Ausdruck dieses Menschenaffen wahrnimmt und sie besser zu interpretieren vermag als ein Außenstehender. Ich räume auch ohne weiteres ein, daß »Koko« viele Objekte und Handlungen mit Namen, d. h. mit bestimmten Zeichen, belegt und zwei oder drei solche Signale sinnvoll aneinanderfügt, also ganz kurze Wortreihen bildet – doch ist dies meiner Meinung nach noch längst keine Sprache, sondern es sind eben Dressurzeichen. »Koko« soll damals 600 Wortzeichen beherrscht haben.

Wenn ich hier wieder an das Pidgin-Englisch denke, jene nur 60 Wörter umfassende, äußerst einfache Sprache, die ich ein halbes Jahrhundert früher in der Südsee verwendete, so wird mir erneut klar, welch ungeheure Diskrepanz besteht zwischen dem gewiß ansehnlichen Kommunikationsvermögen von »Koko« (und den übrigen sprechenden Menschenaffen) einerseits und dem Pidgin andererseits, in dem fast alles –

nicht nur Gegenwärtiges, sondern auch Vergangenes und Zukünftiges, Abstraktes, Gedachtes, Erlebtes, Geträumtes, Erträumtes – verständlich gemacht werden kann.

»Koko« verfügte u. a. über eine umfangreiche Menagerie von Spieltieren aus verschiedenen Materialien. Auf Aufforderung hin – sei es in Zeichen- oder englischer Wortsprache – brachte sie das verlangte Tier, zum Beispiel auch das Krokodil, das sie angeblich nicht mochte, das ihr Angst machte. Sie bezeichnete das kaum dreißig Zentimeter lange Krokodil als böse. Wie ist das möglich? »Koko« hatte doch nie ein ausgewachsenes Krokodil zu Gesicht bekommen! Wie wird sie das von mir mitgebrachte Nashorn in ihre Umwelt einbauen? »Koko« kennt ja den Begriff Nashorn nicht. Man kann ihr aber selbstverständlich beibringen, daß dieses haarige Ding »Rhino« heißt und böse oder lieb ist – genau wie beim Krokodil.

Im Laufe meines Aufenthaltes wurden mir Beispiele von »Kokos« angeblichen Sprachkenntnissen vorgeführt. Ihre Lehrmeisterin und deren Mitarbeiter waren überzeugt, daß sie mit ihr schlechthin über alles sprechen konnten, zum Beispiel auch über Geburtstag, Weihnachten oder Tod – nicht nur über Essen und Trinken, obwohl »Koko« auf die Frage von Francine Patterson, was Gorillas am liebsten tun, einmal antwortete: Gorilla love eat good (Gorilla lieben gut essen).

In einer Nummer der Zeitschrift »Gorilla« (Dezember 1983), in der laufend über »Kokos« Sprachkenntnisse berichtet wird, ist eine ausführliche Konversation einer Mitarbeiterin (Barbara Hiller) mit »Koko« wiedergegeben, von der hier ein kurzer Auszug folgt; dabei redet Barbara englisch, während »Koko« ihr jeweils in Zeichensprache antwortet (von mir ins Deutsche übersetzt).

Barbara: Kannst du dir ein Tier vorstellen, das eine lange Nase hat?
Koko: Gorilla, ich.
Barbara: Nein, Gorillas haben kurze Nasen.
Koko: Nase Clown.
Barbara: Clowns haben große Nasen, aber sie sind keine Tiere.
Koko: Schwein.
Barbara: Schweine haben ziemlich lange Nasen, aber Elefanten haben wirklich lange Nasen.
Koko: Elefant.
Barbara: Welchen Körperteil brauchst du zum Hören?
Koko: Ohren.
Barbara: Was sagst du, wenn du von den Fragen genug hast?
Koko: Mühe fertig.
Barbara: OK, das ist gut. Ich dachte »genug«.
Koko: Genug.
Barbara: (gähnt) Koko, ich bin müde.
Koko: Schlafe lip. (lip oder lip-stick heißt in »Kokos« Sprache auch Frau).
Barbara: Danke schön. Was machst du, wenn ich schlafe?
Koko: Ich neugierig.

In dem zitierten Buch von Patterson und Linden (1981) sind zahlreiche Dialoge mit »Koko« wiedergegeben, zum Beispiel (S. 186):

Barbara: Was erschreckt Gorillas?
Koko: Hut, Hund.
Barbara: Hüte und Hunde erschrecken Gorillas?
Koko: Gorilla.
Barbara: Was sagen Gorillas, wenn sie müde sind?
Koko: Gorillas schlafen.
Barbara: Du bist sehr gescheit. Sind alle Gorillas gescheit?
Koko: (gibt keine Antwort)

Barbara:	Sind Gorillas gescheit oder dumm?
Koko:	Gescheit Koko.
Barbara:	Was hassest du?
Koko:	Liebe, lieb (love).
Barbara:	Das ist nett, du liebst alles?
Koko:	Bonbons, Früchte.

Ein anderer Dialog mit der Mitarbeiterin Maureen (S. 191) lautet:

Maureen:	Wo kommen Gorilla-Babies her?
Koko:	Koko.
Maureen:	Wo in Koko kommen Babies her?
Koko:	(zeigt auf ihren Bauch)
Maureen:	Du bist ein gescheiter Gorilla.

Bei einer anderen Gelegenheit wurde »Koko« aufgefordert, aus vier vorgelegten Bildern von Tierskeletten dasjenige des Gorilla-Skeletts auszuwählen. Dazu entspann sich folgender Dialog:

Maureen:	Um sicher zu sein, ist dieser Gorilla lebend oder tot?
Koko:	Tot, good bye.
Maureen:	Wie fühlen sich Gorillas, wenn sie sterben – glücklich, traurig oder ängstlich?
Koko:	Schlaf.
Maureen:	Wohin gehen Gorillas, wenn sie sterben?
Koko:	Komfortables Loch.

Diese Beispiele dürften genügen, um darzutun, daß wir es hier mit einem völligen Rückfall in den Klugen-Hans-Fehler zu tun haben, mit Scheinleistungen schlimmster Art, die dadurch entstehen können, daß sich Experimentator und Versuchstier unmittelbar beieinander befinden, so daß das Tier den menschlichen Ausdruck uneingeschränkt wahrnimmt. Hinzu kommt, daß die Antworten des Tieres oft völlig unklar und vieldeutig sind, so daß immer irgendein Sinn hineingelesen werden kann. Hier finden die von Otto Koehler geforderten Sicherheitsmaßnahmen, die ich in »Tiere verstehen« (S. 143) ausführlich dargestellt habe, nicht die geringste Beachtung, vor allem nicht die wichtigste Forderung: »Während des Versuches hat jeglicher Kontakt zwischen Versuchsleiter und Tier strengstens zu unterbleiben; das Tier soll sich selbst frei entscheiden; Versuchsleiter, die das nicht wollen oder nicht können, sind schonungslos auszuschalten.« Die Fehlerquellen sind enorm!

So brachte mir meine Wallfahrt zu »Koko« dieselbe Enttäuschung wie meine vorausgegangenen Reisen zu angeblich sprechenden Tieren, einschließlich der Delphine (1980). Viele Tiere, auch wirbellose wie etwa die Bienen, verfügen zwar über Kommunikationssysteme von überraschender Vielfalt und Feinheit; aber ich muß heute die Ansicht maßgebender Linguisten wie Thomas Sebeok u. a. teilen, daß die menschliche Sprache etwas Einmaliges darstellt und sich von tierlichen Verständigungsmöglichkeiten nicht ableiten läßt.

Tief beeindruckte mich jedoch die Art und Weise, wie Francine Patterson ihre »Koko« zu führen vermochte, die ihr an Kraft und Wehrfähigkeit weit überlegen war. Hier handelt es sich in der Tat um eine außerordentliche Harmonie und eine gegenseitige Verständigungsmöglichkeit, die nicht auf einer »Sprache«, sondern wesentlich auf der Interpretation von Ausdruckserscheinungen und auf biologischem Einfühlungsvermögen beruht, nicht so sehr auf einer intellektuellen als auf einer gefühlsmäßigen, weitgehend auch unbewußten Basis. Dieses Phänomen –

schwer exakt greifbar – wäre einer wissenschaftlichen Untersuchung würdig. Sie ist längst fällig und würde uns im Bestreben nach einem besseren und tieferen Verstehen der Beziehungen zwischen Tier und Mensch wohl weiter bringen als die mit großem Aufwand betriebenen Institute, welche in die Illusion einer direkten sprachlichen Verständigung investieren.

Nach dem eindrucksvollen »Koko«-Erlebnis, für das ich allen Helfern herzlich danke, verweilte ich noch einige Tage in San Francisco, wo mich seit meinem ersten Besuch 1951 u. a. die Fishermans Wharf faszinierte, jener in erster Linie auf Touristen und Freizeit-Matrosen ausgerichtete Teil der riesigen Hafenanlage. Darin hatten es mir nicht nur die vielen Meerestiere angetan, die täglich von den Fischern eingebracht wurden, sondern eine Schaubude ganz besonderer Art mit dem Namen »Believe it or not«, eine Art mittelalterliches Gruselkabinett mit einer Folterkammer, einem Gespensterraum, dem Bild eines Mannes, der mit Hilfe eines Spiegels den ganzen Kontinent rückwärtsgehend durchwandert haben soll, und ähnlichen Dingen.

In diesem Kuriositätengemisch interessierte mich besonders die Nachbildung eines lächelnden Mädchens, auf dessen ausgestreckten Armen und Hut sich allerlei Vögel gesetzt hatten. Ein Begleittext orientierte den Betrachter, daß dieses Mädchen vor etwa hundert Jahren in einem kleinen französischen Dorf gelebt und die Fähigkeit besessen habe, »mit den Vögeln zu sprechen«, so daß diese sich ihm ohne Scheu näherten und sich sogar auf ihm niederließen. Dieses Motiv, das auch in einigen Heiligenlegenden zu finden ist – zum Beispiel beim hl. Gallus oder bei Franz von Assisi – ist von brennendem tierpsychologischem Interesse. Ich zweifle nicht daran, daß es Menschen gibt, die ein besonderes Flair haben, mit Tieren umzugehen (zum Beispiel auch mit bissigen Hunden und widerspenstigen Pferden), oder die in der Lage sind, die Fluchtreaktion von wilden, freilebenden Tieren nicht aufkommen zu lassen, so daß nahe Kontakte und sogar Berührungen möglich werden.

Aus Äthiopien liegen mir glaubhafte Berichte vor über Eingeborene, die solchen Kontakt mit Hyänen hatten, aus Zentralafrika wurden »heilige Krokodile« und Schlangen beschrieben, die auf Anruf ihrer Betreuer herankamen. Nur beim Kongolesen, der uns im Ngorongoro-Krater von den lästigen Bienen befreien sollte und auf dessen »Gespräch« mit den Bienen ich so gespannt war, klappte es nicht. Auch im Zoo und im Zirkus bin ich gelegentlich auf Menschen gestoßen, die sofort positive Beziehungen zu Tieren herzustellen vermochten. Hier ist jedenfalls ein Phänomen, das noch näher zu untersuchen wäre, und ich hatte mir vorgenommen, bei Gelegenheit das Dorf des Vogelmädchens in Frankreich aufzusuchen und dort zu recherchieren.

Es gelang mir jedoch nicht, ein Dorf mit dem angegebenen Namen zu finden, und inzwischen ist das ursprüngliche Gruselkabinett in der Fishermans Wharf völlig umgestaltet worden. Das Vogelmädchen ist daraus verschwunden, und die Believe-it-or-not-Schau ist inzwischen zu einem Teil eines Großunternehmens mit Filialen in ganz Amerika und sogar in Kanada, England und Dänemark geworden.

Im Sommer 1981 erhielt ich überraschend eine Einladung vom National Zoo in Washington D.C., also von der Smithsonian Institution, dort in einem dreiköpfigen Komitee mitzuwirken, welches die Öffentlichkeitsarbeit dieses in starkem Wachstum begriffenen Zoos überprüfen und neue Anregungen vermitteln sollte. Es handelte sich also um ein Thema, mit dem ich mich während Jahrzehnten beschäftigt hatte, vorwie-

Zu den elementarsten Aufgaben der Tiergartenbiologie gehört eine hinreichende Information des Publikums über die ausgestellten Tiere. Ein großer Tierpark vor den Toren der Stadt Zürich begnügte sich noch im Jahre 1984 damit, den Besuchern weiszumachen, daß Elche (und Wisente auch) »sehr angriffig« seien.

gend theoretisch allerdings, da ich mich in der Schweiz während meiner Amtszeit vergeblich um einen Zoolehrer, einen Zoohörsaal, bessere Fernsehsendungen und intensivere Forschung bemüht hatte.

Da der amerikanische National Zoo in bezug auf »Education« (Öffentlichkeitsarbeit, Belehrung des Publikums, Zooschule usw.) anerkanntermaßen bereits in vorderster Linie stand, war es nicht ganz einfach, die bestehenden Einrichtungen zu verbessern und zu ergänzen. Den betreffenden Abteilungen unterstanden Gruppen von Spezialisten mit großzügigen Budgets und Arbeitsmöglichkeiten. So verfügte zum Beispiel das Office of Graphics and Exhibits, das u. a. für Namensschilder und Orientierungstafeln verantwortlich war, im Jahre 1981 über ein Budget von 387 000 Dollar mit eigenen Grafikern, Fotografen, Werkstätten, Druckerei und Handwerkern!

Den Klassen der jüngsten Schüler diente ein kleines Puppentheater, während ein Stab von Zoolehrern und -lehrerinnen sich der größeren Kinder in Schulräumen annahm. Sie ließen sie etwa verschiedene Vogelfedern, Eier, Zähne, Fellstücke und andere Naturalien in die Hand nehmen und gaben Erklärungen dazu ab. Für höhere Schulklassen und Besuchergruppen jeder Art standen entsprechend ausgebildete Führer zur Verfügung. Das Department of Zoological Research pflegte die Beziehungen zu Studenten und wissenschaftlichen Instituten. Eine zoointerne Zeitung, der monatlich erscheinende »Tigertalk‹,› wurde vom Office of Public Affairs betreut.

Wie bei jeder sich bietenden Gelegenheit empfahl ich auch in diesem Zusammenhang die Schaffung eines Zoomuseums, das auf der ganzen Welt noch nicht existiert und das in alten Tierräumen gegenständlich und bildlich (mit Modellen, Plänen, Akten usw.) einen Begriff von den entschwundenen Menagerien und ihrer Tierhaltung im vergangenen Jahrhundert vermitteln sollte.

In Verbindung damit könnte eine »tiergartenbiologische Sammlung« eingerichtet werden, wie ich sie im Zürcher Zoo angefangen habe, aber nicht durchsetzen konnte. Hier wären Objekte unterzubringen, die noch kein Museum zeigt, wie zum Beispiel Fremdkörper aus den Mägen der daran gestorbenen Tiere – Reste von Brillen, Handtaschen, Mappen, Schirmen usw., welche ungezogene oder unvorsichtige Besucher zum Necken von Tieren benutzen oder einfach in Käfige und Gehege fallen lassen – aber auch Gitter und Eisenstäbe, die von Tieren demoliert wurden, und tausend andere Gegenstände, welche für die Einschätzung des Publikums und der Tiere wertvoll sein können und damit auch für Einzelheiten technischer Einrichtungen in Zoos.

Zu meinen weiteren Empfehlungen gehörte auch die der monatlichen Zusammenkunft mit interessierten Journalisten in Form eines Pressecocktails, ferner ein kurzer wöchentlicher Fernsehbeitrag »3 Minuten Zoo«. Außerdem legte ich den Ausbau einfacher, biologischer Dressurübungen und Vorführungen nahe, die sich bisher – wie in den meisten Zoos – auf Menschenaffen, Elefanten und Robben beschränkten, mit genügend Personal aber auch auf Huftiere und sogar auf gewisse Vögel, zum Beispiel Marabus, ausgedehnt werden könnten.

Während meiner Tätigkeit im Washington Zoo wurde mir auch Gelegenheit geboten, die fast 13 Quadratkilometer umfassende Außenstation Front Royal in Virginia zu besichtigen, wo ohne Zutritt von Publikum u. a. Kleine Pandas, seltene Kraniche und Antilopen, Leierhirsche, Onager, Baumkänguruhs, Brasilianische Waldhunde, Bali-Stare und andere gefährdete Tiere lediglich um der Arterhaltung und wissenschaftlichen Erforschung willen gezüchtet werden.

In Front Royal wurde mir auf Veranlassung von Direktor Ted Reed ein einfaches Experiment vorgeführt, das zu den eindrücklichsten meines Lebens gehört und deswegen hier kurz geschildert sei. Es handelte sich um einen jungen männlichen Virginia-Hirsch, der von Hand aufgezogen worden war und in einem kleinen Nebengehege gehalten wurde. Der Spießer verhielt sich genau gleich wie ein handaufgezogener, auf Menschen geprägter Rehbock: Er griff sofort an, wenn man zu ihm ins grasbewachsene Gehege trat, und fuhr einem mit dem Geweih kräftig gegen Bauch und Beine. Diese lästigen Angriffe ließen sich augenblicklich stoppen, wenn es gelang, sich in einem günstigen Moment vorzubeugen und mit der Hand Gras abzurupfen. Offensichtlich ist im Umgangszeremoniell dieser Hirschart die Gebärde des Grasrupfens (mit dem Äser) das Zeichen des Kampfabbruchs. Beim vertierlichten Menschen kann dieses Signal anstatt mit dem Maul auch mit der Hand gegeben werden; wichtig scheint also vor allem die Rupfbewegung und vielleicht das damit verbundene Geräusch zu sein. Die Reaktion verlief geradezu automatenhaft und erinnerte mich an die von mir (1979, S. 256) beschriebene Situation mit dem Riesenkänguruhbock, der – auf den muskulösen Schwanz gestützt – mit den Hinterläufen auf seinen menschlichen Partner einschlug, solange dieser aufrecht vor ihm stand (was für ihn Kampfstellung bedeutete), aber sofort friedlich wurde, wenn man in die Hocke ging.

Auch im folgenden Jahr, 1982, wurde ich noch einmal in die USA gerufen, diesmal nach Indianapolis, wo der 1964 eröffnete, eher bescheidene Zoo durch einen »Zoo der Zukunft« ersetzt werden sollte. Zu diesem Zweck wurde ein internationales Symposium von neun Experten und zahlreichen Gästen einberufen, darunter der ehemalige Direktor des Zoos von St. Louis, Marlin Perkins, George B. Rabb, Direktor des Brookfield Zoos (Chicago), Murray Newman, Direktor des Vancouver Aquariums, und Robert Beninder, Autor des berühmten Buches »The Fall of the Wild, the Rise of the Zoos«. Bei diesem Anlaß wurden die allgemein geltenden Zoorichtlinien bestätigt und die Naturschutzaufgabe (Conservation) an die erste Stelle der Zielsetzung gerückt.

Ich selber versuchte in einem einleitenden Vortrag, verschiedene tiergartenbiologische Anregungen und Vor-

Erst ein halbes Jahrhundert nach meinen ersten entscheidenden Kontakten mit einem Opossum bekam ich 1982 im Zoo von Indianapolis wieder Gelegenheit, ein solches Beuteltier in der Hand zu halten. Allerdings handelte es sich um eine andere Art: Didelphys virginiana. Dieses etwas verfettete Exemplar »Otis« wurde dort oft am Fernsehen gezeigt. Foto Frank Fisse

schläge zu machen, u. a. auch den, das Publikum schon im Eingangsbereich durch entsprechende technische Einrichtungen, Kernworte, Kurztexte, Grafiken usw. nicht nur auf die zu erwartenden Zebras und Affen, Elefanten und Löwen hinzuweisen, sondern auch darauf, daß in einem Zoo viele Formen des Lebens schlechthin zur Darstellung gelangen. Vielleicht wäre es möglich, in einer ruhigen Eingangszone dem Besucher den Gedanken Albert Schweitzers von der Ehrfurcht vor dem Leben in all seiner Vielfalt in unaufdringlicher Weise mit auf den Weg zu geben und ihn – wenn auch unterschwellig – merken zu lassen, daß er nicht einen Luna-Park betritt.

Eine große Genugtuung brachte mir das Jahr 1982 auch insofern, als neben der bisher einzigen Zoo-Fachzeitschrift »Der Zoologische Garten« in Amerika eine zweite ins Leben gerufen wurde, unter dem Titel »Zoo Biology«, was gleichbedeutend ist mit Tiergartenbiologie.

Der Begründer dieser neuen wissenschaftlichen Zeitschrift war Dr. Terry L. Maple, ein Zoologe von umfassender Ausbildung und außerordentlicher Initiative. Als Direktor des in steilem Aufstieg begriffenen Zoos von Atlanta führte er im Vorwort zur ersten Nummer aus, daß er die Anregung dazu besonders durch meine beiden Bücher »Wild Animals in Captivity« (1950) und »Man and Animal in the Zoo« (1969) erhalten habe. In diesen beiden Büchern wurde in der Tat die Tiergartenbiologie als ein neuer Zweig am Baum der biologischen Wissenschaften begründet.

Diese beiden Bücher waren sehr erfolgreich und fanden überall ein ausgezeichnetes Echo – mit einer Ausnahme. Auch diese scheint mir erwähnenswert, denn sie gehört mit in die Tiergartenbiologie im weitesten Sinne, umfaßt diese doch definitionsgemäß auch Menschen und Menschliches im Zoo.

Die einzige negative Besprechung, ja einen eigentlichen Verriß, erfuhr mein Buch »Mensch und Tier im Zoo, Tiergartenbiologie« durch meinen Kollegen und Nachfolger als Direktor des Zoologischen Gartens in Basel, Professor Dr. E. M. Lang. Seine Buchbesprechung, die er damals (1965) im Schweizer Archiv für Tierheilkunde (Bd. 1078) unterbringen konnte, lautet folgendermaßen: »Man muß sich fragen, an wen sich dieses Buch eigentlich richtet. So viele negative Aussagen über das Zoowesen sind noch kaum zusammengetragen worden, und man bekommt den Eindruck, daß der Autor schwer unter seinem Beruf leidet, daß sich alles und jeder gegen ihn richtet und daß die ganze Umgebung nur darnach trachtet, ihm Schwierigkeiten zu bereiten. Für den Tierarzt interessant ist die Empfehlung, daß besser keine Tierärzte als Zoodirektoren gewählt werden sollten (obwohl sich unter den erfolgreichen Leitern bekannter Tiergärten in Europa und anderen Ländern erstaunlich viele Veterinäre finden) und daß die moderne Fütterung, wie sie seit einigen Jahren aus der heutigen Landwirtschaft übernommen wurde, nur gefährlich sei für Wildtiere, obschon heute die meisten Tiergärten auf diese Fütterung übergegangen sind und damit beachtliche Erfolge mit Zucht und Haltung erzielt haben. Wenn man in seiner Bibliothek ein Buch haben will, das dem am Zoo Interessierten zu 90 % sagt, wie man es nicht machen soll, und das leider verschweigt, wie die Tiergartenbiologie erfolgreich gehandhabt werden kann, dann beschaffe man sich Hedigers Werk, das zudem mit zum größten Teil schlechten, wenig aussagenden, ja makabren Fotos ausgestattet ist.«

1982 hatte ich u. a. eine kleine Veröffentlichung abgeschlossen unter dem Titel »Kuckucks-Rätsel«. Sie war das Ergebnis jahrelanger Beobachtungen und Überlegungen, zu denen ich seit unserem Umzug nach Schwerzenbach auf unzähligen Exkursionen angeregt worden war. Mit Spannung erwartete ich jedes Jahr Anfang Mai die ersten Kuckucksrufe, und immer mußte ich neu darüber nachdenken, warum dieser außergewöhnliche Vogel nicht in Afrika bleibt, sondern alljährlich die ungeheure Flugreise nach Europa und zurück unternimmt.

Die von prominenten Ornithologen oft erteilte Antwort, daß im Sommer die Tage im Norden länger und daher Futterbeschaffung und Aufzucht einer größeren Zahl von Jungen leichter seien, kann nicht befriedigen. Unser Kuckuck füttert seine Jungen überhaupt nicht, und nahe Verwandte von ihm können sich in der afrikanischen Heimat durchaus halten. Merkwürdig ist ferner, daß den Jungen nicht nur Zugdatum, sondern auch Zugrichtung, Zugroute und Zugziel bekannt, also offenbar angeboren sind. Die alten Kuckucke fliegen nämlich vor ihren Jungen ab und dienen nicht als Führer. Das Abreisedatum wird – wie bei anderen Zugvögeln – nicht etwa durch das Spärlichwerden des Futters (Insekten) bestimmt, sondern durch eine bisher reichlich mysteriöse »innere Uhr«, die den Vogel auch veranlaßt, rechtzeitig einen Futtervorrat anzulegen – einen Brennstoffvorrat, der es ihm ermöglicht, nachgewiesene Nonstop-Strecken von dreitausend Kilometern zurückzulegen.

Berühmt ist der Kuckuck wegen seines Brutparasitismus, d. h. wegen der Eigenart, seine Eier in fremde Nester zu legen und sie von anderen Vögeln (über hundert Arten) ausbrüten zu lassen. Dabei werden die Eier nicht nur in bezug auf ihre Färbung (Eimimikry), sondern auch in bezug auf ihre Größe den Eiern der Wirtseltern angepaßt. Das Kuckucksei ist viel kleiner, als es der Größe des Vogels entsprechen würde, und die Brutdauer ist kürzer als jene der Wirtsvögel, so daß der junge Kuckuck als erster ausschlüpft und so Gelegenheit bekommt, die Eier des rechtmäßigen Nestbesitzers über Bord zu werfen. Dies kann er mit Hilfe einer erstaunlichen anatomischen und verhaltensmäßigen Organisation, die nur während weniger Tage wirksam ist, so lange nämlich, als Eier des Wirtsvogels im Nest sein können.

Das Kuckuckweibchen beobachtet den Nestbau seines Wirtsvogels sehr genau und vermeidet es, sein Ei als erstes ins fertige Nest zu legen. Das könnte den Wirt stutzig machen und zum Verlassen seines Nestes veranlassen. Auch eine plötzliche Vermehrung der Eizahl könnte verdächtig wirken und zur Aufgabe des Nestes führen. Das Kuckuckweibchen unterläßt es daher nie, ein Ei des Wirtes zu entfernen, bevor es sein eigenes Ei ins fremde Nest legt. Ob dieses Wirtsei gefressen oder einfach hinausgeworfen wird, ist noch Gegenstand von Meinungsverschiedenheiten unter den Ornithologen.

Eine besonders bemerkenswerte Einzelheit im rätselvollen Leben des Kuckucks ist ferner der Umstand, daß der junge Kuckuck nicht auf seine Wirtseltern geprägt wird, wie dies eigentlich zu erwarten wäre. Als geschlechtsreifer Vogel findet er sich zur Paarung mit Artgenossen zusammen, obgleich er seine Eltern nie zu sehen bekommen hat.

Dies sind nur einige wenige der aufregenden Fragen, die sich mir jedes Jahr stellten, wenn ich die ersten Kuckucksrufe in der Umgebung unseres Häuschens in Schwerzenbach hörte. Für mich war dies jedesmal ein Erlebnis. Auch die Ankunft der Spyren (Apus apus) und anderer Zugvögel bedeutete mir ein kleines Abenteuer. Dazu kamen viele andere zoologische Erscheinungen in meinem immer kleiner werdenden Beobachtungskreis, den ich jeweils etwas erweiterte durch Ferientage im Münstertal oder in Interlaken.

Das Jahr 1983 führte meine Frau und mich nochmals in den Fernen Osten nach Taipeh, wo unser Sohn Peter nach Abschluß seines eineinhalbjährigen Aufenthaltes in Korea und nach sechs Jahren Studium an der Universität Taipeh heiratete. Das war gleichzeitig meine letzte Überseereise.

Die nahrhaften Knollen werden von Ameisen hohlgefressen, bewohnt und zur Aufzucht ihrer Brut benutzt. Sozusagen als Gegenleistung patrouillieren die Ameisen auf den stachligen Bäumchen und schützen sie vor Insekten und anderen Tieren, auch vor Schlingpflanzen, verhalten sich also ganz wie die Erzeuger echter Gallen.

Rückblick

Heute kann ich auf ein langes Leben zurückblicken – ein Leben mit Tieren aus aller Welt, in aller Welt. Ein Kindertraum hat sich erfüllt, und ich bin eigentlich zufrieden, denn mein doppelter Beruf als Forscher und Zoodirektor hat mich dem Verstehen der Tiere doch ständig näher gebracht, so nahe, als dies unter den gegebenen Umständen eben möglich war. Diese äußeren Lebensumstände waren gewiß nicht ideal, die erreichten Ziele sind höchst bescheiden, aber es erfüllt mich doch mit Genugtuung, daß ich durch die Begründung der Tiergartenbiologie zu einer Verbesserung der Lebensbedingungen der Tiere in zoologischen Gärten und zu einem besseren Verständnis ihres Wesens beitragen durfte. Die Anerkennung, die ich bei Fachleuten und Tierfreunden gefunden habe, überwiegt die Kritik. Mit mehr Mitteln hätte ich mehr erreichen können; im Rahmen meiner Möglichkeiten habe ich mein Bestes zu geben versucht.

Neben diesem sozusagen technischen Aspekt meines Berufes und meines Lebens gibt es noch einen anderen, den ich bisher in diesen Aufzeichnungen ausgeklammert habe, nämlich den weltanschaulichen, dem ich mich zum Schluß kurz zuwenden möchte. Zoodirektor ist ja nicht nur ein sehr seltener, sondern auch ein fast einzigartiger Beruf insofern, als er sich mit Tieren und Menschen, sozusagen also mit »beiden Seiten der Absperrung« zu beschäftigen hat. So steht man als Zoodirektor in fast einmaliger Weise zwischen Tier und Mensch und ist eigentlich gezwungen, über beide nachzudenken, sofern man sich solchen Gedanken nicht überhaupt verschließt.

Hinzu kommt noch, daß sich der Zoo-Zoologe, im Gegensatz zu den meisten seiner Kollegen, nicht auf eine Gruppe von Tieren konzentriert, sondern stets Vertreter der gesamten Schöpfung vor Augen hat. Die Ornithologen sind mit ihren Vögeln beschäftigt, die Entomologen mit den Insekten, die Ichthyologen mit den Fischen, die Herpetologen mit den Reptilien. Mit zunehmender Kenntnis fächern sich diese Disziplinen auf in Teilgebiete und führen zu fortschreitender Spezialisierung, die nicht selten eine Einengung des Gesichtsfeldes zur Folge hat, etwa eine Beschränkung auf Laboratoriumstiere – oder auf Teile, Zellen und Zellteile von ihnen. Der Tiergartenbiologe hingegen hat einerseits stets einen bedeutenden Teil der gesamten Tierwelt vor Augen – und andererseits den Strom von sehr verschiedenen Menschen, welche Anteil haben wollen an dieser einzigartigen Schau von Lebewesen, von Leben.

Wenn man, wie ich, jahrzehntelang dieser doppelten Sicht auf Menschen und Tiere fast täglich ausgesetzt war, ist es wohl naheliegend, daß man sich darüber einige Gedanken macht, auch einige unorthodoxe, wie ich sie zum Teil bereits in »Tiere verstehen« (1980, 1984) zum Ausdruck gebracht habe.

Man wird mir kaum vorwerfen können, ich sei ein weltfremder Stubenhocker. Vielmehr bin ich mit vielen Tieren, aber auch mit Menschen vieler Rassen und Religionen zusammengekommen. Hier möchte ich einige Gedanken wiedergeben, die sich mir mit den Jahren aufgedrängt und mein christliches Weltbild geformt haben. Dies will ich ganz ohne dogmatische Bindung, ganz untheologisch tun, aber im Sinne eines Naturwissenschafters, eines Biologen, der sich vor der Aufgabe sieht, die ungeheure Vielfalt der Lebenserscheinungen, des Alls, zu verstehen.

Da stellt sich wohl als erstes die Frage nach der Herkunft des Lebens. Auskunft darüber erhielt ich als Kind im katholischen Religionsunterricht. Der Vikar machte uns mit der biblischen Genesis bekannt; weder er noch ich wußten damals, daß es mehrere Millionen Insekten gibt und mehr als eine Million andere Tierarten. Für mich wäre es heute ein geradezu entwürdigender Gedanke, anzunehmen, daß Gott sich bei der Erschaffung der Welt mit solchem Kleinkram beschäftigen mußte.

Seit diesem primitiven Religionsunterricht ist aber auch die katholische Kirche mit ihrer Lehre nicht stillgestanden, sondern hat viele ihrer mittelalterlichen Vorstellungen abgestreift. Kein Gläubiger muß heute am Wortlaut der Genesis oder zum Beispiel an der Geschichte der Arche Noah festhalten, in der ein Pärchen jeder Tierart – wohl mit Ausnahme der Fische – zum Überleben in einer neuen, besseren Welt an Bord genommen wurde.

Heute wird durchaus zugestanden, daß die Ausführungen der Bibel in bezug auf die Genesis nicht wörtlich zu verstehen sind, sondern als eine Bildsprache, die einer weiteren Interpretation bedarf. Dies gilt auch für die Erschaffung der ersten Menschen Adam und Eva. Die katholische Kirche verlangt von niemandem, daß er an Adam und Eva als die ersten Menschen glaube oder an das Paradies oder daß er jede Evolution abzulehnen habe (vgl. Haag, Haas, Hürzeler, 1966).

Sehr viel anspruchsvoller tritt heute das an Schulen, Universitäten und in den Medien vertretene Dogma der Materialisten auf, welches alles Psychische, alles Immaterielle leugnet, das Phänomen des Lebens ausschließlich auf Chemie und Physik zurückführt und die Entstehung des Lebens auf den Urknall und die Ursuppe.

Der atheistische Materialismus tritt auf als die allgemein richtige Lehre. Er tut so, als ob seine oft recht abstrusen und unwahrscheinlichen Theorien nicht Theorien, sondern bewiesene Tatsachen wären. Auch hier ist sachliche Kritik am Platz, ganz besonders gegenüber der Evolutionstheorie, die von übereifrigen Schülern Darwins und weniger begabten Nachahmern als absolute Wahrheit dargestellt, und von vielen einfach nachgeplappert wird. Sie übersehen, daß es sich dabei um eine Theorie und nicht um eine bewiesene Tatsache handelt.

Beginnen wir ganz am Anfang, beim Beginn der Welt oder eines winzigen, unvorstellbar kleinen Bruchteils des Alls, unserer Erde. Die Materialisten unserer Zeit, die vorgeben, weder an Gott noch an Psychisches zu glauben, und für die alles Leben lediglich eine physikalisch-chemische Angelegenheit ist, haben es sich sehr leicht gemacht. Für sie wurde die Erde nicht erschaffen, sondern sie entstand vor Milliarden von Jahren durch eine einmalige chemisch-physikalische Reaktion, den Urknall (big bang), gegenüber dem ich schon in »Tiere verstehen« ernste Zweifel angemeldet habe.

Für die Frage nach der Entstehung der Erde kann ein Zoodirektor selbstverständlich nicht zuständig sein; aber er ist – sofern er sich dafür interessiert – in der Lage, sich mit den Auffassungen Zuständiger vertraut zu machen, zum Beispiel mit derjenigen des prominenten Zürcher Physikers Walter Heitler, der sich über den Urknall wiederholt kritisch geäußert hat (u. a. 1979, S. 99 ff): »Aller Wahrscheinlichkeit nach ist die Welt also einmal entstanden ... Die Gesetze der Welt waren nicht immer so, wie sie heute sind. Irgendwann einmal sind sie entstanden, plötzlich oder allmählich... Wenn etwas entsteht, das vorher nicht da war und aus dem, was war in keiner Weise abgeleitet werden kann, dann ist dafür in der Sprache nur das Wort ‹Schöpfung› anwendbar; vielleicht deutlicher ‹Neuschöpfung›.»

Als einen solchen Akt der Neuschöpfung betrachtet der Physiker Heitler die Entstehung des pflanzlichen Lebens; auch im tierlichen Leben sieht er eine Neuschöpfung (S. 102), und wiederum »etwas Neues ist in der Welt entstanden: der geistbegabte Mensch« (S. 107). Ihm pflichten viele Naturforscher bei. Seit dem Auftreten des Neandertalers vor etwa 70 000 Jahren können wir mit einiger Sicherheit vom Menschen im heutigen Sinne sprechen, meint Heitler, und dieser Meinung sind die meisten, wenn nicht alle Anthropologen. Ich werde später auf diese entscheidende Neuschöpfung zurückkommen, möchte aber jetzt schon betonen, daß ich – im Gegensatz zur materialistischen Auffassung – als Biologe keine Möglichkeit sehe, den Menschen lediglich als »nackten Affen« aufzufassen, wie dies mein ehemaliger Kollege Desmond Morris vom Londoner Zoo in seinem Bestseller tut (1968). Ich sehe keine Möglichkeit, den Menschen nahtlos von Primaten abzuleiten, mit denen ich im Laufe meines langen Berufslebens wohl näher vertraut geworden bin als mancher, der sich rein theoretisch über unsere Herkunft äußert.

Kehren wir nochmals kurz zum »Urknall«, zum Beginn der Erde zurück, in dessen Folge dann nach materialistischer Auffassung die »Ursuppe« entstanden sein soll, jener anorganische Brei, in dem plötzlich organisches Leben aufgetreten ist. Es war wiederum ein Physiker, genauer ein Physiko-Chemiker, Max Thürkauf, der (1987) darauf hingewiesen hat, »daß die für das Leben erforderlichen großen Moleküle niemals in der sogenannten Ursuppe der frühen Erde durch Polykondensation haben entstehen können«.

Näher als chemische Überlegungen liegen für mich hinsichtlich der Entstehung des Lebens aus der Ursuppe einige biologische. So hat die Theorie vom Urknall meines Erachtens etwas zu tun mit der Generatio spontanea, von der heute kaum mehr gesprochen wird; eher ist die Rede von Selbstorganisation. In der Biologie wird oft ein gebräuchliches Wort durch ein neues ersetzt, besonders wenn es sich um Unverständliches handelt, in der Meinung, daß dadurch ein Verständnis erreicht werde, während es in vielen Fällen nur vorgetäuscht wird.

Von Generatio spontanea war in diesem Buch wiederholt die Rede, und zwar im Zusammenhang mit meiner Reise in die Südsee. Dort glaubten die Eingeborenen felsenfest, daß zum Beispiel Mückenlarven aus abgestandenem Wasser oder Würmer aus feuchter Erde entstehen können. Wir brauchen jedoch nicht so weit zu reisen, um Menschen anzutreffen, die noch an Generatio spontanea glauben: Im Mittelalter war dieser Glaube auch in Europa allgemein verbreitet, und ich bin noch Zeitgenossen begegnet, die überzeugt waren, daß Käsmaden aus überreifem Käse und Fruchtfliegen aus faulendem Obst entstehen. Böse Zungen behaupten sogar, noch Goethe sei der Meinung gewesen, daß sich Flöhe aus einer Mischung von Harn und Sägemehl entwickeln. (A. Haas in: Haag, Haas und Hürzeler, 1966, S. 67).

Der englische Physiologe William Harwey (1578–1657) entdeckte demgegenüber schon 1651 das Gesetz »Omne vivum ex ovo«, das heute als selbstverständlich gilt und besagt, daß alles Lebendige von Lebendigem stammt. Auch Flöhe entstehen nur aus Floheiern und Mücken nur aus Mückeneiern. Allerdings hat es eine Weile gedauert, bis dieses biologische Gesetz auch in nicht-wissenschaftlichen Kreisen allgemein anerkannt wurde. Für Naturwissenschaftler war dieses Gesetz während Jahrhunderten eine absolut sichere, undiskutierbare Tatsache. Wie sollte Leben aus nicht Lebendem entstehen? Nur bedauernswerte Irre, Ignoranten, konnten an einer derartigen Idee festhalten.

Heute gibt es aber wieder Leute, vor allem Wissenschaftler der rein materialistischen Weltauffassung, welche dieses Grundgesetz zu überspielen versuchen und in mittelalterliche Vorstellungen zurückkehren, in die der überwundenen Generatio spontanea, in dem Sinne sogar, daß aus toter Materie Lebendiges entstehen könne. Begreiflicherweise mußte dieser alten Auffassung ein neuer Name gegeben werden. Man spricht jetzt von Selbstorganisation. Aus Anorganischem kann demnach Organisches werden, aus Organischem Lebendiges, denn auch das Leben ist nach dieser Auffassung nichts anders als Chemie und Physik, selbst das Psychische, Geistige.

In der Milliarden Jahre langen Entwicklung vom Urknall bis zum modernen Homo sapiens darf es nach dieser Theorie keine Lücke, keine Unterbrechung gegeben haben, nichts, was über sinnlose, rein zufällige, zwangsläufige Entwicklung hinausgeht. Damit es aber zu einem Urknall überhaupt kommen konnte – so meine ich –, muß etwas vorhanden gewesen sein, das den chemischen Knall ermöglichte. Und Evolution kann erst einsetzen, wenn etwas Entwickelbares vorhanden ist. Die Gesetze der Chemie und Physik – waren sie schon von Anfang an oder vor allem Anfang da?

Darauf gibt Walter Heitler (1977 S. 14) folgende Antwort: »Die physikalischen Gesetze sind aber von uns nicht erfunden. Es sind Naturgesetze. Folglich ist auch Mathematik keine menschliche Erfindung. Sie hat eine reale Existenz und zwar, da sie selber nicht materiell ist, in einer transzendenten Welt.« In seiner Rektoratsrede 1979 zitierte der damalige Rektor der Universität Zürich, P. G. Waser, den zu dieser Zeit an der Universität noch aktiven theoretischen Physiker Heitler: »Mindestens viermal in der Geschichte der Welt sind wir gezwungen, von Neuschöpfung und nicht von Entwicklung (= Evolution) zu reden. Die leblose Materie und ihre Gesetze (Physik und Chemie), das vegetative Leben, das tierisch-menschliche Innenleben und der menschliche Geist sind verschiedene Seinskategorien, die sich niemals auseinander entwickelt haben können.«

Weil die Tiergartenbiologie sich mit Tieren aller Stufen beschäftigt und dazu mit dem Menschen, ist sie besonders oft und scharf mit der Frage nach den Unterschieden zwischen Tier und Mensch konfrontiert, mit diesem entscheidenden Graben, den die materialistische Weltdarstellung mit allen Mitteln zuzuschütten sich bemüht, ganz besonders denjenigen zwischen Menschenaffen und Mensch. In seiner »Biologie« (1967 S. 217) betont der berühmte Forscher und Nobelpreisträger Karl von Frisch im Hinblick auf die Situation im Zoo, wo Mensch und Schimpanse sich begegnen, daß man sich durch das menschenartige Betragen nicht täuschen lassen solle, sondern daß man »die bestehende Kluft nicht übersehen darf«.

Es muß hier wieder einmal trotz aller Banalität daran erinnert werden, daß zoologische Gärten eine rein menschliche Erfindung sind. Umgekehrt gibt es die Haltung von Menschen in tierlicher Obhut nicht einmal in leisesten Andeutungen; es gibt weder Wolfskinder noch Tarzane noch Bastarde zwischen Tier und Mensch – trotz aller Bemühungen.

Menschen haben die Zoologie mit ihren Verästelungen geschaffen – wie alle Wissenschaft – und eine Unmenge Bücher über Tiere geschrieben, während es keine einzige Schrift von Tieren über Menschen gibt. Diese beiden Feststellungen von schockierender Einfalt und Selbstverständlichkeit und Unwiderlegbarkeit gilt es deswegen zu betonen, weil sie bedingt sind durch die Tatsache, daß dem Tier Kultur und Technik fehlen. Nach meiner Meinung ist diese Betrachtung nicht blöder als die stereotype Definition, nach welcher der Mensch ein Primat, also ein Affe ohne Schwanz und ohne opponierbare Großzehe ist.

Hier erscheint eine tiefe Kluft in besonders grellem Licht, die sich nicht überbrücken läßt. Das hindert jedoch die Eiferer des Materialismus nicht daran, den Graben dadurch auffüllen zu wollen, daß sie solide Begriffe manipulieren, d. h. bis zur Sinnlosigkeit überdehnen; dies geschieht so lange, bis man schließlich Kultur und Technik auch beim Tier finden kann, wenngleich in bescheidener Ausbildung, aber doch so, daß auch in dieser Beziehung – nicht nur in anatomischer – nahtlose Übergänge zwischen Tier und Mensch demonstriert werden können.

Noch bis um die Mitte unseres Jahrhunderts galt es als eindeutig klar, daß Kultur ein Monopol des Menschen sei, bei Tieren also nicht vorkomme. In seinem umfassenden Werk über »Mensch und Tier« (1948 S. 302) begründet der große Human- und Tierpsychologe David Katz, daß es keine Tierkultur geben kann, und noch 1976 stellt der Zürcher Zoologe Vinzenz Ziswiler im 2. Band seiner »Speziellen Zoologie« die Menschen (Hominiden) den Menschenaffen (Pongiden) u. a. dadurch gegenüber, daß er nur dem Menschen aufrechten Gang, Benutzung und Erzeugung von Feuer und Werkzeugen sowie kulturell schöpferische Tätigkeit zubilligt.

Unter Kultur verstand man bis dahin ungefähr die Gesamtheit des Geistigen, also Wissenschaft, Sprache, Kunst, Religion (vgl. »Tiere verstehen« 1980 S. 288). Nichts davon findet sich beim Tier. Dies war während langer Zeit allgemein akzeptiert worden. Im gleichen Jahr (1980) veröffentlichte J. T. Bonner ein Buch über die Evolution der Kultur bei Tieren, also über etwas, was es eigentlich gar nicht gab. Daher mußte er dem Wort Kultur eine neue Bedeutung geben, indem er den Begriff maßlos überdehnte. Bonner definiert Kultur kurzerhand als Übertragung von Information durch Verhalten. Kultur kommt demnach allen Lebewesen zu und ist eine biologische Funktion wie Atmung oder Bewegung (S. 10). Man solle sich nicht durch Worte tyrannisieren lassen, meint Bonner (S. 12). Ich bin jedoch der Auffassung, daß man feste Begriffe nicht willkürlich umdeuten darf, wie dies heute so oft geschieht, wenn man einer neuen Theorie, mag sie noch zu abstrus sein, zur Anerkennung verhelfen will.

Da es Informationsübertragung in diesem extrem vereinfachten Sinne schon bei einzelligen Lebewesen gibt, haben auch sie bereits Kultur. Was die Bakterien betrifft, so fühlt sich Bonner zwar doch nicht ganz sicher (S. 56), doch fand er bei ihnen immerhin erste Schritte in Richtung Kultur (S. 75), denn sie wirken zusammen nach dem Wolfsrudel-Prinzip (S. 77), d. h., sie fressen in Schwärmen und können auf diese Weise eine viel größere Beute überwältigen, als es einer einzigen Zelle möglich wäre. Später heißt es dann einschränkend, daß nur das Gehirn kulturelle Information übertragen kann (S. 168). Einzellige Lebewesen haben aber bekanntlich kein Gehirn. Kurz: Kultur ist nach Bonner keineswegs eine Eigenart des Menschen, sondern läßt sich in ihren Anfängen bis zum Einzeller zurückverfolgen. Hier liegt offensichtlich eine Verwechslung von Kultur und Leben vor. Kultur aber galt bisher – meiner Meinung nach zu Recht – als Ausdruck der höchsten Lebensform, als eine nur dem Menschen zukommende Eigenart. Sie umfaßt, wie erwähnt, nach dem bisherigen Sprachgebrauch die Gesamtheit des Geistigen: Wissenschaft, Sprache, Kunst, Religion.

Wenn man so bewährte und im Prinzip so wohldefinierte Begriffe wie Kultur derart überdehnt und simplifiziert, wie Bonner es tut, wird der zwischen Tier und Mensch bestehende Graben übersponnen – aber nicht auf tragfähige Weise. Es geht den Materialisten darum, mit allen Mitteln zu beweisen, daß der Mensch nichts weniger und nichts mehr ist als ein Tier, ein Säugetier: »Homo sapiens is an animal: a mammal, nothing less and nothing more«, wie es zum Beispiel R. L. Hall und H. S. Sharp 1978 in ihrem Buch »Wolf and Man« formuliert haben.

Diese Auffassung ist an sich seit Darwin nicht neu. Wir finden sie auch schon in der alten, noch von Brehm selber betreuten Ausgabe seines berühmten »Thierlebens« aus dem Jahre 1864. Darin heißt es in der Einleitung: »Der Mensch ist ja, leiblich betrachtet und von dem Naturforscher angesehen, wirklich Nichts und Nichts minder als ein Säugethier...« – In späteren Ausgaben (1890) haben dann die Bearbeiter die Worte »leiblich betrachtet« weggelassen, was einen ganz anderen Sinn ergibt, denn der Mensch läßt sich eben auch als kulturelles, geistiges Wesen betrachten. Das meint auch Konrad Lorenz (1978 S. 311): »Wenn Sie sagen: Der Mensch ist ein Säugetier, und zwar ein Anthropoide, ist das völlig richtig. Wenn Sie sagen, der Mensch ist eigentlich nur ein Säugetier, ist es eine Blasphemie.«

Im Menschen steckt zweifellos viel vom Tier, aber hinzu kommt bei ihm das typisch Menschliche, das wir beim Tier vermissen. Darauf – also auf das, was den tiefen Graben zwischen Tier und Mensch ausmacht – wird nochmals zurückzukommen sein. So wie man durch eine Überdehnung des Kulturbegriffes den Graben scheinbar zudecken kann, indem man Kultur einfach allen Tieren zuschreibt, so wird dies auch mit allen Teilgebieten der Kultur praktiziert, zum Beispiel mit der Sprache im menschlichen Sinne, welche uns befähigt, aus der Vergangenheit zu berichten, Zukunftsvisionen auszudrücken und Geistiges, Abstraktes, Transzendentes zu formulieren. Das alles kann das Tier nicht, wie ich auch bei meinen zahlreichen Besuchen bei den verschiedenen »sprechenden« Menschenaffen feststellen mußte. Linguisten wie Th. Sebeok finden daher keine Möglichkeit, die menschliche Sprache von der tierlichen abzuleiten.

Was hingegen vielen Tieren in außerordentlichem Maße zukommt, sind Verhaltensmöglichkeiten im inner- und zwischenartlichen Verkehr. Mit der Erforschung der nicht-verbalen Kommunikation, auf deren Bedeutung ich immer wieder hingewiesen habe, stehen wir erst am Anfang. R. A. Hinde (1972) hat zu diesem Thema ein grundlegendes Buch herausgegeben, und die von Th. Sebeok begründete Zoo-Semiotik hat dazu ein gewaltiges Material verarbeitet (siehe: »Tiere verstehen«).

In seinem Beitrag über Tier-Intelligenz und Cephalisation (in L. Weiskrantz 1985 S. 32) führt H.J. Jerrison (von mir übersetzt) aus: »Sprache wird gewöhnlich mit Kommunikation gleichgesetzt... Das kann sich als bedeutender Fehler erweisen und zu großer Verwirrung führen beim Versuch, Sprache und Kommunikation zu verstehen.« Tierliche Kommunikation hat nach Jerrison nichts zu tun mit menschlicher Sprache, in der das höhere Selbstbewußtsein eine bedeutende Rolle spielt.

Ich habe auch in diesem Buch immer

zum Ausdruck gebracht, wie sehr ich die vielgestaltigen Verständigungsmöglichkeiten vieler Tiere bewundere, die in mancher Beziehung weit über menschliches Vermögen hinausgehen, und was für großartige Ausdrucks-Interpreten viele Tiere sind, was besonders in der Tier-Mensch-Beziehung immer neu verblüfft – oder zu Mißverständnissen durch Unterschätzung führt. In einem Beitrag »Zur Sprache der Tiere« für die Festschrift zum 60. Geburtstag von Bernhard Grzimek (1970) habe ich mich dafür eingesetzt, daß die Verständigungsmöglichkeiten zwischen Tieren von prominenten Forschern nicht unterschätzt werden sollten. So vertrat mein Lehrer Adolf Portmann damals noch die merkwürdige Auffassung, »daß alle tierischen Laute beim Menschen bestenfalls dem Schrei entsprechen«, und Konrad Lorenz hielt noch an der These fest, daß allen Tierlauten lediglich Interjektions-Charakter zukomme. Da habe ich doch eine wesentlich höhere Meinung von tierlicher Verständigung, und vielleicht hätte sich niemand mehr gefreut als ich, wenn es möglich gewesen wäre, mit Tieren in sprachlichen Kontakt zu treten – und sei es mit Hilfe einer Taubstummensprache.

Ähnlich wie mit der Sprache verhält es sich mit anderen kulturellen Leistungen, von denen man nicht wahrhaben will, daß sie dem Menschen vorbehalten sind. So sprechen heute manche Biologen von Landkarten und entsprechend vom Kartenlesen verschiedener Tiere – vom Schimpansen über den Wolf bis zur Ameise. Auch hier geht es wiederum, wie bei Kultur und Sprache, um eine maßlose Überdehnung der Begriffe.

Unter einer Landkarte versteht man normalerweise eine stark verkleinerte, symbolische Darstellung eines größeren oder kleineren Ausschnittes der Erdoberfläche mit symbolischer Wiedergabe von Flüssen, Bergen, Wäldern, Ortschaften usw. Es handelt sich zweifelsfrei um etwas, was Tiere nicht haben. Aber da nach Ansicht gewisser, rein materialistisch indoktrinierter Biologen Tiere über Kultur und Sprache verfügen – warum sollten sie nicht auch Landkarten benutzen, auf denen ihre Wege und Fixpunkte eingetragen sind?

Gemeint sind allerdings nicht Karten aus Papier oder Textilstoffen, sondern »mental maps«, sozusagen geistige Landkarten, die nur im Gehirn der betreffenden Tiere existieren und ihnen zur Orientierung dienen. Bisher hat man in der Tierpsychologie von Raum-Vorstellungen gesprochen, eine Fähigkeit, die in der Tat bei vielen Tieren weit besser entwickelt ist als beim Menschen, namentlich beim hochzivilisierten Menschen. Kein Tier bezieht sich auf eine Karte in dem oben umschriebenen Sinn. Eben nicht, sondern das Tier steht mit Hilfe seiner außerordentlichen, oft übermenschlich ausgebildeten Sinnesorgane unmittelbar, direkt in Beziehung zu den wichtigen Orientierungspunkten: der Wolf zu seinen Wechseln und Markierungsstellen, die Ameise und viele andere Insekten und Wirbeltiere gar zu extraterrestrischen Fixpunkten wie Sonne, Mond und Sternen und dem Polarisationsmuster des Himmels.

Darum können wir sie beneiden und darob sollten wir sie achten. Von Landkarten zu sprechen ist hingegen wenig sinnvoll. Tiere orientieren sich aufgrund ihrer Sinnesorgane und ihrer räumlichen Vorstellungen. Nur der Mensch ist angewiesen auf die verkleinerte Wiedergabe eines Erdoberflächen-Ausschnitts und in der Lage, die Symbole zu interpretieren und sich danach zu richten.

Es hat daher keinen Sinn, Untersuchungen über »Map Reading by chimpanzees« anzustellen und zu veröffentlichen, wie dies E.W. Wenzel, D. Premack und G. Woodruff (1987) getan haben. Eine Landkarte irgendwelcher Art war dabei überhaupt nicht im Spiel: Ein männlicher und drei weibliche Schimpansen im Alter von etwa drei Jahren bekamen Gelegenheit, in einem mit hohem Gras bewachsenen Gehege ihren Pfleger zu suchen, zu dem eine starke soziale Bindung bestand und der sich vor ihren Augen in etwa zehn Meter Entfernung im Gras versteckte. Die jungen Schimpansen wurden jeweils zu zweit zur Suche freigelassen. Wurde ihnen nun die Versteckszene in einem TV-Apparat vorher gezeigt, so fanden sie den vermißten Sozialpartner angeblich schneller, als wenn sie ohne diese Fernseh-Instruktion auf die Suche geschickt wurden. Dabei ist zu erwähnen, daß die Schimpansen mit dem nur etwa 0,2 Hektar großen Versuchsgehege bestens vertraut waren. Sie hatten darin vor den Versuchen ein ausgedehntes System von Wechseln angelegt, das sie nur selten verließen. Wer sich mit Schimpansen nur ein wenig auskennt und ihre außerordentliche Beobachtungsgabe bedenkt, wird feststellen, daß hier mancherlei Fehlerquellen vorliegen wie zum Beispiel Wahl der Wechsel beim Ausgangspunkt, Entfernung des gesuchten Pflegers vom vertrauten Wechselsystem, Spuren des Pflegers, Windrichtung, unwillkürliche Hinweise beim Start usw. Wäre es zudem nicht logisch, daß die Schimpansen dort suchen, wo sie in früheren Versuchen Erfolg hatten?

Aber selbst wenn die Fernseh-Vorführung der Versteckszene (schwarzweiß) den Tieren geholfen haben sollte – was ich bezweifle –, so ist dies noch lange kein Kartenlesen.

Auch in bezug auf andere kulturelle Leistungen werden viele Tiere überschätzt, wenn es sich darum handelt, den zwischen Tier und Mensch bestehenden Graben zu überspielen, zum Beispiel auf dem Gebiet des Werkzeuggebrauches, auf dem es in den letzten Jahrzehnten erstaunliche Überraschungen gegeben hat. Heute gehört es zu den gesicherten Tatsachen, daß zum Beispiel freilebende Schimpansen traditionelle Steinplatten immer wieder aufsuchen, um sie beim Aufschlagen hartschaliger Nüsse sozusagen als Amboß zu benutzen (siehe Chr. und H. Boesch 1983); Seeotter benutzen Steine in ähnlicher Weise zum Öffnen von Muscheln und Seeigeln. Auch Vögel brauchen Werkzeuge. So bedient sich ein Galapagosfink geeigneter Pflanzendornen oder spitzer Hölzchen, um Insekten oder deren Larven aus Baumlöchern herauszuholen. Ein nordamerikanischer Reiher legt Futter aus, um Fische anzulocken; der ägyptische Geier holt Steine, um Straußeneier aufzuhämmern. Der Gebrauch von Werkzeugen durch undressierte Tiere unter den Bedingungen des natürlichen Freilebens stellt ein unerhört faszinierendes Kapitel der Verhaltensforschung dar, dem ich mich oft mit Begeisterung zugewandt habe (zum Beispiel 1979, Kreativität) und dem B. B. Beck 1980 ein zusammenfassendes Werk gewidmet hat. Darin stellt er in Übereinstimmung mit vielen anderen Forschern fest, »daß keine einfache Beziehung besteht zwischen Werkzeuggebrauch und Intelligenz« (S. 200).

Während langer Zeit herrschte die Meinung vor, daß Werkzeuggebrauch als Ausdruck besonderer Intelligenz am ehesten bei den dem Menschen am nächsten stehenden Affen, den infrahumanen Primaten, zu finden sei. Es stellte sich aber heraus, daß dieses Phänomen – wie andere Sonderleistungen (zum Beispiel Gedächtnis, Kommunikation) – im Tierreich unabhängig, sozusagen inselartig, verbreitet ist und demnach nicht als eine besonders hohe Entwicklungsstufe gedeutet werden darf. Schon viele wirbellose Tiere verwenden Werkzeug oder stellen es sogar her. So verwendet die Larve der Ameisenjungfer (Myrmeleon), der sogenannte Ameisenlöwe, Sand als Wurfgeschoß zur Erbeutung von Ameisen; manche Krabben schneiden sich Stücke von Algen oder Papier zurecht, um sich damit zu tarnen; die Einsiedlerkrebse suchen leere Schneckenhäuser, um damit ihr weiches Abdomen zu schützen; andere Krabben der Gattung Melia fassen bestimmte Aktinien mit ihren Scheren und halten sie als Giftwaffe Feinden entgegen. In vielen Fällen ist nicht intelligentes, durch Lernen, Nachahmung usw. bedingtes Verhalten ausschlaggebend, sondern genetisch fixiertes, erblich erworbenes Verhalten.

Zweifellos finden wir bei Tieren viele hochinteressante Fälle von Werkzeuggebrauch, auf den verschiedensten Stufen des zoologischen Systems, aber es geht nicht an, diese erstaunlichen Tätigkeiten sozusagen als Vorstufen der menschlichen Technik zu bewerten; sie gehen nirgends über die allerersten Schritte handwerklicher Betätigung hinaus. In seinem erwähnten Buch macht Beck darauf aufmerksam (S. 226), daß zum Beispiel kein einziges Tier Schneidewerkzeuge verwendet; die meisten dienen dem Schlagen oder Werfen. Schneiden scheint nach Beck eine rein menschliche Tätigkeit zu sein.

Absolut eindeutig und unüberbrückbar unterscheidet sich der Mensch in technischer Hinsicht vom Tier durch die Fähigkeit, Feuer herzustellen und zu verwenden. Hier gibt es keinerlei Übergänge, worauf ich so oft hingewiesen habe. Nur der Homo sapiens kann Feuer manipulieren; dieses Monopol hat ihn zum Homo faber gemacht. Meine frühe Bekanntschaft mit Naturvölkern in der Südsee und in Afrika hat mir eindrücklich vor Augen geführt, daß gerade diese einfachen Menschen eigentliche Künstler in der Herstellung, im Manipulieren und Hüten des Feuers sind.

Wir Zivilisierten greifen bei jeder Gelegenheit zum Streichholz oder zum Feuerzeug. Wer von uns wäre noch imstande, mit zwei Hölzern und einigen dürren Blättern oder Fasern durch Reiben ein Feuer zu entfachen? Wer könnte die Glut in der Hütte oder in dem unter dem Arm getragenen Feuerbrand so geschickt und zuverlässig erhalten wie jene sogenannten Primitiven? Man muß die Konzentration, ja die Andacht miterlebt haben, mit welcher gerade die einfachsten unserer Zeitgenossen Feuer erzeugen. Feuer ist nicht nur ein technisch-physikalisches, sondern auch ein höchst bedeutsames psychologisches Phänomen.

Die Beherrschung des Feuers fällt mit dem Beginn der Menschheit zusammen, die Unkontrollierbarkeit vielleicht mit ihrem Ende. Auch von diesem Gesichtspunkt aus erweist sich dieses menschliche Monopol als etwas, das rein Technisches transzendiert. Meines Wissens ist nur einmal behauptet worden, auch Tiere könnten Feuer manipulieren; das war vor rund hundert Jahren, als der berühmte Forscher Henry M. Stanley im dunkelsten Afrika Emin Pasha begegnete und ihn aus einer gefährlichen Lage befreite, indem er ihn an die Ostküste geleitete.

Emin Pasha (1840–1892) war bekanntlich ein deutscher Arzt, der eigentlich Eduard (Isaak) Schnitzer hieß, 1865 zum Islam übergetreten war und durch den Sieg über die Mahdisten bei Dulili (1888) in die Geschichte eingegangen ist. Wie Stanley in seinem Buch »In darkest Africa« (1890 Bd. 1 S. 423) berichtet, erzählte ihm Emin Pasha u. a., daß es im Msongwa-Wald besonders viele Schimpansen gebe und daß diese oft nachts die Pflanzungen der Mswa-Station heimsuchten. Dabei benutzten die Affen Fackeln, um die Früchte besser zu finden. Einmal hätten dieselben Schimpansen auch eine Eingeborenentrommel gestohlen, an der sie großen Spaß hatten, denn man hörte sie noch oft nachts darauf schlagen. Emin Pasha beteuerte, daß er selber diesen Fackel-Spektakel beobachtet habe. Offensichtlich ist er dabei einem Irrtum zum Opfer gefallen: Nicht Schimpansen waren die Fackelträger, sondern Pygmäen, Menschen!

Wenn wir in der Menschheitsgeschichte zurückblicken, stellt sich heraus, daß unsere Vorfahren etwa auf der Neandertalerstufe das Feuer beherrschten. Ungefähr gleichzeitig stellten sich Vorstellungen von einem Jenseits ein, also transzendentale Vorstellungen, wie aus erstmaligen Bestattungsriten geschlossen werden kann. Ein Wissen um den Tod läßt sich bei keinem Tier nachweisen. Außerdem finden wir auf dieser Menschheitsstufe, die hier grob als die Neandertalerstufe bezeichnet wird, erstmals überraschende Kunstleistungen in Gestalt von Tierbildern – gleichfalls eine spezifisch menschliche Eigenart.

Der ständige aufrechte Gang ist ebenso eine rein menschliche Erscheinung; hinzu kommt ein auffälliger Entwicklungsschub des Gehirns und – im Zusammenhang damit – der Sprache. Es ist hier nicht der Ort, darauf näher einzugehen, und ich wäre dafür auch nicht zuständig; aber daran kann ich festhalten, daß die Beherrschung des Feuers erst mit dem Menschen (Homo) auftritt und daß damit eine Reihe von Neuheiten zusammenfällt. Meiner Meinung nach fand in dieser entscheidenden Phase etwas statt, was ich als eine Neuschöpfung betrachte. An diese Art der Schaffung des Menschen zu glauben, fällt mir wesentlich leichter als an die Legende von Adam und Eva oder an die Theorie vom Urknall, der Ursuppe und der fugenlosen Evolution vom Einzeller an.

Hier werde ich an eine Stelle im Werk von J. Illies (1984 S. 88) erinnert: »Von allein, ohne höheren, schöpferischen Eingriff, wäre aus einem Affen nie mehr als ein Affe geworden, sondern der Mensch – wie vorher allerdings auch schon der Affe – konnte nur im Schöpfungsprozeß eines göttlichen ‹Es werde!› entstehen.«

Ich kann aber auch dem Anthropologen Johannes Hürzeler, Ehrendozent der Universität Basel und Entdecker des Oreophithecus (in: Haag, Haas, Hürzeler 1966 S. 107), durchaus zustimmen: »Mit der totalen Ablehnung nicht nur der mechanistischen Erklärungsversuche, sondern der Evolution selbst haben viele Theologen weit über das Ziel hinausgeschossen. Sie sind dabei den unzweifelhaft gewaltigen wissenschaftlichen Leistungen des genialen Darwin nicht gerecht geworden und haben – wie so oft – das Kind mit dem Bad ausgeschüttet.«

Auch mit den Ausführungen von Oskar Kuhn, dem langjährigen Dozenten für Geologie und Paläontologie in München (1981 S. 100), kann ich durchaus einig gehen: »Die Evolution ist gesichert... Aber es muß verlangt werden, ... daß man nicht nur den Darwinismus lehrt und ihn als bewiesene und einzig mögliche Lösung der Faktorenfrage hinstellt. Der Darwinismus und mit ihm die Zufallslehre ist überwunden.« Der Paläontologe O. Kuhn geht übrigens mit dem Physiker W. Heitler in folgendem Punkt durchaus einig (S. 8): »Ohne Eingreifen von oben, ohne Neuschöpfung, können wir die großen Etappen der Evolution gar nicht verstehen.« Die materialistischen Theorien stützen sich alle auf rein materialistische Tatsachen, auf das, was meßbar, naturwissenschaftlich faßbar, also auf Chemie und Physik zurückführbar ist.

Es ist klar, daß solche Forschungsrichtungen nur das überhaupt wahrnehmen, anerkennen und bearbeiten, was in diesem Gesichtsfeld liegt. Alles, was darüber hinausgeht, was diesen beschränkten Standpunkt transzendiert, liegt außerhalb ihres Wahrnehmungs- und Arbeitsfeldes und wird deswegen einfach abgelehnt oder abgestritten, also alles Psychische, Geistige und Religiöse. Die Materialisten, die extremen Reduktionisten, beschränken sich auf den ihnen zugänglichen Teil von Tatsachen und nehmen Zuflucht zum Zufall als der höchsten Instanz des Daseins – eine unannehmbare Zumutung für alle, welche an dieser Grenze nicht haltmachen können, weil sie Immateriellem, Transzendentalem, Göttlichem begegnet sind, wie es in Anfängen bereits den ersten Homo-Menschen der Neandertalerstufe widerfahren ist. Seither existieren solche Vorstellungen unbestreitbar; niemand kann religiöse Vorstellungen des Homo sapiens abstreiten. Sie sind uns zugänglich, sonst könnten wir darüber nicht diskutieren.

Ähnliche Gedanken habe ich bereits in »Tiere verstehen« (1980, 1984) zum Ausdruck gebracht. Ich möchte sie hier weder wiederholen noch weiter ausbauen, sondern – da es sich lediglich um eine Biographie handelt – nur zeigen, daß ich in meiner damals geäußerten Überzeugung noch bestärkt worden bin, besonders in den folgenden Punkten: Evolution und Schöpfung schließen einander keineswegs aus. Zwischen den einzelnen Schöpfungsakten besteht ein großer Spielraum für evolutives Geschehen, aber dieses vollzieht sich nicht nach dem einfachen Rezept von Mutation und Selektion, also von Zufall und Auslese.

Immer mehr leuchtet mir die von J. Illies (1979 S. 89) entwickelte Idee von der doppelten Herkunft des Menschen ein. Sie ist meines Erachtens grundlegend zum Verständnis des rein Tierhaften und des Geistig-Göttlichen in uns, also dessen, was uns über den Graben hinweg, über das Tier hinaushebt. Die diesbezüglichen Ausführungen des Max-Planck-Biologen sollten im Original nachgelesen werden, in seinem bedeutenden Buch »Schöpfung oder Evolution. Ein Naturwissenschaftler zur Menschwerdung« (1979). Hier können nur einige Gedanken daraus wiedergegeben werden.

Merkwürdigerweise wird die Theorie von Darwin allgemein als Deszendenz-Theorie bezeichnet, also eigentlich als Absteige-Theorie. Darwin und die modernen Evolutionisten meinen doch mit Deszendenz den stammesgeschichtlichen Aufstieg, im Grunde die Aszendenz vom Einzeller bis zum Menschenaffen und zum Menschen. Illies gibt diesen beiden Begriffen einen ganz anderen, neuen Sinn. Aszendenz ist der stammesgeschichtliche Aufstieg der einfachen Organismen zu den höchstentwickelten, zum Menschen, gewissermaßen die Darwinsleiter. Unter Deszendenz versteht Illies sozusagen die Jakobsleiter, also das, was an Schöpfungsgedanken, an wirklichen Schöpfungen auf die Erde herabgekommen ist. Darunter kann man sich vor allem das vorstellen, was die organismische Evolution nicht hervorgebracht hat, was wir also im ganzen Tierreich vermissen wie zum Beispiel das Feuer, die Kultur im gebräuchlichen Sinne von Wissenschaft, Technik, Kunst, Sprache, Religion.

So bietet der Mensch nach Illies gewissermaßen zwei Aspekte: das rein naturwissenschaftlich Faßbare bis zur körperlichen Organisation des Menschen, bis zum Tier im Menschen. Der Aspekt von oben befaßt sich mit dem, was darüber hinausgeht, was am anderen Rand des Grabens liegt. Beide Betrachtungsweisen zusammen sind sozusagen komplementär, vermitteln das Ganze. Illies führt eine Fülle von Argumenten und Ansichten anderer Forscher an, welche seine Auffassung von Aszendenz und Deszendenz bekräftigen. So zitiert er zum Beispiel den Philosophen Carl Friedrich von Weizsäkker: »Die Naturwissenschaft hat nicht unrecht mit dem, was sie sagt, sondern mit dem, was sie verschweigt.« Sie verschweigt alles, was über das Materialistische hinausgeht, alles, was nicht meßbar ist, und sie betont dies bei jeder Gelegenheit.

Es sind jedoch gerade die Physiker, die Vertreter »des Kernlandes der Naturwissenschaften«, welche uns gelehrt haben, den doppelten Aspekt, den komplementären Charakter ein und desselben Phänomens zu erkennen und anzuerkennen, zum Beispiel Wasser als Flüssigkeit oder in der Form von Eis, als Festkörper. Licht kann Welle und Korpuskel sein. Das Elektron hat einen Ort, und es hat zugleich auch keinen Ort, es ist Wirklichkeit und doch nur Modell. So wird J. Oppenheimer von Illies zitiert.

Er zitiert ferner die Idee des Physikers Walter Heitler von der Harmonisierung des Widerspruchs auf höherer Ebene: »Elektromagnetische Wellen *und* empfundener Farbeindruck *sind* das Licht, beide in unterschiedlichen Aspekten der *einen* wahrnehmbaren und meßbaren Wirklichkeit« (J. Illies, 1979, S. 92).

Es kann indessen nicht meine Aufgabe sein, solche Gedanken weiter zu entwickeln. Ich wollte lediglich andeuten, wie es einem Zoologen, der als Tiergartenbiologe ein Leben lang mit einem breiten Spektrum von Lebewesen konfrontiert war, möglich ist, an Aszendenz und Deszendenz im Sinne von Illies zu glauben, an das Tierliche und an das Göttliche im Menschen, also an den Graben, der sich nur aus der Divergenz der verschiedenen Aspekte ergibt. Dies deckt sich einigermaßen mit der früher zitierten Auffassung von Konrad Lorenz, daß es richtig sei, den Menschen als ein Säugetier zu betrachten, aber einer Blasphemie gleichkomme, zu behaupten, der Mensch sei nur ein Säugetier. Das, was beim Menschen zum rein Tierlichen dazukommt, ist, wie mehrfach erwähnt, Kultur, also das Geistige im weitesten Sinne, einschließlich der Kunst der Feuerbeherrschung, die sich besonders scharf abgrenzbar darbietet seit der Neandertalerstufe.

Dem Feuer hat Darwin merkwürdig wenig Aufmerksamkeit geschenkt. Das hängt wohl damit zusammen, daß man zu seiner Zeit noch sehr wenig über das Verhalten freilebender Menschenaffen wußte und da und dort noch Gerüchte über angeblichen Feuergebrauch bei Anthropoiden existierten. Daneben hat aber Darwin eine große Zahl von Kriterien aufgereiht, welche Tier und Mensch deutlich unterscheiden; sie sind von den beiden Anthropologen S. L. Washburn und P. C. Jay in ihren »Perspectives on Human Evolution« (1968 S. 9) übersichtlich zusammengestellt worden. Darunter figurieren u. a. das Selbstbewußtsein, also das Reflexionsvermögen über Vergangenheit, Zukunft, Leben und Tod, ferner die Sprache, ein Sinn für Religiöses bei einigen Menschen usw.

Mehrere menschliche Rassen waren damals noch nicht oder kaum bekannt, so daß Darwin hier vorsichtshalber eine Einschränkung (some men) anbrachte. Heute wird von den meisten Anthropologen angenommen, daß alle menschlichen Rassen gewisse religiöse Vorstellungen haben.

Natürlich machen sich nicht alle Zoodirektoren Gedanken über den Unterschied zwischen Tier und Mensch, obgleich gerade sie durch ihren Beruf ständig der Grenze entlang geführt und so auf die naheliegende Problematik förmlich gestoßen werden. Professor Bernhard Grzimek konnte gelegentlich unvermittelt fragen: »Glauben Sie an Gott?« Wenn ich ihm dann sagte, ich sei stockkatholisch, berichtete er von seinen Eltern, die gläubige Katholiken waren, und von seiner Schwester, Nonne eines katholischen Ordens. Er selber war überzeugter Atheist und der Meinung, daß ein Naturwissenschaftler nicht religiös sein könne.

In den Arbeiten meiner Nachfolgerin in Bern dagegen, Frau Professor Dr. Monika Meyer-Holzapfel, einer Tochter des berühmten Philosophen Rudolph Maria Holzapfel, Begründer des Panidealismus, fand ich einige besonders klar formulierte Stellen zum Thema Mensch und Tier. Die im folgenden wiedergegebenen Kernsätze, die ich alle unterschreiben würde, fand ich in zwei Beiträgen aus dem Jahre 1958 in dem von F. E. Lehmann herausgegebenen Buch »Gestaltungen sozialen Lebens bei Tier und Mensch« (Francke Verlag, Bern):

»Nur der Mensch ist befähigt, seine naturgegebenen Triebe willkürlich und bewußt zu beeinflussen, zu beherrschen, vom rein Instinktiven abzulösen und geistigen, ethischen oder religiösen Zielen unterzuordnen (S. 74).«

»Das Tier muß tun, was ihm von der Natur aufgegeben wurde. Nur der Mensch hat sich ... wirklich von der Instinktgrundlage lösen können. Er ist befähigt, willkürlich zugunsten eines Mitmenschen auf eigenen Vorteil zu verzichten, er kann Opfer bringen aufgrund eines einsichtigen Mitgefühls, das wir bei Tieren vermissen. Die Möglichkeit des tätigen Opfers, des bewußten Altruismus, hebt, ebenso wie die Sprache, den Menschen weit aus der Welt des Tieres heraus (S. 108).«

»Denn Tiersein ist eine in sich geschlossene Daseinsform, Menschsein dagegen eine Aufgabe (S. 109).«

Ich selber habe mir immer wieder Gedanken machen müssen über das Bewußtsein der Tiere, das in geradezu gegensätzlicher Weise beurteilt worden ist, worauf ich schon 1947 und später (1979, 1980) hingewiesen habe. Ich möchte auch hier betonen, daß es mir keineswegs darum geht, den verhängnisvollen »Graben« offen zu halten oder gar zu erweitern. Viel eher geht es mir darum, möglichst klar zu zeigen, »was des Tieres und was des Menschen« ist beim Versuch, die beiden Aspekte der Aszendenz und Deszendenz harmonisch in Einklang zu bringen wie den Wellen- und Korpuskelaspekt des Lichtes.

Im Zoo kann man der Bewußtseinsfrage kaum ausweichen. Sie stellt sich zum Beispiel, wenn der Tierarzt einen Patienten in Narkose legt und nach dem Eingriff auf die Rückkehr des Bewußtseins wartet oder wenn eine Maus oder eine Schlange in den Maschen eines Gitters steckenbleibt, weil sich die Tiere über ihren Körperumfang nicht im klaren waren – im Gegensatz etwa zu einem Hirsch, der jeden Augenblick genau über die wechselnde Ausdehnung seines Geweihs orientiert ist.

Viele Tiere, namentlich höhere Tiere, haben ein Selbstbewußtsein mindestens im Sinne eines Wissens um die Ausdehnung des eigenen Körpers (Körperbewußtsein), andere aber verfügen über ein darüber hinausreichendes Wissen, zum Beispiel über ein Schattenbewußtsein, das keineswegs selbstverständlich ist und eines genaueren Studiums durchaus würdig wäre, zumal es experimenteller Untersuchung weitgehend zugänglich ist.

In früheren Büchern (1979, 1980) bin ich auf dieses Thema näher eingegangen, und 1976 habe ich eine besondere Veröffentlichung der bis dahin zu wenig gewürdigten Tatsache gewidmet, daß viele Tiere – wie wir Menschen – Eigennamen haben, was im Grunde eine Banalität ist. Wir sind ja gewohnt, Heimtiere und vertraute Wildtiere in Zoo und Zirkus bei ihrem Namen zu rufen. Das ist nur möglich, weil diese

Tiere unter sich Eigennamen verwenden, oft nicht nur akustische und optische, sondern auch geruchliche, elektrische, ultrasonische, vibratorische und sicher noch viele andere.

Was ich in unserem jetzigen Zusammenhang hervorheben möchte, ist der Umstand, daß auch viele Tiere ein Ich-Bewußtsein haben, also die Fähigkeit, zwischen Ich und Nicht-Ich zu unterscheiden, was im Grunde eine beachtliche Leistung darstellt. Sie ermöglicht eine Identifikation, die Feststellung: Ich bin Ich.

Wozu es aber im Tierreich nicht mehr reicht, ist die Beantwortung der Frage »Was bin ich?« Es fehlt die dem Menschen vorbehaltene Fähigkeit der Reflexion, die Möglichkeit des Nachdenkens über sich selbst und damit auch die Möglichkeit der eigenen Einordnung ins Reich der Organismen. Deswegen war es völlig verfehlt, wenn Penny Patterson an ihren Gorilla »Koko« die Frage stellen ließ: »Bist du ein Tier oder eine Person?« Die Antwort kam sofort: »Feines Tier Gorilla« (Fine animal gorilla). Für mich ist es klar, daß diese Antwort – möglicherweise unbewußt – vom Fragesteller so formuliert oder interpretiert worden ist. Erstaunlich ist jedoch, daß dieser Dialog und andere Kluge-Hans-Fehler im Oktober 1978 (154, 4, S. 465) im »National Geographic« veröffentlicht worden ist.

Die Fragen, was ich bin, was ich war und was ich sein werde, sind typisch menschliche; sie beunruhigen das Tier noch nicht, sollten aber den Menschen, jeden Menschen, beschäftigen. Viele nehmen sich keine Zeit dazu oder verdrängen sie kurzerhand. Karriere und Geldverdienen sind wichtiger. Wie viele Manager machen sich Gedanken über ihre stammesgeschichtliche Herkunft? Oberflächliche Informationsfetzen aus den Medien ersetzen oft geduldiges Lesen und Nachdenken, und in den Predigten wird den Kirchgängern allzuoft noch die überholte Geschichte von Adam und Eva und der bösen Schlange aufgetischt.

Zu den menschlichen Monopolen, die der Deszendenz im Sinne von Illies zuzuordnen sind, gehören neben Reflexion und Kultur im vorher definierten Sinn auch Glauben, Hoffen und Beten. Wenn man von der vorher erwähnten doppelten Wahrheit bzw. von dieser integrierten, einen Wahrheit ausgeht, braucht man schließlich nicht immer nur zu erwähnen, daß dem Menschen gegenüber den infrahumanen Primaten die Opponierbarkeit der Großzehe und ein Schwanz fehlen, sondern daß umgekehrt auch dem Menschen einiges zukommt, was den infrahumanen Primaten mangelt; dazu rechne ich u. a. die Fähigkeiten Glauben, Hoffen und Beten.

Auch wenn dies keine morphologischen Merkmale sind, handelt es sich doch um nicht minder reale Merkmale, die sich seit Jahrtausenden bei Millionen von Menschen aller Rassen finden. Für viele von ihnen sind es Realitäten von größter Wichtigkeit. 1978 bin ich im Rahmen des Engadiner Kollegiums kurz auf dieses Thema eingetreten (erschienen 1979 unter dem Titel »Hoffnung – Erwartung bei Tieren«). Darin habe ich u. a. den Zürcher Hirnforscher und Nobelpreisträger W. R. Hess zitiert: »Dem Menschen allein vorbehalten sind die sich oft machtvoll ausdrükkenden Gefühle und Stimmungen von transzendentalem Charakter.« Ferner erwähnte ich darin eine wichtige Feststellung des Zürcher Paläontologen Emil Kuhn-Schnyder über den Neandertaler, der die meisten Paläontologen beipflichten: »Seine Toten hat er sorgfältig bestattet. Beigaben, die man in den Gräbern findet, sprechen für seinen Glauben an ein Weiterleben nach dem Tode.«

Nicht alle Vergleiche zwischen Tier

und Mensch stehen im Zeichen einer Höherentwicklung, dem Göttlichen zugewandt. In nicht wenigen Punkten ist der Mensch in beschämender Weise unter die Tierlinie abgesunken und ist dadurch nicht etwa tierisch, sondern unmenschlich geworden.

Natürlich wird im Tierreich viel gekämpft; es muß gekämpft werden. Seit Darwin sprechen wir vom Kampf ums Dasein und verstehen darunter oft sehr Widersprüchliches. Hier sei nur erwähnt, daß ein Hauptmotiv der Kämpfe unter Tieren darin besteht, daß fortpflanzungsfähig gewordene Individuen, vor allem die Männchen, unter dem biologischen Zwang stehen, ein Territorium zu erobern, das groß genug ist, um der Familie, Herde usw., für welche das betreffende Männchen zuständig ist, eine hinreichende Nahrungsmenge zu beschaffen, sei es in Form von Vegetabilien für Pflanzenfresser oder von Beutetieren für Fleischfresser.

Für viele Arten – vom Fisch bis zum Säugetier – kennen wir heute die dem Tier zukommende, d. h. von ihm benötigte Anzahl von Quadratmetern oder Quadratkilometern bzw. den Kubikraum bei dreidimensional lebenden Tieren (zum Beispiel Korallenfischen). Keinem würde es einfallen, mehr Raum zu beanspruchen, als es für sich selber und die von ihm geleitete soziale Einheit braucht. Dieser notwendigerweise zu erkämpfende Grundbesitz, das Territorium – bei Eidechsen oder Mäusen nur wenige Quadratmeter, bei Löwen zwanzig bis vierzig Quadratkilometer –, muß also so groß sein, daß er von seinen Bewohnern nicht leergefressen wird.

Mir ist kein Fall bekannt, daß natürliche Territorien im Freileben über dieses gegebene Maß hinaus ausgedehnt worden wären. Der Mensch aber zeichnet sich durch eine fatale Maßlosigkeit auch auf diesem Gebiet aus. Er will seinen Grundbesitz, den Besitz überhaupt, ständig vergrößern, sein Vermögen, seine Macht, seine Maschinen und Energiequellen. Dabei kommt ihm eine Einrichtung zustatten, welche das Tier nicht kennt und die daher auch nur dem Menschen zum Verhängnis werden kann: das Geld.

Die eben angedeutete, für den modernen Menschen so bezeichnende Maßlosigkeit kommt oft auch zum Ausdruck in seiner übertriebenen Nahrungsaufnahme, im Konsum von Genußmitteln. Bei freilebenden Wildtieren gibt es kein Übergewicht, keine Fettsucht; dazu kommt es nur bei Haustieren, die als Nutztiere durch den Menschen bis über die Grenzen des Zuträglichen hinaus, bis ins Krankhafte gemästet werden. Auch die vom Menschen gezüchteten Nutztiere sollen in möglichst kurzer Zeit ein Maximum an Gewinn, an Geld, einbringen, selbst wenn dies auf denkbar unbiologische Art auf engstem Raum erzwungen wird. Dasselbe zeigt sich in der Landwirtschaft: Durch gefährliche Überdüngung will man ein Maximum an Agrarprodukten, d. h. an Gewinn, an Geld herausholen. Ähnliches gilt für die Forstwirtschaft: Auf der ganzen Erde wurden die Waldbestände durch gewinnsüchtige Übernutzung geschädigt.

Maßlosigkeit zeichnet viele Menschen aus, nicht nur in bezug auf Raum und Nahrung, sondern auf alles, was mit Geld zu erwerben ist: Komfort, Genußmittel, Sex usw. Warnungen von kirchlicher Seite werden oft in den Wind geschlagen. Aber immer deutlicher melden sich jetzt ökologische, biologische Faktoren: Gefahren übertriebener Energienutzung, übertriebenen Genußmittelkonsums, ungezügelten Sexualverhaltens und Mißbrauch von Wasser und Luft. Beim Tier finden wir nichts dergleichen. Sein Leben ist, wie wir gehört haben, eine in sich geschlossene Daseinsform, das Menschsein hingegen eine Aufgabe, zu deren Bewältigung der Mensch imstande sein könnte aufgrund seiner Fähigkeit, über sich nachzudenken und seine Stellung gegenüber Gott zu erkennen. Dies bringt allerdings weder Geld noch Machtzuwachs ein und ist daher dem Super-Manager, dem Homo gubernator, fremd; er opfert dafür keine Zeit, weil Zeit für ihn Geld, Macht bedeutet. Geld kann ein großartiges Hilfsmittel der Kulturförderung und der Nächstenliebe sein, aber auch ein furchtbares Werkzeug der Unterdrückung, der unbegrenzten Machterweiterung bis zum geistigen und körperlichen Terror. Durch maßloses Raffen von Geld und Macht versucht der Homo gubernator, eine Spitzenstellung auf unserem Planeten und im nächstliegenden Teil des Alls zu erobern, und er ist auf dem besten Weg dazu, weil er weder ethische noch ökologische Rücksichten kennt. Schließlich verfügt er auch über die schlimmsten Kriegswaffen.

Der moderne Homo gubernator sieht nicht nur die Natur und ihre Geschöpfe, sondern auch alles, was die Bewirtschaftung, die Ökonomie der Erde heute ausmacht, als ein wissenschaftlich machbares und lenkbares System, das sich schließlich so präzis wie Physik bearbeiten läßt, sofern nicht philosophische oder gar religiöse Atavismen sich störend in den Weg stellen. Der absolute, rein materialistisch ausgerichtete, verantwortungslose Machtmensch, wie er nicht wenigen von unseren Zeitgenossen als Ideal vor Augen steht, hat nach dem Systemphilosophen C. W. Churchman eigentlich nur vier Hauptfeinde: Politik, Religion, Ästhetik und Moral, wie R. K. Sprüngli 1981 in »Evolution und Management« (S. 42) ausführt. Politische Friedensbemühungen bringen dem Waffenhandel nichts ein; religiöse und moralische Vorstellungen wirken nur störend, und Ästhetisches ist Gefühlsduselei.

Einsichtige Ökologen, selbst solche oder gerade solche rein materialistischer Denkart, empfehlen uns heutigen Menschen dringend, statt unbiologischer Maßlosigkeit vernünftige Zurückhaltung zu üben, sogar Sparsamkeit nicht nur in bezug auf technische Energie, sondern auch in bezug auf biologische Energie, auf Landnutzung im weitesten Sinne. Mediziner mahnen zur Sparsamkeit im Energiehaushalt des eigenen Körpers.

Diese immer lauter werdenden Mahnrufe von biologischer Seite decken sich in auffälliger Weise zunehmend mit der Meinung uralter Heiliger, unter denen Franz von Assisi (1182–1226) eine besonders aktuelle Bedeutung zukommt. Franz von Assisi rief schon vor 800 Jahren gegen die Raffung von Macht und zum Konsumverzicht auf. Diese Zusammenhänge von moderner biologischer Einsicht und uralter, frommer Erkenntnis werden in unserer Zeit von verschiedener Seite wieder entdeckt. Der Basler Zoologe Hans Mislin, langjähriger Dozent an der Universität Mainz und Redaktor der internationalen naturwissenschaftlichen Fachzeitschrift »Experientia«, hat 1982 zusammen mit Sophie Latour ein Buch veröffentlicht mit dem überraschenden Titel »Franziskus. Der ökumenisch-ökologische Revolutionär«. Aus biologischer und historischer Sicht wird hier die Arbeit des Heiligen für die stufenweise Versöhnung des Menschen mit sich selber, mit der Gemeinschaft und mit der gesamten Natur geschildert.

Kommen wir zur Evolutionsfrage zurück. In »Tiere verstehen« habe ich zahlreiche Beispiele aus meinem eigenen Beobachtungskreis angeführt (zum Beispiel Saugnapf des Schiffshalters, Zungenköder der Alligatorschnappschildkröte), welche eine Entstehung durch zufällige Einzelschritte als unmöglich erscheinen lassen. Außerdem

Im Aquarium des Zürcher Zoos hatten wir jahrelang die Symbiose von Schiffshalter und Meerschildkröte vor Augen. Mit seinem starken Saugapparat – nach Ansicht der Evolutionstheoretiker durch Mutation und Selektion schrittweise aus der Rückenflosse entstanden – hielt sich der Fisch am Bauchpanzer der Schildkröte. Nur bei der Fütterung verließ er den sicheren Ort, um z. B. die weichen Muschelteile aufzuschnappen, die beim Aufknacken der harten Schalen durch die kräftigen Schildkrötenkiefer zugänglich wurden. Im Meer befreien die Fische ihre Symbionten von Parasiten, die an den ungepanzerten Hautteilen sitzen.

Foto Jürg Klages

habe ich zahlreiche Beispiele anderer Autoren und ihre Ansichten beigefügt. Jetzt möchte ich nur einen einzigen, erst seither bekannt gewordenen Fall zitieren, wo eine Entstehung durch die von der herkömmlichen Evolutionstheorie postulierten, kleinen Entwicklungsschritte einfach nicht denkbar ist.

Es handelt sich um den kürzlich in Australien entdeckten magenbrütenden Frosch Rheobatrachus silus, dem M. J. Tyler und seine Mitarbeiter 1983 ein ganzes, in Biologenkreisen aufsehenerregendes Buch gewidmet haben (von mir in Nr. 232, S. 75, der »Neuen Zürcher Zeitung« vom 5.10.1983 besprochen). Dieser ungewöhnliche Frosch stellt uns vor Probleme, welche selbst die kühnsten Evolutionstheoretiker nicht zu lösen vermögen, weil sein Fortpflanzungsverhalten beim besten Willen nicht durch schrittweise Muta-

So sieht der Saugapparat auf dem Kopf des Schiffshalters aus. Als Biologe kann man sich nicht vorstellen, wie eine derartige Einrichtung allmählich aus einer Rückenflosse entstanden sein soll, wie es in den Lehrbüchern heißt. Wie müßte man sich dieses Organ vorstellen, als es nicht mehr Flosse und noch nicht Saugnapf war?

tion erklärt werden kann. Bei diesem Frosch werden die Eier im Magen der Mutter »ausgebrütet«, d. h. zur Entwicklung gebracht. Das Weibchen frißt seine Eier unmittelbar nach der Ablage und Befruchtung durch das Männchen regelrecht, was bedeutet, daß sie verdaut, also vernichtet würden. Um dies zu verhindern, muß die Produktion von Verdauungssäften während der Aufbewahrung im Magen rechtzeitig eingestellt werden; die selbständig gewordenen Larven, die Kaulquappen, werden später im richtigen Moment »erbrochen«, d. h. an einer geeigneten Stelle dem freien Wasser übergeben.

Was war nun der erste Schritt in Abweichung vom quasi normalen Ablaichen beim Großteil der Frösche? War es das Auffressen des eigenen Laiches, was normalerweise das Ende der Fortpflanzung und damit der ganzen Art bedeuten würde? Als absolut notwendige Entwicklungsschritte müßten hinzugekommen sein: ein zuverlässiger Verzicht auf jede andere Nahrungsaufnahme, eine totale Unterbindung der Verdauungssekrete während der »Bebrütung« und dann ein Erbrechen der Larven zur richtigen Zeit am richtigen Ort, also an Stellen, welche für deren Weiterentwicklung die besten Bedingungen bieten.

Nach Ansicht des besten Kenners dieser ungewöhnlichen Fortpflanzungsweise des neuentdeckten Magenbrüterfrosches – M. J. Tyler – müßte eine schrittweise Verlegung des Brutraumes von der Mundhöhle in den Magen und eine schrittweise Reduktion der Verdauung angenommen werden, eine Annahme, die ihm absurd erscheint. Hier – wie in zahllosen anderen Fällen – kann es keine allmählichen Übergänge geben. Entweder funktioniert der fertige Mechanismus nicht, oder er funktioniert, wie zum Beispiel beim Saugnapf des Schiffshalters, beim Zungenköder der Schnappschildkröte,

Die im Süßwasser lebende Alligator-Schnappschildkröte, die wir jahrelang im Aquarium des Zürcher Zoos beobachten konnten, stellt wohl den vollkommensten Köderfallen-Typ im Tierreich dar: Durch einen wurmartig geformten, gefärbten und sich bewegenden Fortsatz der Zunge als Köder wird die Beute direkt ins Innere der Falle gelockt. Die Schildkröte ist vorzüglich getarnt – oft mit denselben Algen bewachsen wie ihre Umgebung – und wartet unbeweglich mit offenem Maul auf Beute.

Im Augenblick, da der Fisch den vermeintlichen Wurm berührt, klappen die spitzen Kiefer zu. Wie soll man sich nach der Theorie von Mutation und Selektion vorstellen, daß sich im Dunkel der Mundhöhle ein so vollkommener Köder entwickelt hat? Wo blieb der Selektionsdruck? Die meisten Wasserschildkröten jagen aktiv ihrer Beute nach. Fotos Dr. H. Heusser

beim Schießen des Schützenfisches usw. Es geht hier um alles oder nichts, um vollkommen ausgebildete Organe samt dem zugehörigen Verhalten oder um ihr gänzliches Fehlen.

Bei unserem Frosch könnte man lediglich die höchst unwahrscheinliche Annahme machen, daß die Evolution hier einen einzigen, mächtigen Quantensprung getan hat. Nach der herkömmlichen Evolutionstheorie muß also die Entstehung des Magenbrütens, da eine schrittweise Verwirklichung nicht denkbar ist, auf einen »einzigen mächtigen Quanten-Schritt« (a single huge quantum step, S. 129) zurückgeführt werden, der auf einen Schlag die gesamte Fortpflanzungsbiologie verändert hat. Das bedeutet einschneidende Veränderungen der körperlichen Gestaltung, der Physiologie und des Verhaltens, erstens der ausgewachsenen und zweitens der in Entwicklung begriffenen Jungtiere, also eine radikale Umgestaltung zahlreicher Faktoren in präziser, zeitlicher Abstimmung aufeinander.

Fehlt nur ein einziger Faktor – zum Beispiel das Auffressen der eigenen Eier unmittelbar nach der Ablage, die genügende Sauerstoffversorgung der Jungen im Magen, der Verzicht auf normale Nahrungsaufnahme oder das Abstellen der Verdauungssekrete –, hätte der Magenbrüterfrosch nicht entstehen können. Tyler stellt in einer Tabelle (S. 132) sechzehn solcher Faktoren zusammen, deren harmonisches Ineinandergreifen die Voraussetzung für die Evolution dieses merkwürdigen Frosches bildet. Kein Wunder, daß Tyler eine langsame und schrittweise Evolution in diesem Falle für unvorstellbar und absurd hält; es bleibt nur die Annahme des erwähnten mächtigen Entwicklungssprungs. Aber mit derartigen Riesensprüngen ließe sich ja alles Evolutionsgeschehen erklären, zum Beispiel die Entstehung von Amphibien aus Fischen, von Fledermäusen aus Spitzmäusen, von Vögeln aus Reptilien, von Walen aus Landtieren usw. Wir brauchten nicht mehr nach »Missing links« zu suchen, denn solche Riesensprünge machen ja alles möglich oder doch in der Phantasie denkbar.

Aber gerade Riesensprünge wagt uns die herkömmliche Evolutionstheorie nicht zuzumuten; sie sucht nach kleinen, weniger unwahrscheinlichen Entwicklungsschritten, nach zufälligen Mutationen, die zugegebenermaßen zum größten Teil wertlos oder gar schädlich sind und nur in ganz seltenen Fällen zu einer echten Weiterentwicklung führen. So ist zum Beispiel in jedem Handbuch der Vergleichenden Anatomie oder Embryologie zu lesen – und so wird es auch in den entsprechenden Vorlesungen doziert –, daß aus dem Unterkiefer der Haifische im Laufe der stammesgeschichtlichen Entwicklung ganz langsam, Schritt für Schritt, ein Teil des menschlichen Innenohres entstanden sei. Aus einem Freßwerkzeug hat sich ein hochempfindliches Sinnesorgan entwickelt.

Niemand, der sich nicht auf solche Studien spezialisiert hat, ist in der Lage, diesen Sachverhalt im einzelnen objektiv nachzuprüfen; aber jedermann kann sich fragen, ob hinter dieser Entwicklung, wenn sie tatsächlich stattgefunden hat, wirklich nur die beiden »großen Konstrukteure des Artenwandels«, Mutation und Selektion, stecken, wie es die zünftigen Evolutionisten annehmen. Mutation meint rein zufälliges Variieren von Erbeigenschaften, ohne Sinn und Ziel, meistens als Tippfehler in den genetischen DRS-Ketten. Selektion würde bedeuten, daß die vielen fehlerhaften Abweichungen ihren Trägern ein Überleben nicht gestatten und sie daher aussterben lassen, während die seltenen zweckmäßigen Abweichungsschritte eine Verbesserung der Lebensaussichten und der Fortpflanzungsrate bedeuten. Es ist ein langer Weg vom Knorpelkiefer zum Innenohr, ebenso vom Hai zum Menschen. Wenn die Anatomen tatsächlich recht haben, können sie dann auch der Sinnlosigkeit und dem Zufall zustimmen, oder wäre da nicht doch eher an einen Plan zu denken?

Die Evolutionslehre hat mir immer Schwierigkeiten bereitet, seit meinem Studienbeginn, und immer häufiger stieß ich auf Biologen, die sie gleichfalls nicht akzeptieren konnten, jedenfalls nicht in der herkömmlichen, heute als Dogma geltenden Form von Mutation und Selektion. Nicht daß ich als Katho-

Schützenfisch im Augenblick der Schußabgabe: Die Wassergarbe hat die auf dem Zweig (oben links) sitzende Küchenschabe getroffen, so daß sie ihren Halt verliert und auf die Wasseroberfläche fällt, wo sie vom Fisch geschnappt wird. Ein weiteres Beispiel von evolutionstheoretisch mit Mutation und Selektion nicht erklärbarem Verhalten, das wir im Zürcher Zoo jahrelang beobachten konnten. Foto Dr. H. Heusser

lik eine Evolution ablehnen müßte, dazu besteht kein Anlaß; vielmehr sind es biologische Einsichten, zu denen ich im Laufe eines langen Lebens im engen Kontakt mit vielerlei Lebewesen gelangt bin. Wie schon einmal hervorgehoben, bin ich keineswegs der Meinung, daß man dem Schöpfer die Schaffung jeder einzelnen Tier- oder Pflanzenart zumuten darf. Es ist durchaus im Einklang mit der kirchlichen Lehre, daß Gott im Laufe der Erschaffung der Erde großzügig Kompetenzen delegiert und so einer Evolution weiten Spielraum gelassen hat. Wie der Biologe Joachim Illies (1979 S. 101) darlegt, hatte »schon Augustin vor mehr als tausend Jahren seine Zeitgenossen dringend davor gewarnt, durch wörtliche Auslegung des Sechstagewerkes im Schöpfungsbericht die biblische Botschaft der Lächerlichkeit preiszugeben«.

Diese Gefahr besteht tatsächlich, wenn allzu streng Bibelgläubige stur am Wort festhalten wollen, wenn sie verlangen, daß Bilder aus dem Tierreich der Bibel als zoologische Tatsachen hingenommen werden müssen. Ein typisches Beispiel dieser Art fand ich zu meiner Enttäuschung im Buch von J. McDowell und D. Stewart mit dem interessanten Titel »Fakten über das Christentum, die Zweifler kennen sollten« (1987).

Die beiden Autoren glauben, daß die wörtliche Interpretation der Bibel die einzig zulässige ist, auch wenn es sich um zoologische Einzelheiten handelt. Sie weisen darauf hin, daß sich manche biblische Aussagen, denen früher bildhafter Charakter zugeschrieben wurde, als recht wörtlich erwiesen haben: »Nehmen wir einmal die staubfressende Schlange. Untersuchungen haben erbracht, daß Schlangen tatsächlich Staub fressen« (S. 34). Ich muß gestehen, daß ich dies weder während meiner herpetologischen Tätigkeit

Hier verzichtet der Schützenfisch auf seine einzigartige Schießkunst und schnappt das Insekt nahe über der Oberfläche, indem er nach ihm springt. Er kann auch im Wasser schwimmende Beute jagen wie ein Barsch oder eine Forelle. Von Selektionsdruck ist also keine Rede. Die Anfänge des präzisen Schießens müssen wir uns als leichtes Blasen vorstellen, mit dem gewiß keine Beute zu machen war. Foto Dr. H. Heusser

noch als Zoodirektor jemals gehört habe; ich muß daher diese Behauptung für Unsinn halten. Zwar geben die Autoren in der Einleitung an, daß ihr Buch nicht als wissenschaftliche Abhandlung gedacht sei, »vielmehr wurde es geschrieben, um dem Durchschnittsleser zur Erweiterung seines Horizontes zu dienen«. Trotzdem sollte man es mit der Wahrheit ernstnehmen, denn die

Entstellung von Tatsachen zur Förderung der Bibelgläubigkeit ist weder zulässig noch zweckdienlich.

Schlangen gehören seit Urzeiten zu den Tieren, zu denen der Mensch besondere Beziehungen hat, die bisher weder psychologisch noch psychoanalytisch ganz ausgeleuchtet sind. Mit dem Phallussymbol ist es längst nicht getan. Wir dürfen wohl annehmen, daß die Giftigkeit von etwa einem Drittel der rund dreitausend Arten mit dazu beigetragen hat, daß »die Schlange« für viele Menschen etwas Unheimliches, Gefährliches und Böses bedeutet. Es ist kein Wunder, daß einem solchen Tier auch in der Bibel eine bedeutende Rolle zufällt. Auch streng Bibelgläubige sollten bedenken, daß »die Schlange« gerade nach ihrem Glauben von Gott geschaffen worden ist. An einer anderen Bibelstelle wird berichtet, wie »die Schlange« dadurch bestraft wurde, daß sie fortan auf dem Bauch kriechen mußte. Böse – und auch harmlose – Zoologen pflegen dann, wenn diese Bibelstelle zur Diskussion steht, gelegentlich zu fragen, auf welche Weise denn die Schlange vor dieser Bestrafung marschiert sei. Offensichtlich handelt es sich hier einmal mehr um ein Bild aus der bilderreichen Sprache der Bibel.

Übrigens nehmen Biologen – gerade die Evolutionisten – heute tatsächlich an, daß die beinlosen Schlangen sich aus vierbeinigen Echsen-Ahnen entwickelt haben könnten, nämlich aus waran-artigen Echsen. Einen einleuchtenden Beleg für diese glaubwürdige These sehen sie darin, daß sichtbare und greifbare Rudimente von Hinterextremitäten sich gerade bei den altertümlichen Schlangen wie Python und Boa noch nachweisen lassen. Diese kleinen, oft übersehenen Afterklauen haben einen drastischen Funktionswandel erfahren: Aus Fortbewegungsorganen wurden hakenartige Gebilde, die bei der Fortpflanzung eine wichtige Rolle spielen. Hier haben wir es übrigens mit einem Fall zu tun, wo man als Nicht-Darwinist weitgehend einem Evolutionsvorgang folgen kann, nämlich einer schrittweisen Rückbildung der Vorder- und der Hinterextremitäten von echsen-artigen Vorfahren zu nahezu oder ganz beinlosen »Kriechtieren«. Auch im Bereich echter Echsen (Sauria) hat sich dieser Prozeß wahrscheinlich im Interesse möglichst raschen und reibungslosen Gleitens durch Gezweige und Grasbestände entwickelt. Hier finden wir auch unter heute lebenden Arten alle Übergänge von Vierbeinigkeit über Zweibeinigkeit bis zur vollständigen Beinlosigkeit, wie zum Beispiel bei unserer europäischen Blindschleiche (Anguis fragilis). Ein neuer Typus ist dadurch nicht entstanden: Echsen und Schlangen gehören derselben Ordnung der Squamata, der schuppentragenden Reptilien, an.

Wie ich in »Tiere verstehen« ausgeführt habe, unterscheiden viele Biologen zwischen Mikro- und Makro-Evolution, also – grob gesagt – zwischen kleinen Entwicklungsstufen (Arten) und dem Erscheinen neuer Typen, die sich zueinander etwa verhalten wie Melodien und ihre Variationen. Es ist die Entstehung neuer Typen, welche den Evolutionisten Schwierigkeiten bereitet, die großen, durch bedeutende Lücken getrennten Evolutionsstufen, die sich nicht durch kleine Schrittchen verbinden lassen, trotz eifriger Suche nach solchen Übergangsformen, nach »Missing links«.

Illies (1979 S. 69) führt dazu aus: »Die Paläontologie verweigert die Rolle, die ihr zugedacht war: Sie kann die verbindenden Formen zwischen den Typen nicht vorweisen, weil es sie nicht gibt.«

Mein Lehrer Adolf Portmann war gewiß ein Evolutionist, doch konnte er den grundlegenden Mechanismen Mutation und Selektion nicht zustimmen, weil diese jeden Sinn, jede Innerlichkeit, jede über das Notwendige hinausgehende Entwicklung als mitwirkende oder gar entscheidende Faktoren nicht zulassen. Nicht alle Evolution läßt sich erklären durch Selektionsvorteile, denen etwa N. Tinbergen die entscheidende Bedeutung zuschrieb.

Konrad Lorenz gehörte zu den überzeugten Verfechtern der Theorie von Mutation und Selektion als den beiden Konstrukteuren des Artenwandels. Wir sind daher in diesem Punkt immer wieder zusammengestoßen, wie ich auch in der von W. M. Schleidt herausgegebenen Festschrift zu seinem 85. Geburtstag (Der Kreis um Konrad Lorenz 1988 S. 49) in meinem Beitrag erneut hervorgehoben habe: »Evolution in Ehren, auch Mutation und Selektion streckenweise, aber nicht als generelles Prinzip der Evolution vom Urknall, vom Virus bis zum Homo sapiens.«

Offensichtlich ist im Reich der Pflanzen und der Tiere vieles entstanden, was die reine Zweckmäßigkeit transzendiert. Auch ich bin immer wieder, sozusagen auf Schritt und Tritt, Erscheinungen begegnet, welche nicht ausgesprochen zweckmäßig, sondern vielleicht »nur eigenartig, nur ausdrucksvoll, nur schön« waren (Illies 1979 S. 73). Dabei ist daran zu erinnern, daß gerade auch Darwin von Schönem in der Natur oft tief ergriffen war. Er hat manchen Tieren sogar einen eigenen Schönheitssinn zugebilligt (»Tiere verstehen« 1980 S. 357). Mit Zweckmäßigkeit, Selektionsvorteilen und Überlebensvorteilen allein kommt man nicht aus, noch weniger mit Zufall und Sinnlosigkeit. Dieser Meinung waren u. a. Karl von Frisch und Pierre Grassé, deren briefliche Äußerungen dazu ich mit ihrer Erlaubnis in »Tiere verstehen« (S. 248) zitieren durfte. Mit der Ablehnung des allzu einfachen Rezeptes, nach dem die Evolution arbeiten soll – eben Mutation und Selektion – stehe ich keineswegs allein.

Seit »Tiere verstehen« (1980, 1984) sind mehrere Bücher von kompetenten Autoren erschienen, wie zum Beispiel dasjenige von H. Kahle »Evolution. Irrweg moderner Naturwissenschaft?« (1980) oder von W. Kuhn »Stolpersteine des Darwinismus« (1984) und »Darwin im Computerzeitalter. Das Ende einer Illusion« (1989). Bereits 1984 erregte der Max-Planck-Biologe Joachim Illies Aufsehen mit seinem Buch »Der Jahrhundert-Irrtum« (1984). Die Evolutionstheoretiker werden es schwer haben, das in diesen und anderen Werken ausgebreitete Tatsachenmaterial zu widerlegen.

Besonders zu denken gab mir immer wieder die von einem der bedeutendsten modernen Evolutionstheorektiker, Ernst Mayr (1979, S. 205), vorgebrachte These, daß 99,9 Prozent aller Evolutionslinien, die jemals existiert haben, ausgestorben sind. Das heißt mit anderen Worten: Fast alle Arten sind wieder ausgestorben. Und wir sind heute noch Zeugen eines beschleunigten Verschwindens von Arten. Mir ist nicht bekannt, daß diese Behauptung von Evolutionisten je zurückgewiesen worden wäre.

Das führt mich zwangsläufig zu zwei grundlegenden Fragen: Ist die Evolution, also die ständige Weiterentwicklung der Lebewesen durch Anpassung, d. h. dauerndes Variieren mit Auslese des Erfolgreichsten (Mutation und Selektion), mit diesem fortlaufenden gigantischen Wegsterben überhaupt vereinbar? Ist da nicht alle Evolution sozusagen für die Katze? Und zweitens: Wie verhält es sich mit den vielen sogenannten »lebenden Fossilien«, also mit den uralten Lebewesen, die seit Millionen von Jahren so gut wie unverändert bis auf den heutigen Tag existieren wie zum Beispiel jener Quastenflosser-Fisch Latimeria aus den Meerestiefen der Reunion-Inseln? Bei der Reduplikation des Genmaterials hat sich hier offenbar nie ein die Fesseln der Unveränderlichkeit sprengender Fehler eingestellt. Eine Selektion hat nie stattgefunden; sie konnte der Art keine Vorteile bieten, keine neuen Überlebenschancen, keine Anpassungen – sie brauchte keine. Alles, was für die Entwicklung normaler, d. h. dem Aussterben zustrebender Arten als notwendig erachtet wird, fehlt bei diesen die Jahrmillionen überdauernden Formen.

Haben wir es hier nicht mit geradezu kolossalen Widersprüchen zu tun? Die biologischen Lebensgesetze, die man für die Entstehung und Entwicklung aller Lebewesen auf unserer Erde verantwortlich macht, also Mutation und Selektion, führen zum Aussterben! Die starren, unveränderlichen, nicht anpassungsfähigen Arten hingegen überdauern unter Umständen Jahrmillionen.

Die von den Evolutionisten betonte Tatsache, daß nahezu hundert Prozent der Arten, die jemals existierten, nach längerer oder kürzerer Zeit wieder ausgestorben sind, steht in völligem Widerspruch zur Theorie des Super-Evolutionisten Richard Dawkins, der alle Organismen – den Menschen inbegriffen – als Überlebensmaschinen darstellt (1978 S. 21), und zwar als recht selbstsüchtige. Diese Überlebensmaschinen (survival machines) haben ganz offensichtlich versagt; sie sind ja fast durchwegs zugrunde gegangen. Nur den Menschen hat die Evolution hervorzubringen und zu erhalten vermocht, wie Dawkins schon im Vorwort seines Buches ausführt: »Wir Tiere sind die kompliziertesten und am vollkommensten konstruierten Stücke der Maschine

Gottesanbeterin, eine der imposantesten Insektengestalten, ein Raubtier mit spitzzähnigen Fangarmen und Riesenaugen an einem überaus beweglichen Kopf. Ihr Fortpflanzungsverhalten ist höchst ungewöhnlich: Das Weibchen pflegt während der Begattung das Männchen aufzufressen.

im erforschten Universum« (we animals are the most complicated and perfectly-designed pieces of machinery in the known universe).

Auch Jacques Monod (1971 S. 61) vertritt die Auffassung: »Die Lebewesen sind chemische Maschinen« – und zwar durch Zufall entstandene. Sowohl mit Dawkins als auch mit Monod habe ich mich in »Tiere verstehen« (1980, 1984) kurz auseinandergesetzt. Hier möchte ich nur daran erinnern, daß man der »alten Tierpsychologie«, wie sie vor etwa hundert Jahren betrieben wurde, zu einem wesentlichen Teil mit Recht vorwarf, sie vermenschliche die Tiere. In der Tat bestand die »neue Tierpsychologie« um die Mitte unseres Jahrhunderts weitgehend in einem Kampf gegen die Vermenschlichung. Unter Darwins Einfluß kam es andererseits zu einer Phase der unbegrenzten Vertierlichung des Menschen. Der Mensch wurde zu einem Primaten, also zu einem Tier.

Schon vor ein paar Jahrhunderten gab es zur Zeit des Philosophen René Descartes (1596–1650) eine Lehre, nach welcher die Tiere als Maschinen aufzufassen waren. Diese Maschinenlehre wird uns neuerdings in neuer Aufmachung wieder von Dawkins, Monod und anderen beschert. Hier werden Lebewesen – und zwar Mensch und Tier – nicht mehr bloß mit Maschinen verglichen, sondern mit Maschinen identifiziert. Es wird also munter vermenschlicht, vertierlicht oder als Maschine behandelt – je nach Bedarf.

Kybernetik, Molekularbiologie, Informations- und Kommunikationswissenschaften und andere, neue Disziplinen in Verbindung mit einer hochentwickelten Technik tragen dazu bei, das maschinistische Weltbild zu fördern. Welche Euphorie herrschte, als die erste »kybernetische Schildkröte« zu laufen begann und die ersten Roboter daherwackelten!

Die Soziobiologen mit Richard Dawkins an der Spitze messen den Tiergestalten – welche andere Forscher so faszinieren – keine Bedeutung bei und halten sie lediglich für Wegwerfhüllen der selbstsüchtigen Gene. Im Falle von Mantis sorgen die weiblichen Gene dafür, daß die männlichen nur minimal zum Zuge kommen. Sonst verhält es sich nach dem Dogma der Soziobiologen meist umgekehrt. Das Bild zeigt, wie ein Weibchen während der Begattung ein anderes Männchen verspeist – vielleicht den Vorgänger. Fotos Dr. W. Toepfl

Um wieder auf den Teppich zu kommen, braucht man sich indes nur eine unserer modernen Maschinen vorzustellen, etwa ein Flugzeug, eines jener starren, lärmenden Ungeheuer – und es zu vergleichen mit einem lebenden Vogel. Er zeigt uns, was Fliegen wirklich heißt, nicht nur in bezug auf Starten, Landen, blitzartiges Wenden, also nicht nur in bezug auf das sozusagen Technische, sondern: Diese Flieger sind lebendig, Träger des Lebens, fähig, einen geeigneten Biotop zu suchen, mit Artgenossen und Geschlechtspartnern Beziehung aufzunehmen, zu rufen, Schmerz- und wohl auch Lustempfindungen auszudrücken, ein Nest zu bauen, Eier zu legen und zu bebrüten, Junge zu beschützen und mit dem richtigen Futter zu versorgen, zu verteidigen, wegzuziehen zu fremden Kontinenten und sich dort zurechtzufinden, Gefahren zu vermeiden und – wenn dies gelungen ist – zum richtigen Zeitpunkt wieder den Rückflug in die Brutheimat anzutreten. Dies alles aus eigener Orientierung, zu der kein Mensch fähig wäre.

Oder denken wir an andere »chemische Maschinen«, an Elefanten, Löwen, Schimpansen und unzählige weitere, die im Zoo zu bestimmten Menschen Kontakt finden und ihnen ihr einmaliges Wesen, ihren Charakter, ja ihre Persönlichkeit offenbaren. Wirkt es da nicht geradezu einfältig, von Maschinen zu sprechen? Ich habe noch nie eine kontakt- oder quasi liebesfähige Maschine getroffen. Sollte es mir einfallen, mit einer wirklichen Maschine, etwa mit einem Auto, zu sprechen und sie zu streicheln, würde mir gewiß nicht der Nobelpreis winken wie im Falle von Monod, sondern die Einweisung in die nächste psychiatrische Klinik.

Habe ich damit etwas Falsches gesagt, oder handelt es sich vielleicht einfach wieder um eine jener verhängnisvollen Überdehnungen eines bewährten Begriffes, des Maschinenbegriffes? Galt nicht bis vor kurzem eine Maschine als etwas Totes und ein Lebewesen, wie der Name sagt, als etwas Lebendiges? Mit der Überdehnung bisher üblicher und bewährter Begriffe läßt sich sozusagen alles und das Gegenteil beweisen.

Gewiß, man kann fast jede Lebenserscheinung mit Mechanismen vergleichen; man sollte sie aber nicht damit identifizieren, wie es eine zunehmende Verengung des Gesichtsfeldes mit sich bringen kann, dann nämlich, wenn man an allem, was das Lebendige ausmacht, konsequent vorbeisieht und gleichzeitig meint, man habe das Ganze im Gesichtsfeld. So kommt es zu den falschen, bei den Medien so beliebten Simplifikationen und Reduktionen, etwa zu der Auffassung, daß das Gehirn lediglich ein Computer, das Auge nur eine Kamera sei. Das Auge ist aber nicht nur ein Aufnahme-, sondern ebenso ein Sendeorgan. Wer möchte dies bezweifeln? Entsprechend ist das Gehirn nicht nur ein Rechen- und Speicherapparat, sondern sehr viel mehr, viel mehr, als mir darzustellen zusteht. Es sei mir nur erlaubt, darauf hinzuweisen, daß es auch das Organ des Psychischen und beim Menschen auch der transzendentalen Überlegungen ist. Sonst könnten wir nicht darüber nachdenken und sprechen. Maschinen können dies nicht. Maschinen kennen zudem weder Spiel noch Schönheit noch Gefühl. Schon deswegen ist es meiner Überzeugung nach verfehlt, Tiere und Menschen als Maschinen darzustellen. Maschinen leben nicht – was lebt, ist keine Maschine.

Wir haben uns mit der Evolution beschäftigt, also mit der Tatsache, daß einfache Lebensformen sich zu höheren entwickelt haben, schließlich zum Menschen, der die 99,9 Prozent der anderen Lebewesen einstweilen überdauert hat und auch dadurch eine Sonderstellung einnimmt, selbst nach der Auffassung von Dawkins. Wie sich diese Evolution abgespielt hat, wissen wir offensichtlich noch nicht; die Darwinsche Theorie ist, wie wir gesehen haben und wie noch weiter zu zeigen sein wird, keineswegs unwidersprochen, sondern weitgehend sogar widerlegt. Eine echte Alternative gibt es nicht, auch Lamarcks Theorie ist eine Evolutionstheorie, ebenso wie die von Dawkins oder Monod oder noch andere. Es sind alles Evolutionstheorien – Theorien wohlverstanden.

Die einzige wirkliche Alternative ist der Schöpfungsglaube – nicht im exakt biblischen Sinne, sondern in einer großzügigeren Auffassung, die einzelne Neuschöpfungen einschließt. Unter solchen Neuschöpfungen haben wir uns Typen vorzustellen, die sich nicht nahtlos an Vorangegangenes anschließen lassen, wie vor allem der Mensch, der feuerbeherrschende und Transzendentalem aufgeschlossene, wie er etwa auf der Neandertalerstufe erscheint.

Aber auch im Tierreich finden wir da und dort Typen, die offenbar unvermittelt aufgetreten sind, wie etwa der befiederte Vogel, die Fledermaus, der Wal und viele andere. Hier müssen wir notgedrungen andere Prinzipien als die der schrittchenweisen Evolution annehmen. Die Naturwissenschaft vermag uns diese Prinzipien – oder dieses Prinzip – nicht zu nennen. Tatsache ist, daß plötzlich, übergangslos, neue Typen da sind. Dabei handelt es sich nicht nur um einzelne Typen, Arten, sondern, wie wir sehen werden, um zwei oder mehr Arten, die – auch nach Ansicht der Evolutionisten – nicht isoliert für sich, sondern in Harmonie miteinander entstanden sein müssen, wie zum Beispiel die unzähligen Fälle von inniger Symbiose. D. Matthes hat den Tiersymbiosen 1978 ein vortreffliches Buch gewidmet, in dem eine sehr große Zahl von Symbiosen und ähnlichen Formen der Vergesellschaftung beschrieben werden – aber eben nur beschrieben. Wir finden in diesem umfassenden Werk kein Wort über die Möglichkeit, diese Erscheinungen vom Standpunkt der Evolutionstheorien aus zu deuten. Offenbar gibt es keine solche Möglichkeit.

Symbiose, ebenso wie Parasitismus, sind für mechanistische Evolutionisten besonders heiße Eisen, weil es dort in vielen Fällen offensichtlich unmöglich ist, mit der Annahme kleiner Entwicklungsschrittchen, mit Mutation und Selektion, durchzukommen. In »Tiere verstehen« (1980, 1984 S. 172) habe ich versucht, anhand einiger Beispiele auf diese Unmöglichkeit hinzuweisen.

Vielleicht noch heikler für mechanistisch-evolutionistische Erklärungsversuche sind die Fälle von Symbiosen zwischen Tieren und Pflanzen, wie sie sich uns zum Beispiel in den Pflanzengallen präsentieren, die wir bei jedem Spaziergang durch Feld und Wald antreffen können. Die Evolutionstheorie ist heute noch nicht in der Lage, uns das Wesen eines simplen Gallapfels einleuchtend zu erklären. Darauf wird gleich noch zurückzukommen sein.

Vorerst möchte ich nur ein einziges Beispiel einer zwischentierlichen Symbiose erwähnen, weil mir im vergangenen Frühjahr am Aare-Ufer wieder einmal ein Ölkäfer oder Maiwurm (Meloë proscarabaeus) über den Weg gekrochen ist. Es handelt sich dabei um einen Fall von Phoresie, also um die aktive Benutzung eines anderen Tieres für vorübergehenden Transport. Es liegt hier eine spezielle Form von Symbiose vor, die auch Matthes in sein Werk aufgenommen hat. Ich folge seinen Ausführungen.

Das flugunfähige Weibchen dieses Käfers produziert im Frühjahr 2000–4000 Eier, die es in Portionen von ca. 300 Eiern in fingerhutgroße, selbstgegrabene Erdhöhlen legt, welche es nachher sorgfältig verschließt. Aus dem Ei schlüpft eine 2 mm große Larve, die an ihren verhältnismäßig langen Beinen drei klauenartige Anhänge trägt und daher als Triungulinus bezeichnet wird. Diese Larve betreibt nun Phoresie, d. h., sie klettert auf Blüten und wartet dort auf Solitärbienen (zum Beispiel Andrena). Sobald eine erscheint, steigt der Triungulinus auf die Biene und läßt sich von dieser im Flug in ihr Nest tragen. Erst wenn die Biene eine Nestzelle mit Honig gefüllt und ein Ei darauf gelegt hat, wagt der Triungulinus den Sprung auf das Ei. Springt er daneben, ist er verloren, denn im Honig kann er sich nicht fortbewegen. Er läßt sich von der Biene in die Zelle einschließen und verspeist dann das Ei, wahrscheinlich seine erste Nahrung. Der Eiräuber häutet sich anschließend zu einer völlig anders aussehenden, madenartigen Sekundärlarve, die wie ein Kahn auf dem Honig schwimmt und den nahrhaften Inhalt der Zelle allmählich verzehrt. Die Larve wandert dann in den Erdboden und häutet sich zur Tertiärlarve, die – in der alten Larvenhaut verbleibend – als Scheinpuppe überwintert. Aus dieser entwickelt sich dann die ebenfalls madenartige Quartärlarve, die keine Nahrung aufnimmt und sich bald verpuppt. Eine derart komplizierte Entwicklung (Hypermetamorphose) ist für die Familie der Meloideae charakteristisch. – Soweit die Darstellung nach Matthes (1978 S. 48f.).

Für den Biologen enthält dieser verwickelte Lebenslauf, wie auch der zahlloser anderer Insekten, viel Erstaunliches, sofern er sich nicht auf den vereinfachenden Standpunkt stellt, daß dies alles eben so programmiert sei. Ich möchte hier lediglich einen Punkt aus der Kette herausgreifen, nämlich die phoretische Phase, also die Benutzung eines bestimmten, fliegenden Insektes – der Solitärbiene – als Transportmittel.

Wann und wie erfolgte der erste Schritt an Bord dieses lebenden Flugzeuges, ohne den es keine Weiterentwicklung, keine Fortpflanzung, sondern nur den Tod des jungen Individuums und damit der ganzen Art geben würde? Vom ebenso entscheidenden, präzise zu berechnenden Sprung auf das Bienenei und anderen kritischen Phasen sei hier völlig abgesehen.

Meine Frage lautet: Kann man sich den lebensnotwendigen Transport von der Blüte in die mit einem Ei belegte Solitärbienen-Zelle als schrittweisen Vorgang eines Evolutionsprozesses vorstellen oder nicht? Entweder unternimmt die Triungulinus-Larve den Flug, oder sie unternimmt ihn nicht. Kleine Schritte sind hier nicht möglich, und dabei ist noch zu bedenken, daß keine Ölkäferlarve je in der Lage war, sich ein Bild von Sinn und Ziel der Flugreise zu machen.

Wohl spielt hier die Selektion eine bedeutende Rolle. Schon der Großteil der Eimasse geht zugrunde. Viele Larven werden keine geeignete Blüte erreichen; viele werden keine Gelegenheit finden, auf die richtige Biene zu steigen; viele werden neben dem Bienenei in den klebrigen Honig hüpfen und darin zugrunde gehen. Die Selektion hat zweifellos hier, wie auch sonst im Tierreich, eine große, aber keine ausschließliche Bedeutung. Aber wann und wie fing es an mit dem Lufttransport? Kein Evolutionist vermag diese Frage zu beantworten. Deswegen finden sich in der Fachliteratur meines Wissens auch keine diesbezüglichen Angaben.

So wie es beim Auf- und Absteigen der Ölkäferlarve keine Halbheiten, keine Evolutionsschrittchen geben kann, so gibt es auch keine beim Umsteigen von Parasitenlarven von einem Wirt oder Zwischenwirt auf den anderen. Die Evolutionstheorien versagen hier auf der ganzen Linie; ohne Planmäßigkeit, lediglich mit dem Zufall, ist nicht auszukommen.

Die gängigen Bemühungen der Evolutionstheoretiker lassen uns im Zusammenhang mit der Ko-Evolution noch mehr im Stich, als sie es schon bei der Evolution einzelner Typen tun. Der Magenbrüterfrosch als eine einzelne, isolierte Art, war in bezug auf seine Evolution schon nicht zu verstehen. Noch sehr viel schwieriger ist es jedoch, Fälle von Ko-Evolution von zwei kompliziert ineinander verzahnten Organismen zu erklären.

Auf meinen Afrikareisen bin ich oft auf eine merkwürdige Akazienart gestoßen, nämlich auf die Flötenakazie, welche pingpongballgroße, mit streichholzlangen Dornen besetzte Knollen trägt. In diesen Knollen wohnen Ameisen, welche den nahrhaften Inhalt auffressen und auf den Akazienzweigen patrouillieren, um schädliche Insekten zu vernichten, ebenso Schlingpflanzen, welche der Akazie gefährlich werden könnten. Es handelt sich also um eine Symbiose, um einen Fall gegenseitiger Hilfeleistung, die man sich so vorstellt, daß sie durch Ko-Evolution entstanden ist, also durch eine harmonisch aufeinander abgestimmte, simultane Entwicklung von Pflanze und Tier.

Derartige Abgestimmtheiten, also ein Zusammenleben von zwei ganz verschiedenen Tieren oder sogar – wie im vorliegenden Fall – von Tier und Pflanze, sind in großer Zahl bekannt und in einer sehr umfangreichen Fachliteratur beschrieben. Auch die Gallen, die vielgestaltigen Galläpfel, gehören in diesen Zusammenhang, jene Gewebswucherungen, die zum Beispiel durch Insektenstiche hervorgerufen werden,

Flötenakazie. Die stachligen Bäumchen werden etwa zwei bis drei Meter hoch und bilden zuweilen dichte, fast undurchdringliche Bestände. Wenn der Wind durch die dürren, von den Ameisen ausgehöhlten und durchlöcherten Knollen bläst, entlockt er ihnen manchmal flötenartige Töne – daher die Bezeichnung Flötenakazie. Foto Max Meier

Funktionell wirken die Knollenbildungen der Pflanze wie echte Gallen, d. h., sie dienen bestimmten Ameisenarten als Nahrung und Wohnung und zur Aufzucht ihrer Brut, doch handelt es sich in Wirklichkeit um Pseudo-Gallen, die von der Pflanze sozusagen freiwillig gebildet werden, ohne fremde Einwirkung durch Insekten oder andere Tiere. – Ist schon die Erklärung der Entstehung echter Gallen mit den heute vorliegenden Theorien nicht möglich, so stellen diese Pseudo-Gallen die Biologen vor noch größere Rätsel. Foto Max Meier

von ganz bestimmter Struktur sind und von den beteiligten Insekten in der Regel als Nahrung und Wohnraum benutzt werden.

Damit haben wir einen äußerst heiklen Problemkomplex der Biologie angetippt, handelt es sich doch um Strukturen und Verhaltensweisen, die nicht nur eine einzelne Art betreffen, sondern in äußerst verzwickter Weise zwei ganz verschiedene Arten miteinander verbinden, und zwar in dem Sinne, daß beide aus ihrer Verflechtung Nutzen ziehen. Man hat daher in solchen Fällen früher von »fremddienlicher Zweckmäßigkeit« gesprochen, eine Redensart, die heute in der Ethologie eigentlich tabu ist, denn sie und die Evolutionstheorie kennen nur Entwicklungsschritte, die der eigenen Art Selektionsvorteile bringen und dadurch zum Überleben der Tüchtigsten führen.

Hier kann es sich – schon aus Raumgründen – nur um dürftige Andeutungen handeln, doch hat mich die Flötenakazie, jenes stachelige Gestrüpp, dem ich in Ostafrika mit meinen Reisegefährten oft begegnet bin, so stark beeindruckt, daß ich es in meiner Lebensbeschreibung nicht einfach übergehen darf.

Schon 1966 habe ich in der Zeitschrift »Das Tier« den afrikanischen Flötenakazien eine Kurzreportage gewidmet unter dem der Zeitschrift eher entsprechenden Titel »Ameisen machen Musik«. Sie machen insofern Musik, als die von ihnen leergefressenen und mit Ameisenschlupflöchern versehenen Knollen Töne erzeugen, wenn der Wind über die Steppe bläst. Daher auch die vom deutschen Afrikaforscher Georg Schweinfurth (1836–1925) eingeführte Bezeichnung »Flötenakazie«; der Baum wurde übrigens von den Arabern seit jeher Sofar, d. h. Flöte, genannt. Ursprünglich hielt man die

Knollen der Flötenakazie für Gallen, doch hat sich im Experiment herausgestellt, daß diese auch ohne Einwirkung von Insekten entstehen. Die Ameisen verschaffen sich erst sekundär, wenn die Knollen fertig ausgebildet sind, Zutritt zu ihrem Innern.

Merkwürdigerweise gibt es im tropischen Amerika eine ganz ähnliche Akazie. Sie wird dort als Bull's Horn Acacia (Acacia cornigera L.), d.h. als Stierhorn-Akazie, bezeichnet, weil die dreieckigen Knollen gewöhnlich zwei Dornen tragen und daher an einen Stierkopf erinnern. Auch sie gibt es, wie beim afrikanischen Gegenstück, in mehreren Arten. Diese sind von D.H. Janzen (1966, 1967) besonders gründlich untersucht worden. Er kam – sehr kurz gesagt – zum Schluß, daß es sich dabei nicht um eine Einweg-, sondern um eine typische Zweiweg-Entwicklung handelt, also um eine echte Zusammen-Entwicklung zweier Organismen, um eine Ko-Evolution, wie wir sie im Grunde u.a. auch vor uns haben in der Entstehung der Beziehungen zwischen Raub- und ihren Beutetieren. Die Raubtiere sind so ausgebildet, daß sie genügend Beute erwerben können, und die Beutetiere so, daß sie ihren Feinden zu entfliehen vermögen – ein paradoxer Tatbestand, auf den ich schon früher hingewiesen habe. Der Begriff der Ko-Evolution wird also von einzelnen Autoren sehr weit gefaßt.

Im Verlauf der genauen Analysen der eigenartigen Beziehungen zwischen Ameise und Pflanze kam Janzen zum Schluß, daß diese nur entstehen konnten aufgrund von Präadaptationen. Präadaptation bedeutet eigentlich Vor-Anpassung: Anpassung an etwas, das noch gar nicht existiert. Wir haben es meiner Ansicht nach wieder einmal mit einer neuen Bezeichnung zur Erklärung von Erscheinungen zu tun, die sich im Sinne der Evolutionstheorie nicht erklären lassen. Aus Evolution wird Ko-Evolution, aus Ko-Evolution Präadaptation.

Man wird mir hier vielleicht Voreingenommenheit gegenüber der herkömmlichen, heute an Schulen und Universitäten gepredigten Evolutionslehre vorwerfen. Deswegen zog ich zu meiner eigenen Belehrung das relativ neue Buch von A.D. Beattie über die evolutionistische Ökologie von symbiontischen Ameisen-Pflanzen-Beziehungen zu Rate. (The evolutionary ecology of ant-plant mutualism, 1985 Cambridge University Press). Daraus möchte ich nur wenige Sätze wiedergeben (von mir übersetzt):

»Wie die individuellen ameisen-bezogenen Besonderheiten begannen, ist im Grunde genommen ein Rätsel« (S. 142). Sind die geschilderten Ameisen-Pflanzen-Beziehungen das Ergebnis einer Ko-Evolution? »Die Antwort ist unsicher«. (S. 142). »Die Mehrzahl der Ameisen-Pflanzen-Beziehungen (Symbiosen) scheint fakultativ (nicht lebensnotwendig) zu sein und betrifft eine Reihe von Arten, und das macht die Frage der Ko-Evolution verschwommen (cloudy)« (S. 142). »Wenn die Definition von Ko-Evolution eine gegenseitige Selektion von erblichen Eigenschaften erfordert, dann ist Ko-Evolution bemerkenswert schwierig aufzuzeigen in Ameisen-Pflanzen-Beziehungen und scheint eher die Ausnahme als die Regel zu sein« (S. 145).

Kurz, die Ameisen-Pflanzen-Beziehungen, wie wir sie u.a. bei der Flötenakazie vorfinden, sind in bezug auf ihre Entstehung noch weitgehend ungeklärt, selbst für einen so eifrigen Evolutionisten wie A.J. Beattie einer ist, und obgleich auch er sozusagen als Hilfskonstruktion die Präadaptation zu Hilfe nimmt – ein nichtssagendes Verlegenheitswort.

Wir brauchen uns indessen nicht nach Zentralafrika oder Südamerika zu begeben, um eindrucksvollen Beispielen von dem, was heute Ko-Evolution genannt wird, zu begegnen. Hunderte von europäischen Gallenarten an den verschiedensten Pflanzen sind solche Fälle, doch gibt es auch harmonisch aufeinander abgestimmte Entwicklungen in ganz anderen Bereichen. Nur ein Beispiel sei noch kurz erwähnt, das im Auftrag der Eidgenössischen Anstalt für das forstliche Versuchswesen kürzlich genau untersucht worden ist: die Lebensgemeinschaft von Tannenhäher und Arve (H. Matter 1982). Es handelt sich also um einen Vogel und einen unserer kostbarsten Gebirgsbäume.

Ganz kurz gesagt: Der Häher ist in unseren Alpen weitgehend auf die Arven-Nüsse angewiesen, sowohl für seine eigene Versorgung als auch für jene der Jungen, die es zu einer Zeit zu füttern gilt, wenn die Bäume keine Nüsse mehr tragen. Diese müssen also auf Vorrat angelegt werden. Der Vogel tut dies in erstaunlichem Ausmaß. Er versteckt jährlich bis zu 100 000 Nüsse, d.h. etwa 25 kg, in seinem sechs bis zehn Hektar großen Revier, und zwar vermag er die 10 000 oder mehr Verstecke (von je mehreren Nüssen) erstaunlicherweise wieder aufzufinden, selbst wenn sie unter einer Schneedecke von einem Meter Höhe liegen. Man darf also von einem übermenschlichen Ortsgedächtnis sprechen. Nur etwa zwanzig Prozent aller Verstecke werden nicht mehr gefunden oder gebraucht – zum Glück für unser Forstwesen. Der Tannenhäher, als Arvenschädling verschrien, erweist sich aufgrund der neuen Untersuchungen als der wirksamste Verbreiter der Arvensamen, auch in Gegenden, die den Förstern gar nicht zugänglich sind.

Die Ko-Evolution wird von den Autoren (H. Mattes 1982, R. Schloeth 1985) in einer engen Lebensgemeinschaft mit großem gegenseitigem Nutzen gesehen, also darin, daß die Arve in relativ weichen Zapfen große, außerordentlich nahrhafte Samen produziert. Diese sind dank einer ziemlich harten Schale im feuchten Waldboden gut lagerfähig, und der Häher besitzt an seinem Schnabel einen besonderen Hornleisten, eine Art Dosenöffner, mit dem er die Nüsse gut aufzuknacken vermag.

Pflanze und Tier sind auch hier, wie bei der Flötenakazie oder bei den Gallen, in Gestalt und Verhalten gegenseitig durchwirkt, aufeinander abgestimmt entstanden, durch Ko-Evolution, und diese ist denkbar aufgrund der Vor-Anpassung, der Präadaptation. So lautet jedenfalls die offizielle Darstellung.

Im Grunde aber sind alle Pflanzen und alle Tiere, die anderen als Nahrung dienen, aufeinander abgestimmt, so wie die Raubtiere zum Erwerb ihrer Beutetiere eingerichtet sind und Beutetiere zur Flucht vor ihren Feinden. Auch dies ist Ko-Evolution, worauf die zitierten Akazien-Ameisen-Forscher Janzen und Beattie hingewiesen haben. Wenn wir genau zusehen, gibt es überhaupt nur Ko-Evolution, weil kein Lebewesen ganz isoliert, für sich entstanden ist. Viele Forscher sind denn auch der Meinung, daß überhaupt alle Evolution Ko-Evolution ist. Dieser Begriff, von dem man so viel Klärendes erwartete, bringt uns in bezug auf die Betrachtung der Evolution aus dem Gesichtswinkel von Mutation und Selektion keinen Schritt weiter.

Das Problem der Evolution, der Entstehung und Entfaltung des Lebens auf unserer Erde, läßt sich nicht mit einfachen technischen Schlagworten lösen wie zum Beispiel mit Urknall, Ursuppe usw. Überhaupt ist es fragwürdig, ob wir zu einem Verständnis der Organismen gelangen können, wenn wir den Blick immer nur von unten nach oben, vom Einfachen zum Komplizierten richten, wie wir es heute auch bei der beliebten Analyse von Ökosystemen zu tun pflegen.

Auf die Untauglichkeit dieser einseitigen Blickrichtung hat kürzlich der Zürcher Philosoph Gerhard Huber (1981) hingewiesen: »In dieser Perspektive wird vielleicht das, was bloß als Zufall und blinde Notwendigkeit erscheint, wenn man den Formwandel der Spezies von unten, den Populationen her betrachtet, vielmehr als Folge übergreifender, ganzheitlicher Formgesetzlichkeiten zu begreifen sein, die im Evolutionsprozeß vorausgesetzt, aber durch das Selektionsprinzip als solches nicht adäquat expliziert sind.«

Evolutionsprobleme nehmen in meinem Leben zwar keine vorrangige Stellung ein, aber als Biologe, als Tiergartenbiologe und auch als Christ konnte ich ihnen nicht ausweichen, und je näher ich mich damit beschäftigte, desto fester wurde ich davon überzeugt, daß die Evolutionstheorie so, wie sie heute an Schulen und Universitäten vorgetragen wird, nicht stimmen kann. Mit Mutation und Selektion ist die Entstehung der Lebewesen nicht zu erklären. Ich stelle weiter fest, daß viele besonders schwer zu erklärende Fälle (Flötenakazie, Gallen, Schiffshalter, Alligatorschnappschildkröte usw.) als unbequem sozusagen unter den Tisch gewischt oder mit neu erfundenen, im Grunde nichtssagenden Schlagwörtern als abgeklärt hingestellt werden.

Kommen wir noch einmal kurz auf die Pflanzengallen zurück, mit denen ich eigentlich nur sehr am Rande zu tun hatte. Die Flötenakazie hat mich wohl darauf gestoßen, von der sich dann herausstellte, daß ihre galläpfelartigen Knollen in Wirklichkeit nicht durch die Einwirkung von Insekten entstehen, sondern von der Pflanze selbst produziert werden. Jedesmal, wenn ich bei Spaziergängen auf echte Gallen stieß, reizte es mich, mehr darüber zu erfahren.

Als Gallen bzw. Cecidien gelten jene Wachstums- und Gestaltungsanomalien, die unter Einwirkung parasitischer Organismen bei gleichzeitiger aktiver Beteiligung der Pflanze auf einen chemischen Reiz hin entstehen. Dieses Gebilde von höchst komplizierter Struktur, eine »Chemomorphose« (alias Gallapfel), dient nicht der um ihr Leben kämpfenden Pflanze, sondern ihrem Parasiten, dem gallenauslösenden Insekt. Wo bleibt da der aller Evolution zugrundeliegende Kampf ums eigene Dasein? Gibt es doch eine »fremddienliche Zweckmäßigkeit«?

In vielen Fällen ist aber der Gallenbewohner nicht nur ein Parasit, der auf Kosten der Pflanzen lebt, sondern die aus den Gallen entsteigenden Insekten – zum Beispiel gewisse Ameisen – helfen ihrer Wirtspflanze im Kampf gegen

Beispiel einer Pflanzengalle. Noch 1982 – kurz vor seinem Tod – bezeichnete der Biologe Joachim Illies in seinem Buch »Der Jahrhundert-Irrtum« die Gallen als ein bitteres Ärgernis für den Darwinismus, weil ihre Entstehung sich niemals mit dem Evolutionsmodell von Mutation und Selektion begreifen läßt.

schädliche Insekten und existenzgefährdende Schlingpflanzen. Oft werden die Gallenbewohner gefährdet durch Parasiten zweiten Grades, sogenannte Parasitiden, und diese wiederum durch noch andere Parasiten.

Kurz vor seinem Tod (1982) hat der Max-Planck-Biologe J. Illies zu diesem heiklen Thema Stellung bezogen in einem allgemein verständlichen Aufsatz unter dem bezeichnenden Titel »Gallenbitteres Ärgernis« (1981). Er brachte damit zum Ausdruck, daß die Gallen, denen wir in der Natur so oft begegnen, ein bitteres Ärgernis für den Darwinismus sind. »Denn selbst wenn man heute verstehen kann, wie es zu ihrer Bildung kommt – durch einen Hormon-Cocktail, den der Gallenerreger listig und kenntnisreich verabreicht –, so ist man doch völlig außerstande, die Evolution, also die Herausbildung solcher Fähigkeiten bei Pflanze und bei Insekt nach dem Modell von Mutation und Selektion zu begreifen.«

Die Bezeichnung »listig und kenntnisreich« ist natürlich in Anführungszeichen zu verstehen, nicht im Sinne primitiver Vermenschlichung. Aber irgendwie muß sowohl auf der Insektenwie auf der Pflanzenseite eine sehr genaue Information darüber bestehen, wann und wo und wie und in welcher Dosis der »Cocktail« vom Insekt zu applizieren ist und wie die Pflanzen darauf reagieren. Die Gallenerreger haben offensichtlich die Fähigkeit, den molekularen Code der genetischen Informationen, der in den Pflanzenzellen bereitliegt, zu knacken, anzuzapfen und zu manipulieren! Eine starke Zumutung für beide Seiten. Aber das ist nur ein Teil des Tatbestandes.

Zusammenfassend kommt Illies zum Schluß: »Diese unglaublich komplizierten Zusammenhänge sind mit dem darwinistischen Selektionsmodell zweckmäßiger Mutation nicht zu erklären, allerdings auch nicht mit vitalistischer Fremddienlichkeit. Sie sind eben für uns heute überhaupt nicht zu erklären.«

Dies will nun aber keineswegs heißen, daß ein nicht-materialistischer Christ für solche Phänomene sowie für alle durch die gegenwärtig in Mode stehende Evolutionstheorie nicht erklärbaren Erscheinungen – und es sind deren unendlich viele – den lieben Gott direkt verantwortlich machen wollte. So naiv sind auch christliche Biologen nicht – und deren gibt es gleichfalls nicht wenige. Was aus dieser andeutenden Darstellung hervorgehen soll, ist die Meinung, meine Überzeugung, daß die heute mit so erstaunlicher Selbstsicherheit vorgetragene Evolutionstheorie nicht haltbar, sondern falsch ist.

Zu dieser Einsicht gelangen heute immer mehr der bisher quasi klassischen Evolutionisten, der Neo-Darwinisten, und erklären diesen Wandel in mehr oder weniger verschämten Formulierungen. Einige wie zum Beispiel W. F. Gutmann und M. Weingarten (1989) tun dies aber auch in voller Offenheit: »Mit der neuen Theorie (die den Organismus als energiewandelnde Konstruktion versteht, die sich selbst mit Materie und Energie versorgt) werden zentrale Prinzipien des Darwinismus, die Umweltanpassung und die Selektionswirkung der Umwelt verworfen. Diese Theoreme ergeben keinen Sinn mehr... Man muß aus heutiger Sicht in der Vorstellung, Selektion wirke von der Außenwelt züchtend, indem die Umweltbedingungen die Auslese der Organismen treffen, den zentralen Fehler der traditionellen Evolutionstheorie sehen... Das Unglück... besteht darin, daß jemals Homologieforschung als verbindliche Methode dargestellt worden ist und noch wird... und daß man in der darwinistischen Evolutionsforschung über so etwas wie einen gesicherten Bestand zu verfügen glaubte.«

Ähnliche Gedankengänge finden wir heute zum Beispiel auch bei W. Wickler (1987) in seinem Aufsatz »Von der Ethologie zur Soziobiologie«, in dem er mit der bisherigen Ethologie und Evolutionstheorie abrechnet und beide als total veraltet hinstellt. In diesem Zusammenhang beschäftigt er sich auch mit den Pflanzengallen, die ich hier als ein einziges Beispiel aus der Überfülle von bisher unerklärbaren biologischen Phänomenen gewählt habe. Wickler schreibt (S. 270): »Ein Buchenblatt wächst nach dem Buchenprogramm. Aber zuweilen bildet es eine hübsche Galle, wenn eine Gallwespe es angestochen und zur Wucherung veranlaßt hat. Die Galle nützt der Wespe, nicht der Buche. Aber die Buche baut die Galle, weil die Wespe ein Genprogramm dafür hat und die Buche manipuliert. Wespengene prägen sich im Buchen-Phänotyp aus. Für E. Becher (1917) war das ein Musterbeispiel ‹fremddienlicher Zweckmäßigkeit›, an der er die ‹Hypothese eines überindividuellen Seelischen› erläutert; er sah nicht, daß hier zwei Seelen in einer Brust agieren, daß zwei eigenständige Programme eine gemeinsame exekutive Endstrecke benutzen. Im Verhalten sind derartige gemischte Phänotypen sehr häufig. Viele Parasiten beeinflussen das Verhalten ihres Wirtes zu ihrem, nicht zu seinem Vorteil.«

So einfach ist das nach Wickler. Ein wenig Manipulation des einen Organismus durch einen anderen, ein wenig gemeinsame exekutive Endstrecke – und schon ist alles klar. Scheinbar. Was bedeutet denn hier Manipulation, was Exekutive? Wird hier wieder einmal bisher Unerklärbares mit überdehnten Begriffen, mit sinnentleerten Worten überspielt?

Vielleicht wollte der von Wickler zitierte E. Becher zum Ausdruck bringen, daß wir es bei der Betrachtung biologischer Probleme – nicht nur der Gallen und Pseudo-Gallen und tausend anderer Phänomene – eher mit Ideen zu tun haben, weniger mit Mechanismen, die sich mechanistisch erklären lassen. Vieles im Evolutionsgeschehen spricht dafür.

Gewiß läßt sich die Evolutionstheorie, wie schon so oft erwähnt, auf einzelne Strecken der stammesgeschichtlichen Entwicklung anwenden, als Variationen von Melodien sozusagen, als Abwandlung von Typen wie etwa bei den Galapagosfinken, bei Seesternen, Schnecken- und Affengruppen und in zahllosen anderen Fällen. Aber eine durchgehende, zusammenhängende Evolution von der Amöbe bis zum

Diese prachtvolle marine Schnecke habe ich zwar noch in keinem Aquarium und noch weniger im Meer lebend zu sehen bekommen, wohl aber in Museen und einmal im Schaufenster eines Geschäftes für Schiffsausrüstungen in Barcelona, wo ich nicht widerstehen konnte, sie zu kaufen. Ihr Gehäuse ist für mich ein weiteres Schulbeispiel für die Unmöglichkeit, dessen Entstehung durch kleine Mutationsschritte unter dem Einfluß eines Selektionsdruckes, also durch Mutation und Selektion, zu erklären.

Menschen, wie sie von den Neo-Darwinisten als selbstverständlich und als unbestreitbares Dogma hingestellt wird – dazu reichen Mutation und Selektion einfach nicht aus. Diese Einsicht hat mich, um es abermals zu betonen, zum Festhalten am christlichen Glauben gebracht.

Verweilen wir noch einen Augenblick bei den Gallen oder bei der Flötenakazie oder bei irgendeinem Fall der unzähligen Symbiosen, wo zwei grundverschiedene Organismen mit absolut getrennten genetischen Systemen harmonisch zusammenwirken, wie zum Beispiel Ameisen und Pflanzen. Solche Beispiele von aufeinander abgestimmter Entstehung haben eine gegenseitige Information zur Voraussetzung. Diese Aussage ist meines Wissens unbestritten. Aber Information ist ein gefährliches Wort geworden, weil ihm heute die verschiedensten Bedeutungen unterschoben werden.

Ursprünglich stammt das Wort aus dem menschlichen Bereich und bedeutet Erwerb oder Austausch von Wissen. Man kann sich selber informieren

Unsere Murex lebt unsichtbar im weichen Schlick in beträchtlicher Tiefe, wo ihre zarten, harmonisch ausgerichteten Spitzen vor Wellenschlag und Zusammenstößen mit hartem Gestein oder Korallen sicher sind. Man hat in den fast nadelfein ausgezogenen Fortsätzen eine extreme Weiterentwicklung der viel gröberen Schalenhöcker anderer Murex-Arten gesehen, was man sich in gewissem Sinne vorstellen kann. Aber wozu diese Entwicklung? Hier handelt es sich zweifellos nicht um einen Stachelpanzer als Schutz vor Feinden. Hier – wie in unzähligen anderen Fällen – versagen die bisher angebotenen Evolutionstheorien.

durch Erwerb von Kenntnissen und Erfahrungen, oder man erwirbt Wissen von Mitmenschen, an die man es weitergibt, heute auch mit Hilfe einer höchstorganisierten Technik. Neben dieser Information mit und ohne Maschinen wurde es in letzter Zeit gebräuchlich, von Information nicht nur im interindividuellen Verkehr zu sprechen, sondern auch von Information innerhalb des Individuums, von Organ zu Organ. So liefern zum Beispiel die Sinnesorgane, die Rezeptoren, Informationen ins Großhirn, dieses seinerseits informiert die Ausführungsorgane (Effektoren) usw.

Es genügt hier eine sehr grobe Darstellung, um auf die Schwierigkeit aufmerksam zu machen, die sich daraus ergibt, daß jetzt auch von Information gesprochen wird, wenn es sich um Übermittlungen zwischen Organen, Zellen oder sogar Zellteilen, Molekülen, handelt, wo also unter Umständen Gehirn und Nervensystem sowie Rezeptoren und Effektoren im bisherigen Sinne fehlen.

Hier hat der Begriff Information eine entstellende Überdehnung erfahren. Es werden jetzt mit demselben Wort Vorgänge gemeint, die mit Information im bisherigen Sinne überhaupt nichts mehr zu tun haben. Computerbefragung, Radiohören oder Zeitunglesen haben mit dem, was zwischen Gallwespe und Pflanzengalle geschieht, gar nichts gemeinsam; es sind ja auch keine Sinnesorgane, weder Rezeptoren noch entsprechende Effektoren, vorhanden.

Der Begriff Information ist längst in den Bereich des Mikroskopischen und des Ultramikroskopischen übernommen worden, wo er aber etwas völlig anderes bedeutet und daher zu entscheidenden Verwechslungen und Täuschungen führen kann, wenn man sich dieses Wandels nicht bewußt bleibt. Vererbungslehre und Molekularbiologie sprechen jetzt von Informationen und deren Speicherung (Programmierung) im Molekular- und Teilchenbereich.

So ist die winzige Menge des cecidogenen (gallenbildenden) Reizstoffes, welche eine Gallwespe oder Ameise ihrer Pflanze einspritzt, derart programmiert, d. h. mit Informationen (im neuen Sinne) vollgestopft, daß sie in der Pflanze den kunstvollen und hochkomplizierten Bau einer Galle auslöst, in der das Insekten-Ei ideale Entwicklungsverhältnisse vorfindet. Und andererseits ist die Pflanze derart vorprogrammiert, mit Informationen versehen, daß sie auf den Empfang der kleinen Stoffmenge hin eine zweckmäßige Kinderstube für das Insekt herrichtet. Derartige Befunde können rein materialistisch orientierte Forscher in der Meinung bestärken, daß nicht nur solche, sondern alle Lebenserscheinungen sich schließlich auf Chemie und Physik zurückführen lassen. Es gibt viele Biologen, sogar Spezialisten, die es bei dieser Feststellung bewenden lassen. Das eigentliche Problem für den Biologen liegt aber anderswo.

Können Mutation und Selektion zu derart komplizierten Beziehungen zwischen Insekt und Pflanze führen? Ich sehe keine Möglichkeit dazu – ebensowenig, wie in tausend anderen Fällen. Gerade wer im Sinne der herkömmlichen Evolutionslehre denkt, muß annehmen, daß sich ein so hochspezialisiertes Verhalten – nämlich die Inanspruchnahme eines fremden Organismus (Pflanze) zur besonders geschützten Aufzucht der eigenen Jungen einerseits und die Bildung eines geeigneten Brutraumes für ein fremdes Insekt andererseits – nur aus einfachen Anfängen entwickelt haben kann.

Das Insekt ging ursprünglich seines Weges und legte seine Eier, wie es heute noch Zehntausende anderer Insektenarten tun, an einer geeigneten Stelle ab, und die Pflanze wuchs mit normalen Blättern ohne eine Spur von Gallenbildung, so wie es heute noch alle anderen Pflanzen tun, die nicht von Insekten beansprucht werden.

Wie und warum kam es dann im Laufe der Zeit zu diesen Intimitäten zwischen Pflanze und Tier? Wie fing dies alles an? Da liegt das Problem. Niemand wird behaupten, daß das Insekt das Anstechen einer bestimmten Pflanze als günstig zur Erzeugung geeigneten Brutraums voraussehen konnte. Noch weniger wird jemand annehmen, daß die Pflanze von sich aus

Der mächtige Zackenbarsch traf als fingerlanges Fischchen im Aquarium des Zürcher Zoos ein und demonstrierte uns später während vieler Jahre seine Symbiose mit den Putzerfischen, die er bei angehaltenem Atem in seinen aufgesperrten Rachen und sogar in den empfindlichen Kiemenraum einlud, wo sie durch ihre Reinigungstätigkeit auch willkommenes Futter fanden. Solche und viele andere Symbiosen lassen sich auch als gegenseitige Hilfe verstehen, sind aber oft schwer oder gar nicht als Folge von Mutation und Selektion deutbar.

Foto Jürg Klages

und im voraus die Fähigkeit hatte, einem zunächst völlig belanglosen Insekt eine Kinderstube mit voller Verpflegung bereitzustellen. Haben die beiden zunächst teilnahmslos dahinvegetierenden Organismen eines Tages angefangen, Informationen auszutauschen, sich zu verständigen, und beschlossen, ihr Leben gemeinsam zu gestalten?

Die Frage ist absurd, aber in zahllosen Fällen sind wir gezwungen, sie an die Evolutionisten zu stellen, angesichts der buchstäblich unzähligen Fälle von Gallenbildung und Symbiose und Parasitismus (den ich hier ganz ausklammere). Die materialistisch orientierten Biologen nehmen an, daß zunächst das Erbgut der beiden Partner ins Wanken geriet, d.h. ihre Genome nicht sauber weitergegeben wurden, sondern daß sich Fehler in die Wiedergabe, d.h. Mutationen in ihr Erbgut einschlichen, auf der Insektenseite zum Beispiel ein besonderer chemischer Saft und dazu Verhaltensweisen, die eine gewöhnliche Ei-Ablage verhinderten und sich auf eine bestimmte Pflanzenart ausrichteten. Auf der Pflanzenseite bildete sich – zunächst gleichfalls völlig sinnlos – eine latente Fähigkeit, auf den Einstich eines Insekts mit einer Art Wundreaktion, einer Narbe, zu reagieren.

Auf diesen sinnlosen Faktoren bauten sich dann im Laufe der Zeit Änderungen auf beiden Seiten auf, aus denen sich durch Selektion, d.h. durch Ausmerzung des Ungeeigneten und Erhaltung des Zweckmäßigen, schließlich die vollkommene Symbiose mit Selektionsvorteil – jedenfalls für das Insekt – entwickelt hat. Und dieses Geschehen vollzog sich nicht einmal, sondern vieltausendmal auf allen Kontinenten und mit ganz verschiedenen Pflanzen und Tieren.

Damit sind längst nicht alle Unwahrscheinlichkeiten aufgezählt, aber ich glaube, daß diese Andeutungen genügen, um die Absurdität derartiger Gedankengänge aufzuzeigen. Dies wurde auch den eingefleischten Anhängern der Lehre von Mutation und Selektion klar. So gingen sie auf die Suche nach anderen Erklärungsmöglichkeiten, nachdem auch die Zuhilfenahme der Präadaptation, der Vorangepaßtheit an noch nicht Vorhandenes, fallengelassen werden mußte. Zum rettenden Stichwort wurde für eine Weile die Ko-Evolution. Damit konnte man das unvorstellbare, schrittweise Zusammenfinden von Insekt und Pflanze umgehen: Die beiden Organismen haben sich demnach nicht allmählich zusammengefunden, sondern sind beide miteinander entstanden, ko-evoluiert. Von diesem neuen Begriff, der erst Mitte der siebziger Jahre entstand, versprachen sich die Evolutionstheoretiker zuerst viel. Damit konnte man die unzähligen Fälle nicht nur von Gallenbildung, sondern auch aller noch so komplizierten Symbiosen im ganzen Tierreich erklären – scheinbar. Alle Formen des vernetzten Zusammenlebens – zum Beispiel von Arve und Tannenhäher, zum Teil auch von Parasit und Wirt – wurden sozusagen mit einem Schlag verständlich.

Aber nehmen wir einmal an, zwei Organismen – ein Insekt und eine Pflanze – seien in grauer Vorzeit zusammen entstanden, in Ko-Evolution, dann müßten auch zu diesem Zeitpunkt enge Beziehungen zwischen beiden bestanden haben. Es bedurfte einer gegenseitigen Information, nicht im Sinne eines Zwiegesprächs wie im Märchen, aber auch nicht im Sinne einer Information mit Hilfe von Rezeptoren und Effektoren, also von Sinnesorganen. Es mußten ja vielmehr die genetischen Programme in den beiden Organismen sehr präzis aufeinander abgestimmt werden, doch sind die genetischen Systeme der beiden streng getrennt, auch wenn Pflanze und Insekt in noch so enger Ko-Evolution miteinander aufwachsen. Hier liegt ein schwieriger Stolperstein der Evolutionsbiologie.

Ich war daher sehr gespannt auf die Ergebnisse eines phylogenetischen Symposiums, das in Hamburg abgehalten und dem Thema Ko-Evolution gewidmet war (Zwölfer, Paulus, Regenfuß und von Wahlert 1978). Aus diesem Werk möchte ich hier nur wenige Punkte hervorheben. Im Beitrag von Zwölfer ist beispielsweise zu lesen von der Evolution als einer »eingeplanten Unberechenbarkeit« (S. 37) und ferner: »In der Ko-Evolution von höheren Pflanzen und Insekten kommt es zu einem Zusammenspiel von Energiefluß und Informationsfluß, das dadurch gekennzeichnet ist, daß die aufeinander einwirkenden Partner zu einem außergewöhnlich hohen Maß an informationeller Leistung fähig sind« (S. 40). Über die uns hier interessierende hohe Informationsleistung erfahren wir jedoch keine Einzelheiten. H. Paulus behandelt in seinem Beitrag die Ko-Evolution zwischen Blüten und ihren tierischen Bestäubern und kommt zum Schluß, daß wir es eigentlich weniger mit ko-evoluierenden Arten (Zweiersysteme) zu tun haben, sondern meist mit einer Vielheit von Arten, mit ganzen Artenkomplexen. »Rein theoretisch würde dies aber bedeuten, daß irgendwo innerhalb eines mehr oder weniger abgegrenzten Systems (zum Beispiel einer Biozönose) alles miteinander ko-evoluiert. Damit würde der Begriff Ko-Evolution aber zwangsläufig seinen Inhalt verlieren und eventuell überflüssig werden. Er würde dann identisch mit Evolution schlechthin« (S. 67).

Zu dieser Auffassung gelangt eigentlich auch G. von Wahlert im Schlußkapitel des Buches, das er bezeichnenderweise so überschreibt: »Ko-Evolution herrscht überall«. Der Autor weist darauf hin, daß wir gewohnt sind, von den einzelnen Arten her zu denken und ihr Zusammenleben erst in zweiter Linie zu erfassen. Demgegenüber betont er mit Recht: »Keine Tierart lebt allein ... auch in der Evolution ist keine Art und keine Gruppe allein.«

Mit Darwins »Entstehung der Arten« war eigentlich die Entstehung der einzelnen Arten gemeint. Ihm und den Neo-Darwinisten ging es ja in erster Linie um den Kampf aller Arten und Individuen gegen alle anderen. Allzu lange war die Biologie fasziniert von dieser Einzelbetrachtung und stützte ihre Thesen auf diesen eingeschränkten Gesichtskreis ab. Erst die moderne Ökologie begann wieder auf die zahllosen Interaktionen, auf die »Vernetzung« der Arten, auf die Ökosysteme hinzuweisen, weil sie in der Praxis in der Tat nicht zu übersehen sind. – Nur einige industrielle Giftproduzenten, welche angeben, für ganz bestimmte Pflanzen (Herbizide, Fungizide usw.) oder Tiere (Insektizide, Rattizide usw.), sogenannte Schädlinge, Produkte herzustellen, halten an der Behauptung fest, daß ihre Vernichtungsmittel streng spezifisch sind und nur gerade ein Element (Art) aus der ineinander verstrickten, aufeinander angewiesenen Lebewelt eliminieren.

Die von mir vorher erwähnten »Zweiersysteme«, die Akazien-Ameisen-Symbiose, die Galläpfel und ihre Erzeuger, die früher geschilderten Symbiosen von Nashörnern und Madenhackern, von Zackenbarschen und ihren Putzerfischen usw. präsentieren sich jetzt lediglich als etwas herausragende Spezialfälle der allgemeinen Ko-Evolution, welche im Grunde alle Geschöpfe der Vergangenheit und der Gegenwart umfaßt. Mit dem Begriff der Ko-Evolution haben wir nichts weiter gewonnen als die Einsicht – und die ist sehr wesentlich –, daß die Lebensträger unseres Erdballes ein Ganzes bilden, daß wir es mit übergreifenden, ganzheitlichen Formgesetzlichkeiten (Huber 1981) zu tun haben, denen wir auf Schritt und Tritt begegnen, nicht nur bei den Organismen auf dem bescheidenen Erdkügelchen, sondern – was die gegenseitige Abgestimmtheit anbetrifft – auch im All, wie dies von Johannes Kepler in seinen »Harmonices mundi« so ergreifend dargestellt worden ist.

Mit der Theorie Zufall und Auswahl gelangt man bei der Betrachtung von Tieren und Pflanzen an kein Ziel. Illies sieht in der Zufluchtnahme zum Zufall »eine Bankrotterklärung jeder letzten Kausalanalyse« (1979 S. 18); andere sehen in ihm den Gott der Atheisten oder ein Synonym von Gott.

Es leuchtet ein, daß das Studium einer Vielfalt von Tieren unter verschiedenen Lebensbedingungen, so wie es mir beschieden war, zu einem anderen Weltbild führen muß als das Studium eines an der Grenze der Sichtbarkeit befindlichen Organismenreiches oder gar als das Studium von Teilchen solcher Organismen. »Es ist daher ein Irrtum, zu glauben, man könne das Leben am besten erforschen, wenn man sich auf die einfachen Systeme (Viren und Bakterien) konzentriert. Gerade da zeigt sich das Leben am wenigsten deutlich. Chemisches dominiert hier. Die Gesetze der Physik und Chemie sind absolut für leblose Materie gültig. Sie sind die Gesetze des Toten; in einem Organismus sind sie nicht abso-

Im Zoo habe ich viele Szenen tiefer Harmonie zwischen Tier und Pfleger erlebt, aber kein Bild hat mich so beeindruckt wie dieses aus dem Tierpark Berlin von Klaus Rudloff, weil es die vollkommene Gleichrichtung der interessierten Teilnahme von Tier und Mensch absolut klar festhält: Das Orang-Utan-Baby »Anette« (im Korb), das seine Mutter verloren hat, wird von den Pflegerinnen Monika Hempel und Regina Gross der völlig zahmen Mutter »Biggy« und ihrer Tochter »Dana« im Hinblick auf eine mögliche Adoption vorgestellt. Das Bild wurde mir freundlicherweise von Direktor Professor Dr. Dr. Heinrich Dathe zur Verfügung gestellt.

lut gültig. Nur dadurch wird auch der Unterschied von Leben und Tod verständlich.« Diese gewiß einleuchtende Aussage machte der Zürcher Physiker Walter Heitler in seinem Buch »Die Natur und das Göttliche« (1974 S. 57), ein Thema, mit dem er sich oft und wegleitend auseinandergesetzt hat. Viele bedeutende Physiker sind derselben Überzeugung.

Max Thürkauf stellte 1987 fest: »Die meisten Naturwissenschaftler, die an Gott glauben, sind unter den Physikern zu finden ... Heute finden wir die Atheisten bei der jüngsten aller Naturwissenschaften, bei der Molekularbiologie.«

Charles Darwin, der auf seinen Forschungsreisen dem ganzen Reichtum der Schöpfung begegnete, war übrigens während dieser Zeit ein religiöser Mensch; erst kurz vor seinem Tode wurde er – wenn es stimmt – von seinem Glauben abgebracht.

Max Thürkauf, selber christusgläubiger Physiker-Chemiker, macht den Molekularbiologen mancherlei Vorhaltungen, mit Recht. Eines ihrer neuen Schlagworte neben dem nicht mehr sehr zugkräftigen vom Zufall ist das von der Selbstorganisation. Auch mit diesem kann man in der Biologie fast alles »erklären«, auch die Entstehung des Lebens aus toter Materie, mit der alles angefangen hat.

»Der Werdeprozeß der Evolution führt vom Einfacheren zum Komplexeren, vom Weniger zum Mehr... Aus nichts – oder fast nichts – wird alles: Das scheint der metaphysische Kern des Evolutionsgedankens zu sein« (G. Huber 1981 S. 15). Hier wäre auch darauf hinzuweisen, daß Evolution, Entwicklung, erst dort einsetzen kann, wo bereits etwas vorhanden ist.

In der erwähnten Veröffentlichung (1987) führt Thürkauf aus: »Jede der vielen, zum Teil sich bekämpfenden Selbstorganisations-Hypothesen fordert – wenn ihre Logik konsequent zu Ende geführt wird –, daß durch ausschließlich physikalisch-chemische Prozesse aus bloßer Materie jener Geist entstanden sei, der von Selbstorganisation zu sprechen vermag und sich als ein Produkt von Zufall und (pysikalisch-chemischer) Notwendigkeit verstehen muß. Im Materialismus muß der Geist ein Produkt der Materie sein.«

Im übrigen steht es mir, dem Zoodirektor und Tierpsychologen, nicht zu, mich auf philosophisches Glatteis zu begeben. Es geht mir auch nicht darum, neue Theorien zu entwickeln, sondern ich möchte lediglich dartun, wieso ich aufgrund meines Berufes dazu kam, zum christlichen Glauben zu stehen.

Die christliche Glaubenslehre ist wesentlich aufgeschlossener, als manche Zeitgenossen denken, die sie nur durch einen Dunst von mittelalterlichen Paraphrenalien zu sehen vermögen. Sie ist für mich und für viele Biologen und Naturwissenschaftler, die ich zum Teil in diesem Buch und zum Teil in »Tiere verstehen« zitiert habe, die allein einleuchtende und glaubhafte – unendlich viel sicherer als die materialistischen Lehren, mit denen ich mich im Laufe meines Lebens auseinandersetzte.

Von den materialistischen Evolutionslehren abgestoßen wurde ich durch die vielen grundlegenden Unklarheiten, Widersprüche und offensichtlichen Schwächen, auch durch die oft so arrogant vorgetragenen, meist kurzlebigen und ungenügend fundierten Begriffe, die zu Pseudo-Erklärungen führen, durch die vielen Unterstellungen und offensichtlichen Unwahrheiten, das Ausweichen vor unlösbaren Problemen usw. So hatte zum Beispiel Darwin keine Ahnung von Mutation; er kann daher die Lehre von Mutation und Selektion weder begründet noch befürwortet haben. In Wirklichkeit war Darwin ein Lamarckist, für den die Vererbung erworbener Eigenschaften zu den Grundtatsachen gehörte, während dies für die heutigen Evolutionisten Unsinn ist – obgleich der Lamarckismus keineswegs widerlegt ist, wie zum Beispiel der 1982 verstorbene Nobelpreisträger Karl von Frisch beteuerte (1967 S. 434).

Daß sich der Mensch nicht nahtlos von Affen ableiten läßt, sondern sich durch die Manipulation des Feuers, durch seine Kultur, Reflexion und Zugänglichkeit zu Transzendentem vom Tier unterscheidet, habe ich zu schildern versucht. Kurz: der Boden der materialistischen Biologie ist mir an vielen Stellen allzu schwankend und unsicher.

Obgleich in Teilgebieten großartige Ergebnisse zu verzeichnen sind, ist ein abschließendes Ende dieser Wissensgier nicht abzusehen, weder in der einen noch in der anderen Richtung, ich meine: weder im Bereich des Atomaren noch im Bereich der Galaxien. Man wird an kein Ende kommen. Dabei ist an jene Mahner zu erinnern, die vor dem übertriebenen Analysieren warnen und empfehlen, die übergreifenden Gesetzmäßigkeiten, die Ganzheit nicht aus den Augen zu verlieren und die Erde einerseits als das Stäubchen im All, andererseits als den unfaßbaren Komplex von Lebensgeheimnissen zu sehen.

Es gibt wahrhaft große Naturforscher, die sich nicht blindlings in die Extreme der einen oder anderen Richtung verrennen, sondern die im Anblick des Alls Materie und Organisches, Pflanzliches, Tierliches, Menschliches und Göttliches wahrzunehmen vermögen, die nicht an die Sinnlosigkeit und den Zufall als oberste Instanzen glauben, sondern vom Wirken einer offensichtlichen Planung, eines allmächtigen Planers und Schöpfers überzeugt sind. Zu diesen großen Biologen gehört – neben den in diesem Buch bereits erwähnten – u.a. auch der Zoologe Pierre Grassé, Mitglied der französischen Akademie und u.a. Herausgeber des grundlegenden Werkes »Traité de Zoologie«. Am Ende seines langen und intensiven Forscherlebens gelangte er zum Schluß: »Gott ist die größte Entdeckung der Menschheit.« – Für viele ist es nicht eine Entdeckung, sondern eine Offenbarung.

Die offensichtliche Unergründlichkeit des Alls einerseits und des organischen Lebens auf der Erde andererseits, die Endlosigkeit der Forschung in beiden Richtungen findet bisher keine naturwissenschaftliche Erklärung. Die Evolutionstheorie war zwar ein umfassender und großzügiger, aber meiner Meinung nach ein verfehlter Versuch. Wohin führte die ständige Höherentwicklung der Organismen durch den ununterbrochenen Kampf ums Dasein und das Überleben der Tüchtigsten durch Mutation und Selektion? Zum Aussterben, wie die Evolutionstheoretiker mit Ernst Mayr (1979 S. 205) festgestellt haben: 99,9 Prozent aller Evolutionslinien, die jemals existiert haben, sind ausgestorben! Was für ein unvorstellbarer Unfug!

Vor diesem Hintergrund bekommt die Entwicklung der Arten einen ganz anderen Sinn, wie H. Kahle (1980 S. 88) treffend ausführt: »Besser angepaßte Populationen werden ... zu immer enger angepaßten Populationen. Besser angepaßte »neue Arten« sind daher keine Schritte auf dem Weg einer Höherentwicklung zu neuen genetischen Qualitäten, sondern das Ergebnis zunehmender Spezialisierung und Verminderung genetischer Qualität.« – Neu eroberte Nischen erweisen sich sehr oft nicht als aufwärts führende Stufen, sondern als Sackgassen der Evolution – eine überraschende Einsicht, zu der sogar Ernst Mayr kommt. Mit einem Wort: Die materialistischen Evolutionstheorien lassen den suchenden Biologen auf der ganzen Linie im Stich.

Man kann alles auch ganz anders sehen, nämlich mit dem Menschen als »sinnprägender Spitze der Gesamtentwicklung, in der sich Stoff und Geist begegnen« – so wie es der 1982 verstorbene Naturphilosoph und Biologe Adolf Haas dargestellt hat (Haag, Haas, Hürzeler 1966): »Erst der Mensch nimmt im Kosmos eine solch einmalige Stellung ein, daß die gesamte Welt in seinen Blick kommt. Jetzt erst wird ein Begreifen der Welt als eine »Theoria« (das griechische Wort für Schau) möglich, also etwas, was ... dem Tier absolut unmöglich ist. Ein Ding begreifen heißt, von hier aus gesehen, dieses Ding in seinem Weltzusammenhang sehen. Nur der Mensch vermag in seinem leibgeistigen Schauen diesen Weltzusammenhang zu erfassen und die Dinge des Kosmos deshalb ‹theoretisch› (‹schauend›) zu begreifen.«

Hier ist ausdrücklich die Rede von einer eindrucksvollen Schau, in welcher das Tierreich einen imposanten Teil bildet. An anderer Stelle – ich vermag sie heute nicht mehr aufzufinden – wurde die Natur, insbesondere die Welt der Tiere, dargestellt als ein grandioses Theatrum Dei. Ich bin dankbar dafür, daß ich in ihm während meines Lebens einen Logenplatz einnehmen durfte.

Bibliographie

1928: *Die Tierwelt auf einer marokkanischen Farm.* Bl. f. Aquar.- u. Terrarienkde. Verlag J. Wegner, Stuttgart. 39, 20.

1931: *Zoologische Gärten und Naturschutz.* Schweiz. Bl. f. Naturschutz. 6, 6, 97–105.

1931: *Das Problem des Werfens beim Känguruh.* Der Zool. Garten (N. F.) 4, 6, 244–246.

1932: *Einige Notizen über das Gefangenleben eines Hamsters.* Der Zool. Garten (N. F.) 5, 1, 40–45.

1932: *Zum Problem der »fliegenden« Schlangen.* Rev. Suisse Zool. 39, 5, 239–246.

1933: *Über die Aufgaben des modernen Zoo.* Mittelschule. Beil. zu Schweizer-Schule. 19, 5.

1933: *Beobachtungen an der marokkanischen Winkerkrabbe, Uca tangeri (Eydoux).* Verh. Schweiz. Naturf. Ges. Altdorf. 388–389.

1933: *Notes sur la Biologie d'un Crabe de l'embouchure de l'Oued Bou Regreg, Uca tangeri (Eydoux).* Bull. Soc. Sci. Nat. Maroc. 13, 7, 254–259.

1933: *Über die von Herrn Dr. A. Bühler auf der Admiralitäts-Gruppe und einigen benachbarten Inseln gesammelten Reptilien und Amphibien.* Verh. Naturf. Ges. Basel. 44, 2. Teil. 1–25.

1934: *Über Bewegungs-Stereotypien bei gehaltenen Tieren.* Rev. Suisse Zool. 41, 17, 349–356.

1934: *Über einen Fall von Zahmheit bei Didelphys.* Der Zool. Garten (N. F.) 7, 1, 28–44.

1934: *Beitrag zur Herpetologie und Zoogeographie Neu Britanniens und einiger umliegender Gebiete.* Zool. Jahrb. Abt. Syst., Ökol. u. Geographie der Tiere. 65, 5, 389–582 (Diss.).

1934: *Zur Biologie und Psychologie der Flucht bei Tieren.* Biol. Zentralbl. 54, 1, 21–40.

1934: *Ein Opossum wird gezähmt.* Die Umschau. 38, 37, 731–734.

1935: *Zur Biologie und Psychologie der Zahmheit.* Arch. ges. Psychol. 93, 135–188.

1935: *Zirkus-Dressuren und Tierpsychologie.* Rev. Suisse Zool. 42, 12, 389–394.

1935: *Herpetologische Beobachtungen in Marokko.* Verh. Naturf. Ges. Basel. 46, 1–49.

1935: *Zähmung und Dressur wilder Tiere.* Ciba Zs. Basel. 3, 27.

1936: *Die Schlangen Mitteleuropas.* Pharma Abt. Ciba Basel.

1937: *Herpetologische Beobachtungen in Marokko II.* Verh. Naturf. Ges. Basel. 48, 183–192.

1937: *Die Bedeutung der Flucht im Leben des Tieres und in der Beurteilung tierischen Verhaltens im Experiment.* Die Naturwiss. 25, 1.

1937: *Seltsame Reptilien und Amphibien der Salomon-Inseln.* Natur u. Volk, Frankfurt a. M. 67, 590–595.

1937: *Die Schlangen Mitteleuropas.* Benno Schwabe, Basel.

1938: *Ergebnisse tierpsychologischer Forschung im Zirkus.* Die Naturwiss. 26, 16, 242–252.

1938: *Tierpsychologie und Haustierforschung.* Zs. f. Tierpsychol. 2, 1, 29–46.

1938: *Wildtiere in Gefangenschaft.* Ciba Zs. Basel. 5, 54.

1939: *Kritische Bemerkungen zur Vivisektionsfrage.* Schweiz. med. Wschr. 69, 40, 913.

1940: *Über die Angleichungstendenz bei Tier und Mensch.* Die Naturwiss. 28, 20, 313–315.

1940: *Tierpark Dählhölzli, Bern (Schweiz).* Der Zool. Garten (N. F.) 12, 4, 291–299.

1940: *Zum Verhalten des amerikanischen Bisons bei der Geburt.* Verh. Schweiz. Naturf. Ges. Locarno. 174–176.

1940: *Zum Begriff der biologischen Rangordnung.* Rev. Suisse Zool. 47, 3, 135–143.

1941: *Biologische Gesetzmäßigkeiten im Verhalten von Wirbeltieren.* Mitt. Naturf. Ges. Bern 1940. 37–55.

1941: *Eine fressende Farancia (Kleiner Beitrag zur Schlangenbiologie).* Der Zool. Garten (N. F.) 13, 3, 251–255.

1941: *Unsere Tiergärten im Winter 1939/40 (Bern).* Der Zool. Garten (N. F.) 13, 1, 8–11.

1941: *Über die Zucht von Feldhasen im Tierpark Dählhölzli.* Verh. Schweiz. Naturf. Ges. Basel. S.160.

1941: *Die biologische Rangordnung freilebender Tiere.* Umschau, Frankfurt.

1942: *Zur Elch-Geburt im Berner Tierpark 1940.* Der Zool. Garten (N. F.) 14, 1, 14–23.

1942: *Der Geburtsvorgang beim Bison americanus.* Ciba Zs. 84, 2955–2956.

1942: *Wildtiere in Gefangenschaft. Ein Grundriß der Tiergartenbiologie.* Benno Schwabe, Basel.

1944: *Erfahrungen aus dem Aquarium des Tierparkes Dählhölzli in Bern.* Schweiz. Fischerei-Ztg., 8, 3–22.

1944: *Die Jugendentwicklung des Hamsters (Cricetus cricetus L.).* Ciba Zs., 93, 3327–3328.

1944: *Biologische und psychologische Tiergartenpro-

bleme. Vierteljahresschr. Naturf. Ges. Zürich, 89, 92–108.

1944: *Nur ein Feldhase.* Die Ernte, Basel, 161–176.

1944: *Die Bedeutung von Miktion und Defäkation bei Wildtieren.* Schweiz. Zs. Psychol. und ihre Anwendungen, 3, 170–182.

1944: *Die Erforschung des tierlichen Alltages.* Forsch. u. Fortschr. 20, 1.

1944: *Über die Basler Zucht von Fleckenhyänen.* Jahresber. Zool. Garten Basel, 25–30.

1945: *Vom Traum der Tiere.* Ciba Zs. 99, 3558–3566.

1945: *Zur Biologie des Eichhörnchens (Sciurus vulgaris L.).* Rev. Suisse Zool. 52, 12, 361–370.

1945: *Wieso Feldhasenzucht?* Jahresber. Zool. Garten Basel, 25–28.

1946: *Zur psychologischen Bedeutung des Hirschgeweihs.* Verh. Schweiz. Naturf. Ges. Zürich, 162–163.

1946: *Bemerkungen zum Raum-Zeit-System der Tiere.* Schweiz. Zs. Psychol. und ihre Anwendungen, 5, 4, 241–269.

1946: *Die Basler Zwergflußpferd-Zucht.* Jahresber. Zool. Garten Basel, 23–29.

1947: *Ist das tierliche Bewußtsein unerforschbar?* Behaviour, 1, 2, 130–137.

1947: *Notes from the Basle Zoo.* Zoo Life London, 2, 1, 7–16.

1948: *Geheimnisvolles Känguruh.* Jahrb. Die Ernte Basel, 81–97.

1948: *Der Zoologische Garten als Asyl und Forschungsstätte.* Gute Schriften Basel.

1948: *Kleine Tropen-Zoologie.* Acta Tropica Suppl. 1. Verlag für Recht und Gesellschaft, Basel.

1948: *Naturschutz und Heilaberglaube.* In: Corona amicorum, Emil Egli Ed. Tschudy-Verlag St. Gallen, 23, 31.

1948: *Die Zucht des Feldhasen (Lepus europaeus Pallas) in Gefangenschaft.* Physiol. comparata et oecologia, Den Haag, 1, 1, 46–62.

1949: *Vom Sinn der Tiergärten.* Schweiz. Monatsschr. DU, März.

1949: *Exotische Freunde im Zoo.* Friedr. Reinhardt, Basel.

1949: *Säugetier-Territorien und ihre Markierung.* Bijdr. Dierkde. Brill Leiden, 28, 172–184.

1949: *The Capture of Okapis.* Zoo Life London, 4, 2, 43–48.

1949: *75 Jahre Basler Zoo.* Jubiläumsführer. Birkhäuser, Basel.

1949: *Die zweite Elchgeburt im Berner Tierpark (1941).* Der Zool. Garten (N. F.) 16, 3, 93–110.

1950: *Beiträge zur Säugetier-Soziologie.* Coll. Intern. Centre Nat. Rech. Sci. 34. Structure et Physiol. des Soc. Animales. Paris. 297–321.

1950: *Das Okapi als ein Problem der Tiergartenbiologie.* (Zusammen mit mehreren Autoren als Okapi-Sonderheft) Acta Tropica. Basel. 7, 2.

1950: *50 Jahre Zähmung Afrikanischer Elefanten.* Umschau Frankfurt a. M. 50, 10.

1950: *La Capture des Eléphants au Parc National de la Garamba.* Bull. Inst. Royal Col. Belge, 21, 1, 218–226.

1950: *Gefangenschaftsgeburt eines afrikanischen Springhasen, Pedetes caffer.* Der Zool. Garten (N. F.) 17, 1, 166–169.

1950: *Wild Animals in Captivity.* An outline of the biology of Zoological Gardens, Butterworth, London.

1951: *Jagdzoologie – auch für Nichtjäger.* Friedr. Reinhardt, Basel.

1951: *Observations sur la Psychologie Animale dans des Parcs Nationaux du Congo Belge.* Institut des Parcs Nationaux du Congo Belge, Bruxelles.

1951: *Grundsätzliches zum tierpsychologischen Test.* Ciba Zs. 125, 4630–4636.

1951: *Kuhreiher und Kapybaras.* Schweiz. Jahrb. Die Ernte. 127–144.

1952: *Tierpsychologie im Zoo.* Schweiz. Monatsschr. DU, Oktober.

1952: *La Vie des Animaux Sauvages d'Europe.* Amiot-Dumont, Paris.

1952: *Seltene tropische Tiere und ihre Haltung in Zoologischen Gärten Nordamerikas.* Acta Tropica, 9, 2, 97–124.

1952: *Observations on Reproduction Behaviour in Zoo Animals.* Ciba Foundation Colloquia on Endocrinology, 3, 74–83. London.

1952: *Unsere Zebras.* Umschau, Frankfurt a. M. 52, 13.

1952: *Brutpflege bei Säugetieren.* Ciba Zs. 129, 4749–4758.

1952: *Dressurversuche mit Delphinen.* Zs. Tierpsychol. 9, 2, 321–328.

1953: *Der Basler Zoo im Vergleich zu ausländischen Tiergärten.* Neujahrsbl. Basel, 131, 33–51.

1953: *Vorbemerkungen zum Besuch des neuen Elefantenhauses im Basler Zoologischen Garten.* Rev. Suisse Zool. 60, 10, 439–440.

1953: *Kaiser-, Königs- und andere Pinguine im Zoo.* Kosmos, 49, 12, 529–534.

1953: *Bedeutung und Aufgabe der Zoologischen Gärten.* Jahresber. Zoo Zürich, 3–19.

1953: *Adolf Wendnagel (Nekrolog).* Der Zool. Garten (N. F.) 20, 2, 187–190.

1953: *Operative Fremdkörper-Entfernung aus dem Magen eines Gorillas.* Der Zool. Garten (N. F.) 20, 2, 89–95.

1953: *Ein symbioseartiges Verhältnis zwischen Flußpferd und Fisch.* Säugetierkundl. Mitt. 1, 75–76.

1953: *Über die Beziehungen zwischen tierlicher Flucht und »Hypnose«.* Arch. Néerland. Zool. 10, 2. Suppl., 51–64.

1953: *Tierpsychologische Studien in afrikanischen*

Wildreservaten. In: Lebendiges Wissen. H. Friedrich Ed. Wiesbaden, 99, 180–192.

1953: *Neue exotische Freunde im Zoo.* Friedr. Reinhardt, Basel.

1953: *Les Animaux Sauvages en Captivité. Introduction à la Biologie des Jardins Zoologiques.* Payot, Paris.

1954: *Are Wild Animals in Captivity Really Wild?* Scientif. American., 190, 5, 76–80.

1954: *Nos Amis Exotiques au Zoo.* Amiot-Dumont, Paris.

1954: *Panzernashörner.* Schweiz. Jahrb. Die Ernte, 133–143.

1954: *Skizzen zu einer Tierpsychologie im Zoo und im Zirkus.* Büchergilde Gutenberg Zürich.

1955: *Tiere im Schlaf.* Documenta Geigy, Basel. (Serie 1–6).

1955: *Psychologie des Animaux au Zoo et au Cirque.* René Julliard, Paris.

1955: *Mäuse im Zoo.* Der Zool. Garten (N. F.) 22, 1, 76–85.

1956: *Instinkt und Territorium.* 521–553. In: L'Instinct dans le Comportement des Animaux et de l'Homme. Fondation Singer-Polignac. Masson, Paris.

1957: *On the »Show Value« of Animals.* The UFAW Courier, 13, 16–23.

1957: *Zebras.* Schweiz. Jahrb. Die Ernte, 81–94.

1958: *Zum Überwinterungs-Verhalten der Griechischen Landschildkröte.* Natur u. Volk, 88, 4, 121–123.

1958: *Verhalten der Beuteltiere (Marsupialis).* Handb. Zool. Berlin. 8, 18. Lieferg., 10 (9), 1–28.

1958: *Kleine Tropenzoologie.* (Zweite neu bearbeitete Auflage). Verlag für Recht und Gesellschaft, Basel.

1959: *Wie Tiere schlafen.* Med. Klin. 54, 938–946 und 965–968.

1959: *Wie Tiermütter ihre Jungen tragen.* Schweiz. Jahrb. Die Ernte, 33–46.

1959: *Die Angst des Tieres.* In: Die Angst. Studien aus dem C.G. Jung-Institut Zürich, 10, 7–33.

1961: *Beobachtungen zur Tierpsychologie im Zoo und im Zirkus.* Friedr. Reinhardt, Basel.

1961: *The Evolution of Territorial Behavior.* In: Viking Fund Publ. in Anthropology, 31. Social Life of Early Man. S. L. Washburn Ed. Current Anthropology, New York.

1961: (zusammen mit H. Heusser) *Zum »Schießen« des Schützenfisches, Toxotes jaculatrix.* Natur u. Volk, 91, 7, 237–243.

1961: (zusammen mit H. Kummer) *Das Verhalten der Schnabeligel (Tachyglossidae).* Hand. Zool. Berlin. 8, 27. Lieferg. 10 (8a), 1–8.

1962: *Tierpsychologische Beobachtungen aus dem Terrarium des Zürcher Zoos.* Rev. Suisse Zool. 69, 2, 317–324.

1962: *Die Hippomanes der Hippopotamiden.* Der Zool. Garten (N. F.) 26, 3, 331–336.

1962: *Tierstraßen.* Schweiz. Jahrb. Die Ernte, 66–79.

1962: (zusammen mit F. Zweifel) *Primaten-ethologische Schnappschüsse aus dem Zürcher Zoo.* Bibl. primat. 1, 252–276.

1963: *Weitere Dressurversuche mit Delphinen und anderen Walen.* Zs. f. Tierpsychol. 20, 4, 487–497.

1963: *Gefährliche Väter. Elefantenbullen verursachen in Europa fast regelmäßig tödliche Unfälle.* Das Tier, 3, 8, 32–34.

1963: *Tierpsychologie und Ethologie.* Schweiz. Arch. Neurol., Neurochir. u. Psychiatrie. 91, 1, 281–290.

1963: (zusammen mit S. Bloch, C. Müller und F. Strauss) *Die Kontrolle der Genitalzyklen beim Feldhasen durch Vaginalabstriche.* Säugetierkundl. Mitt. 11, 4, 186–187.

1964: *Die Kea-Familie auf dem Zürichberg.* Kosmos, 169–173.

1964: *Wild Animals in Captivity, an outline of the biology of Zoological Gardens.* Dover Publ. New York.

1964: (zusammen mit F. Bucher) *Eine Tschaja-Brut im Zürcher Zoo.* Der Zool. Garten (N. F.) 29, 2, 75–81.

1964: (zusammen mit K. Hediger-Zurbuchen) *Einige ungewöhnliche Lokomotionsweisen bei Säugetieren.* Rev. Suisse Zool. 71, 1, 299–310.

1965: *Der Mindoro-Büffel, das seltenste Wildrind.* Zs. f. Säugetierkde. 30, 4, 249–253.

1965: *Man as a social partner of animals and vice-versa.* Symp. Zool. Soc. London, 14, 291–300.

1965: *Environmental Factors Influencing the Reproduction of Zoo Animals.* In: Sex & Behavior, F.A. Beach Ed. John Wiley, New York, 319–354. (Second Printing 1974 by Robert E. Krieger Huntington, New York).

1965: *Mensch und Tier im Zoo: Tiergarten-Biologie.* Albert Müller Verlag, Rüschlikon-Stuttgart-Wien.

1966: *Aus dem Leben der Tiere.* Fischer Bücherei.

1966: *Diet of Animals in Captivity.* Intern. Zoo Yearb. 6, 37–58.

1966: *Vom Zwinger zum Territorium.* In: R. Kirchshofer. Zoologische Gärten der Welt – Die Welt des Zoo. Umschau Verlag, Frankfurt a. M. 6–20.

1966: *Report on Taronga Zoological Park.* Parliament of New South Wales. V.C.N. Blight, Government Printer, New South Wales, 1–45.

1966: *Zoo Ostafrika.* Silva Verlag Zürich.

1966: *Jagdzoologie auch für Nichtjäger.* (Zweite neu bearbeitete Auflage). Friedr. Reinhardt, Basel.

1967: *Tierstraßen im Zoo.* In: Die Straßen der Tiere, H. Hediger, Ed. Friedr. Vieweg, Braunschweig. 4–18.

1967: *Erholungsraum in der Stadt: Zum Ausbau des Zürcher Zoos.* Schweiz. Journal, 33, 8, 59–60.

1967: *Experiences of a Zoo Director in Teaching Animal Behavior.* In: The use of zoos and aquariums in teaching animal behavior, a symposium sponsored by The American Association of Zoological Parks and Aquariums, Tampa, Florida.

1967: *Verstehens- und Verständigungsmöglichkeiten zwischen Mensch und Tier.* Schweiz. Zs. Psychol. und ihre Anwendungen. 26, 3, 234–255.

1967: (zusammen mit S. Bloch, H. G. Lloyd, C. Müller und F. Strauss) *Beobachtungen zur Superfötation beim Feldhasen (Lepus europaeus).* Zs. f. Jagdwiss. 13, 2, 49–52.

1968: *Der Akademiestreit um die brütende Python.* Neue Zürcher Ztg. Nr. 351.

1968: *Putzer-Fische im Aquarium.* Natur und Museum, 98, 3, 89–96.

1968: *Exotische Freunde im Zoo.* Herder Bücherei 303.

1968: *Nos Animaux Sauvages.* Le Bélier-Prisma, France.

1969: *Wie gefährlich sind die Giftschlangen der Schweiz?* Schweiz. Med. Wschr. 99, 29, 1063–1068.

1969: *Biological Glimpses of Some Aspects of Human Sociology.* Soc. Research, 36, 4, 530–541.

1969: *Aus der Geschichte des Zürcher Zoos.* In: 40 Jahre Zoo Zürich. Papyria, Zürich.

1969: *Comparative Observations on Sleep.* Proc. Royal Soc. Med. London, 62, 2, 153–156.

1969: *Häuser für Elefanten.* Neue Zürcher Zeitung Nr. 17, Nr. 22 und Nr. 24.

1969: *Zoologische Gärten – heute.* Sandorama. Basel. 3, 22–23.

1970: *Zur Sprache der Tiere.* Der Zool. Garten (N. F.) 38, 3, 171–180.

1970: *Ein Nashorn mit Dürer-Hörnlein.* Der Zool. Garten (N. F.) 39, 1, 101–106.

1970: *Zum Fortpflanzungsverhalten des Kanadischen Bibers (Castor fiber canadensis).* Forma et Functio, 2, 336–351.

1970: *The Development of the Presentation and the Viewing of Animals in Zoological Gardens.* In: Development and Evolution of Behavior. Essays in memory of T. C. Schneirla. L. R. Aronson Ed. Freeman & Co. San Francisco. 519–528.

1970: *Man and Animal in the Zoo: Zoo Biology.* Routledge & Kegan Paul, London. (1974 as a paperback).

1971: *Die Schlangen.* In: Grzimeks Tierleben, 6, 346–361.

1972: *Tierpsychologie.* In: Lexikon der Psychologie, Herder, Freiburg, 3, 561–569.

1972: *Ob Tiere träumen?* In: Was weiß man von den Träumen? H. J. Schultz Ed. Kreuz Verlag, Stuttgart, 135–143.

1973: *Bedeutung und Aufgaben der Zoologischen Gärten.* Vierteljahresschr. Naturf. Ges. Zürich, 118, 319–328.

1973: *Heiliges für den Biologen?* In: Engadiner Kollegium, Editio Academica Zürich, 91–105.

1973: *Die Safari-Parks und die Zoologischen Gärten in der Sicht des Biologen.* Universitas, 28, 793–796.

1973: *Tierpsychologische Beobachtungen an einigen europäischen Wildarten.* Wald + Wild. Seminar Intern. Verb. Forstl. Forschungsanstalten. Beih. zu den Zs. des Schweiz. Forstvereins, 52, 68–79.

1973: *Maschinen und Tiere im Zoo.* Neue Zürcher Ztg. (Forschg. u. Technik) Nr. 288, 21–24.

1973: *Tiergartenbiologie und Verhaltensforschung.* In: Grzimeks Tierleben (Ergänzungsbd. Verhaltensforschung) 594–603.

1974: *Conrad Gessner.* In: Enzyklopädie »Die Großen der Weltgeschichte«, Kindler, Zürich, 5, 125–135.

1974: *Communication between Man and Animal.* Image Roche, Basel. 62, 27–40.

1974: *Tiergartenbiologie und Verhaltensforschung.* In: Grzimeks Tierleben. Kindler Verlag München.

1974: *Tiere sorgen vor.* Manesse Verlag, Zürich.

1975: *Verhaltensänderungen von Großtieren heute.* Universitas, 30, 8, 867–872.

1975: *Wie Tiere schlafen.* Ciba Revue. 3–4.

1975: *Jagdzoologie für Nichtjäger.* (Dritte neu bearbeitete Auflage). Buchclub Ex Libris, Zürich.

1976: *Der Kluge Hans. Möglichkeiten und Grenzen der Kommunikation zwischen Mensch und Tier.* Neue Zürcher Zeitung (Forschg. u. Technik), 156, 45–46.

1976: *Proper Names in the Animal Kingdom.* Experientia 32, 1357–1364.

1977: *Nest and Home.* Folia primatol. 28, 170–187.

1977: *Tiere sorgen vor.* Hallwag-Taschenbuch 126 (Zool.).

1977: *Zoologische Gärten. Gestern – heute – morgen.* Hallwag, Bern/Stuttgart.

1978: *Zur Frage des Selbstbewußtseins beim Tier.* In: Die Psychol. des 20. Jahrh. Kindler Verlag, Zürich. 282–293.

1979: *Wij en de natuur 25 jaar later.* Artis, Amsterdam, 25, 3, 86–88.

1979: *Kreativität beim Tier.* In: Seele und Leib – Geist und Materie. Univ. Bern, Kulturhistor. Vorlesungen, Maja Svilar Ed. 193–216.

1979: *Hoffnung – Erwartung bei Tieren.* In: Engadiner Kollegium, Editio Academica Zürich, 63–74.

1979: *Beobachtungen zur Tierpsychologie im Zoo und im Zirkus.* (Neue erweiterte Ausgabe). Henschelverlag Berlin.

1980: *The biology of natural sleep in animals.* Experientia, 36, 1, 13–16.

1980: *Do you speak Yerkish? The newest colloquial language with chimpanzees.* In: Speaking of Apes. Th. A. Sebeok and J. Umiker-Sebeok. Plenum Press New York, 441–447.

1980: *Tiere verstehen. Erkenntnisse eines Tierpsychologen.* Kindler, München.

1981: *Mit Affen sprechen.* Umschau, Frankfurt, 81, 6, 175–178.

1981: *The Clever Hans Phenomenon from an Animal Psychologist's Point of View.* Ann. New York Acad. Sci., 364, 1–17.

1982: *Kuckucks-Rätsel.* Scheidewege, Klett-Cotta Stuttgart.

1982: *Walter Fiedler zur Vollendung des 60. Lebensjahres.* Zool. Garten (N. F.) 52, 129–132

1982: *Zoodirektoren und sprechende Tiere.* Zool. Garten (N. F.) 52, 175–187.

1982: *Zoo-Biology: Retrospect and Prospect.* Zoo Biology 1, 85–88.

1982: *Zur Psyche von Tier und Mensch. Gemeinsamkeiten und Unterschiede.* In: Kindlers Enzyklopädie Der Mensch. Kindler Verlag München.

1983: *Natural sleep behaviour in vertebrates.* In: Functions of the nervous system. M. Monnier Ed., Elsevier, Amsterdam/New York, Oxford.

1984: *Tiere verstehen. Erkenntnisse eines Tierpsychologen.* Deutscher Taschenbuchverlag München.

1984: *Geburtsort: Zoo.* Silva Verlag Zürich.

1985: *A life-long attempt to understand animals.* In: Leaders in the Study of Animal Behavior. D. Dewsbury Ed.

1986: *Angst und Panik bei Tieren.* In: Angst – Furcht – Panik. Compendium Psychiatricum, Hrsg. Volker Faust. Hippokrates Verlag Stuttgart.

1986: *Schlafstörungen bei Wildtieren?* In: Schlafstörungen. Häufigkeit – Ursachen – Schlafmittel – nichtmedikamentöse Schlafhilfen. Compendium Psychiatricum, Hrsg. Volker Faust. Hippokrates Verlag Stuttgart.

1986: *Der Zoo im Kühlschrank. Fragwürdige Futurologie.* Der Zool. Garten (N. F.) 56, 2, 81–90.

1987: *Wildtiere in Gefangenschaft – einst und jetzt.* Bongo, Berlin. 13, 174–184.

1988: *Tiere sind die besseren Beobachter.* Schweiz. Tierschutz. 4, 8–24.

1988: *Zum 85. Geburtstag von Konrad Lorenz.* In: Der Kreis um Konrad Lorenz. W. M. Schleidt Ed. Paul Parey Berlin/Hamburg. 48–51.

1990: *Schmerz bei Tieren.* In: Schmerz. H. J. Schultz Ed. Kreuz Verlag Stuttgart.

1990: *George Orwells Großer Bruder bei den Tieren.* Der Bund, Kulturbeilage, Bern. 141, 98 und 104.

1990: *Ein Leben mit Tieren – im Zoo und in aller Welt.* Werd Verlag Zürich.

Literatur-Verzeichnis

BEACH, F.A., ED. 1965. *Sex and Behavior.* John Wiley & Sons, New York/London/Sydney.

BEACH, F.A., ED. 1974. *Sex and Behavior.* Robert E. Krieger Publishing Company Huntington, New York.

BEAMISH, T., 1970. *Aldabra Alone.* George Allen & Unwin, London.

BEATTIE, A.J., 1985. *The evolutionary ecology of ant-plant mutualism.* Cambridge University Press.

BECK, B.B., 1980. *Animal Tool Behavior.* Garland STPM Press, New York/London.

BENEDICT, F.G., 1936. *The Physiology of the Elephant.* Carnegie Institution, Washington D.C.

BENDINER, R., 1981. *The Fall of the Wild. The Rise of the Zoo.* E.P. Dutton. New York.

BENZ, M., 1974. *Beiträge zur Fortpflanzungsbiologie des Rotschnabelmadenhackers, Buphagus erythrorhynchus* (Stanley), Zool. Garten (N.F.) 44, 144–167.

BERGER, A.J., 1972. *Hawaiian Birdlife.* The University Press of Hawaii, Honolulu.

BIEGERT, J. UND W. LEUTENEGGER, EDS., 1971. *Proceedings of the Third International Congress of Primatology Zürich 1970.* S. Karger, Basel/London/New York.

BOESCH, CHR. UND H. BOESCH, 1983. *Optimisation of Nut-Cracking with Natural Hammers by Wild Chimpanzees.* Behaviour, 83, 3/4.

BOULANGER, E.G., 1927. *A Naturalist at the Dinner Table.* Duckworth, London.

CHAPMAN, F.M., 1939. *La Vie animale sous les Tropiques.* Payot, Paris.

CROWCROFT, P., 1978. *The Zoo.* Mathews/Hutchinson.

DAWKINS, R., 1978. *The Selfish Gene.* Oxford University Press.

DOBZKANSKY, T., E. BOESIGER UND D. SPERLICH, 1980. *Beiträge zur Evolutionstheorie.* Gustav Fischer, Jena.

DOLLINGER, P., 1971. *Tod durch Verhalten bei Zootieren.* Juris-Verlag Zürich.

EVENS, F., 1973. *A la mémoire du Professeur Edward Hindle.* Acad. Rog. Sci. Outre-Mer. Bull. Séances, Bruxelles.

FASNACHT, E., 1974. *Experimentelle Untersuchungen über das visuelle Lernvermögen und die Sehschärfe der Spitzmaulnashörner (Diceros bicornis L.).* Zool. Garten (N.F.) 44, 357–369.

FASNACHT, E., 1977. *Erstaunliche Gedächtnisleistung bei einem Spitzmaulnashorn (Diceros bicornis L.)* Zool. Garten (N.F.) 47, 361–364.

FISCHER, F., 1965. *Der Wohnraum.* Verlag für Architektur Artemis, Zürich.

FISCHER, F., 1972. *Der animale Weg.* Verlag für Architektur Artemis, Zürich.

FLOWER, S.S., 1933. *Notes on the recent reptiles and amphibians of Egypt, with a list of the species recorded from that kingdom.* Proc. Zool. Soc. London 3, 735–851.

GARDI, R., 1958. *Sepik.* Scherz Verlag, Bern.

GASCHE, P., 1943. *Die Zucht von Xenopus laevis Daudin und ihre Bedeutung für die biologische Forschung.* Rev. Suisse Zool. 50, 12, 262–269.

GEIGY, R., 1949. *75 Jahre Zoologischer Garten Basel.* Sonderdruck aus den Basler Nachrichten.

GOULD, E. AND M. BRES, 1986. *Regurgitation and Reingestion in Captive Gorillas: Description and Intervention.* Zoo Biology 5, 241–250.

GRIFFIN, D.R., 1976. *The Question of Animal Awareness.* The Rockefeller University Press, New York.

GRIFFIN, D.R., 1984. *Animal thinking.* Harward University Press Cambridge, Mass./London.

GRIFFIN, D.R., 1985. *Wie Tiere denken. Ein Vorstoß ins Bewußtsein der Tiere.* BLV, München/Zürich.

GRIGG, G.C., 1964. *Studies on the Queensland Lungfish, Neoceratodus forsteri (Kreft) III Aerial respiration in relation to habits.* Ausl. J. Zool. 13, 413–421.

GUTMANN, W.F. UND M. WEINGARTEN, 1989. *Studien zur Theoriengeschichte der Evolution.* Natur u. Museum 119, 2, 55–62.

HAYES, C., 1951. *The Ape in our house.* Harper & Brothers, New York.

HEITLER, W., 1971. *Die Natur und das Göttliche.* Klett & Balmer, Zug.

HEITLER, W., 1977. *Gottesbeweise?* Verlag Klett & Balmer, Zug.

HELLER, K.M., 1934. *Käfer aus dem Bismarck- und Salomo-Archipel.* Verh. Naturforsch. Ges. Basel. 45.

HESSE, R., 1924. *Tiergeographie auf ökologischer Grundlage.* Gustav Fischer, Jena.

HILLER, U., 1968. *Untersuchungen zum Feinbau und zur Funktion der Haftborsten bei Reptilien.* Z. Morphol. Tiere 62, 307–362.

HOCKING, B., 1970. *Insect associations with the swollen thorn acacias.* Transactions Royal Entomol. Soc. London. 122 (7), 211–255.

HORNADAY, W. T., 1914. *The American Natural History.* Charles Scribners Sons, New York.

HUBER, G., 1981. *Philosophische Fragen zum Darwinismus.* Vierteljahresschr. Naturf. Ges. Zürich, 126, 1.

HUBERT, E., 1947. *La Faune des Grands Mammifères de la Plaine Rutshuru (Lac Edouard).* Institut des Parcs Nationaux du Congo Belge, Bruxelles.

ILLIES, J., 1981. *Gallenbitteres Ärgernis.* Natur, Horst Stern Umweltmagazin Nr. 6, München.

ILLIES, J., 1984. *Der Jahrhundert-Irrtum.* Umschau-Verlag Frankfurt a. M.

KAHLE, H., 1980. *Evolution. Irrweg moderner Naturwissenschaft?* MBS Bielefeld.

KATZ, D., 1948. *Mensch und Tier.* Studien zur vergleichenden Psychologie. Conzett & Huber, Zürich.

KOPELKE, J.-P., 1982. *Die gallenbildenden Pontania-Arten – ihre Sonderstellung unter den Blattwespen.* Natur u. Museum, Frankfurt. 112, 11 und 113, 1.

KÜHME, W., 1965. *Freilandstudien zur Soziologie des Hyänenhundes (Lycaon pictus lupinus Thomas 1902).* Zs. f. Tierpsychol. 22, 5, 495–541.

KUHN, O., 1981. *Die Evolution. Ergebnisse und Probleme.* Verlag Gebr. Geiselberger, Altötting.

KUHN, W., 1984. *Stolpersteine des Darwinismus. 1 + 2.* Factum-Taschenbuch.

KUHN, W., 1989. *Darwin im Computerzeitalter.* Schwengeler-Verlag, Berneck.

KURT, F., 1960. *Le sommeil des éléphants.* Mammalia 24, 2.

KURT, F., 1986. *Das Elefantenbuch.* Rasch und Röhring Verlag, Hamburg/Zürich.

LACK, D., 1973. *Swifts in a Tower.* Chapman and Hall, London.

LASHLEY, K. G., 1950. *In search of the engram.* Symposia Soc. Experimental Biol. IV. Animal Behaviour.

LINDNER, K., 1937. *Die Jagd der Vorzeit.* Walter de Gruyter, Berlin.

LORENZ, K., 1963. *Das sogenannte Böse.* Borotha-Schocher Verlag, Wien.

LORENZ, K., 1978. *Das Wirkungsgefüge der Natur und das Schicksal des Menschen. Gesammelte Arbeiten.* I. Eibl-Eibesfeld Ed. P. Piper, München/Zürich.

MATTHES, D., 1978. *Tiersymbiosen und ähnliche Formen der Vergesellschaftung.* Gustav Fischer, Stuttgart/New York.

MAYR, E., 1979. *Evolution und die Vielfalt des Lebens.* Springer-Verlag, Berlin/New York.

MCDOWELL, J. UND D. STEWART, 1987. *Fakten über das Christentum, die Zweifler kennen sollten.* Memira-Verlag, Weichs.

MENZEL, E. W., D. PREMACK AND G. WOODRUFF, 1978. *Map reading by Chimpanzees.* Folia primatologica 29, 241–249.

MERTENS, R., 1942. *Die Familie der Warane (Varanidae).* Abhandl. Senckenberg. Naturf. Ges. 462, Frankfurt a. M.

METTLER, F., 1975. *Leptospira icterohaemorrhagiae-Enzootie bei Kanadischen Bibern im Zürcher Zoo.* Juris Druck + Verlag Zürich.

MEYER-HOLZAPFEL, M., 1985. *Tiger als Reiter auf Pferd, Nashorn und Elefanten.* Der Zool. Garten (N. F.) 55, 301–326.

MISLIN, H. UND S. LATOUR, 1982. *Franziskus. Der ökumenisch-ökologische Revolutionär.* Hohenstaufen Verlag, Starnberger See.

MONOD, J., 1971. *Zufall und Notwendigkeit. Philosophische Fragen der modernen Biologie.* Piper Verlag, München.

MORTON, B., 1979. *The Future of the Hong Kong Seashore.* Oxford University Press, Hong Kong.

PATTERSON, F. UND E. LINDEN, 1981. *The Education of Koko.* Holt, Rinehart and Winston, New York.

PETERHANS, T., 1979. *Zürcher Zoo-Geschichten.* Pendo Verlag, Zürich.

POILEY, S. M., 1950. *Breeding and Care of the Syrian Hamster.* In: The Care and Breeding of Laboratory Animals. E. J. Farris, Ed. John Wiley & Sons, New York.

ROUX, J., 1934. *Notes de Carcinologie mélanésienne.* Rev. Suisse Zool. 41, 217–234.

ROUX, J., 1934. *Contribution à la connaissance de la faune erpétologique des îles Salomon.* Verh. Naturf. Ges. Basel, 45, 77–81.

RUMBAUGH, D. M., ED. 1977. *Language, Learning by a Chimpanzee. The Lana Project.* Academic Press, New York.

RUSSEL, A. P., 1975. *A contribution of the functional analysis of the foot of the Tokay, Gekko gecko (Reptilia: Gekkonidae).* J. Zool. London 176, 437–476.

SARASIN, F., 1924. *Geschichte des Zoologischen Gartens in Basel 1874–1924.* Verlag des Zoologischen Gartens in Basel.

SCHENKEL, R., 1947. *Ausdrucksstudien an Wölfen.* Behaviour 1, 2.

SCHLEIDT, W. M., ED. 1988. *Der Kreis um Konrad Lorenz. Ideen, Hypothesen, Ansichten.* Festschrift anläßlich des 85. Geburtstages. Paul Parey, Berlin/Hamburg.

SEBEOK, TH., 1972. *Perspectives in Zoosemiotics.* Mouton, The Hague/Paris.

SEBEOK, TH., ED. 1977. *How Animals communicate.* Indiana University Press, Bloomington/London.

SEBEOK, TH. AND J. UMIKER-SEBEOK, EDS. 1980.

Speaking of Apes. A Critical Anthology of Two-Way Communication with Man. Plenum Press, New York/London.
SPEISER, F., 1924. *Südsee-Urwald-Kannibalen. Reisen in den Neuen Hebriden und Santa-Cruz-Inseln.* Strecker und Schröder Verlag, Stuttgart.
SPEISER, F., 1937. *Eine Initiationszeremonie in Kambrambo am Sepik Neuguinea.* Ethnolog. Anzeiger 4, 4, 153–157.
SPRÜNGLI, R.K., 1981. *Evolution und Management.* Paul Haupt, Bern/Stuttgart.
STANLEY, H.M., 1890. *In darkest Africa.* Sampson Low, Martson, Searle and Rivington, London.
THÜRKAUF, M., 1975. *Sackgasse Wissenschaftsgläubigkeit.* Strom-Verlag, Zürich.
THÜRKAUF, M., 1975. *König Nobels Hofstaat.* Hallwag, Bern/Stuttgart.
THÜRKAUF, M., 1987. *Der Trugschluß vom Perpetuum mobile des Geistes.* Weltwoche Nr. 16.
TYLER, M.J., ED. 1983. *The Gastric Brooding Frog.* Croom Helm, London/Canberra.
VERSCHUREN, J., 1957. *Ecologie, Biologie et Systématique des Cheiroptères.* Institut des Parcs Nationaux du Congo Belge, Bruxelles.
VERSCHUREN, J., ca. 1970. *Mourir pour les éléphants.* Editions L. Cuypers, Bruxelles.
VESELOVSKY, Z., 1971. *Sind Tiere anders? Verhaltensweisen im Zoo.* Bertelsmann, Gütersloh/Berlin.
WALTHER, F., 1984. *Communication and Expression in Hoofed Mammals.* Indiana University Press, Bloomington.
WASHBURN, S.L. AND P.C. JAY, EDS. 1968. *Perspectives on Human Evolution.* Holt, Rinehart and Winston, New York/Chicago.
WEISKRANTZ, L., 1985. *Animal Intelligence.* Oxford Psychology Series No. 7. Clarendon Press, Oxford.
WEITNAUER, E., 1983. *»Mein Vogel«. Aus dem Leben des Mauerseglers Apus apus.* Verlag Basellandschftl. Natur- und Vogelschutzverband, Liestal.
WERNER, F., 1932. *Neue Orthopteren im Naturhistorischen Museum zu Basel.* Verh. Naturforsch. Ges. Basel. 43.
WICKLER, W., 1987. *Von der Ethologie zur Sociobiologie.* Natur u. Museum. 117, 9, 265–271.
WOOD, G.F., 1973. *Marine Mammals and Man. The Navy's Porpoises and Sea Lions.* Robert B. Luce, Washington/New York.
ZIEHR, W., 1980. *Hölle im Paradies. Entdeckung und Untergang der Südsee-Kulturen.* Econ Verlag, Wien/Düsseldorf.
ZISWILER, V., 1976. *Spezielle Zoologie.* Georg Thieme, Stuttgart.
ZWÖLFER, H., H. PAULUS, H. REGENFUSS UND G. VON WOHLERT, 1978. *Co-Evolution.* Paul Parey, Hamburg/Berlin.

Orts- und Sachregister

Aba 215, 217
Aberdare Mountains 353, 411
Acta tropica (Zeitschrift) 176, 234, 277
Adelaide, Zoo 54
Adler 36
Admiralitätsinseln 104
Adolph-Schultz-Stiftung 269
Afrika-Haus 201, 217, 318, 320, 321, 322, 324, 325, 326, 327, 328, 340, 359, 364, 365
Afrikanischer Elefant 170, 187, 207, 208, 209, 234, 236, 279, 345, 366
Agame 383
Aids-Forschung 344
Aktinie 22, 442
Albert-Nationalpark 218, 224, 311, 312
Aldabra 373
Aldabra-Riesenschildkröten 373
Aletschgletscher 162
Algier, Zoo 396
Alligator 46
Alligatorschnappschildkröte 449, 451, 452, 467
Alpendohle 350
Alpenkrähe 127, 350
Alpensalamander 27, 120
Alpenschneehase 350
Alpinarium Lagalb 350, 351
Altruismus 446
Ambunti 89, 90
Ameise 206, 212, 440, 442, 462, 463, 464, 465, 466, 467, 470, 471, 474
Ameisenlöwe 442
American Association of Zoological Parks and Aquariums (AAZPA) 347
Amerikanische Taubstummensprache (American Sign Language ASL) 376, 416, 423, 440
Amöbe 469
Amsel 21, 27, 35
Amsterdam 163
Anakonda 306
Angeborenes Schema 325
Angleichung 126, 143
Anhinga (Schlangenhalsvogel) 188, 219
Anoa 15
Anolis 106, 399
Anthropologie 47, 413
Anthropomorphismus 320
Antilope 184, 218, 404, 429
Antorbitalorgan 227

Antwerpen 187
Antwerpen, Zoologischer Garten 211
Aphrodisiakum 409
Ara 264, 265
Arawe 71, 72, 73, 76, 92
Arche Noah 435
Archetyp 325
Arizona 240
Artenschutz 376
Arterhaltung 179, 242, 268, 429
Arusha 184, 279, 337
Äsche 100
Assuan-Damm 217
Aszendenz 444, 445, 446
Atheismus 474, 475
Atheistischer Materialismus 435
Äthiopien 427
Atlanta 378, 420, 423
Atlanta, Yerkes Regional Primate Center, Emory University 260, 420
Atlanta, Zoo 241, 431
Auerwild 36
Ausbruch 119
Aussterben 477
Australian Museum of Natural History 56
Australien 243
Australischer Lungenfisch 330
Awar 90

Bakterien 438, 474
Baltimore 268, 269, 273
Baltimore, Zoo 270
Banagi 337, 339
Bangkok 331, 332, 333, 392
Bangkok, Zoo 332, 334
Banyuls-sur-Mer 124, 125, 132
Bär 123, 126, 142, 143, 144, 145, 148, 149, 158, 168, 269, 270
Barbe 25
Barcelona 469
Barcelona, Zoologischer Garten 120
Barro Colorado 304
Bartenwal 263
Basel, Naturhistorisches Museum 48, 92, 96, 101, 118, 132, 133, 138, 235
Basel, Tropeninstitut 176, 193, 222, 282
Basel, Universität 38, 161, 176
Basel, Völkerkunde-Museum 82, 84, 85, 86, 87, 88, 89

487

Basel, Zoologische Anstalt 96, 101, 103, 120, 126, 132, 138
Basel, Zoologischer Garten (»Zolli«) 10, 11, 12, 14, 16, 36, 96, 102, 140, 145, 150, 163, 165, 167, 168, 170, 173, 174, 175, 177, 179, 180, 181, 182, 183, 184, 193, 205, 217, 222, 230, 231, 232, 233, 234, 235, 236, 237, 238, 242, 248, 276, 277, 278, 279, 280, 281, 282, 287, 301, 304, 347, 353, 380, 410, 413, 431
Batavia (Jakarta) 92
Baumhotel 400, 402, 411
Baumkänguruh 429
Baumschlange 66, 101, 337
Behaviour (Zeitschrift) 184
Believe it or not (Schau) 427
Beo 332
Berberaffe 396
Berberkröte 41, 43
Bergeidechse 27, 114, 397, 398
Berggorilla 211
Berkeley, University of California 274, 319
Berlin 46, 149, 416
Berlin, Bärenzwinger 148
Berlin, Tierpark 351, 475
Berlin, Zoologischer Garten 118, 149, 158, 164, 353
Bern, Bärengraben 139, 142, 143, 144, 148, 164
Bern, Naturhistorisches Museum 133
Bern, Universität 337
Bern, Tierpark Dählhölzli 137, 138, 140, 141, 143, 144, 146, 147, 148, 150, 151, 152, 154, 155, 159, 160, 161, 162, 163, 177, 287, 304, 386, 388, 412
Bestattungszeremonie 63
Betteln 387
Beuteldachs 48, 70
Beutelratte 46, 98
Bewegungsstereotypie 125, 163
Bewußtsein 388, 414, 415, 446, 447
Bibel 435, 455, 456
Biber 101, 179, 240, 384
Biene 338, 339, 426, 427, 461, 462
Bilota, Okapi-Fangstation 193
Bindenwaran 306, 318, 380
Biomedizinische Forschung 273, 281
Biotop 42, 59, 66, 106, 109, 159, 173, 189, 225, 241, 252, 270, 292, 324, 328, 347, 371, 375, 380, 407, 459
Biozönose 42, 66, 106
Bisamratte 181
Bismarck-Archipel 48, 55, 56, 57, 68, 79, 85, 96
Bison 145, 146, 147, 240, 245, 246, 379
Blasrohr 49
Blattschneiderameise 243, 305, 306
Blauschaf 268, 353
Blauwal 362
Blauzungen-Skink 56
Bleßbock 330
Bleßhuhn 339

Blindschlange 92, 104
Blindschleiche 20, 33, 339, 398, 456
Boa constrictor 127, 132, 381, 456
Bombay 358, 359
Bombay, Zoo 353, 394
Bongo 301, 353, 411
Bongo (Zeitschrift) 353, 401
Boomslang 103
Boston 374, 375
Boston, Zoo 375
Bougainville 57, 77, 79, 80
Braunbär 158, 268
Breitmaul-Nashorn (Weißes Nashorn) 199, 200, 211, 321, 322, 323, 324, 326, 348, 349, 364
Breitmaul-Nashorn, Nördliches 307, 308, 313, 326
Breitmaul-Nashorn, Südliches 321, 322, 323, 324, 348, 349, 364
Brieftaube 304
Brillenschlange 111, 113, 354
Brisbane, Universität 330
Brückenechse 292
Brüllaffe 303
Brüssel 186, 187, 190, 230
Brüssel, Institut des Parcs Nationaux du Congo Belge 186, 231, 307, 311
Brüssel, Institut Royal des Sciences Naturelles 202
Brutparasitismus 432
Buffalo, Zoo 245, 253
Büffel (Kaffernbüffel) 176, 199, 200, 218, 219, 233, 308, 312, 332, 383, 401, 402, 404
Buin 79
Buitenzorg, Museum 60
Buka 57, 77, 78
Buldern 388
Bull's Horn Acacia 465
Busch-Gardens, Tampa 348
Butantan, Serum-Institut 303

Capybara 15, 182, 303, 385
Chamäleon 43, 45, 107, 109, 118
Chandigarh 355, 358
Chellah 42
Chicago, Brookfield Zoo 247, 248, 262, 278, 299, 376, 407, 429
Chicago, Field Museum of Natural History 249
Chicago, Lincoln Park Zoo 103, 250, 251
Chicago, Shedd-Aquarium 247, 248, 254
China 241
Ciba-Zeitschrift 119, 122, 147
Cincinnati, Zoo 301, 314, 379
Clères, Zoo 274
Cleveland, Zoo 245
Coccidien 153
Coco-de-mer 370
Colobus 190
Colombo 53
Colombo, Zoo 346

Columbus, Zoo 232, 299, 301
Conchilien 369
Coto Doñana 369

Dachs 16, 132
Dackel 17, 33
Damhirsch 14, 142, 329, 369
Darwinismus 443, 467, 468
Das Tier (Zeitschrift) 316, 370, 414, 464
Das Tier und wir (Zeitschrift) 158
Delhi 358
Delhi, Zoo 353, 354, 355
Delphin 261, 262, 263, 264, 420, 426
Denver, Zoo 253
Der Zoologische Garten (Zeitschrift) 325, 327, 349, 351, 431
Deszendenz 444, 445, 446, 447
Detroit, Belle Isle Zoo 247
Detroit, Zoo 241, 246
Dickhornschaf 256
Dissertation 82, 92, 100, 101, 103, 106, 108, 125, 386, 388, 412
Distanztyp 130
Documenta Geigy 283
Dolchstichtaube 291
Domestikation 80, 319
Doppelschleiche 43, 44
Dornschwanz, Nordafrikanischer 24
Dressur 34, 98, 99, 108, 122, 123, 128, 131, 264, 268, 280, 415, 417, 419
Drosophila 388
Drossel 339
Dschelada 385, 387
Duckerantilope 214
Dugong 72
Dürer-Hörnlein 348, 349
Dynamitfischerei 65, 72

Ehrendoktor 280, 281, 337
Eichelhäher 16
Eichhörnchen 16, 27, 132
Eidechse 20, 25, 42, 43, 82, 232, 342, 346, 448, 456
Eidechsennatter 136
Eigenname 447
Einsiedlerkrebs 442
Eintagsfliege 85
Eisbär 125, 268, 270, 329, 356
Eisvogel 188, 212, 308, 397
Elch 152, 428
Elefant 17, 18, 20, 80, 123, 126, 128, 156, 166, 168, 169, 170, 176, 180, 184, 185, 186, 187, 190, 193, 198, 206, 207, 208, 209, 210, 211, 213, 217, 218, 219, 220, 222, 224, 229, 232, 233, 235, 236, 246, 247, 251, 268, 270, 292, 294, 310, 312, 315, 332, 333, 334, 336, 337, 343, 344, 346, 350, 352, 359, 360, 361, 362, 363, 366, 367, 368, 376, 384, 401, 417, 418, 429, 430, 460

Elefant, weißer 332, 333
Elefantenhaus 360, 361, 362, 364, 366, 380
Elektrischer Aal 241, 276
Elenantilope 168, 216
Elster 397
Embryotransfer 181, 268, 301
Engadiner Kollegium 447
Epulu 229, 314
Erdferkel 197, 203, 204, 205, 232, 234
Erdkröte 387
Erzschleiche 33, 39
Esel 136, 327
Ethnographica 62, 90
Ethnographie 47
Ethnologie 38, 53, 90, 99, 100
Ethologenkonferenz
– Oxford, 1953 283, 284
– Zürich, 1965 323
– Washington, 1973 388
Ethologie 146, 283, 413, 414, 415, 464, 469
Ethology (Zeitschrift) 414
Europäische Erhaltungszucht-Programme (EEP) 387, 388
Evolution 93, 106, 159, 396, 415, 435, 437, 438, 443, 444, 449, 451, 453, 454, 455, 456, 457, 458, 460, 461, 462, 464, 465, 466, 467, 468, 469, 471, 473, 474, 475, 476, 477
Experientia (Zeitschrift) 449

Fackelzug 295, 296, 297
Falter 188, 402
Fantasia 95, 112
Faultier 125, 205, 269, 303
Feenseeschwalbe 371
Feldhamster 46, 99
Feldhase 132, 153, 154, 177, 179, 212, 229, 288, 289
Felsenhahn 246
Feuer 442, 443, 444, 445, 476
Feuersalamander 25, 27, 108, 109, 116, 120
Filzlaus 152
Fischotter 16, 140, 141, 171, 368, 369, 384
Fissoa 82
Fixpunkt 197, 198, 201, 226, 227, 233, 299, 313, 401, 440
Flamingo 255, 258, 265, 266, 369, 380, 400
Fleckendelphin 262
Fleckenhyäne 102, 167, 338
Fledermaus 26, 67, 79, 132, 168, 187, 227, 312, 388, 399, 402, 453, 461
Fledermausfisch 254
Flehmen 15
»Fliegende Schlange« 66, 101
Floh 436
Flohzirkus 108
Florida, Parrot Jungle 264
Flötenakazie 462, 463, 464, 465, 466, 467, 470
Flucht 43, 70, 90, 100, 106, 107, 120, 124, 125, 176, 186, 199, 200, 212, 218, 219, 220, 224,

267, 269, 271, 326, 342, 364, 399, 400, 404, 427
Flughund 67, 70, 72, 75, 361, 362, 363, 380
Flußbarsch 25
Flußpferd (Nilpferd) 184, 187, 198, 201, 202, 203, 211, 219, 222, 224, 246, 308, 312, 313, 320, 322, 323, 325, 328, 359, 361, 393, 400, 401
Forelle 10, 12, 16, 25, 32, 100, 156
Fossile Verhaltensweise 53, 225, 329
Fossilien, lebende 457
Frankfurt 46, 236
Frankfurt, Zoologischer Garten 123, 235, 236, 284, 370, 391
Fregattvogel 371, 372, 373
Freimaurer 267, 294
Fremantle 53
Fremdenlegion 114
Fremdkörper 428
Frettchen 327
Fribourg, Universität 127
Front Royal 429
Frosch 20, 22, 41, 79, 291, 339, 451, 453, 460, 461
Fruchtfliege 436
Fruchttaube 64
Fuchs 16, 21, 24, 29, 33, 34, 35, 36, 40, 132, 158, 286, 339
Futter 272, 273, 277, 431

Gabelantilope 246, 253, 257
Gabiro 223, 227, 228, 308
Galago 97, 130, 190
Galapagos 274, 347, 373
Galapagosfink 441, 469
Galapagos-Riesenschildkröte 347, 373
Gallen 463, 464, 465, 466, 467, 468, 469, 470, 471, 472, 474
Gallwespe 469, 471
Gangala-na-Bodio 196, 206, 210, 212, 214, 215, 308, 315
Garamba-Nationalpark 187, 196, 197, 199, 200, 201, 206, 211, 213, 218, 219, 224, 313, 315
Gasmata 58, 60, 62, 63, 64, 65, 66, 67, 68, 76, 77
Gaur 268
Geburt 293, 300
Geburtshelferkröte 22
Gecko 42, 43, 58, 59, 72, 101, 104, 105, 106, 291, 383
Geier 107, 118, 222, 404, 405
Geld 448, 449
Gemse 127, 350
Genesis 435
Genf, Zoologischer Garten 127
Gepard 102, 184, 402, 404
Gespensterheuschrecke 60
Geweih 381, 382, 383, 409, 429, 446
Gibbon 269, 289, 301, 302, 329, 335, 393
Giftschlange 109, 112, 113, 122, 142, 152, 329, 346

Gifttiere 176
Gigantopithecus 358
Ginsterkatze 109, 184
Giraffe 15, 156, 168, 171, 184, 198, 199, 268, 277, 291, 292, 315, 353, 376, 385, 386, 407, 410
Giraffe, weiße 307, 315, 316
Gisenyi 229, 311
Glasschleiche 92
Glattechse 42
Glattnatter 114
Glockenvogel 240, 241
Gnu 15, 184, 338, 403, 404
Goldau, Naturtierpark 36, 45, 101, 140
Goldfisch 16
Goldhamster 99, 181
Goldmedaille, San Diego Zoological Society 398
Goldorfe 155, 156
Goliathkäfer 314
Goma 229
Gorilla 120, 191, 193, 229, 232, 240, 250, 251, 260, 271, 280, 299, 301, 302, 320, 415, 420, 422, 423, 424, 425, 426, 447
Gorilla (Zeitschrift) 425
Gott 435, 445, 449, 455, 456, 468, 474, 477
Gottesanbeterin (Mantis) 39, 79, 458, 459
Grand Canyon 255, 257
Grantgazelle 337
Grasfrosch 397
Grasmücke 284
Graupapagei 188
Groningen, Universität 130
Großer Tümmler 262
Grottenolm 258
Grzimeks Tierleben 304

Habilitation 125, 126, 127, 130
Hagenbeck 247, 355
Hagenbeck, Dressurschule 123
Hagenbeck, Tierpark 31, 36, 123, 137, 239, 245
Haifisch 54, 55, 93, 261, 392, 453, 454
Haiti 399
Haiti-Schlitzrüßler 248
Halsband-Pekari 336, 387
Hammerhai 371
Hämmerling 241
Hannover 46
Haschisch 117
Hase 254, 288, 289, 339, 397
Hausmarder 152
Hausmaus 289, 290
Hausratte 159, 160, 161
Haustier 448
Hecht 25, 100
Hedigerella fasciatella 79
Hediger-Festschrift (»Der Zoologische Garten«) 351
Heidschnuckenschaf 182
Heim 35, 130, 197, 222, 225
Heimweh 181

Hermelin 17, 339, 387
Hialeah Race Course 265
Himalaja 251
Hirsch 240, 329, 383, 409, 446
Hirschziegenantilope 227
Höhlensalamander 258
Homo gubernator 449
Homo sapiens 437, 443, 444
Homologie 468
Hongkong 263, 409
Honiganzeiger 274
Honigdachs 274
Houston, Zoo 379
Hufeisennase 33
Hufeisennatter 42, 136
Huhn 126, 228
Hühnergans 306
Humanpsychologie 152
Hund 80, 131, 143, 158, 167, 168, 169, 214, 286, 332, 364, 373, 375, 377, 378, 419, 427
Hyäne 168, 174, 197, 198, 203, 223, 340, 401, 427
Hyänenhund 224, 225, 310, 339

ICOM, International Commitee of Museums 251
Igel 168
Iguaniden 106
Impala 308, 310
Indianapolis, Zoo 429, 430
Indischer Elefant 54, 137, 170, 184, 327, 333, 343, 407
INEAC, Institut National pour l'Etude Agronomique du Congo Belge 228
Initiation 86, 88, 89
Innere Uhr 30, 432
Insekt 383, 406, 435, 463, 464, 468, 471, 472, 473
Intelligenz 262, 389, 406, 439, 441
Interlaken 432
Internationaler Primatologenkongreß (Zürich, 1970) 369
Internationaler Verband von Zoodirektoren 181, 182, 273, 274, 281, 319, 330
Inzucht 181
Irbis 388
IRSAC, Institut pour la Recherche Scientifique en Afrique Centrale 228, 229
Ituri-Wald 313

Jacksonville, Zoo 259
Jaguar 303
Jakarta (Batavia) 92
Japanmakak 391, 421
Javaneraffe 173
Jerez de la Frontera 368
Juba 316

Käfer 85, 212, 218, 339, 358
Kagera-Nationalpark (Parc National de l'Aka-

gera) 198, 207, 223, 224, 225, 226, 227, 308, 309, 311, 316
Kahnschnabel 380
Kaiman 46
Kairo 228, 230
Kairo, Zoologischer Garten 217, 337
Kalifornische Schopfwachtel 254
Kalifornischer Seelöwe 168, 181, 185, 255, 264, 270
Kalkutta, Zoo 353
Kambrambo 86
Kamel 376
Kampffisch 333
Kampf ums Dasein 448, 477
Känguruh 15, 179, 305
Kaninchen 23, 54, 181
Kapuzennatter 43
Kapuzineraffe 306
Karpfen 258
Karettschildkröte 91
Kaschmirhirsch 353, 357
Käsmade 436
Kasuar 88
Katze 10, 13, 27, 167, 286, 327, 373
Kavieng 81, 82, 83
Kaziranga 237, 278
Kea 291, 388
Key West 249
Khartum 216, 217, 230, 316, 317
Khartum, Zoologischer Garten 216, 217, 308
Kiebitz 339, 397
Kieta 79, 81
Kigali 228, 308
Kilimandscharo 29
Kirk-Dikdik 389
Klammeraffe 259
Klapperschlange 154, 155
Kleiner Panda 346, 388, 429
Kleinkantschil 385, 386, 388
Kletterfisch 155
Klippschliefer 361, 363, 380
Kluger Hans 417, 419
Kluger-Hans-Fehler 378, 416, 419, 426, 447
Knie, Circus 123, 130, 137, 158, 170, 360, 364, 366
Knochenhecht 258
Kob-Antilope 199, 312
Kobra 110, 111, 113, 220
Ko-Evolution 462, 463, 465, 466, 473, 474
Kolibri 240, 256, 258, 399
Kommunikation 37, 68, 227, 379, 416, 423, 426, 439, 441, 459
Komoren 373
Kondor 256, 329
Kongo (Zaire) 184, 186, 187, 188, 190, 193, 196, 200, 202, 207, 211, 222, 228, 229, 274, 307, 312
Kongopfau 79, 189, 190, 243
Königspython 132
Kontakttyp 130

Kopenhagen 181, 187
Kopfjäger 90
Koralle 124
Korallenfisch 448
Korea 432
Kormoran 168, 219
Körperpflege 233, 411
Krabbe 22, 39, 442
Kragentaube 290
Krähe 397, 407
Krallenfrosch 213
Kranich 429
Krebs 25
Krill 362
Kritische Distanz 123, 199, 200
Kritische Reaktion 123, 199, 200
Krokodil 12, 46, 70, 71, 79, 86, 87, 88, 89, 188, 212, 359, 392, 399, 405, 407, 425, 427
Krokodilfarm 392
Kronenkranich 225, 391
Krontaube 290
Kröte 20, 381, 402
Krüger-Nationalpark 351, 352
Krustenechse 205
Kuala Lumpur 386
Kuala Lumpur, Zoo 392
Kubus 320, 324
Küchenschabe 56, 349
Kuckuck 71, 74, 76, 339, 397, 431, 432
Kuhreiher 182, 199, 321, 324, 326, 337, 359, 385
Kultur 391, 420, 438, 439, 440, 444, 445, 447, 449, 476
Kulturpreis der Stadt Zürich 396
Kunst 438, 439, 444, 445
Künstliche Besamung 181, 217
Kuskus 70, 78, 79, 88
Kybernetik 459

Labeo velifer 202, 322
Labyrinth-Methode 415
Lachender Hans 54, 291, 385
Lachs 132
Lagalb (Piz) 350
Lama 172
Lamarckismus 476
Lämmergeier (Bartgeier) 305
Landesausstellung 1939 148
Land-Einsiedlerkrebs 70, 82
Landkrabben 80, 132, 372
Lanzettfischchen 124
Laparaskopie 328
Laubfrosch 23, 29, 339, 398
Lausfliege 29, 30
Leben 434, 435, 436, 437, 445, 459, 460, 472, 474, 475, 476
Leierhirsch 429
Leiolepisma rouxi 82
Leipzig 46, 158
Leipzig, Zoologischer Garten 127

Leistenkrokodil 70
Lemur 130
Leopard 184, 205, 314, 357, 404
Leopardschildkröte 395, 405
Léopoldville (Kinshasa) 187, 188, 193, 307
Léopoldville, Zoologischer Garten 187, 188, 193
Lepra 73
Leptospirose 270, 384
Leuchtkäfer 67, 75
Libelle 20, 23, 308, 390
Lindblad Explorer 370, 371, 373
Lippenbär 101, 179
Lissabon 348
Loch-Ness-Monster 80
London 187, 236, 274, 350
London, Regent's Park Zoo 345, 350
London, Royal Society of Medicine 350
London, Zoologische Gesellschaft 329
Lori 130
Los Angeles 257, 274
Los Angeles, Ozeanarium 319
Los Angeles, Zoo 255, 301
Louisiana 240
Löwe 123, 127, 169, 184, 186, 198, 205, 212, 249, 251, 270, 338, 342, 350, 395, 402, 405, 406, 430, 448, 460
Lungenfisch 155, 222

Madang 83, 92
Madenhacker 199, 321, 324, 325, 359, 365, 385, 474
Magenbrüterfrosch 453, 462
Mähnenschaf 107
Malaienbär 335
Malaria 74, 75, 94, 96, 97, 115, 116, 137, 150, 188, 206
Mamba 309
Man eaters of Tsavo 249
Manila 331, 332
Manila, Zoologischer Garten 330
Mantelpavian 388
Marabu 220, 400, 429
Marderhund 340
Marienberg 90
Markierung 163, 171, 172, 198, 222, 224, 226, 227, 290, 342, 383, 389, 412, 440
Marokko 40, 198
Marrakesch 111
Marseille 50, 93, 94, 102, 107, 124, 127, 132
Marseille, Zoo 50, 94, 102, 125, 127
Materialismus 438, 476
Matschie-Baumkänguruh 380
Mauereidechse 114
Mauergecko 105, 110
Mauersegler 29
Maul- und Klauenseuche 145
Maus 17, 21, 22, 31, 35, 67, 108, 129, 245, 270, 289, 290, 349, 364, 446, 448
Mäusebussard 391, 397

Mausefalle 21
Mäusezirkus 107
Meerkatze 184, 310
Meerschildkröte 93, 258, 261, 306, 392, 450
Meerschweinchen 134
Menschenaffe 156, 168, 223, 292, 294, 301, 416, 417, 419, 420, 423, 429, 437, 439, 445
Miami 164, 249, 265, 267, 319
Militärdienst 46, 151
Milwaukee, Zoo 376
Mogadorinseln 110
Molch 20
Mombasa 374
Montreal 319
Moschustier 353
Moulay Idris 112
Mövehafen 67, 68, 69, 70, 76
Mücke 436
Mückenlarve 436
München 157
München, Zoologischer Garten 158
Mungo 184, 232, 354, 355
Münstertal 432
Muräne 261
Murex 470
Murmeltier 36, 127, 146, 168, 203, 270, 350, 351
Muschel 39, 332, 441
Mutation 30, 93, 106, 179, 444, 450, 451, 452, 453, 454, 456, 457, 461, 466, 467, 468, 470, 471, 472, 473, 477
Mzima Springs 322

Nackter Affe 436
Nairobi 301, 337, 352, 370
Nakurusee 381, 400
Namensschild 428
Narkose 352, 446
Narwal 349
Nashorn 156, 176, 184, 186, 198, 199, 200, 201, 224, 246, 292, 294, 313, 320, 322, 323, 324, 325, 326, 327, 328, 337, 359, 361, 364, 376, 401, 474
Nashornkäfer 74
Nashornvogel 48, 190
Natter 354
Naturschutz 97, 196, 387, 429
Neandertaler 436, 443, 444, 445, 447, 461
Neapel, Aquarium 52
Nest 371, 372, 459
Netzgiraffe 410, 411
Neubritannien 48, 56, 57, 58, 67, 69, 71, 73, 77, 78, 81, 92
Neue Zürcher Zeitung (NZZ) 360, 385, 387
Neuguinea 83, 259
Neuirland 48, 57, 81, 82
Neuschöpfung 436, 437, 443, 460, 461
New Haven, Yale University Medical School 274
New Orleans, Audubon Zoo 259

New York 187, 240, 273, 274, 339, 347, 419, 420
New York, Academy of Sciences, »The Clever Hans Phenomenon: Communication with Horses, Whales, Apes and People« 419
New York, Aquarium 241, 242
New York, Bronx Zoo 189, 190, 239, 240, 241, 242, 243, 245, 259, 268, 273, 274, 275, 315, 353, 360, 379, 380, 389, 420
New York, Central Park Zoo 244, 245, 246, 420, 421, 422
New York, Museum of Natural History 190, 244, 274
New York, Prospect Park Zoo 273
New York, Staten Island Zoo 243, 246
New York Times 239
New York, Zoological Society 267, 274
Ngorongoro-Krater 338, 399, 427
Nian 353
Nilgans 219
Nilgauantilope 293, 327
Nobelpreis 126, 157, 460, 476
Norman 376, 377, 379

Oakland 254
Ochse 357
Octopus 254
Offener Flugraum 252, 270, 290, 291, 292, 422
Okapi 15, 79, 102, 187, 188, 189, 190, 191, 193, 194, 195, 213, 216, 229, 234, 235, 243, 307, 308, 314, 315, 353
Oklahoma City 376, 379
Oklahoma, Zoo 376
Ökologische Nische 106
Ökosystem 466, 474
Ölkäfer (Maiwurm) 461, 462
Onager 429
Opossum 93, 94, 97, 98, 102, 305, 430
Opium 116, 117
Orange Park 376
Orang-Utan 18, 166, 302, 385, 475
Oreopithecus 133, 443
Oribi 225, 226, 227
Orientierung 76, 108, 440, 460

Pakarana 271, 380
Panzernashorn 237, 238, 248, 278, 279, 347, 348, 409
Papagei 166, 179, 180, 185, 290
Para, Zoologisches Museum 271
Paradiesvogel 58, 240, 345
Parapistocalamus hedigeri 80
Parasit 29, 30, 461, 462, 467, 468, 469, 473
Paris 163, 236, 303
Paris, Cirque d'hiver 127
Paris, Jardin des Plantes 232, 409
Paris, Naturhistorisches Museum 409
Paris, Parc Zoologique du Bois de Vincennes 195
Pathologe 233, 272, 273
Pavian 191, 218, 229, 337

Pazifik 240, 254
Pelikan 219, 220
Perleidechse 42
Perth, Zoo 54
Pfau 151, 161, 162
Pferd 14, 80, 211, 228, 236, 327, 410, 417, 420, 427
Pheromone 80, 131, 227
Philadelphia, Penrose Research Laboratory 272
Philadelphia, Zoo 270, 271, 290, 389
Phoresie 461
Pinguin 306, 376
Plumplori 125, 127, 129, 148, 205, 334
Point Lobos 319
Pony 140, 150
Port-au-Prince 399
Port Said 52
Port Victoria 371
Präadaptation 465, 473
Prag, Zoologischer Garten 413
Prägung 22, 29, 147, 284, 328, 329
Praslin 370
Presse-Aperitif 167, 287, 385, 429
Pretoria 351
Privatdozent 130, 132, 138
Pro Helvetia 353
Provence 38
Psychotop 163, 189
Puffotter 110, 111, 112, 113, 254
Puma 123
Putzerfisch 472, 473
Pygmäe 191, 443
Python 64, 177, 178, 179, 245, 393, 456

Qualle 124
Quastenflosser 373, 457
Quezal 246
Quezzane 134, 135, 136

Rabat 41, 42, 43, 107, 109, 115
Rabaul 56, 57, 59, 60, 76, 81, 92, 94
Radiolarien 124
Rappenantilope 15
Ratte 17, 21, 53, 54, 67, 145, 151, 168, 174, 269, 270, 349, 384, 414
Raumvertrautheit 325
Raumwechsel 375
Raum-Zeit-System 30, 43, 171, 172, 197, 201, 212, 222, 227, 397, 405
Reflexion 447, 476
Regenbogenforelle 246
Reh 16, 126, 127, 132, 339, 397, 429
Reiher 259, 339, 369, 441
Religion 420, 434, 435, 438, 439, 444, 445
Rentier 172, 381, 382
Reunion-Inseln 457
Rhesusaffe 259, 272, 287, 356, 357, 358, 414
Rhodos 253, 329
Riesenhirsch 382

Riesenkänguruh 429
Riesenkrabbe 392
Riesenpanda 241
Riesenschildkröte 184, 347, 373
Riesenschlange 142, 306, 318, 335
Riesenschuppentier 191
Riesenwaldschwein 214, 215, 401
Rind 80, 147, 211
Ring-Aquarium 392
Ringelnatter 20, 23, 28, 152, 339, 398
Ringling-Barnum-Bailey-Zirkus 420
Rio de Janeiro, Zoo 303
Rippenmolch 43, 109
Robbe 263, 429
Rochen 261
Rocky Mountains 240, 253
Rohrdommel 188, 339, 397
Rohrsänger 339
Roi du Doubs 155
Rosaflamingo 381
Rothirsch 327, 369
Rothschild's Maina (Bali-Star) 290, 387, 429
Rotkehlchen 169
Rotschnabelkitta 306
Rotterdam 181, 182
Ruindi 186, 218, 219, 222, 223, 229, 311, 312, 313
Rutshuru 222, 229, 311
Rwanda 311

Saarbrücken, Zoologischer Garten 387
Sacramento 254
Salabafisch 212
Salamander 22, 32
Salangane 393
Salomoneninseln 57, 77, 78, 79, 80, 83, 85, 96, 106, 267, 385
Salpen 124
Salt Lake City, Hogle Zoo 253, 254
Salt Lake City, Tracy Aviary 253
Salzburg, Tierpark Hellbrunn 305
Samenbank 181
San Antonio, Zoo 257, 258
San Diego, Palomar-Observatorium 319
San Diego, Sea World 319, 399
San Diego, Wild Animal Park 399
San Diego, Zoo 164, 255, 256, 259, 273, 398
San Diego, Zoologische Gesellschaft 398
Sandfloh 222
San Francisco 254, 260, 319, 348, 423, 427
San Francisco, Institute of Animal Behavior (State College) 348
San Francisco, Steinhardt Aquarium 254, 348
San Francisco, Zoo 241, 254, 255, 258, 349, 423
Santa-Fe-Bahn 257
Santo Domingo 399
Santos, Aquarium 303
São Paulo 302, 303
São Paulo, Zoo 271, 303, 304, 305, 342

Sarnen 24, 25
Sarus-Kranich 258
Schaf 80, 211, 226
Schakal 110, 399
Schattenvogel (Hammerkopf) 188, 219
Schauwert 304
Scheibenzüngler 43
Scheltopusik 33
Scherenschnäbler 188
Schiffshalter 93, 449, 450, 451, 467
Schildkröte 22, 43, 194, 197, 198, 342, 346, 347
Schimpanse 126, 180, 187, 214, 232, 251, 260, 292, 293, 294, 296, 302, 344, 376, 378, 416, 420, 422, 437, 440, 441, 442, 443, 460
Schirmvogel 241
Schirrantilope 212
Schlaf 170, 171, 350, 368
Schlammpeitzger 23
Schlammspringer 70
Schlange 12, 22, 42, 329, 346, 427, 446, 447, 455, 456
Schlangenbeschwörer 110, 111, 113, 354
Schlangenhalsvogel 188, 219
Schlingnatter 20
Schmetterling 306, 339
Schnabeligel 271
Schnabeltier 242, 243, 330
Schnecke 25, 39, 124, 169, 212, 406, 469
Schnee-Eule 385
Schneefink 350
Schneehuhn 350
Schneemaus 350, 351
Schnellkäfer 79
Schöpfung 434, 436, 443, 444, 455, 460, 475
Schuhschnabel 216, 217, 218, 225, 228, 230, 231, 308, 320, 328
Schuls 127, 137
Schuppentier 190, 409
Schützenfisch 254, 453, 454, 455
Schwale (schweiz. für Rotauge) 397
Schwarzbär 253
Schwarzer Panther 14, 119, 120
Schwarzrückenducker 214
Schwarzschwan 54, 265
Schwein 64, 66, 80, 81, 86, 89, 373
Schweizer Fernsehen 381, 384
Schweizerischer Nationalpark 279, 350, 386, 387
Schwertwal 263, 399
Schwerzenbach 339, 397, 398, 406, 407, 413, 431, 432
Scinciden 106
Seeigel 22, 39, 441
Seekuh 72, 361
Seelöwe 156
Seeotter 101, 319, 399, 441
Seeschwalbe 371, 373
Seestern 39, 469
Sekretär 184
Selbstorganisation 436, 437, 475

Selektion 30, 93, 106, 179, 212, 372, 381, 444, 450, 452, 453, 454, 455, 456, 457, 461, 462, 464, 465, 466, 467, 468, 469, 470, 471, 472, 473, 476, 477
Semiotik 416, 439
»Sensible Phase« 34
Sepik 57, 79, 84, 85, 91, 96, 259
Serengeti 225, 337, 338, 402, 403, 404
Serval 184
Seychellen 370, 371, 372
Sex and Behavior (Berkeley, University of California) 319
Siam 269
Siamang 302, 376, 385
Sibirischer Tiger 376
Sichsonnen 387, 412
Siebenschläfer 31, 168
Siebzehnjahreszikade 252, 253
Sierra Nevada 254
Simla 353, 354, 355, 356, 357, 358
Simla, National Himalayan Zoological Park 353, 358
Singapur, Zoo 393
Sitatunga 90, 225, 310
Sitatunga, weiße 316
Sittich 22
Skinner-Methode 415
Skink 43, 58, 72, 79, 118, 206, 372
Skolopender 39
Skorpion 33, 39, 43, 101, 109
Sohuna 77, 78
Sonnenfisch 258
Spatz 17, 21, 35
Speikobra 220
Spiel 163, 237, 386, 412, 460
Spinne 313, 383
Spitzkopf-Schildkröte 91
Spitzmaul-Nashorn 248, 320, 322, 324, 326, 327, 364, 365, 366
Spitzmaus 20, 339, 453
Sporengans 225
Sporenkiebitz 308
Sprache 376, 378, 379, 416, 417, 419, 423, 426, 438, 439, 440, 443, 444, 445, 446
Spyre 26, 29, 30, 31, 432
Stabheuschrecke 39
Stachelschwein 130, 154, 359
Stanleyville (Kisangani) 187, 188, 189, 190, 193, 195, 230, 234, 307
St. Augustine, Marineland 261, 262, 264
Stechmücke 75, 85
Steinadler 350
Steinbock 142, 145, 350, 353
Steinkauz 33
Stellingen b. Hamburg 46, 123
Sternmull 389
Stinktier (Skunk) 306, 340, 375, 385
St. Louis, Zoo 251, 253, 270, 290, 429
Stör 246
Storch 14

495

Strahlenschildkröte 306
Strauß 175, 186, 329, 340, 341, 396
Streß 269
Sudan 216, 217
Sumpfschildkröte 115
Superfoetation 153, 154, 179
Süßwassergarnele 82
Süßwasser-Sägefisch 88
Sydney 56, 330
Sydney, Taronga Zoo 55, 330, 331, 343, 344, 345, 407
Symbiose 17, 182, 202, 274, 324, 325, 326, 364, 450, 461, 463, 470, 472, 473, 474
Symphostethus hedigeri 79
Synchron-Phänomen 75, 76

Taggecko 306
Taipeh 407, 408, 409, 432
Taipeh, Zoo 407, 409, 410, 411
Taiwan 407, 408
Tamarau (Mindoro-Büffel) 330
Tampa 347
Tanger 108, 116, 117, 136, 137
Tannenhäher 466, 473
Tanrek 389
Tansania 234
Tapir 174, 255, 340
Tarasp 127, 137, 158
Taroudant 110, 111, 113
Taube 26, 67, 415
Taufliege 414
Tausendfüßler 212
Technik 438, 442, 444, 459
Telemetrie 104
Temara, Zoologischer Garten 116
Termiten 85, 232
Termitenstock 180, 199, 232, 342, 402, 404
Termitenstock, künstlicher 232, 233
Territorium 25, 42, 59, 66, 106, 171, 172, 197, 198, 222, 226, 227, 269, 311, 313, 316, 375, 383, 389, 393, 397, 448
Tervueren, Kongo-Museum 186, 190, 205
Thomsongazelle 227, 337, 404
Tierarzt 183, 211
Tiere verstehen 413, 414, 415, 419, 426, 434, 435, 438, 439, 444, 449, 456, 457, 459, 461, 476
Tiergartenbiologie 7, 97, 102, 141, 156, 168, 173, 174, 227, 243, 255, 263, 272, 273, 283, 303, 348, 349, 380, 384, 386, 387, 411, 428, 431, 434, 437
Tiergarten-Gesellschaft Zürich 319, 368
Tierhandel 287, 333
Tier-Mensch-Beziehung 99, 141, 223, 366, 440
Tier-Mensch – Unterschiede 223
Tierpsychologie 34, 38, 53, 55, 81, 99, 100, 126, 127, 128, 129, 132, 141, 147, 148, 151, 157, 164, 174, 183, 283, 376, 413, 414, 415, 416, 476
Tiersoziologie 236
Tierversuche 287
Tiger 131, 148, 270, 376, 409

Tigerpython 179
Tilapia 220
Tod 443, 445, 447
Tod durch Verhalten 183, 387
Tokio 391, 392
Tokio, Ueno-Zoo 391
Toledo, Zoo 245, 246
Tölpel 373
Topi 308, 310, 311, 312
Tourismus 196, 197, 213, 218, 219, 224, 225, 315, 342, 383, 402
Tragzeit, verlängerte 179
Treiberameise 205
Treppennatter 39
Trinken 387, 412
Troja 283, 284
Tropenzoologie 176
Tropikvogel 371
Trüsche 25
Tsetsefliege 211, 222, 224
Tuberkulose 185, 272, 273, 281, 302, 349
Turmfalke 397

Überholen 225, 226
Uferläufer 188
Uganda 228, 249
Umboi 73, 74, 75, 76
Umwelt 468
Umweltverschmutzung 54, 149
Unke 32
Untersuchungskommission 295, 298
Urknall 435, 436, 437, 443, 466
Urson 388
Ursuppe 435, 436, 443, 466
Urubu 304, 305
USA 239, 277, 299, 304

Vancouver, Aquarium 429
Vergangenheit 420, 445
Verständigung 227, 377, 378, 415, 426, 427, 440
Vieraugenfisch 385
Vikunja 387
Villefranche, Zoologische Station 101, 127
Viper 45, 122, 127, 152
Virginia-Hirsch 429
Virus 474
Vitshumbi 220
Vogelscheuche 406, 407
Vogelzug 30, 76, 432
Völkerschautruppe/Völkerschaustellung 102, 103
Vorlesung 128, 145, 154, 176

Wal 264, 344, 362
Waldelefant 191, 207, 229
Waldhund 429
Waldmaus 108
Waldohreule 20
Walliserziege 182
Wanderratte 35, 159, 160, 269

Wandertaube 379
Wapiti 168
Waran 64, 68, 69, 71, 79, 82, 188, 318
Warzenschwein 197, 198, 203, 219, 225, 312
Waschbär 255, 258
Washington D. C. 319, 388
Washington D. C., National Zoo 267, 268, 273, 324, 348, 389, 427, 428, 429
Washington D. C., Smithsonian Institution 267, 268, 427
Wasserbock 212, 312
Wasserbüffel (Hausbüffel, Kerabau) 331, 332
Watussi-Rind 228
Weberknecht 27
Webervogel 188
Wechsel 197, 198, 210, 219, 222, 223, 224, 233, 290, 313, 322, 342, 383, 401, 403, 440, 441
Wechselkäfig, spiegelbildlich-symmetrischer 153, 177, 229
Wechselstall 363
Weißer Stör 254
Weißschwanz-Gnu 15
Weißschwanz-Ichneumon 401
Werkzeug 101, 319, 441, 442
Wespe 469
Whipsnade Zoo 350
Wickelskink 78, 385
Wiedehopf 339, 399
Wien, Tiergarten Schönbrunn 132, 282
Wiesel 40
Wildente 339
Wilderer 310, 312, 383
Wildschaf 329, 353
Wildschwein 67, 80, 81, 145, 338, 369
Wildziege 329
Winkerkrabbe 42, 43, 203, 259
Winterschläfer 168
Wisent 278, 428
Wissenschaft 438, 439, 444
Wolf 184, 340, 386, 438, 440
Wolfskinder 223, 437
Wurm 124, 358, 436
Wurmschlange 76
WWF 274

Yak 353
Yapok 243
Yerkish 416, 420, 423
Yeti 80, 251

Zackelschaf 140
Zackenbarsch 472, 474
Zahmheit 34, 99, 107, 120, 218, 269
Zähmung 80, 81, 97, 122
Zanzibar 374
Zauberer 52, 53
Zauneidechse 397, 398
Zebra 171, 184, 185, 187, 211, 212, 222, 225, 232, 233, 300, 308, 310, 340, 342, 352, 404, 405, 430

Zecke 222
Zeitschrift für Tierpsychologie 414
Ziege 80, 359
Ziegenmelker 67, 218
Zikade 76, 253
Zirkus 127, 267, 378
Zirkus Krone 157
Zitterwels 155
Zollikofen 413
Zoo Biology (Zeitschrift) 431
Zoodirektor 7, 104, 122, 128, 129, 138, 150, 182, 183, 185, 236, 249, 251, 295, 298, 302, 319, 331, 349, 386, 394, 398, 412, 414, 431, 434, 435, 445, 455, 476
Zoodirektoren-Konferenz
– Basel, 1947 184
– London, 1950 236
– Chicago, 1956 299
– Chicago, 1962 319
– Sydney, 1964 330
– Colombo, 1967 346
– Pretoria, 1968 351
– New York, 1969 360
– Barcelona, 1971 368
– Tokio, 1973 390, 391
– Basel, 1974 399
Zooinspektion 150, 151, 169, 171, 286, 412
Zoolehrer 174, 388, 428
Zoologische und tierpsychologische Demonstrationen im Zoo 396, 411
Zoomuseum 244, 245, 428
Zug, Burg 24, 25, 26, 28, 30, 32, 100, 118, 159, 172
Zukunft 420, 445
Zürich, Anthropologisches Institut 269
Zürich, C. G.-Jung-Institut 283
Zürich, Ethologie und Wildforschung des Zoologischen Institutes der Universität 388
Zürich, Int. Primatologenkongreß 369
Zürich, Oberseminar 174, 283, 298
Zürich, Tierpsychologische Abteilung der Universität 387, 388, 414
Zürich, Universität 269, 280, 281, 283, 296
Zürich, Veterinärmedizinische Fakultät der Universität 280
Zürich, Zoologischer Garten 78, 97, 104, 119, 145, 150, 167, 168, 170, 171, 180, 201, 217, 248, 252, 269, 270, 271, 281, 282, 283, 285, 287, 288, 295, 301, 302, 303, 305, 321, 328, 330, 333, 334, 337, 340, 346, 347, 349, 359, 363, 364, 365, 369, 379, 380, 387, 388, 400, 413, 414, 450, 452, 454, 474
Zwergantilope 230
Zwergesel 140
Zwergflamingo 381, 399
Zwergflußpferd 126, 340, 347
Zwergreiher 26
Zwergtaucher 339
Zwergziege 140, 215, 325

Personenregister

Abel, Heidi 381
Ahorni, I. 181
Allee, W. C. 236
Alwis, W. L. E. de 346
Anderson, Major 216
Antonius, Otto 132
Araujo, Renato Lion de 303
Aristoteles 327
Aronson, Lester R. 244
Atz, James W. 275
Audubon, John James 257, 258, 379
Augustinus, hl. 455
Autuori, Mario 271, 303, 305, 342

Backhaus, Dieter 370
Baker, Josephine 360
Balsiger, Rolf 342, 343, 347, 351, 359
Baltzer, Prof. 159, 163
Bärtschi, Dr. 137
Bary, Jerry de 254
Beach, Frank A. 274, 319, 348
Beamish, Tony 373
Bean, Robert 247, 248, 376
Beattie, A. D. 465, 466
Becher, E. 469
Beck, B. B. 441, 442
Beebe, William 190, 243, 274, 275
Benchley, Belle J. 164, 255, 257
Benedict, F. G. 137
Beninder, Robert 429
Benz, Monica 325
Berghe, Louis van den 229
Bhutan, König von 343
Biegert, Josef 369
Bieler, Charles 398
Bieri, Interlaken 76
Binz, August 16
Blair, John 243
Blancpain, Jean-Pierre 307, 308, 309, 314, 316
Bleuler, Manfred 413
Blum-Spitz, Eva 423, 424
Boesch, Christophe 441
Boesch, Hedwige 441
Böhler, H. 294
Bond, Harry 69
Bonner, J. T. 223, 438, 439
Bopp, Peter 386
Borchert, Victor 253
Bourlière, François 274

Bowman, Robert I. 348
Brehm, Alfred E. 439
Bridges, William 190, 243, 275
Brodbeck, Dr. 32
Brock, Friedrich 107, 123
Brückner, Prof. 234
Bruhin, Herbert 386
Brunies, Stephan 96
Bucher, Fritz 298, 390, 399, 400
Buddenbrock, Wolfgang Freiherr von 132
Buess, Ernst 236
Bühler, A. 82, 104
Buissac, Paul 420
Büttikofer, Johannes 17
Buytendijk, F. J. J. 130

Calcut, Mr., District Officer v. Gasmata 62, 63, 64, 67
Carabantes, Francisco 368, 369
Carpenter, C. R. 236, 268
Chapin, James 190, 274
Chapman, F. M. 304
Chevé, Louis 94, 102, 125, 127
Chiang Kai-Shek, Mme. 241
Chopra, Anthropologe
Churchman, C. W. 449
Coates, Christopher 241, 242, 275, 276
Conant, Roger 271
Conway, William 348, 380, 389
Cools, van 218, 219
Cordier, Charles 189, 190, 191, 239, 241, 243
Cornet, Konservator 312
Corning, Prof. 13
Corti, Walter Robert 359
Crandall, Lee 240, 241, 275
Crane, Jocelyn 243, 274
Cuyler, Gordon 275

Darwin, Charles 284, 435, 439, 443, 444, 445, 448, 457, 459, 474, 475, 476
Dathe, Heinrich 351, 475
David, Adam 20, 184, 235
David, J. J. 235
Davies, D. Dwight 101
Davis, Earl 299
Dawkins, Richard 458, 459, 460
Delacour, Jean 274
Delidimitrion, Dr. 228
Descartes, René 459

Dobzhansky, Theodosius 348
Dollinger, Peter 183, 387
Dresser, Betsy 301
Duméril, Herpetologe 178
Dürer, Albrecht 348, 349
Duvalier, Jean-Claude 399

Eggenschwyler, Urs 36, 181, 246, 247
Egger, Prof. 13
Eisenberg, John 389
Elizabeth II., Prinzessin/Königin von England 400
Els, Dr. 188
Emerson, Alfred E. 236
Emin Pasha (Eduard Isaak Schnitzer) 442, 443
Erhard, Prof. 127
Estes, Richard D. 338
Etter, Philipp 45

Fabre, Jean-Henri 38
Fasnacht, Eva 326, 327, 328
Fiedler, Walter 282
Field, Julia Allen 164, 249
Field, Stanley 249
Fischer, Fred 368
Fischer (Jäger-Dichter) 33
Fischer, Hans (fis) 183
Fleay, David 243, 330
Flower, Stanley Smith 113
Flückiger, Prof. 145
Forbes, Colonel 216, 217, 230
Fouts, R. S. 376, 377
Fox, Herbert 272
Franz von Assisi, hl. 427, 449
Fredenhagen, H. 278
Freiheit, Clayton F. 253
Friedmann, Herbert 274
Frisch, Karl von 157, 236, 396, 437, 457, 476
Frobenius, Leo 122, 284
Frohn, Adolph 264

Gallus, hl. 269, 427
Gardner, B. T. 376, 416
Gardner, R. A. 376, 416
Gasche, Paul 213
Gasser, Tierpfleger 140
Geigy, Rudolf 126, 128, 137, 157, 161, 163, 168, 176, 184, 193, 205, 222, 230, 234, 238, 277, 280, 282
Geiser, Werner 291
Gerster, Georg 403
Gigon, Prof. 96, 127, 134, 137
Goeldi, Emil August 271
Goethe, Johann Wolfgang von 436
Goldstein, Henry 234
Göring, Hermann 118
Goss, Leonard J. 275
Graber, Hans 319
Graeter, Dr. 40

Graham, Ralph 247, 248
Grassé, Pierre 236, 457, 477
Grassi, Giovanni Battista 75
Greene, Graham 399
Griffin, Donald R. 388, 415
Griswold, J. A. 270, 271, 272
Gross, Regina 475
Grossenbacher, Bärenpfleger 142, 144
Grzimek, Bernhard 235, 236, 316, 327, 342, 391, 393, 414, 440, 445
Grzimek, Christian 393
Guggisberg, C. A. W. 274, 337
Guggisberg, Roseanne 337
Guisan, Henry, General 152
Gutmann, W. F. 468
Guyer, Dir. 283

Haas, Adolph 477
Häberlin, Paul 99
Hack, Josef 367, 368
Hadorn, Ernst 339, 388
Haefeli, M. E. 292
Haezaert, J. 206, 207, 308, 309
Häfelfinger, Hans 18
Hagenbeck, Carl 246, 247
Hagenbeck, Lorenz 242, 243
Hagmann, Gottfried 174
Haldane, J. B. S. 420
Hall, R. L. 439
Hallstrom, Edward 330, 331, 343, 345, 346
Handschin, Eduard 38, 39, 47, 48, 92, 93, 134, 137
Harlow, Harry 348
Harwey, William 436
Hauser, Alfred 335
Hayes, Cathy 260, 261
Hayes, Keith 260
Heck, Heinz 158
Heck, Lutz 118, 158
Hediger-Zurbuchen, Käthi 174, 175, 370
Hediger, Peter 185, 399, 432
Heim, Albert 283
Heim, Arnold 283
Heinroth, Katharina 149, 164
Heinroth, Magdalena 149
Heinroth, Oskar 149, 284
Heitler, Walter 435, 436, 437, 443, 445, 475
Heller, Prof. 79
Hempel, Monika 475
Hempelmann, Friedrich 38
Henneberger, Dr. 32
Herald, Earl 348
Hess, Eckhard 348
Hess, W. R. 447
Hesse, Richard 103
Heusser, Hans Rudolf 387
Hill, Alfred 253
Hill, Clyde E. 253
Hiller, Barbara 425
Hiller, Uwe 105

499

Hinde, R. A. 439
Hirohito, Tenno v. Japan 391
Hoernlein, Henry G. 270
Hofmann, Felix 104, 119, 283, 286, 287
Holzapfel, Rudolf Maria 163, 446
Honegger, René E. 347, 351, 380, 385, 390
Hornaday, William T. 250, 379
Huber, Gerhard 467
Huber, Marcel H. R. 388
Hubert, E. 218, 222
Hug, Charles 131
Hug, Fritz 292, 359
Humboldt, Alexander von 284
Hunziker, Walter 291
Hürlimann, John 248
Hürzeler, Johannes 133, 443
Huxley, Julian 172, 373

Illies, Joachim 281, 443, 444, 445, 447, 455, 456, 457, 467, 468, 474
Inderbitzin, Josef 36
Indien, Vizekönig von 354, 355
Inhelder, Ernst 237, 282, 386

Jain, R. D. 358
Janzen, D. H. 465, 466
Jay, P. C. 445
Jerrison, H. J. 439
Johnston, Gouverneur 102
Jung, C. G. 325

Kahle, H. 457, 477
Kälin, Josef 128
Kämpfer, Engelbert 76
Katz, David 438
Kehlstadt, Willi 184, 234
Keller, Gottfried 114
Keller, Robert 388
Keller-Furrer, Emil 104, 286, 294, 295, 296
Kepler, Johannes 474
King, Dr. 420
Kipling, Rudyard 354
Klages, Jürg 298
Kleiber, Dr. 40
Klöppel 236
Knaus-Ogino 153
Knie, Fredy 364, 368
Knie, Rolf 170, 368
Knobloch, Herbert 275
Koch, Lauge 172
Koch, Mr. 72, 73
Koehler, Otto 414, 426
Kraml, Franz 137
Kreis, H. A. 152
Kübler, Arnold 119
Küenzler, August 184, 279
Kühme, Wolfdietrich 225, 339
Kuhn, Oskar 443
Kuhn, W. 457

Kuhn-Schnyder, Emil 447
Kuiper, Dr. 181
Kummer, Hans 388
Kurt, Fred 170, 363
Kurz, Myrtha 387

Lack, David 30
Lamarck, Jean-Baptiste 460
Lamarre-Picquot 178
Lang, Ernst M. 169, 184, 232, 237, 278, 279, 282, 301, 431
Lashley, Karl S. 260
Latimer, Mrs. 373
Latour, Sophie 449
Lawick, Hugo van 339
Lawick-Goodall, Jane van 339
Le Corbusier 355
Lefevre, Lieutenant 206
Lehmann, F. E. 446
Lehmann 43
Lemmon, Prof. 376, 377, 416
Lettow-Vorbeck v., General 29
Lewis, T. L. 343, 344
Linden, Eugene 423, 425
Lindner, K. 214
Lippert, Oberbürgermeister 149
Lorenz, Konrad 149, 157, 264, 284, 316, 325, 341, 388, 396, 414, 439, 440, 445

Mann, William (Bill) 267, 268, 324
Manuel, Albrecht 43, 107, 109, 115
Maple, Terry L. 431
Maruska, Edward 301, 379
Mattes, H. 466
Matthes, D. 461
Maugham, Somerset 317
Maurer, Stadtrat 298
Mayr, Ernst 106, 457, 477
McBride, Glen 330
McClung, Robert 275
McDowell, J. 455
McInnis, Frank G. 246, 247
Medina, J. de 193, 194, 307
Mehta, K. L., 353, 354, 355, 356
Meier, Otto 286, 292, 296
Menzel, Rudolf und Rudolfine 131, 132
Mercier, Reitlehrer 134
Merian, Rudolf 166
Merke, Franz 18
Mertens, Robert 69
Mettler, Felix 384
Meyer-Holzapfel, Monika 163, 164, 414, 446
Micha, Marc 196, 199, 205, 206, 213, 215
Minger, Rudolf 161
Mischotte, M. 188
Mislin, Hans 132, 449
Mohammed II., König v. Marokko 116
Mohr, Erna 290
Moische, Parkwächter Ruindi 220

Money, Mr. 73, 74
Monod, Jacques 459, 460
Moret, Tierpfleger 17
Morris, Desmond 375, 436
Motta, Giuseppe 141
Müller, Heinrich 387
Müller, Lorenz 158
Murnin, Joseph 275

Nadolny, Margrit 282
Neiss, Dompteur 123
Newman, Murray 429
New South Wales, Premier von 343
Nigrelli, Ross F. 275
Nissen, Henry W. 260, 261
Nyffeler, Aquariumpfleger 155

O'Connor, Patricia 244
Offermann, Colonel 190, 191, 193, 206, 211, 216
Oliver, James A. 275
Oppenheimer, J. 445
Orlandi, Herr 187
Ory, Konservator 316
Osborn, Fairfield 267, 274, 275, 315

Patterson, Francine (Penny) 423, 424, 425, 426, 447
Patterson, J. P. 249
Paulus, H. 473
Perkins, Marlin 103, 104, 251, 429
Perrin, Marcel 319, 347, 390
Peterhans, Toni 384, 385
Petitpierre, Marco 122
Pfungst, Otto 419
Plath, Karl 247
Plüss, Walter 342
Portmann, Adolf 96, 101, 103, 107, 120, 122, 124, 125, 126, 128, 132, 137, 147, 148, 157, 161, 232, 249, 281, 337, 381, 440, 456
Premack, Ann 378, 416
Premack, David 378, 416, 440

Quaranta, John V. 275

Rabb, George B. 429
Ratcliffe, Herbert L. 271, 272, 273, 389
Reed, Theodore H. (Ted) 268, 324, 348, 429
Reinhard, Ernst 137, 140, 141, 142, 143, 150
Reucker, Karl 119, 122, 154, 157
Reuther, Ron 389, 423, 424
Reynolds, Fletch 245
Richter, Curt 269, 270, 273
Riedtmann, Walter 237
Rieger, Ingo 388
Ritter, Hans 134
Robin, Klaus 386, 388
Roux, Jean 79, 80, 82, 96, 103, 132, 133, 134, 137
Ruckteschell-Trueb, Clary von 29
Ruckteschell, Walter von 29

Rudloff, Klaus 475
Rueb, Franz 119
Rumbaugh, D. M. 378, 416, 420, 422, 423
Rummert, Stadtdirektor 149
Ruprecht, Georg 133
Russel, Anthony P. 105
Rwanda, König von 228
Ryhiner, Mercia 278
Ryhiner, Peter 237, 238, 278, 347

Sailor-Jackson, Otto 127
Sarasin, Fritz 17, 47, 132, 133, 134, 137, 168
Sarasin, Paul 17, 47, 134
Sathofe, Steve 253
Sauer, Franz 284
Schaller, George 339
Schär, Heidi 288, 298
Schenkel, Rudolf 184, 386
Scherr, Franz 264
Schiemann, Herbert 275
Schindelholz, Werner 33, 34, 140, 141, 150, 151, 161
Schinz, H. R. 298, 299, 306, 320, 329, 340, 346, 347
Schinz, Ruedi 337
Schliemann, Heinrich 283, 284
Schlippe, de 214
Schloeth, Robert 279, 282, 350, 386, 387, 466
Schmidt, Annemarie 8
Schmidt, Christian R. 351, 386, 387, 390
Schmidt, H. 105
Schmidt, Karl Patterson 103, 249
Schmidt, Philipp 48
Schneirla, T. C. S. 236, 243, 244
Schnitzer, Eduard (Isaak), (Emin Pasha) 442, 443
Schoch, Sonja 7
Scholze und Pötzschke 46
Schönholzer, Lilly 387
Schoop, Prof. 236
Schrenk, W. J. 372
Schreyer, Dr. 142
Schroeder, Charles 348
Schubert, Quentin M. 275
Schulthess, Emil 277
Schultz, Adolph 269, 369
Schweinfurth, Georg 464
Schweitzer, Albert 430
Scott, Peter 274, 284
Seago, John 352, 353
Sebeok, Thomas 415, 416, 419, 420, 426, 439
Seiferle, Eugen 336
Seiler, Prof. 159
Sembach-Krone, Herr 157
Shackleton, Ernest Henry 370
Sharp, H. S. 439
Shedd, John G. 248
Shelly, Freeman 270, 271, 272
Silva, Joaquim Bezeora da 303, 305

Sommer, Robert 38
Speidel, George 376
Speiser, Felix 47, 52, 55, 62, 64, 72, 75, 76, 77, 81, 82, 84, 86, 89, 93, 99, 122, 134
Spemann, Hans 126
Spivak, Hilde 387
Sprüngli, R. K. 449
Stanley, Henry M. 442
Stark, Fred 258, 259
Stehlin, H. G. 132, 133, 134, 137
Steiner, Hans 97, 147, 286, 287
Steinmetz, Dr. 149
Stewart, D. 455
Stocklin, August 159
Straelen, Victor van 184, 186, 196, 197, 315
Strahan, Ronald 346
Studer, Hans 295
Stünzi, Hugo 336
Sultan Moulay Youssef 41
Sunier, A. L. J. 181, 183

Tanner, Ruedi 336, 368, 417
Tee Van, John 241
Tenger, Eduard 162
Thomas, Warren D. 301
Thürkauf, Max 436, 476
Tigges, Dr. 420
Tinbergen, Niko 157, 341, 348, 396, 457
Titus, röm. Kaiser 348
Trubka, Vojtech 130, 131, 148, 158
Trueb, Johann 11, 12
Tubman, William 347
Tyler, M. J. 451, 453

Uexküll, Jakob von 107, 123, 402
Ulmer, Frederick 271
Unternährer, Marie 21
Urbain, Achille 183, 232

Verhulst, M. u. Mme. 223, 224

Verschuren, Jacques 186, 187, 190, 193, 199, 218, 220, 227, 230, 307, 311, 312
Veselowsky, Stanek 413
Vevers, G. 350
Vierheller, George 251
Vischer, W. 39
Vokac, Jarda 328

Wahlert, G. von 474
Walker, Ernest P. 267
Walther, Elisabeth 415
Walther, Fritz 227, 329, 330, 337, 338, 415
Wanner, G. A. 282
Waser, P. G. 437
Washburn, S. L. 445
Waterhouse, G. R. 181
Weilenmann, Peter 7, 298, 329, 363, 390, 392, 393, 394
Weingarten, M. 468
Weizsäcker, C. Fr. von 445
Wendnagel-Dubied, Adolf 79, 114, 166
Wendnagel, Walter 166, 169, 234, 281
Wenzel, E. W. 440
Werner, Prof. 79, 114
Whitman, C. O. 284
Wickler, Wolfgang 469
Widmer, Sigmund 298, 396
Wiesmann, E. 384
Windecker, Willy 150
Winkelsträter, Karl H. 387
Wood, Forrest G. 261
Woodruff, G. 441

Ziswiler, Vinzenz 438
Zschokke, Fritz 40
Zuckmaier, Carl 359
Zurbuchen, Käthi 159
Zürcher, Rudolf 320, 321
Zweifel, Franz 291, 318
Zwölfer, H. 473